THE NINE CENTURIES OF
医院骑士团九百年
THE KNIGHTS HOSPITALLER

马千 著

台海出版社

图书在版编目（CIP）数据

医院骑士团九百年 / 马千著. -- 北京：台海出版社, 2018.8

ISBN 978-7-5168-2012-4

Ⅰ. ①医… Ⅱ. ①马… Ⅲ. ①骑士（欧洲中世纪）-医院-史料 Ⅳ. ①D59

中国版本图书馆CIP数据核字(2018)第158524号

医院骑士团九百年

著　　者：马　千

责任编辑：刘　峰　　策划制作：指文文化

装帧设计：周　杰　　责任印制：蔡　旭

出版发行：台海出版社

地　　址：北京市东城区景山东街20号　　邮政编码：100009

电　　话：010－64041652（发行，邮购）

传　　真：010－84045799（总编室）

网　　址：www.taimeng.org.cn/thcbs/default.htm

E－mail：thcbs@126.com

经　　销：全国各地新华书店

印　　刷：重庆长虹印务有限公司

本书如有破损、缺页、装订错误，请与本社联系调换

开　　本：787mm×1092mm　1/16

字　　数：514千字　　印　　张：29

版　　次：2018年8月第1版　　印　　次：2018年8月第1次印刷

书　　号：ISBN 978-7-5168-2012-4

定　　价：189.80元

目录

前　言

今天前往罗马的中国游客想必不会错过当地名胜——西班牙广场与西班牙阶梯，奥黛丽·赫本的《罗马假日》曾在此取景拍摄。站在西班牙阶梯的顶端望去，一条狭窄但繁华的步行街映入眼帘，这就是孔多蒂街（Via dei Condotti），罗马时尚购物中心之一，自1905年以来便云集着宝格丽、爱马仕、阿玛尼、卡地亚、香奈儿等奢侈品牌的店铺，游览过西班牙阶梯之后，去这里体验一番购物的乐趣，也算顺理成章。不过，孔多蒂街并非只是购物天堂。喜爱文艺的游客不会错过罗马历史最悠久的古希腊咖啡馆（Antico Caff è Greco），司汤达、歌德、拜伦、济慈等文豪都曾是它的顾客；孔多蒂街11号则是古列尔莫·马可尼（Guglielmo Marconi）[1]的故居。但恐怕多数游客不会注意到孔多蒂街68号那座不起眼的黄色三层建筑，门外悬挂的红底白十字旗帜或许还会被部分国人误以为是丹麦国旗。但在罗马人的心中，它却有一个响亮的名字——“马耳他宫”（Palazzo Malta）。这里是世界上最古老的天主教骑士团医院骑士团的总部及大团长官邸所在地。

医院骑士团（Order of Hospitallers）[2]，官方全称为耶路撒冷、罗德、马耳他圣约翰医院主权骑士团（Sovereign Military Hospitaller Order of Saint John of Jerusalem of Rhodes and of Malta），与圣殿骑士团、条顿骑士团并列为欧洲三大骑士团，并存续至今。它的前身为11世纪中期一批意大利阿马尔菲商人在耶路撒冷圣墓教堂旁创立的圣约翰医院及附属修士团体。其创始人“被祝福的”杰拉尔德把握住第一次十字军东征的机遇，令它发展壮大，并于1113年获得了教皇帕斯夏二世的官方册封。在风起云涌的十字军东征时期，医院骑士团在医疗慈善事务以外，也开始担负起军事职责。其成员不仅骁勇善战，而且善于运筹帷幄、合纵连横，很快成为十字军诸国君主信赖的左膀右臂。当十字军运动陷入低潮，耶路撒冷与阿卡相继沦陷后，医院骑士团迁至罗德岛，续写着自己的传奇。它将一座近乎荒芜、强盗出没的岛屿，打造为地中海东部繁华的贸易口岸和最坚固的要塞，在15世纪至16世纪初独自抵御了马穆鲁克苏丹国与奥斯曼帝国的三次围攻。1523年被迫撤离罗德岛后，骑士团在地中海中部的马耳他岛安家落户。1565年荡气回肠的马耳他保卫战击碎了苏莱曼一世无敌的神话，令全欧洲为之惊叹，骑士团也因此获得了“欧洲之盾”的美誉。定居马耳他期间，骑士团以海为家，孤独而执着地继续着“圣战”事业。其精锐的海军对穆斯林商船的长期袭扰抑制了奥斯曼人对地中海的控制，它对穆斯林海盗的打击也为基督教世界的贸易安全提供了保障（虽然骑士团本身也从事着海盗的勾当）。单凭一己之力，医院骑士团或许未能阻止穆斯林势力的扩张，但的确延缓了这一进程，马耳他岛长期扮演着意大利与西班牙的安全屏障。1798年被拿破仑一世逐出马耳他后，骑士团回归初心，渐渐淡化军事色彩，重新以医疗慈善事业为第一要务。19世纪后期以来，它终于脱胎换骨，并赢得了世人广泛的尊重。虽然从领土上看，医院骑士团似乎微不足道，但它仍与超过 100 个国家建立了正式外交关系，并在 50 余国设有分支机构。它的成员遍布五湖四海，依旧实践着“守卫信仰，拯救苦难”的古训。

三大骑士团中，圣殿、条顿已先后式微，唯有医院骑士团经久不衰。在笔者看来，首先是定位、宗旨使然。自第一代大团长杰拉尔德以来，医院骑士团始终以救死扶伤、赈济穷苦为己任，即使在战争岁月中亦不改初衷。而圣殿骑士团致力于金融银行业，甚至一度为英法等国君主打理国库；条顿骑士团则希望在波罗的海开疆拓土。对普通民众而言，医生显然比银行家或殖民者更令人亲近与尊重。其次，医院骑士团具有更加务实、包容的处事原则。耶路撒冷圣约翰医院对基督徒、穆斯林、犹太人一视同仁；当蒙古人入侵中东时，三大骑士团中唯有它力主与旭烈兀及其后人联盟，以收复圣城；而当圣殿骑士团遭遇“黑色星期五”时，医院骑士团展现出睿智、灵活的外交手腕，令人赞叹……在漫长的历史中，医院骑士团也深谙人才的重要性。它不仅曾涌现出利勒亚当、瓦莱特、罗姆加等一代名将，还将卡拉瓦乔、洛佩·德·维加、马蒂亚·普雷蒂等艺术大师揽至帐下，甚至还拥有约瑟夫·巴尔特、德奥达·德·多洛米厄为代表的一流科学家。因此每每遭遇危机时，医院骑士团总能逢凶化吉。这也是骑士团留给我们的宝贵精神财富。

笔者与骑士团结缘始于学生时代读到的一篇期刊文章——它简要地介绍了 1565 年医院骑士团在马耳他抵抗苏莱曼大帝入侵之战，给笔者留下了难以磨灭的印象。然而，数十年来，这样一个声名显赫的世界性骑士团，在国内竟无一本相关专著问世，中文医院骑士团史几乎一片空白。如今呈现在读者面前的《医院骑士团九百年》涵盖了从 11 世纪圣约翰医院建立至 2015 年尼泊尔地震，共约 37 万字，希望能从政治、军事、经济、文化等各个方面，梳理出骑士团九百年历史的脉络，令国内读者能够了解医院骑士团的全貌。限于篇幅，本书主要以骑士团总部的发展变迁为线索，对于它星罗棋布的各地分团，只能点到即止，无法详述。另一遗憾是受客观条件限制，笔者无法赴耶路撒冷、叙利亚骑士堡、罗德岛、马耳他等地实地考察骑士团遗迹，亦无缘前往孔多蒂街 68 号拜会、采访大团长。若本书将来得以再版，希望以上遗憾能够得到弥补。

本书涉及的外国人名、地名、术语，笔者尽量采用《世界人名翻译大辞典》《世界地名翻译大辞典》《大英百科全书中文版》《大美百科全书中文版》《基督教大辞典》等工具书的译法，个别冷僻的专有名词，则采用笔者个人认为常见、自然的形式。首次出现的重要国外专有名词，书中会列出原文拼写，以方便读者查询。医院骑士团虽为天主教修道团体，但《医院骑士团九百年》并非宗教书籍。作为历史读物，本书中大体沿用国内史学界的惯例：God 一词翻译为“上帝”，而非“天主”；教皇名称采用新教译名，而非天主教译名（例如 Gregorius 译为“格列高利”而非“额我略”），敬请读者留意。

《医院骑士团九百年》出版之际，首先要感谢南开大学历史学院陈志强教授。自因翻译《1453——君士坦丁堡的陷落》相识以来，陈教授对笔者在写作中遇到的疑难一直耐心点拨，并予以热情鼓励，使我有信心完成此书。指文文化独具慧眼确定选题，为作者的工作提供种种便利，令医院骑士团历史著作于国内出版，我在此敬表谢意。撰写过程中，承蒙彭琴华女士拨冗相助，不仅协助翻译资料，还提供了原创照片，使本书得以按时完成；王笑梦先生热心地提供了若干拍摄于马耳他的骑士团文物照片，令全书增色不少，一并表示感谢。最后，作为一名普通高校教师，我还要感谢家人对我长期“不务正业”的理解与包容。

不自量力撰写本书，内容、注释、插图难免有谬误、欠妥之处，还望读者不吝指正。

马千[3]

2016 年 4 月 1 日

注释：

[1] 古列尔莫·马可尼，意大利科学家、工程师，因在无线电通讯方面的巨大贡献于 1909 年获得诺贝尔物理学奖。

[2] 笔者在书中沿用国内史学界的惯例，将 Order of Hospitallers 翻译为“医院骑士团”而非“医护骑士团”。虽然早期耶路撒冷的圣约翰“医院”，按照现代的界定，更像是赈济所而非医疗中心。

[3] 1981 年生人，四川大学比较文学硕士，齐齐哈尔大学讲师，专注地中海历史。已出版译作《1453——君士坦丁堡的陷落》，即将翻译出版《十字军史》。

新浪微博：asherhoa

微信公众号：西洋历史文化鱼缸

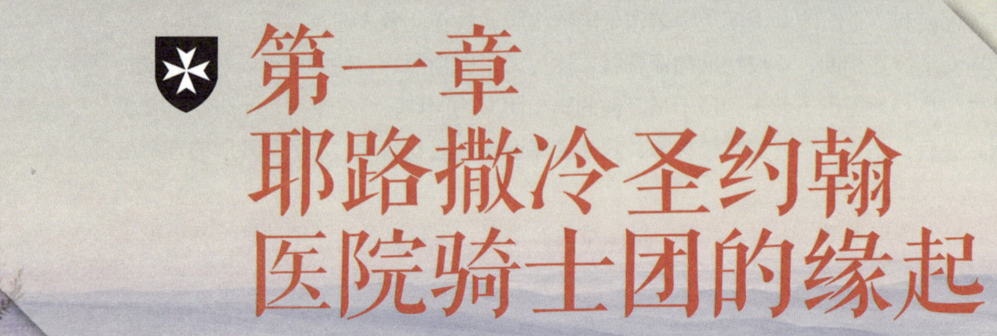

第一章 耶路撒冷圣约翰医院骑士团的缘起

耶路撒冷，这座犹太人、基督徒与穆斯林共同的圣城，自基督教会早期以来便是基督教朝圣者的主要目的地。除了北面，整个耶路撒冷被山谷与干涸的河床所环绕，汲沦谷、欣嫩子谷和泰罗普河谷在圣城南面像张开的手臂在保护着它。汲沦谷经过旧城以东，将橄榄山与城市隔开；耶路撒冷西面的欣嫩子谷，在《圣经》中则是地狱的象征；泰罗普河谷位于西北方，靠近今天大马士革门的位置，向南入西罗亚池。三千年间，这座富有魔力的城市饱经战火的摧残和考验，其雄伟斑驳的城墙便是一例明证。城墙之内屹立着圣墓教堂（拉丁语：Sanctum Sepulchrum，东正教称之为“复活教堂”，希腊语：Ναός της Αναστάσεως），基督徒相信它修建于耶稣

殉难之处（即“各各他”，Golgotha，意译为“骷髅地”），而教堂下则是空空如也的圣墓。穆斯林征服该地后为了纪念穆罕穆德夜行登霄（阿拉伯语：الإسراء والمعراج）修建了两座清真寺，其中圆顶清真寺（The Dome of the Rock，阿拉伯语：مسجد قبة الصخرة）被认为修建在《圣经·创世纪 22》中亚伯拉罕准备献祭独子以撒之处（同时该地也是耶稣早期传教的场所之一），而寺中的那块岩石则是赫赫有名的登霄石；旁边的阿克萨清真寺（Al-Aqsa Mosque，阿拉伯语：المسجد الاقصى，意译为“远寺”）则正好修建在所罗门的圣殿遗址之上。初来乍到的朝圣者很容易迷失在耶路撒冷蜿蜒曲折的小巷和错落纵横的阶梯中，在局促的城区里聚集了大量人口，人头攒动，挥汗成雨，更令远道而来的客人不辨东西。拜占庭皇帝君士坦丁一世下令在耶路撒冷阿芙洛狄特神庙的旧址上修建了圣墓教堂，也是在这附近，据说他的母后海伦娜组织发掘出了基督教圣物“真十字架”。不论是否真实，基督教朝圣者们从此便开始千里迢迢前来朝圣了。从公元 4 世纪开始，来自欧洲的朝圣者与日俱增，接待朝圣者成了耶路撒冷当地人的重要产业，于是各种向导、客栈应运而生。到了 7 世纪初，拜占庭人在城内正式建立了朝圣者招待所（救济所）和医院，为这些千里迢迢前来赎罪的基督徒提供庇护与照顾。作为朝圣目的地，耶路撒冷既获得了宗教上的崇高地位，也获得了商机。来自意大利阿马尔菲（Amalfi）[1] 的商人算是佼佼者，他们在伊斯兰世界的海滨城镇很受欢迎，与埃及的法蒂玛王朝也建立了良好关系。

◎ 圣墓

自公元 6 年起，耶路撒冷开始由罗马帝国统治（虽然经历了 66 年与 70 年两次犹太人大起义）。公元 4 世纪东罗马皇帝君士坦丁一世（他也是第一位公开皈依基督教的罗马皇帝）公布《米兰诏书》之后，帝国境内基督徒的地位有了根本性改观，耶路撒冷得到了君士坦丁堡官方的重视，圣墓教堂得以修建，圣城也成了基督教的一座中心城市。拜占庭人的治理体现了一定的宽容精神，从 5 世纪起，当年被逐出家园的犹太人也渐渐被允许返回耶路撒冷居住。614 年，耶路撒冷首次被信奉异教（琐罗亚斯德教）的波斯皇帝库斯老二世

（Khosrau Ⅱ，590—628 年在位）攻占。祆教徒吞并了整个叙利亚、巴勒斯坦、埃及，在凯旋时甚至掠走了基督徒的至高圣物“真十字架”，其兵锋直达君士坦丁堡，令拜占庭帝国一度考虑迁都迦太基。不过，库斯老二世有一位强劲的对手——拜占庭皇帝伊拉克略（Heraclius，610—641 年在位）。这位意志坚强的皇帝，动员帝国的一切力量抵御波斯人，广交盟友，身先士卒，终于在 621 年后逐步扭转颓势，并在 627 年的尼尼微战役中决定性地击败了波斯人，收复全部失地。库斯老二世被儿子篡位弑杀，萨珊王朝由盛转衰。然而好景不长，由于长期鏖战，东罗马帝国与萨珊王朝这两大强权都精疲力竭，元气大伤，异军突起的阿拉伯穆斯林趁机灭亡了波斯帝国，并侵占了拜占庭在东方的大片土地。638 年，耶路撒冷被哈里发奥马尔攻占，整个巴勒斯坦、埃及、叙利亚也陷于其手。伊拉克略一度意气风发地光复帝国，却在晚年身患重病，无力回天，只能咽下苦果。从此，耶路撒冷开启了穆斯林的统治时代。

与罗马人、拜占庭人和波斯人不同，阿拉伯人大体上通过米勒特制度长期推行一种宗教宽容政策，他们并不以武力强迫犹太人、基督徒改宗，反而承认其“启典之民”的特殊地位，给予一定自治权利，作为代价，后者要缴纳人头税。穆斯林统治者对前来耶路撒冷朝圣的西方朝圣者也并不加以阻挠，唯一的明显例外是法蒂玛王朝哈基姆（Al-Hakim bi-Amr Allah，985—1021）当政时期，此人以反复无常、行为乖张著称，在任时期他一改昔日哈里发的宗教宽容政策，残酷迫害基督徒。哈基姆于 996 年继承王位时，仅仅是个 11 岁的孩童。其父阿齐兹临终之际，廷臣们却找不到王子，最后发现他躲到了一棵无花果树上。王公大臣们聚集在无花果树下，亲吻哈基姆面前的土地，他便在这样特殊的场景下成了新的“伊玛目”和哈里发。哈基姆的母亲是一位基督徒，两个舅舅都是基督教主教，他在即位之初，也曾继续推行对犹太人和基督徒的宽容政策，个人则坚持简朴的生活，学习天文和哲学，甚至与开罗街头的平民聊天说笑。不过，哈基姆独立当政之后，便渐渐显现出乖戾的一面。例如，他下令杀光了埃及的猫狗，禁止国民食用葡萄，他自己昼伏夜出，甚至强令开罗居民也必须遵行这样的作息制度。1004 年他开始迫害甚至处死基督徒，关闭耶路撒冷教堂和犹太会堂并改为清真寺，取缔复活节，命令犹太人佩木牛项链，基督徒佩铁十字架，以与穆斯林相区别。他烧毁了开罗的犹太社区，更在 1009 年命手下将圣墓教堂及其附属建筑夷为平地。耶路撒冷幸存的基督徒和犹太人为了生计，不得不假装改宗伊斯兰教。哈基姆的极端行为虽然得到了一部分伊斯玛仪派拥趸，但却激化了国内矛盾。在统治的末期，他甚至开始迫害穆斯林，取缔斋月，恐吓普通什叶派和逊尼派。具有讽刺意味的是，由于穆斯林极度痛恨他，哈基姆居然不得不恢复开罗的犹太会堂与基督教堂，以便得到犹太人和基督徒的支持来自保。这一时期哈基姆“疯王”的绰号已经在海内外传开了，据说他常常在夜间梦游，依靠御

◎ 圣墓教堂

◎ 耶路撒冷老城中的哭墙、圣殿山与圆顶清真寺

医的大量药剂苟延残喘。他开始怀疑身边的亲信，大肆清洗宫廷，杀死了自己的法官、老师、宫廷诗人、表亲甚至御厨，最后众叛亲离。1021 年 2 月的一个午夜，年仅 36 岁的哈基姆骑着一头毛驴离开了开罗（此时显然已精神错乱），消失在山区里。几天后人们找到了他的驴子和血衣，一般认为，他被自己的妹妹谋杀了。他的幼子扎希尔登上了王位，昔日的宗教宽容政策终于又恢复了。但帝国已经元气大伤。[2]

尽管出现了哈基姆的暴政，但朝圣者们前往耶路撒冷的灵魂净化之路并没有被彻底阻断。然而在 11 世纪，他们遇到的阻碍却超过了以往。塞尔柱突厥人的崛起打破了昔日的平衡，他们在安纳托利亚不断向西扩张，1071 年曼奇克特战役中拜占庭的惨败更是宣告了基督徒对小亚细亚牢固统治的终结，此后，经博斯普鲁斯海峡横跨小亚细亚进入耶路撒冷的陆上朝圣线路便越发凶险了。1065 年大批日耳曼朝圣者在拉姆拉（Ramla）附近被阿拉伯土匪抢劫，很多人死伤，部分朝圣者武装起来据险自保抵抗了整整三天，最后还是由当地穆斯林统治者搭救才得以生还。

最早关于医院骑士团的记载大致就源于这一时期。不过，他们的“医院”其实更像现代意义上的救济站、收容所。虽然竭力照顾病患和穷人，但那个年代的医术非常原始，面对严重疾病时，医生往往束手无策，最多只能缓解病人死前的痛苦。

根据提尔（Tyre，黎巴嫩南部重要商业城市）大主教威廉（William of Tyre，约 1130—1186）[3] 的记载，医院骑士团的先驱者是一批大约 11 世纪中期来自意大利阿马尔菲的商人，他们抵达耶路撒冷后不久，便向当时的统治者法蒂玛王朝的哈里发申请为意大利同胞在圣城中设立据点。哈里发慷慨地将城内基督徒区的一小块土地交予他们支配，而该区域恰恰邻近圣墓教堂。他们在此修建了复活教堂（Church of Resurrection）和圣母玛利亚修道院（当地人一般称作“拉丁人的圣母玛利亚修道院”，以便同叙利亚东正教徒的修道院相区别）。此外，阿马尔菲人还趁机重建了之前被战火摧毁的医院，甚至专为女性朝圣者修建了第二所医院。两所医院都有相关联的教堂，女医院是马利亚（抹大拉的）教堂（Mary Magdalene），男医院则是圣约翰教堂（“慈悲的”约翰，John the Eleemon，John the Merciful，也称 John the Almoner，基督教圣人，7 世纪初的亚历山大宗主教）。当然长期以来多数历史学家认为此处的圣约翰应为更加著名的“施洗者约翰”（John the Baptist），不过，“慈悲的”约翰一说也的确得到了骑士团官方记录的某种认可。[4]

1071 年，塞尔柱人在曼奇克特战役中击败拜占庭人，旋即南下占领耶路撒冷。虽然很多基督徒把他们当作救星，然而突厥人可没有约翰那种“慈悲”的名号——他们大幅提高了犹太人和基督徒的吉兹亚（jizya）税。虽然依旧允许基督教朝圣者来到圣城，但他们的待遇比过去明显下降了。

以上就是圣约翰医院创立的时代背景。

一位佚名的阿马尔菲编年史家记载，阿马尔菲大主教约翰（1070—1081 年在位）

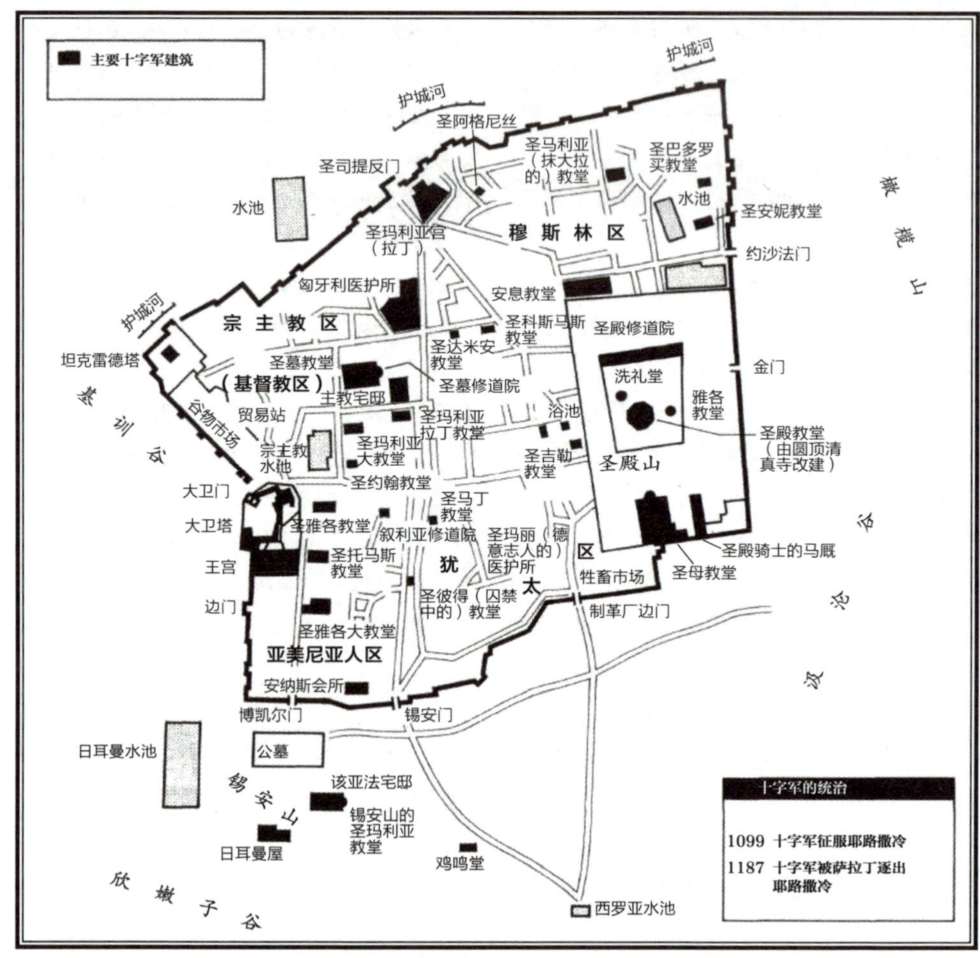

◎ 十字军时期的耶路撒冷地图，来自Martin Gilbert, *Jerusalem: Illustrated History Atlas,* Board of Deputies of British Jews, 1987, p20

曾前往耶路撒冷朝圣，在那里他受到了同乡的热忱欢迎，后者之前已经建立起两所医院（或救济院），于是主教便与自己的同胞一道救治伤患，援助穷人。这个时期的阿马尔菲团队也许还算不上专业的修士团，但已经具有了雏形。

虽然现有资料基本可以确定早在1070年前后，耶路撒冷的圣约翰医院便已经在有效地运作，但这一时期的组织结构和人员情况都是含混不清的，我们甚至不知道医院院长为何方神圣。资料的缺失也困扰着后来的医院骑士团，与其他的骑士团相比，他们无法确切地指出第一任团长姓甚名谁。当需要游说西方的权贵捐款赠土时，与竞争对手如西多会（Cistercian）相比，医院骑士团的“出生证书”上可算一片空白，难免让人心生疑窦。为了弥补这种“先天不足”，骑士团不得不杜撰出更加悠久显赫的身世以对外宣传。1160 年，赖歇尔斯贝格（Reichersberg）修道院院长格霍（Gerhoh，1093—1169）[5] 言之凿凿地声称医院骑士团的起源可上溯至使徒时代（公元 1 世纪）。到了 1185 年后，这种附会就更加离奇了：医院骑士团盎格鲁—诺曼版的团规中，居然表示骑士团的医院最初是由统治耶路撒冷的塞琉古国王安条克与一位名叫梅尔基亚扎（Melchiazar）的教长共同设立，稍后率领犹太人起义赶走塞琉古统治者的犹大·马加比（Judas Maccabeus）也是它的重要赞助人。如此一来，医院骑士团的历史就可以追溯至公元前 2 世纪。团规中还煞有其事地说，耶稣基督早年也曾多次造访医院，并在此频频显示神迹，而基督教历史上第一位殉道者圣司提反（St. Stephen）亦曾经是医院院长。12 世纪晚期至 13 世纪医院骑士团的史料虽然不再附会公元前的安条克国王版本，但也在为这传奇的“历史”添砖加瓦，例如，他们相信圣母玛利亚曾经在骑士团的医院中生活了三年之久，直至去世……教皇与骑士一再重复这些“史料”以增强医院骑士团的声誉和传奇性，从而寻求更大的支持，以讹传讹之下，反而令骑士团早期的真实状况湮没在一片迷蒙中。不过，在那个年代也有头脑清醒、富有良心的史家，圣斯特凡诺（Santo Stefano）的威廉在 13 世纪末期撰写医院骑士团团史时，便没有受到干扰，他一针见血地指出上述种种说法都仅仅是虚构的“神话”，目的是提高骑士团声望，吸引赞助人。

撇开这些传说不谈，迄今得到公认的医院骑士团创始人也是一位传奇人物——“被祝福的”杰拉尔德（Blessed Gerard，1040—1120，也被称作 Gerard Thom，因杰拉尔德并未获得教会的官方宣福，因此尚不能称为“真福者杰拉尔德”）。据说他原为本笃会（Benedictine Order）[6] 的俗人修士（lay brother）[7]，第一次十字军东征期间担任耶路撒冷的圣约翰医院院长。他德高望重，乐善好施，积极地救助朝圣者与穷人，甚至因此遭到了穆斯林的迫害（后者误以为他藏匿了大量钱财）。他的事迹在提尔大主教威廉的著作中有详细记载。不过有些“神迹”应该是后世的杜撰。其遗体于 1283 年被精心迁移至法国南部普罗旺斯的马诺斯克（Manosque），以躲避东方十字军国家的战火。后世的医院骑士公推他为创始人，并将他看作一位圣徒，虽然他并没有得到教会的官方封圣。

我们对这位载入史册的医院骑士团创立者的生平知之不多，甚至他的绰号“Tunc”（常常拼写为 Thom）也是存疑的。H. J. A. 西尔在《马耳他骑士团》（*The Knights of Malta*）一书中认为他的绰号是晚至 17 世纪由阿内·德·纳比拉（Anne de Nabirat）“发明”的，此人将拉丁语词“tunc”（then）错误地理解为绰号。杰拉尔德确凿的出生地也有争论，大体有阿马尔菲和普罗旺斯两种说法。1883 年，梅杰·惠特沃思·波特（Major Whitworth Porter）在书中表示杰拉尔德来到圣地以后，被医院救死扶伤的善举所感染，放弃了返回欧洲的想法，加入了医院的工作，并以优异表现成为医院（男医院）负责人。与此同时，女医院的负责人是一名意大利妇女阿格尼丝（Agnes）。[8]

1095 年，在法国南部召开的克莱蒙会议（Council of Clermont）上，教皇乌尔班二世郑重地提出“上帝的休战”（Truce of God）这一概念（虽然它其实是在百年前首先由法国人创造的），它要求贵族们每周周三日落至周五日出这段时间里禁止征战和比武决斗（而普通民众则禁止一切比武）。虽然“上帝的休战”看上去昭示了教廷对和平的渴望，然而异教徒显然不在停战之列：乌尔班响应拜占庭人的请求，做了那次震惊世界的演讲，第一次十字军东征就此开始了。

虽然教皇的演讲的确是振奋人心、充满激情的，而且他还许诺赦免参与东征者的全部罪孽，但若认为仅仅靠一次演讲便能驱动千军万马也太过理想主义了。十字军国家一直饱尝兵力短缺之苦，它们得以幸存很大程度上得益于穆斯林对手更加虚弱。

受教皇感召，最早启程收复圣地的“部队”是所谓的“农民十字军”（平民十字军）。他们大多数是毫无战争经验的农夫，甚至包括妇女和儿童，出于宗教热忱和对财富土地的渴望，在一位充满幻想的“隐士”彼得的领导下，踏上了注定充满苦难的征程。这群乌合之众数量超过 2 万，虽然一路跌跌撞撞，而且军纪败坏，但还是于 1096 年 5 月抵达拜占庭首都君士坦丁堡。拜占庭皇帝阿莱克修斯一世（Alexios I Komnenos，1081—1118 年在

◎《杰拉尔德会晤布永的戈弗雷》，法国画家安托万·德·法沃瑞（Antoine de Favray，1706—1798）作品，现藏于马耳他国家博物馆。图中居中黑袍者为医院骑士团第一代团长杰拉尔德，右侧红衣者为第一次十字军东征名将布永的戈弗雷（Godefroy de Bouillon，1060—1100，他率部于1099年攻占耶路撒冷，建立了十字军国家耶路撒冷王国）。安托万·德·法沃瑞以绘制奥斯曼土耳其和马耳他骑士团题材著称于世。他曾于1762—1771年居住在奥斯曼帝国首都伊斯坦布尔，创作了大量反映土耳其日常生活的油画，也为达官贵人创作肖像画。他晚年居住于马耳他岛，创作了不少经典的骑士团大团长肖像，最后在马耳他岛去世。他最负盛名的作品是为18世纪法国政治家、外交家夏尔·格拉维耶伯爵夫妇所作的画像

位）面对自己招来的第一批西方“援军”，疑窦丛生，对其战斗力不敢抱过高期望，甚至觉得他们在首都长期逗留造成的威胁还高过土耳其人，于是便用舰队将其礼送至博斯普鲁斯海峡对岸登陆。10月21日，农民十字军走完了自己的历程，他们在尼西亚附近遭到土耳其人伏击，几乎全军覆没，大部分妇女儿童沦为土耳其人的奴隶。仅有数千幸存者逃回了君士坦丁堡。在最后决战前，“隐士”彼得已经失去了对部下的控制，独自返回了拜占庭首都，实质上抛弃了自己的军队，而他的副手戈蒂埃·桑萨瓦尔（Gautier Sans-Avoir）力战而死。稍后“隐士”彼得与平民十字军残部一道加入了“贵族十字军”，并做出了自己的贡献，但已不再扮演主要的角色。

尾随农民十字军之后的，还有一支由德意志人弗隆海姆的埃姆里希（Emrich）伯爵统率的日耳曼部队。平民十字军虽然有勇无谋，但至少对圣战的态度是真挚热忱的，而埃姆里希麾下所谓的“日耳曼十字军”却将注意力放在了烧杀劫掠上。他们在美因茨和沃尔姆斯屠杀了大量犹太人，甚至一度火烧科隆。当部队在1096年6月进入匈牙利境内后，他们又成了匈牙利人的梦魇，最终在维瑟尔堡（Wieselburg）被忍无可忍的匈牙利守军击溃，埃姆里希与少数几个骑士仅以身免，部分残部转投后来的十字军正规军。

除去这些“插曲”，真正的十字军部队更加精锐，也更有纪律。虽然响应的王公贵族数量庞大，但最主要的将领包括韦尔芒杜瓦伯爵于格（也是法王之弟）、诺曼底公爵罗贝尔、下洛林公爵布永的戈弗雷和他的兄弟布洛涅的鲍德温（Baldwin）、塔兰托伯爵博希蒙德（Bohemond）以及图卢兹伯爵雷蒙德（Raymond Ⅳ, Count of Toulouse）等人，而教皇的全权代表则是阿德马尔主教（Adhemar of Le Puy）。士兵主要来自法兰西、佛兰德、德意志与意大利，总数达到35000人之众。[9]1097年4月，各路贵族十字军终于在君士坦丁堡城外集结完毕。由于农民十字军的遭遇尚殷鉴不远，阿莱克修斯一世对贵族十字军也不敢完全信任，在得到主要将领的宣誓效忠后（雷蒙德有所保留），便将他们也匆匆运过海峡，去与异教徒作战。和上一次不同的是，拜占庭派出曼努埃尔·伯托米特斯（Manuel Boutoumites）与塔第吉欧斯（Tatikios）两员大将率部协助，用他们对抗突厥人的经验去帮助初来乍到的十字军。在罗姆苏丹国的都城尼西亚，十字军初战告捷，击败了苏丹阿尔斯兰一世，夺去了这座小亚细亚历史名城，并将它归还与拜占庭帝国。随后，士气高涨的十字军继续前行，虽然沿途存在补给困难，但依然取得了多里留姆之战的胜利。进入1098年，布洛涅的鲍德温解除了埃德萨（Edessa）之围，并以此为基地，建立了埃德萨伯国（County of Edessa）。其余十字军主力则进抵安条克，经过艰苦的围攻和拉锯战后，终于夺取了这座基督教历史上的重要城市，并击退了塞尔柱人的反攻。虽然十字军饱受饥馑与瘟疫之苦，并且内部也纷争不断，但在1099年，他们还是再度踏上了征程，目标直指圣城耶路撒冷。博希蒙德没有随队出征，而是留守当地，建立了安条克公国。

当时，耶路撒冷由法蒂玛王朝的总督伊夫蒂哈尔（Iftikhar al-Dawla）负责守卫，之前一年趁塞尔柱人与十字军鏖战之际，法蒂玛王朝夺回了二十多年前丢失的这座城市。由于畏惧十字军浩大的声势，伊夫蒂哈尔放逐了城内的基督徒，以免他们充当“第五纵队”。与此同时，他也采取了坚壁清野的政策，将人员和粮草集中于城内，并烧毁了城外一切可用于制作攻城器械的木材。

就在紧张的围城期间，医院骑士团创始人杰拉尔德修士留下了他的传奇故事。根据一则流传甚广的传说，由于医院院长的特殊身份，杰拉尔德并没有被驱逐出城（战事迫在眉睫，穆斯林也同样需要医院正常运作），但是被要求与其他居民一样，为守卫圣城尽一份绵薄之力。他踏上城墙，佯装与士兵们一起向十字军投下飞石，不过他那些藏在衣服里的“弹药”看似石块，实际却是城外敌军急需的面包。有卫兵看出了蹊跷，于是杰拉尔德因资敌的罪名被逮捕并扭送至总督面前。千钧一发之际，本来用作呈堂证供的资敌面包却在瞬间化成了石块，这桩神迹令杰拉尔德逢凶化吉，无罪获释。虽然这段插曲在今人看来不足为信，不过应该也有它真实的原型。杰拉尔德大约的确被留在了耶路撒冷城内，不过，穆斯林显然不指望依靠他投掷飞石来保卫城墙，而是倚仗他的威望和医术。我们可以合理推断，他大约在围城期间领导圣约翰医院如常运作，想必也接收诊治了一些穆斯林伤患，这体现了一位医务工作者的良心。“神迹”可能是后人的附会甚至杜撰，但他的确曾经遭到逮捕（很可能是因为他出于对基督徒的同情做出了某些忤逆统治者的举动），并直到十字军进城方获得解救。杰拉尔德不是一位通晓魔法的巫师或先知，但人们出于对他的崇敬而赋予其种种富有传奇色彩的光环，并载入史册，也是可以理解的。[10]

对耶路撒冷的围困自1099年6月7日开始，一直持续到7月15日。这一天，布永的戈弗雷率领亲兵突破了城墙。他们巩固了突破口，并打开城门，十字军的洪流立刻冲入了圣城。目睹城防已然土崩瓦解，剩余的穆斯林纷纷逃往圣殿山一带，在圆顶清真寺和阿克萨清真寺寻求庇护。十字军将领坦克雷德（Tancred）追至此处，洗劫了清真寺，但他向难民们许诺只要归顺就可以免于一死。稍后十字军的旗帜便也在圣殿山上飘扬了。

与此同时，图卢兹伯爵雷蒙德在大卫塔包围了总督伊夫蒂哈尔及其残部，后者眼见败局已定，便带着大量财物向雷蒙德投降了。伯爵收获了丰厚战利品，也就颇具骑士风度地饶恕了伊夫蒂哈尔，并允许他和部队平安出城。其他人可就没有这么幸运了。城破几天之后，阿克萨清真寺中归顺的民众便惨遭其他十字军屠戮，这些部队杀红了眼，即使清真寺上醒目地竖立着坦克雷德的旗帜也无济于事。耶路撒冷的犹太人同样没能幸免，虽然他们纷纷躲进犹太会堂避难，但法兰克人一把火将一切都烧了个干净。十字军的屠城不分男女老幼，甚至有部分基督徒也难逃毒手。对于这场惨剧，编年史家阿奎勒的雷蒙德[11]曾经有以下描述：

“在城市的街道上，随处可见一堆堆的头颅、手足、残肢。有时候为了通行，不得不挖开尸体形成的‘路障’。但这些惨状与发生在‘所罗门圣殿’（即阿克萨清真寺）中的暴行相比，只是小巫见大巫——我若以实情相告，读者恐怕会难以置信。一言蔽之，屠杀过后，当人们策马进入神殿时，发现血流竟深达膝盖和缰绳之处……”

如果我们认为十字军的随军历史学家是以一种同情震惊的态度记录这一切，那就大错特错了。雷蒙德对屠杀本身大加赞许：“这是上帝做出的一次公正而辉煌的裁决，此地本应淌满异教徒的鲜血，因为他们曾经亵渎圣地。”

一般认为，当时耶路撒冷城内共有7万人口。虽然有十字军的资料表示他们屠尽了全城市民，但实际殒命的可能大约只有1万人。显而易见的事实是，倘若十字军所言非虚，那么居住在城内的杰拉尔德与他的医院修士们也无法幸存。实际上，破城后仍然有相当一部分穆斯林、犹太人逃出生天，贩卖战俘与榨取赎金一度成为十字军将士的重要财源。史料中触目惊心的屠城描写虽然不是空穴来风，但也存在一定的夸大，这或许是因为西方编年史家出于宗教热忱，极力要突出“圣战”的业绩。[12]

一场腥风血雨之后，耶路撒冷变换了主人。城中居民很多遭到屠戮，圣城的财富被征服者夺取，只剩下一座满目疮痍、尸臭冲天、奄奄一息的城池。而发起十字军东征的教皇乌尔班二世在听到胜利的消息之前便撒手人寰，或许这也应验了十字军的口号——“神的旨意”。教皇代表阿德马尔主教已病逝，圣城急需一位新的领导人。贵族们为此争论不休，主要的候选人是战功最为卓著的下洛林公爵布永的戈弗雷和图卢兹伯爵雷蒙德二人。起初大家有意推举雷蒙德，但此人忸怩作态地表示自己不配做耶稣之城的国王。于是众人转而看好布永的戈弗雷，后者谦逊地表示自己无意称王，只愿意做“圣墓守护者”（Advocatus Sancti Sepulchri）。他的此番表态博得了普遍的好感，于是顺利地被选举为圣城的第一任十字军领袖，虽然没有国王之名，但他实际上为耶路撒冷王国的缔造者。图卢兹伯爵雷蒙德事后悔之不迭。但他作为一代名将，也没有自暴自弃，而是领军转战黎巴嫩海岸，最终建立了自己的的黎波里伯国，这也是东方的第四个十字军国家。

戈弗雷的登基对医院骑士团的未来影响深远。虽然统治时间只有短短一年，但戈弗雷从心底里敬重“被祝福的”杰拉尔德，并支持他的事业。据说，破城后不久，戈弗雷就亲自造访了圣约翰医院并被所见之景深深震撼。杰拉尔德与他的修士们不仅悉心治疗、照顾十字军伤患，而且甚至省出自己的口粮以保证伤员的供给。戈弗雷当即决定向医院修士们献出自己在布拉班特（Brabant）附近的庄园作为谢礼，这也是医院修士从十字军手中得到的第一笔捐赠，颇有象征意义。值得注意的是，在戈弗雷眼中，圣约翰医院中的“约翰”，指的是“施洗者约翰”而非“慈悲的约翰”，在他向医院修士捐赠田产的授权书里，他将医院描述为“由上帝、圣母与救世主的先行者圣约翰（显然指的是为耶稣洗礼的约翰）的恩宠而建立”。无论如何，有了戈弗雷做出表率，其他十字军领袖的捐献也就接踵而至了。原本医院创立后虽耕耘多年但长期默默无闻，现在由于返回欧洲的数千十字军战士及朝圣者对医院修士的义举大加褒扬，圣约翰医院很快在欧洲名声大噪，引人瞩目。不久之后，圣约翰医院修士会在法国、西班牙、意大利都拥有了自己的财富，并乘势新开了一家女医院以满足络绎不绝的朝圣者的需求。

随着医院规模扩大、声望日隆，杰拉尔德与几位修士脱离了原来的本笃会，建立了自己的慈善组织。最初的会规参考了本笃会与奥古斯丁会（Order of Saint Augustine）[13]的会规，要求成员们发“绝财”“绝色”“绝意”三愿（或称“安贫”“禁欲”“听命”），并打造了一个纪律严明的慈善、医疗、修道组织，此即医院骑士团的前身。[14]1113年，教皇帕斯夏二世（Paschal Ⅱ）正式发布诏书（bull）*Pie postulatio voluntatis*，承认他们是独立的修会，并赐予他们一系列的经济、政治特权，如无须缴纳什一税；无须接受任何政权的领导，只受教皇节制。教皇在诏书中特意称杰拉尔德为医院的“创始人”，虽然不够精确，但也可看出杰拉尔德的确是独立运作后的圣约翰医院的灵魂人物。很快，骑士团的势力不再局限于耶路撒冷，随着朝圣者之路的繁盛以及十字军的攻城拔寨，他们在圣地、西班牙、意大利、法国都拥有了财产。教皇的眷顾也为他们在欧洲带来了大批赞助人，从而为骑士团的真正独立奠定了物质基础。尽管医院骑士团的势力日渐增强，但团长杰拉尔德依然保持着一颗谦逊的心。他常常告诫团员说，要像侍奉上帝那样去对待穷人。骑士团坚持了这一信条，在那个封建时代，它俨然是一个另类。

此后，杰拉尔德又领导了修士团整整七年，最后于1120年以高龄去世。他的墓碑上写着：

“东方最谦逊之人杰拉尔德长眠于此，他帮扶穷人，招待过客，外表谦卑而内心高贵。人们深谙他的良善。他深谋远虑，积极进取，善于变通，而又胸襟宽广。在太阳位于处女座下的第17天（即1120年

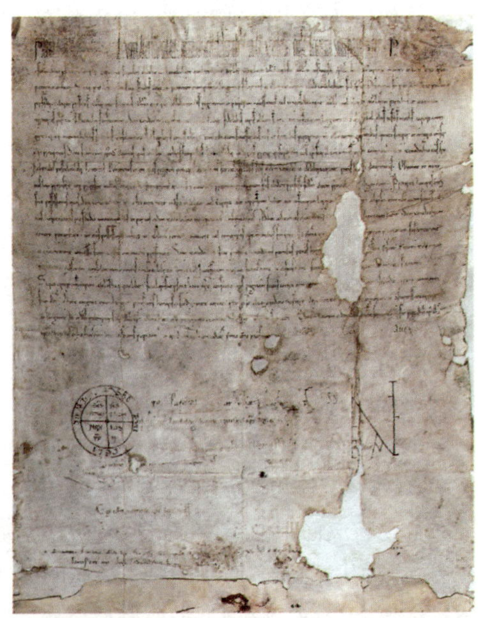

◎ 教皇正式承认医院骑士团的诏书*Pie postulatio voluntatis*

9月3日)，他被天使引入了天堂。”[15]

其实，在第一次十字军东征拿下耶路撒冷前，杰拉尔德的医院原本附属于“拉丁人的圣母玛利亚修道院”，一般认为后者具有本笃会色彩。当时耶路撒冷宗主教（Greek Orthodox Patriarch of Jerusalem）驻跸在圣墓教堂，而整个耶路撒冷的教阶体制都属于叙利亚东正教会。随着西方的十字军占有圣城，情况发生了改变。十字军由罗马教皇发起，自然他们在城内以天主教会圣统取而代之，并相应地在圣墓教堂设立了一位拉丁礼教会耶路撒冷宗主教（Latin Patriarch of Jerusalem），第一任为法国人阿努尔夫（Arnulf Malecorne of Chocques）[16]，他很快便鲁莽地放逐了东正教会的耶路撒冷宗主教及其下属。作为这一变化的结果，此后杰拉尔德的医院也转而对圣墓教堂的拉丁宗主教负责了。

作为一项有力的证据，早期对医院骑士团的捐献，一般对象都署名为“圣墓及耶路撒冷的圣约翰医院”（the Holy Sepulchre and the Hospital of St. John of Jerusalem），这说明二者之间存在紧密联系（甚至属于一体）。甚至不少圣墓教堂的教士平时也在圣约翰医院照顾病患，对于过去“拉丁人的圣母玛利亚修道院”的本笃会士而言，这是难以想象的。因为本笃会的宗旨更加注重个人隐修，而传统拉丁教会更倾向于普度众生。骑士团第二任大团长雷蒙·杜·皮伊（Raymond du Puy，1120—1158/1160年在位，1083—1160）修订的团规被发现与奥古斯丁会团规颇有相似之处，这就是受到了圣墓教堂修士们的影响的佐证（后者从1114年起也遵循奥古斯丁团规）。

不过，上述联系并非正式的上下级关系。在耶路撒冷王国初建的动荡岁月里，教会负责掌控城内的医院、救济所是合情合理的，特别是圣城“光复”后西方涌来的朝圣者大增，为了维护秩序，也急需统一强力的领导。但随着时间推移，王国站稳了脚跟，一切都步上了正轨，医院骑士团也开始逐步走向独立自治。1113年教皇的诏书里也明确规定他们可以自主选举大团长，而无须对地方教会负责。教皇还给予他们直接的庇护，并认可了其之前获得的财富。令人困惑的是，诏书中提到骑士团在圣城以外拥有的医院（救济院）数量惊人，遍及巴里（Bari）、奥特朗托（Otranto）、塔兰托（Taranto）、墨西拿（Messina）、比萨（Pisa）、阿斯蒂（Asti），甚至法国南部的圣吉勒（St. Gilles）……没有证据表明医院骑士团在1113年前便已经拥有了它们，甚至在1113年当年是否有效掌控也存在疑问。很可能这份长长的名单只是骑士团“希望”拥有的财富，或者是名义上被献给圣墓教堂而骑士团要求继承的财产。实际上，当时西方人在捐献时往往只笼统地表明“献给上帝、圣墓、圣约翰及耶路撒冷医院”，导致人们难以区分这些财物、地产究竟是给圣墓教堂的，还是给圣约翰医院的。但是对西方基督徒而言，“圣墓”是耶路撒冷的重要象征，将它从捐献名单中划去也是不可接受的。而骑士团在西欧修建的若干教堂，总是有意无意地突出与耶路撒冷圣墓之间的联系，进一步加深了赞助人的困扰。作为这笔糊涂账的结果，相当一部分原本进献给圣墓教堂的财富最终划到了医院骑士团的名下。

1113年起，医院骑士团在财政方面也开始独立于耶路撒冷王国教会。早在1112年，耶路撒冷宗主教阿努尔夫便免除了骑士团缴纳什一税的义务，第二年这项特权又得到了教宗的确认，以便他们能集中财力救助苦难。此后数十年中，医院骑士团的特权不断扩大。例如，1154年，教皇赋予他们针对耶路撒冷宗主教及所有普通主教的司法豁免权。如此一来，骑士团便可以不受干扰地开展工作，但也令一部分当地教会心生嫉妒，进而产生了一些摩擦。

1113年的教皇谕令在1119年得到了新教皇杰拉斯二世（Calixtus Ⅱ）的进一步确认，1135年，教皇英诺森二世（Innocent Ⅱ）发布诏书，规定医院骑士不得被任何主教褫夺教权或施以“绝罚”（excommunication，即逐出教会），即使某地区或某国家被革出教门，该区域的医院骑士团教堂仍然可以例外。由于绝罚是主教们司法中的“撒手锏”，对它的豁免实质上令医院骑士团享受到了独立司法权。两年后，英诺森二世颁布了诏书*Christianae fidei religio*，医院骑士团的特权得到了扩大：骑士团获得的荒地可以修建村庄、教堂、墓地供所有前来定居的人使用，而不仅仅是骑士团成员。这就变相地允许了骑士团获得自己的封建采邑。当然如果获赠的地产不是荒地，则只能供骑士团内部使用。骑士团也被正式允许建立组织发展“俗人”成员（lay member）。后者并非正式团员，可算作某种“预备役”或替补。他们被要求每年缴纳一定的“捐献”，作为回报，可以享受教堂葬礼（即使所在教区遭到了绝罚）并且个人对绝罚享有豁免权。骑士团的司法独立也获得了再次保障。对于骑士团的免税权，教宗解释说这是因为他们的财产基本都用于帮助朝圣者和穷苦大众，属于慈善事业。1139年至1143年间，英诺森二世又颁布了*Quam amabilis Deo*，在这份文件里教皇鼓动医院骑士团会众积极招募发展新成员。宗座许诺，凡是加入骑士团并定期捐献的教徒，每年可免除七分之一的告解圣事（penance），死后能葬入骑士团专属墓地并豁免绝罚。教皇还允许主教们批准手下的牧师临时加入骑士团（为期一至两年），并在此期间继续领取原有俸禄。1154年，教皇阿拿斯塔斯四世（Anastasius Ⅳ）规定主教无权将医院骑士团团员及俗人会众逐出教会，同时确认唯有正式团员才有资格选举大团长。他也在此声明骑士团的神职人员只对教皇负责，而不受当地主教的管辖。当然，骑士团也可以招募发展平信徒（laity）[17]以帮助穷人。未经大团长及团员许可，会众不得擅自退出。团员可邀请任何一位自己喜爱的主教来授圣职，而无须拘泥于本地主教。

综上所述，医院骑士团最终获得的特权是惊人的：他们完全脱离了地方主教的权威，而仅仅对教皇负责，因此，拥有了极大的自治权力。虽然看上去医院骑士团享受了恩宠，不过其中一些权利，例如可拥有自己的神职人员，只是对既成事实的追认。而在那个年代，还有不少其他的骑

令耶路撒冷圣约翰医院得名的圣约翰教堂，今属于东正教会

圣约翰医院旧址纪念碑，由骑士团官方设立

士团或修士团享有类似权利。如1120年成立的圣殿骑士团和1098年成立的西多会。

以上情况体现了12世纪中期以来教皇加强自身权威的努力。理论上，这些骑士团（修士团）是教皇的忠仆和左膀右臂，不过在实践中，他们也享有一定独立性。大量骑士团、修士团的出现，无形中削弱了地方教会的权力，也就间接提高了教皇的声势。当然，由于医院骑士团、圣殿骑士团、西多会本身具有超国家性质，它们也很难被一地的教会有效管辖，只能服从于同样超越国家、民族的教皇。

但是，医院骑士团的司法特权不可避免地会激起地方教会的怨怼。1154—1155年，耶路撒冷宗主教富尔彻（Fulcher）便与医院骑士团发生了尖锐争吵，最后，宗主教亲自率领一个教士代表团前往罗马，向教皇“告状”，要求撤销骑士团的特权。但被教皇阿德利安四世（Adrian Ⅳ）断然拒绝。教宗的公开庇护自然令骑士团的声势更加高涨，此后地方教会便放弃了对他们的干预政策。

至12世纪中期，医院骑士团已经发展为事实上的独立王国，仅仅隶属于教廷。与此同时，它获得的财富也大为增加了，而且来源也更加广泛。早在圣城刚刚陷落不久，耶路撒冷城主布永的戈弗雷（他并未正式称“耶路撒冷国王”，而是谦虚地自称“圣墓守护者”，不过事实上具有国王地位）便赐给圣约翰医院一座名叫赫希里亚（Hessilia）的村庄及两座面包烤房作为礼物。由于附近的居民都需要租赁烤炉来制作主食，面包烤房在当年也是珍贵的不动产。以上捐赠是口头的，并无文件遗存，不过它的有效性得到了之后历任耶路撒冷国王的首肯。戈弗雷的继任者们对医院骑士团也相当宠爱，鲍德温一世（1100—1118年在位）即位之初便赠予骑士团大量村庄、隶农、土地与房舍，鲍德温二世也延续了类似政策。1118年，骑士团还获得了的黎波里伯国与安条克公国捐献的财富。

在圣地以外的欧洲，医院骑士团同样收获颇丰。有专家曾认为早在1100年左右，医院骑士团便已经在伦敦拥有地产，不过目前史学界的主流并不支持这个说法——比较认可的时期是1144—1148年。不过，在法国南部和伊比利亚半岛，骑士团的发展要早很多。法国很早以前就是前往东方朝圣的大国，而伊比利亚半岛上的基督教诸国一直都面临着穆斯林的威胁。1100—1110年之间，阿斯塔拉伯爵桑切斯（Sanches）和他儿子贝尔纳（Bernard）将丰索尔贝（Fonsorbes，位于今天法国西南部上加龙省的一个市镇）及附近几块土地献与“圣墓及耶路撒冷医院”。1101年，另一群捐献者交出了图卢兹（Toulouse）附近皮苏布兰（Puysubran）的领地，对象是“圣墓及耶路撒冷的朝圣者修士兄弟”。随着捐献者日益增多，医院骑士团在法国南部的领地也不断扩大。1121年他们在法国南部港口圣吉勒设立了医院，不久后该地发展成为骑士团在欧洲的管理中枢之一。

西西里伯爵罗杰一世（Roger Ⅰ，1031—1101）在去世前给予了医院骑士一笔金钱捐赠。1113年前，卡斯蒂利亚王后乌拉卡（Urraca）也成为他们的赞助人。此后历代卡斯蒂利亚统治者延续了这项传统。1126年她的儿子阿方索七世（Alfonso Ⅶ）将城镇阿塔普埃尔卡（Atapuerca）赠予骑士团。他表示之所以这样做，完全是为了通过行善获得上帝的垂青。1122年葡萄牙国王阿方索一世·恩里克斯（Afonso Ⅰ Henriques）在同摩尔人的战争中获得了胜利，龙颜大悦之时，恰逢当地医院骑士团的修士会长向他请求捐献，他便慷慨地赐予了若干村镇。这是我们能够得知的医院骑士团直接与对抗异教徒的圣战发生了联系的最早记录。1134年，当武功赫赫的阿拉贡与纳瓦拉国王阿方索一世驾崩时，由于没有直系后裔，他在遗嘱中竟准备将王国交予圣殿骑士团、医院骑士团及圣墓教堂修士团继承管理。由于阿方索正处于收复失地运动的乱世中，可能他认为这三大修士团才能代替他扛起征服摩尔人的大旗。不过他手下的贵族们终止了这场充满理想主义的安排，选择了他的弟弟拉米罗二世（Ramiro Ⅱ of Aragon，1086—1157）即位。为了安抚三大修士团，阿拉贡的贵族们表示可以捐献一部分城堡和村庄作为补偿。但只有医院骑士团笑纳这份大礼，很可能圣墓教堂修士团与圣殿骑士团当时都不愿意过多卷入伊比利亚半岛的战争。众所周知，当时医院骑士团并没有直接参与圣地的战事，不过由于他们广泛地照料前来圣地的朝圣者，而朝圣者中既有纯宗教性质的，亦有前来参与圣战的，因此也算间接地卷入了战争。对医院骑士团来说尤其幸运的是，他们与圣墓教堂几乎仅一墙之隔，存在剪不断理还乱的联系，而后者可谓基督教世界最重要的圣地，爱屋及乌，医院骑士与圣约翰医院便得到了欧洲各国的格外垂青。任何一位欧洲的国王或贵族，若要表示对保护圣地的诚意，几乎都免不了对圣墓教堂进行一番捐献，而圣约翰医院与圣墓教堂几乎是不可分的。

医院骑士团真正卷入军事斗争几乎是在它正式被教廷册封三十年后。1139年至1143年间，教皇英诺森二世在*Quam a abilis Deo*中同意他们自筹经费保留一支“servientes”队伍，以保护朝圣者的安全。“servientes”一词本身有“仆人”的意思，但还有另一种含义：“军士”（相当于法语中的sergeants，指非骑士阶层的军事人员）。教皇显然是允许了医院骑士团正式建立自己的军事力量以保卫圣地。

看上去，军事化的医院骑士团的功能与宗旨似乎与1120年成立的圣殿骑士团有所重合。然而，虽然在1129年特鲁瓦（Troyes）会议上得到了官方承认后圣殿骑士团发展迅速，但它的实力还远远不能保证众多前往圣地的朝圣者的安全。教皇的认可令医院骑士团从幕后走向了台前，他们已经在医院中为朝圣者们服务了近一个世纪，现在开始披上戎装，为遥遥路途中的朝圣者们保驾护航。这当然也是一个契机，可以让医院骑士团的势力更加壮大。

1126年，一份医院骑士团的捐赠记录提到，耶路撒冷王国雅法（Jaffa）统帅（Constable）巴里桑（Barisan）邀请的几位见证人中，包括骑士团的统帅杜兰德（Durand）。在中世纪，统帅通常是高级军职，当国王不在军中时，他代替其行使指挥权，相当于国王的军事副手，代表人物如英法百年战争时期的法国民族英雄、骑士统帅贝特朗·杜·盖克兰。因此，这份史料似乎说明医院骑士团已经开始军事化转型。不过，文件中杜兰德在医院骑士团证人名单里排名相当靠后，似乎其地位远不能和西欧的同行相比，因此他可能只是一位雇来的中低级军官或行政上的“总管”，而非真正意义上的“统帅”。并且在他前后一段时期，我们也看不到医院骑士团“统帅”职务的记录。

医院骑士团涉足军事领域真正强有力的证据是他们在1136年从耶路撒冷国王富尔克（Fulk，约1090—1143）手中接过了一件大礼——巴耶吉布林（Bayt Jibrin）城堡。这座要塞临近穆斯林控制的城市亚实基伦（Ascalon），是拱卫耶路撒冷安全的前哨。有些出人意料的是，富尔克并没有把这座城堡交给圣殿骑士团，按理后者在作战方面远比医院骑士团经验丰富。医院骑士团派遣了部队驻守在那里，并且称职地完成了使命，令穆斯林的威胁大大减弱。虽然医院骑士在作战方面可能还不足以与圣殿骑士媲美，不过他们在开发内政吸引居民定居方面远胜过竞争对手，事后巴耶吉布林果然发展为一座繁荣的村镇——耶路撒冷国王显然是经过深思熟虑才做出了这项决定，而骑士团的表现也的确无愧于国王的信任。巴耶吉布林城堡俨然是绝佳的样板，无声地宣扬着医院骑士团的威仪，并令日后给他们的军事赠礼纷至沓来。

阿卡主教雅克·德·维特里（Jacques de Vitry，1160/1170—1240，法国奥古斯丁会修士、神学家、编年史家，1214年被选举为阿卡主教，1229年成为枢机主教）在他的《东方史》（*Historia Orientalis*）中写道，医院骑士团是通过模仿圣殿骑士团组建了自己的军事力量。不过雅克主教本人与圣殿骑士团过从甚密，上述信息很可能是圣殿骑士单方面的说辞，其客观性难以保障。现代历史学家一般认为在1120—1130年间，圣殿骑士团相较于医院骑士团知名度很低，实力也比较弱小，后者不太可能去东施效颦。很可能医院骑士团是在保护朝圣者的过程中，自然地发展出了自己的军事力量。十字军控制下的圣地并不太平，对远道而来的欧洲朝圣者而言，生死攸关的大事是保护自己免遭穆斯林土匪的侵扰，既然医院骑士团以关心、保护朝圣者为己任，自然不能对这种安全上的需要视而不见——与其在朝圣者们被袭击后再去救治，不如一开始就动用武力予以保护。与其说医院骑士团的军队是为了与圣殿骑士一争高低，不如说它是在响应耶路撒冷王国对优良战士的需求，圣殿骑士的壮大也与之息息相关。尽管如此，医院骑士团在圣地的军队规模并不大。两大骑士团一次能投入战场的骑士数量，都在300人上下。在要塞驻军中，大部分成员都是雇佣军，只有领头的军官是骑士团成员。

在现代人看来，以救死扶伤为宗旨的修士会居然能拿起武器奔赴战场，实在有些匪夷所思。不过，即使今日一些以维护和平为宗旨的国际组织，如联合国，也

◎ 巴耶吉布林遗址，1839年苏格兰画家大卫·罗伯茨绘制

拥有自己的军队。在那个年代，人们普遍认为，暴力是维护正义与和平必不可缺之物。甚至很多基督徒把对异教徒的杀戮视为一种大爱之举（act of love），早期十字军还将穆斯林看作天谴之民（summa culpabilis）。而在对抗异教徒的事业中献身，被认为可以洗涤罪恶，净化灵魂。[18] 1139年，教皇英诺森二世在给圣殿骑士团的诏书（*Omne datum optimum*）中写道：你们实践了福音书的教诲——“人为朋友舍命，人的爱心没有比这个大的。”[19]

看上去，教会一方面倡导和平，一方面又在鼓动暴力，似乎自相矛盾。不过，《圣经·新约》中便存在着同样矛盾的两类信息。如，“使人和睦的人有福了，因为他们必称为神的儿子”（太5：9）；“只是我告诉你们：不要与恶人作对。有人打你的右脸，连左脸也转过来由他打”（太5：39）；“耶稣对他说：收刀入鞘吧！凡动刀的，必死在刀下”（太26：52）。但在《路加福音》中，耶稣和施洗者约翰却表现出对军人的好感，甚至耶稣还曾叮嘱使徒们买刀来自保。（参见，路3：14，路7：9，路22：36各节。）伟大的基督教神学家圣奥古斯丁试图解释、调和这种矛盾，在《上帝之城》中，他一方面痛斥战争，另一方面却又表示如果为了和平，“以暴抑暴”也是可取的。他后来在信件中阐释说，既然《圣经》中耶稣对士兵并无歧视，甚至后者同样得到了耶稣的垂青，那么出于维护和平的目的施以的战争，也就是正当的。不过圣奥古斯丁也强调说，与战争相比，隐修是更好的取悦上帝的方式。在罗马帝国后期，罗马皇帝以上帝的代言人自居，以武力保卫基督教徒自然是他的天职。进入10世纪，上述观点已经深入人心并得到了教会的普遍首肯。11世纪后期，教皇格列高利七世甚至要求所有基督教战士为他同教皇的敌人——神圣罗马帝国皇帝亨利四世作战。由于教皇是圣彼得的传人，换言之，也就是上帝的代言人，那么为教皇而战自然也就是为上帝而战。与当年罗马皇帝的动员相比，教皇的鼓动甚至更具威力，因为格列高利七世声称凡是为他作战的士兵都会被自动赦免所有罪愆，从而在死后升入天堂，这就让教皇的战争具有了圣战的意味。当然，圣战的影子在《圣经·旧约》中便可见端倪，格列高利七世只是延续并加强了这种传统。因此，世俗的君主或王公为了捍卫和平，保卫自己的基督教臣民而发动战争，便是合情合理的了。同样，在教会的号召下发动“圣战”更具有正义性。第一种战争虽然也是基督徒的使命，但并没有精神上的特殊回报，而第二种战争则更上一层楼——能够净化人的灵魂。

十字军东征时期，这种思想得到了进一步发展。十字军东征本身已不仅仅是又一场圣战，它还被赋予了新的内涵。虽然乌尔班二世在克莱蒙会议上发起十字军运动的演讲原稿已经亡佚，但他的确曾经许诺，凡是并非出于荣耀或金钱目的前往耶路撒冷为上帝收复圣城的人，都能自动洗涤罪恶死后进入天堂而无须苦修。这便强烈暗示：所谓的“远征”也是一场朝圣之旅。作为朝圣者，远征军人人佩戴十字架作为标志也就合情合理了。十字军同样享受到了朝圣者的特权：可以延缓债务，家庭与财产得到教会的庇护，暂时免缴一切税赋。

当然，十字军东征绝不仅仅是一场朝圣之旅，本身也是一场企图从异教徒手中拯救圣地的圣战。无怪乎乌尔班二世完成演讲后，激动万分的听众会纷纷高呼：“神的旨意！”（Deus Lo Volt !）第一次十字军东征名将塔兰托的博希蒙德一世（Bohemond Ⅰ of Taranto）曾经对他的“统帅”这样说道：“这并不是一场肉体上的战斗，而是精神上的圣战。”当十字军攻下耶路撒冷后，教皇帕斯夏二世写信祝捷说：“上帝存留你们心中，怀着神圣的慈悲，基督的敌人、基督徒的迫害者尽数毁于你们手中。”

总而言之，在那个特殊的时代背景中，在第二代大团长雷蒙的率领下，医院骑士团紧随圣殿骑士团之后，逐步从保护朝圣者的医生、慈善修士转变为骑士和军人，这亦是当年基督教信仰的体现。他们与普通十字军不同，后者起誓踏上朝圣与救赎之旅，但往往也怀揣获取财富和土地的私心；而他们作为修士会会员，起誓“绝财”“绝色”“绝意”三愿，更加安贫乐道，也更加吃苦耐劳。不过这并不妨碍他们与十字军弟兄并肩战斗，在医院骑士看来，这场战争始终处于上帝的关注之下，他们是为了捍卫圣地，为了博得上帝青睐，为了博得天堂的席位而战斗。很快，他们便会在十字军国家的征伐中，大放光彩。[20]

注释

[1] 阿马尔菲是意大利坎帕尼亚大区的一个港口市镇，亦是天主教阿马尔菲—卡瓦德蒂雷尼总教区所在地，位于萨莱诺湾畔。339 年其开始成为贸易点，9—13 世纪初为意大利重要的贸易城邦国家，前期为共和国（名义上隶属于拜占庭），后期为公国，1137 年被比萨占领后迅速衰落。今天它人口不足 6000，是意大利南部著名的旅游城镇，被列入联合国教科文组织世界文化遗产名录。城中的阿马尔菲主教座堂据说藏有使徒圣安德烈的遗骨。

[2] 西蒙·蒙蒂菲奥里，《耶路撒冷三千年》，张倩红，马丹静译，民主与建设出版社，2015 年，238-240 页。

[3] 提尔大主教威廉，亦称威廉二世主教（以便与他的同名前任相区别），12 世纪重要的十字军编年史家。他出生于耶路撒冷一个普通市民家庭，父母都是法兰克人，早年曾花费二十年时间于巴黎、奥尔良、博洛尼亚等地学习神学、法律、艺术和古代典籍。1165 年他返回圣城，由于学富五车，很快便脱颖而出，在教会中青云直上。1167 年他当选提尔副主教，第二年奉国王阿莫里之命出使拜占庭，与拜占庭皇帝协商联盟事宜，在王国政坛崭露头角。1170 年起他被任命为太子鲍德温（未来的鲍德温四世）的私人教师。威廉与的黎波里伯爵雷蒙德关系亲密，雷蒙德摄政之后，1174 年他被提拔为耶路撒冷王国书记长（Chancellor，文官最高职位，主管内政与外交），1175 年荣升为提尔大主教，但在 1180 年与伊拉克略竞争耶路撒冷宗主教之位时失败。自 1167 年起，威廉受阿莫里国王之托，开始撰写《编年史》（*Chronicon*）一书，该书并未完成，内容截止至 1184 年。由于威廉是耶路撒冷王国诸多重大事件的亲历者，他的记载提供了大量宝贵的第一手材料。不过在《编年史》中，他对自己的政敌，如伊拉克略、沙蒂永的雷纳德以及圣殿骑士团等抱有一定偏见。

其生平参见：Alan V. Murry (Editor), *The Crusades: An Encyclopedia*, ABC-CLIO, 2006, pp.1281-1282.

其《编年史》的现代英文版参见：William of Tyre, *A History of Deeds Done Beyond the Sea*, E.A.Babcock and A.C.Krey（trans.）,Columbia University Press, 1943.

[4] 威廉的记载距离事件发生已过去了大约一个世纪（成书于 1170—1184 年间），他的版本颇有语焉不详、模棱两可之处。今天的史学家对他关于医院骑士团成立之初的记载存有疑问。例如，他坚持骑士团“圣约翰”一名是出自“慈悲的”圣约翰，而今天的专家大多相信“圣约翰”指的是“施洗者约翰”。意大利阿马尔菲的大教堂亦是献给圣母玛利亚与施洗者约翰，它的移民坚持这份传统也是合情合理的。参见：

Stephen Dafoe, *An Illustrated History of the Knights Hospitaller*, Allan Publishing, 2010, p.8.

Helen Nicholson, *The Knights Hospitaller*, the Boydell Press, 2001, p.3.

[5] 格霍，12 世纪德意志地区最负盛名的神学家。他不仅是赖歇尔斯贝格修道院院长，也是一名律修会修士。

[6] 本笃会，亦译为“本尼狄克会”，罗马天主教隐修院修会，529 年由意大利人本笃创立，因而得名。该会在罗马南部卡西诺山（Monte Cassino）建立了第一座隐修院，严格遵守本笃会规，以禁欲、安贫和听命要求修士，并让他们发“绝财”“绝色”“绝意”三愿（可理解为“清贫”“贞洁”“听命”三愿）。本笃会既重视自身修行，也积极参与社会活动，是西方第一个有着系统会规的隐修会。中世纪时期，其修道院不仅有宗教设施，还拥有学校、医院、客舍、果园、菜圃等生活、生产设施，算得上一个自给自足的小型社区，它以招收低级修士的方式吸纳贫民入会，并终生从事劳动。本笃会也高度重视教育及文化传播，常派修士外出设立学校，并组织人手抄写、翻译、保存《圣经》古本及希腊、罗马典籍。历史上，本笃会产生过格列高利一世、格列高利七世、帕斯夏二世等多任教皇及首任坎特伯雷大主教圣奥古斯丁，影响力颇大。1909 年本笃会传入中国，1926 年曾在成都建立修道院，著名的辅仁大学也是由美国的本笃会修士创立。

参见：丁光训，金鲁贤，张庆熊（主编），《基督教大辞典》，上海辞书出版社，2010 年，65 页。

[7] 俗人修士，也译为“辅理修士”“无品修士”“庶务修士”“一般修士”，也指“平修士”。他是罗马天主教修士会男会士中的一种，并非神职人员，但仍属于教团成员。通常俗人修士也穿会服，恪守会规，但与神职修士相比，要更多地分担杂务劳役工作。

参见：丁光训，金鲁贤，张庆熊（主编），《基督教大辞典》，608 页。

[8] “被祝福的”杰拉尔德，一说出生于法国普罗旺斯的马尔蒂盖（Martigues），一说出生于意大利阿马尔菲。由于耶路撒冷的圣约翰医院早期的确由阿马尔菲人创建并运作，其领导人亦来自该地似乎合情合理，并且相邻的女

医院院长也是一位意大利妇女。不过，1283 年，随着东方的十字军国家逐步崩溃，医院骑士团将首任团长的遗体迁移至法国（而非意大利）南部普罗旺斯的马诺斯克教堂厚葬，似乎又间接说明他具有法国血统。本书对其中文译名采用意大利语发音音译，如果用法语音译，则应为“热拉尔”（Gérard）。参见：

Terence Wise, *Knights of Christ*, Osprey Publishing, 1984, pp.9–10.

H. J. A. Sire, *The Knights of Malta*, Yale University Press, 1996, p.115.

Jonathan Riley-Smith, *The Knights Hospitaller in the Levant, C.1070–1309*, Palgrave Macmillan, 2012, pp.17–20.

[9] 考虑到图卢兹伯爵是法国人，按照法语发音，他的名字音译为“雷蒙”更为合适，不过国内历史书籍长期习惯将他称作“雷蒙德”，故本书沿用了这一传统译法，而对于医院骑士团第二任大团长 Raymond，笔者则音译为“雷蒙”，以示区别。关于第一次十字军东征的部队人数，不同史家的记载出入颇大。例如，法国历史学家米肖相信，农民十字军有 30 万之多，而戈弗雷、雷蒙德的兵力分别达到了 9 万、10 万；《剑桥插图中世纪史》认为总兵力为 6.5 万；《西欧中世纪史（第六版）》给出的数字是约 1.5 万。考虑到那个年代的后勤补给水平和历史学家一贯的浮夸，笔者在本书中一般倾向于选取比较保守的数字。参见：

米肖，普茹拉，《十字军东征简史》，杨小雪译，北京时代华文书局，2014 年，20–25 页。

布莱恩 · 蒂尔尼 西德尼 · 佩因特，《西欧中世纪史》，袁传伟译，北京大学出版社，2011 年，255 页。

罗伯特 · 福西耶，《剑桥插图中世纪史（950–1250 年）》，李增洪等译，山东画报出版社，2008 年，254 页。

David Nicolle, *The First Crusade, 1096–99: Conquest of the Holy Land*, Osprey Publishing, 2003, p.21, p.32.

关于第一次十字军进军的情况，参见：Steven Runciman, *A History of the Crusades Vol. Ⅰ: The First Crusade and the Foundations of the Kingdom of Jerusalem*, Cambridge University Press, 1987, pp.130–132, pp.175–264.

[10] Stephen Dafoe, *An Illustrated History of the Knights Hospitaller*, pp.15–16.

[11] 阿奎勒的雷蒙德（Raymond de Aguilers），第一次十字军东征时期重要编年史家，早年是法国弗泽莱修道院的一位教士，后加入十字军队伍，先后跟随阿德马尔主教与雷蒙德伯爵，著有 *Historia Francorum qui ceperunt Iherusalem* 一书，由于十字军战争亲历者的特殊身份，其历史著作显得尤为珍贵可信。其生平参见：John Hugh Hill, "Raymond of St. Gilles in Urban's Plan of Greek and Latin Friendship", *Speculum 26*, 1951, pp.265–276.

[12] 仅在阿克萨清真寺，就有超过 3000 人遇难。围攻耶路撒冷及大屠杀的具体情况，参见：

Steven Runciman, *A History of the Crusades Vol. Ⅰ: The First Crusade and the Foundations of the Kingdom of Jerusalem*, pp.279–288.

西蒙 · 蒙蒂菲奥里，《耶路撒冷三千年》，253–256 页。

关于第一次十字军东征攻陷耶路撒冷的全过程，读者可参考：阿尔伯特，《耶路撒冷史》，王向鹏译，大象出版社，2014 年。

[13] 奥古斯丁会，也译作“奥斯定会”，为罗马天主教托钵修会。它原本是根据圣奥古斯丁于塔加斯特倡导的隐修会会规而成立的各隐修会的总称。最初在 388 年成立于塔加斯特，5 世纪北非遭汪达尔人入侵时，已有隐修院 19 座，11 世纪后在欧洲得到较大发展，1256 年教皇亚历山大四世将意大利的各隐修会统一为奥古斯丁会。不久，又放弃隐修制而转变为当时的四大托钵修会之一，在保留原有奥古斯丁会的会规基础上采取多明我会的组织机构形式，但仍自称隐修会。13 世纪中叶以后，发展极为迅速，会员达 3 万余人，修道院 2000 余所，马丁 · 路德也属于该会。但在宗教改革后，会员规模有所缩减。1680 年经菲律宾传入中国。参见：丁光训，金鲁贤，张庆熊（主编），《基督教大辞典》，29 页。

[14] Terence Wise, *Knights of Christ*, p.10.

[15] Jonathan Riley-Smith, *The Knights Hospitaller in the Levant, C.1070–1309*, p.19.

[16] 阿努尔夫出生于法国卡昂附近的绍克（Chocques），第一次十字军东征时期曾经是教皇乌尔班二世特使及诺曼底公爵罗伯特的随军神父，后被选举为第一任拉丁礼教会耶路撒冷宗主教。即位后他禁止耶路撒冷东正教牧

首及其麾下的东正教会教士重返圣城，导致后者不得不长期流亡于拜占庭的君士坦丁堡。为了追寻“真十字架”的下落，他甚至下令拷打东正教修士。以上的草率举止加重了基督徒之间的分裂，并且他个人在圣地也很快名声扫地，因为有人指控他与阿拉伯妇女诞下了私生子。不久后，他便被教皇派遣的新主教取代。参见：

Corliss K.Slack, *Historical Dictionary of the Crusades*, Scarecrow Press, 2003, p.130.

Steven Runciman, *A History of the Crusades Vol. Ⅰ: The First Crusade and the Foundations of the Kingdom of Jerusalem*, pp.289-290.

John Simon (Editor), Nicholas Morton (Editor), *Crusading and Warfare in the Middle Ages: Realities and Representations, Essays In Honour of John France*, Ashgate Pub Co, 2014, p.90.

西蒙·蒙蒂菲奥里，《耶路撒冷三千年》，257页。

[17] 平信徒，指无圣职或圣品的一般教徒。源自希腊文“laos”（人民、平民）。梵二会议（即第二次梵蒂冈大公会议，1962—1965年）前，传统一般认为平信徒的地位低于神职人员，前者需听从与尊重后者。梵二会议后，天主教会亦开始强调平信徒的地位和作用。参见：丁光训，金鲁贤，张庆熊（主编），《基督教大辞典》，470页。

[18] David Nicolle, *Knight Hospitaller (1): 1100-1306*, Osprey Publishing, 2001, p.6.

[19]《约翰福音·第十五章·13节》。本书所引《圣经》原文，若无特殊说明，均来自中国基督教协会2000年出版的简化字现代标点和合本。

[20] Helen Nicholson, *The Knights Hospitaller*, pp.3-17.

第二章 圣城守护者

1120年，接替德高望重的杰拉尔德统领医院骑士团的人选，是来自法国普罗旺斯、年方37岁的雷蒙·杜·皮伊。[1]与前任相比，他的家世更加显赫：父亲于格·杜·皮伊（Hughes Du Puy）是法国贵族，同时也是圣城守护者戈弗雷麾下的重要将领，担任过阿卡市长；而第一次十字军东征时期教皇特使，著名神父阿德马尔主教也与他沾亲带故。由于与耶路撒冷王国高层及教会的渊源，雷蒙·杜·皮伊当选也算得上众望所归。他于何时来到圣城已经无从考证（由于第一次十字军出发时他年仅13岁，很可能是在圣城被攻陷后的某个时间才来投奔父亲的），但他的确继承了杰拉尔德的遗志，以保障圣约翰医院的良好运作为己任。虽然骑士团日后追认杰拉尔德为第一任大团长，不过实质上真正第一个使用“大团长”（the Grand Master）头衔的，却是雷蒙·杜·皮伊。尽管位高权重，但雷蒙秉承了杰拉尔德低调谦逊的作风，这个“大团长”的自称，他一生中只在正式信函里使用过屈指可数的

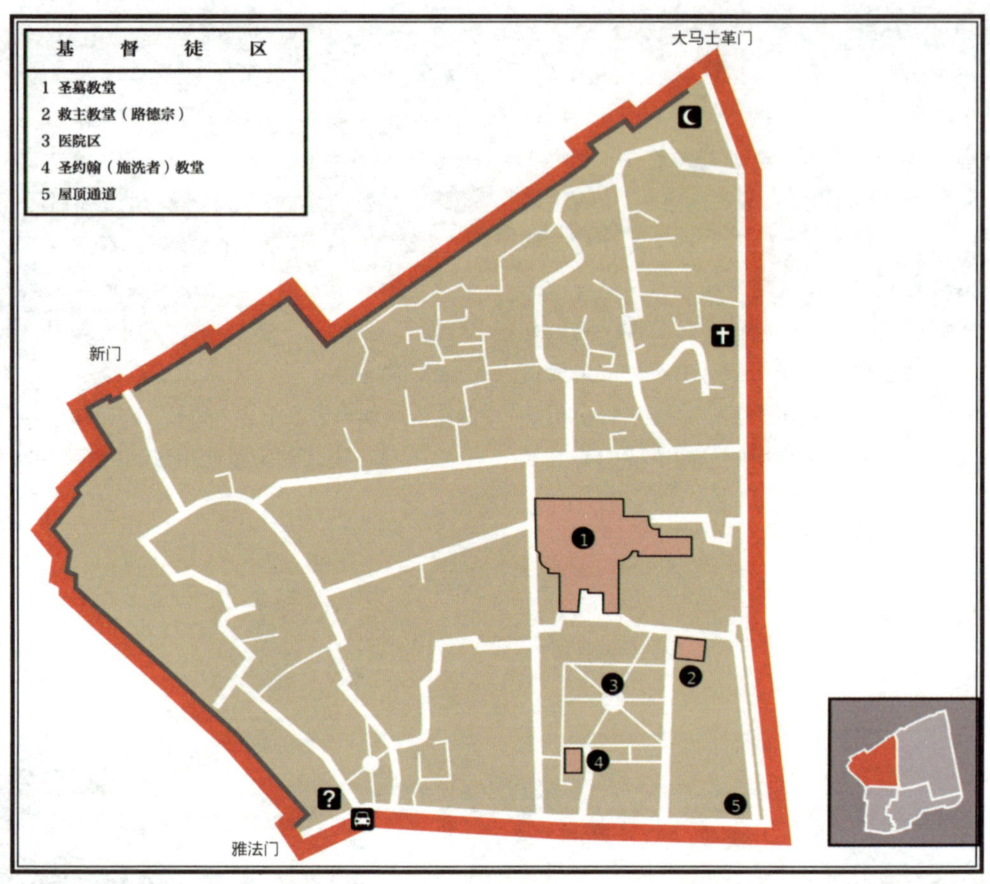

◎ 耶路撒冷旧城中的“医院区”

几次。

如果说老团长是个悲天悯人的理想主义者的话，那么新任团长算得上是个冷静、干练的实用主义者。杰拉尔德已经为雷蒙大展宏图打下了基础，前者掌权之时不过是圣约翰医院的院长而已，当雷蒙在1120年即位时，却已经是教皇钦定的医院骑士团领袖，骑士团在圣地与欧洲拥有了大量财富，于基督教世界已经是家喻户晓，妇孺皆知。雷蒙首先大力扩建了耶路撒冷的男女医院，并让骑士团的医院成为圣城的地标之一。大约在12世纪中期，改建后的圣约翰医院正式投入使用。据说，新的医院大厅长80码，宽40码，其交错的穹顶高达20英尺（约6米），内部共有124根大理石柱支撑，蔚为壮观，令到访者啧啧称奇。在雷蒙·杜·皮伊的精心打造之下，耶路撒冷的两所医院声名鹊起，它们不仅收纳病人，还为贫苦的朝圣者分发面包，提供住宿，因此常常人满为患。出人意料的是，骑士团的医院对异教徒（包括穆斯林和犹太人）也敞开大门，不仅在治疗上与基督徒一视同仁，甚至还专门为他们提供清真食品和犹太洁食（kosher），此举博得了广泛赞誉。时至今日，耶路撒冷旧城基督徒区中，过去圣约翰医院所在的位置依旧被称作“医院区”（当地人称Muristan，来自波斯语，即“医院”之意）。1160年抵达圣城的德国诗人维尔茨堡的约翰（John of Würzburg）曾描述说，位于圣墓教堂以南的圣约翰医院收纳的病人达到了2000人之众（包括男女），每天病逝的患者超过50人，除了医务活动，骑士团还向大批穷人、朝圣者免费提供面包，因此每天的开销难以计数；此外他还特意提到，骑士团不仅拥有医院，还拥有众多城堡以及一支强大的武装力量，以便随时抵御萨拉森人对圣城可能的进犯。

虽然对本职工作兢兢业业，但雷蒙的理想绝不局限于医院院长或慈善家，他精力过人，而且具备高瞻远瞩的国际视野。很快，大团长的身影便出现在圣地与欧洲的政界和外交界。雷蒙逐渐作为耶路撒冷国王的谋士与阁僚得到信任和重用，并让自己的骑士团在耶路撒冷的政治生活中扮演了越发重要的角色。1134年，阿拉贡与纳瓦拉国王阿方索一世驾崩，由于没有直系后裔，他原准备将王国赠予医院骑士团、圣墓教堂修士团和圣殿骑士团，在伊比利亚半岛引发轩然大波。圣墓教堂修士团和圣殿骑士团都选择置身事外，只有雷蒙敏锐地发现了其中的机遇，他横渡整个地中海，亲自来到阿拉贡与当地贵族们交涉谈判，虽然未能替骑士团讨取整个王国，但还是从继承王位的拉米罗二世处得到了大批地产与城堡作为补偿。此举令医院骑士团在伊比利亚半岛势力大增，也反衬出圣殿骑士团、圣墓教堂修士团的短视和碌碌无为。二十年后，由于对医院骑士团享受的诸多特权终于忍无可忍，耶路撒冷宗主教富尔彻率领一个阵容强大的修士代表团前往罗马，准备游说教宗阿德利安四世收回对骑士团的支持。面对这场外交危机，雷蒙狡黠地以巡视医院骑士团在欧洲本土的财产为名，突然出现在教廷，通过精彩地“舌战群儒”，他令教皇对骑士团刮目相看，并让耶路撒冷宗主教铩羽而归。从此，再没有地方主教敢于同雷蒙为敌了。

◎ 骑士团第二任大团长雷蒙·杜·皮伊，贾科莫·博西奥（Giacomo Bosio，1544—1627，医院骑士团骑士，历史学家）著作中的插图

虽然当初杰拉尔德将自己的修士团定位为医疗慈善修道团体，但时过境迁，圣地的形势已悄然变化，圣城的领袖不再是布永的戈弗雷，而医院骑士团也面临着转型的压力。若论侠义精神与宗教热情，耶路撒冷首任国王鲍德温一世的确不如他的兄长，但他在位期间，南征北讨，战功显赫，成功地将耶路撒冷王国从一个协议上的脆弱国家打造为中东的强权之一，因此他被后人公认为王国的实际奠基人。1118 年，鲍德温领军远征埃及，却在尼罗河边与随行骑士们用长矛捕鱼时旧伤复发，最后病逝于边境小镇阿里什（El-Arish）。据说，他的死令法兰克人、叙利亚人甚至死对头萨拉森人都惋惜不已。鲍德温没有子嗣，接替王位的是埃德萨伯爵、他的堂弟“小鲍德温”（即鲍德温二世）。据说鲍德温二世相当虔诚，以至于因长时间祷告，膝盖都磨出了茧子。此外，他还是一位经验丰富的管理者，并且知人善任，美中不足的是，他似乎缺乏堂兄那种统领千军万马的天赋。1123 年，在与穆斯林作战时，国王不幸兵败被俘（他一生中曾两度被穆斯林俘虏），直到两年后方被重金赎回。虽然是年 6 月鲍德温二世亲率四大十字军国家的联军于阿扎兹（Azaz）战役中击败塞尔柱突厥人，一雪前耻，但他明白，十字军昔日那种所向披靡的势头已经一去不复返了。“小鲍德温”没有子嗣，只有几位公主，寻找合适的继承人成为他操心的头等大事。最终，他将长女梅利桑德（Melisende）许配给了法国贵族、安如伯爵富尔克。富尔克是一员经验丰富的十字军老兵（并且是未来的英国国王亨利二世的祖父），在法国本土拥有强大的实力。1131 年鲍德温二世病逝后，他与妻子共同加冕并共同执掌耶路撒冷王国。然而，富尔克的执政并不顺利，妻子梅利桑德与他貌合神离，甚至背地里与雅法伯爵休（Hugh）关系暧昧，而后者作为本地贵族的代表，一直对“外国人”富尔克心怀怨怼。不久，两人的矛盾就公开了。富尔克控告休犯下了叛国重罪，经过教会调解，休在流亡三年后终于重返耶路撒冷，却在途中遭到了刺杀（未遂）。民众都相信这是国王对情敌下的毒手，虽然富尔克极力否认，但王室已然名声扫地，而他与王后的婚姻关系更是岌岌可危。原本富尔克还期待独掌大局，刺杀事件后，由于心中有愧，他开始变得对王后言听计从，此举并未换来与梅利桑德冰释前嫌，反而让国王惧内的消息在耶路撒冷的大街小巷流传。在圣城的精英阶层中，已经很难再见到王国创立初期那种精诚团结的景象了。

耶路撒冷王国早期能成功开疆拓土，重要原因是伊斯兰世界一盘散沙。可惜好景不长，在富尔克统治的时代，伊斯兰国家已经逐步开始意识到“攘内必先安外”的道理，他们发动了自己的圣战（即“吉哈德”，Jihad）来对抗异教徒。此时，“圣战”最杰出的代表人物非摩苏尔的赞吉[2]莫属。赞吉的父亲曾经是塞尔柱王朝的阿勒颇总督，后死于王朝内乱，自 1108 年起赞吉便在突厥军队中服役。1127 年，他被塞尔柱苏丹穆罕默德任命为摩苏尔总督，第二年他又夺取了父亲过去的领地阿勒颇及周边地区，势力扩张至伊拉克及上美索不达米亚。1130年他俘虏了哈马（Hama）总督并顺势攻占了这座大城，随后他企图染指霍姆斯（Homs），但被守军挫败。到了1137年，赞吉开始先后向十字军控制的安条克及穆斯林控制的大马士革发起围攻，为了师出有名，他自称“圣战斗士、无神论者的驯服者和异端的摧毁者”。赞吉作战十分骁勇，而且冷酷无情，他军纪严明，将践踏农民庄稼的士兵钉上十字架，而对逃兵处以腰斩之刑，十字军称他“血腥赞吉”，其兵锋所到之处，尸横遍野，整个中东为之震动。耶路撒冷国王富尔克领兵御敌，却沦为赞吉的阶下之囚，危急时刻，耶路撒冷宗主教威廉鼓起勇气，携带宗教圣物“真十字架”亲自率军搭救，赞吉明白自己的兵力还不足以同时应对耶路撒冷与大马士革，便释放了富尔克，条件是承认他先前夺取的领土。虽然耶路撒冷王国逃过了一劫，但安条克与埃德萨依然面临严重威胁。同时，赞吉将主力囤积于大马士革方向，虎视眈眈。大马士革统治者阿塔贝伊乌努尔（Unur）走投无路之下，不得不亲自率领使团来到耶路撒冷，与富尔克结成攻守同盟，暂时遏制住了赞吉咄咄逼人的攻势。[3]然而，1142年的一次意外打破了中东地区的政治均势。这年的11月10日，富尔克国王在狩猎过程中发生不幸，他在追捕野兔时坠马，头部受创，三天后便与世长辞。他的继承人鲍德温三世年仅13岁，不得不由母后梅利桑德摄政。虽然梅利桑德是个精明能干的“女强人”，但领军征战毕竟不是她的强项。赞吉听说富尔克暴毙、耶路撒冷国主年幼的消息，很快便发起了新一轮攻势。1144年11月28日，赞吉的大军出现在埃德萨城外，埃德萨伯爵乔斯林（Joscelin）二世懦弱无能，弃城而逃。但埃德萨市民在主教的带领下宁死不降，他们苦苦支撑了28天，却没有盼来传说中的西方援军。赞吉修建了7座巨型攻城塔，并命令士兵开凿地道，终于在12月24日攻破了埃德萨城墙。入城后，赞吉的军队对十字军后裔展开了一场血腥屠杀，幸存者被变卖为奴。（伯爵乔斯林沦为亡国之君，1150年被努尔丁俘虏，最后死在狱中。）夺取埃德萨是自耶路撒冷陷落以来，穆斯林对抗十字军最伟大的胜利，整个伊斯兰世界不禁为之欢呼雀跃。为此，阿拔斯王朝哈里发赐给赞吉“伊斯兰的荣耀”等头衔，十字军诸国风声鹤唳，人人自危。不过，同富尔克一样，赞吉很快也体会到了命运弄人的滋味。稍后在远征伊拉克的过程中，一位对赞吉心怀不满的太监潜入了他的营帐，趁其醉酒刺杀了他。赞吉身经百战，没有倒在与十字军对抗的战场上，却死于自己的家奴之手。他的两个儿子——赛义夫和努尔丁瓜分了他的遗产，前者继承了摩苏尔，后者得到了阿勒颇。十字军国家其实并没有获得喘息的机会，虎父无犬子，努尔丁很快就将成为基督徒新的梦魇。

适逢乱世，医院骑士团面临着严峻考验。骑士团的初衷是为朝圣者及穷人提供医疗、食宿和庇护，它更像是我们今天熟悉的慈善机构。当圣城政局稳定、几大族裔相安无事之时，医院骑士团还可以“两耳不闻窗外事”，但随着圣地狼烟四起，朝圣者的安全已然受到了极大威胁。在那个血与火的年代，医院骑士团不得不做出自己的抉择：或是被动地在朝圣者遭受戕害后去救死扶伤；或是未雨绸缪，拿起剑与盾保护他们。雷蒙大团长经过深思熟虑，最终选择了后者。在他的领导下，医院骑士团利用自己充沛的财力招贤纳士，逐步建立起自己的武装，他们的活动范围也不再局限于圣地，远在伊比利亚半岛的基督徒和穆斯林的战争中，也可见其身影。面对穆斯林咄咄逼人的攻势，他们终于不再只是低调隐忍的“医院修士”，而真正进化成了叱咤风云数百年的“骑士团”。贾科莫·博西奥笔下雷蒙的肖像颇能说明这种改变——大团长手握十字架，腰间却挎

◎ 骑士城堡遗址

着锋利的宝剑……[4]

如果说1136年骑士团接收耶路撒冷国王赠予的巴耶吉布林城堡还只能算作小试牛刀，那么在1142—1144年，的黎波里伯国的雷蒙德二世将自己的一系列城堡交给医院骑士团驻守，并利用其武装去抵挡穆斯林潮水般的入侵，则充分体现了医院骑士团不容小觑的军事实力。当时，摩苏尔的伊马德丁·赞吉正如日中天，埃德萨伯国已经覆灭，唇亡齿寒，的黎波里伯国也危在旦夕。为了抵御其咄咄兵锋，在属下的建议下，雷蒙德二世主动提出将若干重要城堡交予医院骑士团，包括骑士城堡（Krak des Chevaliers）[5]、波奇城堡（Castellum Bochee）、拉克姆（Lacum）城堡、费利西姆（Felicium）城堡、马达

贝克（Mardabech）城堡等，此外还有巴林（Barin）和拉夫尼耶（Rafniye）两座城镇。具有讽刺意味的是，尽管被当作礼物，这两座城镇当时已被赞吉的军队占领，需要骑士团自行夺取。此举也彰显了雷蒙德二世政治上的精明圆滑，雷蒙德是一位稳重谨慎的领袖，轻易不会逞匹夫之勇，通过赠予医院骑士团巴林、拉夫尼耶两个烫手山芋，雷蒙德二世希望彻底断绝他们与赞吉私下和谈的可能，将骑士团绑在自己的战争车轮上。虽然暗藏私心，但平心而论，急需军事盟友的雷蒙德二世还是开出了相当优厚的条件：医院骑士团可以占据上述城堡（但不能自行随意征集赋税）；与穆斯林作战时若雷蒙德或其统帅也在军中，则双方平分战利品，反之，骑士团可独享战利品；雷蒙德承诺绝不单独同穆斯林媾和。虽然雷蒙德最初的赠土附加了一些条件，但随着时间的推移，医院骑士团事实上获得了在的黎波里的一个“国中之国”，这也可算是骑士团自己的封建采邑。它固然有强敌环伺，危险而脆弱，但进可作为一个军事基地去袭扰穆斯林，退又可保卫的黎波里城。与创立之初便以战斗为天职的圣殿骑士团相比，医院骑士团还只能算是新兵，但雷蒙德二世在关键时刻仰仗的依旧是医院骑士而非前者。这一协定事实上承认了医院骑士团作为军事强权的地位，也告知各路诸侯他们已非吴下阿蒙。此后，他们便能与圣殿骑士团在中东战场上并驾齐驱了。[6]

在耶路撒冷的富尔克与的黎波里的雷蒙德做出表率之后，赠予医院骑士团的要塞和领地便纷至沓来。这些军事据点遍及十字军国家南北，甚至直达约旦河东岸。星罗棋布的城堡无声地诉说着人们对医院骑士团的信任，其风头甚至盖过了战斗经验本应更加丰富的圣殿骑士团。以上证据清晰地表明，在12世纪40年代，大团长雷蒙审时度势，令医院骑士团进化为近东地区一支令人生畏的军事力量，此时距离他们作为“医护工作者”获得教皇认可，才仅仅过去了三十年。[7]

需要澄清的是，东方主要的十字军国家通常包括耶路撒冷王国、安条克公国、埃德萨伯国与的黎波里伯国，然而，尽管被历史学家冠上了“十字军国家”之名，它们的主要居民并非西方的十字军人，而是穆斯林。虽说不断有欧洲的援军与朝圣者加入十字军国家的征伐活动，但战事也并非永远泾渭分明，有时候，穆斯林君主也会和十字军国家结盟，共同对抗自己的穆斯林对手。以掠夺战利品和人口为目的的小规模冲突在圣地司空见惯，但在12世纪最初的三十年，十字军国家政局大体稳定，其领导阶层虽然靠“圣战”起家，却并非食古不化的迂腐之徒——他们懂得将理想与现实相妥协，要延续自己的统治，必须与本地的非基督徒和谐共处。在耶路撒冷，西方基督徒、犹太人、穆斯林和亚美尼亚人生活在同一道城墙之内（圣城由此划分为四大城区），大体上也相安无事。医院骑士团接待异教徒病患，耶路撒冷王国的贵族与穆斯林权贵称兄道弟，而基督徒区的街头白天随处可见兜售蔬菜水果的穆斯林小贩……

然而，1144年埃德萨的沦陷击破了十字军国家乐观主义的迷梦。原本在西方人看来，圣城已固若金汤，但现在却势如危卵。整个欧洲为之震动，教皇尤金三世（Eugenius Ⅲ，1145—1153年在位）发布诏令，号召发动第二次十字军东征。面对宗座的呼吁及十字军国家的求救，西多会领袖、明谷修道院院长圣伯尔纳（Saint Bernard of Clairvaux，1090—1153）[8]挺身而出，不辞辛劳地四处奔走，为发动新一轮十字军东征穿针引线。在那个特殊的时代，圣伯尔纳以宗教虔诚和雄辩的口才闻名遐迩，作为法国人，他首先说动了法王路易七世。在勃艮第小城弗泽莱（Vezelay）举行的“誓师大会”上，法国国王与圣伯尔纳共同出现在祭坛，后者发表了激情洋溢的演说，堪比当年教皇乌尔班的那场演讲。圣伯尔纳谈到了埃德萨的陷落，圣墓面临异教徒的威胁，他进而表示，整个欧洲已经充斥着耻辱堕落，要想平息上帝的愤怒，唯有通过剑与盾，踏上东方的救赎之路，击败穆斯林，捍卫基督徒的荣耀。他的布道不断被“神的旨意”的欢呼所打断，路易七世跪拜在圣伯尔纳脚下，由后者亲手为他带上十字架标记，随后是法国王后阿基坦的埃莉诺，接下来是一众法兰西王公贵族。参加集会的民众热情高涨，最后十字架标志居然告罄，圣伯尔纳便撕开自己的衣服，做成新的十字

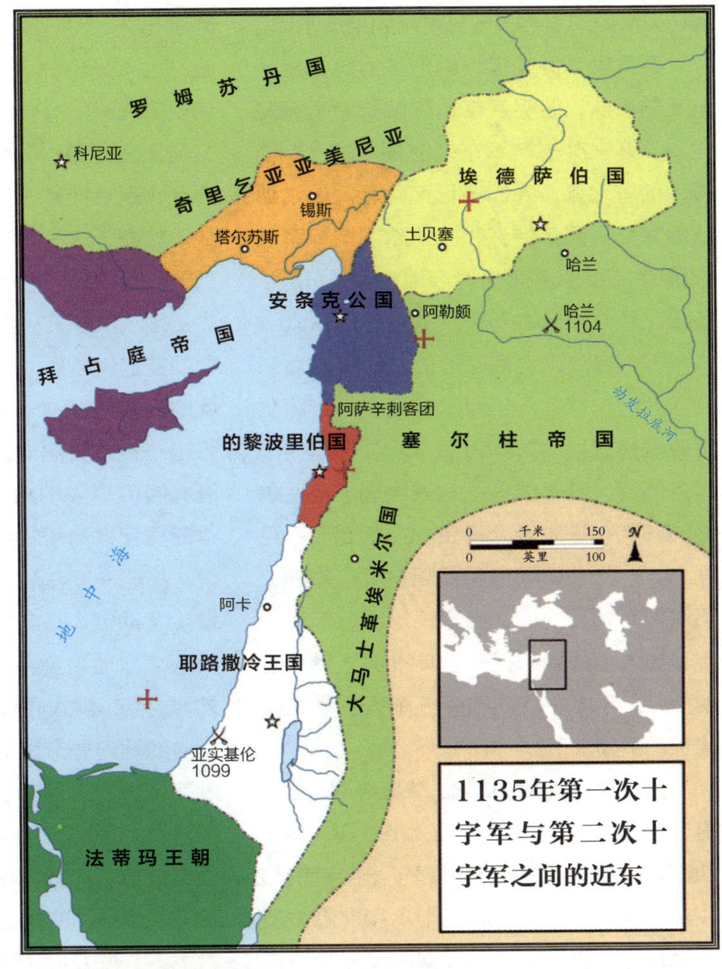

◎ 1135年左右的近东局势图

架……法国的十字军已经是水到渠成了。

虽然也有贵族提议由伯尔纳统领整个东征的军队，但明谷修道院院长颇有自知之明，第一次十字军东征时期“隐士”彼得的前车之鉴，人们还记忆犹新。伯尔纳从教皇处得到了特许，被免除了指挥军队的重负，他因此能够全身心地投入到布道、宣传工作之中，去动员欧洲各地的民众加入圣战。自法国之后，圣伯尔纳又先后来到比利时与德意志。原本神圣罗马帝国皇帝康拉德三世（Conrad Ⅲ）因为帝国内部事务缠身，对率部东征意兴阑珊。圣伯尔纳在一次布道中当众斥责他冷酷自私、见利忘义，此举如同当头棒喝击醒了皇帝，后者留下两行热泪，当即表示愿意佩戴十字，加入圣战者的行列，其麾下显贵也纷纷响应。于是，欧洲的另一个天主教大国也被动员起来了。

目睹欧洲民众的热忱，教皇喜不自胜，有了法国与神圣罗马帝国做表率，英格兰、西西里、意大利等地也兴起了十字军的浪潮。甚至，远在伊比利亚半岛和北欧波罗的海地区，也出现了两股规模相对较小的十字军运动（但最终只有伊比利亚的十字军取得了些许战果，他们从异教徒手中夺取了里斯本）。作为东征的主力，法国与神圣罗马帝国的部队分别云集于梅斯和雷根斯堡，由于劳师远征花费不菲，两国为此还征收了特别的赋税。西西里国王罗杰二世（Roger Ⅱ of Sicily，1095—1154）曾经郑重地向康拉德与路易提议用自己的水师运送十字军渡海登陆东方，但由于康拉德对西西里国王长期心存芥蒂，他断然拒绝了这一计划，路易七世为了十字军的团结，也不好单独表示支持（这也导致了西西里王国退出本次远征）。最终，两国商定，各自出发，通过陆路行军，在君士坦丁堡会师，而后经拜占庭帝国领土前往东方参战。然而，这一有些意气用事的决定为随后的行军带来了惨痛的损失。

1147 年夏天，德意志十字军率先开拔，他们穿过匈牙利，进入拜占庭的欧洲国土。此时距离第一次十字军东征已经过去了整整半个世纪，然而，欧洲的十字军似乎并没有吸取过去的教训。他们军纪散漫，沿途对居民多有滋扰，遭到希腊人普遍的憎恨，甚至一度在阿德里亚堡与拜占庭驻军发生了冲突。是年 9 月，当德意志十字军跌跌撞撞地来到拜占庭首都附近时，又意外地遭受了洪水冲袭，辎重、人员损失颇大。当时的拜占庭帝国皇帝曼努埃尔一世是 12 世纪帝国有为的明君，他和康拉德三世同样自忖为罗马帝国之继承人，难免有一番瑜亮情结。双方在居先权一事上一度相持不下，最终，两国还是达成了妥协，两位君主各自骑马同时走向对方，以平等姿态会晤，并结下“兄弟之盟”。然而，表面的和平并不能掩盖拜占庭对神圣罗马帝国的猜忌与厌恶，希腊人将掺杂石灰的面粉出售给十字军，曼努埃尔则特意发行了一种成色不足的钱币来招待自己的德意志“战友”。康拉德三世一心要立下头功，他对希腊人的抵触似乎不以为意，也没有按计划等待与法国国王会师，便独自跨过海峡，进入小亚细亚。

在陌生的亚洲，康拉德与他的部下遭

到了希腊向导的欺骗，很快便迷失在安纳托利亚的原野中，补给慢慢耗尽，部队士气日趋低落。1147 年 10 月 25 日，这支疲惫之师在多里莱乌姆（Dorylaeum，埃斯基谢希尔的旧称）被罗姆苏丹国梅苏德一世彻底击败。康拉德麾下 2 万名左右的精锐损失了九成，他带领约 2000 人的残部狼狈退回君士坦丁堡，在那里法国国王路易七世与拜占庭皇帝曼努埃尔一世怀着悲悯之心接待了他们。

德意志人的惨败将第二次十字军的领导权拱手交予了法王路易七世。有了康拉德刚愎自用、损兵折将的前车之鉴，路易国王的部队表现出更好的军纪与虔诚的态度，他与曼努埃尔也大体维持了和睦的关系。虽然有法国贵族怀疑拜占庭人与土耳其人互相勾结，甚至建议乘势夺取君士坦丁堡，但路易七世强调他们是为保卫圣城而来，不为所动。曼努埃尔友好地派船将法国十字军送往小亚细亚，但拒绝出兵相助，这一方面是因为拜占庭刚刚与罗姆苏丹国签署停战协定，另一方面是因为西西里国王罗杰二世正对帝国的欧洲领土虎视眈眈。由于神圣罗马帝国的主力已经溃败，法国十字军只好孤独地踏上征途。他们吸取了教训，尽量沿着海岸线行军，然而一路还是受尽了折磨。1148 年 1 月，法国十字军抵达历史名城老底嘉（Laodicea），在这附近爆发的卡德摩斯（Cadmus）山战役中路易七世遭遇了最大的危机：他和亲兵部队作为前锋陷入了土耳其人的重围，其侍卫几乎全部阵亡，他本人跳上一块巨石，依靠它的保护才幸免于难。第二天主力部队抵达战场，人们普遍以为国王已经罹难，却发现路易七世幸运地躲过一劫，不禁喜出望外。法国人重整部队，来到希腊城市阿达利亚（Adalia）城下。由于土耳其人在附近实行坚壁清野的政策，路易感到继续从陆上行军困难重重，他得到希腊人的支持，获得了一支舰队，于是改从水路向安条克进发。不过由于船只数量不足，法王被迫将军队分为两部，自己与皇后、王公大臣和部分精锐乘船，其余的则继续从陆上行军。由于疾病和土耳其人的袭扰，后者几乎全军覆亡。

1148 年 3 月 19 日，经历千辛万苦，路易七世的法国十字军终于停靠在安条克码头。安条克亲王普瓦捷的雷蒙德亲自前来迎接，他是法国王后埃莉诺的伯父，并且希望法国人能帮助他风雨飘摇的国家抵御努尔丁的攻击，因此对十字军的招待颇为热情。不过路易七世是一位相当虔诚的国王，他心中以去圣城朝圣为最紧要的事务，对雷蒙德提出的协助攻占阿勒颇的请求无动于衷。安条克亲王只好寄希望于埃莉诺，但他的游说与示好也不足以扭转乾坤，相反，这一期间传出了雷蒙德与埃莉诺有染的风言风语。路易七世勃然大怒，他囚禁了王后，并立即动身前往耶路撒冷（埃莉诺后来与法王离婚并改嫁英王亨利二世）。这一年 4 月，法国十字军终于抵达圣城，耶路撒冷国王鲍德温三世（Baldwin Ⅲ，1130—1163）盛情接待，稍后康拉德三世率残部也赶来相聚。三位基督教世界的知名领袖同聚圣城，他们意气风发，指点江山，军中洋溢着一股力挽狂澜的气势，十字军国家的民心士气也为之一振。

可惜好景不长，虽然十字军的初衷是夺回埃德萨，击溃赞吉王朝的势力，但经过在阿卡会议上激烈地讨价还价，几位国王出人意料地达成了一项共识：围攻伊斯兰名城大马士革。此前，耶路撒冷王国原本与大马士革达成了攻守同盟，准备一道应对赞吉王朝的威胁，现今却悍然撕毁协议，向昔日的盟友开战，置北方强大的努尔丁于不顾。显然，十字军国家的心腹大患是阿勒颇的努尔丁，绝非大马士革的乌努尔。这样的作战方略令人费解。这有可能是因为十字军觊觎大马士革丰厚的战利品，同时乌努尔的军力远逊于努尔丁，可能被认为是一个相对易于战胜的目标，能够鼓舞士气并增添几位国王的荣耀。然而，纵使乌努尔的兵力居于劣势，但倘若依托大马士革坚城死守，依旧是一块难啃的硬骨头。即便经过旷日持久的围攻后，十字军达成所愿，也难以从根本上消除努尔丁对圣地的威胁。

6 月 23 日，总数约 5 万人的十字军联军抵达大马士革西郊。这里遍布果园且靠近巴拉迪河，便于补给。然而他们初战不利，内部开始争吵不休。四天以后，十字军移师城市东郊，因为据说这里的城墙不如西面坚固。然而他们忽略了城东的地势，这里土地干燥，几乎寸草不生，很快，十字军便面临粮草不继的窘况。当然，乌努尔也不会坐以待毙，他深谙纵横联合之道。多年以来，乌努尔在耶路撒冷王国的贵族、骑士中积攒了深厚人脉，不少耶路撒冷的权贵对围攻大马士革这种背信弃义之举颇有腹诽。乌努尔趁机派出使节秘密贿赂拉拢一批本地法兰克贵族，让他们对围城作战阳奉阴违，甚至处处掣肘。与此同时，大马士革城城主也向早先的敌人、赞吉的两位儿子赛义夫和努尔丁祈求援助，共同的敌人竟使得他们携起手来。当十字军在

◎ 安条克亲王普瓦捷的雷蒙德迎接法王路易七世，法国插画家让·科隆布（Jean Colombe，1430—1493）绘制

◎ 第二次十字军围攻大马士革，法国插画家让·科隆布绘制

大马士革城下一筹莫展之时，他们惊恐地听闻有一支多达数万人的劲旅在赛义夫、努尔丁的率领下正向此地挺进。本地的耶路撒冷将领纷纷表示不能再打下去了。6月28日，围攻刚刚开始不过五天，三位国王不得不尴尬地下令班师回国，十字军就这样两手空空地退回了耶路撒冷。康拉德三世遭受了重大损失，却几乎没有得到任何回报，气愤难平的他很快便启程踏上了返途。路易七世在圣城滞留了大约一年，不过他将自己定位为虔诚的朝圣者而不再是十字军领袖。在他返回法国后不久，安条克亲王雷蒙德便在与努尔丁的交战（1149年伊纳布战役）中兵败身亡，亲手斩下他首级的是穆斯林名将谢尔库赫（Shirkuh），而后他的头颅被送往巴格达作为献给哈里发的大礼。和第二次东征的十字军到来之前相比，十字军国家的状况不但没有得到改善，反而有所恶化。第二次十字军东征的失败给欧洲人留下了苦涩的回忆。人们一度将圣伯尔纳奉为神明，此时又纷纷指责他，将灾难归咎于神父身上。圣伯尔纳强调，十字军失利的根源在于迷失了初心，很多军人踏上征途不是出于宗教热忱，而是渴望争名夺利，遭受上帝的惩罚不足为怪。但明谷修道院长的辩词中弥漫着神秘阴沉的悲痛，他深受打击，此后再也不曾高调地鼓动新一轮东征。面对奇耻大辱，十字军也想出了种种托词。康拉德皇帝坚信是圣地的法兰克人与穆斯林暗通款曲，在背后故意将德、法军队引入歧途。法兰克人则抱怨说，西方的援军之所以主张围攻大马士革，不是为了拯救十字军国家于水火，而是看上了该城丰厚的战利品。无论怎样辩解，考虑到伊比利亚十字军用少得多的兵力便拿下了里斯本，东方十字军的铩羽而归的确是一场尴尬的惨败。在接连胜利的鼓舞下，黎凡特的穆斯林扬眉吐气，士气大振，他们对十字军国家发动了越来越猛烈的进攻。虽然十字军诸国看上去已是命悬一线，但雪上加霜的是，拜第二次十字军东征的失利所赐，整整一代人的时光里，再也没有来自西方的大规模军援了。[9]

第二次十字军东征时期，与积极参与战事的圣殿骑士团相比，医院骑士团似乎显得格外低调——没有确凿的史料记载他们直接投入了圣战。圣殿骑士团与十字军主力一同兵临大马士革城下，而医院骑士团却仅仅是向法王路易七世提供了一笔不菲的战争借款，战场上难觅他们的踪迹。考虑到12世纪40年代正是医院骑士团在军事转型上突飞猛进的时期，这一切显得有些匪夷所思。

医院骑士团大团长雷蒙·杜·皮伊列席了1148年6月在阿卡举行的十字军战前会议，在这次会议上，骑士们决定前去攻打大马士革。雷蒙团长想必对此难以苟同，和杰拉尔德相比，他固然更加尚武，但绝非赳赳武夫。雷蒙当政时期，医院骑士团在军事行动方面相当审慎，从不打无把握之仗。与圣殿骑士团不同，医院骑士团在它成立的初期，安身立命的基础是医疗和慈善，而非东征西讨。他们长于救济穷人，照顾伤患，也精于屯田拓荒（正如他们对巴耶吉布林城堡的出色经营那样）；

至于作战，医院骑士团则更倾向于保境安民，而不是主动出击。和圣殿骑士团的好斗相比，他们在此时更像一支防御性的基督教军事力量。当时医院骑士团在财力和名望上都胜过圣殿骑士团，也确实没有必要进行军事上的赌博。雷蒙·杜·皮伊老谋深算，城府颇深，以他的经验和头脑，恐怕早就看出十字军的作战计划漏洞百出，前途堪忧。因此他选择置身事外，保存骑士团实力，并且避免与穆斯林邻居交恶；与此同时，为了安抚盟友，他也对十字军慷慨解囊，可谓两面下注。最终的结局验证了医院骑士团的明智，他们在灾难般的第二次十字军东征中，几乎毫发无损，势力甚至还有所增长。不过，平心而论，作为教皇直辖的骑士团，他们内心对圣战同样跃跃欲试，只不过其主战场不在阴云密布的黎凡特。1148 年，万里之外，阿拉贡的医院骑士出现在对托尔托萨（Tortosa）的围攻战场上，为伊比利亚半岛战果丰硕的十字军运动献上了一份绵薄之力。此举更加彰显出雷蒙大团长的独到眼光。

第二次十字军东征的失败将十字军国家置于危险的境地。仅仅一年之后，安条克亲王雷蒙德在抵御努尔丁的战斗中壮烈殉国，第二年，埃德萨伯爵乔斯林也兵败被俘，在努尔丁的牢狱中度过了余生。剩余的的黎波里伯国和耶路撒冷王国看上去也已岌岌可危，西方的援军则显得遥遥无期。国难当头，挺身而出的却是年轻的耶路撒冷国王鲍德温三世。

1143 年耶路撒冷国王富尔克意外身亡时，王储鲍德温年仅 13 岁，王国由他的母亲梅利桑德摄政。第二次十字军抵达圣城时他已经成年，渴望建立功勋，与主张守成的母亲渐渐有了矛盾。1149 年安条克亲王雷蒙德阵亡后，鲍德温三世立即领军北上，击退了穆斯林的进犯，并担任安条克公国摄政，挽救了这个十字军国家。但从 1152 年起，渴望亲政的鲍德温与不愿放权的母后梅利桑德的关系开始急剧恶化，经过一场短促的内战，国王击败了太后并迫使后者隐退，从此鲍德温三世大权独揽，可以大展宏图。他瞄准的第一个目标，便是穆斯林的军事重镇亚实基伦。

亚实基伦是古代以色列最知名的海港，此时正位于埃及法蒂玛王朝与耶路撒冷王国的分界线附近，地理位置十分重要。长期以来，南方的穆斯林往往以该城为基地，对北部的基督教国家发动袭扰。鲍德温三世即位之初，便准备拔掉这颗钉子。

早在第一次十字军东征时期，十字军便曾经围攻亚实基伦，但可惜最后关头功亏一篑。本次出征，年轻的耶路撒冷国王吸取教训，做了充足备战。亚实基伦东北方 16 公里处的加沙，此刻为圣殿骑士团的军事要塞，而它东面 31 公里处的巴耶吉布林，则是医院骑士团的地盘。鲍德温三世成功地动员了医院骑士团团长雷蒙与圣殿骑士团团长贝尔纳（Bernard de Tremelay，圣殿骑士团第四任大团长，1151 年当选），二人亲率主力与他一道出征。随行的还有耶路撒冷王国大小贵族、主教和几乎全部军队，而耶路撒冷宗主教富尔彻携带“真十字架”行进在队伍的最前列。此外，西顿的杰拉尔德（Gerard of

Sidon）指挥一支小型舰队从海上威胁亚实基伦，与他们遥相呼应。

亚实基伦城沿海修建，大致呈圆环状，由于战略意义重大，法蒂玛王朝为它修建了坚固的城墙和高耸的塔楼，城内也储存了大量军备与物资，足以长期坚守。1153年1月25日，鲍德温三世的大军终于兵临城下，目睹亚实基伦城防的壮观雄伟，士兵们不由得面面相觑。鲍德温国王对亚实基伦的易守难攻素来有所耳闻，他特意带来了大量的攻城器械，甚至包括一座重型攻城塔。然而，守军并没有被耶路撒冷王国鼎盛的军容所吓倒，他们士气高昂，布防严密，整整两个月的时间里，双方你来我往，互有胜负，战局呈现胶着状态。这年复活节前后，一支满载基督教朝圣者的船队阴差阳错地赶到圣地，他们在雅法一带登陆，竟欣喜地听闻耶路撒冷国王正在率部围攻异教徒的重镇。这些朝圣者固然缺乏战争经验，但却不乏宗教热忱与勇气，他们自发地奔赴战场支援基督教战友，让耶路撒冷王国军队意外地获得了一股数量可观的生力军，基督教军队因此逐渐占据上风。然而好景不长，这年6月，一支由70艘战舰组成的庞大舰队从埃及出发，抵达亚实基伦外海。西顿的杰拉尔德麾下仅有20艘桨帆船，无力与之争锋，只能眼看着埃及人浩浩荡荡地驶入亚实基伦码头。守军不禁欢呼雀跃，埃及舰队为他们带来了大量武器和补给，令五个月围困的效果几乎消失。如果这支舰队的水兵加入守城者的行列，或许亚实基伦的结局会大有不同。然而，埃及人似乎过分轻敌、乐观了，他们卸下货物后，便迅速地班师回国，将亚实基伦抛在了脑后。而法蒂玛苏丹也没有派出陆军予以增援的打算。于是耶路撒冷王国军队又鼓起勇气，继续围城。双方实质上都已经精疲力竭，虽然穆斯林粮草充裕，但在基督徒方面，前文所提到的重型攻城塔给守军制造了越来越大的压力，因为它超越了城墙的高度，足以俯瞰城区，法兰克人可借此向市区投射石弹与火把，让守军苦不堪言。8月15日夜，一支守军敢死队潜出防线，成功地点燃了这座庞然大物，可惜天公不作美，突然刮起的一阵大风竟将火势引向了亚实基伦城，一段城墙因此轰然崩塌，城市防线顿时出现了一道豁口。熊熊火光之下基督徒们立即发现了这天赐良机，冲在最前列的是贝尔纳与他的大约40名圣殿骑士。他们很快突破了缺口，成为第一批进入市区的基督教军人。在一片混乱中，守军几乎已经绝望，他们发现大势已去，准备逃离战场。这时，发生了匪夷所思的一幕。在鲍德温三世、耶路撒冷王国贵胄和医院骑士团大团长雷蒙的注视之下，贝尔纳企图证明自己的圣殿骑士团才是圣地最佳的武士，同时出于贪婪，他也希望能够独享亚实基伦丰厚的战利品，于是他勒令部下把住豁口，禁止一切友军入城。在他看来，萨拉森人已经是丧家之犬，不堪一击。事与愿违，亚实基伦守军在片刻的惊惶之后，借着火光，很快便发现了入城的十字军兵力薄弱，他们鼓起勇气，以压倒性的人数优势发动了反击。贝尔纳与他的部下奋战到了最后一刻。第二天黎明，鲍德温三世与雷蒙·杜·皮伊在亚实基伦城头发现了示众的圣殿骑士团大团长与40名部下的无头尸身（头颅被当作战利品送往了开罗）。

贝尔纳之死对耶路撒冷军队的士气不啻为一记重击，人们对圣殿骑士团的悲剧感到羞愧并表示哀悼，他们与穆斯林达成了短暂的停战协议，以便双方都能收殓战友。在基督教军队营地举行的作战会议上，大部分贵族将领产生了畏战情绪，纷纷主张立即撤退。但耶路撒冷宗主教富尔彻与医院骑士团大团长雷蒙站在“真十字架”前，坚决要求继续围攻。雷蒙以他卓越的辩才打动了国王，并苦口婆心地说服了那些桀骜不驯的爵爷们。稍事休整后，基督教军队以更加高涨的热情，重新回到了战场。

此刻，轮到萨拉森人颤抖了。他们原本一厢情愿地以为，基督徒遭受了如此惨痛的损失，并且自己杀死了赫赫有名的圣殿骑士团团长，敌人想必会知难而退，谁知须臾之间，这些基督徒又一次将城市包围得水泄不通。他们心惊胆战地又抵抗了数日，发觉敌军的攻势一浪高过一浪，本方再难支撑下去，而传说中的埃及援军迟迟不见踪影。8月19日，穆斯林派出使者，表示愿意有条件地投降，前提是允许城中的穆斯林携带随身财产平安撤离。鲍德温三世正在为旷日持久的围城而焦头烂额，得知这一消息，不禁喜出望外。耶路撒冷王国的将士们也如释重负，甚至有人喜极而泣。和1099年十字军攻陷耶路撒冷相比，这一次他们表现出了十足的骑士风度。鲍德温慷慨地给予了萨拉森人三天的撤离时间，坚守诺言，对他们秋毫无犯。随后，耶路撒冷王国的大军凯旋入城，他们将清真寺改建为圣保罗教堂，亚实基伦被赠给了国王的兄弟雅法伯爵阿莫里（Amaury，1136—1174，1162年即位成为耶路撒冷王国第六任国王）。随着亚实基伦的陷落，埃及丧失了这枚嵌入耶路撒冷王国肌肤的钉子，而后者的战略形势大为改观。在本次战役中，医院骑士团团长雷蒙可谓功勋卓著，令国王刮目相看，而圣殿骑士团团长贝尔纳为自身的自私与鲁莽付出了惨痛代价，他再也没有机会亲眼看看亚实基伦城头飘扬的十字军旗帜了。[10]

1153年的亚实基伦围城战对医院骑士团而言是一道分水岭，在这场战役中，他们第一次主动参与十字军国家对异教徒的征伐，其表现令圣殿骑士团相形见绌，大团长雷蒙作为鲍德温三世的幕僚也发挥了重要作用。此后，医院骑士团越发受到耶路撒冷王国的重用，并真正成为国王的左膀右臂。

1160年，雷蒙·杜·皮伊结束了他对

◎ 1153年对亚实基伦的围攻，法国插画家让·科隆布绘制

医院骑士团长达四十年的领导，平静地逝世于战友怀中，享年 77 岁。他在位期间，睿智、谨慎而又不乏进取精神，骑士团在他的带领下进入了鼎盛时期，军容齐整，富可敌国，广受尊重。雷蒙最大的功绩是他一方面继承了杰拉尔德的遗志，另一方面又敏锐地捕捉到了时局的变化，成功令医院骑士团实现了转型，从一个纯粹的医护慈善组织演变为军事、民事并重的骑士团，并拥有了自己的领地，甚至依稀有了“骑士团国”的雏形。通过选举，奥热·德·巴本（Auger de Balben）以一致欢呼的方式高票当选为新一任大团长，继承了雷蒙留下的这份庞大遗产。他是雷蒙生前信赖的战友，经验丰富，为人谦逊，处事公正，在耶路撒冷王国的议事厅上长期拥有一席之地，可谓德高望重。奥热出生于法国东南部多菲内（Dauphiné）地区，具有贵族血统，他的即位进一步加深了骑士团的法国色彩，同时，他也基本延续了雷蒙的政策，算得上是守成之主。不过他当选时年事已高，三年后便撒手人寰，接任的团长阿诺·德·孔普斯（Arnaud de Comps）在位不足一年也升入天国，在未来十年中替医院骑士团掌舵的重任便落在了第 5 任大团长吉尔贝·德·阿塞利（Gilbert de Assailly）的肩上。

吉尔贝就任时正值盛年，而且此刻的医院骑士团兵强马壮，可谓如日中天，因此，吉尔贝难免产生了要大展宏图、青史留名的雄心壮志。他一改以往骑士团团长谨慎稳重的作风，主张四处出击，以扩大骑士团的势力。也就在这一年，耶路撒冷国王鲍德温三世在安条克突患恶疾，并因此病故，年仅 33 岁。鲍德温三世在埃德萨失陷、第二次十字军东征惨败的阴影中开始统治，但他颇有王者之风，励精图治，任用贤能，多次击退努尔丁的进犯，成功地将王国转危为安。人们为他的英年早逝哀恸不已，甚至努尔丁为了给予基督徒守丧的时间，特意推迟了对十字军国家的攻势。新的耶路撒冷国王是鲍德温的兄弟，昔日的雅法伯爵阿莫里。和兄长相比，他的才干与品德要逊色不少。由于长期生活在鲍德温的阴影之下，继位之后，阿莫里十分渴望建功立业，他很快便发动了一系列针对异教徒的战争——他与医院骑士团大团长吉尔贝惺惺相惜，也就不足为奇了。

据提尔的威廉主教记载说，正是吉尔贝力劝耶路撒冷国王阿莫里悍然撕毁与埃及在 1167 年签订的和平协议，并于第二年秋率军入侵埃及法蒂玛王朝（圣殿骑士团对此颇有微词）。在这场恶战中，医院骑士团的表现终于引起了同时代西方历史学家的关注。瓦特勒洛的兰伯特（Lambert de Wattrelos）在他的《康布雷编年史》（*Annales Cameracenses*）中写道：

“医院骑士团团长亲自统领部下进入了战场。他为人机敏，对自己的作战能力高度自信。他们此次的目标是一座固若金汤的埃及城市比勒拜斯（Bilbeis）。大团长对该城的城防与守军的英勇毫不畏惧，身先士卒，猛烈攻城，他们摧毁了城墙，涌入城区，杀死了每一个负隅顽抗的敌人。医院骑士团在上帝的眷顾下占有了这座城市，而守军中少数漏网之鱼突围以后，将骑士团的骁勇四处宣扬，让异教徒们顿时心生畏惧。”

在医院骑士团顺利攻城拔寨之时，耶路撒冷国王阿莫里与圣殿骑士团也在各自领兵攻略埃及。虽然初战告捷，但好景不长，在埃及人的顽强反击下，这次冒失的远征最终失败了，耶路撒冷国王甚至不得不放弃那些已经到手的城市和土地，十字军唯一的“成果”就是令埃及陷入了内乱和虚弱之中。十字军国家的军事冒险一年后诱发努尔丁派遣大马士革名将谢尔库赫率部入侵埃及，他很快打败了埃及的实际统治者首相沙维（Chaver），进入开罗，埃及哈里发不得不任命谢尔库赫为首相，此举实际上令法蒂玛王朝沦为赞吉王朝努尔丁的傀儡。远征对耶路撒冷王国而言就是个灾难，它不仅没有达到预期目标，反而导致埃及与叙利亚被同一个穆斯林领袖所掌控，努尔丁也随之成为十字军的大敌。而埃及总督谢尔库赫的侄子，即后来大名鼎鼎的、给十字军带来无尽烦恼的一代枭雄萨拉丁（Ṣalāḥ ad-Dīn Yūsuf ibn Ayyūb，通常拼写为 Saladin，1138—1193）[11] 此时也在努尔丁军中。虽然阿莫里与拜占庭皇帝曼努埃尔一世结为联盟，但在攻略埃及的过程中，两国的配合充满了龃龉。如果说 1169 年之前，十字军国家在和处于分裂之中的伊斯兰国家对垒时还能不落下风的话，那么，在此以后，由于伊斯兰世界变得团结，而十字军苦于兵力短缺，他们就不得不转攻为守了。也就在这一年，萨拉丁接过了叔父谢尔库赫的衣钵，继任埃及首相，并在五年后通过政变加冕为苏丹（该年努尔丁去世），从而同时领有埃及与叙利亚。他很快便成了耶路撒冷王国和医院骑士团的心腹之患。

1168 年的失利同样让医院骑士团遭受了惨痛损失。除了损兵折将以外，该年团长吉尔贝野心勃勃地花费重金买下了一块土地用于建设贝尔沃（Belvoir）城堡（位于今天以色列加利利海以北），他完全没有预料到远征埃及的惨淡结果，战场上的巨大开销和购买土地的费用导致骑士团财政破产（吉尔贝在位期间，医院骑士团拥有的城堡数量从 7 至 8 座增加到了 20 座）。此前医院骑士团一向以财力雄厚著称，因此破产的消息对全团上下而言无疑是晴天霹雳。大团长对此无疑负有主要领导责任，面对属下的责难，他不得不引咎辞职，此举是前所未有的（因为原则上大团长任期终生），这也意味着医院骑士团的确到了危急关头。第二年，刚刚当选的教皇亚历山大三世不但没有对蒙受重创的骑士团表达慰问，反而公开指责他们超出保护基督徒的合理范畴而大动干戈，已经忘记了自己成立的初衷——照顾朝圣者而非穷兵黩武。这表明，医院骑士团开始遭遇信任危机。1170 年接替吉尔贝的大团长卡斯特斯（Castus de Muralo）和 1172 年即位的若贝尔（Jobert，1172—1177 年在位，也被称作叙利亚的若贝尔）面对前任留下的烂摊子，充分吸取了往日教训，他们在财政上和军事上都采取一种稳妥甚至收缩的策略。为了厉行节约，若贝尔甚至不得不取消了骑士团实行多年的、向耶路撒冷穷人发放白面包的善举。1174 年 8 月，当耶路撒冷

◎ 贝尔沃城堡遗址

王国联合西西里海军袭扰埃及沿海时，他们“冷酷”地拒绝发兵相助，虽然耶路撒冷—埃及战争的爆发医院骑士团难辞其咎。当然，骑士团并没有完全从十字军的战场上销声匿迹，例如1174年底和1179年，他们也参与了的黎波里伯爵雷蒙德三世（Raymond Ⅲ，1140—1187）[12]对穆斯林的征伐，不过较之过往谨慎了很多，规模也已经大为缩小。

1174年，耶路撒冷国王阿莫里趁努尔丁去世的机会，出兵围攻巴尼亚斯（Banias），但困于坚城，师老无功。在撤军途中，他感染了痢疾，随后因高烧在耶路撒冷撒手人寰，只留下一个13岁的儿子，雪上加霜的是，这位少年还身患当时的绝症——麻风病。虽然有人认为麻风病是一种“天谴”，这样的病人没有资格担当圣城守护者的重任，但他还是于当年7月15日继位登基，这就是日后名垂青史的“麻风国王”鲍德温四世。在他的孩童时期，阿莫里国王任命提尔主教威廉为其“太傅”，后者对鲍德温四世的聪颖赞不绝口：“他相貌清秀，学习文学时有长进，我越发肯定他会养成让人喜爱的性格。他是个优秀的骑士，天才毕露，记忆力出众……”

可惜天妒英才，在一次孩童间的打闹中，威廉发现鲍德温似乎丧失了痛觉，经过检查，发现小王子的右手已经全然麻木，这俨然是麻风的病兆，人们忍不住流下泪来，因为这种顽症连当时最顶尖的医生也束手无策。当鲍德温进入青春期后，麻风病的症状完全显现出来，国王患病的消息也成了王国公开的秘密。鲍德温四世不得不忍受各种中世纪疗法——放血、阿拉伯式的药敷、灌肠……当他病情加重进而影响到行动能力时，年轻的国王学会了单手骑马。提尔主教威廉一直忠心耿耿地守候在他身旁，辅佐国王，他的生母阿格尼丝（Agnes of Courtenay，阿莫里国王的第一任妻子）也回到了他身边。基于当时的医疗水平，人们明白，国王的统治注定无法长久，而且他不会诞下子嗣。他的两个直系亲属——同父母的姐姐西比拉（Sibylla）当时刚满 14 岁，同父异母的妹妹伊莎贝拉（Isabella）年仅 2 岁。虽然的黎波里伯爵雷蒙德三世（他也是阿莫里国王的表亲）稍后成为摄政，但王国上下已经是阴云密布：内有严重的继承人危机，外有萨拉丁虎视眈眈（1174 年萨拉丁被巴格达的哈里发正式承认为埃及与叙利亚的苏丹，他由此建立了自己的阿尤布王朝）。

的黎波里伯爵雷蒙德三世时年 34 岁，身材高挑瘦削，一头黑发，皮肤黝黑，看上去不像法兰克人，倒像本地的穆斯林。从性格上说，他为人冷静，富有自制力，善于审时度势，白璧微瑕的是心胸不够宽广，有些睚眦必报。在他之前，普朗西的迈尔斯（Miles of Plancy）曾短暂地担任摄政，不过他很快失势并遭到暗杀，惨死于阿卡街头，人们普遍相信幕后黑手正是雷蒙德伯爵。伯爵身后也不乏自己的有力支持者——耶路撒冷王国统帅托隆的汉弗莱（Humphrey of Toron）、伊贝林（Ibelin）家族[13]、西顿的杰拉尔德等等，医院骑士团也可算作他的盟友。作为在圣地土生土长的贵族，雷蒙德尊重他的穆斯林邻居，深谙与之共存才是国祚长久之道，为此他甚至自发地学习了阿拉伯语。他所领导的政治力量大体可算作“本土贵族派”。与此同时，以太后阿格尼丝为首，还存在着另外一股势力。他们大多是新到圣地的西方贵族，其中的代表人物是 1175 年刚刚获得自由的沙蒂永的雷纳德（Raynald of Châtillon，1125—1187）[14]和有名无实的“埃德萨伯爵”乔斯林三世（Joscelin Ⅲ，1159—1190，耶路撒冷王后阿格尼丝的弟弟，鲍德温四世的舅舅）。前者刚刚结束长达十五年的牢狱之灾，以重金从穆斯林的监狱中被赎回；后者自幼便失去了埃德萨伯国的领土，从 5 岁起即遭努尔丁囚禁，也一心想要光复故国。他们连同圣殿骑士团，是“太后党”的中坚力量，主张对伊斯兰世界采取攻势，开疆拓土。除了政见不同，两派之间还存在个人恩怨。例如，雷纳德此时刚过门的妻子斯蒂芬妮（Stephanie）恰好是迈尔斯的遗孀，她坚信雷蒙德三世正是谋害她前夫的凶手。而曾给予太后阿格尼丝一纸休书的西顿的杰拉尔德（他曾是太后第三任丈夫），此刻亦是雷蒙德阵营的一员干将。1173 年一位佛兰德骑士杰拉尔德·德·雷德福特（Gerard de Ridefort）来到的黎波里伯国，为雷蒙德效力。伯爵曾经向他许诺，会将一位伯国内富有的女继承人许配给他，然而当这样的人选出现时，伯爵竟自食其言，将她嫁给了一位比萨的富商，深受打击的杰拉尔德离开了的黎波里，加入了圣殿骑士团。终其一生，他都对雷蒙德的背信弃义耿耿于怀，雷蒙德意想不到的是，十年之后，这位当年并不起眼的骑士竟荣登圣殿骑士团大团长的宝座。阿格尼丝早年便因为对金钱的贪婪与私生活的混乱而饱受诟病，阿莫里国王一直竭力避免她对两个子女产生影响。但此时重返耶路撒冷的阿格尼丝已经贵为太后，再没有人能忤逆她了，很快，她便对宫廷发挥了灾难性的作用……耶路撒冷王国朝廷的分裂与党争达到了前所未有的程度，而鲍德温四世竭力居中调停，维系着脆弱的平衡，他一方面重用雷蒙德伯爵，另一方面又任命自己的舅舅乔斯林三世为耶路撒冷王室总管（seneschal of Jerusalem），以便加以掣肘。

◎ **萨拉丁，意大利佛罗伦萨画家克里斯托法诺·德尔·阿尔蒂西莫（Cristofano dell'Altissimo，1525—1605）绘制**

作为麻风病人，继承人问题成了鲍德温四世的一块心病，他的人选仅有姐姐西比拉和妹妹伊莎贝拉二人。考虑到强敌环伺的状况，鲍德温和他的顾问们意识到有必要让西比拉嫁给一位西方贵族，以便在发生军事危机时从欧洲获得援助。最终，有幸成为耶路撒冷国王姐夫的是蒙费拉的威廉（William of Montferrat，蒙费拉侯爵的长子），他是法王路易七世和神圣罗马帝国皇帝腓特烈·巴巴罗萨的表亲。鲍德温四世希望通过此次联姻让路易七世与腓特烈成为王国的外援。与此同时，鲍德温也谋求再次恢复昔日父王与拜占庭的联盟关系。适逢曼努埃尔一世皇帝于1176年爆发的密列奥塞法隆战役（Battle of Myriokephalon）中被突厥人击败，亟须重振国威，双方互有需求，一拍即合。而奉旨出使君士坦丁堡的，正是沙蒂永的雷纳德，此举足以显示鲍德温四世对他的信任。蒙费拉的威廉在1176年抵达圣城与西比拉完婚，原本人们期待他能够成为王储，但他很快因疟疾于第二年去世，只留下了一个遗腹子，即未来的鲍德温五世（Baldwin V）。

当鲍德温四世忙于广结盟友之时，萨拉丁也在不断扩张自己的领土。他将矛头指向了赞吉王朝的残余势力，当时的阿勒颇与摩苏尔还处于赞吉后裔的掌控之下。面对萨拉丁的咄咄兵锋，阿勒颇、摩苏尔与令人闻风丧胆的阿萨辛派刺客团结成了攻守同盟。然而萨拉丁以高超的手腕予以分化瓦解，多次在战场上击败对手，也幸运地逃过了数次暗杀。作为精明的政治家，萨拉丁尤其注重收买人心，每次击败阿勒颇或摩苏尔的军队后，他都会慷慨仁慈地释放全部俘虏，不加任何条件，这在当年是绝无仅有的善举，令他获得了崇高的人望。经过大约一年的征战，虽然并未攻下阿勒颇，但他成功地迫使该城统治者居米什泰金（Gümüştekin）臣服，并以外交手段促成了与阿萨辛派的和解，摩苏尔的赛义夫（他是努尔丁的侄子）被彻底孤立，不再对叙利亚构成威胁。萨拉丁终于可以腾出手来对付他最重要的敌人——耶路撒冷王国了。

1177 年，鲍德温四世已年满 16 岁，到了亲政的年纪，雷蒙德结束摄政，将大权交还国王。此举似乎预示着“本土贵族派”的失宠，因为看上去国王更信赖沙蒂永的雷纳德。不过与经验丰富的雷蒙德相比，鲍德温显得有些稚嫩，况且他的健康状况也不容乐观，人们对他执政不免心存疑虑，国王也迫切地想要证明自己。也正是在这一年，佛兰德伯爵腓力一世（Philip Ⅰ, Count of Flanders，1143—1191）来到耶路撒冷朝圣。鲍德温极力游说腓力担任王国摄政及军队指挥，但后者谦逊地表示自己只是一名朝圣者，予以婉拒。佛兰德伯爵对酝酿中的拜占庭—耶路撒冷王国对埃及的联合远征也意兴阑珊，但他表示愿意率领王国军队与的黎波里伯国、安条克公国一道，北上围攻哈玛（Hama）。10 月，腓力一世开拔出征，带走了王国大部分主力，这就给了萨拉丁可乘之机。

萨拉丁拥有圣地一流的情报系统，对耶路撒冷王国的底细了如指掌。得知王国兵力空虚而国王身患沉疴的消息，他立即动员埃及的部队，准备攻略耶路撒冷。11 月 18 日，萨拉丁的大军（人数据说达到 2.6 万）从开罗出征，他们沿着巴勒斯坦海岸行军，计划绕开无关紧要的一系列城堡，直扑圣城。直到敌军入境，耶路撒冷王国上下方如梦初醒。加沙是圣殿骑士团的军事要塞，骑士团仓促组织兵力准备在此据险死守，然而萨拉丁的主力却避开了加沙，直指耶路撒冷南部的门户亚实基伦。

得知亚实基伦吃紧的消息，鲍德温四世出人意料地宣布御驾亲征（按照他的身体状况，原本不应承受戎马之苦）。他用最短的时间集合了王国剩余的精锐，共计 375 名骑士和数千名步兵，以急行军的速度向亚实基伦进发。随行人员包括王国军队总司令、他的副帅沙蒂永的雷纳德、圣殿骑士团大团长奥多·德·圣阿芒（Odo de St. Amand，1171—1179 年在位）、王室总管乔斯林、伊贝林家的鲍德温与巴利安等，伯利恒大主教阿尔贝携带“真十字架”同行，负责鼓舞士气。这支小小的部队在千钧一发之际，赶在萨拉丁到来之前，进入亚实基伦城内，随即遭到了后者的围困。虽然鲍德温下令征兵动员，但各地零星调集而来的部队大部分被萨拉丁驱逐甚至俘虏。不过，萨拉丁深谙亚实基伦城防的坚固，因此并不想与鲍德温打一场持久的围城战，他的目标是耶路撒冷，能够将国王围困于此，足以令他心满意足。于是，萨拉丁在留下一小股部队继续包围亚实基伦后，亲率主力向耶路撒冷进发。他清楚地知道，在亚实基伦与圣城之间，已经没有大股的十字军部队（唯一需要提防的，或许还有尚未出现的医院骑士团，但他们的数量对防御圣城而言，只能算杯水车薪），这种一马平川的景象让全军都洋溢着乐观的情绪，似乎，萨拉丁和将士们出现在圣殿山的圆顶清真寺，已经是指日可待了。

然而，萨拉丁虽戎马一生，足智多谋，这一次却犯下了严重的错误——他大大低估了那位患病的少年、“圣墓的守护者”鲍德温国王。由于相信胜券在握，萨拉丁放松了军纪，允许部下在耶路撒冷王国境内四处劫掠，征集粮草，这不可避免地导致其兵力分散。与此同时，看似处于绝境的鲍德温四世决意要拼死一搏，他果断向圣殿骑士团传令，要他们立即放弃加沙，与自己在亚实基伦会合。他们合兵一处，顺利突围，开始沿着萨拉丁的方向追击而去。

11月25日，在拉姆拉附近的蒙吉萨（Montgisard），鲍德温那支人数上处于劣势的军队追上了萨拉丁的主力。萨拉丁的部队猝不及防，已经来不及组织完整的战线迎敌，甚至有相当一部分军队扔下武器，望风而逃。目睹萨拉森人阵脚大乱，鲍德温果断地下达了全军突击的命令。据说，国王亲吻了“真十字架”，随后艰难地翻身上马，亲自率部冲锋。他一直战斗在最前线，伊贝林兄弟以及雷蒙德伯爵的两位继子于格与威廉护卫在他身边，而沙蒂永的雷纳德以他丰富的军事经验负责指挥全局……很多十字军坚称，战斗最紧张时，“真十字架”发出了太阳般的光芒，而圣乔治（Saint George，275/281—303）[15]则与他们并肩战斗。抛开这些神迹不谈，据萨拉丁一方回忆，当时他们正在全无防备地渡河，法兰克人以迅雷不及掩耳之势，像匕首切过黄油一般，横扫穆斯林军右翼，随后是左翼，当两翼均告崩溃后，十字军便对萨拉丁所在的中军发动了夹攻。如果不是萨拉丁的禁卫军——马穆鲁克部队拼死保护，他本人也险些战死疆场，他的部队大部分如同羊群一般，被赶入一片沼泽，惨遭屠戮。萨拉丁骑着一匹骆驼，仓皇逃走，他的禁卫军几乎全军覆没。幸存者扔下了全部战利品甚至武器，抱头鼠窜。虽然萨拉丁在撤退中竭力希望重整部队，但在穿越沙漠回国时，这些残兵败将又遭受了贝都因人的袭扰，近3万人的劲旅，事后成功返回埃及的，还不到十分之一。

1177年的蒙吉萨战役是一场戏剧性的完胜，年仅16岁的鲍德温四世，初出茅庐，便击败了声名显赫的萨拉丁，这为国王积累了极高的声望。王国上下沉浸在狂喜之中，人们感谢上帝的眷顾，对“麻风国王”的勇气和魅力佩服得五体投地。胜利也在一定程度上弥合了党争给王国带来的裂缝，同时，经此一役再也无人敢质疑鲍德温四世的权威了。而萨拉丁充分领略了耶路撒冷王国骑士的战斗力，此后，他便尽量避免在鲍德温健在的情况下，与之决战。时间在萨拉丁一方，他可以静静等待机会。而一场酣畅淋漓的胜利背后，耶路撒冷王国的内部危机其实并未得到扭转，敌强我弱的局面也没有发生根本性的改变。[16]

1178年，萨拉丁还处于蒙吉萨战役创痛的恢复期中，双方大体上相安无事。鲍德温也的确想要乘胜追击，但苦于得不到

◎ 蒙吉萨战役，病榻上挥剑指挥者为鲍德温四世，法国画家查理-菲利普·拉里维埃（Charles-Philippe Larivi è re）绘制

西方的援助，他的兵力实在有些捉襟见肘。1179年春，耶路撒冷国王亲自组织了一场对大马士革的远征，然而，他同样大大低估了萨拉丁的能力。在巴尼亚斯附近的山谷，耶路撒冷王国军队遭到了萨拉丁的侄子法鲁克沙阿（Faruk-Shah）的伏击。狭窄的地形让基督徒的部队完全无法施展，而鲍德温的坐骑甚至受惊脱缰，令他险遭不测。大厦将倾之际，全靠随军出征的老将托隆的汉弗莱带领他的亲兵充当后卫，拼死抵住了萨拉森人潮水般的攻势，最终让鲍德温的主力全身而退。但不幸的是，汉弗莱在战斗中身负重伤，于当年4月22日宣告不治，耶路撒冷王国痛失一员猛将，而汉弗莱的老成稳重恰恰是鲍德温的王廷所急需的。

此后，萨拉丁继续步步紧逼，他率部围攻位于雅各浅滩（Jacob's Ford）的十字军要塞。由于守军的顽强抵抗，萨拉丁放弃了强攻的念头，转而在巴尼亚斯扎营，并派出部队破坏十字军国家的农田，骚扰乡邻。消息传来，鲍德温四世强忍病痛，再次出征迎击萨拉森人。1179年6月10日，耶路撒冷王国军队与阿尤布王朝军队在迈尔杰欧云（Marj Ayun）一带遭遇。虽然基督徒初战告捷，击退了法鲁克沙阿率领的前锋，但圣殿骑士团在团长奥多·德·圣阿芒的指挥下，不听号令，擅自追击，被及时赶到的萨拉丁主力所击败，溃退的圣殿骑士将友军的阵线冲得七零八落。萨拉丁乘势发起反攻，耶路撒冷军队抵挡不住。所幸鲍德温四世临危不乱，与的黎波里伯爵雷蒙德收拢残兵，退往博福尔（Beaufort）城堡固守。王国军队的其余部分就没有那么幸运了，圣殿骑士团大团长奥多和伊贝林家的鲍德温都沦为了萨拉丁的阶下囚。

稍后耶路撒冷王国用整整1000名穆斯林战俘换回了鲍德温（但他也因此欠下了巨额债务），而奥多由于自尊心作祟拒绝类似的交换，一年后他凄惨地死在萨拉丁的地牢中。8月，萨拉丁终于攻下了雅各浅滩的城堡，并获得了700名战俘。[17]

1179年的几场挫折让鲍德温国王意识到，萨拉丁是一位值得尊敬的对手；而后者同样对蒙吉萨战役中鲍德温的英姿记忆犹新。双方都有些精疲力竭，需要休养生息。于是，在1180年，两位伟大的君主签署了一份为期两年的停战协定。

自1179年之后，鲍德温四世的健康情况开始恶化，他已经无法像以往那样驾驭战马，他的视力也受损严重。王国需要正值壮年的继承人，西比拉公主也需要一位丈夫。王国上下都在为西比拉物色人选，当时热门的候选人包括勃艮第公爵于格三世（Hugues Ⅲ de Bourgogne，1142—1192）和伊贝林家的鲍德温。出人意料的是，最后脱颖而出的却是法国贵族吕西尼昂的居伊（Guy of Lusignan，1150—1194），与之前的候选人相比，他似乎既不干练，也难称家世显赫。但太后阿格尼丝极力推荐他，西比拉本人也倾心于这位仪表堂堂的美男子（据说原本西比拉更中意伊贝林的鲍德温，但后者负债累累最终让她望而却步），鲍德温四世也就应允了这门婚事。此项决定为之后王国的分裂埋下了种子。

由于居伊是太后推荐的人选，看上去“太后党”在王国的政治生活中越来越占据优势。1180年耶路撒冷宗主教阿莫里去世，“贵族党”推荐德高望重的提尔大主教威廉作为继任人选，而太后的人选则是凯撒里亚的伊拉克略（Eraclius of Caesarea，1128—1191）。虽然威廉贵为帝师，与国王私交甚笃，但屈于太后的压力，鲍德温四世最终还是选择了伊拉克略。此举彻底打破了王国的政治生态平衡，也激化了两大派系的矛盾。

此时的医院骑士团团长为法国人罗歇·德·穆兰（Roger de Moulins，1177—1187年在位），他坚定地与黎波里伯爵雷蒙德站在一起，反对阿格尼丝、雷纳德、居伊等人的派系，由于圣殿骑士团属于“太后党”的成员，历史上曾经亲密无间的两大骑士团，此时居然剑拔弩张，势同水火。1169年吉尔贝灾难性的冒险失败之后，历届医院骑士团大团长都采取了一种保守稳妥的统治策略。在鲍德温四世与萨拉丁此前的交锋中，与圣殿骑士团相比，医院骑士团在战场上的表现可谓乏善可陈，在某些圣殿骑士看来，医院骑士已经沦为贪生怕死之辈。而后者背地里却认为，正是圣殿骑士团的有勇无谋才导致了1179年鲍德温国王在迈尔杰欧云的失利。两大骑士团的矛盾在圣地已然是妇孺皆知，甚至直达天听。教皇亚历山大三世亲自出面调停，要求他们握手言和。1184年，罗歇·德·穆兰与圣殿骑士团团长阿诺尔德·德·托罗哈（Arnold of Torroja）、耶路撒冷宗主教伊拉克略共同出访欧洲，拜会教皇，虽然官方宣称此行目的是构筑对抗萨拉丁的联盟，但也宣告骑士团、教会之间的关系得到了纾解。罗歇继承了雷蒙·杜·皮伊

◎ 医院骑士团大团长罗歇·德·穆兰

的才干和魄力，利用出访的机会，他在法国、英格兰、德意志建立、扩大了医院骑士团分部，壮大了骑士团声势，可谓成绩斐然。

然而，此时耶路撒冷王国内部的状况，就没有那么令人欣慰了。鲍德温四世为国家谋得了来之不易的和平，沙蒂永的雷纳德却视之为无物。1181 年，他私自出兵攻入阿拉伯半岛南部，兵锋直指伊斯兰教圣地麦地那，虽然其远征遭遇挫败，但此举大大刺激了穆斯林的神经。与此同时，雷纳德还对穆斯林商队发动劫掠，后者恰恰是萨拉丁的重要财源。萨拉丁怒不可遏，为了报复，他在 1182 年重新发动了对耶路撒冷王国的攻势。萨拉森人围攻医院骑士团修建的贝尔沃城堡，事实证明，吉尔贝大团长当年的投资虽然花费巨大，但在军事上的效用却是毋庸置疑的，守军顽强地抵挡住了萨拉丁的攻势。鲍德温国王此时已经病入膏肓，但他还是挣扎着离开病榻，御驾亲征。得知鲍德温到来的消息，萨拉丁明智地选择了撤退。

这一年年末，雷纳德不仅未能吸取以往教训，反而出动海军，尝试着跨越红海，袭击伊斯兰世界的心脏。但他的军事冒险再一次失败了，为了以儆效尤，萨拉丁下令将抓获的战俘押往麦加城外斩首示众。

1183 年，由于病情恶化，鲍德温四世已经无法正常理政，据说他双目失明，双腿亦失去了行走能力，国王不得不任命居伊为他的摄政，并对他寄予厚望。然而居伊被证明并非帅才，当萨拉丁入侵加利利之时，居伊率领王国主力，竟然犹豫怯战，按兵不动，贻误了战机。于是萨拉丁顺利地渡过约旦河，开始进攻雷纳德的封地卡拉克城堡（Kerak Castle），而鲍德温国王的妹妹伊莎贝拉正在那里准备与托隆的汉弗莱四世（老汉弗莱之子）完婚。虽然雷纳德率部顽强抵抗，但无奈数量悬殊，卡拉克城堡已经势如危卵。所幸萨拉丁得知伊莎贝拉正准备举行婚礼后，出于骑士风范，他并未下令强攻，给了卡拉克城堡一丝喘息之机。得知王妹有难，虽然鲍德温已如风中残烛，却依然决定亲自领兵救援。他已经不能骑马，便让亲兵用担架抬着他行军。同时，国王亦与愤愤不平的雷蒙德伯爵达成了和解，后者同时从的黎波里伯国发兵相助。萨拉丁万万没有料到，据说已行将就木的鲍德温四世会再次与自己对垒。考虑到战场风向的转变，他再一次选择了班师。卡拉克城堡之围顺利解除，这也是鲍德温生前参与的最后一场战役。

卡拉克城堡战役后，对居伊深感失望的鲍德温四世顶住压力，解除了他的摄政职务，将西比拉之子、8岁的小鲍德温加冕为共治国王。同时，他也召回了雷蒙德伯爵，并再一次任命他为王国摄政，从而平衡了“贵族党”在国内的权力。由于鲍德温五世看上去似乎体弱多病，国王在他的遗嘱中表示如果鲍德温五世在10岁前去世，耶路撒冷王位的继承者究竟为西比拉还是伊莎贝拉，应交予西方的四大君主（即罗马教皇、神圣罗马帝国皇帝、法国国王与英格兰国王）仲裁，此间的政务则由的黎波里伯爵雷蒙德三世管理。在国王的病榻前，王国的贵族大臣纷纷发誓将履行国王的遗愿。其中便包括刚刚从欧洲归来的医院骑士团大团长罗歇，此外还有宗主教伊拉克略与新近当选的圣殿骑士团大团长杰拉尔德（摄政雷蒙德的死敌）。医院骑士团团长正式进入了鲍德温托孤重臣的行列，因为国王此时对居伊及其代表的“太后党”已不再信任，他深深地预感到，如果把王国的未来交至居伊手上，将不啻为一场灾难。

1185年5月16日，“麻风国王”鲍德温四世在高烧中走完了23年的人生历程，虽然他生前励精图治，死后青史留名，但留下的依然是一个内忧外患的耶路撒冷王国。[18]

1183—1186年，萨拉丁将自己的注意力更多地投向穆斯林对手（他在1183年占据了阿勒颇，1186年发动了对摩苏尔不成功的远征），与耶路撒冷王国大体相安无事。在难得的和平间隙中，王国出现了繁荣景象，贸易得到恢复，岁入也增加了。如果王国的政局保持稳定，并得到西方盟友的支援，它应该还能支撑下去。不幸的是，鲍德温四世对鲍德温五世的担忧最终一语成谶。虽然雷蒙德伯爵尽心竭力地予以辅佐，但小国王在位仅仅一年便夭折了（1186年8月去世于阿卡），耶路撒冷王国再次面临重大危机。如果严格地执行“麻风国王”的遗嘱，那么应该由西方的四大君主来决定即位人选，而这一时期雷蒙德将继续摄政。

鲍德温五世临终前，守在病榻旁的权贵为摄政王雷蒙德与王室总管乔斯林。作为“太后党”的骨干之一，乔斯林对雷蒙德怀有很深的成见，他巧舌如簧，游说王国摄政前往太巴列（Tiberias，位于加利利海西岸，以色列历史名城）召开王国会议，以便鲍德温四世的遗嘱能够得以实行，而他自己则负责护送国王的灵柩前往首都。沉浸在悲痛中的雷蒙德不知其中有诈，表示义不容辞。而雷蒙德一离开，乔斯林便发动自己的亲兵控制了阿卡、提尔与贝鲁特等重镇，并宣布推举西比拉为耶路撒冷女王。圣殿骑士团火速携带鲍德温五世的遗体进入了耶路撒冷，而沙蒂永的雷纳德也率领自己的部队赶来向西比拉效忠。此举显然违背了鲍德温四世的遗嘱，有政变之嫌。雷蒙德感到自己遭受了愚弄和背叛，怒火中烧。作为的黎波里伯国伯爵和王国摄政，他不乏自己的支持者，包括西比拉的妹妹伊莎贝拉公主与她的丈夫汉弗莱、伊贝林家的巴利安、医院骑士团及大部分昔日鲍德温四世的封建领主。两派剑拔弩张，耶路撒冷王国处于内战的边缘。雷蒙德派出使节劝告西比拉不要擅自登基，而是举行全国贵族会议共商国是。然而，作为阿格尼丝的亲生女儿，西比拉一派已经牢牢掌控了耶路撒冷的大局，不愿意放弃到手的果实。在耶路撒冷的权贵中，乔斯林、雷纳德以及王国统帅阿莫里（居伊的哥哥）均表示对西比拉效忠，民间一直有传言说宗主教伊拉克略是阿格尼丝的秘密情人，他支持西比拉也不出意料，唯一持不同意见的重要人物是医院骑士团大团长罗歇·德·穆兰。罗歇是个正派的骑士，不愿违背当年对鲍德温四世许下的誓言，此外，他与雷蒙德伯爵交情匪浅，对后者遭受的不公正待遇也深感不平。然而他过于势单力孤，无法扭转大局。雷纳德与伊拉克略派人关闭了耶路撒冷城门，枕戈待旦，以防备雷蒙德一派可能的讨伐。与此同时，他们也在紧急筹划西比拉的加冕典礼。耶路撒冷王国的王冠按照国王的遗嘱，由托孤重臣伊拉克略、罗歇与杰拉尔德共同保管（每人各一把钥匙，需要三把钥匙才能打开存放王冠的箱子）。伊拉克略和杰拉

◎ 卡拉克城堡遗址

尔德要求罗歇交出钥匙，后者断然拒绝。圣城中，医院骑士团与圣殿骑士团的关系高度紧张，火拼似乎一触即发。然而在“太后党”长时间的软硬兼施之下，罗歇审时度势，做出了让步。一方面他考虑到敌众我寡的事实；另一方面，1184年他刚刚在教皇面前许诺同圣殿骑士团重归于好，他无法承担同室操戈的恶名。不过，罗歇并不隐瞒他的愤懑，钥匙是从窗户里扔出去的，医院骑士团上下也拒绝参加加冕庆典。考虑到反对者甚众，尤其是西比拉的丈夫居伊当年遭到鲍德温四世的罢黜和厌恶，声名狼藉，“太后党”原本也计划在加冕礼上照顾“反对派”的情绪，耶路撒冷宗主教伊拉克略表示，他加冕的对象仅仅是西比拉女王，而不包括她的丈夫。如果坚持这一点，或许还能取得“贵族党”的谅解。然而西比拉的自私注定了一切只是妄想，在宗主教为她加冕之后，她旋即自行拿出第二顶王冠，授予丈夫共治君主的身份。西比拉与居伊，注定会同雷蒙德一派势如水火了。

听闻居伊加冕为共治国王的消息，雷蒙德麾下的贵族们群情激奋。雷蒙德鼓动众人推举伊莎贝拉及其丈夫汉弗莱为国王，他们的确有这样的实力，如果计划成真，必然导致一场血腥的内战。幸运的是，汉弗莱本人并无称王的雄心壮志，他对内战感到恐惧，私自离开了同伴，策马前往耶路撒冷，面见西比拉女王，将雷蒙德的计划和盘托出，并表达了自己的归顺之意。随着汉弗莱的背叛，“贵族党”失去了自己的旗帜，领主们纷纷涌向耶路撒冷效忠。雷蒙德感到心灰意冷，拒绝向居伊宣誓，他挂印而去，来到妻子位于加利利附近的封地隐居起来。内战的确是避免了，但王国也失去了它的左膀右臂。贵族们的确是宣誓效忠了，但背后已经离心离德。

西比拉和居伊沉浸在喜悦之中，对权力的贪婪蒙住了他们的双眼。居伊国王没有鲍德温四世那样崇高的威信，根本无法驾驭国内桀骜不驯的贵族。其中最令人头疼的，当属以拥立功臣自居的雷纳德。作为国内著名的主战派，此刻他如同脱缰的野马，再也不受约束，一心只想撕毁王国与萨拉丁脆弱的停战协定，在战场上建功立业。1186 年底，他从自己的卡拉克城堡出发，冒失地袭击了一支阿尤布王朝自开罗出发前往圣地的商队，屠杀了护送的士兵，将价值不菲的货物据为己有。得知这一消息的萨拉丁，出于对停战协定的尊重，派使节拜会他熟悉与尊重的“前摄政”雷蒙德，希望以外交手段解决纠纷。然而，后者正处于自我放逐之中，闭门谢客，甚至，雷蒙德内心深处还渴望萨拉丁能给居伊一些“教训”。使者随后前往耶路撒冷觐见国王，居伊表现出同情的姿态，并要求雷纳德做出赔偿。可是雷纳德明白居伊的政权离不开自己的鼎力支持，对此置若罔闻。居伊无可奈何，此事最终不了了之。

由此，萨拉丁看出了耶路撒冷国王的孱弱以及王国内部的分裂。他所痛恨的雷纳德提供了重启战端的绝佳口实，这一次，他不打算放过。如果十字军国家团结一致，萨拉丁还不能不有所忌惮。然而此时由于居伊的上台充满了欺骗与诡计，诸多贵族早已心生怨怼，在萨拉丁的离间之下，他们纷纷表示与耶路撒冷国王划清界限。安条克亲王博希蒙德三世（1144—1201）明知战事将启却紧急与萨拉丁签署了和平条约。的黎波里伯爵雷蒙德三世也如法炮制，他甚至走得更远：萨拉丁对伯爵的遭遇表示了极大的同情，甚至暗地许诺未来将扶持他称王，这一表态正中后者下怀，作为回报，雷蒙德同意当耶路撒冷王国同萨拉丁发生冲突时作壁上观。尽管雷蒙德的处境值得同情，并且在政治上比居伊更适合国王之位，但此举的确是叛国行为，算得上他人生的污点。居伊听说了雷蒙德通敌的传闻，他的回应是与圣殿骑士团一道出兵讨逆。内战似乎箭在弦上不得不发了，关键时刻，伊贝林家的巴利安挺身而出，力挽狂澜。他来到居伊的营地，晓之以理动之以情，力陈内战的灾难性后果，并且直言不讳地表示既然雷蒙德获得了萨拉森人的支持，国王此次亲征毫无胜算。随后他又前往雷蒙德的驻地，劝说他不要忘记对鲍德温四世的承诺，放弃叛乱。在巴利安不懈的调停之下，双方态度有所松动，均愿意谈判。

1187年4月29日，一支使团从耶路撒冷启程，由医院骑士团护送，前往雷蒙德所在的太巴列。使团规格极高，成员包括提尔大主教若西亚斯（Josias）、医院骑士团团长罗歇·德·穆兰、圣殿骑士团团长杰拉尔德·德·雷德福特以及伊贝林的巴利安。他们怀揣化干戈为玉帛的使命，责任重大，也忧心忡忡。罗歇的心情尤为复杂，作为医院骑士团团长，他有义务保卫圣城，守护圣墓，但在内心深处，他同样对雷蒙德伯爵充满同情。在居伊即位的危机中，医院骑士团顾全大局，忍辱负重，为了王国的团结殚精竭虑。自医院骑士团第一代大团长杰拉尔德以来，在近百年的时间中，他们一直与耶路撒冷同呼吸共命运，然而这一次，罗歇并不知道，他本人与耶路撒冷王国的末日，即将到来。[19]

注释

[1] 有部分资料提及在杰拉尔德逝世后，曾有一位名叫罗歇（Roger）的修士领导了骑士团一段时日，不过，主流的历史学家依然认为雷蒙是杰拉尔德之后的第二任团长。倘若真有罗歇这位骑士团领袖的存在，他很可能是扮演了过渡时期的“代理团长”一职，而非正式的“大团长”。参见：Jonathan Riley-Smith, *The Knights Hospitaller in the Levant, C.1070-1309*, p.23.

[2] 伊马德丁·赞吉（Imad ad-Din Zengi，约 1084—1146），是塞尔柱王朝治下的一位阿塔贝伊（Atabeg，“ata”在土耳其语中意思是长辈，“beg”则是贵族称号，这一头衔最早授予太子的太傅，后来也赐给地方的总督与藩王，在土库曼人中地位仅次于可汗），他虽然在世时名义上臣属于塞尔柱王朝，但实际可算作赞吉王朝的奠基人。其生平参见：

Corliss K.Slack, *Historical Dictionary of the Crusades*, p.230.

Alan V. Murry, *The Crusades: An Encyclopedia*, pp.1293-1295.

关于赞吉对十字军国家造成的威胁，参见：Malcolm Barber, *The Crusader States*, Yale University Press, 2012, pp.174-199.

[3] 随同乌努尔出使耶路撒冷的，还有著名穆斯林诗人、作家、骑士与外交家乌萨马（Usama ibn Munqidh，1095—1188）。他原是夏萨（Shaizar）埃米尔的继承人与侄子，但后来遭到放逐。作为朝臣先后侍奉过乌努尔、赞吉、努尔丁与萨拉丁，也为埃及法蒂玛王朝工作过，还同至少两任耶路撒冷国王私交甚笃。他的足迹遍布阿拉伯世界，其代表作 *Kitab al-I'tibar*（*The Book of Contemplation*）是那个时代关于伊斯兰世界与十字军国家的重要史料。

[4] Jonathan Riley-Smith, *The Knights Hospitaller in the Levant, C.1070-1309*, pp.23-24,p.30.

Stephen Dafoe, *An Illustrated History of the Knights Hospitaller*, pp.18-21.

Steven Runciman, *A History of the Crusades Vol. Ⅱ: The Kingdom of Jerusalem and the Frankish East 1100-1187*, Cambridge University Press, 1987, pp.225-244.

H. J. A. Sire, *The Knights of Malta*, p.8.

西蒙·蒙蒂菲奥里，《耶路撒冷三千年》，260-269 页。

[5] 骑士堡是一座著名的十字军城堡，位于叙利亚霍姆斯以西约 40 公里的一座海拔 650 米的小山上，最初在 1030 年前后由当地库尔德人修建，被称作“库尔德堡”，1142 年它被的黎波里伯国伯爵雷蒙德二世赠予医院骑士团，由此得名。在医院骑士团的精心打造下，骑士堡经过多次修缮、改建，最终成为十字军在圣地最强大的要塞之一。1271 年被拜巴尔夺取之后，其军事地位开始下降，并逐渐淡出欧洲人的视野。20 世纪初法国统治叙利亚期间，骑士堡方得到一定修复。2006 年后，它与萨拉丁城堡一同被评为联合国教科文组织世界文化遗产。参见：

Alan V. Murry, *The Crusades: An Encyclopedia*, p.710.

Hugh Kennedy, *Crusader Castles*, Cambridge University Press, 1994, pp.5-7,pp.145-162.

[6] Helen Nicholson, *The Knights Hospitaller*, p.11.

Malcolm Barber, *The New Knighthood: A History of the Order of the Temple*, Cambridge University Press, 1995, p.35,p.83.

[7] H. J. A. Sire, *The Knights of Malta*, pp.6-8.

[8] 圣伯尔纳为中世纪基督教著名神学家，生于法国枫丹·第戎侯爵家庭，1112 年加入西多会，1115 年创立明谷修道院（也译作克勒窝修道院），任院长，后来该院发展为西多会的活动中心。1146 年起受教皇尤金三世的嘱托，在西欧各国鼓动骑士与平民参与新一轮十字军东征，但最后失败而归。他对圣殿骑士团早期的发展做出过重大贡献，曾为其起草团规和章程。他在神学上更倾向于神秘主义，主要著作包括《蔑视世俗》《论爱上帝》《论恩宠与自由意志》《致圣殿骑士团书》等。参见：丁光训，金鲁贤，张庆熊（主编），《基督教大辞典》，82 页。

[9] Steven Runciman, *A History of the Crusades Vol. Ⅱ: The Kingdom of Jerusalem and the Frankish East 1100-1187*, pp.278-288.

Christopher Tyerman, *God's War: A New History of the Crusades*, Penguin Books, 2006, pp.305-338.

Alan V. Murry, *The Crusades: An Encyclopedia*, pp.1084–1090.

John Julius Norwich, *Byzantium: The Decline and Fall*, Penguin Books, 1996, pp.86–101.

米肖，普茹拉，《十字军东征简史》，105–128 页。

[10] 关于圣殿骑士攻入亚实基伦城墙的时间，斯蒂文·朗西曼认为在 7 月末，马尔科姆·巴伯则称是在 8 月 15 日，由于巴伯是圣殿骑士团史方面的权威，本书此处采用后者的数据。参见：

Steven Runciman, *A History of the Crusades Vol. Ⅱ: The Kingdom of Jerusalem and the Frankish East 1100–1187*, pp.338–340.

Malcolm Barber, *The New Knighthood: A History of the Order of the Temple*, pp.73–75.

米肖，普茹拉，《十字军东征简史》，130–131 页。

[11] 萨拉丁，本名尤素夫·伊本·阿尤布（Yūsuf ibn Ayyūb，"萨拉丁"一名来自阿拉伯人对他的尊称 Ṣalāḥ ad-Dīn，意为"信仰之善"），阿尤布王朝创始人，伊斯兰世界民族英雄。他出生于今伊拉克提克里特，为库尔德族，其父亲与叔父皆为赞吉王朝效力，1154 年起服务于努尔丁。萨拉丁青年时代主要在大马士革度过，他与努尔丁私交甚笃，甚至是后者最信赖的马球搭档。1164—1169 年耶路撒冷—埃及战争期间，在努尔丁的指示下，他随叔父谢尔库赫进入埃及对抗十字军，在战争中崭露头角，也积累了名望。谢尔库赫去世后，他成为埃及首相（大维齐），1171 年埃及哈里发驾崩，萨拉丁成为埃及事实上的主人。三年后努尔丁也离开了人世，萨拉丁趁机向叙利亚进军，陆续征服了努尔丁后裔的领土，建立了一个包括叙利亚与埃及的强大王朝。在整合伊斯兰世界的力量之后，萨拉丁开始向十字军国家发起进攻，最终于 1187 年攻陷耶路撒冷。在第三次十字军东征时，他与远道而来的"狮心王"理查大体打了个平手，保住了自己最重要的胜利果实，一举扭转自第一次十字军东征以来伊斯兰国家的颓势，被视为伊斯兰世界的救星。此外，萨拉丁为人慷慨侠义，心胸宽广，尊重自己的对手，对于不同的信仰也较为宽容，得到了臣民和敌手共同的敬重，与"狮心王"理查一道，被视作一代传奇人物。参见：Alan V. Murry, *The Crusades: An Encyclopedia*, pp.1060–1062.

[12] H. J. A. Sire, *The Knights of Malta*, p.10.

Steven Runciman, *A History of the Crusades Vol. Ⅱ: The Kingdom of Jerusalem and the Frankish East 1100–1187*, pp.379–386.

Helen Nicholson, *The Knights Hospitaller*, pp.21–22.

雷蒙德三世，的黎波里伯爵（1152—1187）、太巴列领主（1174—1187），曾两度担任耶路撒冷王国摄政（1174—1176，1185—1186）。他是的黎波里伯爵雷蒙德二世之子，其母霍迪娜（Hodierna）为耶路撒冷女王梅利桑德之妹。1152 年他的父亲被刺，他仓促继位，1164 年他被努尔丁击败，沦为战俘，被囚禁长达十年（期间的黎波里伯国由耶路撒冷国王监国）。1174 年获释后与埃丝基瓦（Eschiva）结婚，从而获得了太巴列封地。1174 年首度担任摄政，进入耶路撒冷政权高层，并成为"贵族党"领袖之一。1185 年鲍德温四世去世后再度担任摄政并竭力反对居伊与西比拉继承王位，但最终失败。哈丁会战中雷蒙德提出了正确的作战方略，可惜不被采纳，甚至背负了"叛徒"的骂名，最后郁郁而终。他没有子嗣（同埃丝基瓦的第一次婚姻给他带来了一位继子），其爵位由他的教子安条克亲王的儿子雷蒙德继承，是为雷蒙德四世。同时代的历史学家对他评价颇高。除了他的挚友提尔大主教威廉对他不吝赞美之词外，甚至穆斯林史家也对雷蒙德充满敬意。例如，著名阿拉伯历史学家阿里·伊本·阿尔阿西尔（Ali ibn al-Athir，1160—1233）评价说，同时代的法兰克人中，没有人比雷蒙德伯爵更勇敢和睿智。伊本·朱巴尔（Ibn Jubayr，1145—1217，出生于西班牙的伊斯兰地理学家、旅行家）则将雷蒙德比作十字军国家中的"智多星"。参见：Alan V. Murry, *The Crusades: An Encyclopedia*, pp.1007–1008.

[13] 伊贝林家族（Ibelin Family）为耶路撒冷王国及塞浦路斯的一支显赫贵族。1144 年耶路撒冷国王富尔克将伊贝林城堡赐给时任雅法伯国统帅的巴里桑，家族由此得名。巴里桑早年的生涯是一个谜，从姓名来看，他可能来自于意大利热那亚地区。12 世纪 40 年代通过联姻，他还获得了拉姆拉的封地，势力由此扩张。巴里桑在 1150 年去世，他的三个儿子均在耶路撒冷王国的政治生活中扮演了重要角色。长子休·伊贝林作为拉姆拉领主，在 1163 年迎娶了阿莫里国王的前妻阿格尼丝，从而使家族进入了王国的政治中心阶层。休于 1170 年去世，膝下无子，二弟鲍德温·伊贝林继承了拉姆拉领地，三弟巴利安（也被称作"小巴里桑"）则继承了伊贝林城堡。鲍德温和巴利安都是优秀的骑士，长期跟随鲍德温四世征战，颇受器重。巴利安后来还迎娶了阿莫里国王的遗孀、拜占庭公主玛

利亚·科穆宁，并获得了纳布卢斯（Nablus）封邑。在耶路撒冷王国的内部斗争中，两兄弟均支持以雷蒙德伯爵为首的“贵族党”。1186 年居伊继承王位后，鲍德温一度与王室决裂，而巴利安则通过自己的斡旋，成功避免了一场内战。1187 年哈丁会战惨败后，巴利安曾领导耶路撒冷抵抗萨拉丁的围攻，并最终为市民争取到了宽大的投降条件。鲍德温·伊贝林去世后，他女儿的后裔曾统治塞浦路斯达三百年之久。巴利安之子约翰·伊贝林日后担任过耶路撒冷王国统帅，并成为贝鲁特领主，另一子菲利普在 1218 年成为耶路撒冷王国摄政。参见：Alan V. Murry, *The Crusades: An Encyclopedia*, pp.623-624.

[14] 沙蒂永的雷纳德，十字军重要将领，安条克亲王（1153—1163），希伯伦及外约旦领主（1177—1187）。他是法国栋济（Donzy）领主埃尔韦二世的次子，随第二次十字军东征来到圣地，并在鲍德温三世围攻亚实基伦期间崭露头角。稍后他通过联姻，获得了安条克公国的政权。1160 年左右，他被努尔丁击败，沦为战俘，被囚禁在阿勒颇整整十五年。1175 年被重金赎回后，成为耶路撒冷王国的重要政治人物，并一度担任王国摄政。雷纳德在战场上是一员猛将，但对穆斯林存有很深的敌意和偏见，而且缺乏政治上的深谋远虑。他多次发动对穆斯林的袭击，甚至谋划进犯伊斯兰圣地麦加与麦地那，招致了穆斯林的普遍仇恨。1187 年哈丁会战被俘后，萨拉丁亲自将他斩首。参见：Alan V. Murry, *The Crusades: An Encyclopedia*, p.1027.

[15] 圣乔治，基督教圣人，殉道者，生于小亚细亚卡帕多西亚（一说来自巴勒斯坦）。他早年为罗马军官，皈依基督教后，试图阻止戴克里先皇帝对基督徒的迫害，最终于 303 年在尼科美底亚被斩首，公元 5 世纪被教皇封圣。圣乔治留下的传说很多，最著名的一段是他曾经在利比亚屠龙，拯救了当地居民与公主。他也是英格兰与士兵的主保圣人，并颇受十字军的崇拜。他的纪念日（圣乔治节）为每年的 4 月 23 日。参见：

丁光训，金鲁贤，张庆熊（主编），《基督教大辞典》，564 页。

Thomas Carson, *New Catholic Encyclopedia Vol.6*, Gale, 2002, pp.143-144.

[16] Steven Runciman, *A History of the Crusades Vol. Ⅱ : The Kingdom of Jerusalem and the Frankish East 1100-1187*, pp.404-418.

Malcolm Barber, *The Crusader States*, pp.262-271.

Bernard Hamilton, *The Leper King and his Heirs: Baldwin Ⅳ and the Crusader Kingdom of Jerusalem*, Cambridge University Press, 2005, pp.132-158.

[17] Steven Runciman, *A History of the Crusades Vol. Ⅱ : The Kingdom of Jerusalem and the Frankish East 1100-1187*, pp.419-420.

Alan V. Murry, *The Crusades: An Encyclopedia*, p.649.

Stephen Dafoe, *An Illustrated History of the Knights Hospitaller*, pp.37-39.

[18] Bernard Hamilton, *The Leper King and his Heirs: Baldwin Ⅳ and the Crusader Kingdom of Jerusalem*, pp.161-210.

Steven Runciman, *A History of the Crusades Vol. Ⅱ : The Kingdom of Jerusalem and the Frankish East 1100-1187*, pp.436-444.

Alan V. Murry, *The Crusades: An Encyclopedia*, p.1046.

Thomas Asbridge, *The Crusades: The Authoritative History of the War for the Holy Land*, Ecco Press, 2010, pp.323-332.

Malcolm Barber, *The Crusader States*, pp.284-288.

英国导演雷德利·斯科特（Ridley Scott）2005 年的电影《天国王朝》（*Kingdom of Heaven*）涉及了这段历史，对鲍德温四世、萨拉丁等历史人物的刻画较为传神，不过影片情节与史实出入较大。

[19] Steven Runciman, *A History of the Crusades Vol. Ⅱ : The Kingdom of Jerusalem and the Frankish East 1100-1187*, pp.446-451.

Helen Nicholson, *The Knights Hospitaller*, p.23.

Stephen Dafoe, *An Illustrated History of the Knights Hospitaller*, pp.40-41.

Malcolm Barber, *The Crusader States*, pp.289-298.

第三章 圣城陷落

当耶路撒冷的使团出发之时，他们对即将面临的危险一无所知。伊贝林的巴利安因为临时有个人事务需要处理，便叮嘱使团其余成员按原计划行进，而他将于次日在隶属于圣殿骑士团的拉费夫城堡（La Fève，位于今天的以色列默哈瓦农场）与之会合。1187 年 4 月 30 日，使团成员们顶着烈日翻过山丘策马驶向拉费夫城堡，而与此同时萨拉丁派遣他的长子阿夫达尔（al-Afdal，约 1169—1225）作为使臣会见雷蒙德伯爵，称需要派遣一支侦察部队进入巴勒斯坦，要求获得伯爵领地上的军

事通行权。雷蒙德被与萨拉丁的密约束缚了手脚，虽然预感其中有诈，但也无法公然反对。伯爵应允了萨拉丁的要求，但提出了一项附加条件：穆斯林军队的通行时间仅限于第二天（5月1日）白昼，而且不得骚扰乡邻。他旋即派出信使通知自己领地的人民穆斯林军队过境的消息，要求他们禁闭城门以自保。就在此时，雷蒙德意外地得悉了耶路撒冷使团已经上路的消息，他顿时有种不祥的预感。虽然的黎波里伯爵内心深处对居伊的登基依旧耿耿于怀，但他是个正派的贵族，并不希望自己的同袍遭遇不测，何况医院骑士团团长罗歇也在队伍当中。雷蒙德也派出了一名使节去警告使团提防萨拉森人。

第二天清晨，雷蒙德在自己的城堡雉堞旁惴惴不安地看着萨拉丁麾下大将穆扎法尔·艾德丁·库布里（Muzaffar ad-Din Gökböri，1154—1233）的前锋部队掀起滚滚烟尘，消失在视野中。这支队伍的兵力多达7000人，所谓“例行侦察”显然只是个幌子，更令人忧虑的是，雷蒙德发现其中不少士兵隶属于萨拉丁的精锐部队——马穆鲁克部队。看上去，这更像是一场针对耶路撒冷王国的大规模入侵，而那支为调解国王与伯爵的矛盾而来的小小使团，则必将首当其冲。

是日夜，驻扎在拉费夫城堡的使团从雷蒙德的信使处得知了萨拉丁即将兵临城下的消息。拉费夫城堡是圣殿骑士团位于耶路撒冷王国中心地带的重要堡垒，平日里驻扎有50—60名骑士，粮草补给也相当充裕。医院骑士团团长罗歇主张据险固守，静观其变；但圣殿骑士团团长杰拉尔德却热血上涌，因不愿背上消极避战的恶名，下令召集附近所有圣殿骑士团成员在城堡集结。适逢圣殿骑士团元帅（Marshal）[1]马伊的雅姆（James of Mailly）正在约5英里外的卡库（Kakun）村，他率领约90名骑士赶来与团长会合。第二天清晨，又有40名骑士抵达。拉费夫城堡的总兵力合计约140名骑士（其中医院骑士约10人）。杰拉尔德大声鼓动部下说，只要向萨拉森人发动一场奇袭，必然能够大获全胜——丰厚的战利品在等着他们。圣殿骑士群情激昂，纷纷请战。罗歇和医院骑士虽然有不同想法，但是势单力薄，也不好公然反对。于是全体骑士（除了个别行动不便的病患）一起出发去寻找萨拉森人，雷蒙德的使节并没有告知他们敌军的具体规模，他们不知道，此行已经是羊入虎口了。

这天早晨，当两大骑士团的骑兵登上拿撒勒（Nazareth）附近的小山时，他们发现了大批正在克雷森泉（the Spring of Cresson）饮马的萨拉丁部队。目睹对方惊人的数量，罗歇及雅姆均建议杰拉尔德暂时撤退，避其锋芒。对此，杰拉尔德暴跳如雷，他不顾情面地嘲讽医院骑士团团长和自己的元帅，甚至辱骂后者太过于“爱惜”自己俊美的头颅。马伊的雅姆充满豪气地回应说：“我将像一名勇士那样在战场捐躯，而您却会作为叛徒逃之夭夭。”——不幸的是，竟一语成谶。

在杰拉尔德的激将法下，骑士们借着地势开始向山下的敌人冲锋，而穆斯林士兵已经严阵以待。十年前蒙吉萨战役的奇迹最终没能上演，骑士团缺乏鲍德温四世这样的强人坐镇，也缺乏足够的步兵掩护（只有 300 名步兵）。与其说克雷森泉之战是一场战斗，不如说它是一场一面倒的屠杀。最后，十字军这支数百人的军队几乎全军覆没。诚如雅姆所说，他英勇地抵抗至最后时刻，直至被敌军的人海所压倒。医院骑士团团长罗歇与他并肩战斗，胸部被长矛刺穿，也壮烈殉国。一共只有 3 名骑士（一说 4 人）逃出生天。其中居然就包括力主出击的圣殿骑士团团长杰拉尔德。无疑，他应该为罗歇和雅姆之死负责，如果当时有现代的军事法庭的话，他理当被绳之以法。可惜死者无法控诉，就这样，杰拉尔德恬不知耻地保住了性命与地位，而雷蒙德伯爵的忠实战友、备受尊重的医院骑士团长却青山埋忠骨，陨落在克雷森潺潺的泉眼之侧。

◎ 克雷森之战，让·科隆布绘制

杰拉尔德受了伤，一路狂奔，逃回了拿撒勒城。此刻巴利安对前方的惨剧还毫不知情，他按照约定来到拉费夫城堡却发现它几乎空无一人。疑窦丛生的巴利安继续向太巴列方向前进，却意外地撞见了一名克雷森之战的幸存骑士，他将噩耗告知了巴利安一行。与此同时，雷蒙德伯爵在自己的城堡亲眼看到穆斯林军队“如约”班师，然而让伯爵肝胆欲裂的是，穆扎法尔麾下骑兵的矛尖上，赫然扎着一颗颗圣殿骑士、医院骑士的头颅……雷蒙德后悔不迭，他知道，自己闯下了大祸。[2]

事发仓促，但伊贝林的巴利安显示了自己的稳重和远见。他没有浪费时间怨天尤人，迅速进入拿撒勒，与杰拉尔德会晤，邀约他与自己共赴太巴列，完成同雷蒙德修好的外交使命。此时的杰拉尔德惊魂未定，他以自己负伤为借口，拒绝离开。巴利安一方面派人请求自己的妻子玛利亚·科穆宁集结一切可用兵力，另一方面与提尔大主教若西亚斯继续前往雷蒙德的城堡。所幸，雷蒙德已经幡然悔悟。他热情地接待了使团，与他们共同哀悼耶路撒冷王国的重大损失，并当即表示撕毁与萨拉丁的一切协定，和国王居伊、女王西比拉重归于好。耶路撒冷王国的内战终于得以避免，的黎波里伯国、安条克公国均先后表示听命于耶路撒冷国王。然而代价是惨痛的，十字军国家的再次团结也显得为时已晚了。

克雷森之战撕破了阿尤布王朝与耶路撒冷王国之间最后一层和平的假面具。萨拉丁从大马士革、阿勒颇、摩苏尔等地集结了一支规模空前的大军（超过 3 万人），兵临耶路撒冷王国边境。居伊国王也将医院骑士团团长罗歇的阵亡视为对王国的重大挑衅，他下令发起总动员，要求各地的领主封臣率部与他在阿卡会合。圣殿骑士团与医院骑士团在克雷森之战中损失惨重，他们摩拳擦掌，渴望复仇，几乎是精锐尽出。圣殿骑士团为了一雪前耻甚至动用了英王亨利二世当年为了坎特伯雷大主教托马斯·贝克特（Thomas Becket，1118—1170）之死而给予的一笔赔偿金。[3] 除了雷蒙德三世与巴利安之外，安条克亲王博希蒙德三世也表示愿意出兵相助，他派出自己的儿子雷蒙德亲自领军，由的黎波里伯爵雷蒙德三世指挥，后者还是博希蒙德之子的教父。

至6月底，阿卡城下已经集结了整整1200名武装骑士、大量本地的土科波（Turcopoles）轻骑兵，以及超过1万名步兵，可谓军容鼎盛。[4] 耶路撒冷宗主教伊拉克略原本被要求亲自携“真十字架”前来助阵，但他却以身体不适为由加以推托，最后负责保管“真十字架”的重任交给了阿卡大主教。与此同时，萨拉丁也举行了自己的阅兵典礼，并对军队的指挥权做了具体部署：他本人指挥中军，他的侄子塔基丁（Takieddin）负责右翼，而穆扎法尔·艾德丁·库布里负责左翼。萨拉丁的大军在加利利海附近扎营了五天，以便打探收集十字军的情报。7月1日，萨拉森人终于开始行军，萨拉丁分出一半兵力进攻雷蒙德伯爵的封地太巴列，希望以此一探十字军的虚实。雷蒙德此时正在阿卡军中，太巴列城很快便沦陷了，他的妻子埃丝基瓦率领少量守军退入城堡死守，并派遣使者向自己的夫君及国王求救。

战争已迫在眉睫。阿卡城中，居伊国王召开了御前军事会议。雷蒙德伯爵首先发言，他表示，考虑到圣地夏天炎热干燥的气候，形势显然有利于防守而不是进攻，他建议耶路撒冷军队以逸待劳，后发制人，等待萨拉丁的军队被酷暑所消耗之后，便能不战而屈人之兵；何况安条克公国的援军也在途中，时间在耶路撒冷王国一方。考虑到雷蒙德自己的封地和妻子正遭到围攻，他的这番见解更显得难能可贵。与会的大部分权贵和骑士闻之动容，纷纷赞成雷蒙德伯爵之言。但伤愈复出的圣殿骑士团大团长杰拉尔德·德·雷德福特并没有吸取克雷森之战的教训，个人恩怨蒙蔽了他的双眼，他大声斥责雷蒙德为懦夫和小人，甚至指控他有叛国通敌的嫌疑（虽然居伊国王早先已经表示既往不咎）。沙蒂永的雷纳德军事经验更为丰富，他未必不知雷蒙德的建议的合理之处，然而作为一介武夫，他脑海中萦绕的全是上阵杀敌建功立业，而且杰拉尔德与他同属“太后党”，雷蒙德却是“贵族党”的领军人物，于是雷纳德也表示附和。居伊优柔寡断的缺陷在这次会议上一览无余，他原本已经倾向于采纳雷蒙德的意见，却被最后发言的杰拉尔德与雷纳德所左右。此刻医院骑士团由于团长意外阵亡，群龙无首，导致雷蒙德失去了有力的盟友［下一任团长阿门戈尔·德·阿斯帕（Armengol de Aspa）要到第二年才被选出］。他无法说服国王，最终，国王决定部队开拔，向太巴列进军。

7月2日下午，耶路撒冷王国军主力在赛佛瑞亚（Sephoria）一带扎营，这里水草丰盛，易于补给，如果十字军以此为基地，恐怕萨拉丁也不敢冒险来攻。然而，当晚埃丝基瓦伯爵夫人的信使找到了他们，通报了前线的危局。于是居伊再次召开了军事会议，商讨对策。很多贵族出于骑士情怀，希望出兵搭救被围困的埃丝基瓦。此时最有资格发言的非雷蒙德伯爵莫属。出人意料的是，他竟然建议按兵不动。伯爵再次强调，目前的营地占尽地利，应当以逸待劳，诱使萨拉丁主动进犯。他自忖并非无情无义之人，但为了王国的生死存亡，雷蒙德说，封地和妻子都可以牺牲。伯爵的这番演讲震惊全场，人们为他的“大义灭亲”之举而折服，会议持续到了深夜，最后，居伊宣布采纳雷蒙德的意见，在赛佛瑞亚静观其变。

不幸的是，会议结束之后，居心叵测的圣殿骑士团团长杰拉尔德又悄悄回到了国王的营帐，他极尽挑拨离间之能事，一方面“控诉”雷蒙德之前的叛国行为，另一方面则强调如果见死不救将会令刚刚登基的国王尽失颜面。吕西尼昂的居伊一小时前还对雷蒙德的顾全大局赞不绝口，此时却又一次倒向了杰拉尔德。他派出传令兵，通知各位将领，明天黎明时分，向太巴列进发。

通过打入基督徒阵营的奸细，萨拉丁已经获知了居伊的作战计划。耶路撒冷军队北上救援太巴列，哈丁（Hattin）几乎是他们的必经之地。萨拉丁只留下了少量兵力围困埃丝基瓦，自己率主力部队来到哈丁设伏，并提前占据了这里的水源。巨大的圈套已经设好，就等着请君入瓮了。

1187 年 7 月 3 日清晨，耶路撒冷国王居伊率领耶路撒冷王国军主力、圣殿骑士团、医院骑士团、土科波骑兵以及的黎波里伯爵雷蒙德的部队，共 2 万余人[5]踏上了征途。的黎波里伯爵作为本地领主，按照惯例担任先锋。居伊国王负责中军，左右两翼则分别交给雷纳德与巴利安指挥。6—9 月是巴勒斯坦的无雨季节，白昼内陆气温最高可达 44—46 摄氏度。行军过程中，十字军所受的煎熬可想而知。雪上加霜的是，他们沿途未能发现水源，将士与战马都饱受干渴之苦，这反过来进一步拖慢了行军的速度。一路上，穆斯林轻骑兵不断地偷袭他们，由于机动性的劣势，十字军亦无法加以追击。到了这天下午，十字军终于抵达哈丁高地，这里有一座高约 30 米、满是怪石嶙峋的小山，被人们称作“哈丁之角”（Horn of Hattin）。圣殿骑士团向国王诉苦说，他们再也坚持不住了，需要就地休整。一些有见识的领主向居伊谏言说，这里是死地，不可久留，应该一鼓作气，抵达加利利海。但居伊目睹士卒疲惫不堪，又动了恻隐之心，他同意了圣殿骑士团的请求，下令在哈丁之角宿营过夜。此举几乎将这支大军送入了坟墓。在前方的雷蒙德听到了这个消息，不禁痛心疾首地喊道：“上帝啊，战争结束了，我们会葬身于此，王国也即将倾覆！”性命攸关之际，雷蒙德做了最后的努力，他请求国王在哈丁之角前的斜坡下扎营，因为据他所知那里有一口水井。不过上帝对雷蒙德开了个残酷的玩笑：当大军安营扎寨之后，将士们纷纷涌向水井取水时，却发现它竟然已经干涸了。

萨拉丁正静静等候着他的猎物，当斥候报告了居伊宿营的位置之后，他难掩心头之喜，决意发起总攻。当天夜里，他的部队悄然收拢战线，将哈丁的十字军团团围住。在饥渴中难以入眠的耶路撒冷王国将士，已经可以清晰地听见附近穆斯林军队的祷告声，想到厄运即将到来，不禁肝胆俱裂。当天深夜，一小队十字军也曾勇敢地尝试突破穆斯林的包围网，寻找水源，但萨拉丁早已严阵以待，将其全部歼灭。为了加剧基督徒的痛苦，萨拉森人甚至在附近燃起了一堆堆篝火，用烟雾和热浪去折磨他们。

黎明之后（7 月 4 日），萨拉丁的突击终于开始了。在晨曦中，耶路撒冷王国的步兵们发现，在穆斯林军队的背后，就是水源。干渴几乎让他们失去了理智，这些缺乏纪律的步兵徒然地发起了一场自杀式的冲锋，旋即遭到萨拉森人的分割包围，大部阵亡，剩余的都做了战俘。

在损失了大部分步兵之后，看上去剩余的十字军已然穷途末路，然而，耶路撒冷的骑士证明了自己的价值。面对萨拉森人优势兵力的合围，他们以惊人的勇气和毅力一次次打退了敌方的进犯，给萨拉丁造成了不小的损失。不过在持续的消耗之下，居伊也明白死守哈丁之角只会导致全军覆没。他转向雷蒙德伯爵，请求他杀开一条血路，去寻找援军和补给。虽然对圣殿骑士团的顽固与国王的犹疑痛彻心扉，雷蒙德还是接受了这一艰巨甚至自杀性的任务。他和自己的亲兵以雷霆之势冲下哈丁角，等着他们的是萨拉丁的爱将塔基・艾德丁（Taki ed-Din）。雷蒙德本以为会有一场恶战，出人意料的是，塔基・艾德丁认出伯爵的旗帜后，竟指挥部下为他们让出了一条通道。当雷蒙德将信将疑地通过后，塔基又再次合上了包围网。这显然是出自苏丹的授意，萨拉丁历来对雷蒙德颇为敬重，不忍这位贵族命丧于此，便放他一条生路。与此同时，伊贝林的巴利安与西顿的雷纳德（Reynald of Sidon，约 1130—1202）也奉命从另一侧突围。和雷蒙德不同，他们是真刀真枪地杀出了一条血路。但此后，再也没有人能逃出生天了。

在绝望的处境中，十字军依旧殊死抵抗，准备玉石俱焚。医院骑士团、圣殿骑士团和沙蒂永的雷纳德围绕在国王和“真十字架”的周围，而国王则将自己醒目的红色营帐移至哈丁山顶，以鼓舞士气。他们的顽强让敌人也肃然起敬。萨拉丁的王储阿夫达尔日后回忆说，战役的最后时刻，十字军一度发起了反冲锋，甚至威胁到父王的营帐，令萨拉丁为之变色。其后他目

今天的“哈丁之角”

睹十字军受挫，先后两次高呼胜券在握了，萨拉丁却冷静地告诫他，只要居伊的王帐未倒，他们便没有失败。但是，援军毫无踪迹，疲惫与饥渴最终压垮了耶路撒冷的骑士。居伊的营帐被推倒，“真十字架”被抢夺，阿卡大主教为保护圣物而殉国。当穆斯林士兵冲入居伊的营地时，发现国王和麾下的贵族骑士们精疲力竭地瘫倒在地，有人因脱水已经昏迷。他们甚至连交出自己佩剑（表示投降）的力气都没有了。这时，萨拉丁才欣然下马，拜倒在地，感谢真主的眷顾，流下了激动的泪水。

◎ 雷纳德被萨拉丁亲手处死，来自提尔大主教威廉的《编年史》插图

战俘中的贵族被一一带到萨拉丁帐前，其中包括耶路撒冷国王居伊、耶路撒冷统帅阿莫里、沙蒂永的雷纳德、托隆的汉弗莱、圣殿骑士团团长杰拉尔德、医院骑士团元帅威廉·博雷尔（Willianm Borrell）、蒙费拉侯爵威廉五世（William V，Marquess of Montferrat）等。萨拉丁给予居伊很高的礼遇，让他坐在自己身边，甚至赠给他冰镇玫瑰水解渴。然而面对雷纳德，萨拉丁却忍不住怒火中烧，他亲手砍下了这位老将的首级。居伊不免有些瑟瑟发抖，萨拉丁却平静地安慰他说：“雷纳德是咎由自取，而王不杀王。”

萨拉丁饶恕了王国大多数被俘的贵族，但医院骑士团和圣殿骑士团的数百位骑士遭受了厄运。苏丹对两大骑士团恨之入骨，对帐前超过 200 人的骑士团俘虏，他下达了最后通牒——要么改宗，要么死亡。没有一名骑士屈服，威廉·博雷尔以下上百位医院骑士团成员慷慨赴死；圣殿骑士团方面，唯一的幸存者是大团长杰拉尔德，因为萨拉丁觉得他还有利用价值。自克雷森战役后，医院骑士团再次遭遇重创，他们不仅失去了大团长，也痛失最高军事指挥官威廉·博雷尔，真正地陷入了群龙无首的境地。处决骑士团俘虏一事的确有损萨拉丁的侠义之名，不过，此前在与穆斯林交战时，两大骑士团也一贯对俘虏不留活口，因此在萨拉森人看来，此举并非杀俘，而是伸张正义。

打扫战场之后，萨拉丁的军队押解着数量庞大的俘虏班师大马士革。其中的贵族虽然沦为阶下囚，但处境还算体面，一方面是因为萨拉丁不愿有辱斯文，另一方面是因为他们能换回大量赎金。普通士兵及家属则下场凄惨，他们被廉价地贩卖为奴。通常的行情是每个壮丁售价 3 第纳尔（伊斯兰世界通行的金币），据说甚至有幸运儿用一双草履便换回了一名战俘。[6]哈丁会战之后，耶路撒冷国王与大部分精英被俘，“真十字架”陷落敌手，王国主力几乎全军覆没，萨拉丁面前已经没有旗鼓相当的敌手，唯一的障碍便是零星的十字军要塞与城镇。伊斯兰世界取得彻底胜利的曙光已在眼前。7月5日，埃丝基瓦率部向萨拉丁投降。后者慷慨地释放她返回的黎波里伯国，与丈夫雷蒙德团聚。稍后萨拉丁移师耶路撒冷王国重镇阿卡。驻守阿卡的将领为王室总管乔斯林三世，此君长于钩心斗角，却拙于闭境自守，目睹萨拉丁的浩大军容，他很快（7月8日）便献出了城池。

征服加利利地区之后，萨拉丁的部队开入了巴勒斯坦。首当其冲的城镇为重要港口提尔。很多哈丁战役的幸存者正云集于此，大大增加了守军的力量。提尔三面环海，城防坚固，在第一轮攻击受挫后，萨拉丁决定绕开这块硬骨头，他很快拿下了西顿——但日后他会为放过提尔付出惨重代价。

至8月底，基督徒尚能掌控的城市仅剩下耶路撒冷、提尔、的黎波里、安条克、加沙、亚实基伦与若干孤立要塞，局势岌岌可危。亚实基伦的守军显示了宁为玉碎不为瓦全的气节，面对居伊和杰拉尔德的劝降，他们断然拒绝。其抵抗令萨拉丁手下两位埃米尔殒命，不过到了9月4日，这座城市也陷落了。在加沙城堡，由于大团长杰拉尔德亲自劝降，驻守的圣殿骑士无法回绝，他们违心地打开了城门——杰拉尔德的苟且偷生至此总算显现了一些“价值”。

现在，萨拉丁眼前的目标就是伟大的耶路撒冷了。他并不愿意让这座宗教名城

◎ 哈丁会战后，萨拉丁检视俘虏

遭受战火的摧残，派出使节以宽大条件要求守军投降。当时驻守圣城的权贵为耶路撒冷宗主教伊拉克略，虽然他一生留下了不少污点，但也不愿意做出卖圣城的犹大。尽管宗主教颇有骨气地表示愿与耶路撒冷共存亡，但他完全没有战争经验，显然难堪大任。就在此时，从哈丁战场突围的巴利安突然进入耶路撒冷，顿时被军民们公推为城市的救星。其实巴利安此行是为接回妻子儿女而来，向萨拉丁说明来意后，后者慷慨地打开封锁网让他返回圣城，条件是只能在城中停留一日。面对市民的盛情挽留，巴利安不忍抛弃自己的国民。他颇有骑士风度地派出信使向萨拉丁道歉，表示他不能违背良心，苟且偷生。而萨拉丁展示了令人瞠目的气度，他不仅原谅了巴利安的“背信弃义”，甚至派出卫队护送巴利安的妻子玛利亚及儿女前往提尔避难，以便让巴利安在守城时没有后顾之忧。据说当巴利安的家属悲伤地途经萨拉丁营帐时，苏丹还流下了怜悯的眼泪。

虽然时局空前不利，但巴利安还是竭尽所能地动员防御的力量。此时耶路撒冷已经涌入了大量难民，其中大部都是妇孺之辈，可供作战的兵员寥寥无几。此外，城中的骑士除巴利安外，竟只剩两人（大部分已经在之前的哈丁会战中损失了），虽然医院骑士团、圣殿骑士团总部还有一些成员留守，但他们大部分都欠缺军事经验。为此，巴利安将城中所有年满16岁的贵族子弟，甚至还有来自富商家庭的30个人，统一册封为骑士。在萨拉丁彻底合围之前，他尽可能收集了粮草，筹措战争经费。医院骑士团贡献出了自己的积蓄，圣墓教堂甚至捐出了它的银器，每一个能够战斗的男子都被武装起来，耶路撒冷上下同仇敌忾，发誓要捍卫基督徒的荣誉和尊严。

9月20日，萨拉丁开始从城市的西北方发起进攻。经过五天鏖战，他一无所获，伤亡惨重，不得不转移阵地。守军一度以为萨拉森人已经知难而退，但9月26日，萨拉丁再一次出现在橄榄山一带，他选择在耶路撒冷城墙的薄弱之处，采用挖掘地道的方式来突破城防。至29日，耶路撒冷城墙出现了一道巨大的豁口。守军的士气依旧高涨，他们以狂热的激情奋战在城墙的突破口附近，誓死不退。然而，以耶路撒冷薄弱的兵力，是无法长久维系这一条战线的。宗主教伊拉克略向军民发表了演说，他表示，虽然奋战至死能够光荣地成为殉道者，但城中大量妇孺必将沦为奴隶，遭受非人折磨，为了他们妻子儿女的福祉考虑，宗主教建议做有条件的投降。和杰拉尔德不同，巴利安是一员理智的将领，虽然历来与宗主教政见不合，但此时他也支持这一决定。9月30日，巴利安只身来到萨拉丁的大营，代表耶路撒冷王国，与萨拉丁进行最后的谈判。

最初萨拉丁表示由于耶路撒冷人先前自行关闭了和谈的大门，他此时只能接受无条件投降。巴利安威胁说，如果不给予基督徒尊严和宽大的条件，他们宁可鱼死网破，摧毁圣殿山的伊斯兰圣迹，杀死所有的穆斯林囚徒。虽然巴利安的恫吓有虚张声势的成分，但萨拉丁无法承担毁坏圆顶清真寺与阿克萨清真寺的风险，他最终做出让步，同意以 10 万第纳尔作为赎金，让圣城约 2 万名天主教徒能够携带个人财产自由离开（东正教徒与埃及苏丹关系和睦，他们并不愿背井离乡）。可即使加上医院骑士团的资金，巴利安手上总计只有 3 万第纳尔，于是他决定用这笔钱赎回城中最贫苦的 7000 人，剩余的居民则只能自筹资金为自己购买自由了。

10 月 2 日，守军放下了武器，萨拉丁凯旋进入耶路撒冷。此时距布永的戈弗雷攻下圣城，已经过去了八十八年。旧耶路撒冷王国的时代结束了，萨拉丁成了伊斯兰世界的英雄。虽然萨拉森人的部队军纪严明，对市民几乎秋毫无犯，但对天主教徒来说，这是苦涩的一天。很多十字军的后裔已经在这里繁衍生息了数代人之久，欧洲对他们而言似乎遥不可及，耶路撒冷反倒是自己挚爱的故乡。医院骑士团不得不离开圣约翰医院及教堂，而圣殿骑士团也撤出了他们位于圣殿山上阿克萨清真寺的总部，他们中的很多人此生再也没有机会重返故地。

难民被分为了两支，7000 人由耶路撒冷王国出资赎回自由，另外的 1 万余人则需要自己缴纳金币，否则将被送往奴隶市场，而 5—10 第纳尔的赎金对很多平民来说，不啻为天文数字。宗主教伊拉克略为自己缴纳了 10 第纳尔，而他的行囊中却满载着各种金银细软，穆斯林士兵也对他的厚颜无耻瞠目结舌。[7] 目睹很多基督徒因无力支付赎金沦为奴隶，萨拉丁的兄弟阿迪勒（al-Adil）恳求苏丹赐给他 1000 名奴隶作为战利品，随后他高声宣布还他们自由。伊拉克略、巴利安也纷纷效仿，他们一共解放了 1200 人。最后，萨拉丁宣布他将释放剩余所有奴隶。一座像耶路撒冷这样的大城被攻陷后，竟几乎无人被变卖为奴，在那个年代，此举足以彰显萨拉丁的高风亮节与过人气度。

向海岸线跋涉的耶路撒冷难民被分为了三队，一支由巴利安和伊拉克略率领，一支由圣殿骑士团护送，第三支则交给了医院骑士。提尔与的黎波里因为人满为患拒绝接收他们，最终难民历经千辛万苦，在安条克找到了安身之所。

虽然法兰克人离开了，但圣城的基督徒区依然存在，昔日备受压迫的东正教徒取代了天主教徒的位置（医院骑士团得名的圣约翰教堂今天已是东正教堂）。不过考虑到围城期间双方伤患众多，萨拉丁特许 10 名医院骑士团修士留在圣约翰医院治疗病人，骑士团的其余修士大部分进驻他们的各个城堡，而修女们则被送回了欧洲的分部避难。此后圣约翰教堂旁的古老医院一直运作至 16 世纪才宣告废弃，但它已经不再属于医院骑士团所有了。有人建议萨拉丁摧毁圣墓教堂，但他明智地予以拒绝，实际上，耶路撒冷改换门庭后它仅仅被关闭了三天就重新开放，甚至天主教朝圣者在缴纳赋税后，也被允许进入圣墓教堂朝拜。但另一方面，萨拉丁摘下了阿克萨清真寺上的十字架，清除了一切圣殿骑士团的痕迹，在那里举行了盛大的宗教仪式，以赞美真主对他的眷顾。

耶路撒冷的失陷给十字军留下了惨痛的回忆，但其中也间杂着温情的历史插曲。

托隆的汉弗莱之母斯蒂芬妮（Stephanie）得知儿子被俘之后，向萨拉丁表示愿意交出自己治下的两座城堡，以换回爱子。萨拉丁欣然应允，并先行释放了汉弗莱。意想不到的是，当斯蒂芬妮亲自去卡拉克城堡与蒙特利尔城堡劝降时，面对主母，守军却大义凛然地表示拒绝。由于未能实现诺言，斯蒂芬妮强忍伤痛又将汉弗莱送回了萨拉丁处，萨拉丁对斯蒂芬妮的言信行果颇为感动，几个月后，他做出了惊人之举，在没有得到任何赎金的情况下，释放了汉弗莱——即使是西方的历史学家，对此也赞不绝口。而卡拉克城堡与蒙特利尔城堡最终也未能幸免，它们坚守了一年之久，但还是因为饥馑而不得不打开城门。[8]

离开耶路撒冷的巴利安最终抵达的黎波里，与家人团聚，为了保卫圣城，他已竭尽全力，因此感到问心无愧。雷蒙德伯爵的情况却与之相反，由于民众并不了解哈丁会战的来龙去脉，他们纷纷指责伯爵为逃兵甚至“国贼”，心力交瘁的雷蒙德很快一病不起，在 1187 年底撒手人寰（其爵位由教子雷蒙德四世继承），屡受重创的医院骑士团也失去了一位忠实的朋友。平心而论，雷蒙德确实比居伊更适合管理这个王国，他悲剧的一生体现了在圣地土生土长的第二代、第三代法兰克人与初来乍到的欧洲“圣战者”之间根深蒂固的矛盾——前者已经学会了与本地不同民族、不同教徒共存共荣，而后者却想着用剑和血去宣扬“上帝的荣光”。“太后党”的鲁莽与偏执酿成了哈丁会战这一场大祸，并几乎葬送了整个耶路撒冷王国，然而受到千夫所指的却是雷蒙德（当然与萨拉丁秘密缔约确实是伯爵人生的一大污点）。

在成为埃及、叙利亚、阿勒颇等地的苏丹之后，萨拉丁俘虏了耶路撒冷国王，攻占了圣城，完成了毕生夙愿，可谓春风得意。拜占庭皇帝依沙克二世听闻萨拉丁获胜的消息后，背弃了与耶路撒冷王国多年的盟约，转而与苏丹修好（平心而论，萨拉丁的确对东正教徒不薄）。环顾圣地，残存的的黎波里伯国与安条克公国已经孤立无援，似乎没人可以阻挡萨拉丁的铁骑了。

不过，在千疮百孔的十字军国家腹地，还伫立着不少两大骑士团的城堡，它们像一颗颗楔子令萨拉丁头疼不已。1188 年，经过了近一年的混乱之后，医院骑士团终于选出了罗歇·德·穆兰的继任者——阿门戈尔·德·阿斯帕。面对风雨飘摇的时局，阿门戈尔采取了一种保守但稳健的政策，命令成员们进入堡垒死守，以拖待变。骑士团的要塞也因此成为残破的耶路撒冷王国抵抗萨拉丁的中坚力量之一。

医院骑士团在 1186 年刚刚斥重金购买了迈尔盖卜（Marqab，亦称 Margat）城堡，它距离海岸线仅 2 公里，扼住了通往的黎波里的要道，经过医院骑士团的整修和改建，它拥有了整整 14 座高耸的塔楼，并成了骑士团叙利亚地区的总部。1188 年 7 月，萨拉丁亲征的黎波里伯国时，途经骑士城堡。城堡中的医院骑士已经严阵以待，但萨拉丁目睹了它的坚固雄壮后，选择知难而退，他的军队直接绕过了城堡。医院骑士团苦于兵力捉襟见肘，无法发动追击，甚至无法威胁穆斯林的补给线。幸运的是，西西里国王的舰队正拱卫着的黎波里，萨拉丁既无法强攻，也不能予以封锁，最终不得不选择撤退。在返程中，萨拉丁的部队顺带攻下了多座城镇，但托尔托萨（Tortosa，塔尔图斯的旧称）的圣殿骑士团守住了自己的要塞，而横亘在萨拉丁行军路线上的迈尔盖卜城堡则给他制造了很大麻烦。苏丹也曾尝试攻下这座巨型城堡，却多次受挫于它的坚城之下，不得不悻悻而去。

在1187年至1189年萨拉丁的扫荡行动中，两大骑士团都表现出了高昂的斗志。相较而言，医院骑士团更胜一筹，因为曾有个别圣殿骑士团的城堡在重围之下向萨拉丁主动投诚，但医院骑士团即使面临绝境，也决不投降。在这些可歌可泣的战役中，最具代表性的当属医院骑士团贝尔沃城堡之围。

由大团长吉尔贝1168年购买、兴建的贝尔沃城堡一度给医院骑士团留下了苦涩的回忆，它被认为是1169年导致骑士团破产的罪魁祸首之一，但此时它却成了抵抗萨拉森人的中流砥柱。从1187年7月至1189年1月，贝尔沃城堡面对萨拉丁的重兵围城，坚持了十八个月之久。萨拉丁的秘书伊马德丁·伊斯法哈尼（Imad al-Din al-Isfahani，1125—1201，也是波斯历史学家）曾这样描述这场惨烈的围攻：

“由于事先已经对城堡进行了长期围困并且准备充分，主帅马哈茂德（Mahmud）认为我方已经胜券在握。城堡中的医院骑士并未主动出击，他据此认为敌人已经士气低落，濒临崩溃。因此，马哈茂德难免有所轻敌，对困难也估计不足。

“在闪瓦鲁月（Shawwal，伊斯兰教历法中一年的第10个月）的最后一晚，月黑风高，冷雨刺骨。如此恶劣的天气下，马哈茂德认为敌方不可能采取什么行动，整座大营的将士都昏昏沉沉，很多人进入了梦乡，连哨兵也在打盹。然而，拂晓时分，贝尔沃城堡中的骑士竟发动了一场反击。我方猝不及防，几乎无法组织任何有效的抵抗。当马哈茂德和亲兵从沉睡中惊醒时，发现医院骑士已经闯入了自己的营帐。马哈茂德抓起手边的武器殊死一搏，但最终还是被蜂拥而来的骑士刺倒。医院骑士团在我方大营如入无人之境，直到日出时分，他们才满载虏获的大量战利品返回到城堡之中……”[9]

然而，一两次大胆的反击并不足以扭转战场的局面。1188年前后，驻扎在医院骑士团三大城堡

◎ 迈尔盖卜城堡遗址

（骑士堡、迈尔盖卜堡、贝尔沃堡）中的兵力总计也不超过2000人，即使取得了一些战术上的胜利，他们也很难派出部队去扩大战果。贝尔沃城堡依旧处于重围之中，在这一年年底，大团长阿门戈尔·德·阿斯帕派出了一支援军，企图替贝尔沃城堡解围。但这支弱小的队伍已经失去了大部分盟友，势单力薄，被守株待兔的萨拉丁主力一举歼灭。可能是出于对医院骑士团的钦佩，或者是希望与骑士团达成某种“和解”，萨拉丁并没有像哈丁会战那样对待被俘的骑士，而是保全了他们的性命。稍后，在1189年1月5日，经过一次血腥的总攻，贝尔沃城堡陷落，残余的骑士团武装也沦为了战俘。

虽然贝尔沃城堡最终失守，但一场场旷日持久的围攻战也令萨拉丁的部队身心俱疲，穆斯林产生了厌战情绪，很多士兵离家已逾两年，归乡心切。安条克亲王博西蒙德三世借机代表安条克公国与的黎波里伯国向萨拉丁主动求和（他的长子雷蒙德四世继承了的黎波里伯国的爵位）。萨拉丁答应了博西蒙德的恳求，条件是两大十字军国家正式承认穆斯林新近征服的战果。

于是，席卷南黎凡特的兵火暂时告一段落。安条克公国与的黎波里伯国得以幸存，不过它们的国土已然是残山剩水，所能掌控的重要城市只有安条克、的黎波里与港口圣西梅翁（Saint Simeon）。此外，基督徒控制的重要据点还包括圣殿骑士团的托尔托萨城堡与医院骑士团的骑士堡、迈尔盖卜堡；南方则孤悬着海滨重镇提尔，它可算作耶路撒冷王国浩劫之后仅有的幸运儿。

在与北方的十字军国家媾和后，萨拉丁重新将目光转向了提尔，他深知此城的战略意义，现在正因一年前放过这座城市而感到追悔莫及。穆斯林并无黎凡特一带的制海权，只要提尔掌握在基督徒手中，他们就能保留从海路获得欧洲援军的希望，耶路撒冷王国便存在绝地重生的可能。该城位于一座半岛上，三面环海，仅仅通过狭窄的地峡与大陆相连，地势险要，易守难攻，由于战乱期间涌入了不少难民，提尔的人力也较为充足。一年多以前，尽管拥有地利，但目睹萨拉丁接连攻城拔寨后，当时掌管提尔的西顿的雷纳德失去了勇气，准备向苏丹面缚归命，他甚至已经提前在城头升起了两面萨拉丁的王旗，以示归顺。萨拉丁似乎认为提尔已经是囊中之物，并没有及时出兵占领全城。而那时，一个历史插曲阴差阳错地改变了整个耶路撒冷王国的命运。

1187年7月14日，蒙费拉的康拉德（Conrad of Montferrat，约1146—1192）[10]从君士坦丁堡出发，乘船缓缓驶入阿卡港。康拉德此前一直为拜占庭帝国效力，但不久前因卷入一桩命案，不得不逃离拜占庭首都，他携少量亲信骑士，准备前往圣地避一避风头。由于那个年代落后的交通与通讯，康拉德此刻对哈丁会战的惨败，对自己父亲蒙费拉侯爵威廉五世的被俘一无所知。当他的船只驶入港湾后，康拉德发现情况似乎有些异样——码头上并未响起以往通报船只到来的钟声。稍后，一艘港口官员的单桅帆船前来登舰检查，康拉德发现阿卡码头的长官居然换成了穆斯林。他乔装为普通商人，询问到底发生了什么变故，后者告诉他，阿卡已经在四天以前，向萨拉丁投降了。康拉德立即起锚逃离了阿卡，驶向提尔，提尔人像耶路撒冷人对待巴利安那样热情地迎接他。提尔军民早先对西顿的雷纳德的投降政策颇有腹诽，只不过缺乏一位德高望重的领袖来统率他们。而康拉德早年为拜占庭帝国效力期间，曾立下了不少战功，于是人们自发地拥立他为提尔的城防司令。雷纳德遭到罢黜，城墙上的萨拉丁王旗被投入了护城河。几乎一夜之间，萨拉丁的外交努力便化为乌有。康拉德刚过而立之年，精力充沛，性格坚毅果敢，颇有初生牛犊不怕虎的气概。他并不畏惧萨拉丁的威名，经过实地考察，他对提尔防御上的优势了然于胸，市民在康拉德的鼓舞下纷纷加入守城的队伍。更加幸运的是，提尔作为耶路撒冷王国的重要贸易港，驻有大批意大利商人，国难当头，这些平日里似乎一毛不拔的富商对康拉德慷慨解囊，在金钱和舰队方面鼎力支持。1187 年夏天萨拉丁曾挟哈丁会战之威兵临提尔城下，听闻守城者为蒙费拉的康拉德后，苏丹还特意派出被俘的康拉德之父蒙费拉侯爵威廉前去劝降，甚至威胁说如果康拉德抗命，就杀死老侯爵。但康拉德展现出超人的坚强，他不为所动，拒绝听命。而萨拉丁也没有处死蒙费拉侯爵，率部转而向亚实基伦进军，并顺利攻克该城。1187 年 11 月萨拉丁再次进攻提尔。但提尔已经做好了充分准备，康拉德甚至有机会派出新任提尔大主教乔西乌斯（Joscius）乘船前往欧洲求援。萨拉丁精心筹划了一场水陆两栖攻击，陆军经过地峡攻打提尔城墙，而由 10 艘战舰组成的舰队则准备突破提尔的港口区。然而，由于地形过于狭窄，穆斯林军队完全无法发挥人数上的优势，他们在提尔的护城河外一再受挫。与此同时，穆斯林的舰队也被经验丰富的意大利水手所挫败，他们舰队的半数船只被基督徒水师所俘获，不得不狼狈而逃。随着冬天的到来形势对穆斯林越发不利。在萨拉丁大营中举行的战争会议上，苏丹麾下的埃米尔们纷纷表示不能再打下去了。萨拉丁在 1188 年的新年前后，解散了自己半数的军队，率领剩余部队深入内陆，去攻克基督徒掌控的各个要塞。提尔在康拉德的领导下，奇迹般地逃过了一劫。

至 1189 年初，虽然萨拉丁在十字军国家中鲜逢对手，战果丰硕，虽然在哈丁之角与圣殿山他已经为穆斯林一雪前耻，虽

◎ 1187年萨拉丁对提尔的围攻，让·科隆布绘制

然耶路撒冷王国看上去千疮百孔，命不久矣，但提尔依旧掌握在基督徒手中，耶路撒冷王国依旧保留着火种。医院骑士团坚信教皇与欧洲的基督教国家不会抛弃他们，而萨拉丁不知道，第三次十字军东征已箭在弦上，留给他攻城略地的时间，不多了。[11]

1187 年夏末，提尔大主教乔西乌斯渡过了半个地中海，抵达西西里国王威廉二世的宫廷。威廉此前已经风闻了一些可怕的传言，而它们不幸得到了乔西乌斯的证实。一连四天，威廉二世换上了粗布衣衫，闭门谢客，以示哀悼。此后他迅速行动起来，暂停了与拜占庭帝国的战事，派出一支由 50 艘战船组成的舰队及 300 名骑士，火速驰援十字军诸国（正是这支舰队，在 1188 年帮助的黎波里挡住了萨拉丁的围攻）。与此同时，乔西乌斯也启程前往罗马，向教宗汇报来自东方的噩耗。在接连得悉哈丁的灾难与阿卡的陷落后，心力交瘁的罗马教皇乌尔班三世（Urban Ⅲ）在 10 月 20 日撒手人寰。接任的格里高利八世（Gregory Ⅷ）稍后又遭受了耶路撒冷沦陷这一晴天霹雳，他匆忙派出信使将圣地的悲剧传遍基督教诸国，并尝试发起第三次十字军东征。但他的努力还未见成效，本人就因病追随乌尔班而去。拯救圣地的重任便落在了新教皇克雷芒三世（Clement Ⅲ）肩上。克雷芒一面与神圣罗马帝国帝国皇帝腓特烈·巴巴罗萨修复关系，一面派出提尔大主教乔西乌斯前去调停英格兰与法兰西两国。多年以来，英格兰国王亨利二世（Henry Ⅱ）视法国为眼中钉肉中刺，而此时的法王腓力·奥古斯特（Philip Augustus，即腓力二世）也是有为的君主，渴望与亨利二世一较长短，两国激战正酣。此前英王已经从安条克主教处得知了圣城陷落的噩耗，有意东征。当乔西乌斯在法国北部小城日索尔（Gisors）会晤英法两国君主时，他们进一步听闻圣地基督徒的惨状，不禁热泪盈眶，当场决定化干戈为玉帛，共同组织十字军，去支援东方的基督教兄弟，收复耶路撒冷。为了筹集经费，英法两国决定增加赋税，并称之为“萨拉丁什一税”，虽然这笔税款在某些地区（尤其是苏格兰）遭到了抵触，但它还是为两国的东征提供了一笔巨款。佛兰德伯爵腓力早年曾接受鲍德温四世的款待，也表示愿意加入，三方商定英格兰十字军佩戴白十字，法国佩红十字，佛兰德佩绿十字，一同出征。然而，第三次十字军东征尚未筹备完毕，1189 年 1 月，亨利二世的长子理查（即未来的“狮心王”理查一世）起兵叛乱，甚至与法王腓力二世联合，对抗自己的父王。教皇克雷芒多次派人调解，但收效甚微。内战一直持续到当年 7 月，以亨利二世病故、理查一世登基收场。英法两国再次鞬橐干戈，两位年轻的国王（理查一世 31 岁，腓力二世 23 岁）意气风发，相约共赴圣地，成就一番伟业。

在英格兰祸起萧墙之时，提尔大主教乔西乌斯作为教皇特使正在德意志为十字军运动穿针引线。原本神圣罗马帝国皇帝腓特烈一世（Frederick Ⅰ，1122—1190，即腓特烈·巴巴罗萨）与宗座存在宿怨，但大敌当前，他还是选择了和解。青年时代作为皇帝康拉德三世的侄子，腓特烈曾经参加过失败的第二次十字军东征，这段经历给他留下了难忘的回忆，而圣城的陷落则重新激起了皇帝作为一名基督教骑士的热忱。腓特烈纵横沙场多年，此时已经67岁，他准备将夺回耶路撒冷作为自己一生的收官之战。

1189年5月11日，腓特烈一世率领德意志十字军从雷根斯堡出发，准备经陆路穿越巴尔干、小亚细亚，进入圣地作战。神圣罗马帝国各诸侯共提供了约1.5万人的兵力[12]，其中包括3000名骑士，他们都是悉心挑选的精兵，很多人已经同皇帝一道身经百战，实力不容小觑。除了皇帝本人，同行的还有他的王子施瓦本（Schwaben）公爵腓特烈五世（Frederick Ⅴ），以及2位侯爵、26位伯爵、8名主教。当德意志人启程之时，腓力二世、理查与亨利二世还在捉对厮杀，无暇东顾。神圣罗马帝国的这支劲旅，俨然成了东方十字军国家望眼欲穿的救星。不过，在那个年代，陆路并非前往东方的最佳途径。但或许是出于对航海的畏惧，腓特烈选择了一条更艰险的道路。

英法两国忙于内争，而德意志十字军还在缓慢的行军途中，一些忧心如焚的欧洲贵族便自行组织部队，登船驶向黎凡特。其中的代表人物当属吕西尼昂的杰弗里（Geoffrey of Lusignan），作为耶路撒冷国王居伊的兄长，他的一支援军大约在1189年初便抵达了圣地。

腓特烈一世一行人必然经过拜占庭帝国的领土，由于此前依沙克二世已经转而与萨拉丁结盟，他对神圣罗马帝国部队屡加刁难，处处掣肘。怒发冲冠之下，腓特烈险些率部强攻君士坦丁堡。最后，依沙克退让了，他派出舰队，护送德意志人渡过海峡，进入小亚细亚。一路上，他们披荆斩棘，克服了后勤补给上的重重困难，并击退了土耳其人的多次进犯，甚至一度重创罗姆苏丹国主力，于1190年5月占领其首都科尼亚（Konya）。科尼亚的丧失震惊了整个伊斯兰世界，战报雪片般地涌向萨拉丁的营帐，令他焦虑万分，寝食难安。

然而，是年夏天的一桩意外却永远改变了德意志十字军的命运。6月10日，腓特烈的大军在胜利的喜悦中，开始横渡萨列法河（Saleph，如今被土耳其人称作格克苏河）。由于酷热难耐，皇帝不顾属下的反对，决定下水游泳过河，不料被卷入漩涡，溺水身亡（一说心脏病发作）。神圣罗马帝国并非中央集权国家，更像是松散的诸侯联盟，皇帝的意外驾崩令整支联军有了分崩离析之虞。虽然皇子腓特烈五世尚在阵中，但这个20岁出头的青年难以服众，德意志十字军的士气每况愈下，逃兵与日俱增。6月下旬，他们失魂落魄地抵达安条克，受到博西蒙德三世的盛情款待。一路上德意志十字军备受折磨，此刻失去了老皇帝的监督，不免纵情于声色犬马，完全丧失了最初的斗志和锐气。驻守提尔的康拉德对德意志盟军本抱有很高期望，加之腓特烈一世是他的表兄（腓特烈一世的祖母和康拉德的外祖母均为日耳曼的阿格尼丝），特意赶到安条克与之相聚，不料却得知凶讯。安条克的十字军已几乎蜕变为一群乌合之众，法兰克人明白，无法

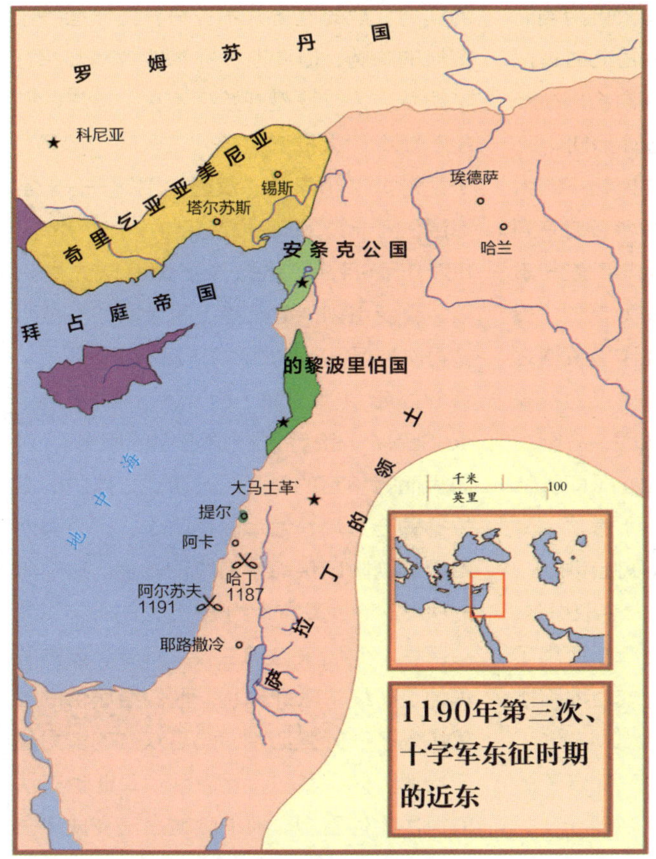

◎ 1190年第三次十字军东征期间的近东地图

各个城堡，但医院骑士团的几座要塞又像大山一般横亘在他眼前。埃及和叙利亚苏丹开始尝试与基督徒实现某种程度的“和解”，他陆续释放了一批哈丁会战以来抓捕的贵族战俘。1188年7月，由于西比拉女王的一再恳求，萨拉丁终于同意释放居伊国王。在庄严宣誓永不反对穆斯林并回到欧洲以后，吕西尼昂的居伊重获自由。与他一并获释的还有耶路撒冷王国统帅阿莫里，二人回到的黎波里，居伊总算和妻子团聚。由于年事已高，萨拉丁也礼送老蒙费拉侯爵威廉至提尔城，康拉德幸运地迎回了自己的父亲。圣殿骑士团大团长杰拉尔德因为此前替苏丹招降的功劳，也被还予自由。此举不单体现了萨拉丁的仁慈，还能看出他在权谋上的狡黠。数年来萨拉丁深谙耶路撒冷王国内部激烈的权力斗争，放回居伊在他看来，有可能重新激发十字军内部的党争，利大于弊。

指望他们扭转乾坤了。眼下最后的希望，只能放在英格兰人和法兰西人身上了。[13]

早在腓特烈一世踏上亚洲的土地之前，已经有十字军的先遣队通过海路驰援黎凡特残存的基督教国家。康拉德成功防守提尔的战略意义此时凸显出来：掌握了这座港口，西方的援军才能源源不断地驶入，基督徒的海军才有一座可靠的停泊基地。1188年春，西西里海军正是以提尔为依托，北上挫败了萨拉丁进犯的黎波里的企图。望洋兴叹的萨拉丁不得不转而进攻内陆的

哈丁会战及耶路撒冷陷落以来，“贵族党”与“太后党”依旧互相指责。居伊所属的“太后党”将挫折归咎于的黎波里伯爵雷蒙德的背叛，而雷蒙德的朋友伊贝林的巴利安及医院骑士团则因雷纳德、圣

殿骑士团的刚愎自用和居伊的鼠首两端而义愤填膺。虽然雷蒙德和雷纳德此时皆已不在人世，但裂痕并没有即刻愈合。被释放的居伊几乎是一个没有自己国土的国王，耶路撒冷王国唯一尚在基督徒控制下的大城便是提尔。当居伊带领几百名亲信来到提尔城下准备接管它时，市民与贵族却不愿承认国王的统治权。巴利安为首的“贵族党”将声望日隆的康拉德视作雷蒙德之后的天然领袖，康拉德认为居伊应为早先的惨败负责，拒绝为他打开城门，甚至表示王位归属要留待西方三大君主（即腓特烈一世、理查一世和腓力二世）裁决。尽管很多居伊的部下将康拉德视作乱臣贼子，但居伊明白他不能也不敢用武力夺取提尔，于是再次退往的黎波里。那里渐渐聚集了一批居伊和西比拉的支持者，成为耶路撒冷国王反攻复国的基地。

到了1189年秋，居伊重新集结了一支9000人的部队（包括700名骑士），他们还得到了比萨共和国海军的支持。眼见夺回提尔无望，居伊将目标定在了另一王国重镇阿卡上，率部将它重重包围。但由于先前居伊曾许诺停止与穆斯林的争斗，此举有背信弃义之嫌。耶路撒冷国王求助于教会，很快，教会声明说，与异教徒订立的协议原本就缺乏效力，何况居伊还受到了胁迫，因此，国王不必遵守与萨拉丁的誓言。

虽然解决了师出无名的问题，但居伊的决定依然像是一场赌博。国王之所以发动战役，一方面是希望光复国土，但另一方面恐怕是为了向各位贵族领主展现自己的实力。他的准备并不充分，虽然摆开了围城的阵势，但穆斯林守军的数量却超过了法兰克人。战役开始后不久，盛怒的萨拉丁就率领大批增援部队进入阿卡战场，于是形成了罕见的“双重包围”——十字军围住阿卡城，而萨拉丁又包围了十字军。1189年10月，耶路撒冷王国军队先胜后败，遭受重创，圣殿骑士团大团长杰拉尔德再次被俘，这一次萨拉丁没有手下留情，将他处死。[罗贝尔·德·萨布莱（Robert de Sablé）接替了杰拉尔德的职务。]对居伊而言幸运的是，经过游说，提尔的康拉德顾全大局，领军驰援阿卡，比萨与西西里的舰队则保障了海路的畅通。这一年的秋冬时节，又有大约1.2万人的十字军先头部队（他们来自佛兰德、丹麦、英格兰等地）陆续从欧洲到达。他们给居伊的围攻注入了一针强心剂，此后双方的实力趋于均衡，你来我往，互有胜负，谁也无法取得决定性胜利。阿卡围城战演变成了一场旷日持久的拉锯战。

1190年3月，提尔出发的基督教舰队在阿卡港外决定性地击败了穆斯林舰队，至此，十字军完全掌握了阿卡附近的制海权，阿卡遭到全面封锁。天平似乎开始向十字军一方倾斜，但基督教联军的兵力依然不足以击退萨拉丁的反包围，也无法突破阿卡的城墙。到了1190年夏天，又有若干支十字军进入战场。除了腓特烈一世的残军以外，还包括法国、英格兰、意大利的部队，其中领军人物为香槟伯爵亨利二世（Henry Ⅱ，Count of Champagne，1166—1197）。这一年秋天，双方军营中爆发了瘟疫，耶路撒冷

◎ 法王腓力二世启程加入第三次十字军东征，让·科隆布绘制

女王西比拉和她的两个女儿均染病不治。耶路撒冷王国的政治危机再一次激化。居伊称王是因为他妻子的血统，而西比拉死后名正言顺的继承人则非她的妹妹伊莎贝拉莫属。伊贝林的巴利安和妻子玛利亚共同迫使伊莎贝拉与无意称王的丈夫汉弗莱离婚，转而嫁给耶路撒冷贵族所看重的青年才俊——蒙费拉的康拉德。康拉德顺势对王位提出了要求，而居伊拒绝退位，一时间，耶路撒冷王国似乎出现了两位“国王”。两位贵族都不乏支持者，但毕竟大敌当前，他们决定暂时搁置王位的纷争，留待英王、法王抵达后再做定夺。

在地中海的另一端，1190年7月，法王腓力二世与英王理查一世终于备战完毕，正式踏上了东征的旅程。理查一世不仅是英格兰君主，还拥有普瓦捷伯爵、诺曼底公爵、阿基坦公爵等头衔，理论上，可算作法国国王的封臣。但雄心勃勃的理查不可能甘居人后，瑜亮情结之下，两位君主分道扬镳，各自行军。腓力二世借助热那亚人运送他的部队，理查一世则更信赖本国海军。法国十字军心无旁骛，以最快的速度驶向圣地；而理查一世决定步步为营，他首先推翻了塞浦路斯的希腊统治者，占领全岛，然后以此为跳板，登陆阿卡。

腓力二世于1191年4月20日率部出现在阿卡城外，他的到来大大鼓舞了十字军的士气，7周以后，理查一世姗姗来迟。此前施瓦本公爵腓特烈五世已经染病离世，腓力与理查成为整个十字军当之无愧的领导人。基督徒军队士气高涨，而目睹英法两国生力军的浩大阵容，阿卡的穆斯林守军也不免心生惴惴。两位国王为了率先攻入阿卡的荣誉而竞争着，7月12日，终于有一段城墙被攻破，守军无力支撑，向十字军提出投降。最终的条件是，穆斯林缴纳20万金币作为赎金，归还“真十字架”，并释放约1500名战俘（包括100位贵族），而十字军则担保他们的人身安全。萨拉丁对阿卡已经是鞭长莫及，只能咽下苦果。

阿卡的光复距离哈丁会战已经过去整整四年。耶路撒冷王国终于迎来了一次重大胜利，此前的阴霾似乎一扫而空。但大胜之后，也存在一些不和谐音符。腓力·奥古斯特和理查一世居功自傲，入城之后，几乎瓜分了全部战利品，令友军们耿耿于怀。奥地利公爵利奥波德在战斗中身先士卒，立下了不少功勋。他的旗帜飘扬在阿卡的一座城楼上，但理查一世竟下令拔掉旗帜，扔进护城河里。多亏利奥波德忍辱负重，英国人与德意志人之间才没有爆发一场械斗。对康拉德与居伊的争执，两位国王进行了调解：居伊可以保留耶路撒冷国王的头衔，而康拉德在与伊莎贝拉成婚后，将获得王储的地位。实际上，腓力二世倾向于自己的表弟康拉德，而英王却更看好居伊。上述调解只是权宜之计，背地里依然播下了不和的种子。居伊保住了王位，康拉德则失意地返回了提尔。

就在此时，腓力二世与理查一世的矛盾也激化了。虽然腓力更加年轻，但他在位已有十年，有着与年龄不相称的城府。他是个现实主义者，参与十字军并非出于宗教热情，而是基于政治考量。英王理查一世的性格与他相反，更像一位骁勇善战的理想主义骑士，而非老谋深算的国王。但在圣战的氛围下，理查更受欢迎与爱戴。腓力二世发现这场劳师远征并不能给自己带来预期的政治资本，同时牵挂自己的王国，便打起了退堂鼓。稍后，他以身体有恙为由，独自返回了法国，不过，腓力厚道地留下了自己的军队，并交给勃艮第公爵休三世（Hugh Ⅲ, Duke of Burgundy）指挥。此后，第三次十字军公认的领袖，便非理查一世莫属了，这或许对耶路撒冷王国也是一件幸事。

阿卡投降之后，萨拉丁虽然表示愿意付出赎金，交还“真十字架”，但他却无法释放所有基督教战俘，尤其是当中的贵族（一部分恐怕早先已经遭到处决）。双方使节来回穿梭，竭力斡旋，但谈判还是失败了。理查急于摆脱阿卡的大批穆斯林战俘，以便向耶路撒冷进军，他竟以此为借口，于8月20日冷血地屠杀了整整2700名阿卡的穆斯林，其中不少是妇女儿童。尽管理查获得了“狮心王”的美誉，但这也是他人生永恒的污点。[14]

阿卡的收复对医院骑士团而言，也是一个转机。先前面对萨拉丁的咄咄兵锋，医院骑士团不得不龟缩在几座主要的城堡中苦苦支撑。1191年，在新团长加尼尔·德·纳布卢斯（Garnier de Nablus）的带领下，他们欣喜地将总部和医院从迈尔盖卜城堡迁至阿卡城区，骑士团似乎得到了重生。加尼尔·德·纳布卢斯早年曾担任医院骑士团英国区修道长（Prior）[15]及法国区司令官，因此同时得到了英法两国君主的信赖，在第三次十字军东征的背景下，加尼尔与理查一世良好的个人关系给骑士团带来了独特的机遇。大约在这一时期，医院骑士团也获得了新的盟友——阿卡围城战期间，一批来自德意志的十字军成立了一所野战医院，1191年他们亦

◎ 英法联军共同进入阿卡城，来自樊尚·德·博韦（Vincent de Beauvais，1190—1264）的《历史之镜》

将医院搬入阿卡城内（位于圣尼古拉斯门附近），这便是日后鼎鼎有名的条顿骑士团（Teutonic Order）的雏形。按照“官方说法”，条顿骑士团（全称为“耶路撒冷德意志会友圣母骑士团”，Order of Brothers of the German House of Saint Mary in Jerusalem）与医院骑士团之间颇有渊源，它的源头可追溯至耶路撒冷城中由德意志修士管理的圣玛丽医院，从1143年起，在教皇授意下，该医院被转交给医院骑士团管辖，不过仍保留了它的德意志色彩。从这一角度看，可以把条顿骑士团视为从医院骑士团中分离出来的组织。在随后的几年中，新生的条顿骑士团得到了教皇的认可，在医护功能以外，也逐渐扮演了军事角色，成为医院骑士团、圣殿骑士团的有力盟友。[16]

1191年8月22日，理查一世率领十字军主力（1200—2000名骑兵，近2万名步兵）开始沿着海岸线向耶路撒冷进发，第一个目标是雅法。由于对理查偏袒居伊心怀不满，以康拉德为代表的一批“贵族党”成员选择了作壁上观。法国十字军的统帅勃艮第公爵休虽然对理查张扬的个性也抱有抵触情绪，但还是勉强随同他出征，并充当了后卫部队。十字军强大的海军沿海岸与他们同行，提供了充足的掩护。8月的巴勒斯坦酷暑难耐，很多从欧洲远道而来的士兵无法适应当地的气候，加之他们往往身披重甲，不少人因中暑和脱水而死。但理查是一位智勇双全的将领，他提前预料到了这些困难，因此特意安排全军沿海岸线行军，以便及时得到补给，同时他每天都定时安排全军休整，甚至不惜为此大大放慢速度，从而避免了哈丁会战的惨剧再度重演。理查虽是一名骑士，但他高度重视步兵的作用。在他的战术中，首先以长矛步兵为本方的骑士提供掩护与屏障，并用弓箭和十字弓削弱进犯的萨拉森骑兵，最后才以精锐的重骑兵发动反攻。这一战术对步骑协同提出了很高的要求，并需要指挥官具备清醒的头脑和优良的判断力，所幸理查的部队精通这一战法，而英王的战场经验显然远胜于1187年的居伊。

萨拉丁率领自己约3万人的部队（大部分为骑兵）紧紧跟随理查的部队，自30日开始，他利用轻骑兵发动了多次试探性进攻。勃艮第公爵的后卫部队首当其冲，险些遭到分割包围，法国人顽强地抵抗到了最后时刻，直到理查亲自领兵来援，赶走了萨拉森人。为了吸取这一教训，自此以后，十字军部队的前锋与后卫便分别交给了圣殿骑士团和医院骑士团，他们是理查一世最信赖，也是最有战斗力的骑兵。理查的队伍进行了精心的布阵：由于他们沿巴勒斯坦海岸向南行进，部队的右翼通常不会遭到攻击，理查狡黠地将大部分精锐骑兵与辎重部队部署在中路，两翼由步兵掩护。尽管连日遭到萨拉森轻骑兵的箭雨的袭扰，但居中的骑兵部队损失轻微。而当一侧的步兵遭到较大伤亡、疲惫不堪后，理查便安排他们与靠海岸一侧的步兵进行轮换，从而保障了整支大军的士气和秩序。

萨拉丁的优势在于高度的机动性与游牧民卓越的骑射功夫，他的部队来去如风，洒下一阵箭雨后便立即与基督徒军队脱离接触，令后者鞭长莫及——故而有十字军中的游吟诗人形象地将萨拉丁的部队比作“会咬人的苍蝇”。但理查的部下也有着自己的优势——欧洲的重骑兵与重步兵往往全身披甲，在防护力上远胜过他们的穆斯林对手。萨拉丁的秘书伊马德丁·伊斯法哈尼曾记载道：“十字军步兵列阵于骑兵前方，好似铜墙铁壁，人人都披挂锁子甲和软甲，以至于我们的弓箭经常失去效果——我曾亲眼看见有士兵身中 10 箭却依旧若无其事地行军。”

9 月 7 日，缓慢但执着的十字军队列来到了距离海滨城镇阿尔苏夫（Arsuf）约 10 公里的一片树林，此时距离雅法也只有 16 公里的路程。理查下令在此处暂时休整，而萨拉丁终于忍无可忍，这天上午，他下令全军发起总攻。

理查的部队此时被分为五个部分——前锋、中军、后卫及两翼外侧的步兵。面对萨拉丁声势浩大的进攻，理查安排全军背靠巴勒斯坦海岸布阵。圣殿骑士团作为前锋被安排在沿海的右路，医院骑士团大致处于左翼靠后的位置，中间是法国、耶路撒冷王国、佛兰德及英格兰的骑兵，而香槟伯爵亨利负责守护辎重。在他们的前后方，大量的步兵建立了一道“矛墙”。萨拉森人利用机动上的优势，以轻骑兵接近十字军军阵，发射一波弓箭，旋即离开，然后再次接近，周而复始，箭雨蔽日。很少有部队能长时间抵御如此密集持续的射击，但十字军严阵以待，岿然不动。步兵方阵的前列是装备长矛和盾牌的重步兵，身后则是弓弩手。十字军的弩射程超过了萨拉森骑兵的弓，而当十字军弩手装填时，前方的步兵即以硕大的盾牌为他们提供掩护。一时间，萨拉丁也无可奈何。

随着时间的推移，双方都逐渐精疲力竭。位于左路的医院骑士团骑兵遭受了最大的压力。虽然有盔甲的保护，人员的伤亡尚可接受，但他们损失了大量宝贵的战马。医院骑士团大团长加尼尔·德·纳布

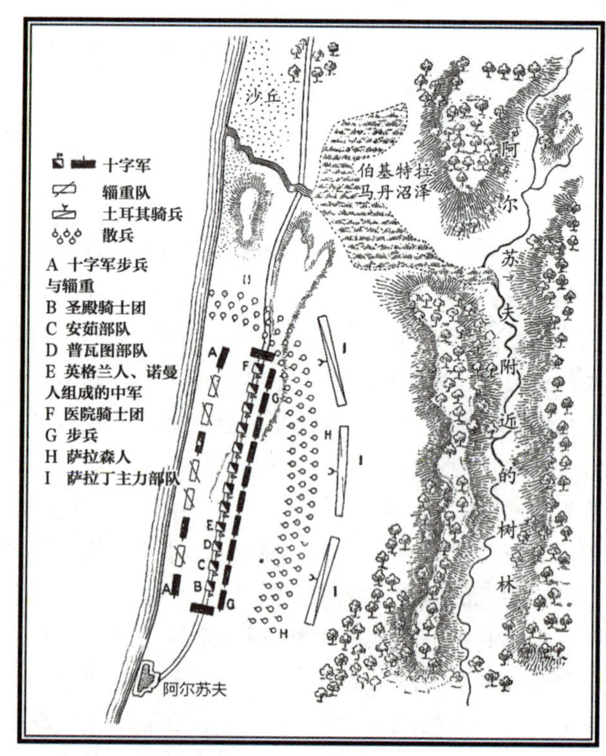

◎ 阿尔苏夫战役布阵图

卢斯数次找到理查一世，希望国王能允许他们立即反击，因为骑士的自尊不允许他们遭受被动挨打的侮辱。但理查一世礼貌地回绝了他，并要求骑士团克制忍耐，等待反攻的号令。理查一世事实上采取了以步兵消耗萨拉丁骑兵，同时让本方骑士养精蓄锐的策略，期待着后发制人。与此同时，整支部队在战火中依然缓慢而坚定地向阿尔苏夫移动，在数小时的交战过程中，他们行进了约 3 公里，并最终进入阿尔苏夫附近的果园，设下了营帐。此时医院骑士团的忍耐已经到达了极限，有两位骑士，分别是医院骑士团元帅与鲍德温·卡鲁（Baldwin Carew），不等理查一世的指令，便擅自对萨拉森人发动了冲锋。其余医院骑士团成员不愿抛弃他们的元帅，也紧随其后，十字军的反击就这样意外地打响了。医院骑士团的离阵一度带来了些许混乱，因为配合他们的弓箭手还没有就位。理查一世在中军目睹左翼的情况，立即下令圣殿骑士团与安茹十字军突击萨拉丁左翼，而他稍后亲自领兵攻击萨拉丁右翼。十字军的精锐骑士如同下山之虎向萨拉丁的阵线扑去。萨拉丁的部队被医院骑士团出其不意的反冲锋打得晕头转向，旋即又被圣殿骑士团横扫，最后，理查一世的亲兵给了他们致命一击。三股十字军骑兵冲出了整整一英里之遥，在他们暂时后撤重整队形时，身后的步兵又给予了支援和掩护，让萨拉丁计划中的反击无机可乘。此后，十字军又发起了两轮冲锋，击败了萨拉丁最精锐的马穆鲁克卫队，萨拉丁明白大势已去，为了避免全军覆没，他明智地选择了退出战场。由于害怕有埋伏，同时萨拉森人原本在机动性方面就具备优势，理查没有下令追击。最终，十字军宣称在战场上发现了超过 7000 具敌军尸体，包括 32 位埃米尔，而本方伤亡不过数百人。即使战果有所夸大，这依旧是一场激动人心的胜利。

医院骑士团经历了克雷森泉与哈丁的两场失败，终于在阿尔苏夫会战中一雪前耻。尽管他们有不听主帅号令之嫌，但客观上，的确是医院骑士打开了胜利之门。由于他们的精彩表现是在诸多西方贵族的眼皮下发生的，这不啻为一场绝佳的宣传。第三次十字军东征，尤其是阿尔苏夫之战，在同时代西方人心中树立了医院骑士团能征善战的形象。在欧洲基督徒心目中，医院骑士团已不仅仅是乐善好施、救死扶伤的修士，还称得上与圣殿骑士团并驾齐驱的军事劲旅。[17]

虽然在阿尔苏夫战役遭到了惨败，但与 1177 年蒙吉萨的灾难相比，萨拉丁此时实力尚存。不过，若先前阿卡的沦陷还算得上情有可原，那野战的失利就让萨拉丁颜面尽失了。此后，苏丹小心地避免与十字军主力正面碰撞，他采取了一种坚壁清野的政策，放弃一些城市并拆毁它们的城墙，让理查无险可守。9 月 29 日理查率部进入雅法，发现它已几乎沦为一片废墟。冬季即将到来，面对耶路撒冷的高墙和虎视眈眈的萨拉森人，理查按捺住了立即强攻的冲动。医院骑士团团长与圣殿骑士团团长在此事上达成了共识，他们共同劝诫国王：即使侥幸夺取了圣城，如果不能与萨拉丁达成某种协议，当十字军归国后，耶路撒冷王国也无法守住它。尽管麾下的法国将领与许多耶路撒冷本地权贵表示不满，但理查力排众议，启动了与萨拉丁的数轮谈判。起初，理查还希望穆斯林能够归还耶路撒冷，并让两大骑士团重返圣城，甚至还提议让自己的妹妹乔安娜与萨拉丁的兄弟联姻，让穆斯林和基督徒共同统治圣城。但这样的条件近似于异想天开，萨拉丁显然难以应允。

在战争的间歇，理查一世认为有必要解决耶路撒冷的王位问题。1192 年 4 月，在一次主要贵族列席的会议上，人们纷纷投票推举康拉德而不是居伊，登上圣城守护者的宝座。居伊感觉遭到了出卖，但考虑到几年来他的优柔寡断，也算咎由自取。虽然有些勉强，但理查还是派香槟伯爵亨利通知康拉德这一喜讯（他同时安排居伊担任塞浦路斯国王）。新任蒙费拉侯爵大喜过望，准备一展宏图，然而他还没来得及登基，便被两名阿萨辛派刺客所刺杀，留下妻子伊莎贝拉与一名遗腹子（未来的玛利亚女王）。人们怀疑萨拉丁或居伊，甚至理查一世是幕后黑手，但真相已经永远无法水落石出了。尽管十字军内部传出了不和谐音符，但国不可一日无君，人们最终选择香槟伯爵亨利接替不幸的康拉德。香槟伯爵加冕为耶路撒冷国王亨利一世，同时也迎娶了康拉德的遗孀，从而增加了执政的合法性。亨利得到了理查的衷心祝福（他也是英王的外甥），“狮心王”将此前自己征服的大片领地转赠于他，让耶路撒冷王国大体恢复了半壁江山。

耶路撒冷的僵局仍然未被打破，欧洲却传来了不祥的消息。理查一世的弟弟约翰似乎有举兵作乱的迹象，而法王腓力二世则趁机兼并英王的领土。理查不能在圣地与萨拉丁对峙下去了。1192 年 8 月 28 日，萨拉丁与理查一世终于达成了和约：基督徒可以保有之前收复的国土，耶路撒冷由穆斯林掌管，但对基督徒开放，同时十字军国家与伊斯兰国家互开商路。理查认可这样的妥协，9 月 2 日，医院骑士团团长加尼尔、圣殿骑士团团长罗贝尔、香槟伯爵亨利二世以及伊贝林的巴利安代表十字军各方与萨拉丁正式缔约（即《雅法和约》）。第二天，轰轰烈烈的第三次十字军东征就这样落幕了。

从 1187 年哈丁会战惨败至 1192 年《雅法和约》签署，耶路撒冷王国几起几落，它一度濒临亡国的边缘，却又戏剧性地收复了半壁江山，不过功亏一篑，圣城还是陷于敌手。香槟伯爵亨利此后定都阿卡，1192 年后的耶路撒冷王国因此也被称作“阿卡王国”（或“第二耶路撒冷王国”）。第三次十字军东征期间，基督徒、穆斯林双方都涌现出了一批杰出人物，他们的英雄事迹在地中海代代传唱。理查的归国之旅可谓波折连连，他先后被奥地利公爵与神圣罗马皇帝扣留，在缴纳巨额赎金后才得以释放。“狮心王”未能实现十字军的初衷，七年后他在一场镇压本国领主叛乱的战斗里中箭身亡。萨拉丁最终也未能建立一个统一的伊斯兰帝国，1193 年去世后，由于其兄弟、儿子争权夺利，帝国很快陷入了分裂。医院骑士团的确挺过了这一场空前的危机，他们以阿卡为新的总部，再次发展壮大，声誉甚至超越了以往。医院骑士团上下依旧心系圣城，渴望有一天能重返故地。圣城、圣墓和圣约翰医院近在咫尺，却始终遥不可及，而他们作为圣城守护者之一的光荣岁月，则一去不复返了。[18]

注释

[1] “元帅”（Marshal）源于古高地德语中“马夫”一词，在中世纪，它是军队中的高级职位，但与近现代军队中的最高军衔的定义不同，中世纪的“元帅”未必是最高指挥官。不过在圣殿骑士团、医院骑士团中，Marshal在军事职能方面的地位通常仅次于大团长，故笔者依旧将它翻译为“元帅”。

[2] Alan V. Murry, *The Crusades: An Encyclopedia*, p.298.

Steven Runciman, *A History of the Crusades Vol. Ⅱ : The Kingdom of Jerusalem and the Frankish East 1100-1187*, pp.452-454.

Malcolm Barber, *The Crusader States*, pp.297-299.

Stephen Dafoe, *An Illustrated History of the Knights Hospitaller*, p.41.

[3] 托马斯 · 贝克特，也被称作坎特伯雷的圣托马斯，曾为英王亨利二世的大法官及坎特伯雷大主教。后因反对亨利二世对教会的过多干预，而与他反目。1170 年 12 月 29 日，国王派出的四名骑士在坎特伯雷大教堂刺杀了托马斯。托马斯成为天主教会的殉道者，三年后被教皇亚历山大三世封圣。为了寻求与教廷和解，亨利二世后来对教会做出了赔偿。教皇麾下的圣殿骑士团此时以金融银行业为主要副业，在地中海颇有影响力，亨利二世的部分赔款被交由他们保管。此外，医院骑士团也分到了一笔款项。

[4] 耶路撒冷集结的 1200 名重装骑士现在看来似乎规模不算庞大，但在当年，已算相当可观。例如，中世纪时期英格兰国王一次能征召的骑士，不过数百人；1300 年英王爱德华一世召集封臣出征，甚至只有 30 名骑士响应。而所谓土科波部队，是指皈依基督教的具有突厥血统的为拜占庭和法兰克人效命的雇佣军。十字军时期，他们的踪迹遍布巴尔干和中东的十字军国家，是当时一支重要的军事力量。很多土科波士兵为突厥男子与基督徒女子的混血儿，在作战方面，他们是优秀的弓箭手与轻骑兵。医院骑士团后来也成立了自己的土科波军团，在征服罗德岛的战役中，他们发挥了重大作用。参见：Alan V. Murry, *The Crusades: An Encyclopedia*, pp.1207-1208.

[5] 对于哈丁会战双方兵力，不同史籍的记载存在一定出入。本书采用的是英国历史学家乔纳森 · 赖利 - 史密斯的相对保守的数字。参见：Jonathan Riley-Smith, *The Crusades: A History*, Continuum International Publishing Group, 2005, p110.

[6] 西蒙·蒙蒂菲奥里，《耶路撒冷三千年》，296-300 页。

米肖，普茹拉，《十字军东征简史》，139-141 页。

富勒，《西洋世界军事史·卷一》，钮先钟译，广西师范大学出版社，2004，374-379 页。

Alan V. Murry, *The Crusades: An Encyclopedia*, pp.559-560.

Steven Runciman, *A History of the Crusades Vol. Ⅱ: The Kingdom of Jerusalem and the Frankish East 1100-1187*, pp.457-460.

Malcolm Barber, *The Crusader States*, pp.299-304.

Thomas Asbridge, *The Crusades: The Authoritative History of the War for the Holy Land*, pp.343-352.

Christopher Tyerman, *God's War: A New History of the Crusades*, pp.366-372.

Stephen Dafoe, *An Illustrated History of the Knights Hospitaller*, pp.41-45.

[7] 提尔大主教威廉曾经和伊拉克略竞争耶路撒冷宗主教一职，但落败，他在自己的历史著作中对后者的评价颇为负面，一些历史学家认为其中不乏情绪化的成分。但从 1187 年哈丁会战前后伊拉克略的表现来看，他的确称得上德行有亏。

[8] 卡拉克城堡与蒙特利尔城堡抵抗萨拉丁的时间超过了一年，但最终也宣告失守。关于萨拉丁围攻耶路撒冷的情况，参见：

米肖，普茹拉，《十字军东征简史》，141-143 页。

Steven Runciman, *A History of the Crusades Vol. Ⅱ: The Kingdom of Jerusalem and the Frankish East 1100-1187*, pp.464-469.

Edgar Erskine Hume, *Medical Works of the Knights Hospitallers of Saint John of Jerusalem*, The Johns Hopkins University Press, 1940, p.6.

Malcolm Barber, *The Crusader States*, pp.310-312.

Stephen Dafoe, *An Illustrated History of the Knights Hospitaller*, pp.45-48.

[9] Helen Nicholson, *The Knights Hospitaller*, pp.24-25.

[10] 蒙费拉的康拉德为蒙费拉（位于意大利北部）侯爵威廉五世之子，耶路撒冷女王西比拉第一任丈夫“长剑”威廉的弟弟，也是神圣罗马帝国皇帝腓特烈一世和法国国王路易七世的表弟。其父兄在鲍德温四世时期涉入耶路撒冷王国政治，并扮演了重要角色，而这一期间康拉德为拜占庭帝国效力（他的家族此时正与拜占庭结盟），在曼努埃尔一世统治期间他曾领军击败了神圣罗马帝国皇帝巴巴罗萨的军队，深受皇室器重。1187 年春，康拉德卷入了皇帝依沙克二世与麾下大将亚历克西乌·布拉纳斯（Alexios Branas）之间的血腥纷争，康拉德亲自领兵杀死了布拉纳斯。此后为了躲避后者的残余势力寻仇，他不得不前往圣地避难，却意外地成为提尔守军的主将，并成功保住了这一十字军关键据点，为稍后的第三次十字军东征立下了汗马功劳。康拉德与居伊政见不合，在西比拉女王 1190 年去世后，他通过迎娶西比拉之妹伊莎贝拉而获得了耶路撒冷王位（并最终得到“狮心王”理查的首肯），但即位不久他便遭到了阿萨辛派的刺杀。康拉德仪表堂堂，能征善战，为人侠义，并且足智多谋，在当时被奉为骑士的楷模。参见：Alan V. Murry, *The Crusades: An Encyclopedia*, pp.273-274.

[11] 米肖，普茹拉，《十字军东征简史》，155-156 页。

Steven Runciman, *A History of the Crusades Vol. Ⅱ: The Kingdom of Jerusalem and the Frankish East 1100-1187*, pp.470-473.

Helen Nicholson, *The Knights Hospitaller*, p.25.

[12] 关于腓特烈一世麾下十字军的规模，中世纪的史料一般认为多达 10 万甚至 15 万人。然而，按照当时的条件，调动如此庞大的军队（多数为步兵）穿越数千公里（包括大片荒漠和敌对地区），从后勤补给角度看几乎是不可能完成的任务。这很可能是出于中世纪历史学家一贯的夸大。朗西曼在《十字军史》中沿用了传统的数字，而本书采用巴伯提供的相对保守的数字。即使是 1.5 万人，在当时也算相当可观，法王腓力二世麾下的兵力亦不过 2000 余人而已。参见：Malcolm Barber, *The Crusader States*, p.326.

[13] 米肖，普茹拉，《十字军东征简史》，147-152 页。

Steven Runciman, *A History of the Crusades Vol. Ⅲ : The Kingdom of Acre and the Later Crusades*, Cambridge University Press, 1987, pp.3–17.

Malcolm Barber, *The Crusader States*, pp.324–328.

[14] 米肖，普茹拉，《十字军东征简史》，156–172 页。

Alan V. Murry, *The Crusades: An Encyclopedia*, pp.1177–1181.

Steven Runciman, *A History of the Crusades Vol. Ⅲ : The Kingdom of Acre and the Later Crusades*, pp.18–53.

Stephen Dafoe, *An Illustrated History of the Knights Hospitaller*, pp.49–50.

Malcolm Barber, *The New Knighthood: A History of the Order of the Temple*, pp.115–119.

Malcolm Barber, *The Crusader States*, pp.330–347.

[15] 修道长，基督教教职名，源自于拉丁语“Prior”，意为“优先”“高级”，在中世纪的修道会中，一般作为隐修会长的副手，或担任地区修道会的负责人。修道长由隐修会长任命，任期非终生。在医院骑士团的行政体系中，修道长常常为骑士团各地区分会的负责人，故本书中笔者通常也称之为“分团长”。参见: 丁光训，金鲁贤，张庆熊(主编)，《基督教大辞典》，720 页。

[16] 关于条顿骑士团与耶路撒冷圣玛丽医院之间的关系，现在的史学界一般持否定态度，认为这是条顿骑士团为了宣扬自己的悠久历史而进行的穿凿附会。但从条顿骑士团的官方名称可以看出，他们仍一直在强调自己的“耶路撒冷血统”，虽然这很可能是经不起推敲的。这种情况与医院骑士团对自己早期历史的宣传颇为类似。参见:

Alan V. Murry, *The Crusades: An Encyclopedia*, p.1158.

David Nicolle, *Teutonic Knight: 1190–1561*, Osprey Publishing, 2007, pp.4–5.

[17] Matthew Bennett, Jim Bradbury, Kelly DeVries, Iain Dickie, Phyllis Jestice, *Fighting Techniques of the Medieval World: Equipment, Combat Skills and Tactics*, Thomas Dunne Books, 2005, pp.22–31.

Steven Runciman, *A History of the Crusades Vol. Ⅲ : The Kingdom of Acre and the Later Crusades*, pp.55–57.

Stephen Dafoe, *An Illustrated History of the Knights Hospitaller*, pp.51–53.

Malcolm Barber, *The Crusader States*, pp.348–349.

[18] Steven Runciman, *A History of the Crusades Vol. Ⅲ : The Kingdom of Acre and the Later Crusades*, pp.58–75.

Stephen Dafoe, *An Illustrated History of the Knights Hospitaller*, pp.53–54.

第四章 阿卡风云

阿卡[1]，巴勒斯坦沿海最古老的城市之一，自公元前15世纪起便已见诸史籍。1104年鲍德温一世征服该地后，它便一直是耶路撒冷王国的重要港口和门户。十字军残酷地清洗了城内穆斯林人口，在耶路撒冷王国时期，它的主要居民是欧洲的天主教徒、中东的东正教徒以及犹太人。对此时的穆斯林而言，阿卡充满了异域风情。巧的是，阿卡一词源自古埃及语，原意便是“异邦人的城市”。

群星璀璨的第三次十字军东征已经画上了句号，它成功地挽救了耶路撒冷王国，令其大体上保住了巴勒斯坦沿岸的富庶地区。以阿卡为首都的第二耶路撒冷王国丧失了圣城及内陆大部分国土，已不复当年的荣光。大部分欧洲的援军业已归国，幸而停战协议得到了萨拉丁及其继承人的遵守，耶路撒冷王国总算有了休养生息的机会。所谓福祸相依，香槟伯爵亨利二世以阿卡为统治中心，自然要利用它得天独厚的地理优势。凭借与伊斯兰国家的和平关系，阿卡逐步成为连接东西方的贸易枢纽，日渐繁荣。此后的近一百年里，劫后余生的耶路撒冷王国大体坚持了这项国策，不再独自发动军事冒险，而是以贸易立国，并利用伊斯兰国家间的矛盾左右逢源，一

◎ 今天的阿卡老城

度也有了中兴的迹象。

然而，香槟伯爵的地位并不稳固。作为第二耶路撒冷王国的首任君主，因时局动荡，他一直未能正式加冕，很多穆斯林仅仅轻蔑地称他为“阿卡国王”。前国王吕西尼昂的居伊虽然迁居塞浦路斯岛，但对亨利的“篡权”一直耿耿于怀，当他于1194年去世后，他的弟弟耶路撒冷王

让亨利有些不堪重负。他与教会的关系一度紧张，耶路撒冷宗主教伊拉克略去世后，1194 年，圣墓教士团选出了凯撒里亚（Caesarea）大主教艾马（Aymar）为新任宗主教，并将结果送往罗马以求得教皇西莱斯廷三世的确认。此举触怒了亨利，因为教士团竟完全没有征求这位耶路撒冷“国王”的意见。一气之下，亨利下令逮捕了整个教士团，他的冲动立即犯了众怒，甚至他的密友也纷纷前来劝谏，而教皇也发表了措辞严厉的谴责。最终在他的书记长、提尔大主教若西亚斯的建议下，他收回了成命，释放了全部教士并向他们道歉，为了安抚艾马，他还赠予宗主教的侄子一片阿卡附近的采邑。尽管亨利为了修复和教会的关系不遗余力，但教会似乎并不太领情，因为宗主教艾马依然拒绝为他举行加冕典礼。令人欣慰的是，亨利同圣地的世俗贵族间的关系尚算和睦。一方面因为他是“狮心王”理查的外甥，而理查在十字军中德高望重；另一方面，亨利在第三次十字军东征中身先士卒，立下了不少功勋，得到了战友们的尊敬。当地贵族的领袖伊贝林的巴利安和医院骑士团、圣殿骑士团都是他的忠实盟友，亨利也投桃报李，对他们委以重任。然而，在贵族阶层中其实也存在隐忧。塞浦路斯的吕西尼昂家族一直希望能卷土重来，他们在阿卡的比萨人中找到了同盟，后者因为亨利对热那亚人的偏爱而怀恨在心。1193 年 5 月，比萨人甚至密谋夺取提尔并将它献给居伊，但计划被亨利所识破，耶路撒冷君主逮捕了元凶，并将阿卡市内定居的比萨人人数限

国统帅阿莫里正式加冕为塞浦路斯国王，阿莫里同样对亨利的宝座虎视眈眈。不少臣民质疑亨利执政的合法性，另一些则希望他能一蹴而就，早日还都耶路撒冷，这

制在 30 人。比萨人的回应是一场叛乱，并劫掠了阿卡与提尔之间的村镇。针锋相对的亨利二世决心驱逐王国境内的所有比萨人，一场内乱似乎迫在眉睫。千钧一发之际，耶路撒冷王国统帅阿莫里出面调解，甚至愿意用自己的自由来换回对比萨人的宽恕，医院骑士团大团长若弗鲁瓦·德·东容（Geoffroy de Donjon，1193—1202 年在位）也替阿莫里求情。权衡再三，亨利选择了与比萨人和解，他们在阿卡的社区也得以恢复。[2]

总体来说，香槟伯爵亨利在耶路撒冷王国的危难之际完成了他的使命。1197 年，由于一桩意外（从阳台窗口失足坠下），亨利二世不幸殒命，他的遗孀伊莎贝拉第三次改嫁，新郎正是塞浦路斯国王阿莫里，史称吕西尼昂的阿莫里二世（Amalric Ⅱ of Lusignan，1198—1205 年在位）。在两任君主的统治下，第二耶路撒冷王国总算站稳了脚跟，但不和的种子已经播下。由于中央王权的衰落，各地贵族，尤其是两大骑士团的地位迅速上升。另一方面，医院骑士团与圣殿骑士团、比萨人与热那亚人、贵族与教会之间，长期存在着矛盾与摩擦，在衰弱的王权面前，它们很难得到一劳永逸的解决。这些内斗与党争虽然未像居伊在位时那样剑拔弩张，却在此后一个世纪如梦魇般困扰着阿卡王国，成为这个表面繁荣的国家皮肤下的毒瘤。

阿卡不仅成为耶路撒冷王国的政治与经济中心，也是一座军事重镇。三大骑士团均以该城为自己的总部，甚至一些较小的骑士团，如圣托马斯骑士团（St. Thomas of Acre）、圣拉撒路骑士团（Order of St. Lazarus）[3]，也纷纷以阿卡为大本营。因此，阿卡也可算作名至实归的“骑士之城”。

耶路撒冷的丢失对十字军国家或许是沉重的打击，但医院骑士团实力尚存。很多古老的十字军贵族失去了他们的封地，但医院骑士团保住了大多数圣地的据点，其三大城堡中，仅贝尔沃城堡陷入敌手。此外，医院骑士团大部分地产和农庄都位于欧洲本土，尽管耶路撒冷王国遭受重创，但骑士团的欧洲分部仍能源源不断地向它输入资金、人员与物资，令它迅速恢复元气。虽然 1191 年理查率领的十字军收复阿卡之后，医院骑士团才将总部迁移至此，但早在 1110 年（阿卡被十字军占领仅六年后）他们便在阿卡得到了地产。1149 年耶路撒冷女王梅利桑德赠给骑士团一座阿卡教堂，而到了 1169 年，德意志朝圣者特奥德里希（Theoderich）抵达阿卡时，明确记载了城内的医院骑士团分部，并对它的华美不吝赞美之词。

来到阿卡的医院骑士团不遗余力地扩建修缮昔日的分部，以使它与自己的地位名实相符。在城内的骑士团建筑中，最负盛名的（也是迄今保存最为完好的），当非它莫属。阿卡医院骑士团总部大体上由大团长宫、圣约翰教堂、庭院及若干附属建筑构成。其庭院占地达 1200 平方米，如同那时的修道院构造一样，位于整个团部的中央。它的东北方是医院骑士团的马厩（或储藏室），该马厩面积超过 1100 平方米，高达 6.5 米。著名的大团长宫（也被称作“骑士厅”）在它的南侧，一楼是储藏室，二楼则是团长的居室，其建筑面积超过1500平方米。底层的储藏室由15根巨型石柱支撑，内部则是华丽的哥特式穹顶，每个穹顶跨度达7米，而高度竟有8米，令人叹为观止。我们从这座巨型储藏室的规模也可以推测出当年阿卡医院骑士团之兴旺程度。东南角是圣约翰教堂，在西南角则是医院骑士团的餐厅——它长30米，宽15米，高达10米，内有3根石柱，直径为3米……医院骑士团的餐厅在阿卡同样享有盛誉，以至于耶路撒冷国王和贵族经常在此举行宴会和庆典，而非国王自己的王宫。虽然因医院骑士起誓“绝财”“绝色”“绝意”三愿，他们的团部没有繁复奢靡的装饰，显得朴实无华，但它的雄壮气势还是给每一位到访者留下了不可磨灭的印象。[4]

1202年，一场剧烈地震给医院骑士团带来了惨重的损失。他们的“掌上明珠”——骑士城堡在天灾[5]中受到了严重破坏，几乎被夷为平地。所幸此时的医院骑士团财大气粗，意气风发，他们继扩建阿卡的总部之后，又开始了一项浩大的工程——重建骑士堡。全团上下为此投入了巨额人力物力，当新骑士堡竣工时，它当之无愧地冠绝圣地，并俨然成为医院骑士团的一面旗帜。新骑士堡以坚固的石灰岩构建，坐

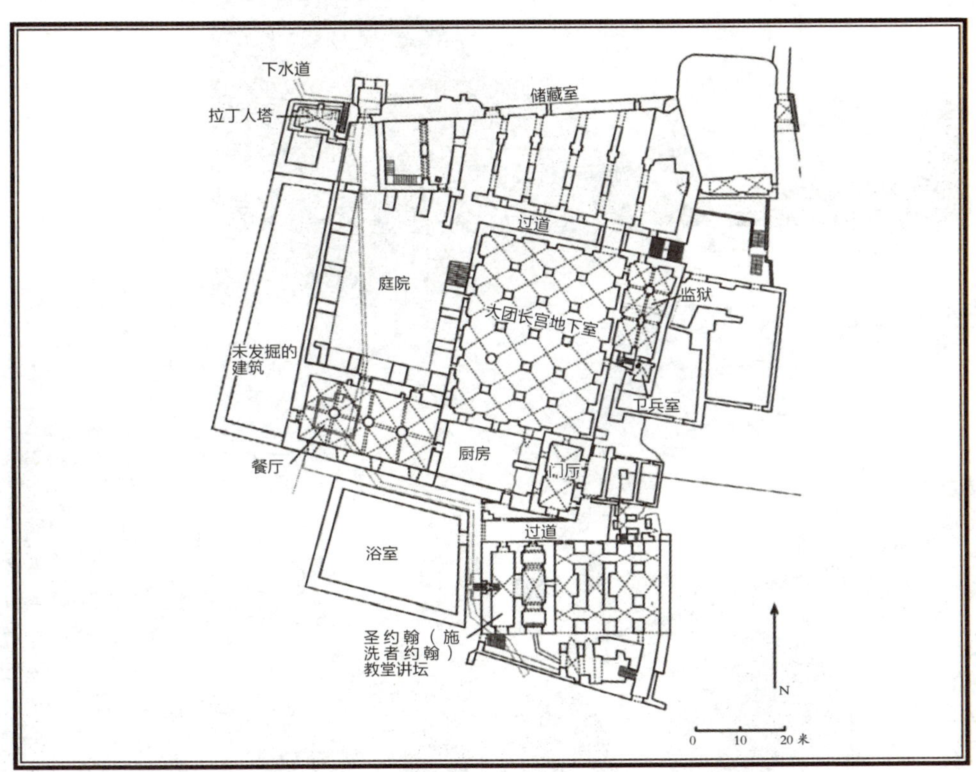

◎ 阿卡医院骑士团总部考古复原图，来自：Adrian Boas，*Archaeology of the Military Orders*，p.52

◎ 阿卡医院骑士团总部餐厅

◎ 阿卡医院骑士团总部庭院

◎ 骑士堡外墙

落于小山之上，地势极为险要。在原有骑士堡的基础上，医院骑士团增建了第二道城墙，从而形成了所谓“双重城堡”（或称“同心圆城堡”）的结构，仅外墙的高度就达9米。作为城堡底座的山丘经过人工打磨，西、南、北三侧呈现陡峭的斜堤状，而东部近乎垂直，那里的城堡入口通过一条狭长的石桥与外界相连。外城墙与内城墙相距约25米，中间还有护城河相隔。此外，内外城墙还得到了多座巨型城楼的掩护。新骑士堡的设计充满了巧思，陡峭的斜坡与狭长的石桥能最大限度抵消敌人的兵力优势，即便敌军侥幸攻破了外城墙，得到护城河保护的内城堡也足以坚守，算得上“一夫当关，万夫莫开”。双层城墙、巨大的体积、高耸的塔楼，足以令人望而生畏。在骑士堡的兴盛期，这里驻扎着约60名骑士和2000名守军，医院骑士团以它为中心，进可攻，退可守，控制了周围大片土地，并向他们的穆斯林邻居征收赋税；同时，骑士堡也是的黎波里伯国的一道安全屏障。1212年德意志旅行家维尔布兰德（Wilbrand）如此评价他所见到的新骑士堡：

“这座城堡高大坚固，拥有双层城墙，并有若干塔楼环绕。它坐落在一座山岭之上，属于医院骑士团，也是整个国家（的黎波里伯国）最雄壮的城堡。它负责抵御山中老人（即阿萨辛刺客团领袖）和阿勒

◎ 骑士堡内部的壕沟

颇的穆斯林君主可能的进犯。每年从附近征集的税收达 2000 马克，而周边土地的农作物则有 500 车之多。每天晚上都有 4 名医院骑士与 28 名士兵负责执勤，除了驻军，城堡内还有居民 1000 人。骑士堡储存的物资足够它独立支撑五年之久。”

大约十年后到访的穆斯林地理学家雅古特（Yaqut）的评论则显得言简意赅：“每个人都说这是世界上独一无二的城堡。”

新骑士堡不仅是医院骑士团引以为傲的要塞，亦是他们展现实力、款待宾客的外交场所。许多贵族名流曾经在这里驻足停歇，因城堡的巍峨而对骑士团刮目相看。例如，1218 年，参加十字军东征的匈牙利国王安德鲁二世（Andrew Ⅱ of Hungary，1177—1235）到访骑士堡，参观之后他不禁心潮澎湃，将城堡比作“基督徒领地的钥匙”，并当即允诺从自己的国库中拿出 100 马克赠予医院骑士团作为年金。此外，骑士堡也为团中的青年才俊提供了施展才能的平台。尼古拉·洛格勒（Nicolas Lorgne）在 13 世纪 50 年代曾经长期担任骑士堡堡主，在位期间他大刀阔斧地进一步完善城防，加固了城墙并修建了一座暗门。由于经营骑士堡的出色业绩，他得到了赏识，于 1269 年被提拔为医院骑士团大元帅，最终在 1277 年被选举为医院骑士团第 21 任大团长。[6]

尽管在圣地的事业蒸蒸日上，医院骑士团依旧渴望有朝一日能光复耶路撒冷，重返圣墓。在他们看来，《雅法和约》不过是权宜之计，新的十字军东征终将到来。事实证明，他们在西方的确不乏志同

◎ 骑士堡正门石桥

道合者。1199 年，香槟伯爵特奥巴尔德三世（Theobald Ⅲ，Count of Champagne，1179—1201，耶路撒冷国王亨利的兄弟）在他位于埃纳河畔的城堡举行了一场盛大的比武竞技，邀请了法国的诸多贵族共襄盛举。之后领主们谈到了圣地的形势，对耶路撒冷的沦陷哀恸不已，群情激昂之下，法国人推举特奥巴尔德三世为领袖，准备发动第四次十字军东征，夺回圣城。他们将这一消息火速送往了罗马，罗马教皇英诺森三世大喜过望，表示全力支持。然而，第三次十字军东征的惨烈尚殷鉴不远，英王、法王和神圣罗马帝国皇帝对亲自领军都感到意兴阑珊。最终，出征的队伍仅仅由一批法国的地方贵族挂帅，和上一次群星璀璨的十字军相比，未免有些黯然失色。雪上加霜的是，1201 年特奥巴尔德三世英年早逝，法国十字军顿失领袖，士气与组织均受到打击。不过，教皇还是毅然推行远征计划。吸取了以往的经验教训，十字军准备绕开险峻的安纳托利亚内陆，由海路直接向阿尤布王朝的心脏开罗进军。这一野心勃勃的方案无疑需要强大海军的支持，十字军在热那亚共和国吃了闭门羹，所幸热那亚的对手威尼斯共和国表示愿意合作，他们许诺可将最多 3.5 万人的军队送往东方。由于缺乏西方大国的加入，十字军未免有些囊中羞涩，长途海运耗资不菲，因此对威尼斯他们只能唯唯诺诺，尽力满足后者的要求。时任威尼斯执政官的恩里科·丹多洛（Enrico Dandolo，1107—1205）已经95岁，且双目失明，但他却是威尼斯共和国史上知名的政治强人。丹多洛内心深处对远征埃及并无兴趣，他的目标是衰落中的拜占庭帝国。早在1171—1172年，由于威尼斯与拜占庭在商业利益上的积怨，曼努埃尔皇帝下令逮捕了帝国境内的全部威尼斯人并没收其财产，此举导致了两国关系的全面破裂。1173年丹多洛曾作为特使出使君士坦丁堡，目睹同胞的凄惨遭遇，恐怕在他心中便已播下仇恨拜占庭的种子。直到1186年，两国才重新签署条约，名义上结束了敌对，但拜占庭依旧是威尼斯在东地中海进行商业扩张的劲敌。丹多洛自1192年当选威尼斯第42任执政官后，便谋划着削弱拜占庭的势力，第四次十字军的出现给他提供了绝佳机会。在他的威逼利诱下，1203年，约2万人的十字军进抵君士坦丁堡城下。适逢拜占庭王室内斗，伊萨克二世与其子阿历克赛四世引狼入室，邀请十字军帮助自己争夺帝位，却无力偿付“报酬”。最终，在威尼斯人的怂恿下，十字军反戈一击，从君士坦丁堡相对脆弱的海墙攻入城内，终结了拜占庭帝国的统治，并残酷地劫掠三日。这是君士坦丁堡数百年的历史中，首次被外敌攻破，而所谓的“外敌”，竟是自己的基督教“兄弟”。对埃及的远征就这样戏剧性地转变为对拜占庭的突袭，并取得了丰硕的“战果”——威尼斯共和国瓜分了拜占庭约八分之三的领土，而法国十字军以君士坦丁堡为中心，建立了拉丁帝国（亦称罗曼尼亚帝国）及附属的雅典公国、亚该亚公国，佛兰德伯爵鲍德温（Baldwin Ⅰ，Latin Emperor，1172—1205）成为拉丁帝国首任皇帝。虽然教皇英诺森表示强烈谴责，甚至对十字军领袖施以绝罚，可惜木已成舟，无力回天了。

第四次十字军的发难导致了拜占庭帝国的急剧衰落，并在东正教与天主教之间，制造了一道难以弥合的裂痕。此后的数个世纪中，信奉东正教的希腊人一直对西方天主教徒怀有深深的敌意。[7]具有讽刺意味的是，十字军运动最初就是响应拜占庭的要求而诞生的，多年以来，拜占庭大体是十字军的盟友，在希腊人看来，这是不折不扣的背信弃义。虽然站在威尼斯人或法国人的角度，也能找出种种理由，但客

◎ 第四次十字军攻入君士坦丁堡，欧仁·德拉克罗瓦（Eugène Delacroix，1798—1863）绘制

观上看，拜占庭帝国几百年来已经是欧洲抵御穆斯林入侵的屏障，如今这道“防火墙”俨然千疮百孔。在十字军的统治下，昔日拜占庭帝国的欧洲领土事实上已沦为殖民地，希腊东正教会也下降为罗马天主教会的附庸。虽然教皇一度对十字军洗劫君士坦丁堡表示痛心和谴责，但他很快便认可了既成事实，甚至明知君士坦丁堡大牧首约翰十世尚在人世，依然批准了威尼斯人扶持的托马斯·莫罗西尼担任君士坦丁堡拉丁礼宗主教。拉丁帝国也投桃报李，1206年拉丁帝国第二任皇帝亨利（1176—1216）同意将麾下贵族收入的十五分之一贡献给罗马教会。虽然分赃已经完成，但不论是拉丁帝国还是威尼斯共和国，都不足以独自肩负昔日拜占庭的重任。十字军暂时获得了大量领地，可从长远来看，他们对抗穆斯林的难度反而增加了。拜占庭并未彻底覆灭，流亡至小亚细亚西部的贵族建立了尼西亚帝国，他们身怀国仇家恨，一心要驱逐拉丁帝国的势力，光复拜占庭，从而成了十字军的死敌。（最终，君士坦丁堡在1261年被尼西亚帝国收复。）[8]

第四次十字军东征期间，医院骑士团基本上置身事外。拜占庭帝国曾经也是医院骑士团的盟友，他们一度共同远征埃及，结下过生死情谊。但面对拜占庭的灾难，骑士团态度超然，在精神上则更倾向于自己的天主教盟友。当尘埃落定，拜占庭的大片领土被威尼斯与拉丁帝国瓜分之后，医院骑士团与圣殿骑士团也得到了自己的战利品。拉丁帝国皇帝亨利在给教皇英诺森三世的信件中解释说，十字军占领君士坦丁堡的决定得到了医院骑士团和圣殿骑士团的一致认同，他们均相信此举有助于团结基督徒共同对抗萨拉森人（如果第四次十字军真的怀有这样崇高的意愿，那么最终也事与愿违）。为了显示拉拢，亨利将自己国土中的若干领地与城堡赠予三大骑士团，令医院骑士团的势力首次进入昔日拜占庭帝国的欧洲领土。亨利的“大度”其实暗含私心，他深知自己帝国统治的脆弱，希望将骑士团的利益引入其中，让后者为他分担守境安民的重负。1210年，为了争夺品都斯山脉的一座城堡，医院骑士团一度与当地的拉丁主教起了冲突，尽管主教向教皇发起了投诉，但骑士团最终还是拒绝归还。这段历史插曲表明医院骑士团的确已卷入拉丁帝国的内部事务。与之形成鲜明对比的是，圣殿骑士团对在希腊发展势力兴味索然，于是他们的领地后来被拉丁皇帝收回。[9]

虽然在拜占庭的土地上处处刀光剑影，此时的阿卡王国却大体保持着和平。1205年，阿莫里二世去世后，年幼的公主玛利亚继承了王位，并由伊贝林的约翰担任摄政。约翰处心积虑地维护同阿尤布王朝的外交关系，避免将自己弱小的王国卷入战火。1208年，玛利亚已经17岁了，到了谈婚论嫁的年龄，举国上下都渴望在欧洲为她寻得一位出身高贵的如意郎君，来到圣地领导阿卡王国。伊贝林的约翰派出使节前往法国，请求法王腓力二世推荐人选。最终选中的是布列讷伯爵之子约翰（John of Brienne，1170—1237）。当他于1210年携带300名骑士风尘仆仆地赶赴阿卡之时，形势却悄然发生了变化。这一年7月，阿卡王国与埃及阿尤布王朝的停战协定即将到期，苏丹派遣使节表示愿意续约。伊贝林的约翰就此召开了御前会议，摄政本人倾向于维持和平。医院骑士团大团长介朗·德·蒙泰居（Guérin de Montaigu，1207—1228年在位）和条顿骑士团大团长赫尔曼·巴特均表示赞成，但圣殿骑士团大团长腓力却鼓动教士团高声反对，最终，和平协议未能通过。布列讷的约翰尚未踏上自己的国土，就要面临战端重启的险境。阿迪勒苏丹对此颇为愤怒，他的回应是派出王子穆阿扎姆（Muazzam）领军频频扰边。虽然两国并没有爆发全面战争，但阿卡王国明显感到了压力。布列讷的约翰勉强保障了首都的安全，在1212年通过艰苦斡旋，向阿尤布王朝争取到了五年的休战期，但双方的信任已经被破坏。不久后，玛利亚女王也离开了人世，留下她与约翰唯一的女儿伊莎贝拉二世。作为摄政的约翰预感到，五年后王国很可能将面临外敌大举入侵，于是再度遣使前往教廷求援。

◎ 美国国会大厅中的英诺森三世浮雕

英诺森三世一直为第四次十字军东征的功亏一篑懊恼不已，接见阿卡王国的使臣后，他立即着手动员新一轮十字军东征。作为13世纪最强势的教皇，英诺森三世精力充沛，志向远大，他向欧洲各地派出布道和游说的特使，并亲自主持了拉特兰第四次大公会议。[10] 超过500名主教列席此次盛会，会上教皇极力鼓动各基督教国家齐心协力拯救十字军王国于水火，并再度夺回耶路撒冷。虽然英王、法王、神圣罗马帝国皇帝名义上都积极响应英诺森的倡议，法王腓力二世甚至表态将贡献出国库的四分之一作为十字军军费，但几位君主都忙于巩固自己的权力，无暇亲征。踏上圣地的诸多贵族中，地位最显赫的，当属匈牙利国王安德鲁二世。1216年7月英诺森教皇在佩鲁贾猝然离世，未能亲眼看到他所号召的十字军成行，好在继任者洪诺留三世（Honorius Ⅲ）接过了前任的衣钵，督促各路诸侯、贵族踏上征途。1217年，欧洲十字军在安德鲁二世的领导下抵达圣地，塞浦路斯国王休也立即加入了他们的队伍。虽然阿卡王国国王布列讷的约翰认为自己是本次十字军当之无愧的领袖，但安德鲁与休并不听命于他。慑于十字军的声势，埃及苏丹阿迪勒选择了退兵以避其锋芒，阿卡总算是转危为安。不久后，人们发现安德鲁的圣地之行更像是朝圣观光，他将主要的精力放在了收集各种圣物而非筹划攻城拔寨上。几个月后，安德鲁借口身体有恙启程返回匈牙利，所幸此时新一批欧洲十字军陆续到来，让他们重新恢复了士气。经过协商，将领们决定暂不攻打耶路撒冷，而是发挥本方海军的优势，从海路进攻埃及的重要港口达米埃塔（Damietta），进而威胁阿尤布王朝首都开罗。令十字军始料不及的是，对达米埃塔的围攻变成了一场旷日持久的拉锯战。1218 年 7 月围城开启序幕，直到第二年 11 月，经历了极为惨重的损失后，十字军才最终夺取该城。期间教皇特使佩拉希奥·加尔瓦尼（Pelagio Galvani）携带士兵、补给和资金前来增援，并取代布列讷的约翰成为第五次十字军事实上的领袖。

达米埃塔（该城距开罗约 66 公里）失守后，开罗已然门户洞开。新近即位的苏丹卡米勒（Al-Kamil，1177—1238）遣使求和，他开出了极为诱人的条件：只要十字军交还达米埃塔并班师回国，阿尤布王朝将割让耶路撒冷及萨拉丁当年从十字军国家夺取的大部分土地，并送上 10 万金币。以布列讷的约翰为首的本地贵族不禁喜上眉梢，他们深知尼罗河已经开始泛滥，强攻开罗并无把握，能够和平地收复圣城足以让人心满意足，医院骑士团也赞同这样的妥协。可惜佩拉希奥·加尔瓦尼和他的教士团拒绝一切和谈，他们认为胜利近在咫尺，一心要彻底铲除埃及的异教徒，何况据说神圣罗马帝国皇帝腓特烈二世的大军已在路上——圣殿骑士团则和加尔瓦尼站在一起。意见的严重分歧几乎导致十字军的五分四裂，最终，加尔瓦尼作为教皇的代表，以“绝罚”相威胁，迫使贵族们无奈地接受了渡河进逼开罗的方略。一部分贵族拒绝这样的冒险，他们作为守军留在了达米埃塔。

偏执、鲁莽的佩拉希奥·加尔瓦尼尝到了苦果。虽然十字军的人数接近5万之众，但他们很快困顿于泛滥后的尼罗河水网，卡米勒趁机派出水师切断了十字军的补给线和退路。到了 1221 年 8 月，加尔瓦尼终于意识到全军已经陷入重围，而粮草至多能维持二十天，于是在 8 月 26 日，他决定率全军趁夜色撤回达米埃塔。但这次撤退组织杂乱无章，条顿骑士团愚蠢地纵火焚烧无法带走的辎重，结果向敌人暴露了本方的位置和意图。很快，恐慌就像瘟疫一般蔓延开来，而穆斯林也即刻发起了追击。撤退演变为彻底的溃散。尽管布列讷的约翰和他的亲兵作为前锋杀开了一条血路，医院骑士团、圣殿骑士团作为后卫部队成功挫败了埃及的努比亚追兵，但还是有大批机动力不足的步兵被杀或被俘，而整支十字军舰队及它的补给也几乎损失殆尽。到了 8 月 28 日，绝望的佩拉希奥·加尔瓦尼不得不向卡米勒求和。埃及苏丹大度地放过了这些瓮中之鳖，条件是以达米埃塔和八年停战协议作为交换。不久前，十字军刚拒绝了用达米埃塔换取耶路撒冷的提议，讽刺的是，现在他们只能用手中的战利品去换回自己的身家性命。第五次十字军就这样虎头蛇尾地偃旗息鼓了。[11]

第五次十字军东征期间，医院骑士团扮演了重要的角色。他们的舰队曾搭载着攻城梯，尝试着从水路夺取达米埃塔的城墙；他们的投石机就架设在达米埃塔对岸，亦是攻城的主力。在 8 月 26 日梦魇般的撤退行动中，殿后的医院骑士团英勇杀敌，挽救了许多战友的生命。然而却有很多关于他们的流言在十字军中不胫而走。有人说医院骑士团内心中并不支持进攻阿尤布王朝，对十字军的围城多加掣肘；还有人表示因为骑士团倾向于同卡米勒和谈，他们有通敌叛变的嫌疑。幸而教皇洪诺留三世信任医院骑士团，他公开表示了对后者的支持，强调骑士团为本次战役在人力、物力上付出良多，他们的品行无可指摘。传言的产生可能是因为初来乍到的欧洲十字军总希望一蹴而就，并对异教徒有着近乎偏执的仇恨，而医院骑士团历来行事稳重，在圣地经营多年后，他们更希望不战而屈人之兵，并且明白应当谋求同穆斯林的和谐相处，否则十字军国家注定无法长期生存。[12]

此后，基督徒又先后发动了四次十字军东征，大多乏善可陈。绰号“圣路易”的法王路易九世（Louis Ⅸ，1214—1270）先后两次领兵东征，均遭败绩，他一度被埃及苏丹俘虏，让法兰西蒙受了奇耻大辱，最终在突尼斯客死异乡。英国王太子爱德华组织的第九次十字军也无功而返。只有神圣罗马帝国皇帝腓特烈二世的第六次十字军取得了一定成果。因为种种延宕，腓特烈未能及时加入第五次十字军的行列，对它的功败垂成，他深感自责。布列讷的约翰亲自来到欧洲求援，他向腓特烈许诺，只要皇帝决意领军踏上圣地，就将自己的女儿伊莎贝拉（也是未来的耶路撒冷女王）嫁给他，从而让腓特烈有望获取“耶路撒冷国王”这一尊贵头衔。作为耶路撒冷国王的女婿，腓特烈表态愿意跨越地中海，为基督徒夺取圣城，但为了稳定国内局势，他向教皇请求给予两年的准备时间。可新近即位的格列高利九世不愿意等待，督促腓特烈立即出兵。皇帝上了船，但舰队刚驶出码头便遭遇了暴风骤雨，军中疫病流行，腓特烈打起了退堂鼓，在奥特朗托港重新上岸。格列高利将此举视作公然忤逆，一怒之下，将腓特烈逐出教会。神圣罗马帝国与教皇国之间随即爆发了武装冲突，教宗甚至一度出逃罗马，令整个基督教世界扼腕不已。

眼看第六次十字军东征就要胎死腹中，事情却突然有了转机。阿尤布王朝的新任苏丹卡米勒与他的两位兄弟穆阿扎姆、阿什拉夫（Ashraf）正在争权夺利，后者分别领有巴勒斯坦与叙利亚的领土。为了占据上风，卡米勒派出使臣希望腓特烈能够给予援助。腓特烈敏锐地感觉到这是天赐良机，虽然缺乏教会的支持，他还是在西西里自行宣布再次踏上征途。1228 年，腓特烈终于抵达阿卡。然而他在圣地却遭受了冷遇，由于皇帝被开除教籍，他的十字军身份并未得到广泛认可。不仅耶路撒冷宗主教和当地教会拒绝为他祝福，医院骑士团和圣殿骑士团（尽管内心也渴望腓特烈的相助）作为教皇的部属也不得不与之若即若离。只有条顿骑士团出于同胞的情谊，加入了腓特烈的军队。神圣罗马帝国皇帝的部队主要由德意志人和意大利人构成，兵力并不充足，实际上不足以征服巴勒斯坦，但他善于虚张声势，亦是个称职的外交家。腓特烈充分利用了卡米勒对兄弟阋墙的恐惧，希望从埃及苏丹处以和平换取丰厚的报酬。整个冬天，两位君主都在谈判。最终，双方商定停战十年五个月又四十天，阿尤布王朝归还昔日萨拉丁夺取的耶路撒冷、伯利恒、雅法等地，但基督徒必须尊重耶路撒冷城中穆斯林的信仰自由，保留清真寺。于是，多次十字军在战场上未能达成的目标，被腓特烈二世在谈判桌上“轻描淡写”地实现了。1229 年 5 月 17 日，腓特烈进入耶路撒冷，并驻跸于圣墓教堂旁昔日医院骑士团的医院内。第二天，他来到圣墓教堂进行弥撒，人们为他准备了一顶王冠，但没有一位教士出席，自然也无法由耶路撒冷宗主教为他加冕。于是腓特烈自行将王冠戴上了头顶，就这样成了新一任圣城的主人。稍后，在医院骑士团医院，腓特烈举行了第一次御前会议，此前医院骑士团大团长贝特朗·德·特西（Bertrand de Thercy）一直率部远远地尾随腓特烈，这时终于列席会议，表达了对新任国王谨慎的支持。

虽然腓特烈的成就非同小可，然而，耶路撒冷并不稳固，这座古城被萨拉丁拆毁了城墙，四十余年后依旧未能修复。因此，它几乎是一座不设防的城市，随时有可能被外敌再度夺取。腓特烈因自己的功绩终于获得了教皇的谅解，他并不愿在耶路撒冷过久停留，当年 6 月，他启程返回了意大利。留下了一批自己信任的贵族和官僚，以自己的名义治理新生的耶路撒冷王国。[13]

腓特烈二世并未整顿圣地盘根错节的各派政治势力便仓促回国，于是，看似“中兴”的耶路撒冷王国很快因内部争端而走向支离破碎。腓特烈与伊莎贝拉二世女王唯一的儿子康拉德二世（他的母亲在产后一周因产褥热离世）理论上是耶路撒冷王国的合法君主，但他一生从未到访圣城，更多的是作为神圣罗马帝国皇帝和意大利国王驻跸在欧洲。腓特烈在圣地安排的代理人理查德·菲兰杰里（Richard Filangieri）利用他的军队占据了贝鲁特和提尔，但由于皇帝已经同他的前岳父布列讷的约翰反目，菲兰杰里一直无法染指阿卡。该城于 1232 年成立了自治公社，伊贝林家的约翰被选为市长。为了争夺对耶路撒冷王国的主导权，两派进行了长期的内战，史称“伦巴第战争”（War of the Lombards）。医院骑士团、条顿骑士团、比萨共和国、安条克亲王（亦是的黎波里伯爵）博西蒙德五世站在腓特烈皇帝一边，阿卡市、圣殿骑士团、威尼斯人和热那亚人则支持伊贝林家族。医院骑士团曾经长期与圣殿骑士团同舟共济，此时却几度在战场上兵戎相见。在医院骑士团的秘密配合下，1243 年理查德·菲兰杰里一度潜入

◎ 腓特烈二世会晤埃及苏丹卡米勒

阿卡，准备通过一场里应外合的政变，为主公夺取这座城市。然而他的行踪被当地贵族发现，他的同盟纷纷遭到逮捕，贝鲁特领主伊贝林的巴利安甚至以重兵围困医院骑士团阿卡总部，时间长达六个月。当时，医院骑士团大团长纪尧姆（Guillaume de Chateauneu，1242—1258 年在位）[14] 正在迈尔盖卜堡指挥对穆斯林的战事，无暇顾及阿卡城内的同袍，最终，骑士团不得不屈辱地表示道歉，并许诺不再支持菲兰杰里。同年，康拉德二世到了亲政的年纪，在父亲的授意下，他公开要求耶路撒冷王位。阿卡的贵族虽不敢否定康拉德二世的王权，但也不愿神圣罗马帝国的势力在圣地坐大，便推举前耶路撒冷王国女王伊莎贝拉一世之女艾丽斯作为康拉德的摄政，实际上剥夺了他的权力。艾丽斯上台之初为投桃报李，当即下令逮捕提尔的理查德·菲兰杰里。伊贝林的巴利安亲自率领自己的部队及热那亚、威尼斯盟友向提尔进军，虽然该城城防坚固，但市民在夜里悄悄为巴利安打开了城门。菲兰杰里和他的兄弟洛泰尔坚守市中心的城寨达一月之久，但最终还是不得不签署城下之盟。提尔的攻占宣告了腓特烈的势力被彻底逐出圣地，稍后，耶路撒冷与亚实基伦也转入了艾丽斯手中。本地贵族笑到了最后，这是圣殿骑士团政治上的胜利，也是医院骑士团痛苦的挫折。然而，康拉德依然是名义上的国王，耶路撒冷王国不得不面临君主长期不在国内坐镇的窘况，而君主的权威恰恰是它在乱世中生存所急需的。[15]

长达十年的内斗无异于自毁长城，所谓耶路撒冷的“光复”，被证明不过是昙花一现。内战没有赢家，王国各派贵族皆元气大伤，也令外敌有了可乘之机。

卡米勒苏丹在 1238 年去世后，阿尤布王朝与耶路撒冷王国的停战协定也旋即到期。他的两个儿子阿迪勒（Al-Adil）、萨利赫·阿尤布（Salih Ayyub）为了王位爆发了激烈的争斗，最终，大马士革的萨利赫进入开罗流放了阿迪勒从而登上了苏丹的宝座。但他的叔叔萨利赫·伊斯梅尔（Salih Ismail）却趁乱窃取了大马士革的统治权。为了生存，伊斯梅尔向耶路撒冷王国抛出了橄榄枝，两家正式结盟，共同对抗埃及敌人。面对危机，萨利赫·阿尤布整军备战，并雇用了因成吉思汗的入侵而流亡中东的花剌子模人作为外援。在萨利赫·阿尤布的鼓动下，一万花剌子模军队蹂躏叙利亚之后，于 1244 年 7 月进犯耶路撒冷。虽然耶路撒冷宗主教意识到了迫在眉睫的危险，紧急召唤圣殿骑士团与医院骑士团大团长前来守城，但两位大团长匆匆布置一番后，竟擅自离开了耶路撒冷。这对守军的士气是个致命的打击，耶路撒冷的城墙虽刚刚仓促修复，但并不足以坚守。7 月 11 日，花剌子模人突入城区。守军顽强地进行了巷战，然而大势已去。留在城中的医院骑士团耶路撒冷修院长（Preceptor）与圣城的法兰克官员在突围中壮烈殉国，于市中心城寨死守的部队迟迟未能盼来援军——经历了“伦巴第战争”内耗的阿卡，似乎对耶路撒冷的安危空前的冷漠。最终他们不得不在 8 月向花剌子模人投降。逃离圣城的 6000 名基督教难民中，平安抵达雅法的竟只有300人。花剌子模雇佣军将圣城几乎洗劫一空，他们破坏了圣墓教堂，杀死了那里的修士修女，甚至将历代耶路撒冷国王的遗骸挫骨扬灰。当他们心满意足地与埃及军队在加沙会合时，身后的耶路撒冷已是一片废墟。

耶路撒冷的再度沦陷让十字军国家如梦初醒，而埃及人、花剌子模人的兵锋同样令大马士革、霍姆斯、卡拉克等地的穆斯林统治者如坐针毡，他们共同组建了一支大军，准备收复失地。1244年秋，各路基督徒军队云集于阿卡，可谓军容鼎盛。耶路撒冷王国的贵族提供了约600名骑士，由提尔领主蒙费拉的腓力和雅法伯爵沃尔特领军；医院骑士团和圣殿骑士团也精锐尽出，他们各提供了超过300名骑士，由大团长亲自领兵（医院骑士团大团长纪尧姆带来了351人，圣殿骑士团大团长阿尔芒的部下则有347人），条顿骑士团、圣拉撒路骑士团亦派出了自己的部队，不过规模稍逊；安条克公国、的黎波里伯国提供了援军，甚至耶路撒冷宗主教罗贝尔也加入了队伍以鼓舞士气。再加上大量军士与步兵，此次出征，在规模上可与1187年的哈丁会战相提并论，此外还有穆斯林盟友相助，十字军将领因此踌躇满志。与他们对阵的，是5000名埃及士兵以及约1万个花剌子模人。

1244年10月17日，两军在加沙附近的拉佛比（La Forbie）村爆发了会战。原本霍姆斯埃米尔曼苏尔·易卜拉欣（Mansur Ibrahim）建议全军构建工事，守株待兔，他断言游牧习气浓重的花剌子模人不会轻率地强攻坚固阵地，而一旦花剌子模人偃旗息鼓，埃及人也将独木难支。原本此计或可不战而屈人之兵，很多十字军将领也表示赞同，但1187年哈丁会战的一幕竟不幸重演。耶路撒冷王国统帅之一的雅法伯爵沃尔特坚持认为本方兵力占优（这并非事实），主张一鼓作气拿下对手，甚至生擒萨利赫·阿尤布。最终，主攻派占了上风。于是耶路撒冷—穆斯林联军以基督徒为右翼，以卡拉克部队为左翼，以大马士革、霍姆斯人为中军，列阵迎战。

与埃及人交战，联军尚能旗鼓相当，但花剌子模骑兵以惊人的机动性从三支部队的缝隙穿过，对穆斯林中军发起了突袭。曼苏尔·易卜拉欣率部拼死抵抗，但大马士革人骇于花剌子模人的声势，竟不战而逃。卡拉克领主纳西尔目睹此景，也步上了大马士革人的后尘。绝望中的易卜拉欣只得抛弃基督教盟友，率部突围而出。在解决了左翼与中路后，花剌子模骑兵开始向十字军所在的右翼合围。基督教骑士们以惊人的勇气战斗至最后一刻，但一切已是徒劳。数小时后，这场血腥的屠杀结束了。耶路撒冷王国军阵亡人数超过了5000人，提尔大主教萨日内斯的彼得（Peter of Sargines）遇难，雅法伯爵与的黎波里伯国统帅沦为阶下囚。骑士团的损失尤为惨重：圣殿骑士团大团长阿尔芒阵亡，他的部下仅幸存33人；条顿骑士团只有3名骑士成功突围；圣拉撒路骑士团全军覆没；医院骑士团大团长纪尧姆被俘，325位骑士战死。三大骑士团的精锐基本损失殆尽。纪尧姆被押解至埃及，度过了整整六年的囚徒时光，在这场空前的危机里，圣地的医院骑士团由耶路撒冷分团长让·德·罗内（Jean de Ronay）代理主事，他成功地团结了残余的骑士团成员，让这一历史悠久的组织免于分崩离析。

蒙费拉的腓力与耶路撒冷宗主教罗贝尔率残部撤往亚实基伦，他们尚喘息未定，便迎来了埃及—花剌子模的追兵。所幸亚实基伦一直由医院骑士团驻守，骑士团将它的城墙修缮一新，此刻发挥了力挽狂澜的作用。埃及人缺乏攻城设备，最终被坚城所挫败。另一路花剌子模骑兵带着雅法伯爵进抵雅法城下，他们威胁守军说，若不开城投降就当众绞死伯爵。沃尔特虽然对拉佛比会战的惨败负有责任，但此时他展现了贵族的血性，高声叮嘱自己的部属，无须挂怀他的生死，切不可向花剌子模人屈服。最终后者也不得不无功而返，出于对沃尔特的敬意，他们并没有处决他，沃尔特伯爵最终死于囚徒生涯中。

1244 年的拉佛比会战，是继哈丁会战后，耶路撒冷王国最惨痛的失败。从第三次十字军以来，王国所恢复的元气与锐气，几乎被这场失利一扫而空。从此，耶路撒冷王国再也无力光复圣城，只能龟缩于巴勒斯坦海岸，苟延残喘，真正沦为了“阿卡王国”。三大骑士团遭受的打击尤为巨大。13 世纪，医院骑士团在圣地的骑士总数很少能超过 500 人，拉佛比一战损失之巨可见一斑，虽然骑士团的欧洲分部尚能提供人员补充，但他们缺乏一线作战的经验，而培养一位合格的骑士，需要不菲的金钱和漫长的时光。拉佛比之战后整整二十年，医院骑士团在圣地的骑士兵力才再次恢复到 300 人上下。埃及的萨利赫·阿尤布苏丹利用这场大胜，重新征服了大马士革，阿尤布王朝得到了再次统一。此消彼长，耶路撒冷的安全环境也大幅恶化了。但花剌子模人并没有笑到最后，埃及苏丹对他们并不信任，花剌子模人于是四处游荡劫掠，不久后便被阿勒颇的穆斯林领主所击溃，退出了历史舞台。而萨利赫更加倚重自己的马穆鲁克禁卫军，大约二十年后，他们将成为医院骑士团的劲敌。[16]

第二耶路撒冷王国时期，医院骑士团不但面临着越发严峻的安全形势，也渐渐卷入了圣地错综复杂的政治斗争中。在 12 世纪，虽然与圣殿骑士团存在竞争，但两大骑士团大体还保持着和睦与合作。进入 13 世纪后，两者的关系明显恶化了。圣殿骑士团曾经夺取了昔日将迈尔盖卜堡售予医院骑士团的的黎波里领主的一座城堡，后者于是向医院骑士求援，医院骑士团派出的援军一度同圣殿骑士兵戎相见。圣地的修士团目睹此景，忧心忡忡，他们恳请教皇介入调解。最终在教皇的仲裁下，两大骑士团才载戢干戈。

1201 年，安条克亲王博西蒙德三世去世后，圣殿骑士团支持他的次子的黎波里伯爵博西蒙德四世即位，但医院骑士团却支持他的长孙雷蒙德·鲁彭（Raymond Rupen，1196—1222）。理论上说，雷蒙德的继承权要高于博西蒙德四世，但他的母亲是奇里乞亚亚美尼亚（Cilician Armenia）王国的公主，而他本人此时年仅 5 岁，无法亲政。安条克的贵族与教会担心亚美尼亚摄政的存在会影响公国的独立和他们的地位，因此更倾向于让 29 岁的博西蒙德四世登上王座。但雷蒙德获得了亚美尼亚的鼎力支持，甚至教皇英诺森三世也承认了他的继承权。两派势力一度旗鼓相当。然而，博西蒙德四世在安条克城内的支持者占据了上风，他于当年进入公国首都，宣告登基，由此，爆发了持续近二十年的安条克即位战争。两派势如水火，教皇的斡旋也无济于事。在亚美尼亚与医院骑士团武装的支持下，雷蒙德·鲁彭在 1216—1219 年曾经夺回王位，但很快为安条克市民所摈弃，他们诚邀博西蒙德四世回国“拨乱反正”。雷蒙德·鲁彭不得不狼狈出逃，去投奔亚美尼亚国王利奥一世。在利奥去世后，为了夺取亚美尼亚王位，雷蒙德又卷入了新的宫廷斗争，最终败给了利奥的公主，客死异乡。

尽管事实证明，医院骑士团在安条克公国的内斗中站在了失败者一边，但他们也因此与奇里乞亚亚美尼亚达成了良好的外交关系，雷蒙德·鲁彭也给他们开出了诱人的条件以换取支持。医院骑士团在亚美尼亚、安条克公国、的黎波里伯国的领地得以大幅增加。例如，利奥一世便将自己国土的西南部交予医院骑士团驻守，并赋予他们自治和与穆斯林交战的权利，还允许他们保留获得的全部战利品。医院骑士团自然也投桃报李，甚至连利奥一世女儿的嫁妆，相当一部分就是来自骑士团的借款。但有得必有失，由于圣殿骑士团是博西蒙德四世的坚定拥趸，并且与亚美尼亚王国关系恶劣，两大骑士团原本紧张的关系进一步趋于恶化。博西蒙德四世自然也对医院骑士团恨之入骨，当他与后裔最终获得安条克的统治权后，几代安条克亲王都对医院骑士团采取一种敌视政策。例如，博西蒙德四世之子博西蒙德五世在位期间，曾于 1236 年向教皇控诉医院骑士团私通外敌，因为据说骑士团正谋划与阿萨辛刺客团结盟。很快，医院骑士团便收到了来自教皇格列高利九世的措辞空前严厉的信函，宗座呼吁骑士团悬崖勒马，迷途知返。除了通敌的嫌疑，格列高利还强调医院骑士违背了“安贫”“禁欲”“听命”（即“三绝”）的誓言。因为有人控告他们收留妓女，拥有私财，篡改死者遗嘱获利，挪用善款，甚至将异教徒、小偷、杀人犯吸纳入团……最后，教皇表示，如果医院骑士团不痛改前非，就将对他们施以绝罚。平心而论，以上很多指控，要么空穴来风，要么夸大其词，但也不难看出，昔日杰拉尔德建立的那支近乎白璧无瑕的骑士团，此时在圣地已经招致太多的非议。唯一令他们感到“欣慰”的，恐怕是圣殿骑士团也收到了类似的教皇谴责信，因为圣殿骑士团从事金融行业，曾收下阿萨辛刺客团的大量存款。[17]

教皇的绝罚最终并没有实现，因为两大骑士团都及时表达了退让和歉意，而教皇也需要借助他们的力量。不过，在政治斗争以外，两大骑士团之间此时还出现了尖锐的经济矛盾。1235 年，围绕贝卢什河（Belus，位于今以色列西北部）上的两座磨坊，医院骑士团同圣殿骑士团再次爆发了冲突。前者的磨坊位于上游，每当下游圣殿骑士团的磨坊蓄水时，上游便河水泛滥，淹没了医院骑士团的农田。为了报复，医院骑士团修建水坝截住了河水，令贝卢什河下游几乎仅剩涓涓细流，让圣殿骑士团的磨坊完全失去了功用。双方的报复与反报复持续了很长时间，最终，两座磨坊的纠纷竟也不得不交予教皇裁决。在格列高利九世出面调停后，两大骑士团才实现了和解。[18]

拉佛比的灾难过去十余年后，医院骑士团尚未恢复元气，便又卷入了圣撒巴斯战争（War of Saint Sabas，1256—1258）的漩涡。13世纪中期，意大利各商业共和国在圣地已经拥有了巨大的影响力，可惜他们彼此关系并不和睦。战争的起因是1256年阿卡的威尼斯与热那亚市民争夺位于两个社区交界处的圣撒巴斯修道院，由于两国在地中海长期进行商业竞争累积的恩怨，原本简单的财产争端演变为两国居民的武装械斗。圣撒巴斯战争最初仅仅是阿卡的热那亚人与威尼斯人之间的武装冲突，但后来局势失控，发展为席卷整个耶路撒冷王国的内战——王国为此也陷入了分裂：医院骑士团支持热那亚人，它的盟友还包括阿尔苏夫的领主约翰、提尔领主腓力、阿卡的加泰罗尼亚社区；圣殿骑士团、条顿骑士团则和威尼斯人站在一起，他们还得到了雅法领主约翰、阿卡兄弟会、比萨人社区（最初一度支持热那亚）、法国人社区的支援。双方在海上陆上都爆发了激烈战斗，威尼斯共和国甚至派出了远征舰队驰援自己的同胞。1257年热那亚人进攻阿卡的比萨人社区但被击退，为了报复，威尼斯人转而围攻热那亚人社区及医院骑士团总部，并给医院骑士团的建筑造成了一定损坏。1258年提尔领主腓力、医院骑士团与热那亚海军谋划对阿卡的威尼斯同盟发动水陆两栖进攻，但在海战中热那亚舰队损失惨重，陆军也不得不撤退。最终，热那亚人势力被完全逐出了阿卡，他们不得不迁徙至提尔安身（热那亚人直到1288年才收回他们在阿卡的社区）。圣撒巴斯战争对耶路撒冷王国首都阿卡的城区及商业破坏严重，并激化了东方十字军诸国的内部矛盾，为日后王国的覆灭埋下了伏笔。医院骑士团在这场内战中，不幸又一次与失败者站在了一起。好在凭借在圣地上百年的影响力，他们很快与胜利者达成了谅解与妥协，其在阿卡的总部和地位也得到了恢复，但他们与威尼斯人之间已然产生了罅隙。[19]

13世纪中期，西征的蒙古人如狂风骤雨横扫欧亚，令伊斯兰世界肝胆俱裂的同时，却为圣地的基督徒带来了一丝转机。成吉思汗之孙旭烈兀指挥10万大军，自1252年起开始攻略中东，并被封为伊尔汗国可汗。1258年，他成功地攻占阿拔斯王朝首都巴格达，处死了哈里发，并血腥屠城，1260年又顺利攻占历史名城大马士革，摧毁了该地的阿尤布王朝。旭烈兀本人信奉佛教，但他的爱妻脱古思可敦却是一位虔诚的景教徒（属于基督教聂斯托利派，Nestorians）[20]，在王后的影响下，旭烈兀对基督徒较为友善，为了对抗伊斯兰世界，伊尔可汗希望与十字军结盟。对阿卡王国与医院骑士团而言，这不啻为天赐良机。然而，因蒙古大汗蒙哥卒于钓鱼城下，旭烈兀决定率领主力返回蒙古，只留下部将怯的不花率一支偏师驻守中东。1260 年 9 月，准备入侵埃及的怯的不花与埃及马穆鲁克[21]王朝（Mamluk Sultanate）主力在加利利附近决战，史称阿音札鲁特战役（Battle of Ain Jalut）。在这场决定伊斯兰世界命运的决斗中，马穆鲁克骑兵击败了蒙古铁骑，笑到了最后。此战也结束了蒙古在中东所向披靡的历史。此次胜利的最大功臣是马穆鲁克大将拜巴尔（Baibars，1223—1277），由于对苏丹库图兹（Qutuz）拒绝封赏感到不满，拜巴尔刺杀了自己的君主，自立为苏丹，成为埃及马穆鲁克王朝的第四任统治者。蒙古人的威胁打乱了埃及穆斯林的发展进程，原本开罗有望像昔日的巴格达那样，成为文化与艺术之都，但在马穆鲁克的统治下，它却越来越像一座庞大的军营。为了自保，拜巴尔采取了一种咄咄逼人的军事扩张政策，很快，他便成了十字军与医院骑士团的心腹之患。

拜巴尔一世具有钦察土耳其人（Kipchak Turk）的血统，14 岁时便被奴隶贩子带到阿尤布王朝，成为一名马穆鲁克。据说，他体型魁梧，声如洪钟，尤其是一只碧眼中有一小块独特的白斑，被人视作天生异相。他在位整整十七年（1260—1277），绰号“豹子王”“征服之父”，是继萨拉丁之后伊斯兰世界最为干练、英武的君主之一。他精明地奉行远交近攻的政策，一方面与信奉伊斯兰教的金帐汗国修好，以此牵制伊尔汗国，并获得大量奴隶用于补充兵员；一方面则对十字军国家步步紧逼。然而在那个年代，欧洲十字军干涉的可能性令历任埃及苏丹如鲠在喉，拜巴尔精明地采取了一种类似“切香肠”的战术，对十字军贵族竭力分化离间，同时每当取得一定战果，便与基督教国家签署和约，期满后再度开战，如此循环往复，缓慢但坚定地蚕食着他们的领土和要塞。虽然 1263 年他尝试围攻阿卡最后功亏一篑，但 1268 年他成功地攻占了安条克，城破后将市民尽数变卖为奴。此举几乎宣告了安条克公国的灭亡。1271 年，法王路易九世率领的第九次十字军被击溃，拜巴尔巩固了自己的统治，重新整合了埃及、叙利亚的穆斯林势力，令马穆鲁克王朝成为中东地区首屈一指的强权。这年 3 月，拜巴尔率部围困医院骑士团在圣地最大的要塞骑士堡，虽然骑士堡以雄伟坚固著称，但苏丹这次是有备而来，他携带了大量重型攻城器械。至 3 月 29 日，拜巴尔的部队已经拿下城堡的外层，守军（原本应有 2000 人之众，但医院骑士团饱受人力短缺之苦，此时仅有 200 余人）退至内层死守。骑士堡的内层远比外层坚固，易守难攻，相持整整十天以后，拜巴尔显示了他的狡诈，他派人送去一封伪造的信件，佯装远在的黎波里的医院骑士团大团长的口吻，准许守军投降。医院骑士于是放下了武器。虽然有些胜之不武，但拜巴尔信守了诺言，让守军平安撤离。一度被认为固若金汤的骑士堡就这样被拜巴尔智取，同年，条顿骑士团的蒙特福特（Montfort）堡、圣殿骑士团的萨菲泰（Safita）城堡也成为拜巴尔的囊中之物。英国太子爱德华仓促组织了另一支十字军来到阿卡，但他的兵力不过数百人，实在是杯水车薪。

最终，爱德华也只能无功而返，唯一值得庆幸的是，他在回国前躲过了拜巴尔刺客的暗杀。[22]

在“豹子王”的雷霆攻势之下，十字军诸国已经风雨飘摇，医院骑士团也无法幸免。由于以骑士堡为代表的诸多要塞一一沦陷，医院骑士团丧失了在圣地内陆的大部分采邑，不得不退至巴勒斯坦沿海的狭长地带，财力、人力都蒙受了重大损失。时任大团长的休斯（Hugues de Revel，1258—1277 年在位）在骑士堡陷落之前，便罕见地向骑士团欧洲分部的各团长去信求援。他在信中写道：

“圣地的基督徒面对萨拉森人的入侵已是寡不敌众，甚至阿卡也难于自保。我们被敌人日复一日的攻击所压倒，几乎只能束手无策。雅法城在一小时内便沦陷了，凯撒里亚虽然城防坚固，但也只抵挡了两天。圣殿骑士团引以为荣的采法特（Safed），亦不过坚持了十六天而已。博福尔城堡，我方原本预期可以坚守一年，实际却只有四天……”[23]

1277 年 7 月 1 日，拜巴尔在大马士革走完了他辉煌的一生，其死因有些扑朔迷离。有历史记载认为他误饮了给别人准备的毒马奶酒，还有人说他是死于旧伤复发。无论如何，拜巴尔已经奠定了马穆鲁克王朝强盛的基础，他具有远见卓识，在其精心布局之下，圣地的十字军国家的统治已经是摇摇欲坠了。

拜巴尔去世后，其子巴拉卡（Barakah，1260—1280）即位，他软弱无能，难以服众。1279 年，拜巴尔生前爱将嘉拉温（Qalawun，1222—1290）举兵叛乱，随后挺进开罗，废黜了巴拉卡，另立其幼弟为傀儡，数月后更是撕下假面自行登基，成为马穆鲁克王朝第七任苏丹。虽然大马士革统治者松戈尔（Sonqor）一度拒不承认嘉拉温的权威，但还是在 1280 年被后者用武力降服。

尽管马穆鲁克王朝出现短暂内乱，但十字军国家并未利用到这一机会。1268 年 10 月，名义上的耶路撒冷国王康拉德三世（Conrad，亦称 Conradin，1252—1268，康拉德二世的独子，同时兼有西西里国王、施瓦本公爵头衔）在败于安茹家族的查理（Charles of Anjou，1227—1285，法王路易九世之弟）后遭到斩首，导致耶路撒冷王位空缺（查理由此获得了西西里国王的王位）。竞争在塞浦路斯国王休三世（Hugh Ⅲ，1235—1284）与安条克的玛利亚（Maria of Antioch）之间展开。从血统上来看，后者似乎更有资格（她是耶路撒冷女王伊莎贝拉一世唯一健在的外孙女），但塞浦路斯国王显然更具实力。最终王国高等法院倾向于支持休三世即位，不甘心失败的玛利亚远遁罗马，1277 年她将自己的“王位”转让给了安茹的查理一世（此时为那不勒斯和西西里国王）。查理早就对耶路撒冷国王的头衔心向往之，此刻终于有了名正言顺的理由。他派遣自己的心腹圣塞韦里诺的罗歇（Roger of San Severino）率领一支法国军队进入阿卡，驱逐了休三世。塞浦路斯的力量显然无法与法兰西、那不勒斯和西西里相提并论，休不得不忍气吞声地退回自己的海岛。查理靠武力获得了王位，罗歇成为他在阿卡的代理人，圣殿骑士团和威尼斯人与他站在一起；医院骑士团依然执拗地支持休三世，热那亚作为威尼斯的死敌，便也选择了与塞浦路斯国王合作。耶路撒冷王国再次陷入了政治上的分裂，但严峻的局势已不容它有喘息之机了。

可喜的是，时任伊尔汗国可汗阿八哈（Abaqa，1234—1282）因为其母脱古思可敦信奉基督教，对基督徒也较为友善，他一直谋划着与自己的藩属亚美尼亚国王利奥三世及黎凡特十字军共同讨伐马穆鲁克王朝，但响应者仅有医院骑士团而已。英王爱德华一世在登基之前曾是第九次十字军的领袖之一，并曾与拜巴尔多次交锋，他对蒙古人的计划抱有兴趣，但因国内政务缠身实在是无暇他顾。安茹的查理虽已贵为耶路撒冷国王，但他历来对拜占庭及其盟友热那亚带有成见，暗中指示其阿卡总督圣塞韦里诺的罗歇与圣殿骑士团、威尼斯结盟，并和马穆鲁克王朝修好，以便牵制拜占庭人。教皇（此时拜占庭皇帝米哈伊尔已主动与罗马教廷和解）竭力鼓动查理将注意力投向叙利亚，这才勉强打消了他再次进攻君士坦丁堡的念头。

安条克亲王（名义上的，因其领地只剩港口拉塔基亚）、的黎波里伯爵博希蒙德七世原本也想与亚美尼亚人共同进退，但因统治阶层的内讧也分身乏术。博希蒙德七世手下重要的封臣居伊二世（Guy Ⅱ，Embriaco of Jebail）拐骗了当地阿莱曼家族的一位女继承人并将她嫁给了自己的兄弟约翰，此举触怒了博希蒙德伯爵。为了逃避可能的报复，居伊投奔了圣殿骑士团，暴怒的博希蒙德拆毁了的黎波里的骑士团分部

◎ 那不勒斯与西西里国王查理一世的雕像

并砍伐了一片属于他们的树林。圣殿骑士团团长博热的威廉（William of Beaujeu，与安茹的查理有亲戚关系）不愿忍气吞声，随后骑士团、居伊同的黎波里伯国陷入了长期的武装冲突，双方互有胜负。圣殿骑士团两次在陆战中获胜，但的黎波里舰队也曾成功地破坏了圣殿骑士团的西顿城堡。虽然在医院骑士团团长尼古拉·洛格勒的调解下，博希蒙德和圣殿骑士团实现了停战，但居伊还是不想善罢甘休。1282年1月，他与少数同伴潜入的黎波里城内，希望通过一场政变推翻博希蒙德。但他并没有得到预期中圣殿骑士团的支援，事情败露后不得不进入医院骑士团总部寻求庇护，而博希蒙德则以重兵包围了居伊藏身的塔楼。最终居伊不得不做了有条件的投降（保障其生命安全）。但博希蒙德食言了，几天后，居伊与几名显贵同党被残忍地活埋处死。[24]

的黎波里伯国的这场内乱虽然仅仅是一段历史插曲，但在十字军国家中进一步制造了裂痕。居伊的同党中有很多热那亚人，这导致了的黎波里伯国与热那亚族群间的关系长期紧张，而后者亦是亚美尼亚、伊尔汗国的盟友，如此一来，一个广泛的反马穆鲁克联盟已经注定难以实现。作为堂堂伯爵，博希蒙德公然的背信弃义颇不光彩，甚至在圣地贵族中也触犯了众怒。例如，蒙福尔的约翰（John of Montfort）就准备以武力为死去的朋友向博希蒙德寻仇，但的黎波里伯爵幸运地挫败了他。耶路撒冷王国中唯一的赢家可能仅仅是历来与热那亚不和的比萨人，当然，羽翼未丰的嘉拉温对此无疑也暗自窃喜。

在南边的耶路撒冷王国，形势也不容乐观。作为外来政权的代言人，罗歇在阿卡的执政其实并没有得到本地贵族发自肺腑的拥戴。圣殿骑士团竭力为查理拉拢盟友，一度令蒙福尔的约翰倾向于加入安茹家族的阵营，但约翰似乎最终更倾向于两面下注。1279年塞浦路斯国王休三世突然登陆提尔，并再次对耶路撒冷王位提出了要求。约翰这一次表示了自己的支持（他

西顿城堡遗址

亦是当年在哈丁惨败的居伊国王的后裔），但总体而言，应者寥寥。长达四个月的时间里，休几乎毫无作为，他忌惮查理一世的军事实力，最终不得不撤回塞浦路斯。休将自己的失败迁怒于圣殿骑士团，作为报复，他没收了骑士团在岛上的大批财产。圣殿骑士团向教皇提出申诉，虽然教皇要求休收回成命，但休置若罔闻。这意味着教皇在圣地的影响力也下降了，而由于王权衰落，他原本几乎是将各十字军势力统一起来的唯一希望。此后休参与了伊尔汗国提出的联盟，但仅仅是为了反对他在阿卡的政敌（罗歇拒绝对抗马穆鲁克），并没有真正将对埃及的远征付诸实施。

与查理相比，伊尔汗国更急于在嘉拉温站稳脚跟前予以打击。1280年秋，蒙古骑兵越过幼发拉底河，开始进犯马穆鲁克王朝的领土，10月他们成功攻下了重镇阿勒颇，令附近的穆斯林居民惶恐不已。医院骑士团也从迈尔盖卜城堡出兵响应，兵锋直入贝卡谷地，一度威胁到早先被拜巴尔夺取的骑士堡。但蒙古人和医院骑士团的兵力不足以支撑长期的军事行动。很快，伊尔汗国的部队便被迫放弃阿勒颇，撤回幼发拉底河对岸，医院骑士团也不得不返回迈尔盖卜城堡。嘉拉温决定对医院骑士团发起一场惩戒行动，但他的部队最终兵败于迈尔盖卜的坚城之下。双方在战场上大体平分秋色。

这一年，拜巴尔与十字军国家签署的十年停战协议即将到期。伊尔汗国的使节来到阿卡，向耶路撒冷王国政府表示来年蒙古人将出动上万精兵攻略叙利亚，希望基督徒能够鼎力相助。医院骑士团也向远方的英王爱德华一世派出了特使。然而由于内部的分裂，阿卡的耶路撒冷王国政府对此冷若冰霜。嘉拉温动用了各种手段去分化瓦解十字军与蒙古人潜在的联盟。通过将安条克与阿帕梅亚（Apamea）赠予松戈尔，他成功地安抚了这位心怀不满的诸侯。稍后嘉拉温的使节也来到阿卡，提出续订一份长达十年的停战协议。5月，罗歇与圣殿骑士团同意了这一协议，罗歇本人甚至在获悉马穆鲁克王朝内部有人阴谋推翻嘉拉温的统治后，向他通风报信，从而使苏丹逃过了一劫。一个月后，的黎波里伯爵博希蒙德七世也签署了协议。只有医院骑士团执拗地拒绝媾和。如此一来，在嘉拉温高超的外交手腕之下，十字军与蒙古人潜在的联合就此分崩离析。而医院骑士团悲凉地发现，在十字军近两百年的历史中，自己第一次如此势单力孤。

1281年9月，两支伊尔汗国的大军还是如约进入马穆鲁克王朝的领地，分别由可汗阿八哈与他的兄弟曼古·帖木儿（Mangu Timur）率领，这次军事行动得到了亚美尼亚国王利奥三世、格鲁吉亚国王德米特里二世（Demetrius Ⅱ）与医院骑士团的响应。然而嘉拉温的情报机构对蒙古人的入侵早有耳闻，并且一名被俘的蒙古军官几乎将伊尔汗国的作战计划全盘托出。10月30日，曼古统率的蒙古联军与马穆鲁克主力在霍姆斯附近遭遇。曼古亲自指挥中军，左翼交给了各蒙古王公，右翼则交给了基督教盟友（亚美尼亚、格鲁吉亚、医院骑士团），其中包括医院骑士团的200余名骑士。通过蒙古逃兵的口供，嘉拉温得知蒙古人的精锐集中于中路，而右翼的基督教军队同样不容小觑，于是苏丹当机立断，他本人坐镇中军，哈马的曼苏尔（Mansur of Hama）率领的精锐位于右路，刚刚归顺的松戈尔则指挥左路。战役爆发初始，基督教联军一度重创松戈尔的部队，并将他逐出战场，但之后他们犯下大错，不仅未能乘胜突入马穆鲁克中军，反而原地休整准备等待兄弟部队的支援。与此同时，蒙古军的左翼在曼苏尔的打击下已经崩溃，曼古的中军则受挫于嘉拉温的亲兵。虽然整个战役此时胜负依旧难料，但曼古因为负伤而失去了勇气，他自私地下令撤退，抛弃了他的基督教战友。基督徒联军顿时发现自己处于孤立无援的险境，幸而他们并未慌乱，在亚美尼亚国王的率领下，杀出一条血路，向北突围而出。马穆鲁克军损失同样惨重，于是嘉拉温也放弃了追击。

◎ 1281年霍姆斯战役中的蒙古骑兵和马穆鲁克，来自于亚美尼亚历史学家、贵族科律克索的海顿（Hayton of Corycus）完成于14世纪初的《鞑靼史》

医院骑士团英国分团长昌西的约瑟夫（Joseph of Chauncy）当时正在军中，他在写给英王爱德华的信件中，将此次失败归咎于塞浦路斯国王休与博希蒙德伯爵未能及时赶到。不过这很可能是约瑟夫在为两位贵族辩护，因为二人根本没有计划要来战场助阵——爱德华对霍姆斯的失败相当震怒，他算得上当时唯一有意加入新一轮圣战的欧洲大国君主，并且对与蒙古人结盟深感兴趣。他对十字军国家的内乱并无充分的认识，东方基督教势力的离心离德已经让人触目惊心——塞浦路斯的休虽然名义上是伊尔汗国的盟友，但他完全在隔岸观火，而博希蒙德七世刚刚与穆斯林签署了停战协议。查理在阿卡的总督罗歇甚至亲自面见嘉拉温，对他取得的胜利表示祝贺。除了医院骑士团，十字军国家的几大势力在13世纪末的危机中显得或鼠目寸光，或麻木不仁。很快，他们将为此付出血的代价。[25]

1282年，一件历史插曲意外演变为地中海的重大震荡，并深刻改变了圣地的政治局势，让十字军国家如履薄冰。是年3月30日，复活节晚祷时分，西西里岛巴勒莫圣灵教堂门外，当地居民正在举行庆祝活动，一批法国军人和官员也加入了人群。期间一位名叫德鲁埃（Drouet）的法国军官将一名已婚年轻妇人从人群中拉出，并当众侵犯了她。她的丈夫随后杀死了这名军官。法国士兵企图为战友复仇，但西西里民众对法国统治阶层积怨已久，他们自发武装起来将这批军人屠戮殆尽。此时巴勒莫全市的教堂响起了晚祷的钟声，钟声像信号一样传遍了整个城市乃至岛屿，西西里人由此发起了反对安茹的查理统治的大起义，史称“西西里晚祷”事件。在随后的数月中，岛上的法国人几乎被一扫而空，各地成立了自治机构，阿拉贡国王佩德罗三世（Pedro Ⅲ de Aragón）也趁机入侵西西里，最终在这一年9月建立了自己的统治，并自封为西西里国王。查理的领土仅剩意大利半岛南部，不过他不愿承认自己的失败，与其子孙一直试图夺回西西里岛，为此长期同阿拉贡王国兵戎相见，但屡屡受挫。[26] 查理是在教皇的支持下打败并杀死原有的那不勒斯国王而登基的，作为法国皇族，原本他在意大利的统治基础就不牢固。他虽是一员猛将，但在内政方面却长期忽视收买当地民心，激成民变也算咎由自取。此后的二十年里，那不勒斯王国再也无暇东顾，查理的十字军东征计划及地中海大帝国的梦想从此搁浅。也是在这一年，伊尔汗国可汗阿八哈走完了他的一生，继任者是旭烈兀的第七子、阿八哈之弟贴古迭儿。贴古迭儿早年本信奉基督教，但不久后他便改信了伊斯兰教，并改名为穆罕穆德，甚至不称可汗而称苏丹。他完全放弃了兄长与十字军国家结盟的政策，转而主动遣使同马穆鲁克王朝修好。耶路撒冷王国顿时失去了一大强援。

在阿卡，总督罗歇突然发现自己已经

◎ 意大利画家范切斯科·哈耶兹（Francesco Hayez）笔下西西里晚祷事件的爆发（作于1846年）

失去了后盾。1282 年末，他被自己的主公召回意大利，接替其职务的是他昔日的大管家奥多——法国人在阿卡的势力已经今不如昔了。马穆鲁克王朝对查理的厄运同样感到十分意外，旋即为此庆幸。拜巴尔与嘉拉温都十分敬重查理一世，将他视作自己的劲敌。但雄心万丈的查理已被西西里的事变捆住了手脚，加之早前马穆鲁克苏丹成功击败了伊尔汗国，拜占庭帝国与十字军的关系又长期不睦，短时间内，再也没有能遏制嘉拉温扩张的势力了。1283 年，嘉拉温与奥多续签了又一份为期十年的和约。值得注意的是，和约中虽然给予大部分十字军的城镇以安全保障，却不包括提尔和贝鲁特，以及若干十字军城堡。

塞浦路斯国王休并没有放弃谋求耶路撒冷王位，目睹查理的失势，他决定再度尝试夺取阿卡。1283 年 7 月，他和两位王子乘船出发，原本计划直接登陆阿卡，但因为风向的原因，他们进入贝鲁特港。休受到了礼遇，随后他和自己的部队启程前往提尔，因为该地领主约翰是他的支持者。但途中休的部属遭到了穆斯林的袭击，损失颇大，国王相信这一定是圣殿骑士团指使的。休终于跌跌撞撞地进入提尔，但预期中阿卡人箪食壶浆迎接王师的情景一直没有出现。尽管安茹的查理已经没有了当年的威势，阿卡的市民自治公社与圣殿骑士团还是更倾向于接受奥多的统治。休一直在提尔苦苦等候至 1284 年，是年 3 月 4 日他因病辞世。此前他的亲密战友蒙福尔的约翰、蒙福尔的汉弗莱也先后撒手人寰，这位塞浦路斯国王夺回耶路撒冷王位的努力就此无果而终。虽然休自身才智上也存在局限，并且他脾气暴躁、急于求成，但更多的责任还是应该由阿卡的意大利商人和圣殿骑士团来负。他们自私地选择遥远的查理做自己名义上的领袖（何况他们已经知晓了西西里的事变），从而获得更大的自治权利，如果在和平年代，这么做还情有可原，但面对虎视眈眈的马穆鲁克人，此举则更像是饮鸩止渴。

休的长子约翰先后在尼科西亚、提尔加冕为塞浦路斯国王及耶路撒冷国王，但后一头衔仅仅得到提尔与贝鲁特的承认。约翰统治一年后便去世了，他的弟弟亨利二世继承了王位。亨利还只是个 14 岁的少年，不可能像父王那样立即发动又一次圣地冒险。据历史记载，亨利可能患有癫痫，他性格内敛阴沉，有些多愁善感、睚眦必报，从这些特质来看，的确算不上能够力挽狂澜的救世主，但他的统治却出奇地长久，直到 1324 年他都是塞浦路斯和耶路撒冷（有名无实的）统治者。

与此同时，嘉拉温正谋划夺取一些停战协定未涉及的重要据点。贝鲁特和提尔的城主刚刚去世，他们的寡妇向苏丹恳求和平，嘉拉温颇有风度地应允了她们的要求。他真正的目标是医院骑士团此时最重要的城堡——迈尔盖卜。4 月 17 日，马穆鲁克苏丹统领一支规模空前的大军出现在迈尔盖卜城堡前，其中还包括大量蒙古雇佣兵。他们层层围住要塞，并立即发动了强攻。迈尔盖卜堡极为坚固，且武器粮草充足，除了少数医院骑士，城内也有一批土科波、蒙古雇佣军，他们虽然在人数上处于绝对劣势，但占据地利、士气高涨。整整四周时间里，嘉拉温损失了大量攻城器械，却仍然不能越雷池一步。阿卡、安条克、提尔纷纷与苏丹签署了和约，他们冷漠地选择作壁上观而不愿意援助基督教骑士团。最终，在5月23日，嘉拉温的工兵开凿了一条地道并点燃了要塞的一座城楼，城堡被打开了豁口。医院骑士们自知大势已去，经过商议，他们选择了有条件的投降。嘉拉温也不希望完全摧毁城堡，因为一旦如此，他将无险可守，最终，苏丹许诺保障守军的生命安全，骑士团则和平交出迈尔盖卜城堡。医院骑士与守军后来退往的黎波里。5月25日，这座十字军在圣地最坚固、最雄伟的城堡之一，正式陷入敌手。[27]

迈尔盖卜堡的沦陷不但令医院骑士团痛彻心扉，也让阿卡市民如梦方醒。原本这年埃及遭遇了严重饥荒，嘉拉温的扩张其实缺乏底气——如果耶路撒冷王国与医院骑士团同舟共济，马穆鲁克王朝未必能攻城拔寨。大约与此同时，他们也得知了安茹的查理的死讯。内忧外患之下，阿卡人感到的确不能再仰仗遥远的那不勒斯王国了，在医院骑士团的建议下，塞浦路斯国王亨利二世派出使臣前往阿卡商讨他的继位事宜，除医院骑士团以外，条顿骑士团也爽快地表示了同意，经过一番挣扎，阿卡公社和圣殿骑士团最终也接受了亨利的要求。但是奥多拒绝放弃权力，驻扎在阿卡的法国军团也依旧表达了对安茹王朝的支持。

◎ 医院骑士团迈尔盖卜城堡遗址

1286年6月4日，亨利二世正式登陆阿卡，并得到了当地公社的热烈欢迎。三大骑士团团长并未出席欢迎仪式，他们解释说，由于自己敏感的宗教身份，应当保持某种中立。亨利希望能够驻跸阿卡国王的城堡，但居住其中的奥多拒绝交出它，并召集了法国卫队，双方一度剑拔弩张。最后在三大骑士团长的调解下，奥多总算让步。6月29日，亨利二世入住阿卡城堡，正式享有了耶路撒冷国王的权利，六周后，他在提尔被戴上了耶路撒冷国王的王冠。

亨利二世随后在阿卡为自己的登基举行了盛大的宴会、比武和庆典，贵族们甚至在医院骑士团总部大厅里，举行了以“亚瑟王与圆桌骑士”、伯努瓦《特洛伊传奇》（*Roman de Troie*）为题材的戏剧演出——但这已经是耶路撒冷王国最后的狂欢了。亨利二世虽然还有些稚气未脱，但相貌英俊、风度翩翩，很快就博得了众人的好感（人们对他身染癫痫病一事尚一无所知），而颇有人望的伊贝林家的鲍德温与腓力则是他的军师和顾问。庆典结束后不久，亨利便返回了塞浦路斯，留下鲍德温管理阿卡。这也是后者的建议，因为在他看来，国王不在城中反而更能得到阿卡各派势力的拥戴。[28]

对耶路撒冷王国而言幸运的是，伊尔汗国贴古迭儿的改弦更张犯了众怒。信仰基督教和佛教的蒙古权贵联合起来，向宗主忽必烈皇帝申诉贴古迭儿的倒行逆施。忽必烈听闻后勃然大怒，同意了贵族们推选一位新可汗的请求。于是阿八哈之子阿鲁浑（时任呼罗珊总督）乘势举起了反对贴古迭儿的大旗。虽然贴古迭儿一度击败了阿鲁浑的军队，但他在1284年8月10日被自己的部将所弑，阿鲁浑众望所归，成为伊尔汗国第四任君主。阿鲁浑延续了父亲的宗教宽容政策，虽然他本人是佛教徒，但他最好的朋友马尔（Mar）是一位出生在中国陕西带有突厥血统的基督教聂斯托利派信徒，他的首相萨阿德·达乌拉（Sa'ad ad-Daulah）甚至是犹太人出身。阿鲁浑对法兰克—蒙古联盟依然寄予厚望，甚至憧憬着能亲自为基督徒收复耶路撒冷，但他吸取了父亲的教训，在确保西方的援助之前，绝不轻启战端。1287年初，阿鲁浑派遣手下的基督徒拉班·萨乌马（Rabban Sauma）带着写给教皇与西方主要君主的国书出使欧洲。萨乌马先后去了拜占庭、那不勒斯、教皇国、热那亚、法国和英国。在教皇国，他遭到了冷遇，而在那不勒斯他更亲眼看到了阿拉贡王国与那不勒斯王国的同室操戈（即西西里晚祷战争）。但拜占庭和热那亚对萨乌马的提议态度积极。在巴黎，萨乌马更得到了超出预期的礼遇。年轻的法王腓力四世亲自接见了他，并表示愿意出兵解放圣城。拉班·萨乌马最后来到了英国，当时的英王爱德华一世正在自己的大陆领地波尔多。他同样盛情款待了萨乌马，甚至邀请他一道参加王室弥撒。萨乌马也对爱德华一世的聪明干练刮目相看。不过英王与法王的做法如出一辙，虽然信誓旦旦地表示要与伊尔汗国共进退，但只要涉及具体出兵的日期就开始模棱两可起来。新一轮十字军东征对这两位君主而言只是个朦胧的梦想，眼前还有很多更急迫的事务。略感失望的萨乌马在返程中再次途经罗马，此时罗马已经选出了新一任教皇尼古拉四世（Nicolaus Ⅳ）。虽然天主教同聂斯托利派在教义上存在诸多差异，但尼古拉四世显示了自己的胸襟和视野，他邀请萨乌马前来做客，两人言笑甚欢，在圣周举行的弥撒仪式上，教皇还亲自为萨乌马祝福。最终，在1288年春，萨乌马满载礼物，并携带教皇与西方君主的回信以及一位法国使节戈贝尔（Gobert）返回祖国，美中不足的是，教皇的回信中对十字军出征的具体日期和规模也是含糊其辞的。

倘若1287年伊尔汗国的外交努力达到了预期目的，有了东西方的强援，耶路撒冷王国或许能挺过危机，因为一支强大的法兰克—蒙古联军足以动摇马穆鲁克的统治基础。然而，当时教廷与欧洲的王公对东方十字军国家的危在旦夕一片茫然，甚至一厢情愿地以为耶路撒冷王国足以自保。此外，西西里晚祷战争也是让整个欧洲血流不止的伤口。这座岛屿是教皇钦定赐予安茹王朝的财产，却被阿拉贡王国夺取，教廷、那不勒斯王国和法国均不愿善罢甘休。几大欧洲强权或多或少都卷入了这一场旷日持久的内斗，它们自然没有余力去遥远的东方开辟另一条战线。爱德华一世算得上对东方事务最具热忱的君主，他也的确看出了鹬蚌相争的危险，竭力在阿拉贡与法兰西之间调停，并在1286年让双方达成了一份停战协议。可是他斡旋达成的协定十分脆弱。英王本人虽然渴望参与十字军东征，但他眼下更多的精力不得不放在威尔士与苏格兰。因为苏格兰国王驾崩后没有留下男嗣，此时他计划先吞并苏格兰，然后再出兵黎凡特。可惜耶路撒冷王国已经命悬一线，再也经不起任何的延宕了。

虽然萨乌马此行并未空手而归，但阿鲁浑无法感到乐观。他敏锐地看出了西方君主的虚与委蛇。1289年复活节后，他派出了第二位特使——热那亚人巴斯卡勒尔（Buscarel）前往欧洲。此人携带三封信件，分别交给教皇、法王和英王。（送给法王的信件及英王爱德华的回信保存至今。）阿鲁浑表示他计划在1291年春出兵叙利亚，希望欧洲国家提供一支劲旅两路夹击，一旦击败马穆鲁克，他准备将耶路撒冷交还给基督徒。然而，爱德华一世的回信充满了客套和赞美之词，并无实质的允诺，法王的回信想必也大同小异。

1290年阿鲁浑做了最后一次外交努力，两位信仰基督教的蒙古人第三次被派往欧洲。虽然得到了教皇的全力支持，也正确地选择了爱德华一世作为游说的主要对象，但不幸的是，1291年爱德华正因为

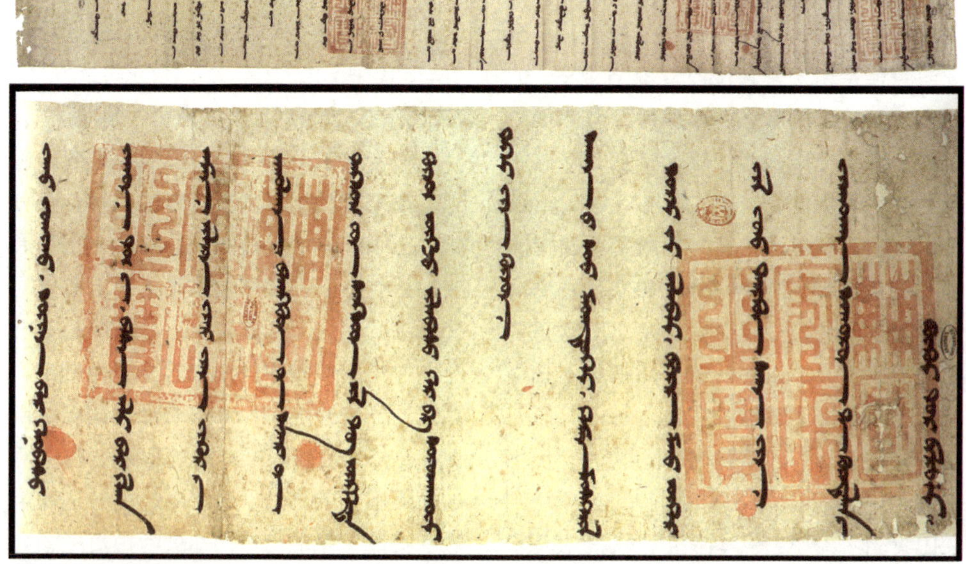

◎ 阿鲁浑给腓力四世的国书

苏格兰的事务而焦头烂额。国王告诉他们必须等待。但就在这一年，亲基督徒的阿鲁浑与世长辞，耶路撒冷王国的末日即将来临。[29]

外援迟迟不至，耶路撒冷王国内部竟又出现了内讧。亨利二世加冕后不久，圣地的热那亚人与比萨人的矛盾就公开激化为战争。1287 年春，热那亚共和国派出了一支强大的舰队驶向黎凡特，他们不是为援助十字军国家而来，而是企图摧毁比萨人的势力。热那亚海军首先造访了亚历山大港，与埃及苏丹达成了某种“谅解”，随后他们开往叙利亚海岸，摧毁或拿捕遭遇的一切比萨船只（其中也包括部分法兰克人的舰船）——全凭圣殿骑士团极力斡旋，这些基督教俘虏才没有被贩卖为奴。热那亚人的另一竞争对手威尼斯于是加入了比萨人的阵营，他们共同组建起阿卡的海上防御，却在当年5月被热那亚舰队击败。在热那亚人看来，这恐怕是在为自己讨回圣撒巴斯战争中失去的公道，然而他们此时索要“正义”未免不合时宜。幸运的是，热那亚人的兵力还不足以完全占据阿卡，只能采取围困的方式。最后，医院骑士团、圣殿骑士团和当地的部分贵族共同向热那亚施加了强大压力，他们不得不撤围退回了提尔。内乱期间，堂堂耶路撒冷国王亨利二世居然无所作为，可见君主的权威已经衰落到了何等地步。

与此同时，嘉拉温对十字军国家的军事压力也骤然升高了。安条克公国最后的残余据点拉塔基亚一直作为连接阿勒颇与基督教国家的重要港口而存在，但在1287 年 3 月 22 日，一场严重的地震摧毁了它的城墙。嘉拉温趁机宣布该城作为安条克公国的领土，不享受与的黎波里伯国签署的停战协定的保护。埃及苏丹派出将领前去夺取该地，几乎没有遇到强烈抵抗便于 4 月 20 日迫使守军献出城池，彻底终结了安条克公国。当年 10 月 19 日，安条克名义上的君主博希蒙德七世在屈辱中结束了自己的一生，他没有子嗣，有意将的黎波里传给妹妹露西亚，她的夫君图西的纳尔若（Narjot of Toucy）曾经是安茹的查理旗下的海军司令。但的黎波里市民历来对查理缺乏好感，他们无法接受露西亚的丈夫曾经为查理效命的事实，便自行推举一位亚美尼亚的公主西比拉来担任女伯爵。但很快，贵族与富商们同西比拉在用人问题上出现了不可调和的矛盾，他们便废黜了她，转而宣布将城市交给自治公社统治，第一任市长为拥有热那亚血统的巴塞洛缪·恩布里克（Bartholomew Embriaco）。露西亚并不愿意善罢甘休，她和丈夫在 1288 年初来到阿卡，并宣称对的黎波里拥有主权。医院骑士团热情地接待了他们，并护送这对夫妇进入的黎波里领土。的黎波里的公社并不愿意恢复伯爵的统治，在发布一篇冗长的公告控诉昔日的黎波里伯爵的恶行后，他们转而求助于热那亚共和国。热那亚执政官派出了一支 5 艘船组成的小型舰队前往的黎波里以示声援。舰队司令扎卡里亚（Zaccaria）在的黎波里登陆后，便急切地为自己的热那亚同胞谋求各种特权——这难免触犯了当地权贵的利益。与此同时，三大骑士团与阿卡城中威尼斯社区长官一起出面施压，希望的黎波里承认露西亚的继承权。双方互不相让，甚至有再次爆发内战的危险。祸不单行，巴塞洛缪野心勃勃，竟开始盘算为自己争取世袭伯爵之位，甚至不惜遣使与嘉拉温暗通款曲。但公社成员审时度势，重新与露西亚接洽，她明智地表示只要公社承认她的爵位，她也愿意维护后者的地位。在重获公社的青睐后，露西亚也以承认热那亚特权为代价，获得了扎卡里亚的认可。于是，的黎波里的内战就在最后一刻戏剧性地化解了。巴塞洛缪和威尼斯人成了最大的输家。前的黎波里市长派遣两位密使抵达开罗，力陈热那亚在的黎波里“一枝独秀”的威胁，希望苏丹能够用武力支持自己登上高位。

巴塞洛缪的邀请有叛变通敌的嫌疑，嘉拉温也获得了干涉的黎波里事务的天赐良机，并且拥有了撕毁停战协议的借口。1288 年 8 月，一支马穆鲁克大军在开罗城外集结完毕。然而迫在眉睫的军事行动却因为嘉拉温长子阿里的突然去世而被取消了，的黎波里获得了喘息之机。但嘉拉温不准备轻易放弃到手的果实。第二年 1 月，苏丹的主力部队再次集结。十字军埋藏在嘉拉温身边最重要的间谍是一位名叫巴德尔（Badr al-Din Bektash al-Fakhri）的埃米尔，他将主公剑指的黎波里的计划悉数告知了圣殿骑士团大团长威廉。威廉闻后大惊失色，派骑士团的司令官紧急将这个消息告知了的黎波里当局，竟无人相信。的黎波里人一厢情愿地认为，马穆鲁克的

◎ 的黎波里老城城寨遗址

目标是夺取内芬（Nephin）以便截断阿卡和的黎波里的联系。他们误以为这是大团长出于一己之私的杜撰，依然忙于内斗。直到这年3月，嘉拉温的大军已经兵临城下，他们才从梦中惊醒。

大敌当前，的黎波里城中各派终于团结在了露西亚周围，医院骑士团、圣殿骑士团也派来了援军，分别由元帅马修·德·克莱蒙（Matthew de Clermont）和瑟夫雷率领，让·德·格拉伊（Jean de Grailly，出生于萨伏伊，曾任耶路撒冷王国大总管）指挥的法国军团也从阿卡启程前来增援。耶路撒冷国王亨利二世派遣他的弟弟阿马尔里克带领一批骑士和4艘战船进入的黎波里，当时港口里还有4艘热那亚及2艘威尼斯的加莱船。尽管援军已及时赶到，市民们依旧惶惶不安，大量难民因此涌入了塞浦路斯岛。

基督徒的抵抗十分英勇，他们的舰队也紧紧拱卫着港口。但马穆鲁克军队占有数量上的绝对优势，他们还携带了大量重型攻城器械。陈旧的主教塔被认为是的黎波里城防的薄弱地段，受到了重点“照顾”；医院骑士塔虽然崭新坚固，但在投石机的连续猛击下，几乎成为一堆瓦砾，据说在它的废墟上，马匹都可以走过。

当主教塔和医院塔先后陷落后，城中的威尼斯人自觉大势已去，便将自己的财产装船，逃离了这座港口。有了他们做示范，扎卡里亚和他麾下的热那亚人也撤出了的黎波里。威尼斯人和热那亚人的背弃之举严重打击了守军的士气。4月26日，嘉拉温下令发起总攻。马穆鲁克士兵前赴后继，从城市东南部的城墙缺口处突入了市区。守军的抵抗全线崩溃，不过由于的黎波里是一座港口，大量的贵族与市民尚有时间乘船撤离，其中就包括露西亚女伯爵、阿马尔里克和两位骑士团的元帅，但巴塞洛缪与圣殿骑士团司令官蒙卡达的彼得（Peter of Moncada）均在此役中阵亡。巴塞洛缪恐怕万万没有想到自己向嘉拉温抛出的“橄榄枝”竟会带来国破家亡的厄运。

对于来不及登船的的黎波里人，接下来发生的事情犹如噩梦。男人被纷纷屠杀，而妇女儿童则被转卖为奴。屠城过后，为了防备日后十字军海军夺回这座港口，嘉拉温又下令将的黎波里彻底夷为平地。

5月2日，在巴塞洛缪·恩布里克守城战死之后，其同族的朱拜勒（Jubayl）领主彼得·恩布里克行至嘉拉温的帐营投降，他正式归顺了马穆鲁克王朝，成为嘉拉温的藩属。安条克公国和的黎波里伯国均已覆灭，现在十字军国家所拥有的就只剩耶路撒冷王国那条狭窄的海岸了。[30]

即使最乐观的圣地基督徒也终于意识到，生死之战迫在眉睫。13世纪末，驻守阿卡的基督教军队与一百年前建立耶路撒冷王国的首批十字军已经大相径庭。随着塞浦路斯国王继承了耶路撒冷王位，所谓的“耶路撒冷王国”（阿卡王国）的军事地位已经显著下降，它更像是塞浦路斯在大陆的一个据点或前哨。其军事力量主要倚仗三大骑士团、意大利的商业共和国（热那亚、威尼斯和比萨）、从欧洲不定期来访的十字军及欧洲、中东的雇佣兵。塞浦路斯王国自身也是十字军的产物（虽然居

◎ 1289年的黎波里的沦陷

民多数为信奉东正教的希腊人），它的战略形势略好于圣地的十字军国家，因为它是个岛国，而通常情况下，基督徒掌握着制海权，但塞浦路斯面积、人口有限，能用于支援阿卡的兵力可谓捉襟见肘——它一次能动员的骑士，不过200—250名。

由于已经在圣地生活了上百年，当地的十字军贵族在与穆斯林长期的杂居中，吸收了很多中东的风俗习惯。一个典型的例子是，虽然欧洲的骑士历来以全身重甲著称，但在圣地的骑士由于天气炎热，很多人只穿穆斯林喜爱的棉甲，甚至在行军途中不披甲。此外，不少骑士十分喜欢穆斯林式的套鞋（galoches），因此，如果一位本地的基督教骑士穿着伊斯兰风格的服装，并不会让人错愕。基督教士兵同穆斯林妇女通婚的情况也屡见不鲜。不过，虽然耶路撒冷王国本土的军队受穆斯林的影响越来越多，但他们的武器装备（尤其是马匹）依然大部分从欧洲进口，同时他们也需要从欧洲输入粮食。

由于耶路撒冷王国是按照封建制度建立的，即使国王也只不过是“贵族中的首席”，他并没有能够独裁的绝对权威。13世纪后期王权衰落后，更是如此。十字军国家的军事贵族传统上在15岁以后便开始踏入战场，并且至少会服役到40岁。但在这一时期，他们很多已经习惯了奢侈清闲的生活，开始从政或经商，战斗力不断下降。事实上，耶路撒冷王国中，所谓的“法兰克人”或“欧洲移民”，历来都是少数群体，他们主要集中在城市，而在城郊和广大乡村，几乎都是阿拉伯人的后裔（其中有部分改信了基督教）。

除了军事贵族，圣地十字军国家的另外一支重要军事力量是雇佣军。阿卡因为地理条件便利，是雇佣军的重要“集散地”。十字军海军的大部分船员都是雇佣而来。此外还有一些没有封地的流浪骑士，从欧洲到中东来寻找自己的“伯乐”。在十字军国家的内部也存在重要的雇佣兵源，例如，黎巴嫩基督教马龙派便盛产优秀的轻骑兵和弓箭手。另一个特殊的雇佣军群体是“土科波”。十字军时期，他们的踪迹遍布巴尔干和中东的十字军国家，是当时一支重要的军事力量。很多土科波士兵为突厥男子与基督徒女子的混血儿，在作战方面，他们则是优秀的弓箭手与轻骑兵。

与上述军事力量相比，骑士团算得上是支撑十字军王国的中流砥柱。医院骑士团、圣殿骑士团、条顿骑士团与其他一些规模较小的骑士修会组成了中东十字军中的最强联盟。他们把自己视作圣地的真正守护者，组织严密，纪律严明。但三大骑士团也饱受失地之苦，他们的财力与人力在13世纪末备受摧残。即使在强盛时期，医院骑士团在中东的骑士人数也很少超过500人，一般仅在300人上下，即使加上辅助部队（军士、土科波、雇佣兵），也至多数千人的规模，完全无法单独与马穆鲁克王朝交锋。因此，他们的作战急需兄弟部队的配合，然而在阿卡王国统治的后期，这种通力合作、一致对外的氛围往往是稀缺的。

除了专业的军事人员，13世纪的十字军国家军队中还有另一类重要兵源——民兵组织。自哈丁会战开始，十字军国家就不断丢失领土，沿海的城市的人口由于内地难民的涌入而大幅增加。市民数量的暴增产生了大大小小的城市公社，它们最终也得到了政府的承认（例如阿卡的市民公社在1232年被耶路撒冷王国官方认可，而的黎波里则要等到1287年）。此外，城市工会或兄弟会多年来也是重要的政治军事力量。城市的安危与市民的生活息息相关，商人、工匠和各行各业的从业者在城市中划分自己的防区，派出民兵守卫自己的城墙，并给统治者的出征提供兵员（例如，阿卡各城区都分配给特定的社区或军事组织防卫，1281年阿卡总督圣塞韦里诺的罗歇便将城区北部从圣安东尼门至诅咒塔的大段城墙交给医院骑士团驻守）。不过，各地民兵总体而言倾向于保家卫国而非劳师远征，他们缺乏军事上的进取心，这可能是一个弱点。在这些市民自治群体中需要特别提及的是热那亚、威尼斯和比萨在圣地的社区，由于意大利各商业共和国财大气粗并拥有强大的海军，他们往往能在耶路撒冷王国的政治中扮演重要角色；但由于彼此间长期存在激烈的竞争关系，他们往往也是王国的不稳定政治因素。

至于耶路撒冷王国的对手马穆鲁克王朝，欧洲的史官一直坚持其军队规模十分庞大（曾经有记载宣称最后入侵阿卡的穆斯林军队居然有20万之众），甚至说他们通常依赖人海战术取胜。实际上，马穆鲁克苏丹的军队虽然在数量上占有一定优势，但与十字军联军相比，差距并不悬殊。严格来说，真正的马穆鲁克是苏丹的私人禁卫军，属于精英中的精英，并且集中在开罗，他们的数量其实有限。虽然曾经在1260年击败过蒙古铁骑并挽救了伊斯兰文明，但13世纪晚期的马穆鲁克军队以蒙古人的军事组织、战术甚至武器作为自己学习的榜样，他们的军队同欧洲人大不相同。马穆鲁克军队体现出传统伊斯兰军队与突厥—蒙古军队的混血特征，他们高度强调机动性，并且重视骑射的作用，这恰恰是十字军部队较为欠缺的。此外，他们也比早期阿尤布王朝的部队在组织上更为清晰，在训练上更为刻苦。甚至还有约3000人的蒙古难民被直接编入马穆鲁克军队，成为其中具有特色的一支劲旅。

马穆鲁克王朝高度重视军事教育，市面上甚至流通着不少实用的军事教科书，这些书籍为我们保留了大量关于马穆鲁克作战战术与细节的资料。马穆鲁克军队中并没有中世纪欧洲骑士向领主效忠那样的繁文缛节，他们彼此之间更多的是平等的兄弟情谊，而且训练极为系统和艰苦。训练的科目包括枪术、马球、弓术、标枪、剑术、钉头锤、摔跤、赛马和列阵等。虽然马穆鲁克通常被认为是骑兵，但他们往往身兼数职，离开马背后可作为重步兵或弓箭手使用，他们甚至还要学习修建各种工事，特殊情况下可兼做工兵。

即使贵为马穆鲁克苏丹，追根溯源，他也是“奴隶”的后代。因此，苏丹在军队中较为注重确立士兵的平等关系，例如，每位普通马穆鲁克的背包里，据说都有一根“元帅节杖”，苏丹就是用这样特殊的方式，来激励士兵的士气并制衡他麾下的将领们。此外，他们高度重视情报战的作用，极力在十字军国家中发展自己的谍报网。十字军国家中遍布穆斯林农民、商人及改宗者，为马穆鲁克的渗透提供了得天独厚的便利。虽然十字军国家中的有识之士也曾试图如法炮制，但相形之下，他们的情报网只能是小巫见大巫。

在同拜占庭帝国的长期征战中，穆斯林认识了“希腊火”这种燃烧武器，并且逐渐模仿、开发出自己的希腊火，伊斯兰世界的类似武器被称作“纳法”。它的具体成分依旧是未解之谜，除了石脑油，可能还掺杂了硫黄和硝石（一般认为与拜占庭的希腊火在配方上可能存在若干差异）。1280年，一位大马士革的军人哈桑·拉玛赫在他的军事著作中详细记录了硝酸钾的提炼配方，而它正是制作火药的关键原料。后世的一些学者猜测马穆鲁克王朝在13世纪末之所以能够风卷残云般地攻占十字军的坚固堡垒，除了因为传统攻城技术的精进，可能还因为他们掌握了某种早期的火药武器。

即使抛开未经证实的火药不谈，13世纪穆斯林在攻城术方面也有很高的水准，甚至连元朝皇帝都雇用他们为自己作战。13世纪晚期马穆鲁克王朝的攻城器发展出了多种版本，其中既包括传统的投石机，也包括相对灵活的弩炮，还有能旋转炮架射击的“德维利希”。重型投石机的射程可达约300米，发射的石弹重量可达500磅。此外，马穆鲁克军队还配置有大量工兵，尤其是其中的坑道兵，通过在敌方城墙下方挖地道并施以火攻，常常能收到事半功倍之效。以往十字军在处于劣势时，常常依托坚城固守待援并多次转危为安，但面对马穆鲁克王朝高度专业化的大军，昔日固若金汤的城池也变得岌岌可危了。[31]

的黎波里的灭亡已然为阿卡人敲响了警钟。此前阿卡当局一度希望与嘉拉温长期修好，现在看来，无疑是与虎谋皮。诚然，马穆鲁克王朝陆续并吞了若干十字军的重要城堡，并且对三大骑士团显示出了根深蒂固的敌意，但很多十字军贵族与平民一厢情愿地认为是骑士团的圣战情怀招来了穆斯林的痛恨，而阿卡通过东西方贸易则能与穆斯林长期和平共存。在十字军国家中拥有重大影响力的意大利商人群体，看重的是维持与穆斯林的经济往来；当然，另一方面，穆斯林也的确常常显现出实用主义倾向，例如，他们常常作为客户光顾圣殿骑士团的银行。一些十字军的权贵定居圣地已有数代之久，早已习惯了奢靡的生活，失去了开疆拓土的雄心，脑海里只想着偏安一隅。为了取悦嘉拉温，他们甚至故意破坏蒙古—法兰克联盟，使十字军国家失去了反戈一击的绝佳机会。现在，的黎波里的惨剧将让他们自尝苦果。

1289年4月29日，耶路撒冷国王亨利二世乘船来到阿卡会晤了嘉拉温苏丹的使节，双方都指责对方违背了停战协议。为了给风雨飘摇的王国赢得喘息的机会，亨利派出特使拜见正在大马士革的嘉拉温，要求再续签一份十年的停战协议，而苏丹爽快地同意了。不过在屡屡被马穆鲁克蚕食疆土之后，这时的十字军权贵终于有所醒悟，明白穆斯林的最终目标是彻底摧毁十字军王国，让·德·格拉伊被派去欧洲寻求紧急援助。虽然马穆鲁克的威胁显而易见，但基督徒阵营并没有万众一心：提尔女亲王玛格丽特已经与苏丹磋商好另一份停战协议；而在9月乞里西亚亚美尼亚则同意以割让土地为代价换取和平；阿拉贡国王阿方索与苏丹签署了一份条约，其中特地强调一旦阿卡破坏了停战，阿拉贡将会置身事外；意大利南部那不勒斯王国还在与阿拉贡对峙，因此分身乏术。西西里晚祷战争也牵连了法国与教廷，当让·德·格拉伊抵达罗马的时候，教皇尼古拉四世除了表示热烈欢迎以外并无任何实际行动。虽然英王爱德华努力在法国与阿拉贡之间斡旋，但直到1291年2月才令双方真正停战——然而那时再试图挽救阿卡已经太迟了。

拜占庭曾经是耶路撒冷王国长期的盟友，但在13世纪后期，帝国刚刚从1204年十字军的破坏中恢复过来，在巴尔干一带还散布着诸多虎视眈眈的拉丁国家，因此，也不能指望拜占庭人会替十字军国家火中取栗，何况十字军还是1204年君士坦丁堡浩劫的始作俑者。热那亚、威尼斯和比萨在地中海进行着激烈的商业竞争，耶路撒冷王国的那一点残余未必能满足它们的胃口，相形之下，与实力强劲的马穆鲁克王朝保持贸易关系更加有利可图。诚然，的黎波里的沦陷给热那亚造成了不小的损失。热那亚舰队司令扎卡里亚从该城逃出生天后，为了报复，大肆攻击马穆鲁克船只，甚至一度扬帆偷袭了埃及的不设防港口。作为惩罚，嘉拉温对热那亚商人关闭了亚历山大港，令共和国同埃及的贸易几近中断。务实的热那亚政府迅速命令他们任性的海军司令结束战争并归还埃及俘虏和战利品，随后他们又与马穆鲁克政府续订了商业协议。

不过阿卡的外交努力也不能说全无进展。1289年秋，热那亚的死对头威尼斯共和国决定向阿卡增派援兵。教皇尼古拉四世目睹此景，也同意发动一支十字军去帮助东方的基督教兄弟。爱德华一世可算作此时西方大国君主中最具圣战情怀的一位，他派遣亲信奥托·德·格朗松（Otto de Grandson，出生于瑞士）率领40—60名骑士在当年5月奔赴罗马，去与基督教盟友商讨英王东征事宜，为了推进基督教国家的和解，奥托甚至建议本次十字军东征以年轻的西西里国王詹姆斯二世（阿拉贡国王阿方索三世的弟弟）为领袖。英国对阿拉贡和西西里的游说收到了成效，在奥托的斡旋下，詹姆斯二世同意派出30艘战舰及约1万名士兵驰援阿卡。这支劲旅原本足以雪中送炭，但教皇与那不勒斯国王查理二世对西西里晚祷事件依旧耿耿于怀，竟然否决了这一计划。最终，受到冒犯的阿拉贡国王只派出了一支象征性的小舰队驶向黎凡特。在短暂地返回英格兰向爱德华复命之后，奥托·德·格朗松于1290年夏起航去往巴勒斯坦，随行的只有小股英格兰先头部队（但预期中的“大部队”从未成行）。进入阿卡后因为与英王的特殊关系，奥托担任了一段时间的阿卡圣托马斯骑士团指挥官。不过以上援军和马穆鲁克的军队相较，实在是杯水车薪。

在欧洲，真正积极响应教皇圣战号

召的势力来自意大利中北部。这批意大利十字军大部分由城市民兵和雇佣步兵构成，其领袖是威尼斯人雅各布·蒂耶波洛（Jacopo Tiepolo）。他麾下有一支由多达20艘威尼斯大型桨帆船（galley，亦称“加莱船”）组成的舰队，总兵力约5000人。1290年，它们在远航途中与西西里国王詹姆斯二世派出的5艘桨帆船邂逅。虽然理论上威尼斯同阿拉贡、西西里还处于战争状态，不过由于是去对抗同样的敌人，两军倒也相安无事。此外，阿拉贡国王阿方索三世还特许圣殿骑士团加泰罗尼亚分团长贝伦格尔（Berenguer de Santjust），带着40匹战马、若干驮兽、武器、食物、橄榄油等补给通过阿拉贡舰队前往阿卡。最终抵达阿卡的意大利十字军由流亡的的黎波里主教担任名义上的统帅，让·德·格拉伊和来自意大利南部的鲁·德·苏利（Roux de Sully）担任他的左膀右臂。他们的到来总算给阿卡的守军注入了一针强心剂。

备战期间，马穆鲁克王朝和耶路撒冷王国都在进行着情报战。双方各自派出了间谍，十字军方面最著名的间谍当属前文提及的巴德尔，而苏丹也有盘踞在十字军心脏地带的卧底，其中之一叫作乍瓦·汉代格（Jawan Khandaq），他曾经是阿卡城的市场监督官（Muhtasib），利用职务之便，他可以从容地监视港口船只的进出情况，从而让马穆鲁克人对阿卡的援军了如指掌。

1290年初夏，欧洲的援军终于抵达阿卡，但不久之后，雅各布·蒂耶波洛与

◎ 马穆鲁克王朝国旗

鲁·德·苏利就返回了威尼斯。这年适逢巴勒斯坦大丰收，大马士革的商人纷纷来到阿卡进行贸易，加利利的农民也来这儿出售粮食，耶路撒冷王国一片祥和。但8月下旬，形势急转直下。一些新来的欧洲十字军突然攻击了一批一起参加宴席的叙利亚商人、巴勒斯坦农民和一些长得像穆斯林（蓄胡须）的基督徒。事件的起因众说纷纭，虽然当地的骑士团竭力保护这些受害者，但还是有很多人被屠杀了，这就给了穆斯林开战的口实。

一些幸存者和死者的亲属带着遇难者的血衣去了开罗，要求苏丹主持公道。嘉拉温立即要求阿卡交出这场骚乱的主事者并予以审判，但阿卡人不仅鲁莽地一口回绝，甚至还将过错推到死难者身上。虽然马穆鲁克王朝与耶路撒冷王国签署有正式的停战协定，但这样一来，嘉拉温就可以借机从开罗的宗教首领那儿找到打破协议的理由了（即视作基督徒违约在先）。师出有名之后，嘉拉温立即开始集结全国兵力。马穆鲁克人在行军路线的沿途预先设立了若干补给站，考虑到阿卡城防坚固，

嘉拉温的大将曼苏里带领他的人马去凯撒里亚附近地区伐木以制造攻城器械。此外，位于前线的马穆鲁克驻军也将耶路撒冷王国的小股部队赶回了主要城市，以免他们袭扰友军的补给线。

虽然有谣言说嘉拉温是在准备远征埃塞俄比亚，但巴德尔又一次明确告知圣殿骑士团大团长威廉苏丹的真正意图。阿卡已经危在旦夕，然而威廉的警示竟再一次被阿卡市民所忽略。心急如焚的大团长尝试着独立化解这次危机，他派遣一支非正式的代表团去开罗商讨和平，然而嘉拉温要求阿卡给予死伤者天价赔偿。阿卡的议会回绝了这一条件，甚至有些人还指控威廉是基督教的叛徒。不过，外交努力的失败总算让耶路撒冷王国上下清醒起来。亨利二世任命自己的兄弟阿马尔里克全权负责阿卡的城防，所有健全的男性市民都被召集起来守卫城市。三大骑士团也纷纷派出了自己的援军。[32]

1290 年 10 月，嘉拉温感到有些身体不适，但仍然执拗地准备继续推进战争。11 月 4 日，马穆鲁克大军整备完毕，苏丹正式亲征，但仅仅六天后他便在军中驾崩了。当这条消息传到阿卡的时候，人们欢欣鼓舞，以为危机就此解除。但与萨拉丁或拜巴尔不同，嘉拉温有个铁腕儿子。11 月 12 日阿什拉夫·哈利勒（al-Ashraf Khalil，1262—1293）宣布继任苏丹，为了巩固自己的统治，哈利勒急需一场鼓舞人心的大胜。他下令继续对阿卡的战役，要求马穆鲁克各部和叙利亚的属国在来年 3 月之前完成整军备战。与此同时，他还派人送给圣殿骑士团团长一封最后通牒，坚定地表示马穆鲁克大军即将踏入耶路撒冷王国境内以矫正其错误，并且声称从此不与阿卡进行任何和谈。

此时的医院骑士团大团长是 1285 年

临危受命的让·德·维利耶（Jean de Villiers），1277 年他曾是医院骑士团的黎波里分团长，五年后升任法国分团长，对骑士团在欧洲及圣地的事务都相当熟悉。他全力支持塞浦路斯的吕西尼昂家族，在当选后很快便亲自来到阿卡。由于战云密布，让·德·维利耶在医院骑士团将士们的军事训练和装备上倾注了大量心血，令骑士团上下的战斗力有所提升。与此同时，他也积极推进与圣殿骑士团的和解。

存放于法国卡斯泰尔诺拉沙佩尔城堡的重型投石机，13世纪末马穆鲁克人所用投石机与之构造类似

危急关头，两大骑士团集中了他们的全部兵力用于保卫耶路撒冷王国。但条顿骑士团大团长施万登的布尔夏德（Burchard of Schwanden）竟在此时选择了挂印而去，人们不禁开始怀疑条顿骑士团的斗志与忠诚。好在紧急接任的新团长福伊希特旺根的康拉德（Conrad of Feuchtwangen）带领一批欧洲的条顿骑士驰援阿卡，总算是稳定了军心。忧心忡忡的阿卡当局派出了一支使团希望做最后的努力，其中便包括圣殿骑士团与医院骑士团的代表。但诚如哈利勒在信件中所说的，苏丹拒绝接见他们，反而将他们打入死牢。和谈无果而终，因为马穆鲁克苏丹想要的不是一些城堡或土地，而是十字军国家的彻底倾覆。

1290 年的冬天，满载着难民的船只开始纷纷从阿卡驶往塞浦路斯。虽然其中多数是老弱妇孺，但也有一些富裕家庭的青壮年。很多西方的编年史家据此大肆抨击圣地基督徒（尤其是意大利人）是一些贪生怕死之辈。不过平心而论，多数意大利人表现出了高贵的勇气，他们本可以逃之夭夭，却毅然选择与阿卡共存亡，尤其是比萨人斥巨资在城里建造了一批巨型投石机，以对抗即将到来的围攻。

马穆鲁克政府现在的精力全都在即将来临的战役上。当时的伊斯兰社会与发起第一次十字军东征时的欧洲惊人地相似——宗教狂热弥漫在社会的各个阶层中。正如马穆鲁克骑士堡指挥官巴伊巴尔斯·曼苏里（Baybars al-Mansuri）所说："我的灵魂极度渴求圣战，这种愿望如同大地渴求汲取雨水一般。"在军队主力出发的前一周，一些教徒自发聚集在开罗嘉拉温的陵墓旁，他们吟诵着《古兰经》，为远征的凯旋而祈愿。而哈利勒苏丹则给开罗的穷人和清真寺分发钱财，以收买人心。各大清真寺都发出了参军的号召，最终马穆鲁克部队中志愿者的数量甚至超过了正规军。大马士革的居民也被发动起来，夜以继日地赶制各式攻城用大型投石机。

攻城器械的制造持续了一整个冬天，在开罗和大马士革两地共生产了超过 100 台。原本人们以为苏丹只是要装备普通的投石机，但苏丹深知拥有双重城墙和 12 座塔楼的阿卡是一块难啃的硬骨头，其麾下的埃米尔们几乎砍光了黎巴嫩的大树，最终在大马士革组装的攻城器械尺寸大大超过了以往。当然，巨型投石机的运输在当年的交通条件下充满了挑战。历史学家阿布·菲达曾经作为一名下级军官参与过阿卡战役投石机的输送，他负责的投石机叫作"曼苏里"，据他回忆，雨雪天士兵们堵在了路途中，运输车十分沉重而拉车的牛已精疲力竭，他们差点因此冻死。通常从大马士革至阿卡只需要八天，但阿布·菲达与他的同僚却花了整整一个月，途中的艰辛由此可见一斑。功夫不负有心人，马穆鲁克人最终在阿卡城外布置了规模空前的投石机阵列，其中既包括较小型的弩炮，也包括超大型的重力抛石机，而总共的数量达到了 72 架。

当 1291 年的危机来临时，阿卡全城人口也不过 4 万人左右。为了保卫首都，耶路撒冷王国不得不从各个军事据点征调一切战斗人员，最后拼凑了大约 1.5 万人的部队，其中包括1000人左右的骑士和武装军士（大部分来自三大骑士团）。安茹的查理留下的阿卡法国军团依然存在，配有精锐的职业士兵和经验丰富的指挥官，但他们数量有限，而且从所受训练看更适合野战而非守城战。城内的意大利社区也提供了大量的民兵，操作投石机的也多为意大利人。无论是比萨人、威尼斯人，还是热那亚人，都不乏久经战阵的老手。此外，亨利二世也提供了约700人的武装力量从塞浦路斯登陆阿卡。阿卡武装人员的素质良莠不齐，有职业军人，也有不少刚从意大利抵达的朝圣者。略微让人宽心的是，阿卡的城防相当坚固，并且刚刚在亨利二世的叮嘱下得到了修缮和加强。[33]

有史料声称兵临城下的马穆鲁克部队有20万人之多，这无疑是夸大其词。所谓的“马穆鲁克王朝部队”中，真正的马穆鲁克仅仅是少数，有很多是凭着一腔热血参加圣战的志愿者，还有一些来自蒙古、突厥的雇佣兵。马穆鲁克王朝的疆域被分割为埃及和叙利亚两个中心，人口也十分分散，这是它战略上的不利之处。但马穆鲁克王朝继承了早期伊斯兰文明精密的行政管理结构，其军队的供给、组织、训练甚至薪酬都比当时的西欧国家更加高效合理。参与1291年阿卡大围攻的马穆鲁克军队的确切人数已无从考证，但无疑他们拥有数量上的压倒性优势，一般认为超过了整个阿卡的市民人数。

马穆鲁克王朝的军队从两个方向朝着阿卡进军。在叙利亚方面，曾参加过远征努比亚的伊兹·阿夫拉姆自3月初起开始监督大马士革部队的准备工作。他花费了将近一个月的时间才将叙利亚各地的部队集结完毕。需要注意的是，其中并不包括叙利亚北部的驻军，很可能因为他们要防备伊尔汗国而分身乏术。3月6日，苏丹哈利勒和埃及的军队主力从开罗出发，穿过西奈半岛抵达加沙，在那儿他们与恭候多时的巴伊巴尔斯·曼苏里的骑士堡守军会师，然后共同向阿卡进发。

马穆鲁克军队优良的组织能力使得来自不同地区、跨越了复杂地形的各支军队能够有条不紊、井然有序地几乎同时到达目的地。当穆斯林处于行军过程中时，3月，阿卡守军强制性地要求欧洲移民放弃了城外的村庄，而许多妇女儿童和老人被送往安全的塞浦路斯，这也算某种坚壁清野的战术，以使穆斯林在城外难以获得补给。4月5日，哈利勒到达阿卡并将指挥部设于城东的富克哈。随后，整支马穆鲁克军队向前移动并各自进入了围城位置。接下来的一周，两军进行了试探性的小规模战斗，这几乎是那个年代围城战的例行公事。在此期间，阿卡的十字军甚至未将主城门关闭。不过随着马穆鲁克军队借助数量上的优势步步紧逼，他们最终也不得不放弃外围地区退回城内。4月11日，马穆鲁克的攻城器械全部架设完毕，之后便开始了恐怖的轰击。阿卡现在每天都受到石弹、燃烧弹甚至原始炸药的攻击，守军们甚至获悉了各自阵前的投石机绰号——圣殿骑士团防区外的巨型投石机被穆斯林称作“狂怒”，攻击比萨人的叫作“胜利”……当然城内的基督徒也不是只会被动挨打，他们

◎ 阿卡老城城楼

拥有近20具大型投石机，也不断发起反攻。据穆斯林史家的描述，一些十字军回击的石弹竟重达45千克。

虽然有编年史家认为马穆鲁克作战是依赖数量优势，但实际上，他们的攻城十分小心谨慎。穆斯林的第一线攻城部队用木栅栏和柳条网构筑了一道移动的“城墙”，他们首先依靠这道屏障稳定自己的阵地，入夜后再悄然向前推进少许，如此周而复始，最终来到了护城河畔。栅栏后的士兵并非马穆鲁克骑兵，而是弓箭手，至于连人带马披甲的马穆鲁克重骑兵则每天分为四班，轮流为他们提供掩护。每个骑兵都在马上携带5捆干柴，当夜晚降临时，他们就迅速地进入此前步兵设立的工事，用绳索将木柴系在栅栏上，经过大量柴捆加固的栅栏成为守军难以撼动的壁垒，即使十字军用中型投石机对它射击也毫无效果，石弹通常直接就弹进了护城河。随后马穆鲁克士兵就在工事后架起了弩炮，虽然它的威力不如重型投石机，但精度更高，而且由于布置在离阿卡城墙极近的位置，能够对城防的薄弱处施以“定点打击”。很快，好几处塔楼遭到了严重破坏。

尽管陆上的形势不容乐观，但阿卡毕竟是个港口城市，因为基督徒几乎完全控制了制海权，只要天气许可，阿卡便能得到源源不断的补给和士兵。基督徒海军甚至还大胆地尝试发动反击。4 月 13 日至 14 日夜，一支十字军舰队接近了阿卡北部海岸，他们派出小股部队登陆去袭扰马穆鲁克王朝部署在附近的来自哈马的军队。第二天，战舰上的投石机开始轰炸马穆鲁克的营帐。由于穆斯林的重型投石机都被布置在面朝阿卡的方向，他们只能用弓箭还击，如同隔靴搔痒，对基督徒舰队构不成威胁。不幸的是，一场风暴很快来临，在颠簸中，十字军舰队的投石机损坏严重，无法修复，对穆斯林的海上轰炸不得不就此偃旗息鼓。[34]

作为阿卡防守力量的中坚，骑士团逐渐意识到消极死守并非良策，需要主动反击。经过协商，各骑士团决定派出精选的“特种部队”夜袭敌军大营，力争趁乱尽可能摧毁敌人的攻城器械。4 月 15 日深夜，他们由圣殿骑士团大团长威廉领军，秘密潜出圣拉撒路门，来自英国的奥托·德·格朗松统率圣托马斯骑士团、圣拉撒路骑士团紧随其后。他们的突击目标同样是来自哈马的穆斯林军队。进入敌阵后，威廉命令一名普罗旺斯血统的子爵负责去放火烧了苏丹的重型攻城武器，但此人由于过度紧张，扔出的火把没有碰到投石机，跌落地面熄灭了。但骑士们（也有部分军士）无法停下来做第二次尝试，他们硬着头皮在帐营里左突右冲，但因马腿常常被帐篷的绳索缠住而举步维艰。穆斯林士兵逐渐从最初的错愕中反应过来，开始组织起越来越激烈的抵抗。第二天清晨，“阿卡敢死队”的残部总算退回了城中。他们共计损失了 18 名骑士（有一位骑士甚至意外跌入了某个埃米尔的厕所而引颈就戮），破坏攻城器的计划也告吹了，唯一的收获是趁乱带回了一些穆斯林的盾牌、武器和战鼓作为战利品。

双方都宣称取得了这场夜袭的胜利。哈马的穆斯林牵着几匹俘获的马匹，马鞍上赫然挂着几颗骑士的首级，将它进献给苏丹请功。与此同时，阿卡的卫兵则将缴获的盾牌和武器挂在了墙头，向敌人示威。有编年史吹嘘说，阿卡城中关押着 5000 名穆斯林战俘，不过实际上，绝大部分应该都是早先生活在这里的穆斯林奴隶。总的来看，15 日的反击还是失败了。

18 日夜，骑士团谋划了对马穆鲁克的第二次突袭，他们从圣安东尼门出发，目标为敌人防区的中心地段，在那里他们将面对哈利勒苏丹精锐的埃及军队。由于早先圣殿骑士团主导的反攻差强人意，本次行动由医院骑士团大团长让·德·维利耶亲自领导，以医院骑士团为前锋，圣殿骑士团为呼应。

为了防止走漏风声，直到指挥官下令“上马”前，骑士们都对此行的目标一无所知。当他们通过安东尼门开始攻击时，正值月黑风高，骑士们以为马穆鲁克必会猝不及防。然而，几天前的袭击已让穆斯林提高了警戒，当十字军接近他们阵地时，无数火炬几乎让黑夜变成了白昼。马穆鲁克骑兵发动了迅猛的反扑，骑士团见状不敢与敌纠缠，立即鸣金收兵，虽然人员的损失不大，但很多战马都受了伤。

尽管屡战屡败，奥托·德·格朗松却并不气馁，他想出了一个狡诈的方法——

用穆斯林战俘和奴隶作为“肉盾”掩护骑士团冲锋。虽然此举可能确会收到奇效，但未免太胜之不武，而且不符合传统的骑士风范。奥托和圣殿骑士团原本计划在20日尝试这一“高招”，但在最后关头被阿卡大主教紧急叫停。至于为何十字军的夜袭会屡屡遭到挫败，穆斯林方面的史料表示，这缘于苏丹安插在阿卡城中的间谍。十字军的小分队出发前，苏丹的间谍便把讯息通过信箭射到城外，替马穆鲁克预警。让人不解的是，在反击骑士团夜袭的行动中，圣殿骑士团安插在哈利勒身边的间谍巴德尔居然立下了不少战功。有人因此怀疑他可能是个“双面间谍”。但也可能他只是为了避免苏丹的怀疑，不得已而为之。哈利勒历来对自己的高级将领无法完全信任，由于战事不利，他多次严厉斥责麾下的埃米尔们。5月9日，苏丹终于忍无可忍，下令逮捕了一批“渎职”的军官，其中就包括巴德尔。阿卡因此痛失他们最重要的情报来源。

多次反击未果，阿卡市民和守军的士气一落千丈。他们只能将最后的希望寄托在自己的国王亨利二世身上。亨利于5月4日从塞浦路斯港口法马古斯塔带来了40艘战船，其中包括约100名骑士和2000名步兵，这大大增强了守军的实力。尽管亨利此时身体有恙，但还是决意亲自领兵拯救他的王国。年轻的国王是个现实主义者，很快他便意识到通过谈判结束战争是唯一可行的方案。三天后亨利派两位圣殿骑士作为特使觐见哈利勒，苏丹同意和谈，双方约定谈判期间暂时停火。但与十字军的设想大相径庭，哈利勒的开场白竟是：“你们可有为我带来阿卡的城门钥匙？”马穆鲁克人敬重亨利二世国王，虽然他当时重病缠身，他们表态说只要阿卡愿意投降，就保障市民的人身及财产安全。使者回应说他们如果未经亨利许可就擅自应允会被控告叛国，于是苏丹准备让他们回城与耶路撒冷王国政要协商此事。不巧的是，就在这一刻，阿卡特使门（gate of the Legate）的守军突然操作投石机向马穆鲁克一方开火了，一发石弹正好在苏丹的帐篷外炸开，这让哈利勒怒不可遏，他身边的一些主战派纷纷叫嚣要杀死使者。但哈利勒被手下一位名叫舒亚的将领劝阻下来，最终使团得以安全返回城里。和谈失败，并且还是因为守军自己的过失，让民心士气深受打击。至少有3000名贵族在城破之前逃之夭夭。[35]

5月8日，由于马穆鲁克的坑道兵的威胁，守军在纵火以后，主动放弃了国王塔前方的外堡，撤回塔内死守。舒亚的部队开始缓缓地对这一地区进行包抄合围。在接下来的一周，英国塔、布洛伊斯伯爵夫人塔、圣尼古拉斯塔和圣安东尼城墙先后失守。为了对抗马穆鲁克的坑道兵，十字军尝试着开凿了一条反地道，可惜事与愿违，这项工程居然令部分外墙崩塌受损。

虽然阿卡的很多工事已经化作了瓦砾，但这种混乱复杂的地形反而不利于马穆鲁克的优势兵力的展开，相反，守军却能集中火力向穆斯林倾泻。5月9日晚，巴伊巴尔斯·曼苏里突发奇想，命令部下制作了一张超大尺寸的厚毛毡，并用滑轮和绳索将它升起，看上去就像一座水坝。马穆鲁克士兵便躲在这道屏障之后，缓缓向城墙推进，十字军的弓箭对它几乎完全不起作用。就这样，巴伊巴尔斯的发明为马穆鲁克攻城拔寨开辟了一条相对安全的通道，此后，穆斯林对阿卡城防的压力与日俱增。

5 月 18 日黎明前，苏丹要求他的部队准备最后的总攻。士兵集结至城墙底部，然后蜂拥上前，对从主教塔到圣安东尼门之间的防区发起了潮水般的攻击。他们的重点目标是亨利二世的亲兵所守卫的诅咒塔，经过激烈的白刃战，守军渐渐不支，被一步步逼回了圣安东尼门。据说在前线，马穆鲁克部署了整整 300 名骆驼鼓手，他们制造的喧嚣对守军而言是一件可怕的心理武器。

第二天清晨，伴随着响彻云霄的鼓声，穆斯林开始从四面八方冲击阿卡的防线。第一个突破口就是昨日曾发生激战的诅咒塔。马穆鲁克军队让盾牌兵位于战线的最前列，其后是投掷“纳法”的火焰兵，最后是弓箭手与标枪兵……他们有条不紊地推进着，驻守此处的塞浦路斯和叙利亚守军终于彻底崩溃，他们放弃了阵地，抱头鼠窜。此时穆斯林军队兵分两路，一路通过诅咒塔，向圣罗马诺（那里是比萨人的投石机阵地）挺进；另一路则顺着主道路，前往圣安东尼门。

◎ 阿卡大围攻，法国画家多米尼克创作于1845年

生死存亡之际，骑士团还试图重新夺回诅咒塔，将入城的马穆鲁克士兵驱逐出去。医院骑士团元帅马修·德·克莱蒙在之前的战斗中即以英勇无畏而闻名，此时他一马当先，领军突击，他的身后是医院骑士团大团长让·德·维利耶、圣殿骑士团大团长威廉及两大骑士团的战友们。两大骑士团已有近两百年的瑜亮情结，早先曾龃龉不断，此时却能并肩喋血，生死与共。一路上，不断有溃兵与他们擦身而过，其中大部分都毫发无伤。

骑士们大声斥责他们，希望他们能够为了基督的荣耀重新拾起武器，可惜无济于事。在阿卡的1万多守军中，具有医院骑士团、圣殿骑士团这种斗志和觉悟的战士寥寥无几，骑士团的反击就像《罗兰之歌》那样，充满了传奇色彩，但注定无力回天了。

亲历了这场徒劳反击的圣殿骑士团幸存者后来回忆道："敌人投掷的'希腊火'如狂风暴雨般落下，烟雾弥漫令我几乎无法看清旁人。此时，一阵马穆鲁克的弓箭又铺天盖地而来，我们的人马皆伤亡惨重。我身边就有个可怜的英格兰军士被'希腊火'击中……他的外衣烧了起来。没人去帮他，他的脸也起了火，随后波及全身，看上去就像被点燃的一大锅沥青，死状极惨……萨拉森人略微犹豫了一阵，然后又举起了盾牌继续推进。当我们的人向他们冲锋时，他们便立刻将盾牌固定并合拢聚在一起……"

大团长让·德·维利耶后来在一封从塞浦路斯寄给医院骑士团圣吉勒分团长纪尧姆的信中描述了阿卡沦陷时的场景：

"一大波萨拉森人从各个方向涌入城里，既包括陆路也包括海路。他们沿着残破的城墙移动，直至我们最后的阵地……我和兄弟们虽然大部分已经挂彩，但仍然在尽所有的努力抵御他们……激战过后，我们都受了重伤，一些人昏厥了过去，这时候骑士团的其他弟兄和军士们冒死赶来，将我们从屠场里救走了。"

在最后的战斗里，让·德·维利耶两肩之间被一支长矛刺中，用他自己的话说，"伤势令写这封信变得十分困难"。但和圣殿骑士团大团长威廉相比，他还算幸运。在发起反攻时，威廉也战斗在最前线，一支标枪刺中了他的腋下。通常这样的攻击不足以致命，然而由于事发仓促，威廉披挂的并非自己量身定做的盔甲，而是随手捡起的一件战友的甲胄，在腋下恰好有一道缝隙——标枪刺入大团长体内达一只手掌的深度。威廉被迫后撤，他的旗手也紧随着他，于是整支队伍都误以为是团长下了撤退的命令。其余的十字军焦急地恳求大团长不要放弃他们，但威廉的确已经无法作战了。卫士将他送到圣安东尼门，却发现城门紧闭，好在他们又找到了一扇偏门。骑士团原计划用船只将团长送往塞浦路斯，但摘除盔甲后，发现他伤势严重，无法经受海上的颠簸，只好将他带到阿卡的圣殿骑士团总部。很快，圣殿骑士团团长便伤重不治。马修·德·克莱蒙参与了护送大团长的任务，他本有机会名正言顺地撤离战场，却大义凛然地重返前线。最后在热那亚人聚居的广场附近，他与几名医院骑士一道，死战不退，杀身成仁。

在东面城墙上的意大利民兵，加上奥托·德·格朗松和让·德·格拉伊率领的英格兰、法兰西部队，在诅咒塔丢失之后仍然继续抵抗。但是很快，马穆鲁克人突破了阿卡的海岸线地带，他们的情况变得岌岌可危。由于先头部队顺利地清除了用于阻止骑兵的拒马和栅栏，阿卡的街道上，马穆鲁克骑兵已经可以纵情驰骋。奥托·德·格朗松和让·德·格拉伊的部队遭遇了猛烈的进攻，伤亡惨重。格拉伊受了伤，格朗松接替了他。他的部下夺取了一部分威尼斯船只，让·德·格拉伊和其他伤员被运上船撤离，他自己和残部随后退回了圣殿骑士团总部的城堡。

根据伊斯兰律法，对负隅顽抗的城市，城破后穆斯林有权公开劫掠，入城后的马穆鲁克士兵表现得嗜血残暴就不足为奇了。大批来不及逃走的法兰克人纷纷跳海，剩余的很多人遭到杀戮或沦为奴隶。他们四处纵火，尤其留意烧毁比萨人的大型投石机。在街道和民宅中死者无数，包括一些孩童。甚至部分穆斯林士兵也对自己战友的恶行惊诧不已，并留下了同情的泪水。

阿卡港口区同样哀鸿遍地，城破之时即便富可敌国也未必能买到一张逃难的船票。这里一片混乱，大部分的市民被拒绝登船。耶路撒冷大主教也在撤离过程中不幸溺水身亡。于是大量的百姓不得不前往市内几处设防要塞避难，包括三大骑士团的总部和国王的城堡。日暮时分，除了上述几个孤立的据点，阿卡已经完全被马穆鲁克人掌控了。马穆鲁克大军中的叙利亚部队在医院骑士团、圣殿骑士团发起反攻的同时，已经拿下了蒙特穆萨，守卫该地的圣拉撒路骑士团几乎全军覆没。

亨利国王和负伤的让·德·维利耶终于意识到城破已是无法避免，他们力所能及地搭救幸存的将士，将他们聚集起来送往塞浦路斯。此时阿卡港口区的场面想必与二战中的敦刻尔克有些类似。虽然在大撤退中涌现了很多可歌可泣的事迹，但也有些船长的行为被千夫所指。罗歇·德·弗洛尔指挥着一艘圣殿骑士团的大型战舰，可他非但没有尽心尽力拯救士兵和难民，

◎ 耶路撒冷及塞浦路斯国王亨利二世

反而向他们出售天价“船票”并中饱私囊。因为这一件丑闻，日后他长期遭到圣殿骑士团的通缉，但他幸运地逃脱了，后来还当上了臭名昭著的加泰罗尼亚雇佣军团的首领。

许多平时里爱财如命的意大利商人反而表现得很英勇，尤其是之前在阿卡名声不佳的热那亚人。他们免费接收了大批市民和溃兵，有些穷人自觉登船无望，便纷纷跳海，他们中的很多人都被热那亚人搭救，并被安全地送到了塞浦路斯。当热那亚超载的帆船终于不得不离开阿卡时，港口区响起了震天的哭声。[36]

虽然胜券在握，但苏丹哈利勒并未掉以轻心，此行的目的绝不仅仅是攻占阿卡，

他的梦想是连根拔除圣地的十字军王国。因此，他特意派出部将阿拉姆带领一支分队去严密封锁提尔，他料到一旦十字军丢了阿卡定会增强提尔的防御。一百年前萨拉丁由于轻敌放过了这座城市，但哈利勒绝不会重蹈覆辙。

5月20日，阿卡城内的4座堡垒中的3座，都已经向苏丹投降了。第一座签署协议的是医院骑士团的要塞，稍后是条顿骑士团，最后是亨利二世自己的城寨。唯一拒不投降的只剩下圣殿骑士团的总部了。苏丹派遣了一位马穆鲁克前去劝降。与前面的三座堡垒不同，这座要塞三面环水，筑有高墙，地势险要，难以被完全包围——它的确有顽抗的资本。除了圣殿骑士，据说还有多达7000人的难民聚集在这里寻求庇护。

圣殿骑士团总部面积巨大，其入口有一座雄壮坚固的高塔，外墙的厚度达28英尺(约8米)。城墙的每个转角处都建有塔楼。总部里不仅收容了大量难民，还藏有许多圣殿骑士团的财宝。然而，大势已去，圣殿骑士团考虑再三，准备做有条件的投降。哈利勒大喜过望，派出几位埃米尔带领一支小部队前去接受投诚，然而不幸的意外发生了。原本圣殿骑士团已经收下了马穆鲁克王朝的旗帜并把它在塔顶升起，但当他们打开要塞大门后，对圣殿骑士团的富庶闻名已久的马穆鲁克士兵完全失去了控制，开始四处搜寻宝藏，甚至当着骑士的面抢掠妇女和儿童。忍无可忍的圣殿骑士再次关上了大门，他们杀死了大部分伊斯兰使团成员，仅有10余人幸运逃出。随后，苏丹的旗帜被从圣殿骑士团总部塔顶高高掷下，那里再次升起了骑士团团旗。

骑士团原本计划用抓获的部分穆斯林俘虏作为筹码再度与苏丹谈判，然而盛怒之下的难民私自处死了他们。谈判已无可能。几天以后，骑士团元帅彼得·德·瑟夫雷（Peter de Sevrey，在大团长阵亡后代理领导职务）安排财务部及其他非战斗人员乘船疏散至塞浦路斯，奥托·德·格朗松也在其中。有流言指控他卷款潜逃，事实上，奥托到达塞浦路斯时几乎身无分文，十年后教皇才赠给他3000马克作为补偿。

5月28日，苏丹提出了和之前一模一样的条款。彼得·德·瑟夫雷和几位骑士信以为真，一起来到苏丹大营商议投降事宜，然而他们立刻被处决了。这是穆斯林对他们杀死使团成员和其他俘虏的报复。作为回应，骑士团守军从堡垒上活活扔下了5名穆斯林。双方战端重启，马穆鲁克的坑道工兵巧妙地破坏了骑士团总部陆墙部分的地基，这一面的建筑出现了大面积垮塌，一支马穆鲁克军队趁机涌向缺口，屠杀了几乎所有的男子，剩余的妇女儿童沦为奴隶。圣殿骑士团是阿卡城中坚守至最后的军事力量，这一段历史成为充满浪漫主义情怀的英雄颂歌，被游吟诗人不断改编和传唱。[37]

阿卡沦陷四个星期之后，一位亲自走访过战场的教士在信件中说，有不下于30000基督徒在阿卡遇难。一些留下来的修士遭到了屠杀，甚至一些修女还沦为了马穆鲁克贵族的妻妾。三大骑士团在阿卡战役中被俘数量惊人，作为有声望的骑士，他们的赎金也水涨船高。但三大骑士团在耶路撒冷王国的浩劫中几乎损失了圣地的全部财产，实在没有余力去赎回自己的战友。其中的个别幸运儿，如的黎波里陷落时被俘的圣殿骑士休·德·印布里阿斯，就是经西西里国王詹姆斯二世的斡旋才被赎回的。其他在阿卡被俘的医院骑士和部分加泰罗尼亚圣殿骑士，要十五年后才被释放。由于圣殿骑士团的猛烈抵抗招来的仇恨，他们中的一些人被终生关押。德意志朝圣者鲁道夫（Ludolphe of Suchem）曾于1340年见到被俘圣殿骑士中的幸存者，他们那时候住在死海附近，靠做木工为生，已垂垂老矣。大部分在阿卡被俘的圣殿骑士，在长期的拘禁中，最后都改信了伊斯兰教。其中一个叫作皮埃尔的骑士，1323年还担任过马穆鲁克苏丹的翻译官。

为了瓦解圣地基督徒的斗志，为了以儆效尤，哈利勒苏丹在城破之后纵兵尽情劫掠和破坏。他们放火焚烧市场和民宅，并有意识地捣毁了骑士团总部及国王城堡，破碎的城墙也没有得到修复。当鲁道夫再次来到阿卡时——此时距阿卡大围攻已过去近半个世纪，这座曾经繁荣的第二耶路撒冷王国首都依然是一片废墟，只有少数农夫在断垣残壁间生活，全城保留下来的教堂仅一到两座。阿卡，连同它背后代表的耶路撒冷王国，已经不复存在。

然而，希望尚未彻底泯灭。医院骑士团逃过了一劫，大团长和少数幸存的团友撤退到了塞浦路斯。医院骑士团大团长在给圣吉勒分团长纪尧姆的信件中如此悲凉地结尾：

“在上帝的眷顾下，我与一些弟兄得以逃出生天，多数人都挂了彩。我们来到了塞浦路斯，到写这封信的时候依旧在此处避难，我们心中充满了哀愁，我们是哀恸的囚徒。”[38]

注释

[1] 阿卡，犹太人称阿科（Akko），阿拉伯人称阿卡（Akka），中文也译为阿克，约公元前3000年起便已有人在此定居，古埃及文献和《圣经》对它都有记载，为巴勒斯坦地区的历史名城，今属于以色列。2001年阿卡老城被评为联合国教科文组织世界文化遗产。关于阿卡在十字军时期的基本情况，可参见：Alan V. Murry, *The Crusades: An Encyclopedia*, pp.9-12.

[2] Steven Runciman, *A History of the Crusades Vol. Ⅲ : The Kingdom of Acre and the Later Crusades*, pp.82-84.

[3] 圣托马斯骑士团于第三次十字军东征期间成立于阿卡，以殉道的坎特伯雷大主教托马斯·贝克特命名，是一个以英国人为主的小型骑士团。据说“狮心王”理查、坎特伯雷大主教休伯特·沃尔特及一位名叫威廉的神父共同缔造了它。成立初期，圣托马斯骑士团在阿卡城中只从事慈善和医疗事务，1228年以后也逐步涉及军事。1236年它得到教皇的正式认可，并采用条顿骑士团的团规。圣托马斯骑士团的英国色彩颇重，大部分财产也位于英格兰及爱尔兰，从人数上说，它无法与三大骑士团相比，但在阿卡代表着英王的势力。阿卡沦陷后，其总部迁往塞浦路斯，14世纪后基本淡出了东方的战事。而圣拉撒路骑士团最早的雏形是1119年建立在耶路撒冷城外的一所麻风病院，大约在12世纪30年代骑士团正式成立，成员大多为麻风病人及照顾患者的修士，12—13世纪其团长几乎均由麻风病人担任，因此有时也被称作“麻风骑士团”。由于团员大多身患绝症，他们作战时往往将生死置之度外，有“敢死队”的美誉。耶路撒冷陷落后，圣拉撒路骑士团将总部迁至阿卡，阿卡沦陷后他们迁回了法国。今天，与医院骑士团类似，圣拉撒路骑士团作为一个医疗和慈善组织依然在发挥作用，其全称为耶路撒冷圣拉撒路军事及医护骑士团（Military and Hospitaller Order of Saint Lazarus of Jerusalem）。参见：Alan V. Murry, *The Crusades: An Encyclopedia*, pp.720-721.

[4] 关于阿卡的医院骑士团总部遗址的情况，参见：Adrian Boas, *Archaeology of the Military Orders: A Survey of the Urban Centres, Rural Settlements and Castles of the Military Orders in the Latin East (c.1120-1291)*, Routledge, 2006, pp.49-55.

[5] 1202年的叙利亚大地震共造成了约110万人死亡，影响范围东及伊朗，西达西西里，南至埃及，叙利亚、小亚细亚南部、巴勒斯坦地区受灾尤其严重。除了骑士城堡，阿卡、提尔、大马士革、的黎波里、哈玛等城市也遭到了严重破坏。

[6] 今天我们所能见到的骑士堡遗址大体上是医院骑士团13世纪重建后的成果，保存十分完好（虽在叙利亚内战中遭受破坏，但所幸未伤筋动骨，2015年已被政府军夺回）。西方历史学家、考古学家对它评价极高，甚至有人称它为古往今来保存最完整、最令人赞叹的城堡，还有人将它与雅典帕台农（Parthenon）神庙相提并论。以上溢美之词虽略显夸张，但也的确不无道理。参见：Adrian Boas, *Archaeology of the Military Orders: A Survey of the Urban Centres, Rural Settlements and Castles of the Military Orders in the Latin East (c.1120-1291)*, pp.147-148, p.166.

[7] 直到2001年，希腊大主教克里斯托杜洛还要求到访的罗马教皇约翰·保罗二世为1204年十字军洗劫君士坦丁堡道歉，约翰·保罗二世也公开表达了歉意。

[8] Steven Runciman, *A History of the Crusades Vol. Ⅲ : The Kingdom of Acre and the Later Crusades*, pp.107-131.

Jonathan Phillips, *The Fourth Crusade and the Sack of Constantinople*, Penguin Books, 2005, p.14.

Thomas Asbridge, *The Crusades: The Authoritative History of the War for the Holy Land*, pp.526-532.

罗春梅，《1204年君士坦丁堡的陷落》，人民出版社，2012年，272-277页。

教皇英诺森三世对第四次十字军攻占君士坦丁堡的谴责，参见：http://legacy.fordham.edu/halsall/source/1204innocent.asp

[9] Helen Nicholson, *The Knights Hospitaller*, pp.26-27.

[10] 英诺森三世（1198—1216年在位）生于意大利阿纳尼一个伯爵家庭，原名奥古尼·罗它里奥·德·康提，

他在位期间，罗马教皇的权势达到了历史顶峰，曾宣称："教宗是太阳，皇帝是月亮，像月亮从太阳处获得光辉一样，皇帝要从教宗那里得到政权"。通过政治手腕，英诺森三世先后迫使意大利、德意志、英国、法国、丹麦、葡萄牙等地君主、王公向他臣服。他以武力镇压法国南部基督教阿尔比派，出售"赎罪券"，大量征收教会赋税，加强异端裁判所。他先后组织了第四、第五次十字军东征，并在拉特兰第四次大公会议上宣布"天主教会乃举世唯一教会"。尽管他权倾一时，但对各基督教国家也不能完全耳提面命。参见：丁光训，金鲁贤，张庆熊（主编），《基督教大辞典》，781页。

[11] 米肖，普茹拉，《十字军东征简史》，229-248页。

Steven Runciman, *A History of the Crusades Vol. Ⅲ: The Kingdom of Acre and the Later Crusades*, pp.132-170.

Malcolm Barber, *The New Knighthood: A History of the Order of the Temple*, pp.126-131.

[12] Helen Nicholson, *The Knights Hospitaller*, p.28.

[13] Steven Runciman, *A History of the Crusades Vol. Ⅲ: The Kingdom of Acre and the Later Crusades*, pp.171-193.

米肖，普茹拉，《十字军东征简史》，249-253页。

[14] 朗西曼在《十字军史》中记载，阿卡未遂政变中医院骑士团大团长为皮埃尔（Pierre de Viellebride），不过根据医院骑士团的官方史料，皮埃尔的执政期截止于1242年，1243年在位的应为纪尧姆。参见：

http://www.orderofmalta.int/history/680/the-79-grand-masters/?lang=en

[15] Christopher Tyerman, *God's War: A New History of the Crusades*, pp.725-727.

Steven Runciman, *A History of the Crusades Vol. Ⅲ: The Kingdom of Acre and the Later Crusades*, pp.220-223.

[16] Christopher Tyerman, *God's War: A New History of the Crusades*, pp.770-771.

Steven Runciman, *A History of the Crusades Vol. Ⅲ: The Kingdom of Acre and the Later Crusades*, pp.223-228.

Kelly DeVries, *Battles of the Crusades, 1097-1444*, Spellmount Ltd, 2007, pp.176-177.

Stephen Dafoe, *An Illustrated History of the Knights Hospitaller*, p.56.

Alan V. Murry, *The Crusades: An Encyclopedia*, p.449.

[17] Helen Nicholson, *The Knights Hospitaller*, pp.29-30.

Stephen Dafoe, *An Illustrated History of the Knights Hospitaller*, pp.55-56.

Alan V. Murry, *The Crusades: An Encyclopedia*, p.1011.

Steven Runciman, *A History of the Crusades Vol. Ⅲ: The Kingdom of Acre and the Later Crusades*, pp.99-101,pp.135-136,p.171.

[18] Stephen Dafoe, *An Illustrated History of the Knights Hospitaller*, p.55.

[19] 关于圣撒巴斯战争的详情，参见：

Alan V. Murry, *The Crusades: An Encyclopedia*, p.1059.

Steven Runciman, *A History of the Crusades Vol. Ⅲ: The Kingdom of Acre and the Later Crusades*, pp.282-284.

[20] 聂斯托利派是基督教的一个较小东方教派，因信奉君士坦丁堡大牧首聂斯托利倡导的教义而得名。公元5世纪，基督教东方教派内因对基督论的看法出现差异，形成了相互对立的亚历山大与安条克（安提阿）两派。在431年的以弗所公会议上，亚历山大派获胜，聂斯托利代表的安条克派之基督二性二位说（认为基督兼具人、神两个本性，但主张基督的人性包含自由意志，同时否定圣母玛利亚的神圣性）被判为异端，而他本人也遭到放逐。其后他的信徒逐渐形成了聂斯托利教派，在叙利亚、波斯等地颇有影响，并于唐代传入中国，被称作"景教"。至今在伊朗、伊拉克、叙利亚、印度等地尚有少量信徒。参见：丁光训，金鲁贤，张庆熊（主编），《基督教大辞典》，159页，455-456页。

[21] 所谓"马穆鲁克"，是一种通行于伊斯兰世界的奴隶士兵，其成员多具有突厥血统或来自高加索地区。自

公元 9 世纪起他们开始为阿拔斯王朝哈里发效命，随后作为禁卫军被多地穆斯林统治者重用。阿尤布王朝第二代苏丹阿迪勒（萨拉丁的兄弟）十分信赖马穆鲁克军队，此后他们在阿尤布王朝中的地位日渐上升。由于马穆鲁克经受了严格的军事训练，是职业军人，同时出身低贱，往往能对苏丹忠心耿耿，因此涌现出了许多优秀的将领及政府高官。1250 年萨利赫 · 阿尤布去世后，他的马穆鲁克禁卫军夺取了政权，建立了自己的王朝（即埃及的马穆鲁克苏丹国）。参见：Alan V. Murry, *The Crusades: An Encyclopedia*, pp.785–793.

[22] Thomas Asbridge, *The Crusades: The Authoritative History of the War for the Holy Land*, pp.612–613.

Steven Runciman, *A History of the Crusades Vol. Ⅲ : The Kingdom of Acre and the Later Crusades*, pp.315–334.

Alan V. Murry, *The Crusades: An Encyclopedia*, pp.156–158.

H. J. A. Sire, *The Knights of Malta*, p.24.

米肖，普茹拉，《十字军东征简史》，313–315 页。

[23] Helen Nicholson, *The Knights Hospitaller*, pp.35–36.

[24] Steven Runciman, *A History of the Crusades Vol. Ⅲ : The Kingdom of Acre and the Later Crusades*, pp.387–389.

Helen Nicholson, *The Knights Hospitaller*, pp.36–37.

大诗人但丁在其不朽名著《神曲》中，对安茹家族的查理夺取康拉德王位一事，颇有微词。参见：但丁，《神曲 · 炼狱篇》，朱维基译，上海译文出版社，1984 年，157 页。

[25] Steven Runciman, *A History of the Crusades Vol. Ⅲ : The Kingdom of Acre and the Later Crusades*, pp.390–392.

Reuven Amitai-Preiss, *Mongols and Mamluks: The Mamluk-Īlkh ā nid War, 1260–1281*, Cambridge University Press, 1995, pp.179–225.

Alan V. Murry, *The Crusades: An Encyclopedia*, p.597.

[26] 不少历史学家认为，西西里晚祷事件的幕后主使为拜占庭皇帝米哈伊尔八世（在位时间为 1259—1282 年），但并无确凿证据。关于此次事件的来龙去脉，读者可参考：Steven Runciman, *The Sicilian Vespers: A History of the Mediterranean World in the Later Thirteenth Century*, Cambridge University Press, 1992.

[27] Steven Runciman, *A History of the Crusades Vol. Ⅲ : The Kingdom of Acre and the Later Crusades*, pp.394–395.

Helen Nicholson, *The Knights Hospitaller*, p.36.

Thomas Asbridge, *The Crusades: The Authoritative History of the War for the Holy Land*, p.650.

拜巴尔、嘉拉温在夺取十字军坚固要塞方面取得了空前的成就，一大原因是 13 世纪后期穆斯林攻城技术的长足进步，他们研发、装备了各式攻城器械，重型投石机对十字军城墙尤具威胁。一部分穆斯林攻城技师和装备甚至被蒙元皇帝用于进攻南宋，史称“回回炮”。

[28] Steven Runciman, *A History of the Crusades Vol. Ⅲ : The Kingdom of Acre and the Later Crusades*, pp.396–397.

David Nicolle, *Acre 1291: Bloody sunset of The Crusader States*, Osprey Publishing, 2005, pp.14–15.

[29] Steven Runciman, *A History of the Crusades Vol. Ⅲ : The Kingdom of Acre and the Later Crusades*, pp.398–402.

[30] Steven Runciman, *A History of the Crusades Vol. Ⅲ : The Kingdom of Acre and the Later Crusades*, pp.403–407.

Thomas Asbridge, *The Crusades: The Authoritative History of the War for the Holy Land*, pp.650–651.

Christopher Tyerman, *God's War: A New History of the Crusades*, p.817.

米肖，普茹拉，《十字军东征简史》，316 页。

[31] David Nicolle, *Acre 1291: Bloody sunset of The Crusader States*, pp.27–35

[32] Steven Runciman, *A History of the Crusades Vol. Ⅲ : The Kingdom of Acre and the Later Crusades*, pp.407–410.

David Nicolle, *Acre 1291: Bloody sunset of The Crusader States*, pp.48–53.

Stephen Dafoe, *An Illustrated History of the Knights Hospitaller*, pp.57–58.

[33] Steven Runciman, *A History of the Crusades Vol. Ⅲ : The Kingdom of Acre and the Later Crusades*, pp.411–414.

David Nicolle, *Acre 1291: Bloody sunset of The Crusader States*, pp.54–56.

Thomas Asbridge, *The Crusades: The Authoritative History of the War for the Holy Land*, p.652.

Christopher Tyerman, *God's War: A New History of the Crusades*, pp.818–820.

[34] Steven Runciman, *A History of the Crusades Vol. Ⅲ : The Kingdom of Acre and the Later Crusades*, p.416.

David Nicolle, *Acre 1291: Bloody sunset of The Crusader States*, pp.56–61.

Stephen Dafoe, *An Illustrated History of the Knights Hospitaller*, pp.58–59.

[35] Steven Runciman, *A History of the Crusades Vol. Ⅲ : The Kingdom of Acre and the Later Crusades*, p.417.

David Nicolle, *Acre 1291: Bloody sunset of The Crusader States*, pp.61–70.

Stephen Dafoe, *An Illustrated History of the Knights Hospitaller*, p.59.

Thomas Asbridge, *The Crusades: The Authoritative History of the War for the Holy Land*, pp.653–654.

[36] Steven Runciman, *A History of the Crusades Vol. Ⅲ : The Kingdom of Acre and the Later Crusades*, pp.418–420.

David Nicolle, *Acre 1291: Bloody sunset of The Crusader States*, pp.75–81.

Stephen Dafoe, *An Illustrated History of the Knights Hospitaller*, pp.60–61.

Thomas Asbridge, *The Crusades: The Authoritative History of the War for the Holy Land*, pp.654–655.

Helen Nicholson, *The Knights Hospitaller*, pp.37–39.

Christopher Tyerman, *God's War: A New History of the Crusades*, pp.821–822.

米肖，普茹拉，《十字军东征简史》，319–320 页。

[37] David Nicolle, *Acre 1291: Bloody sunset of The Crusader States*, pp.81–84.

Stephen Dafoe, *An Illustrated History of the Knights Hospitaller*, p.61.

Malcolm Barber, *The New Knighthood: A History of the Order of the Temple*, pp.177–178.

[38] Steven Runciman, *A History of the Crusades Vol. Ⅲ : The Kingdom of Acre and the Later Crusades*, pp.421–433.

Stephen Dafoe, *An Illustrated History of the Knights Hospitaller*, p.62.

Alan V. Murry, *The Crusades: An Encyclopedia*, pp.13–14.

第五章 罗德岛骑士

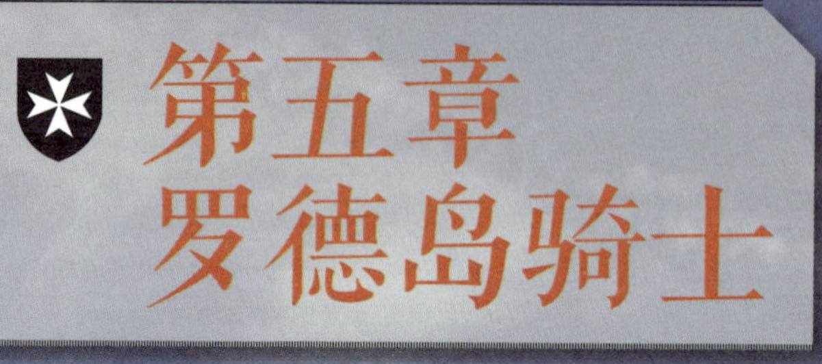

阿卡已沦为一片废墟，让·德·维利耶率领他的同僚们跌跌撞撞，总算逃出生天。1291 年的塞浦路斯俨然是一座巨大的难民营，如何安置从圣地来避祸的基督徒，则令亨利二世感到颇为棘手。回忆往昔光辉岁月，从圣地劫后余生的医院骑士（据说此刻仅剩 7 人）环顾四周，不免有形影相吊的凄凉之感。好在塞浦路斯国王依然倚重他们的力量和威望，他赐给医院骑士团利马索尔（Limassol，又名 Lemesos）以西的科洛西城堡（Kolossi Castle）及附近的甘蔗种植园和糖厂。中世纪的蔗糖在贵重程度上与香料齐名，因此这可谓一份厚礼。拥有科洛西城堡的医院骑士团总算有了安身立命之所，并且获得了修复经济的依靠。[1]

三大骑士团在耶路撒冷王国的覆灭中都遭受了重创。条顿骑士团不像医院骑士团、圣殿骑士团那样富有国际色彩，他们选择离开东地中海区域，将总部设在威尼斯，并专心经营波罗的海的领地；而后两者则将总部迁至塞浦路斯，依旧遥望着对岸魂牵梦绕的圣城。不过，寄居塞浦路斯的两大骑士团对未来的战略存在明显分歧。圣殿骑士团尚且控制着毗邻圣地的鲁阿德岛（Ruad，艾尔瓦德岛的旧称，位于塔尔图斯港以西约 3 公里处），他们的目光投向了陆地，一心要以鲁阿德岛为桥头堡，反攻叙利亚，重建黎凡特的十字军国家；而医院骑士团将注意力转向了海洋，两百年来，他们一直以关怀朝圣者为己任，此刻，他们决心为欧洲前往圣地的基督徒船队提供力所能及的庇护。在这些船队中，除了朝圣者，亦有不少基督教商

◎ 位于西班牙加泰罗尼亚地区列伊达（Lleida）的医院骑士团埃斯普卢加卡尔瓦（Espluga Calva）城堡

◎ 位于塞浦路斯利马索尔西部的医院骑士团科洛西城堡，现存遗迹重建于1454年

人，医院骑士团对他们的援助使自己在欧洲拥有了不少拥趸，这在一定程度上决定了日后医院骑士团与圣殿骑士团的命运。1293年春，雅克·德·莫莱（Jacques de Molay，1243—1314）被选举为圣殿骑士团第23任大团长，他对自己悲剧性的命运一无所知，眼前百废待兴的窘况让他义无反顾地踏上了前往欧洲寻求援助之路，这将花费他整整三年光阴。而医院骑士团大团长让·德·维利耶却显得颇为从容。他坐镇塞浦路斯，向骑士团欧洲各个分部发出号令，要求他们立即尽一切可能输送作战人员、物资和经费——截止到1302年，塞浦路斯的医院骑士团武装骑士（可能含部分军士）的数量，终于从最初的7人上升至80人；1300年左右，医院骑士团还首次任命了海军司令，标志着它的海上力量也得到了加强。相较圣殿骑士团，医院骑士团之所以能够在较短时间恢复元气，很大程度是因为经济结构上的差异：长期以来，医院骑士团的收入更依赖各种地产，而圣殿骑士团则积极投身金融业，但在13世纪末的乱世，不动产更能提供稳定的收入。据编年史家马修·帕里斯（Matthew Paris，1200—1259）称，1250年左右，医院骑士团位于欧洲本土的庄园达到了1.9万座，而圣殿骑士团只有9000座。

医院骑士团得以重整旗鼓，另一个重要原因是他们在欧洲已经打下了根基。除了法国这个传统的后盾以外，骑士团在伊比利亚半岛也变得举足轻重。早在1134年，第二任大团长雷蒙就曾经亲赴阿拉贡，为骑士团争取到了大批地产。1157年，巴塞罗那伯爵拉蒙·贝伦格尔四世（Ramon Berenguer Ⅳ）也许诺赠予他们一些领土（甚至包括计划向异教徒夺取部分的十分之一）。四十年后，葡萄牙国王桑乔一世（Sancho Ⅰ）将塔古斯（Tagus）河附近的一片土地交给医院骑士团葡萄牙分团长，并允许他们在此修筑要塞。在13世纪，医院骑士团与阿拉贡王室的关系也变得越发密切。绰号“征服者”的阿拉贡国王海梅一世（Jaime Ⅰ，1213—1276年在位）曾经屡次东征西讨，从摩尔人手中夺回了大量国土，他对医院骑士团阿拉贡分团长福卡尔基耶的休（Hugh of Forcalquier）十分宠信，视之为左膀右臂。他在一封信件中甚至这样写道：“在获得海外的医院骑士团大团长首肯后，我认命休为我国医院骑士团分团长。我深爱他，他也敬爱我。”在攻占马略卡岛的战役中，原本答应前来助阵的休因故姗姗来迟，此刻马略卡已然陷落，但海梅一世依旧力排众议，将一部分该岛土地作为“战利品”赐给休和他的医院骑士，虽然他们根本没有参与战斗。与此同时，医院骑士团在中欧的势力也有所扩展。1247年匈牙利国王贝拉四世（Béla Ⅳ）为了抵御蒙古人及其他异教徒的进犯，同意将瓦拉几亚（Wallachia）的一块土地划与骑士团作为殖民地，条件是后者提供一批骑士为匈牙利提供防卫。不过，对这些后方基地的作用也不宜过度高估。13世纪后期，随着医院骑士团在同穆斯林的征战中屡屡受挫，他们开始面临严重的经济危机。阿卡的陷落正式宣告他们彻底丢失了圣地最重要的城堡和采邑。在欧洲，骑士团不得不奉行一种明哲保身的策略，尽量不参与欧洲国家之间的战事——也许伊比利亚半岛是个例外。但即便阿拉贡这个长期的盟友，在13世纪末期也开始公开抱怨医院骑士团未能提供强有力的军事支援。为了更好地管理医院骑士团在欧洲各国的分部，这一时期它的组织架构也进行了重大改组。最终，骑士团按照成员所属的地区和母语，划分出七大“语言区”（法语区、普罗旺斯语区、奥弗涅语区、英语区、意大利语区、西班牙语区和德语区，15世纪后，西班牙语区又细分为卡斯蒂利亚—葡萄牙语区和阿拉贡—纳瓦拉语区），每大区设一位“皮利耶”（法语 pilier，源于拉丁语“pila”，本意为“支柱、栋梁”）作为最高领导，而大团长的决策均需征求各皮利耶的意见。这样的改革既顺应了医院骑士团的国际性，又保障了它的行政效率，从而稳定了全团的军心。根据1302年的统计，在塞浦路斯的80名医院骑士中，来自法语区和普罗旺斯语区的人最多（各15人），其次是西班牙语区（14人），人数最少的是英语区，仅有5人。

医院骑士团深谙自身实力的局限，不愿轻率地发起反攻（虽然他们也曾配合圣殿骑士团以鲁阿德岛为基地袭扰叙利亚沿海，但并无一蹴而就的幻想）——真正致力于光复圣地的，还是罗马教皇。尼古拉四世热忱地期待并鼓动新一轮十字军东征，然而应者寥寥。旷日持久的西西里晚祷战争令教廷名声受损，并使它与神圣罗马帝国的关系趋于破裂。英王爱德华的注意力依旧放在苏格兰境内，同时因法国北部英王领地的纠纷，他与法王腓力四世的关系也开始紧张（这揭开了英法百年战争的序幕）。腓力四世深陷西西里战事的泥潭，由于军费开支浩大，财政几近破产，而且他一向致力于驯服国内桀骜不驯的诸侯，增强王权，自然难以他顾。那不勒斯国王查理二世一心想要夺回西西里，而意大利各商业共和国则忙于同埃及马穆鲁克王朝恢复贸易。拜占庭皇帝一方面要应付土耳其人越来越大的军事压力，另一方面还要提防巴尔干的保加利亚人与塞尔维亚人。只有塞浦路斯和亚美尼亚，由于处在对抗穆斯林的最前线，对十字军满怀期望，不过他们的目标是自保，而非主动招惹强悍的马穆鲁克王朝。伊尔汗国在1295年登基的合赞可汗领导下，一改昔日亲基督教的国策，将伊斯兰教定为国教，从而令十字军丧失了东方最重要的盟友。看来，一场类似于第三次十字军东征的远征是注定要胎死腹中了。[2]

尼古拉四世去世后，新教皇卜尼法斯八世（Bonifacius Ⅷ，1235—1303）[3]励精图治，希望重振宗座的权威，于1296年颁布《教俗敕谕》，规定不经教皇允许对教会征税者将一律处以绝罚。此举激起了急需扩大财源的法王腓力四世的强烈不满，双方的关系逐渐变得剑拔弩张。1301年腓力逮捕了教宗派往法国的使节，作为回应，卜尼法斯八世在第二年颁布《神圣一体敕谕》，宣称教宗权力高于世俗王权。在外交谈判破裂之后，法王发兵于阿纳尼俘虏了教皇。法国要求宗座立刻退位，而卜尼法斯宁死不从，法军将领夏拉·科隆纳冒天下之大不韪，竟掌掴了教皇，此后更是将他囚禁三天，多次拷打，恣意侮辱——最终卜尼法斯在1303年10月11日伤重不治（一说含恨自尽）。腓力四世用暴力罢黜了一任教皇，不到两年后便推举出一位俯首听命的法籍教皇即位，是为克雷芒五世（Clement Ⅴ，1264—1314，1305—1314年在位）。腓力开创了恶劣的先例，整个欧洲一片哗然，但并没有某一国君主敢于为此同法国兵戎相见。卜尼法斯的悲剧意味着教皇权威的急剧衰落。此后为了便于控制教皇，腓力四世勒令克雷芒将教廷从罗马迁至法国南部小城阿维尼翁。教皇从此沦为“阿维尼翁囚徒”，任人摆布，直至1377年方迁回罗马。

◎ 医院骑士团第25任大团长富尔克·德·维拉雷，欧仁·戈耶（Eugène Goyet）绘于1843年

“阿维尼翁囚徒”的出现，使得以教廷为主导、发起十字军夺回圣地的希望，变得越发渺茫。在此背景下，塞浦路斯王国又发生了严重的内讧。亨利二世对两大骑士团在塞浦路斯的壮大深感忧虑，下令禁止骑士团购买新的土地，同时对他们征税（虽然教皇明确表示骑士团应享有免税的特权）。1306年，心怀不满的圣殿骑士团参与了部分当地贵族的叛乱，他们宣布废黜亨利二世，并推举他的兄弟阿莫里为王。而医院骑士团审时度势，选择继续与亨利站在一起。在这场内战中，两大骑士团再次发生冲突，医院骑士团的科洛西城堡及糖厂亦被圣殿骑士夺取（直到1313年方才归还）。塞浦路斯的动荡让医院骑士团深深感到了寄人篱下的痛苦，开始寻求新的土地作为自己永久的大本营。他们的视线，落在了爱琴海的明珠——罗德岛[4]之上。

早在大团长纪尧姆·德·维拉雷（Guillaume de Villaret，1296—1305年在位，即前文曾提到的昔日圣吉勒分团长）当政期间，苦于在塞浦路斯处处受限，便有意在爱琴海寻觅一座岛屿作为骑士团未来的总部所在地。随着纪尧姆的离世，这项使命交予了他的继任者（也是他的侄子）富尔克·德·维拉雷（Foulques de Villaret，1305—1319年在位）。富尔克可算作医院骑士团史上富有争议的人物。以往的两百余年中，大团长往往依靠其幕僚共同统治，权力亦受到骑士团议会的制衡；但富尔克依靠叔父的提拔迅速成为骑士团内一颗政治明星，他追求一言九鼎，喜欢独断专行，更像一位东方式的君主。爱琴海东部的罗德岛历史悠久，土地肥沃，物产丰富，长期是拜占庭帝国的领土。第四次十字军东征时期，热那亚人曾短暂地夺取它，但旋即被拜占庭收复。然而在13世纪晚期，随着拜占庭的式微，其对罗德岛的统治渐渐分崩离析，该岛已沦为了海盗（其中甚至不乏穆斯林）的乐园。即便如此，进攻罗德岛也必然要冒与拜占庭开战的风险，何况医院骑士团对该岛的情况并不熟悉，他们缺乏必胜的把握。然而就在第二年，一位热那亚海盗维尼奥洛·德·维尼奥利（Vignolo de Vignoli，他从拜占庭皇帝安德罗尼库斯二世处租借了莱罗斯岛作为自己的基地）主动来到塞浦路斯拜会富尔克·德·维拉雷。维尼奥洛提议与医院骑士团共同出兵瓜分罗德岛及其附属岛屿，并承诺让骑士团领有主岛。由于维尼奥洛浪迹爱琴海多年，对罗德岛的风土人情、地形地貌了如指掌，他的相助给予了富尔克急需的信心。这年6月，一支由4艘战舰组成的医院骑士团舰队驶向罗德岛，船上共载有35名骑士、约500名步兵及少量土科波。稍后他们与维尼奥洛的2艘战舰会合，共同登陆罗德岛。据说富尔克事先向罗德岛派出了一批间谍，他们带回了守军的详细情报，但即便如此，岛上希腊人的抵抗依旧超乎骑士团的想象。围攻演变为一场拉锯战，直到这年11月他们才拿下了岛上的第一座要塞——菲勒莫（Philermo）城堡。关于它的夺取众多史籍留下了不同的记载，传统上人们认为医院骑士团在此上演了新版“木马屠城记”：若干骑士披上了羊皮，在当地希腊人的帮助下，混迹于傍晚返城的羊群中，趁着夜色打开了城门……尽管他们的计谋获得了一定成效，罗德港本身却依旧坚不可摧，令骑士们一筹莫展。然而富尔克已无退路，只能率部咬牙坚持，这场围攻似乎迟迟看不到希望，胜利遥遥无期。[5]

同年，教皇克雷芒五世不愿生活在卜尼法斯八世的阴影之下，他渴望有所作为，并试图发起新一轮十字军东征。为此，宗座召唤医院骑士团、圣殿骑士团团长前往教廷，商议东征事宜，此外，他还希望能促成两大骑士团的合并，从而整合他们的力量，一致对外。圣殿骑士团大团长雅克·德·莫莱正在法国，1307年5月，他正式拜见了教皇；医院骑士团团长富尔克·德·维拉雷正忙于罗德岛战役，较晚抵达。雅克·德·莫莱对与医院骑士团合并持抵触态度，他关注的是邀请教皇出面澄清最近关于圣殿骑士的流言蜚语。近两个世纪以来，关于他们的一些负面传闻早已在欧洲大陆不胫而走。阿卡陷落之后，这些非议达到了新高度。圣殿骑士团长期扎根于圣地，在多年与穆斯林的交往中，难免受到后者一些风俗习惯的影响。由于同穆斯林作战时常有被俘的危险，为了应对敌人的侮辱甚至刑讯逼供，他们还发展出了一套特殊的入会仪式及“训练方法”。在欧洲民众看来，难免离经叛道，甚至有异端的嫌疑。1305年，法王腓力四世就曾郑重要求克雷芒五世对这些“传闻”展开调查。在1307年的会晤中，面对教皇的质询，雅克·德·莫莱亲口承认了某些在骑士团内部施行超过一个世纪的宗教密仪。这些闻所未闻的内幕据说令教宗烦躁不安，忧心忡忡。莫莱之所以选择坦白，是因为他本人其实也担心这种风气的滋长会脱离控制，于是希望教皇出面调解，以免它演变为丑闻。震惊的教皇表示他将向法王发出邀请，让法国政府参与调查，以正视听。雅克·德·莫莱自忖骑士团与法兰西关系良好（法国王室甚至曾一度将自己的圣库交由圣殿骑士团管理），也就未加反对。令他始料未及的是，此举最终引狼入室，为骑士团敲响了丧钟。

腓力四世仪表堂堂（绰号"美男子"），但在治国方面却心狠手辣，不择手段。多年来，他一方面致力于驯服国内诸侯，一方面与英格兰、佛兰德交战，导致财政拮据，王室濒临破产。面对巨额债务，1291 年和 1306 年，腓力先后两次暴力洗劫了法国境内的意大利银行家与犹太商人。这些曾经的债主被以莫须有的罪名迅速逮捕，进而没收财产，驱逐出境，令法王的债务一笔勾销，也让他在欧洲的金融界名声扫地。圣殿骑士团在金融银行业与意大利人、犹太人齐名，也是法国的债权人，腓力四世早就觊觎他们的财富，教皇的邀请给了他梦寐以求的机会。法王提前派出大批密探和间谍打入骑士团内部，搜集各种"证据"。1307 年 10 月 13 日星期五清晨，腓力四世认为时机已经成熟，便下达了逮捕圣殿骑士团主要成员的著名密令，罪名包括宗教仪式不端、亵渎十字架、不恰当的亲密行为、偶像崇拜，甚至同性恋。遍及法国各地的骑士团成员几乎同时遭到了法王派出的密探的逮捕，共有超过 2000 人沦为阶下囚。圣殿骑士团猝不及防，未做任何抵抗便束手就擒。在整个法兰西，只有 24 位骑士在第一轮抓捕中逃出生天，其中重量级人物仅有圣殿骑士团法国分团长维利耶的杰拉德一人。圣殿骑士团几乎可算作被一网打尽。

1307 年 10 月 19 日，对圣殿骑士团的审判正式开启。25 日至 26 日，经受严刑逼供后的雅克·德·莫莱接受了公开质询，并当众认罪。他的供词立即被记录下来送往教廷，以作为铁证。在抓捕行动仅仅两周以后，腓力四世便终结了圣殿骑士团多年积累的声望，他们"认罪伏法"的消息很快就传遍了各个基督教国家。虽然在法王的宣传机器运作下，很多法国人对圣殿骑士团的遭遇拍手称快，但很多欧洲的有识之士依旧从中嗅到了阴谋的气味。例如但丁便在他的名著《神曲》中尖锐地抨击

◎ 腓力四世将圣殿骑士送上火刑柱，15世纪插画，现藏于大英图书馆。注意该图中骑士的黑色制服更接近医院骑士，而圣殿骑士通常着白衣红十字，这一微妙的错误恰恰彰显出15世纪圣殿骑士团的形象已经从人们的记忆中消散，故画家用熟悉的医院骑士团的制服取而代之

腓力四世对圣殿骑士团的迫害，甚至将他比作钉死耶稣的罗马总督彼拉多：

“我看到那再生的彼拉多残忍无比，
甚至这样还不能使他满足，
却不法地张起贪婪的帆驶进圣殿。”[6]

克雷芒五世并不希望圣殿骑士团覆灭，他们被捕认罪的消息令教廷深感震惊。教皇组织的秘密调查倾向于认为虽然骑士们的某些行为和仪式离经叛道，但“可能悖德，未至异端”。然而寄人篱下的克雷芒五世不敢忤逆腓力四世，明知雅克·德·莫莱冤屈，也只能选择弃卒保车。1312 年的维埃纳天主教大公会议上，克雷芒五世发布一系列敕令，正式解散了圣殿骑士团，并将它的大部分资产转与医院骑士团。1314 年 3 月 18 日，末代圣殿骑士团大团长雅克·德·莫莱在巴黎被送上了火刑柱。[7]

大约在 1307 年春，医院骑士团大团长富尔克·德·维拉雷踏上了前往欧洲的旅途。虽然名义上，此行是为了响应教皇合并两大骑士团的号召，但富尔克对此阳奉阴违，他的主要目的还是为陷入胶着状态的罗德岛战役募集粮草、经费和兵员，并寻求教廷的支持。然而抵达欧洲后不久，便传来了圣殿骑士团遭到集体逮捕并认罪的晴天霹雳。虽然医院骑士团与圣殿骑士团竞争多年，但后者的遭遇还是令富尔克有唇亡齿寒之感。或许有一天，同样的厄运也会降临在医院骑士团身上，因此，富尔克更加笃信，拥有一块完全属于自己的领地从而免于世俗君主的欺辱，实在是生死攸关。好在克雷芒五世并不希望医院骑士团也步上圣殿骑士团的后尘，他发布敕令，正式认可了医院骑士对罗德岛的主权要求。富尔克此前曾向拜占庭派出使团，希望安德罗尼库斯二世皇帝能够将罗德岛和平转让（作为回报，医院骑士团将提供一笔年金和军事支援），却遭到了断然拒绝，现在教皇的敕令让他们对罗德岛的进攻显得名正言顺。此外，富尔克以骑士团未来的税收作为担保，成功地向佛罗伦萨银行家借到了巨额贷款，进而顺利地在欧洲招募了一大批佣兵。这些生力军跟随团长于 1308 年投入到罗德港的围攻之中，改变了攻守双方的力量对比。同年，拜占庭皇帝派出了一支援军驶向罗德岛，却因为风暴被迫在塞浦路斯上岸。他们尽数被当地亲医院骑士团的贵族拿捕，塞浦路斯人将这些俘虏转交给骑士团，他们中的不少人被成功策反，成为劝降罗德岛守军的说客，这对希腊人的士气造成了严重打击。1309 年（一说 1310 年）8 月 15 日，罗德港守军终于难以为继，向医院骑士团开城投降。至 1310 年，罗德岛全境皆处于骑士团的掌控之中。医院骑士团终于拥有了自己的家园，建立了罗德岛医院骑士团国。[8]

攻占罗德岛之后，医院骑士团迎来了一系列转机，实力蒸蒸日上，甚至超越了昔日根植于圣城的鼎盛岁月。1310 年，篡位的塞浦路斯国王阿莫里被刺，亨利二世重新即位。出于对医院骑士团的感激，他对富尔克委以重任，令医院骑士团在塞浦路斯岛权倾一时。两年后，教皇正式解散圣殿骑士团，并将他们的一批财产和部分人员转给医院骑士团，令后者的财力人力明显提升。[9] 联想到同期条顿骑士团也面临着异端和巫术的指控，教皇对医院骑士团的确恩宠有加。最重要的是，医院骑士团将总部迁至罗德港，开始在罗德岛建立起稳固统治，再也无须担心像圣殿骑士团那样遭遇某位君主的“突然袭击”，故而能够安心发展，从长计议，最终奠定了在罗德岛两百余年的基业。

攻占罗德岛后，富尔克·德·维拉雷继续带领部下开疆拓土，短短数年中，医院骑士团的领土北至莱罗斯（Leros）岛，南至卡斯特洛里佐（Castellorizo）岛，事实上控制了十二群岛中的大部，甚至在小亚细亚西南海岸也建立了据点（在那里他们的主要对手是突厥人的门特瑟酋长国）。虽然罗德岛最为引人瞩目，但其余小岛也不乏价值。例如，尼西罗斯（Nisyros）岛的特产是斑岩（一种坚固的建筑材料）；莱罗斯岛盛产大理石；锡米（Symi）岛则以美酒和海绵驰名，同时它还拥有十二群岛中最熟练的造船工人……即使一些无人小岛也被骑士团利用起来，他们在那里构筑了一系列瞭望台，得以随时掌控穆斯林海军的动向。

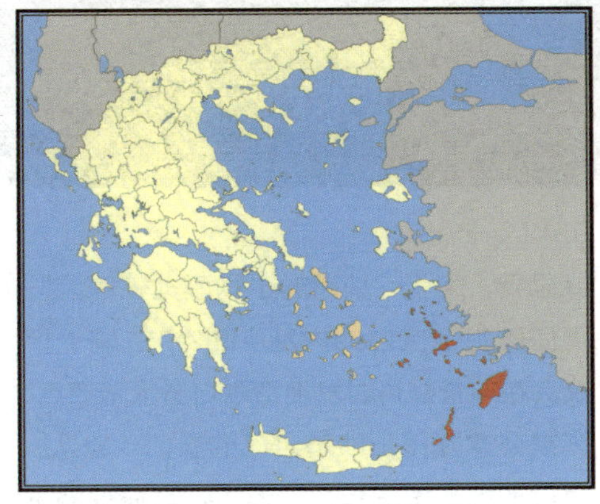
◎ 十二群岛所在位置（图中红色部分），面积最大者为罗德岛

罗德岛原本已沦为海盗的巢穴，但在医院骑士团的打造之下，它重新焕发了生机。与炎热干燥的巴勒斯坦相比，罗德岛气候宜人，土地肥沃，据说它得名的由来便是岛上随处盛开的玫瑰花丛。经过多年在圣地的艰苦鏖战后，骑士们更愿意把这里当作休养生息的“花园”。而罗德市则成为爱琴海地区重要的贸易港口，来往于欧洲和黎凡特的商船纷纷在此靠岸、补给、中转货物，医院骑士团则为他们提供安全保护。罗德岛的商业日渐繁荣，骑士团也从中获益良多。经济状况的改善使他们能够不断扩建自己的舰队，有了医院骑士团海军的武装巡弋，爱琴海附近一度猖獗的穆斯林海盗望风而靡。在为基督教船队护航的同时，医院骑士们也会顺势袭击穆斯林的商船，劫掠他们的货物。安纳托利亚曾经的霸主罗姆苏丹国自13世纪中期遭受蒙古人侵以来就开始每况愈下，1307年终于彻底覆灭，其昔日的领土分裂为一系列穆斯林酋长国，它们常常互相攻伐，难以对出现在家门口的医院骑士团做出反击。即使是刚崭露头角的奥斯曼土耳其人[10]，此刻在奥斯曼一世的带领下几乎将全部注意力倾注于陆地上的扩张，尚不足以对罗德岛构成威胁（直到1319年，奥斯曼人才发动首次海上攻势，占领了朗戈岛）。1312年，医院骑士团海军在阿莫尔戈斯（Amorgos）岛附近一度重创了土耳其人的舰队，几乎将它们全部俘获，令各路对手闻风丧胆。14世纪初安纳托利亚的乱

◎ 富尔克·德·维拉雷曾经避难的林都斯城堡

局给医院骑士团的发展提供了良机，富尔克·德·维拉雷用他的铁腕和武功令部下们在爱琴海站稳了脚跟，对比同时期圣殿骑士团的遭遇，富尔克凭此足以名垂青史。

然而，渡过最初的危机之后，富尔克的刚愎自用与穷奢极欲越来越令团友们难以忍受。终于，长期的不满酿成了医院骑士团历史上空前的内乱。1317年，骑士团议会在审查账目时发现富尔克曾大量挪用、挥霍公款并用于馈赠自己的亲信、扈从。面对如此严重的指控，大团长竟显得漫不经心，似乎自己是一位专制君主，无须对

幕僚的质疑做出回应。一批高级骑士忍无可忍，竟试图在夜晚将他们的大团长暗杀于卧榻之上。在得到自己管家的通风报信后，富尔克·德·维拉雷仓皇出逃至罗德岛东部的林都斯（Lindos）城堡避难。但骑士们不愿善罢甘休，他们很快赶来将城堡包围得水泄不通。对峙期间，叛乱者甚至选举出自己的团长莫里斯（Maurice de Pagnac，曾任医院骑士团制衣官），于是医院骑士团在两个世纪中首次同时出现了两位大团长。一场分裂甚至内战看上去迫在眉睫，为了避免昔日兄弟刀兵相见，双方同意共同前往阿维尼翁寻求教皇的仲裁。时任教皇为约翰二十二世（John XXII，1316—1334 年在位），他无法认同通过叛乱上台的莫里斯，唯恐开启恶劣先例；但他亦明白富尔克已经完全失去了民心——最终，1319 年教皇宣布莫里斯的当选无效，稍后又说服富尔克主动辞职。约翰二十二世旋即安排自己信赖的前医院骑士团普罗旺斯分团长埃利翁·德·维尔纳夫（Hélion de Villeneuve，1319—1346 年在位）担任大团长一职。为了安抚莫里斯，教皇将半个塞浦路斯医院骑士团分部交由他管理。富尔克则被降职为骑士团卡普阿（Capua）分团长，但即使在这个位置上，他也得不到下属的支持。教廷只好赠予一笔退休金让他重归故里，富尔克作为一名普通骑士在法国泰朗（Teyran）默默无闻地度过了余生（去世于 1327 年）。

富尔克的退位充满了戏剧性。他一度是骑士团一颗冉冉升起的政治明星，1299 年在叔父的提拔下开始总管骑士团海军，1301 年成为大司令官，两年后又升为副团长，并在 1305 年正式接过了叔父的衣钵。他短期内的飞黄腾达难免让人嫉妒，也使他的统治根基不稳。从第一任大团长杰拉尔德开始，医院骑士团高层便保持着某种协商、合作的传统，他们许下的“绝财”“绝

◎ 医院骑士团1978年发行的纪念埃利翁·德·维尔纳夫的邮票

色”“绝意”三愿，也要求生活简朴、安贫乐道。然而这些传统却被强势自负的富尔克·德·维拉雷破坏无遗。虽然在乱世中攻取罗德岛需要一定程度的独断专行，但在危机过后，团长在性格与执政上的缺陷便开始让大部分团友如鲠在喉。富尔克的退位宣告了一个特殊时期的结束，而教皇对新团长的任命也让他重新恢复了对医院骑士团的影响力。[11]

埃利翁·德·维尔纳夫作为罕见的由教皇亲自任命的大团长，在任期的前十三年长期驻跸在法国南部，紧邻阿维尼翁的教廷（虽然罗德岛依旧是骑士团总部所在地），直到1332年，他才启程前往罗德岛。其中主要原因倒不是大团长贪图欧洲安逸的生活，而是他必须处理大量棘手的事务——攻占罗德岛及十二群岛欠下的巨额外债，转移吸收圣殿骑士团财产面临的重重阻力，还有欧洲各国君主对医院骑士团的误解和仇视……埃利翁长袖善舞，将这些危机一一化解，令骑士团拥有了稳固的后方。在罗德岛前线坐镇的骑士团大司令官阿尔布雷希特·冯·施瓦茨布格（Albrecht von Schwarzburge）也不负众望，于1319年指挥骑士团海军重创了来犯的土耳其人舰队，暂时消除了后者对罗德岛的威胁。埃利翁上任之初，便对七大语言区皮利耶的职务进行了明确划分：原则上，法语区皮利耶担任大医师长，奥弗涅语区产生元帅，普罗旺斯语区产生大司令官，英语区是土科波利尔，西班牙语区则是制衣官，意大利语区负责执掌海军，耐人寻味的是，唯独德语区没有固定职务。返回罗德岛后，埃利翁将更多精力投入到对抗土耳其人、保护基督徒航线上。罗德岛对岸的门特瑟酋长国并无强大海军，难以威胁骑士团，然而它的邻居艾丁酋长国（Beylik of Aydin）的海上力量却不容小觑。其第二任埃米尔乌穆尔（Umur，1334—1348年在位）绰号“雄狮”，为小亚细亚西部枭雄，他致力于扩充舰队，拥有当时土耳其人中最强大的海军，常常四处劫掠，严重威胁着罗德岛骑士与威尼斯的商业利益。教皇克雷芒六世（Clement Ⅵ，1342—1352年在位）对此同样忧心如焚，他委托君士坦丁堡拉丁宗主教阿斯蒂的亨利（Henry of Asti）组织一支十字军，以对抗艾丁酋长国的扩张。埃利翁·德·维尔纳夫响应号召，派出了6艘战舰加入联合舰队，威尼斯人提供了20艘战船，而教皇国与塞浦路斯王国各提供了4艘。这支远征军在1344年成功击败了艾丁海军的主力，进而开始围攻后者的重要港口、历史名城士麦那（Smyrna，故本次行动也被称作“士麦那十字军”）。由于乌穆尔的轻敌大意，同年10月24日，士麦那港口区宣告失守，不过卫城尚在艾丁人的掌控之中。阿斯蒂的亨利被胜利冲昏了头脑，竟选择在城外开阔地进行盛大的弥撒仪式作为庆典，不料遭到乌穆尔的突然袭击，损失惨重，亨利与若干高级将领一同殒命。所幸第二年克雷芒六世组织了一批援军挫败了乌穆尔的反攻。数年的反复争夺让双方都精疲力竭，最终在1351年艾丁酋长国承认了基督徒对士麦那的占有（但其卫城仍由土耳其人控制）。克雷芒六世将士麦那交予医院骑士团管辖，从此他们在小亚细亚西部拥有了一座繁荣的良港（直到1402年它被帖木儿攻占）。[12]

◎ 迪厄多内·德·冈佐

埃利翁·德·维尔纳夫在1346年去世，他的继任者是医院骑士团14世纪的传奇人物迪厄多内·德·冈佐（Dieudonné de Gozon，1346—1353在位年，继位前任骑士团大司令官）。他出生于法国南部隆格多克（Languedoc）地区一个贵族家庭，在医院骑士团漫长的历史中，唯他具有“屠龙者”这一绰号，迪厄多内也因青年时代屠龙的壮举青史留名，并被无数后辈骑士奉为楷模。

故事发生于1332年。这一年，埃利翁·德·维尔纳夫刚刚从法国抵达罗德岛，他面临的首要难题不是土耳其人的威胁或穆斯林海盗的袭扰，而是一只肆虐乡邻的怪兽。在罗德市郊外约3公里的圣司提反山附近的一片沼泽中，据说栖息着一头巨龙。它常常以周围居民的牛羊为食，甚至偶尔还有牧童沦为它的美餐。目击者们描述它不仅体形硕大，而且身披厚厚的鳞甲，几乎刀枪不入。曾有几位骑士相约进入沼泽为民除害，不料却一去不返。罗德岛居民因此人人自危，惶惶不可终日。性格稳重的埃利翁·德·维尔纳夫不愿让自己的部下以身犯险，严令禁止他们私自外出猎杀恶龙。年轻的迪厄多内·德·冈佐无法公然抗命，但私下走访了不少目击者，他们描述中的怪物的尖牙、长尾和鳞甲是人们前所未见的。迪厄多内没有贸然出手，反而请假回到了欧洲老家。在他父亲的城堡里，心思细密的迪厄多内根据调查中怪物的形状和尺寸，制作了一具模型。他敏锐地意识到怪物的软肋是它缺乏鳞甲的腹部，便每天特意训练自己的两只猎犬攻击模型的这一位置。

当自己的猎犬已驾轻就熟之后，迪厄多内·德·冈佐便与这些特殊的“战友”乘船重返罗德岛。为了避免冒犯大团长，他特意不在罗德港靠岸，而是选择一处偏僻的海滩登陆。快接近圣司提反山的沼泽时，他留下自己的两位侍从等待消息，策马与自己的猎犬直捣恶龙的巢穴。战斗打响后，按照骑士作战的惯例，迪厄多内发起了冲锋，却发现自己的长枪和短剑对怪物的“铠甲”几乎毫无用处，而他的坐骑在龙尾的攻击下，惊慌失措，竟将主人掀下身去。千钧一发之际，迪厄多内的两只爱犬死死咬住了恶龙的腹部，并将它拖拽得仰面朝天，他抓住机会用剑刺入龙的腹部，一番缠斗后，终于结果了“罗德岛梦魇”的性命。

在侍从的帮助下，迪厄多内·德·冈佐砍下了恶龙的首级，策马返回罗德市大团长宫报喜。虽然战友们都激动地向他道贺，然而，闻讯的埃利翁·德·维尔纳夫却一脸阴沉。在大团长看来，自己初至罗德，迪厄多内的举动不啻为以下犯上，公然挑战自己的权威。埃利翁·德·维尔纳夫训斥迪厄多内·德·冈佐说，由于他违反了团规，摆在面前的只有两条出路——要么开除出团，要么降格为见习骑士。大团长的乖谬

◎ 贝尔纳德·罗捷[13]笔下迪厄多内·德·冈佐屠龙的壮举，他本人曾在罗德岛一土耳其人家中观摩过类似壁画，据此创作了这张画作

之举引起了轩然大波，聚集的骑士团团友和普通市民群情激奋，纷纷为自己的英雄请命。最终大团长也不得不表示让步，赦免了迪厄多内·德·冈佐的“罪过”，而后者立刻成了罗德港街头巷尾歌颂传唱的主角。十四年后，迪厄多内被一致选举为医院骑士团第27任大团长，算得上水到渠成，名至实归。

在西方文化传统中，“屠龙者”一直在民众心目中享有崇高地位。《圣经》中的大天使米迦勒、基督教圣人圣乔治，乃至中世纪广为流传的《特里斯坦与伊索尔德》里的男主角特里斯坦，都曾有过屠龙伟绩。对于在罗德岛重新白手起家的医院骑士而言，迪厄多内·德·冈佐的故事具有难以估量的精神价值，它令骑士团在爱琴海甚至地中海的敌友之间名声大噪，振奋了罗德岛人的民心士气。迪厄多内行侠仗义，为民除害，也符合欧洲传统中对骑士的憧憬，吸引了更多年轻人慕名而来。他也因此在整个14世纪的医院骑士团历史中留下了浓墨重彩的一笔。[14]

在现代读者看来，屠龙的故事可能有些荒诞不经。但历史上，迪厄多内·德·冈佐的确曾手刃某种凶悍的“怪物”，因为他的战利品“龙头”曾长期展示于罗德港城门，甚至在奥斯曼帝国统治时期也是如此。至于它是蟒蛇、鳄鱼，还是某种巨蜥，今天已无从考证。美国著名女作家伊迪丝·华顿（Edith Wharton）曾在她的游记中提到，其朋友的母亲于1829年在罗德市昂布瓦斯（Amboise）门亲眼见过迪厄多内·德·冈佐砍下的“龙头”。[15]据说它看上去既像马又像蛇，下颚已经缺失。但遗憾的是，1837年这只“龙头”神秘地失踪了，否则今天的生物学家或许能为这桩历史悬案画上圆满句号。

虽然埃利翁·德·维尔纳夫算得上励精图治，但迪厄多内·德·冈佐继承的并不是一个民康物阜的骑士团国，而是触目惊心的账本。1343年，深陷对法战争（即英法百年战

◎ 罗德岛圣乔治教堂壁画，上部右侧下跪者为埃利翁·德·维尔纳夫，下部展现了大天使米迦勒与圣乔治屠龙的事迹。贝尔纳德·罗捷临摹

争）漩涡的爱德华三世拒绝偿还多达136.5万弗罗林（Florin，一种意大利金币）的外债，导致他最大的债主意大利银行佩鲁齐（Peruzzi）与巴尔迪（Bardi）在1343年、1346年相继破产，并酿成了席卷整个欧洲的金融危机。医院骑士团作为它们的重要客户，最终损失也达到了36万弗罗林。[16]祸不单行的是，黑死病也在此期间于地中海肆虐。一方面经济状况一落千丈，另一方面士麦那战事仍在继续，迪厄多内领导全团节衣缩食，总算在任内终结了旷日持久的士麦那十字军远征，令骑士团成功领有了这座重要海港（尽管经费紧张，骑士团海军依旧于1347年4月在伊姆布罗斯岛外歼灭多达百艘土耳其战舰）。虽然已成为医院骑士团历史上的一代传奇人物，但他在位时间毕竟只有短短七年，其雄才大略恐怕难以尽数施展。迪厄多内的部下定居罗德岛已有两代人之久，随着骑士团国蒸蒸日上，骑士生活也更加安逸，圣地时期锐意进取的斗志开始慢慢消退。加之适逢金融危机，没有强力外援，他们不再渴望冒险扩张。很多欧洲人士并不知晓内情，对医院骑士团的“怯懦”颇有微词。例如，意大利大诗人彼特拉克（Francesco Petrarca，1304—1374年，以十四行诗见长，被誉为人文主义之父）就曾写道：“罗德岛，信仰之盾，却毫发无伤，苟且偷生。”原本教皇应是十字军运动的轴心，然而14世纪宗座的威望也已不复当年。这一时期领导基督徒反击的重任，最后落在了年轻的塞浦路斯国王彼得一世（Peter Ⅰ of Cyprus，1328—1369）肩上。

当彼得一世于1358年即位时，阿卡的沦陷已经过去了超过一甲子，光复圣地的梦想似乎遥不可及。但在宗教热忱与雄心壮志方面，彼得一世可与一个世纪前的法王“圣路易”媲美，他还仅仅是一名弱冠少年时，便亲手组建了“宝剑骑士团”，宣誓以收复耶路撒冷为己任（塞浦路斯国王名义上仍具有耶路撒冷国王的头衔）。彼得登基不久，亚美尼亚王国位于安纳托利亚南部的重镇科律克索（Corycus）由于被周边诸土耳其酋长国环绕，为求自保，主动向塞浦路斯新王表达了归顺之意。彼得谨慎的父亲休四世（Hugh Ⅳ）早年曾断然拒绝了科律克索的类似请求，但胸怀大志的彼得一世欣然收下了这块烫手山芋（自此塞浦路斯王国在安纳托利亚南部有了一块自己的根据地，直至1448年）。科律克索的易主在小亚细亚掀起了一阵波澜，各土耳其埃米尔对塞浦路斯刮目相看的同时，也将它视作心腹之患。而彼得一世的回应则是组织了一场规模浩大的远征，目标直指安塔利亚（Antalya，今土耳其第八大城市，位于安纳托利亚西南沿海）。1361年，他召集了封臣，一支庞大的舰队（共120艘战船）已整装待发。罗德岛的医院骑士团作为塞浦路斯的盟友与近邻，大团长罗歇（Roger de Pins，1355—1365年在位）审时度势，亦派出了4艘大型桨帆战舰（兵力在千人左右）加入彼得一世的海军序列。此外，教皇英诺森六世也投入了2艘战舰，甚至一些地中海海盗也慕名前来“共襄盛举”。8月24日，经过狂风暴雨般的强攻，彼得一世的基督教联军成功夺取安塔利亚

（他们据守该地直至1373年），从而获得了自“士麦那十字军远征”后黎凡特基督徒的又一场大捷。

彼得一世并不满足于这样的战果，他的梦想是彻底光复耶路撒冷王国，但仅凭塞浦路斯一国之力无法实现这一计划。从1362年起，彼得一世踏上了周游列国、合纵连横的旅途。塞浦路斯国王的第一站是罗德岛，罗歇与医院骑士被彼得一世的雄才大略所打动，首先应允加入十字军的队伍。1363年1月，他抵达威尼斯。威尼斯人虽与马穆鲁克王朝存在贸易关系，但早前克里特岛（威尼斯领地）发生叛乱时，塞浦路斯曾鼎力相助，于是也表态愿意出兵。是年3月，彼得一世来到阿维尼翁觐见教皇乌尔班五世，他描绘的宏伟蓝图让乌尔班不禁心潮澎湃，后者稍后安排彼得与法王约翰二世会晤。两位国王在4月共同领取了十字架，象征着新一轮十字军东征揭开了帷幕。彼得一世并不满足于法兰西一国的支持，他旋即拜访了勃艮第、佛兰德与莱茵兰，广交盟友，又在伦敦与英王爱德华三世把酒言欢。在爱德华三世的宠臣亨利·皮卡德的安排下，期间更上演了五王（法王约翰二世、英王爱德华三世、苏格兰国王大卫二世、丹麦国王瓦尔德玛四世与塞浦路斯国王彼得一世）齐聚的盛事。觥筹交错之间，诸位基督教世界的重要君主就远征黎凡特达成了共识。意气风发的彼得又于第二年来到神圣罗马帝国，帝国皇帝查理四世也同意与麾下诸侯一并参战。这年冬天，彼得一世心满意足地返回威尼斯，规模浩大的十字军预定在第二年夏天启程。

然而，与欧洲这些老练的君主相比，彼得一世还显得有些稚嫩。不论约翰二世（他于1364年驾崩，即位者为查理五世）、爱德华三世，抑或查理四世，他们信誓旦旦地许诺与当年对伊尔汗国使臣的表态并无二致，不过是虚与委蛇而已。彼得一世翘首期盼着，但三大君主的御驾亲征从未成真。诚然，陆续从英法两国有一批批志愿军前来，但其中大多为无名之辈，值得一提的不过日内瓦伯爵艾梅、蒂雷纳子爵威廉·罗歇等区区数人。热那亚人在最后时刻也打了退堂鼓（虽然他们也象征性地派出了少量船只）。在彼得一世看来，称得上忠贞不贰的唯有教廷、威尼斯与罗德岛骑士了。

尽管有种种不如意，彼得一世依旧执着地推行着自己的远征。在幕僚的建议下，他明智地将目标锁定为埃及最重要的商港亚历山大。为了达到奇袭的效果，他甚至对威尼斯共和国与乌尔班教皇也守口如瓶——在东征前夕，教皇还应威尼斯的请求，特许6艘商船前往亚历山大，可见其保密工作的成功。1365年6月，彼得一世带着粮草、战马、兵员与教皇特使皮埃尔·德·托马，抵达罗德岛。按照计划，罗德岛是本次十字军的集结地。

彼得一世的老战友医院骑士团团长罗歇在这一年刚刚去世，新任大团长雷蒙·贝伦加尔（Raymond Berengar，1365—1374年在位）对远道而来的宾客表示了诚挚的欢迎。自耶路撒冷国王亨利二世在阿卡加冕以来，医院骑士团总部已经很久没有这般高朋满座了。彼得一世的乐观感染着各国志愿者与医院骑士，罗德岛俨然是一座宗教氛围浓郁的兵营，人们忙碌地运载战马，贮备粮草，训练新兵。皮埃尔·德·托马在全岛举行了多场弥撒，唤起了骑士们尘封已久的热忱，而来自欧洲各国的贵族云集罗德港，市内的骑士大街想必才第一次成为真正的“骑士之街”。

到了这年10月，罗德岛十字军已经整装待发。彼得一世的舰队包括了108艘舰只（其中33艘专门用于运输马匹），加上威尼斯舰队与医院骑士团舰队，总数达到了惊人的168艘。仅塞浦路斯王国出动的陆军就超过1万人，战马有1400匹，云集在罗德岛的各国贵族则不下1000名。医院骑士团精选了百余名骑士加入联军，考虑到晚至1466年罗德岛也不过定居着350名骑士，这的确算得上精锐尽出。自群星璀璨的第三次十字军东征以来，黎凡特还没有出现过像这样的一支基督教劲旅。慑于他们的浩大声势，毗邻的以弗所、米利都两地埃米尔担心自己是彼得一世的目标，特意遣使登岛，向塞浦路斯国王称臣纳贡。

10月4日晚，在皮埃尔·德·托马激情洋溢的布道结束后，联合舰队缓缓驶离罗德港。直到最后一刻，士兵们还被告知，此行的目的地是叙利亚。但很快，他们便从舰队的航向上看出端倪——最终，指挥官宣布，本次十字军的目标是亚历山大港。

此时远征，彼得一世挑选了绝佳的时机，当时的埃及苏丹年仅11岁，由埃米尔亚尔博阿（Yalbogha）监国，但后者历来不得民心。雪上加霜的是，亚历山大总督哈利勒正在外地朝圣，临时代理政务的詹格哈拉（Janghara）只有一支寒酸的守备队伍，而且对即将到来的危险一无所知。

10月9日夜，基督教联合舰队出现在亚历山大港外。城中的穆斯林误以为这是前来贸易的欧洲商船，很多市民簇拥在码头准备“购物”。当清晨的第一缕阳光投射到海面时，穆斯林才发觉城外是一支气势汹汹的舰队。代理总督詹格哈拉如梦初醒，急忙动员守军准备抵御登陆，然而为时已晚。虽然守军英勇战斗，但作为前锋的基督教骑士们锐不可当，港口区很快失守，穆斯林商人与平民四散奔逃。穆斯林的伤亡是如此巨大，据说海水都被染成了

今天的罗德市“骑士大街”

红色。詹格哈拉与残部只得退入城墙内据险死守。在部将的建议下，彼得一世不等全军尽数上岸就发起了强攻。国王为第一个登上城头的勇士开出了1000弗罗林的赏金，城墙很快被突破，守军且战且退，撤往城南。10日中午，十字军已经占据了亚历山大城的大部分城区，虽然当晚穆斯林顽强地发动了一次反攻，但仍被击退。10月11日，亚历山大彻底陷落。

一场史诗般大捷的喜悦很快被十字军入城后的暴行所冲淡了。与1099年的耶路撒冷、1204年的君士坦丁堡如出一辙，基督教士兵们入城后很快便开始疯狂地屠杀和劫掠。由于亚历山大十分富庶，十字军眼前皆是昂贵的战利品。部队几乎完全失去了纪律，甚至城中的犹太区、基督徒区也遭到了不加区分的破坏。很多欧洲商人在亚历山大的店铺住宅，或被抢劫一空，或被付之一炬。穆斯林的遭遇更加凄惨，清真寺无一幸免，而当十字军闯入民宅，往往要求居民立即交出财物，主人若稍有迟疑，就会惨遭灭门。共有5000个“俘虏”被贩卖为奴（其中竟包括不少基督徒），而驮运战利品的马匹、骆驼在港口区排出了长长的队伍……彼得一世梦想中的骑士远征，最终蜕变为一场强盗的狂欢。

虽然彼得一世、医院骑士团和教皇特使还保留了几分侠义精神，但他们无力制止桀骜不驯的欧洲骑士和佣兵。很多参与十字军的士兵本无宗教热忱，一心只想着中饱私囊，当赚得盆满钵满之后，便考虑着早日还乡。虽然对部队的表现深感痛心，但彼得一世还期望着以亚历山大为桥头堡，向开罗出击。然而大多数欧洲贵族已经不愿意冒险了。蒂雷纳子爵威廉·罗歇作为欧洲骑士的代表发言说，埃及苏丹随时能动员5万人以上的大军前来收复亚历山大，我方兵力捉襟见肘，难以守住一座如此宏伟的城市，不如见好就收，乘胜班师。彼得一世竭力辩驳，但麾下英法贵族大多心怀鬼胎，纷纷附和威廉·罗歇的“高论”。虽然在军事会议上各方并未达成共识，但很多将士已经用双脚表明了态度。到了10月16日，亚历山大城内驻防的就只剩部分彼得一世的亲兵了。

苏丹的援军据说已经出现在郊区，万般无奈之下，彼得一世只能宣布“凯旋归国”。十字军在这座亚历山大大帝亲手创建的历史名城劫掠了整整一周，亲临视察的马穆鲁克苏丹阿什拉夫（Al-Ashraf Sha'ban）目睹一片狼藉，不禁怒火中烧，下旨严厉报复国内的基督徒，同时拨款重建亚历山大。这座城市被十字军破坏得如此彻底，直到19世纪才恢复元气。

彼得一世与他的大军回到了塞浦路斯，原本国王还期望部下们稍作休整之后能跟随他再接再厉，重启攻势；但事与愿违，欧洲的骑士满载着战利品，纷纷自发地踏上了还乡之途。与彼得一世同样愁眉不展的，还有他的盟友威尼斯人。他们对劫掠亚历山大颇有微词，因为这重创了共和国在黎凡特的贸易。很快，香料、丝绸等东方货物的价格开始暴涨，令欧洲民众苦不堪言。恐怕只有教皇与置身事外的热那亚人，才感到了由衷的喜悦。

塞浦路斯王国与马穆鲁克王朝，都在酝酿更大规模的战争。不幸的是，由于彼得一世长期在外，他的王后阿拉贡的埃莉诺（Eleanor of Aragon）与留守国内的贵族传出了风流韵事。得悉此事的彼得一世妒火中烧，便严酷地惩罚这些部属。终于，在1369年1月17日，3位骑士趁国王清晨更衣之时刺杀了他，而他的兄弟竟选择了袖手旁观。

彼得一世在众叛亲离中撒手人寰，给医院骑士团留下一个混乱的塞浦路斯与暴怒的马穆鲁克王国。同穆斯林的战争还在继续，而新国王彼得二世拙劣的外交又导致热那亚与塞浦路斯交恶。虽然医院骑士团大团长雷蒙·贝伦加尔竭力居中调停，但仍旧无法阻止昔日的两大盟友反目。在1373—1374年与热那亚的战争中，塞浦路斯屡尝败绩，甚至连重要港口法马古斯塔也被攻占。趁着塞浦路斯自顾不暇的时机，小亚细亚的土耳其人开始收复失土，安塔利亚再度回到穆斯林手中……彼得一世发起十字军远征的战果，被证明不过是昙花一现。而医院骑士团面临的国际局势，较以往甚至更加险恶。安纳托利亚的土耳其人与埃及的马穆鲁克人为了共同的敌人联合起来，1375年奇里乞亚亚美尼亚王国在二者的南北夹攻之下宣告覆灭，末代国王列奥六世流亡巴黎，罗德岛骑士又失去了一大强援，而昔日中东的诸多基督教国家已彻底烟消云散。[17]

当塞浦路斯与医院骑士团将注意力投向圣地与北非时，安纳托利亚与色雷斯的政治格局已悄然变化。奥斯曼土耳其人在伟大的穆拉德一世（Murad Ⅰ，1326—1389）领导下，励精图治，重整军队，利用拜占庭的衰落与安纳托利亚各埃米尔的分裂，大肆开疆拓土。1373年，拜占庭帝国皇帝约翰五世（John Ⅴ Palaiologos，1332—1391）也不得不向奥斯曼苏丹俯首称臣，而色雷斯与摩里亚俨然已成为穆拉德一世的囊中之物。在摩里亚，此时还残存着一些昔日拉丁帝国的势力（如雅典公国、亚该亚侯国），面对奥斯曼人的咄咄兵锋，拉丁人的国家也频频告急。虽已沦为奥斯曼帝国的封臣，但不甘就此沉沦的拜占庭皇帝仍亲自出使欧洲，并获得了教皇格列高利十一世的谅解与支持。在教宗的命令之下，医院骑士团无可避免地卷入了援助拉丁人与希腊人、对抗土耳其的战事。为此，1375年，医院骑士团的欧洲各分部共征集了近400名骑士（法兰西125人，意大利108人，西班牙与葡萄牙73人，英格兰与爱尔兰38人，德意志与波西米亚32人，匈牙利17人，摩里亚与雅典大公国各2人），可谓盛况空前。与此同时，骑士团还向意大利银行借款24500弗罗林作为军费。这支精锐的部队，由教皇信赖的医院骑士团副团长胡安·费尔南德斯·埃雷迪亚（Juan Fernández de Heredia，1310—1396）负责指挥。除了紧锣密鼓地备战，医院骑士团在外交战线上也颇有斩获。1377年，通过谈判它成功地从那不勒斯王国太后乔安娜一世（Joanna I，那不勒斯国王路易二世之母）处租借了亚该亚侯国，医院骑士丹尼尔·德尔·卡雷托（Daniel del Carretto）被任命为该地总督；骑士团还获得了阿尔塔（Arta）湾的重要港口沃尼察（Vonitsa）的主权，不过当时它正面临着阿尔巴尼亚领主约翰·斯帕塔（John Spata）的严重威胁。[18]

这一年7月，大战将至之际，大团长罗贝尔·德·瑞伊（Robert de Juilly，1374—1377年在位）[19]却溘然长往。教皇打破惯例，直接任命胡安·费尔南德斯·埃雷迪亚接任（按照传统，应由医院骑士团自行选举）。[20]虽有违常理，但埃雷迪亚

◎ 大团长罗贝尔·德·瑞伊位于罗德市方济各教堂的石棺，在19世纪奥斯曼人统治时期，教堂已被改建为清真寺，而大团长的棺椁似乎被用做了穆斯林的蓄水池。贝尔纳德·罗捷绘制

确非等闲之辈。他出生于阿拉贡王国的穆内夫雷加（Munébrega，位于今西班牙东部萨拉戈萨省），14世纪大部分医院骑士团大团长均出生于法国，因此他可算得上一个“另类”。18岁时埃雷迪亚加入了医院骑士团，青年时代便崭露头角，担任过比列尔（Villel）、阿利亚加（Aliaga）等地的行政官，并与当时的阿拉贡王太子彼得私交甚笃。1346年，他被彼得四世提拔为安波斯塔（Amposta，位于今西班牙加泰罗尼亚）“城堡主”（Castellan），从此开始平步青云，还得到了教皇英诺森六世的赏识。埃雷迪亚爱好藏书，满腹经纶，并颇有行政天赋，他尤其重视教育，曾长期资助莱里达（Lérida）与蒙彼利埃（Montpellier）等地的大学。1354年他被任命为医院骑士团卡斯蒂利亚（Castile）分团长，两年后荣升圣吉勒分团长（圣吉勒为医院骑士团在欧洲最有权势的分部）。此外，他还多次作为教皇特使出使各国。当然，埃雷迪亚的仕途也并非一帆风顺。大团长雷蒙·贝伦加尔与他政见不合，屡加打压，并在1365年罢黜了他的职务。埃雷迪亚选择回乡“归隐”，但利用这段闲暇时光，他成为阿拉贡太子约翰的老师，其博学与人文精神对未来的阿拉贡国王产生了深远影响。1370年新教宗格列高利十一世即位后，埃雷迪亚再次获得青睐，他负责为教廷谋划新一轮十字军东征，并升任医院骑士团副团长。由于以上显赫经历，七年后这样一位睿智、干练的骑士团领导人被教皇委以重任，虽略有些突然，但也算实至名归。

摩里亚情势危急，新任团长胡安·费尔南德斯·埃雷迪亚很快便率领欧洲的医院骑士团援军踏上了征程。1378年4月，埃雷迪亚的舰队（同行的还包括骑士团海军司令及威尼斯、比萨等地的分团长）顺利抵达沃尼察。为了消除阿尔巴尼亚人对这座港口的威胁，埃雷迪亚决定率部围攻阿尔塔，但因后者高耸的城墙而迟迟不能得手。8月，面对回援的约翰·斯帕塔（还包括部分塞尔维亚盟军），初来乍到的埃雷迪亚不幸中了埋伏，他与许多高级官员都沦为了阿尔巴尼亚人的阶下囚。埃雷迪亚的履新迎来了一个噩梦般的开局。[21]

虽然身陷囹圄的大团长叮嘱部下不要为营救自己这样一个老人浪费公帑，但罗德岛的医院骑士们还是倾尽所有为他筹集了不菲的赎金。1379年9月，被释放的埃雷迪亚终于平安抵达罗德岛。大团长的处境颇有些尴尬，在法国籍骑士占多数的医院骑士团总部，埃雷迪亚却是一个土生土长的西班牙人，他的即位并未经过骑士团议会的首肯，而赴任初始便尝到了败绩……祸不单行的是，1378年天主教会竟又发生分裂，在罗马与阿维尼翁产生了两位对立的教皇乌尔班六世与克雷芒七世。[22]作为教廷直属天主教修会的医院骑士团，此时处境十分微妙，因为欧洲各国分别支持不同教皇，而埃雷迪亚麾下的骑士又偏偏来自五湖四海。

如果是资质平庸的大团长，恐怕早已焦头烂额，而胡安·费尔南德斯·埃雷迪亚在政治与外交方面的精明此时凸显得淋漓尽致。考虑到骑士团内法国籍成员占据多数，大团长选择支持阿维尼翁的教廷，从而稳固了自己的统治。对于认可罗马教廷的团员（如来自英格兰的骑士），埃雷迪亚也显得十分宽容，并未党同伐异。此举避免了罗德岛骑士陷入分裂。而面对摩里亚的乱局，埃雷迪亚决定逐步撤出骑士团自身的军事力量，收缩防线，以罗德岛及周边地区的安全为优先。1381 年，骑士团正式放弃了对亚该亚侯国的控制。同时，他们雇用了一批“纳瓦拉军团”（Navarrese Company）用于骚扰摩里亚的敌人。自 1382 年起，在埃雷迪亚的苦心经营下，罗德岛医院骑士团的安全形势趋于稳定（唯一的例外是曾有一名因涉嫌谋杀被埃雷迪亚开除的骑士试图行刺大团长，但刺客当场被大团长的侍卫们制服）。

的确，与传奇人物迪厄多内·德·冈佐相比，胡安·费尔南德斯·埃雷迪亚在排兵布阵或行侠仗义方面乏善可陈。冈佐以武功闻名遐迩，而埃雷迪亚则靠“文治”青史留名。1382 年后，大团长重返欧洲，定居阿维尼翁。依靠在教廷、法国与阿拉贡的广泛人脉，他为罗德岛骑士打造了一个相对稳固的后方。不过此举也刺激了罗马的教皇乌尔班六世，后者在第二年另指定了一位医院骑士团大团长里卡尔多·卡

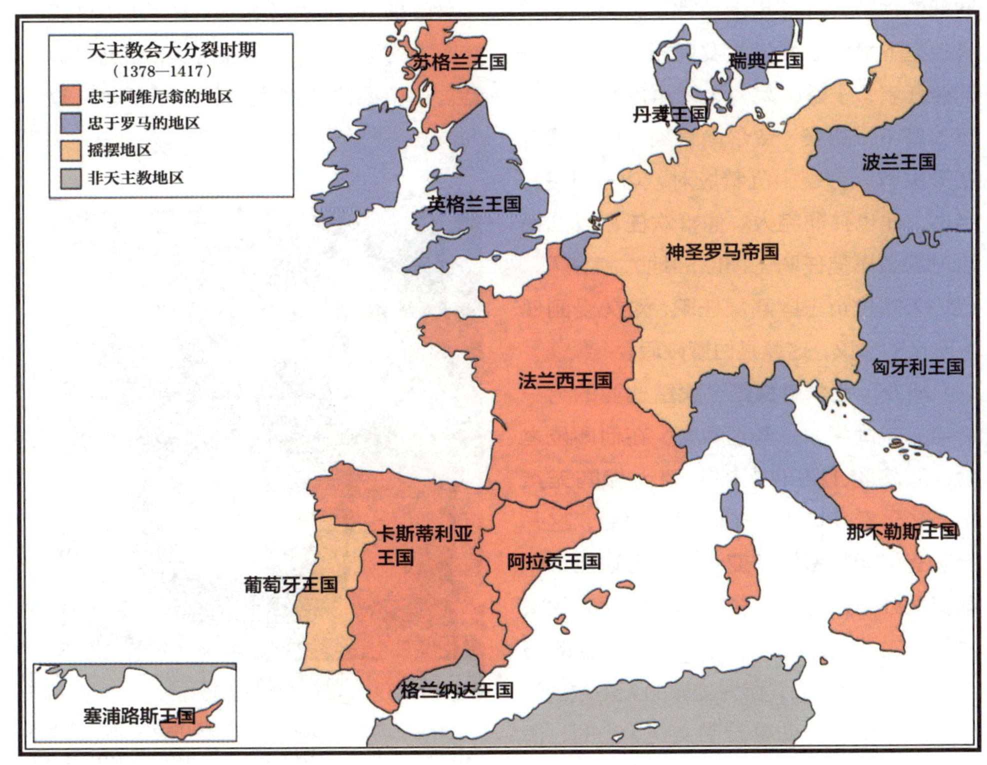

◎ 天主教大分裂时期对立教会势力图

拉乔洛（Riccardo Caracciolo，出生于那不勒斯王国，曾任骑士团卡普阿分团长），医院骑士团面临分裂的严重危险。此时埃雷迪亚已年过七十，须发皆白，在他的运筹帷幄下，竞争对手卡拉乔洛完全落于下风。卡拉乔洛曾派出一位名叫里巴尔多（Ribaldo）的骑士秘密登陆罗德岛，希望煽动岛上骑士推翻埃雷迪亚的统治，孰料罗德岛骑士对老团长忠心耿耿，此人很快遭到逮捕，阴谋败露后，他被押送至阿维尼翁，最后在教廷的监狱里度过了余生。罗马推出的“对立大团长”，其影响力始终局限在意大利北部与英格兰（甚至英格兰也显得“三心二意”），难以撼动埃雷迪亚的地位，1395年卡拉乔洛去世后，罗马教皇卜尼法斯九世竟发现无法找到合适的接任者，于是医院骑士团再度统一在老团长麾下。胡安·费尔南德斯·埃雷迪亚在天主教大分裂中沉着应对，功不可没，当然，他也并非完人。他喜欢任命或推荐自己的亲属担任骑士团欧洲地方领导人，或进入阿拉贡王国高层任职，难免受到任人唯亲的非议，这算是白璧微瑕。

胡安·费尔南德斯·埃雷迪亚的另一特点是崇尚学术，重视教育。在他即位之前，医院骑士团的大部分骑士都胸无点墨，文化素养堪忧。在他即位之后，这一状况有了翻天覆地的变化。埃雷迪亚早年曾资助办学，阿维尼翁的第二任对立教宗本笃十三世（Benedict XⅢ）即为他的门生。来到罗德岛后，作为虔诚的天主教徒，埃雷迪亚却十分仰慕希腊文化。当时，很多希腊学者为了躲避战火，选择定居罗德岛。大团长对这批人才予以优待，并鼓励他们将希腊文化传播至法国与意大利，后来罗德岛也成为早期希腊学的中心之一。定居阿维尼翁期间，埃雷迪亚利用闲暇时间著书立说，并赞助、组织一批学者翻译了大量典籍，他甚至在教廷新建了一座图书馆，藏书包罗万象。著名的文艺复兴学者萨卢塔蒂（Coluccio Salutati，1331—1406，人文主义者、学者，曾任佛罗伦萨执政官，本人也酷爱藏书）对此也赞不绝口。通过侍奉阿拉贡前后两代国王，他还对阿拉贡的文艺复兴产生了深远影响。在发展经济方面，埃雷迪亚也颇有建树。迪厄多内·德·冈佐统治时期医院骑士团一度濒临破产，但在埃雷迪亚统治后期（1392年），骑士团的岁入达到了4.5万弗罗林之巨。这位西班牙裔大团长，更多地以政治

◎ **胡安·费尔南德斯·埃雷迪亚画像，来自他本人编撰的《西班牙大编年史》**（*Grant Cronica de Espanya*）

家、外交家、教育家、学术赞助人的身份，在14世纪末期的乱世，塑造了医院骑士团的新面貌，并留下了一份丰厚的遗产。[23]

在胡安·费尔南德斯·埃雷迪亚生命的最后几年中，东方的局势再度恶化。1389年爆发的科索沃战役中，虽然奥斯曼土耳其苏丹穆拉德一世被刺身亡，但他的王子巴耶济德（Bayezid Ⅰ，1360—1403）于战场临危受命，率部大败塞尔维亚联军。塞尔维亚国王沦为战俘，并在穆拉德遇刺的帐篷前被残忍处决。巴耶济德宣布自己继任苏丹。这位野心勃勃的年轻人，继续着父亲的扩张政策，甚至因作战风驰电掣而获得了“雷霆”的雅号。塞尔维亚已经丧失了独立，1393年保加利亚王国也被土耳其人倾覆。巴耶济德的军队在伯罗奔尼撒已横行无阻。第二年，苏丹开始围困君士坦丁堡，千年帝国拜占庭岌岌可危。拜占庭皇帝的盟友匈牙利国王西吉斯孟德·冯·卢森堡（Sigismund von Luxemburg，1368—1437，勃兰登堡选帝侯、神圣罗马帝国皇帝查理四世之子，1387年起成为匈牙利国王，1433年加冕为神圣罗马帝国皇帝）与瓦拉几亚大公米尔恰一世（Mircea Ⅰ，1355—1418）曾尝试着施以援手，但很快发现自己无法对抗如日中天的巴耶济德。西吉斯孟德不得不紧急向欧洲各国遣使乞援。风闻巴尔干诸国与拜占庭危在旦夕的消息，两位对立教皇卜尼法斯九世与本笃十三世虽平日里针锋相对，此刻却难得地达成了发起十字军远征的共识。适逢英法两国也签署了和平协议，“百年战争”暂告一个段落，法王

◎ 尼科波利斯战役，让·科隆布绘制

查理六世接见西吉斯孟德的使臣后，在给英王理查二世的信中意气风发地说：“真诚的好兄弟，现在正是时候……你和我，带着祖先需要拯救的原罪，组织起一支十字军去拯救那些苦难的基督徒们，去解放圣地……”但鉴于查理患有间歇性精神病，组织十字军的重任最终落在了勃艮第公爵腓力二世（Philippe Ⅱ）的肩上。腓力二世为本次东征筹集了12万里弗尔（法语Livre，法国古代货币单位，1里弗尔约相当于1磅白银）巨款，而带队出征的则是他的儿子讷韦尔伯爵约翰（1371—1419，绰号“无畏者”，未来的勃艮第公爵约翰二世）。他的部队云集了大批法国名将与骑士，热那亚、威尼斯则提供舰队支援，甚至阿拉贡与德意志诸国也有不少贵族表示响应，而条顿骑士团、医院骑士团作为教皇直属的军事修会，自然也鼎力支持。1396年4月，法国十字军开始集结，此时胡安·费尔南

德斯·埃雷迪亚已经去世，新任医院骑士团大团长菲利贝尔·德·奈拉克（Philibert de Naillac，1396—1421 年在位，一说他在战役结束后才得知自己当选的消息）立即率部加入了讷韦尔伯爵约翰的联军。1396 年 9 月 25 日，这支规模庞大的十字军在经过一系列前哨战后，终于在多瑙河畔的重镇尼科波利斯（Nicopolis）附近，与奥斯曼土耳其苏丹巴耶济德的主力相遇。

巴耶济德生平第一次对阵法兰西骑士，素来听闻后者英名，也颇为忌惮，于是他设下拒马，摆出防守阵势，静静等待十字军进攻。西吉斯孟德曾经饱尝土耳其铁骑的苦头，他建议制定严谨的计划，各部协同出战，徐徐推进；但法兰西的骑士们却嚷嚷着要立即发起冲锋，一些法国将领担忧自己的功劳被匈牙利人分享，也极力游说约翰独自出击。最终，9 月 25 日清晨，约翰不通知友军，便鲁莽地率领 2000 余名法兰西—勃艮第骑兵，冲入了巴耶济德预设的巨大陷阱中。虽然法国骑士的战力超乎土耳其人预期，他们也的确突破了后者的第一道防线，但孤军深入历来是兵家大忌。很快，约翰的部队陷入了重围，虽然殊死搏杀，但还是未能改变全军覆没的命运——约翰及麾下大批贵族、骑士都沦为了战俘。

起初西吉斯孟德对法国人的厄运还蒙在鼓里，当一些溃兵告知这一噩耗后，匈牙利人、德意志人和其他十字军试图发起强攻，以挽救法兰西—勃艮第联军的命运。但米尔恰并无如此境界，他明白此役已毫无胜算，于是选择保存实力，率部撤退。特兰西瓦尼亚和瓦拉几亚部队逃离战场后，中路的十字军主力失去了两翼的掩护，很快陷入土耳其人的三面合围。十字军的拼死一搏最终演变为草木皆兵式的溃散。巴耶济德的部队在后面穷追不舍，眼看整个基督教联军就要全部玉碎……多瑙河救了他们。医院骑士团与威尼斯、热那亚的舰队正停泊于大部队后方的河面，虽然大多数骑士已溃不成军，但少量的医院骑士依然保留着完整建制与高昂士气，他们作为后卫部队，与少数坚持战斗的意大利佣兵一起，为十字军奔向河岸争取了时间。最终，西吉斯孟德与菲利贝尔·德·奈拉克等贵胄成功逃出生天。而尼科波利斯战役中，十字军的伤亡人数超过了 8000 人。在运送、安顿惊魂未定的友军后，菲利贝尔带领医院骑士团舰队经君士坦丁堡、达达尼尔海峡，返回了罗德岛。

在匈牙利国王西吉斯孟德写给医院骑士团大团长菲利贝尔的著名信件中，他抱怨道：“我们因为法国人的骄傲和无知而失掉了这场战役，如果他们听从我的建议，我们就有足够的兵力对抗我们的敌人……”而同年法国的吟游诗人德尚却宣称：“尼科波利斯，异教徒的城市。在那些日子里，我们目睹伟大的围城攻坚。这却在傲慢和讽刺中惨淡结束，因为匈牙利人可耻地逃跑了。”互相指责已于事无补。未来的勃艮第公爵约翰在巴耶济德的牢房中度过了漫长的一年，直到法国政府偿付了多达 20 万弗罗林的赎金。匈牙利国内随后爆发了反对西吉斯孟德的政变，而君士坦丁堡又一次被包围得水泄不通（在君士坦丁堡战役期间，医院骑士团再次提供了 2 艘加莱战船）……尼科波利斯战役后，奥斯曼土耳其充分展现了它的实力，让西欧的几大强国再也不敢轻视，也令教皇在发动新一轮十字军出征时不得不思量再三。[24]

医院骑士团在这场灾难中损失尚轻，罗德岛依旧大体安全，只是失去了友军的协助，他们显得有些势单力孤。1397 年，挟尼科波利斯大胜之威，土耳其人将自己的兵锋转向希腊南部摩里亚地区。摩里亚专制君主塞奥多利一世（拜占庭皇帝约翰八世之弟）闻风丧胆，竟仓皇而逃，将自己封国的防务完全交予医院骑士团负责。菲利贝尔的部下面临敌众我寡之势，依托科林斯城堡与地峡天险，顽强地将奥斯曼军队拒于门外。这一壮举，将基督徒对摩里亚的统治又延长了六十多年。两年后，在威尼斯避难的塞奥多利一世索性将整个摩里亚售予医院骑士团，但在 1402 年与巴耶济德一世谈判时，拜占庭人出卖了罗德岛上的盟友。由于巴耶济德一再坚持和谈的前提是医院骑士必须全部撤出摩里亚，加之当地希腊居民对他们并不欢迎，骑士们最终在 1404 年彻底放弃了摩里亚专制君主国，而塞奥多利则荣归故里。[25]

不过，巴耶济德的成功激起了东方帖木儿大帝的忌惮，1400 年 8 月，他率领大军进入安纳托利亚，攻占了土耳其属地尔金迦（Erzinjan）。稍后，又挺进叙利亚，10 月占领马拉蒂亚、阿伊塔普和阿勒颇，12 月占领了大马士革，马穆鲁克王朝举国震动。巴耶济德与帖木儿均将对方视作最大的敌手，土耳其苏丹匆匆结束了在欧洲的战事，回师安纳托利亚。1402 年 7 月 27 日，在安卡拉城外，奥斯曼帝国与帖木儿帝国之间的决定性战役终于打响。帖木儿共投入了多达 14 万兵力，奥斯曼土耳其军总数则约 8.5 万人。战斗打响后，土耳其军中的鞑靼人（他们与帖木儿同文同种）轻骑兵突然倒戈，向巴耶济德的左翼发动冲击，虽然苏丹的近卫骑兵组成的预备队及时从后方赶来，击退了叛变的鞑靼人，但左翼阵线已经支离破碎。稍后，阵中土库曼骑兵发觉形势不利，也倒向了帖木儿。最终巴耶济德的部队彻底崩溃，只有部分塞尔维亚骑兵和少数土耳其近卫骑兵突出重围（他们也成功营救出几位奥斯曼帝国王子）。战斗一共持续了十四个小时，夜幕降临后，巴耶济德率领 300 名亲兵尝试着突围，但苏丹的坐骑不幸失蹄摔倒，巴耶济德最终沦为了帖木儿的阶下囚。这是他生平最惨重的败仗，也是最后一次败绩。

虽然帖木儿对巴耶济德颇为敬重，并且许诺将令他重登王位，但一年后他还是郁郁寡欢地在帖木儿的营帐中去世。奥斯曼帝国群龙无首，他的几位王子争权夺利，内斗不止，帝国陷入了持续近二十年的“大空位时期”。土耳其帝国暂时不再是迫在眉睫的威胁了，拜占庭帝国与医院骑士团都赢得了喘息的机会。[26]

安卡拉战役之后，帖木儿在安纳托利亚继续东征西讨达八个月之久，虽然四处劫掠，但他大体满足于恢复各土库曼埃米尔国的原有状态，没有进一步征讨奥斯曼帝国的欧洲部分（他也缺乏一支将部队运过海峡的舰队）。医院骑士团掌控下的士麦那也没能幸免，被帖木儿夺取。帖木儿在解除奥斯曼土耳其这一后顾之忧并震慑马穆鲁克苏丹之后，班师返回撒尔马罕，1405 年，他病逝于远征中国的途中。

横空出世的帖木儿大军虽然几乎摧毁了土耳其帝国，但也促使东地中海的基督教国家与伊斯兰国家为了共同的敌人而团结起来。1403 年，医院骑士团大团长菲利贝尔成功地与马穆鲁克王朝苏丹法拉杰（Faraj）签署了一项和平条约，其中的内容对骑士团极度有利：他们被特许于耶路撒冷重建医院，圣墓教堂也被修葺一新，苏丹认可医院骑士团作为基督教朝圣者保护人的身份，并同意骑士团成员可在马穆鲁克王朝领土自由旅行且无须缴税，允许医院骑士团在拉姆拉和达米埃塔设立领事，允许医院骑士团免税购买粮食并在其他贸易中享受赋税优惠，双方甚至同意在采取任何重大军事行动时提前三个月知会对方，以使彼此的臣民能够未雨绸缪……与马穆鲁克王朝的媾和为医院骑士团赢得了大约四十年的和平，明显改善了罗德岛南部的安全局面，同时也为骑士团带来了丰厚的商业利益。更为可贵的是，这份和约（虽然它并没有一直得到严格遵守）赋予了医院骑士团与马穆鲁克王朝近乎平等的地位，虽然它真正的领土仅仅局限于罗德岛及其附属岛屿，但却拥有了基督教朝圣者代理人与圣墓守护者的身份，国际地位得到了大幅提升，令周边的列强也不敢等闲视之。

大约与此同时，为了弥补士麦那的损失，稳固在安纳托利亚沿海的桥头堡，医院骑士团成功促使巴耶济德之子穆罕默德割让了历史名城博德鲁姆（Bodrum）[27]。自 1407 年起，菲利贝尔在这里主持修建了博德鲁姆城堡，它位于医院骑士团控制的科斯（Kos）岛对面，大约在 1409 年正式完工。它的落成大大增强了医院骑士团对这一海域的控制力。

菲利贝尔·德·奈拉克也是一位外交家。即位后他致力于同两位对立教皇都实现和解，虽然前任大团长埃雷迪亚倾向于阿维

◎ 博德鲁姆城堡

尼翁教皇，但1402年通过任命罗马教皇青睐的对立副团长为骑士团罗马修道长，他成功修复了与罗马教廷的关系。1409年他亲自参与了比萨大公会议，虽然事与愿违（会议原本计划废黜两位对立教皇，选出新一任教宗，但结果竟是出现了三位教皇），但他作为一位俗人修士能够列席，足以证明医院骑士团在教会心目中的地位。1417年康斯坦丁大公会议终于选出了各方公认的教宗马丁五世，据说菲利贝尔亲自主持了新任教皇的加冕仪式，而教皇投桃报李，正式确认了他作为医院骑士团唯一大团长的身份。梦魇般的教会大分裂总算过去，医院骑士团在菲利贝尔任内最终得到了完全的统一。[28]

在14世纪的一百年间，医院骑士团与罗德岛的面貌都发生了显著变化。过去，渴望加入骑士团的年轻人大多为贵族子弟（一般是贵族的非嫡长子，由于无法继承爵位，于是准备通过成为骑士团成员来提升社会地位），但在这一时期，骑士团中出身于中产阶级的成员显著增加了。与长期在波罗的海同异教徒鏖战的条顿骑士团相比，医院骑士团的领地大部分都沐浴着和平的阳光，唯一的例外是罗德岛及其周边岛屿。但即便如此，同昔日圣地岁月相较，战事也稀疏了很多。相反，由于第一次成为真正的骑士团国，出于经营家园的考量，骑士团对会计、文书、工匠、律师等专业人才的需求大增，这就使很多来自市民阶层、拥有一技之长的年轻人顺理成章地在医院骑士团扮演起越来越重要的角色。例如，在胡安·费尔南德斯·埃雷迪亚统治时期，佛罗伦萨人约翰·科尔西尼（John Corsini）与罗德市市民德拉戈内·克拉韦利（Dragonet Clavelli）便成为骑士团重要的金主，二人皆非传统意义上的贵族或骑士，却因此在岛内获得了大片土地作为采邑。[29]

当富尔克的部队初次登上罗德岛时，这里还仅仅是一座略显凋敝、人烟稀少的岛屿，罗德市的建筑也颇为寒酸，甚至有些破败。经过几代大团长的励精图治，至14世纪末，罗德岛已是一片生机勃勃的景象，罗德市也焕然一新，医院骑士团的建筑，在华丽雄壮方面远远超乎以往。过去的拜占庭帝国留下的总督府，被骑士团改建为规模宏大的大团长宫。拥有城墙的罗德市内城，几乎完全被医院骑士团占用，成了他们的总部和修道院区（普通市民聚居于外城）。大团长宫位于罗德市内西北，旁边是骑士团的主教堂——圣约翰教堂，以它为起点，贯通东西的是著名的“骑士大街”（现代名为Ipoton），街道两旁鳞次栉比地排列着骑士团的各种专属建筑，街道东部尽头则矗立着骑士团总医院（现为罗德岛考古博物馆）。东北角海港区还建有骑士团的兵工厂。由于医院骑士团自1301年以后，在行政上被正式划分为七大语言区，因此每个语言区在罗德市都设有自己的“会馆”（auberge，通常被称作“客栈”，但实际上不仅用于招待本语言区骑士，也是他们聚会、社交、商议军政大事的场所。它们大部分位于骑士大街两旁，这也是后者得名的原因）。不过仍然有不少骑士购买了私宅，仅在聚会时才列席团部。为了

◎ 大团长宫入口

◎ 大团长宫庭院

◎ 现存罗德岛医院骑士团医院大厅

◎ 罗德岛医院骑士团医院正门

◎ 罗德岛医院骑士团医院庭院

◎ 贝尔纳德·罗捷笔下罗德岛医院骑士团医院餐厅

◎ 贝尔纳德·罗捷笔下意大利语区会馆

◎ 贝尔纳德·罗捷笔下英语区会馆

◎ 贝尔纳德·罗捷笔下西班牙语区会馆

◎ 贝尔纳德·罗捷笔下法语区会馆

方便不同国籍的骑士守城，罗德市的城墙也被大致均匀地分为了七段，每段对应不同的语言区。城墙、城楼均得到了翻新、重建和扩建，以应对海陆两个方向潜在的威胁。城外还横亘着宽 50 英尺、深 30 英尺的护城河。总体而言，罗德市的城防算得上固若金汤。

虽然成功将罗德岛打造为繁荣的骑士团国，但 14 世纪医院骑士仍然面临着沉重的经济压力。由于气候变化，这一时期整个欧洲的农作物产量都下降了，黑死病的肆虐更令情况雪上加霜。而医院骑士团的开销却在不断上涨。除了军费支出节节攀升以外，骑士个人的花费同样水涨船高。尽管理论上医院骑士应该安贫乐道，但罗德岛安逸的环境使不少人开始追求奢侈舒适的生活，甚至互相攀比。教皇克雷芒六世就曾经激烈地抨击骑士团领导层："驾驭良马，品尝佳肴，身着华服，饮酒用金杯银盏，狩猎则是鹰隼名犬。"他甚至威胁说，如果骑士团不改弦更张，就要收回先前赐给他们的圣殿骑士团财产。1355年教皇英诺森六世走得更远，他表示如果骑士团继续在罗德岛"醉生梦死"，就要将他们放逐到小亚细亚去对抗土耳其人。诚然，与13世纪相比，罗德岛骑士似乎确有腐化之虞，但平心而论，和同时代的欧洲骑士相较，他们的生活仍算得上简朴。他们积极参与了彼得一世对亚历山大的远征，也出现在尼科波利斯喋血的战场上，最终的功亏一篑不应由骑士团负责。自迪厄多内以后的数任大团长致力于强化罗德岛的防务而不是主动出击，这其实不乏先见之明。14世纪末的罗德港俨然成为东地中海最坚固的要塞，接下来的一个世纪中，它将面临一次次严峻的挑战。[30]

注释

[1] 医院骑士团具有悠久的储存、精炼食糖的历史。在中世纪，糖除了用于调味，还是一种重要的药材，被广泛地用于治疗哮喘、腹泻、喉痛、胸痛、疟疾等多种疾病。一份 1181 年的医院骑士团文件便要求在医院中储备来自太巴列的食糖用于制药。1997 年对阿卡医院骑士团总部遗址的发掘中，考古学家惊喜地发现了数百个用于制糖的圆锥形模具及大量糖罐，这表明医院骑士团已经开始自行炼制食糖。参见：Adrian Boas, *Archaeology of the Military Orders: A Survey of the Urban Centres, Rural Settlements and Castles of the Military Orders in the Latin East (c.1120–1291)*, pp.93–94.

[2] H. J. A. Sire, *The Knights of Malta*, p.25,p.36.

Stephen Dafoe, *An Illustrated History of the Knights Hospitaller*, pp.63–65.

Helen Nicholson, *The Knights Hospitaller*, pp.39–42.

Steven Runciman, *A History of the Crusades Vol. Ⅲ : The Kingdom of Acre and the Later Crusades*, pp.427–434.

[3] 关于卜尼法斯八世的生平，参见：

Thomas Carson, *New Catholic Encyclopedia Vol.2*, Gale, 2002, pp.501–503.

丁光训，金鲁贤，张庆熊（主编），《基督教大辞典》，86–87 页。

[4] Stephen Dafoe, *An Illustrated History of the Knights Hospitaller*, pp.65–66.

罗德岛（Rhodes），为爱琴海佐泽卡尼索斯群岛（即十二群岛）主岛，临近土耳其海岸，面积约 1400 平方公里，雨量丰富，土地肥沃，盛产谷物、葡萄酒、棉花、蔬菜。东北端的首府罗德市为重要港口。公元前 1000 年多利安人来到岛上定居，并建立了最初的三座城市，公元前 479 年它加入了雅典领导的提洛同盟，公元前 408 年岛上三座城邦宣布合并并新建了罗德港。在公元前 3 世纪，罗德岛进入鼎盛时期，它拥有一支强大的海军，贸易兴旺，经济繁荣，罗德港巨像更荣登世界七大奇迹之一。公元 1 世纪中期罗德岛被罗马帝国吞并，后划归拜占庭帝国。14 世纪初被医院骑士团夺取，1522 年后被奥斯曼帝国攻占。意大利曾在 1921—1947 年通过战争获得了罗德岛，二战后将它归还希腊。今天的罗德岛是希腊的旅游胜地，罗德市老城被联合国教科文组织评选为世界文化遗产，岛上还保留了大量医院骑士团的遗迹。参见：光复书局大美百科全书编辑部（编译），《大美百科全书 · 23》，光复书局，1991 年，292 页。

[5] Steven Runciman, *A History of the Crusades Vol. Ⅲ : The Kingdom of Acre and the Later Crusades*, p.435.

Stephen Dafoe, *An Illustrated History of the Knights Hospitaller*, pp.68–69.

[6] 但丁，《神曲 · 炼狱篇》，朱维基译，上海译文出版社，1984 年，158 页。

[7] 关于“黑色星期五”，读者可参考笔者拙文《“黑色星期五”的酷刑暗牢》，载于：指文烽火工作室（编），《秘密战 3000 年 · 第二部》，中国长安出版社，2015 年，147–177 页。

若想了解圣殿骑士团覆灭的来龙去脉，可参考：Malcolm Barber, *The Trial of the Templars(2 ed)*, Cambridge University Press, 2012.

[8] Helen Nicholson, *The Knights Hospitaller*, pp.46–47.

Stephen Dafoe, *An Illustrated History of the Knights Hospitaller*, pp.69–70.

Steven Runciman, *A History of the Crusades Vol. Ⅲ : The Kingdom of Acre and the Later Crusades*, p.435.

H. J. A. Sire, *The Knights of Malta*, pp.27–28.

[9] 腓力四世同意将圣殿骑士团在法国的地产移交给医院骑士团，条件是后者向他支付一笔款项并进行改革（不过似乎最终医院骑士团并未兑现）。但在欧洲其他地方，尤其是英格兰与德意志，这样的转交进行得并不彻底，甚至医院骑士团得到的“财产”中还包括圣殿骑士团的大笔债务。总的来说，医院骑士团仅得到了圣殿骑士团的部分财产。参见：Helen Nicholson, *The Knights Hospitaller*, p.48.

[10] 关于奥斯曼土耳其人的早期历史，可参考：

斯坦福·肖，《奥斯曼帝国》，许序雅，张忠祥译，青海人民出版社，2006 年，20-41 页。

斯蒂文·朗西曼，《1453——君士坦丁堡的陷落》，马千译，北京时代华文书局，2014 年，20-42 页。

[11] Helen Nicholson, *The Knights Hospitaller*, pp.48-49.

H. J. A. Sire, *The Knights of Malta*, pp.28-29.

Jochen Burgtorf, *The Central Convent of Hospitallers and Templars: History, Organization, and Personnel(1099/1120-1310)*, Brill Academic Pub, 2008, p.417,p.468,pp.515-517.

[12] Kenneth M.Setton, *The Papacy and the Levant, 1204-1571,Vol. Ⅰ : The Thirteenth and Fourteenth Centuries*, Amer Philosophical Society, 1976, pp.180-223.

Steven Runciman, *A History of the Crusades Vol. Ⅲ : The Kingdom of Acre and the Later Crusades*, pp.451-452.

Stephen Dafoe, *An Illustrated History of the Knights Hospitaller*, pp.85-86.

H. J. A. Sire, *The Knights of Malta*, p.29.

Helen Nicholson, *The Knights Hospitaller*, pp.53-54.

[13] 贝尔纳德·罗捷（Bernard Rottiers，1771—1857），佛兰德—荷兰上校、古物收藏家。他出生于安特卫普，1808 年佛兰德被拿破仑占领后他加入了俄罗斯军队，曾被沙皇派往格鲁吉亚负责与奥斯曼土耳其及波斯作战，立下了不少功勋。拿破仑倒台后，贝尔纳德于 1818 年重返故里，途经黑海、土耳其、希腊、意大利、法国、英国等地，在雅典时，他与当地法国、奥地利领事交好，三人相约共同挖掘该地希腊古物，并作为藏品送往欧洲。这次经历大大开拓了贝尔纳德的眼界，他收获颇丰，许多带回故乡的藏品为欧洲人首次所见，后于 1820 年被荷兰莱顿的国家古物博物馆购入。1824 年国家古物博物馆请求贝尔纳德·罗捷再度前往希腊为自己寻觅藏品，但因为希腊独立战争的爆发，他无法安心从事考古挖掘，不得已转而前往相对平静的罗德岛。贝尔纳德在岛上生活了整整 6 个月，醉心于当地绮丽的风光。他并没有将主要精力放在寻宝上，反而留下了关于岛上古迹、建筑的大量画作。这批画作于 1828 年被整理成书出版，是为 *Monumens de Rhodes*（1830 年再版了增加文字说明的 *Description des Monumens de Rhodes*，本书中引用的贝尔纳德画作均来自此书）。该书制作精良，且为第一手资料，是了解罗德岛古迹的重要历史著作。

[14] Stephen Dafoe, *An Illustrated History of the Knights Hospitaller*, p.86.

H. J. A. Sire, *The Knights of Malta*, p.30.

[15] 伊迪丝·华顿（1862—1937），美国著名女作家、室内装潢设计师，代表作有《高尚的嗜好》《纯真年代》《四月里的阵雨》《马恩河》《战地英雄》《伊坦·弗洛美》等，是美国第一位获得普利策文学奖的女性。她长期定居欧洲，精通多种语言，游历甚广。她对于迪厄多内·德·冈佐"龙头"的记述，见于：Edith Wharton, *The Cruise of the Vanadis*, Bloomsbury Publishing PLC, 2004, p.124,p.127.

[16] Christopher Kleinhenz (Editor), *Medieval Italy: An Encyclopedia*, Routledge, 2003, pp.93-94,pp.877-878.

H. J. A. Sire, *The Knights of Malta*, p.35.

对于爱德华三世是否为意大利银行倒闭的罪魁祸首，目前史学界还有争论。

[17] Steven Runciman, *A History of the Crusades Vol. Ⅲ : The Kingdom of Acre and the Later Crusades*, pp.441-448.

Kenneth M.Setton, *The Papacy and the Levant, 1204-1571,Vol. Ⅰ : The Thirteenth and Fourteenth Centuries*, pp.224-284.

Kenneth M.Setton (Editor), *A History of the Crusades, Volume Ⅲ : The Fourteenth and Fifteenth Centuries*, University of Wisconsin Press, 1975, pp.352-360.

[18] Kenneth M.Setton (Editor), *A History of the Crusades, Volume Ⅲ : The Fourteenth and Fifteenth Centuries*, pp.301-302.

[19] 关于罗贝尔·德·瑞伊的去世时间，肯尼思·塞顿、H. J. A. 西尔与埃伦·尼科尔森等人的著作中均认为是 1377 年，而医院骑士团官方网站作 1376 年。笔者根据这一时期的事件进程分析，认为 1377 年应更为可信。参见：

Helen Nicholson, *The Knights Hospitaller*, p.xi.

Kenneth M.Setton (Editor), *A History of the Crusades, Volume Ⅲ : The Fourteenth and Fifteenth Centuries*, p.302.

H. J. A. Sire, *The Knights of Malta*, p.281.

http://www.orderofmalta.int/history/680/the-79-grand-masters/?lang=en

[20] 14 世纪圣殿骑士团覆灭之后，教廷对医院骑士团的影响力有所增强。例如，教皇本笃十二世（Benedict Ⅻ，1334—1342 年在位）曾经禁止医院骑士团发起军事行动，因为他担心军费开支过大导致骑士团债务违约，而骑士团与教皇国是向同一家意大利银行借的款。与此同时，教皇对骑士团也更加倚重，14 世纪 40 年代教皇国各行省长官几乎均由医院骑士担任便是一例明证。这在过去是不可想象的。参见：

Helen Nicholson, *The Knights Hospitaller*, p.49.

H. J. A. Sire, *The Knights of Malta*, p.41.

[21] H. J. A. Sire, *The Knights of Malta*, pp.41-45.

Kenneth M.Setton (Editor), *A History of the Crusades, Volume Ⅲ : The Fourteenth and Fifteenth Centuries*, pp.302-303.

[22] 1377 年，为了结束“阿维尼翁之囚”的争议，教皇格列高利十一世将教廷迁回罗马（胡安 · 费尔南德斯 · 埃雷迪亚曾担负护送任务），但次年教皇暴卒。此前多任教皇皆出生于法国，在罗马贵族与市民的压力下，枢机主教团不得不选出了一位意大利主教继任，是为乌尔班六世。后者登台后，很快便开始排挤法国枢机主教，引发了他们的愤懑。同年 9 月，这批法国主教逃离罗马，返回阿维尼翁，并宣布乌尔班六世的选举无效，进而推选来自日内瓦的罗伯特为教皇，即克雷芒七世，且再次以阿维尼翁为教廷所在地。乌尔班六世得知后，开除了这些法国枢机主教的教籍，并另立枢机主教团。至此，天主教会出现了两位对立教皇，史称“天主教会大分裂”（Great Western Schism）。欧洲各国也因此分化为两大阵营：意大利北部和中部、德意志大部、波兰、斯堪的纳维亚半岛、波西米亚与英格兰支持罗马，而法国、西班牙、撒丁尼亚、那不勒斯与西西里等地则与阿维尼翁站在一起。1409 年的比萨大公会议，不但没有化解矛盾，反而产生了三位对立教皇。直到 1417 年，在神圣罗马帝国皇帝西吉斯孟德的斡旋下，终于选出了各方均能接受的教皇马丁五世，天主教会的分裂才告一段落。此后，教宗的威信与权力开始进一步下降。参见：丁光训，金鲁贤，张庆熊（主编），《基督教大辞典》，628 页。

[23] H. J. A. Sire, *The Knights of Malta*, pp.46-48.

Kenneth M.Setton (Editor), *A History of the Crusades, Volume Ⅲ : The Fourteenth and Fifteenth Centuries*, pp.304-305.

[24] 关于尼科波利斯战役的来龙去脉，读者可参阅笔者拙作《最后的十字军——1396 年尼科波利斯战役》，载于：宋毅主编，《战争事典 003》，中国长安出版社，2013 年，2-53 页。

[25] H. J. A. Sire, *The Knights of Malta*, p.49.

Helen Nicholson, *The Knights Hospitaller*, p.55.

[26] 斯坦福 · 肖，《奥斯曼帝国》，50-51 页。

Caroline Finkel, *Osman's Dream: The History of the Ottoman Empire*, Basic Books, 2007, pp.28-9.

[27] 博德鲁姆位于安纳托利亚西南海岸，为著名历史学家、“历史之父”希罗多德出生地，这里的摩索拉斯王陵墓是世界七大奇迹之一。据说博德鲁姆城堡在修建中曾用到摩索拉斯王陵墓的石料，今天的城堡已被土耳其政府改建为水下考古博物馆。

[28] H. J. A. Sire, *The Knights of Malta*, p.50.

Kenneth M.Setton (Editor), *A History of the Crusades, Volume Ⅲ : The Fourteenth and Fifteenth Centuries*, pp.316-317.

[29] Stephen Dafoe, *An Illustrated History of the Knights Hospitaller*, pp.82-83.

[30] H. J. A. Sire, *The Knights of Malta*, p.30.

Helen Nicholson, *The Knights Hospitaller*, pp.51-53.

第六章
罗德岛大围攻

医院骑士团大团长菲利贝尔忙于在欧洲弥合天主教分裂期间，1413年，巴耶济德一世之子穆罕穆德（Mehmed Ⅰ Çelebi，1381—1421）在埃迪尔内自立为苏丹，正式结束了奥斯曼帝国“大空位”的乱世。穆罕穆德一世绰号“绅士”，他奉行相对温和的外交政策，对老对手医院骑士团也较为友好，甚至曾请求骑士团出兵帮助讨伐其他小亚细亚诸侯。不过，医院骑士团谨慎地在奥斯曼帝国、威尼斯、

热那亚及小亚细亚各酋长国之间周旋，尽可能避免卷入各种纷争，令罗德岛大体远离了战火。但倘若罗德岛真成为与世无争的“世外桃源”，则显然与骑士团数百年来肩负的使命背道而驰，恐怕还会激起教廷的愤懑。为了减缓教皇及西方基督教盟友施加的压力，医院骑士团狡黠地（甚至有些狡诈）允许麾下的骑士以“个人身份”出海打击异教徒，并自行分配所获战利品——虽然这些小规模的海战被披上一层“圣战”的外衣，但实则与海盗行径无异。在海上风云变幻的环境中，难免敌友难分，骑士团攻击的对象竟不乏基督徒的船只。一些“专业”的海盗也混迹于骑士中间，例如，定居于罗德岛的加泰罗尼亚海盗尼古拉斯·桑佩尔（Nicholas Samper），就长期以医院骑士团的名义在东地中海纵横驰骋，其威名令穆斯林与基督徒都闻之色变。倘若受害者的国家追究起责任来，骑士团就可以推脱说这都是罗德岛居民的“个人行为”，与骑士团国无关。但实际上，骑士团领导层对这种劫掠心知肚明，因为骑士(或许称其“罗德岛海盗”更适合)出海“作战”之前，必须获得骑士团官方颁发的“执照”，具备这种许可后，他们甚至有权攻击原本与骑士团签有和平协议的穆斯林船只。对这种灰色政策心生怨怼的诸侯不仅仅是各土耳其王公，1412 年当一艘医院骑士团战舰如往常一样在莱斯博斯岛附近海域袭击土耳其商船时，忍无可忍的该岛岛主詹姆斯·加提卢西（James Gattilusi，热那亚人，其家族自 1355 年起就掌控着一系列爱琴海岛屿）下令将医院骑士团船员尽数逮捕，并投入了大狱。医院骑士团的海盗政策虽然有种种苦衷，但客观上还是在它的强邻间播下了仇恨的种子，日后他们一再面临外敌入侵的威胁，不能说与之全无干系。[1]

1420 年，菲利贝尔带着天主教会结束分裂的喜讯从意大利返回罗德岛，但第二年他便去世了。与喜欢党同伐异的大团长雷蒙·贝伦加尔相比，菲利贝尔提拔部下往往不论出身，而是任人唯贤。虽然他是法国人，但从 1409 年起，其副手便分别来自意大利、德意志、法国和阿拉贡，这体现出大团长宽广的胸怀和国际眼光。他的最后一任副团长安东尼奥·弗拉维安·德·里维埃（Antonio Fluvian de Riviere，1421—1437 年任大团长）在他离世后继承其衣钵，当选为医院骑士团第 35 任大团长，这是自胡安·费尔南德斯·埃雷迪亚以后，骑士团第二位来自伊比利亚半岛的最高领袖。整个 14 世纪，大部分医院骑士团团长都来自法国（尤其是普罗旺斯），但在 15 世纪，情况有了微妙变化。西班牙骑士的地位开始上升，甚至有分庭抗礼之势。同样出生于西班牙的大团长彼罗·雷蒙多·扎科斯塔（Piero Raimondo Zacosta，1461—1467 年在位）执政期间，精明地将原有的西班牙语区拆分为阿拉贡与卡斯蒂利亚两个语言区（自此医院骑士团共分为 8 个语言区），从而使自己的同胞在投票时增加了 1 票，变相削弱了来自法国骑士的权力（依然为 3 票）。扎科斯塔之后即位的乔瓦尼·巴蒂斯塔·奥尔西尼（Giovanni Battista Orsini，1467—1476 年在位），更是骑士团自12世纪以来的首位意大利裔大团长（1382—1395年在位的“对立大团长”里卡尔多亦为意大利人，但未能获得全团的一致拥戴）。至15世纪中后期，虽然法国籍骑士依旧拥有很大影响力，但理论上医院骑士团的高级职位已经向所有国家的成员敞开了。[2]

菲利贝尔去世的同年，奥斯曼帝国苏丹穆罕穆德一世也撒手人寰。继任的穆拉德二世（Murad Ⅱ，1404—1451）一改父亲相对温和的外交政策，开始咄咄逼人地进行军事扩张，医院骑士团面临的威胁也随之骤然升高。穆罕穆德一世生性温和，为了避免自己过世后诸皇子自相残杀，便事先将自己的两位皇子优素福和马赫穆特送往拜占庭宫廷以期得到保护，另一位王子穆斯塔法则驻跸在哈米特成为安纳托利亚的统治者。此外，在“大空位”时期曾发起叛乱的“假穆斯塔法”（即穆斯塔法·切勒比，他自称是巴耶济德一世兵败后长期失散的儿子，对帝位提出了要求）此时也正流亡于君士坦丁堡。这些不稳定因素给穆拉德二世的登基带来了阴影。虽然拜占庭曼努埃尔皇帝归还了两位奥斯曼王子，但他的儿子、共治皇帝约翰八世却将假穆斯塔法放虎归山，怂恿后者在奥斯曼帝国的欧洲部分再度掀起叛乱：由于假穆斯塔法许诺给予地方诸侯、官僚以自治的权力，他获得了大批拥趸，并攻占了埃迪尔内。而当时穆拉德二世正在帝国的亚洲领土，鞭长莫及。眼看奥斯曼帝国就要正式分裂为东西两部，然而，假穆斯塔法却轻率地准备发起东征，统一全国。他的欧洲部将不愿去小亚细亚冒险，纷纷转投穆拉德。最终，在乌卢巴特（Ulubat），假穆斯塔法被穆拉德彻底击败，于逃亡瓦拉几亚途中被杀。为了报复，1422年穆拉德二世再次围攻君士坦丁堡，拜占庭人进行了顽强抵抗。所幸，在安纳托利亚又出现了新的叛乱。穆拉德的弟弟穆斯塔法王子与格米延（Germiyan）、卡拉曼（Karaman）等国埃米尔共同发难，围攻布尔萨。穆拉德不得不放弃对君士坦丁堡的围攻，回师亚洲，第二年2月，他击败并处死了自己的弟弟，解除了布尔萨的危机，并继续在安纳托利亚东征西讨。至1426年，穆拉德二世成功地吞并了艾丁、门特瑟与泰凯（Tekke），奥斯曼土耳其的领土开始直接与医院骑士团领有的博德鲁姆接壤，并和科斯岛隔海相望。四年后，穆拉德二世从威尼斯手中夺取了希腊名城塞萨洛尼基，将自己的势力渗透到伯罗奔尼撒半岛。祸不单行的是，马穆鲁克苏丹巴尔斯拜（Barsbay，1422—1438年在位）也开始发难，1426年，因塞浦路斯的海盗袭扰埃及商船（医院骑士团恐怕也难逃干系），他下旨入侵塞浦路斯，同年7月塞浦路斯国王雅尼斯（Janus，1375—1432）兵败被俘，而医院骑士团的科洛西城堡也惨遭洗劫。为了赎回国王，塞浦路斯一共支付了多达12万斯库多（scudo，原意为“盾牌”，意大利古银币单位）的赎金，而其中医院骑士团为盟友提供了1.5万弗罗林。医院骑士团原本在塞浦路斯拥有大量地产，在这场劫难中经济损失极为惨重。例如，1428年骑士团大司令官赫尔曼（Hermann）

将科洛西城堡租给了手下两位骑士，为期七年，年租金竟只有 4 达克特（ducat，一种金币单位），而它昔日的收入每年可达 1.2 万达克特。医院骑士团与马穆鲁克王朝的关系一度也剑拔弩张，所幸两年后，经过紧张的斡旋，他们再度同苏丹签署了和平协定。[3]

◎ 罗德市城墙外的护城河遗址

由于安全形势日渐恶化，进入 15 世纪，医院骑士团更加注重修建、加固罗德岛的城防系统。其实早在拜占庭统治时期，罗德港的要塞工事便已初具规模。在此基础上，第一个大规模对罗德港进行改建的大团长为埃利翁·德·维尔纳夫，他将城市北部的拜占庭内城整修一新，并重建了城墙（迄今这部分城墙上还镌刻着他的纹章）。而迪厄多内·德·冈佐则重修了罗德市码头及防御它的海墙，稍后胡安·费尔南德斯·埃雷迪亚进一步加固了它。15 世纪初，菲利贝尔·德·奈拉克斥重金在城市西北

◎ 罗德港奈拉克塔遗址（仅剩基座），右侧为将它与城墙连接的石桥

角修建了一座雄伟的塔楼（被称作奈拉克塔），以它为起点，骑士团架设了一条与君士坦丁堡金角湾类似的“海链”，当面临外敌入侵时，硕大的铁链从水面升起，从而阻断敌人舰队的通路。虽然这座塔楼在19世纪的地震中已经倒塌，但海链的遗迹至今尚存。从此，罗德港的海上防御力大大增强。

安东尼奥·弗拉维安·德·里维埃任内发生了塞浦路斯危机，科洛西城堡的灾难令骑士团上下颇受触动。与菲利贝尔重视海防相比，安东尼奥更倾向于加强罗德市陆上的工事。3座对罗德市城防至关重要的塔楼——圣阿萨纳西奥斯塔、圣约翰塔及圣乔治塔均由他主持兴建，并且，罗德市的双层陆墙也大致在这一时期完工，其内墙高于外墙，并辅以高耸的城楼，显然，安东尼奥借鉴了君士坦丁堡的伟大的狄奥多西城墙的构造。由于他的出身，这一时期的罗德岛城防建设也开始具有了某种阿拉贡—葡萄牙风格。而最有代表性的是在主城墙以外修筑的若干独立塔楼，中间以狭窄的石桥与城墙连接——即使它们不幸陷入敌手，守军也能很快切断其与城墙的联系，使防线没有全面崩溃之虞。此外，随着火炮的兴起，骑士团在要塞体系中也开始做出相应的改良，在安东尼奥的主持下，他们逐渐以圆形塔楼取代了传统的方形塔楼，并在城墙上预留出火炮射击口（最早于1421—1437年间出现在圣乔治塔及周边工事）。让·德·拉斯蒂克（Jean de Lastic，1437—1454年在位）即位后则首先将注意力投向大团长宫区域。为了巩

◎ 圣阿萨纳西奥斯门

◎ 圣乔治棱堡外墙，上面的射击孔清晰可见

◎ 大团长宫附近城墙上安放的大炮

固这一要冲之地的防御，他在北部城墙修建了棱堡，安放大炮，并完成了圣安东尼门。随后，他又着手加强了罗德市德语区、英语区和奥弗涅语区的城防，1442年，在马穆鲁克人大举入侵的前夕，圣母玛利亚塔也宣告完工。经过数十年不懈的扩建和改良，罗德岛的城防已自成体系，并足以经受严酷的考验。[4]

医院骑士团毕竟无法像马穆鲁克苏丹期望的那样，完全放弃自己的“海盗”营生。由于马穆鲁克王朝十分依赖黑海—地中海贸易，位于要冲之地的罗德岛不禁让苏丹感到如鲠在喉。奥斯曼帝国开始再度崛起，马穆鲁克人对此同样忧心忡忡，他们心底里或许也在谋划要建立一座遏制奥斯曼人的桥头堡，罗德岛看上去似乎正是不二之选。虽然罗德岛骑士团长期在两大穆斯林强敌间游走，并以巧妙的外交手腕挑拨离间，尽力使之彼此敌对，无暇他顾。然而由于奥斯曼人与马穆鲁克人同时采取了扩张政策，他们开始面临越来越大的压力。此时骑士团原本急需欧洲分部的输血，可英法百年战争的肆虐令它在法国的分团日益衰颓，而东欧的分团则备受胡斯战争（Hussite Wars，1420—1434）的困扰……

欧洲分团力不从心，医院骑士团只得转向各基督教君主求援，唯一给予积极响应的是勃艮第公爵“好人”腓力三世（Philip the Good，1396—1467），其父约翰当年曾在尼科波利斯战役中与医院骑士团并肩战斗，并被奥斯曼人俘虏而身陷囹圄。除了国仇家恨，腓力三世本人也具备古老的十字军精神，渴望在东方建功立业。1438年他组建了一支十字军舰队，初衷是支援葡萄牙人进攻丹吉尔及保卫君士坦丁堡，但在1440年，由于罗德岛情况吃紧，它被派去增援医院骑士团。

这一年，马穆鲁克苏丹贾科马克（Jaqmaq）命令一支由18艘加莱战舰组成的埃及舰队启程驶向罗德岛，最终他们在桑迪角（Sandy Point）附近的海域抛锚。医院骑士团海军（含7—8艘加莱战舰、10艘小型战舰）在罗德岛外进行了截击，经过苦战，骑士团成功将埃及人逐出了罗德岛海域，但无力阻止他们转身袭击科斯岛。埃及人最终满载着从科斯岛劫掠的俘虏和战利品返航。此役双方都遭受了不小的损失，但考虑到埃及人原本在实力上占优，而罗德岛安然无恙，医院骑士团应该算是最后的胜利者。不过，大团长让·德·拉斯蒂克并未盲目乐观，他在当年11月写给西班牙分团长约翰·德·比利亚拉古特（John de Villaragut）的信件中正确地预见到，急于挽回颜面的马穆鲁克苏丹很可能在不久之后第二次进犯罗德岛。拉斯蒂克分别于1442年、1443年两次派出骑士团塞浦路斯副司令官约翰·马尔萨纳科（John Marsanach）与大士绅长约翰·德尔菲诺（John Delfino）出使埃及，希望与马穆鲁克苏丹化干戈为玉帛，可惜二人均没有收获。罗德岛上空开始笼罩着战争的阴云。

1441年，腓力三世的舰队在杰弗里·德·图瓦西（Geoffrey de Thoisy）的率领下正式启程，来年他们顺利抵达罗德岛，令骑士团军心大振。勃艮第人以此为基地频频袭扰土耳其人的海岸，但稍后他们不得不返回法国进行补给休整，直到1444年才重返罗德岛。幸运的是，腓力的海军成功地赶上了埃及人对罗德岛的大围攻。

1444年8月，一支庞大的马穆鲁克舰队第二次入侵罗德岛，其规模远远超过了四年前的远征。显然，苏丹的目的不仅仅是抓捕奴隶，而是要彻底征服医院骑士团的基地。尽管医院骑士团的海军当时拥有12艘大型战船，但依旧不足以击退马穆鲁克海军。10日，马穆鲁克大军在罗德港西北部强行登陆，据说有1.8万人之众。他们似乎对城防弱点了如指掌，着力进攻城墙相对薄弱的圣安东尼门至圣尼古拉斯堡一带区域。马穆鲁克人在围城中首次大规模运用了重型攻城炮，发射的炮弹最重的竟达600磅（十一年后奥斯曼土耳其帝国围攻君士坦丁堡时所用的乌尔班大炮，发射的炮弹重达1200—1500磅，为当时西方世界之冠）。虽然安东尼奥团长在位时，已经有意识地针对火器的进步对城防系统做

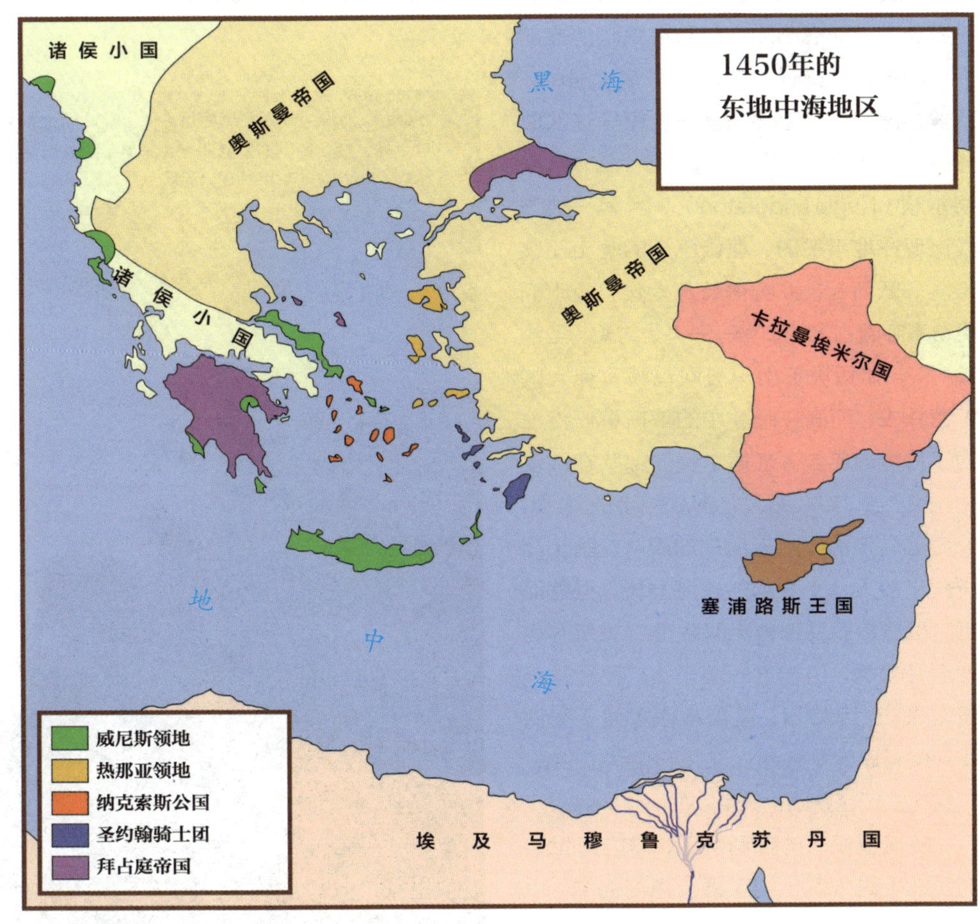

◎ 1450年左右的东地中海局势图

出改良，但这些前所未见的攻城炮还是让骑士团的防线一度风声鹤唳。据说战斗最激烈的时刻，城中妇孺老幼都纷纷自发聚集到教堂去祈求圣母玛利亚的保佑。出乎穆斯林意料的是，腓力三世的舰队加入了医院骑士团的队伍，此外，加泰罗尼亚人也派来了援军，不过，这仍不足以改变敌众我寡的态势。8月23日，大团长让·德·拉斯蒂克敏锐地判断出穆斯林总攻在即，和部下协商后，骑士团与盟友决定先发制人，对马穆鲁克人的大营发动一次夜袭。第二天凌晨，一支精选的小部队在黑暗的掩护下潜出城门，持长矛的骑士与军士居中，两翼则部署了弩手负责掩护。领导这次敢死突击的是骑士团英国籍士科波利尔休·米德尔顿（Hugh Middleton）。当第一缕曙光出现在地平线时，埋伏已久的骑士团突击队一跃而起，只听得鼓声大作，骑士们纷纷高呼着古老的口号——“圣约翰！圣约翰！”，如猛虎下山一般向马穆鲁克人的军营扑去，而尚在睡梦中的穆斯林俨然沦为了待宰的羔羊。米德尔顿的部队在敌营中左突右冲，如入无人之境，对手肝胆俱裂，纷纷逃向停泊在附近海岸的舰队。骑士团虏获了敌人几乎全部的攻城器械，得胜而归。虽然稍后马穆鲁克军队得到重组并再度展开攻势，但士气一落千丈，已经是强弩之末。9月10日，基督教联军终于彻底将入侵者逐出罗德岛。此时距离围攻开始，已经过去了整整四十天。[5]

随着罗德岛的顺利解围，腓力三世的舰队北上进入君士坦丁堡及黑海海域，以继续圣战，打击土耳其人的势力。可罗德岛防御战胜利的喜悦，很快便被巴尔干传来的噩耗所冲淡了。1441—1442年，匈牙利名将、特兰西瓦尼亚总督匈雅提（John Hunyadi，1406—1456）领兵多次击败奥斯曼苏丹穆拉德二世的军队，与此同时，在拜占庭帝国的怂恿下，卡拉曼埃米尔易卜拉欣（Ibrahim）也在小亚细亚举起了对抗奥斯曼人的大旗。面对两线作战，穆拉德二世不禁有些焦头烂额。在教皇尤金四世的鼓动之下，巴尔干基督教诸国建立了一支规模庞大的十字军，准备一举将奥斯

◎ 瓦尔纳战役中，波兰—匈牙利国王瓦迪斯瓦夫三世之死，波兰画家斯坦尼斯瓦夫·赫莱博夫斯基（Stanisław Chlebowski，1835—1884）绘制

曼人逐出欧洲。穆拉德二世精明地通过开出诱人的条件，与十字军主要将领签署了一份为期十年的和约，暂时化解了危机。此后，他将王位传与唯一幸存的儿子穆罕穆德（Mehmed，1432—1481，当时年仅12岁），准备前往布尔萨归隐。孰料几个月后，在教皇特使的鼓动下，由波兰—匈牙利国王瓦迪斯瓦夫三世（Władysław Ⅲ，1424—1444）[6]统领的十字军居然悍然撕毁了刚刚签署的协议，再次发起进攻。山雨欲来，奥斯曼帝国大维齐（首相）哈里尔邀请穆拉德二世再度出山，老苏丹迅速带领安纳托利亚援军在热那亚人的帮助下回师欧洲。是年11月10日，经过一场鏖战，年轻的波兰—匈牙利国王瓦迪斯瓦夫被苏丹的一名新军（Janissaries，为土耳其禁卫军的步兵部队）士兵砍下了首级，十字军失去了主帅，四散而逃。穆拉德二世以一种戏剧性的方式扭转了乾坤，奥斯曼帝国的威望如日中天，巴尔干也再次成了苏丹的“后院”。[7]

医院骑士团刚刚击退马穆鲁克王朝的

围攻，因此未能参与瓦尔纳会战，某种程度上算是因祸得福。虽然马穆鲁克军队遭到重挫，但目睹奥斯曼人的军威，医院骑士团不愿同埃及始终处于敌对状态，两年后，他们终于成功地与马穆鲁克苏丹签署了停战协议。但和平是脆弱的。1448 年卡拉曼埃米尔易卜拉欣攻占了塞浦路斯王国位于小亚细亚的要塞科律克索，为此大团长让·德·拉斯蒂克特意向埃及苏丹贾科马克写信，希望他出兵干预，因为塞浦路斯已向后者称臣纳贡，苏丹有义务保护藩属——虽然信中不乏溢美之词（拉斯蒂克甚至称苏丹可与亚历山大大帝比肩），但贾科马克不为所动。1451 年，易卜拉欣再度进犯阿拉尼亚（Alanya），该地埃米尔是塞浦路斯与罗德岛骑士的盟友。骑士团派出了自己的海军试图援救，但也无力回天。由于对马穆鲁克王朝根深蒂固的不信任，以及对奥斯曼帝国的畏惧，这一时期罗德岛几乎人人自危。从 1449 年起，医院骑士团的瞭望哨便被要求二十四小时不间断有人执勤，以监视来自土耳其或埃及的任何潜在威胁。1450 年 7 月，大团长收到了一封发自土耳其苏丹穆拉德二世的国书，信中以近乎最后通牒的口吻要求医院骑士团放弃一切针对土耳其的海盗行为，而苏丹的回报则是所谓“长久而可靠的和平”。瓦尔纳的惨败尚殷鉴不远，医院骑士团无法公然与奥斯曼土耳其对抗，大团长也只能约束部下在海上的“英雄行动”，如履薄冰地维持着与土耳其人的和平共处。

1451 年 2 月，穆拉德二世终于从俗务中解脱，溘然长逝。穆罕穆德二世再次登基，哈里尔等老臣也不能约束他的雄心壮志了。这一年，医院骑士团大团长拉斯蒂克已经 80 岁高龄，而穆罕穆德二世年方 19 岁。虽然世人误以为新任苏丹不过是个早年经历坎坷、缺乏执政经验的少年，但穆罕穆德早已非昔日吴下阿蒙。由于父亲曾派专人严格教育，他在科学、哲学领域颇有造诣，并且广泛涉猎了土耳其、希腊文学作品。除了母语以外，穆罕穆德还熟练掌握了希腊语、阿拉伯语、拉丁语、波斯语，甚至希伯来语。他相貌英俊，身材健硕，弯眉下是一双可洞悉人心的鹰目，而其鹰钩鼻则暗示着主人的坚毅。昔日的奥斯曼一世不过是小亚细亚一介突厥酋长，即使父王穆拉德获得了苏丹头衔，地位也仍在哈里发之下。年轻的穆罕穆德怀揣着远大的理想，渴望建立真正属于自己的帝国，甚至成为“罗马人的皇帝”。拜占庭虽已奄奄一息，但此时依旧是横亘在他帝王之路上的一块顽石。尽管巴耶济德一世与穆拉德二世曾两度围攻君士坦丁堡失利，但穆罕穆德二

◎ 医院骑士团大团长让·德·拉斯蒂克

世力排众议，决定第三次向这座历史名城进军。1453 年 4 月，苏丹的 10 万大军已兵临城下，而守城的拜占庭基督教联军不过 7000 余人。虽然教皇国与威尼斯都派出了援军，但根据以往经验，他们误以为君士坦丁堡尚足以长期坚守，其增援舰队在途中延宕多时，已缓不济急。5 月 29 日，在乌尔班大炮的轰鸣声中，土耳其部队终于突破了城墙，拜占庭末代皇帝君士坦丁十一世壮烈殉国，国祚延续千年的东罗马帝国寿终正寝，而穆罕穆德二世也由此获得了梦寐以求的“罗马人的皇帝”的头衔。[8]君士坦丁堡的陷落震惊了整个地中海世界，各国使节纷至沓来，向穆罕穆德二世表示臣服和敬意。医院骑士团也无法置身事外，虽然目睹拜占庭的覆灭他们不免有兔死狐悲之感，但让·德·拉斯蒂克审时度势，还是派出了特使前往君士坦丁堡，向苏丹道贺，并谋求与之续订和约。同冉冉上升的奥斯曼帝国相比，罗德岛骑士团国在财政上捉襟见肘且饱受人力短缺之苦。即便如此，老团长也不忘积极备战，他向骑士团欧洲各分部去信要求立即提供资金和士兵以武装罗德岛，在写给奥弗涅分团长的信函中甚至直言自己已经做好了杀身成仁的准备。穆罕穆德二世并未对医院骑士团宣战，但他在第二年要求后者提供 2000 达克特的年金，作为向苏丹归顺的标志。医院骑士团是直接隶属于教廷的天主教修士团，向穆斯林君主称臣纳贡不啻为奇耻大辱，因此，拉斯蒂克表示断然拒绝。心力交瘁的老团长在这一年也走完了人生旅程，接任的雅克·德·米利（Jacques de Milly，1454—1461 年在位）面临着空前严峻的局势。穆罕穆德二世在 1455—1457 年间派遣海军多次袭扰罗德岛，并洗劫了属医院骑士团所有的科斯岛、锡米岛等地，以示报复。1456 年，他甚至占据了希俄斯岛。与此同时，瘟疫和饥荒还在罗德岛上肆虐。1458 年塞浦路斯国王约翰二世驾崩，他的女儿夏洛特成为女王（丈夫为萨伏伊公爵之子路易），但两年后，约翰的私生子雅姆（James）为获得王位，不惜投靠马穆鲁克王朝苏丹伊纳尔（Sayf ad-Din Inal，1381—1461），引狼入室，兴兵作乱。作为传统盟友，医院骑士团选择支持约翰二世的合法继承人夏洛特，并提供了军事援助。但雅姆兵多将广，夏洛特被迫流亡至罗德岛避难，她的丈夫率部在凯里尼亚（Kyrenia）城堡抵抗了三年之久，最终失利。1464 年，私生子雅姆正式即位，医院骑士团由于先前失败的干预，与塞浦路斯王国的关系也跌至了谷底。同一时期，医院骑士团的海盗行动多次“误伤”了威尼斯商船，这引来了威尼斯共和国极大的不满。1460 年和 1464 年，威尼斯两度派遣舰队前往罗德岛示威，最终迫使医院骑士团释放了扣押的威尼斯水手并做出赔偿。内忧外患之下，雅克·德·米利通过艰苦的外交谈判，终于在 1462 年与穆罕穆德二世达成了共识：医院骑士团每年以进献“礼物”的名义，向苏丹提供年金。这既令奥斯曼帝国得到了满足，也保全了医院骑士团的颜面。此后一段时间，奥斯曼帝国与罗德岛医院骑士团国大体上相安无事。[9]

虽然奥斯曼人暂时不入侵罗德岛，但

穆罕穆德二世并未停下征服的脚步。1456年，拉丁人的雅典大公国遭到倾覆。1460年，拜占庭帝国在希腊的残余摩里亚专治君主国也倒在了奥斯曼人的铁蹄之下，统治这一地区的君士坦丁十一世的两位兄弟中，德米图斯直接向苏丹开城投降，而托马斯一度退守麦西尼亚，但最终无力回天，流亡罗马。很快，整个伯罗奔尼撒都成了奥斯曼帝国的领土。1461年，位于小亚细亚北岸的特拉布宗帝国也被穆罕穆德二世吞并。不久之后，瓦拉几亚、阿尔巴尼亚等国陆续向土耳其人称臣。医院骑士团眼看着昔日的盟友与近邻相继覆灭，却无力相助。西班牙籍大团长彼罗·雷蒙多·扎科斯塔即位三年后，穆罕穆德二世突然提出希望医院骑士团增加贡金，此举遭到了骑士团上下的一致拒绝。为此，他们与奥斯曼帝国的关系重新趋于紧张。扎科斯塔统治期间有两大功绩，其一是将骑士团的语言区正式划分为8个，并进行了明确分工：普罗旺斯语区产生大司令官，奥弗涅语区产生元帅，法语区产生医师长，意大利语区是海军司令，卡斯蒂利亚—葡萄牙语区是书记长，阿拉贡—纳瓦拉语区（习惯上仍称作西班牙语区）是制衣官，英语区是土科波利尔，德语区是大行政官（the Grand Bailiff）。这一时期由于海上战事频发，海军司令的地位大大提高，最终得以与执掌陆军的元帅并驾齐驱。骑士团的军事工业也有所进步，罗德港内的兵工厂有能力维修甚至建造战舰，不过通常骑士团还是倾向于在热那亚或者马赛订购舰船。扎科斯塔的第二大功绩是于1464年主持修建了圣尼古拉斯堡。它位于罗德市北部港口区，以一条狭长石道与城区相连，设计上充分汲取了1444年抵御马穆鲁克人侵时的经验教训，它包含一座高耸的巨型环状塔楼，下部则是多边形棱堡，棱堡上部署了两列火炮射击口，火力强大，坚如磐石。这座堡垒造价不菲，为此，勃艮第公爵“好人”腓力特意赞助了1.2万枚金币。圣尼古拉斯堡在1467年落成，它的完工极大地增加了港口区的防御纵深，在未来抵御奥斯曼人入侵的战役中将发挥举足轻重的作用。大约同一时期，骑士团在奈拉克塔的对面兴建了“风车塔”（或称“法国塔”），两者遥相呼应，令港区入口处的防御也趋于完备。在随后的乔瓦尼·巴蒂斯塔·奥尔西尼统治时期，这位具有意大利血统的团长试图与威尼斯结盟，共御外敌。1470年，威尼斯所有的埃维亚岛（Euboea，今希腊第二大岛，面积为4100余平方公里，首府为哈尔基斯）遭到奥斯曼帝国围攻。奥尔西尼派遣了2艘加莱战舰前往驰援，虽然最终功败垂成，但同威尼斯共和国结下了生死情谊。骑士团也顺理成章地加入了教皇西斯克特四世（Sixtus Ⅳ，1471—1484年在位）于1471—1472年发起的反奥斯曼帝国基督教联盟（除威尼斯与医院骑士团外，还包含教皇国、阿拉贡与那不勒斯王国）。医院骑士团勃兰登堡行政官詹姆斯·范登堡（James Vandenburg）奉命指挥2艘加莱战船加入了基督教联合舰队，负责对土作战。1472年，联合舰队驶向士麦那，几乎将它夷为平地，随后兵锋又转向安达利亚（Adalia）、塞琉西亚

（Seleucia）、科律克索等地，战果颇丰。与此同时，基督教联盟还成功地与位于小亚细亚东部的白羊王朝统治者乌宗·哈桑（Uzun Hasan）结盟，从水陆两方夹击奥斯曼帝国。可惜乌宗·哈桑于1473年8月被穆罕穆德二世击败，这场雄心勃勃的反土耳其同盟战争，也不得不偃旗息鼓。[10]

皮埃尔·德·欧比松(Pierre d'Aubusson，1476—1503年在位）于1476年接任医院骑士团大团长时，罗德岛已是一片山雨欲来的迹象。虽然穆罕穆德二世暂时将注意力放在对威尼斯的战争（至1479年结束）和降服巴尔干桀骜不驯的诸侯上，但罗德岛重要的战略位置和骑士团的敌意令他感到如鲠在喉，以苏丹的雄心壮志，势必难以容忍卧榻之侧有他人酣睡。双方虽维持着表面的和睦，但最终的摊牌不可避免，对此双方皆心知肚明。皮埃尔·德·欧比松出生于法国勒蒙泰奥维孔特（Le Monteil-au-Vicomte），作为当地领主的第五子，他没有资格继承父亲的头衔和财产，为了自己的锦绣前程，他在1444年21岁时选择加入医院骑士团。1460年他曾任罗德市“城堡主”（相当于城防司令），1468年荣升为奥弗涅分团长，1474年又被乔瓦尼·巴蒂斯塔·奥尔西尼召回罗德岛，负责全岛的防务。此时皮埃尔·德·欧比松服役已逾三十年，作为一名经验丰富的老将，他深受部下爱戴，并且具备战略眼光与专业军事素养。1476年进行新任大团长选举时，皮埃尔是唯一的候选人，其人望之高由此可见一斑。他不仅是一位勇武的战士、勤奋的政治家、精明的外交家，还颇为难得地具备某种人文主义情怀（受意大利文艺复兴熏陶）。例如，大团长曾独具慧眼地任命人文主义诗人吉安·菲莱尔福（Gian Filelfo）为他的拉丁语秘书，一批知识分子也相继得到重用。洞悉大战将至，皮埃尔·德·欧比松调动了一切资源，整军备战，同时积极进行外交斡旋，稳固后方。

◎ 罗德港尼古拉斯堡

这年10月11日，他紧急征召散布在欧洲各地的医院骑士集结于罗德岛，以应对迫在眉睫的奥斯曼帝国入侵。第二年，骑士团在罗德岛召开了全体大会，进一步商讨抵御外敌的方略。同年，大团长写信给骑士团的马略卡岛行政官，要求他竭尽所能地准备船只，将急需的弹药粮草运往罗德港。1478年，皮埃尔派遣骑士雷蒙德·里卡迪率领一支船队前往西西里采购粮秣。1479年3月，他又给圣吉勒分团长去信，希望后者能再及时送来一笔资金作为备战的军费（此前骑士团法国各分部已经送来了6800达克特）；6月，法王路易十一世与教皇西斯克特四世一起提供了8000枚金币的援助，可谓雪中送炭。总体而言，骑士团各欧洲分部与盟友为了罗德岛的安危纷纷伸出了援手，不过，其中也间杂着一些不和谐音符。法国分团在提供资金一事上颇为延宕，震怒之下，1480年2月，皮埃尔·德·欧比松一度威胁要将法国分团的全体骑士开除出团（虽然他本人也出生在法国）。爱尔兰分团走得更远，其分团长詹姆斯·基廷（James Keating）俨然已蜕变为地方豪强，他不仅对大团长的召唤置若罔闻，还长期拖欠本应上缴罗德岛总部的贡赋。（1482年罗德岛战役尘埃落定后，大团长派遣一位名叫马默杜克的骑士去接替詹姆斯·基廷的职务，不料后者竟将团长派去的人投入了大狱——由于距离太过遥远，皮埃尔·德·欧比松对此也无可奈何。直到英王亨利七世统治时期，詹姆斯·基廷依旧把持着爱尔兰分团的职务。）除了囤积战备物资以外，骑士团也格外注重网罗各类人才，在优厚条件的吸引下，大批雇佣军纷纷涌向罗德岛。其中的代表人物是来自德意志的火炮专家约翰尼斯·贝格尔（Johannis Berger），他于1480年5月战役打响之前紧急赶到了罗德岛，为随后的守城战提供了火器方面的宝贵指导（为此大团长花费了80弗罗林）。当然，罗德港的要塞建设也在紧锣密鼓地进行着。按照传统，某任大团长在位时动工的建筑和工事，往往会镌刻其纹章以示纪念，而直到今天罗德市老城中刻有皮埃尔·德·欧比松的纹章的古建筑竟超过了50处。他大大加宽了罗德市主城墙，使其平均厚度达到了5米（个别地段甚至达12米），并且为架设火炮预留了空间。皮埃尔进一步改造了罗德市护城河，为它增建了一道外护墙（Counterscarp）。主城墙外的堡垒也进行了改进，升级为多边形棱堡，对重型火炮具有更好的抵抗力。由于骑士团人力紧张，为了缩短战线，他还下令封堵了部分不常用的城门，并新建或加固其余的城门（例如，在水兵门上，不仅刻有他的纹章，还有一段文字："皮埃尔·德·欧比松，罗德大团长，1478年修建此门"）。在外交阵线上，皮埃尔也收获颇丰。他成功地与马穆鲁克王朝续订了和约，其中明确保障了骑士团与埃及、叙利亚进行贸易的权利，甚至允许它在亚历山大设立贸易站，同时也允许医院骑士自由访问耶路撒冷圣墓教堂。1478年骑士团还与突尼斯的统治者阿布·阿姆鲁达成协议，后者同意罗德岛商人每年前来采购大量小麦（罗德岛的粮食长期依赖进口，一旦与奥斯曼帝国开战，其黑海贸易线必将遭到封锁，与南方的马穆鲁克王朝和突尼斯签署贸易协定算得上未雨绸缪）。在1479年的一封信件中，皮埃尔准确地预言奥斯曼人的入侵将在第二年打响，即便如此，他也没有完全关闭和谈之门。同年，医院骑士团的特使与穆罕穆德二世之子杰姆（Cem，时任卡拉曼总督）秘密展开了一系列会晤。不过谈判双方其实均在虚与委蛇，彼此也心照不宣，至1479年4月，和谈无果而终。[11]

1480年的穆罕穆德二世已快到天命之年，再不是当年君士坦丁堡城下那个略显稚嫩、急于正名的年轻人。岁月在他脸上镌刻出沧桑的皱纹，但并没有磨灭他的雄心壮志。在近三十年的执政生涯中，穆罕穆德二世东征西讨，屡克强敌，鲜尝败绩。在他的铁腕下，奥斯曼帝国俨然进化成了一部高效冷血的战争机器。苏丹已经终结了东罗马帝国，西方的使臣也常常尊称他为“恺撒”，他下一个魂牵梦绕的目标，自然是罗马。一旦能够饮马台伯河，捣毁教廷这个十字军的发源地，必然会让全世界的基督徒战栗不已，同时令奥斯曼帝国成为地中海真正的霸主。15世纪后期，奥斯曼人的军事制度已经高度成熟。苏丹最为倚重的精锐部队是所谓的“卡皮库鲁”（kapikulu，原意为“宫殿奴隶”）中央常备军。他们通过德米舍梅制度（Devşirme）从帝国的基督教臣民中遴选而出，自孩童时期便开始接受严格的军事训练，领取固定薪饷，是精锐中的精锐。[12]卡皮库鲁军队中包含的步兵部队，即赫赫有名的土耳其新军，在1475年前后编制共约6000人；而骑兵部队叫作卡皮库鲁苏瓦里勒里（kapikulu Süvarileri），一般也被称作西帕赫（Sipâh），是训练有素的重装骑士，约3000人规模；此外还包括工兵、炮兵

◎ 水兵门，居中为皮埃尔·德·欧比松的纹章

◎ 皮埃尔·德·欧比松（画面居中穿黑色修士袍者）在1480年罗德岛大围攻开始前检查城防情况，来自纪尧姆·科尔辛（Guillaume Caoursin）[13]所著插图版《罗德岛围攻记》（*Gestorum Rhodiae obsidionis commentarii*，现藏于法国国家图书馆）

等。穆罕穆德二世统治后期，他直接掌控的卡皮库鲁部队人数在万人以上。不过若从数量上看，奥斯曼帝国陆军的主力是由封建领主提供的。1475 年帝国各地的领主共计 6.3 万人，按照传统，战时每人有义务提供 3—5 名士兵（骑兵称作西帕希，步兵称作皮亚德），因此理论上，穆罕穆德二世可从中募集多达 20 万以上的兵员。奥斯曼人的军队中还有一批辅助部队，例如，负责侦查与袭扰的阿基比（akibi）轻骑兵，以及负责守卫国界的阿金日（akinci）边防军等。如果大战爆发，奥斯曼苏丹还能够从自己的藩属与盟友中征调援军，例如塞尔维亚、保加利亚等巴尔干王公的部队和克里米亚鞑靼可汗的骑兵，都是对帝国主力的良好补充。最后，奥斯曼帝国陆军中还活跃着一批雇佣军部队，即巴希巴祖克（bashi-bazouks），他们完全为战利品而来，因军纪败坏而臭名昭著，不过在苏丹眼中，却是优良的炮灰。[14]

◎ 穆罕穆德二世，威尼斯画家真蒂莱·贝利尼（Gentile Bellini，1429—1507，他是由威尼斯政府派往伊斯坦布尔为苏丹作画的）绘制

与巴耶济德一世等前辈相比，穆罕穆德二世心思缜密，有勇有谋。在他统治时期，一直竭力打破基督徒尝试构筑的“反土耳其联盟”，以免陷入多线作战的窘境。1479 年 6 月 25 日，经过艰苦谈判，奥斯曼帝国与威尼斯共和国终于签署了和约，从而结束了两国长达十六年的鏖战。威尼斯被迫承认了穆罕穆德二世对阿尔巴尼亚与爱琴海诸岛的征服，但保住了达尔马提亚地区与希腊南部的部分领地，同时也恢复了在奥斯曼帝国进行贸易的特权。苏丹通过一定程度的妥协，成功地使地中海一大劲敌退出了反土耳其战争，从而可以腾

◎ 穆罕穆德二世统治时期的达达尼尔大炮（约铸造于1464年）是奥斯曼帝国重型火炮的代表，现藏于英国内尔森堡

出手来，去实现他未竟的伟大梦想。

若要成功西征罗马，必先要除去罗德岛这一绊脚石。作为一代枭雄，穆罕穆德二世构想了一个大胆的计划：他准备同时派出两支劲旅，从东西两个方向攻占罗德岛并登陆意大利，待罗德岛硝烟散去后，再让两军合兵一处，直捣罗马。如果一切顺利，这样的作战部署能够让整个西方世界首尾不能相顾；当然，分兵也蕴含着风险，存在被基督徒各个击破的可能。数百年来，医院骑士团的威名一直在黎凡特广为流传，面对罗德岛这块硬骨头，苏丹不免也有些踟蹰。

就在此时，三位基督教变节者登上了历史舞台，并促使穆罕穆德二世下定了决心。其中两位希腊人，分别是来自埃维亚岛的术士迪米特里奥斯·索菲亚诺斯（Dimitrios Sophianos，自称为神秘学家）和来自罗德岛的安东尼奥斯·迈利加拉斯（Antonios Meligalas，前罗德岛本地贵族），他们出于一己私利，竭力鼓吹眼下正是出兵的大好机会。另一位重量级的人物是来自德意志迈森（Meissen）的火炮专家乔治，他早年曾在罗德岛定居，后来为了高官厚禄带领妻小投奔了土耳其苏丹，在伊斯坦布尔获得了重用，并被人们尊称为“大师”（Meister）。乔治凭借记忆绘制了一张罗德市的详细城防图，它成了苏丹制定作战方略的基础，因此他的发言更具有权威性和说服力。乔治同样认定，依靠自己设计督造的重炮，攻破罗德港的城墙易如反掌。三人的游说最终打动了穆罕穆德二世，并令奥斯曼帝国的宫廷中也洋溢着一股盲目乐观的气氛。但实际上，他们离开罗德城已久，脑海中对它的印象依然是过去那个有些破败萧条的港口，对皮埃尔·德·欧比松及其前任的励精图治、整军备战一无所知。因此犯下了轻敌的兵家大忌。

青年时代的穆罕穆德二世喜欢御驾亲征，但1479年前后他龙体微恙，不得不指派两位将领代劳。负责攻略意大利的是帝国海军司令盖迪克·艾哈迈德（Gedik Ahmed）帕夏[15]，他当时正领兵驻扎在阿尔巴尼亚，按照苏丹的旨意，他将在来年登陆阿普利亚（Apulia，位于意大利半岛东南部）地区，为后续的军事行动打下桥头堡。而奉旨远征罗德岛的主帅则是梅希·帕列奥列格（Mesih Palaeologus，时任第四维齐）帕夏，他拥有拜占庭皇族血统，是君士坦丁十一世的远亲。苏丹在用人上一向眼光独到，既然罗德岛曾经是拜占庭的领土，并且岛民多为信奉东正教的希腊人，那么任命一位拜占庭皇族作为指挥官自然便于收买人心，破坏骑士团与居民的团结，从而收到事半功倍之效。

1479年冬，奥斯曼人的一支舰队突然出现在十二群岛海域，此举显得颇不寻常（按照传统，土耳其人一般避免在冬季作战），他们四处劫掠，屠杀手无寸铁的居民，甚至一度闯入罗德岛乡村地区。但医院骑士团大团长皮埃尔·德·欧比松并未惊慌失措，因为他得到确切情报——这不过是奥斯曼人在试探骑士团的虚实。骑士团上下严阵以待，最终令土耳其人无功而返，但他们明白，来年春暖花开之后，才是决定罗德岛人生死的关键时期。[16]

1479 年至 1480 年的整个冬季，穆罕穆德二世都在为越冬的舰队尽可能地筹集兵员、装备和粮草。1480 年 4 月，来自帝国各地的部队开始在首都附近集结，对罗德岛的远征已经箭在弦上。奥斯曼人历来高度重视情报战的作用，他们想尽一切办法封锁备战消息，不惜关闭了若干与罗德岛相邻的港口，并派出士兵封锁道路，穆罕穆德二世甚至派人去散布自己的死讯，以麻痹对手。但这些工作对骑士团并未奏效。皮埃尔·德·欧比松深信奥斯曼帝国的下一个入侵目标正是罗德岛，并做了数年的准备。1480 年春，骑士团开始在罗德市以外的各个据点设防，有序地将乡村地区的岛民逐步迁入城市，并囤积粮食和补给品。皮埃尔甚至要求农夫提前收割未成熟的作物，以坚壁清野。收集粮食的行动获得了巨大成功，据贾科莫·德·库尔蒂（Giacomo de Curti）的记载，此时罗德市的仓库中堆满了谷物、美酒、橄榄油、奶酪、咸肉和其他各式上乘的食物，足以支持骑士团固守两年之久。

1480 年 5 月 23 日，浩浩荡荡的奥斯曼帝国主力舰队终于出现在罗德岛外海。5 月 28 日，皮埃尔·德·欧比松在写给各国医院骑士的紧急信函中，以平静的语气宣布罗德岛防御战已经正式打响。据大团长的情报，奥斯曼舰队拥有 109 艘战舰，兵员则超过 7 万人（其中包括约 3000 名精锐的土耳其新军）；骑士团方面，罗德市内的骑士与军士合计不过 600 余人，另有 2000—4000 人的雇佣军（大部分来自意大利和法国）及本地民兵。虽然敌我力量悬殊，但皮埃尔·德·欧比松在信里坚定地写道："罗德市拥有坚固的城墙、壁垒、护城河与高塔，我们不惧怕任何来犯之敌"。奥斯曼人军容强大，据说还装备了一批前所未见的重炮，不过，大团长还是对他亲手主持升级改造过的罗德市城防系统，对骑士团充足的战争储备及部下高昂的士气保持着信心。[17]

由于奥斯曼帝国的舰队过于庞大，医院骑士团海军无力正面拦截，只能眼看着奥斯曼人在当晚登陆罗德岛，并于圣司提反山附近设下大本营（此处地势较高，可俯瞰整个罗德市，后者的城防一览无遗）。

◎ 皮埃尔·德·欧比松进行作战部署（注意图中大团长已换上了红色骑士外套，显示全团已进入战争状态），来自纪尧姆·科尔辛《罗德岛围攻记》

奥斯曼人狡猾地在圣司提反山靠海的背面卸载大炮和攻城器械，如此罗德守军便完全无法一探究竟。由于兵力不足，加之夜幕降临敌情不明，皮埃尔·德·欧比松决定按兵不动。发觉未受到抵抗后，奥斯曼人认为这是医院骑士团示弱的表现，当天夜间，一队奥斯曼士兵头戴白羽来到罗德市城墙外，高声劝降，但迎接他们的是一阵枪林弹雨。部分骑士甚至大胆地主动出击，砍下了好几具奥斯曼人的首级，剩下的残兵顿时作鸟兽散。但梅希帕夏并未死心，稍后他又派出了第二队劝降者。医院骑士团用第二次出击作为答复。在这场短兵相接中，加泰罗尼亚医院骑士佩德罗·德·布尔热（Pedro de Bourges）一直舍生忘死地奋战在最前线，不幸被一支标枪击中了头部，随后奥斯曼人一拥而上，斩下了他的头颅，置于矛尖上，耀武扬威地返回了大营。佩德罗的战友夺回了他剩余的遗体，带回市内厚葬。这是1480年罗德岛大围攻中医院骑士团的第一位牺牲者。

5月29日清晨，土耳其人的围攻正式揭开了帷幕。他们在圣尼古拉斯堡对面的圣安东尼教堂花园中架设了炮兵阵地（包含普通火炮与臼炮），尤其是当中布置的3门巨型攻城炮，令医院骑士们触目惊心。据大团长日后在信件中的描述，奥斯曼人发射的石弹直径竟有9至11个手掌的长度。奥斯曼人的炮击，一共摧毁了9座塔楼和城中的一条道路，对大团长宫也造成了破坏。但炮击并未摧毁医院骑士团的斗志，他们的防线岿然不动。看来一场恶战已经不可避免了。

然而第二天，发生了本次战役中最富戏剧性的一幕。前文提到的“大师”乔治，竟孤身一人出现在罗德市大团长宫一侧的护城河外，并向错愕的守军表达了弃暗投明之意。医院骑士久仰其大名，不敢怠慢，当即护送他面见大团长皮埃尔·德·欧比松。在开战之初就有对方重量级人物投诚，引起了不小的轰动，不少将士与市民纷纷前来围观。据记载，乔治身材高大、仪表堂堂、谈吐不俗，显示出与他地位相符的睿智和威严。由于他对奥斯曼人的军事部署（尤其是炮兵的情况）知根知底，他被骑士团当作了重要的情报来源。不过，乔治与家人定居伊斯坦布尔多年，而且受到苏丹的礼遇和重用，猝然来投确实令人疑窦丛生。当大团长询问他此番义举的动机时，乔治回答说，这完全是出于一名基督徒的宗教热忱和对医院骑士团的由衷钦佩，而他对早先的所作所为（为穆罕穆德二世出谋划策并督造火炮）感到追悔莫及。

在那个特殊的年代，乔治的理由听上去也似乎言之成理，不少医院骑士相信他的确听从了上帝的感召而“弃恶从善”，但老练的大团长并没有完全打消疑虑。尽管如此，乔治还是具备重要的情报价值。当大团长询问他奥斯曼军的实力时，乔治回答说，奥斯曼帝国全军的人数达17万人（这显然过于夸张），此外还装备了16门重型火炮（长度将近7米）、6门巨型臼炮及大量轻型火炮。他还特别强调，奥斯曼人此番前来随身携带了8000根木桩，如果医院骑士团拒不投降，城破后就要将全体守军处以穿刺之刑。虽然乔治言之凿凿，不过在当时两军对垒的情况下，也无从验证。他提供的信息对城防似乎并无帮助，甚至还大大增加了罗德城内的恐慌和畏敌情绪。

这次会晤后，医院骑士团内部对乔治大师的评价也出现了两极分化：一些人相信他是弃暗投明的义士，而另一些人则认为他是土耳其人派来扰乱军心的间谍。尽管引发了争议，但在皮埃尔·德·欧比松看来，乔治尚具备情报上的价值，他的间谍嫌疑毕竟查无实据。因此欧比松宽容地允许他在罗德市内“自由”活动，但同时又特意安排了6名骑士如影随形地加以“保护”（亦为监视），以防止他窥探军情。[18]

围城开始后，彼罗·雷蒙多·扎科斯塔兴建的圣尼古拉斯堡首当其冲，成为奥

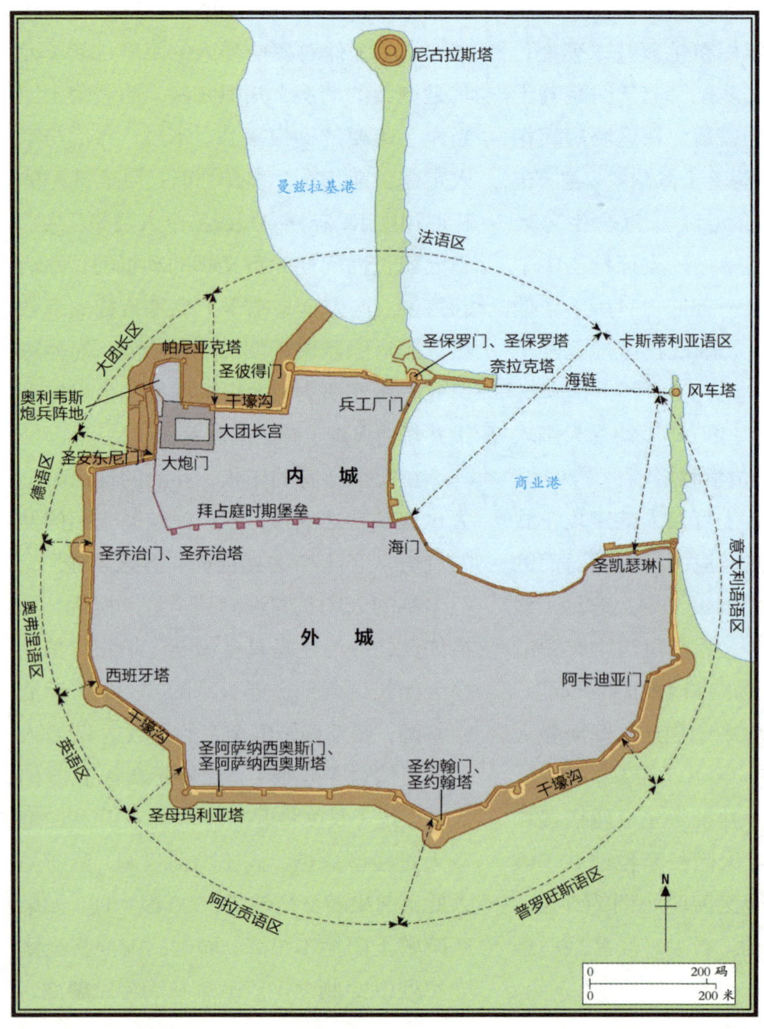

◎ 1480年罗德市城防图，资料来自：Konstantin Nossov, *The Fortress of Rhodes 1309-1522*, p. 45

斯曼人攻击的重点。它通过一条狭长的石堤与罗德市北部城墙相连，虽孤悬城外，但装备了大量火炮，从而扼住了罗德港港口区的咽喉要冲。因此，若要完全封锁罗德港，就不能不首先夺取该地。在梅希帕夏看来，如果基督徒始终在罗德港畅通无阻，那么补给和援军随时可能来临，对罗德岛的围攻就会陷入他最为忌讳的持久战。

在距离圣尼古拉斯堡仅 230 米的圣安东尼教堂炮兵阵地，很快就开始传出阵阵轰鸣。土耳其人对圣尼古拉斯堡的炮击持续了整整十五天，城堡一共中弹超过 300 发，已经伤痕累累，但由于它在建造之初充分考虑了火炮的威胁，守军尚能苦苦支撑。土耳其人最重型的火炮，如乔治大师所说，口径合 11.5—14 英寸（29—33.5 厘米），发射的石弹重量应该在 140—255 磅之间。考虑到现存于土耳其伊斯坦布尔军事博物馆及鲁美利要塞的古代奥斯曼重型火炮，长度达 4 米以上，直径超过 60 厘米，炮弹重量也在 300 公斤以上——1480 年奥斯曼人的火炮达到甚至超过乔治所说的威力，是完全有可能的。如此大型的火炮必然能给要塞造成相当大的破坏，然而，受限于那个年代的技术，它们一天最多只能发射 14 次，这就给了医院骑士喘息之机。后者常常能够利用炮击的间隙（尤其是在夜间）抢修损毁的城墙，使土耳其人迟迟不能彻底摧毁城堡。

当然，在数百发炮弹的轰击下，圣尼古拉斯堡已危在旦夕。大团长后来曾回忆说：相当一部分塔楼其实已经崩塌损毁，随之而来的穆斯林欢呼声响彻云霄。而根据纪尧姆·科尔辛的记载，圣尼古拉斯堡朝向陆地的一侧（即正对土耳其炮兵阵地的一面），塔楼几乎完全垮塌；但它面朝大海的一侧则几乎安然无恙。幸存的守军在年轻的意大利骑士法布里齐奥·德尔·卡雷托（Fabrizio del Carretto，1455—1521，在罗德岛大围攻中一战成名，并于三十三年后当选为医院骑士团第 43 任大团长）的率领下，被迫退至靠海的半个圣尼古拉斯堡，但他们士气高昂，并未放弃自己的阵地。

眼见圣尼古拉斯堡受损如此严重，部分骑士建议撤出部队，以保存有生力量。但欧比松充分了解该城堡的战略价值，他下令卡雷托据险死守，与阵地共存亡。与此同时，大团长也明白城堡已千疮百孔，为此他紧急动员了上千民工夜以继日地在敌人炮火的威胁下维修加固城堡，他们额外挖掘了一道壕沟，同时以木材和石块打造临时工事，作为城堡的屏障。骑士团也为城堡调拨了精选的援军和大量弹药补给，大团长甚至亲自主持了重新布置圣尼古拉斯城堡的火炮，以最大程度发挥火力。此外，他还派出了一队装满易燃物的小船驻守在城堡附近，如果土耳其军贸然发起总攻，就以火攻船反制，最终守军的士气得以恢复，战局也逐渐趋于稳定。

眼见炮击未能取得满意的成效，土耳其步兵的攻击终于展开了。6 月 9 日，黎明前两小时左右，大量小艇满载着奥斯曼人从圣安东尼教堂一带的集结地涌向圣尼古拉斯堡及其石堤。在强攻之前，梅希帕夏也曾试图不战而屈人之兵——他命令手下的军乐队鼓乐齐鸣，炮兵齐射，步兵则高呼各种口号，以期制造出骇人军威，让医院骑士团守军知难而退。他们的确引发了短暂的恐慌，但圣尼古拉斯堡的骑士依旧无人擅离职守，这阵喧嚣反而成了绝佳的预警。发觉恐吓无用后，梅希帕夏下令发起总攻。当土军靠岸进入射程后，隐藏在新近修建的工事与城堡的断壁残垣后的骑士们以各种火器、弓弩向他们猛烈射击，还有人投掷希腊火罐点燃了土耳其舰只。由于登陆点附近毫无遮蔽且地形狭窄，土耳其部队损失惨重。躲过一劫的士兵尝试着向壁垒冲锋，却遭到了医院骑士团杀气腾腾的反突击，很快开始四散奔逃。此役圣尼古拉斯堡守军大获全胜，土耳其军草木皆兵，残部乘船狼狈地逃回大营，其阵亡人数超过了700人。

◎ 圣尼古拉斯堡严阵以待的医院骑士，对岸土耳其人搭建的浮桥清晰可见，来自纪尧姆·科尔辛《罗德岛围攻记》

与梅希帕夏选择坐镇后方不同，在圣尼古拉斯堡的战斗中，大团长选择了身先士卒。他策马奋战在战事最激烈的前线，手中高举着自己的帅旗（原本这应该是掌旗官的职责），他的出现极大地鼓舞了士气。庆功时人们却发现大团长“失踪”了——原来他独自返回了城中一座小教堂，与另一位骑士一起在圣母像下祈祷，感谢上苍赐予的胜利。

但奥斯曼帝国军队绝不会因一次挫折而止步不前。梅希帕夏在总结第一次出击的教训时，敏锐地发现战斗失利很大程度上是因为用海军运送部队登陆，一路上不断遭受圣尼古拉斯堡、罗德市守军的射击，以至伤亡过大，等到登陆后，士兵已沦为强弩之末。为了克服这一难题，梅希帕夏下令在圣安东尼教堂与圣尼古拉斯堡之间，搭建一座以木桶筑成的浮桥，其宽度足以让六人并行，让医院骑士们惊叹不已。当然，这座壮观浮桥的出现也令他们意识到，更激烈的战斗即将打响。

最初，土耳其人的浮桥以绳索下锚的方式固定，但一位深谙水性的英国裔水兵罗杰·杰维斯（Roger Jervis）自告奋勇潜入水下割断了绳索，甚至将一具锚尖作为战利品献给大团长。此举打乱了土耳其人原有的部署，他们只好匆忙地改以小船去固定浮桥，总攻被迫延后了数日。6月18日午夜至19日凌晨，第二次战斗打响了。

梅希帕夏高度重视此次行动，特意委任穆罕穆德二世的孙女婿（一说女婿）统领全军，为了分散守军注意力，他们还安排海军从圣尼古拉斯堡东面发动进攻，以达成一种两翼夹攻的效果。

尽管准备充分，志在必得，但战役的进程与梅希帕夏的设想大相径庭。土耳其人吸取了往日的教训，在本次行动中全程保持静默，直到最初的6名新军士兵已经登上了圣尼古拉斯堡外围的断壁残垣，哨兵们才发出警报。法布里齐奥·德尔·卡雷托与麾下的骑士剑不离手，带甲而眠，此刻一跃而起，进入了自己的战位。与此同时，罗德市内法语区和大团长宫城墙上的炮兵也开始向浮桥上的土军射击，一发炮弹精准地将浮桥撕裂为两段，大批新军因此落水，土耳其人的阵线一片混乱。但精锐的新军部队依旧保持着斗志，他们重整队形，顽强地继续投入进攻，不过此番延宕也为医院骑士团制造了各个击破的机会。而在海上战场，奥斯曼海军虽拥有数量优势，但在经验与素养方面却远不能与“海盗”医院骑士相提并论，尤其是“秘密武器”火攻船的突然杀入，令奥斯曼舰队猝不及防，并因此损失了4艘加莱战舰。在争夺圣尼古拉斯堡的战斗中，医院骑士身披精良铠甲，短兵相接时具备防护上的绝对优势，这就是为什么虽然战斗惨烈，但骑士仅有十一二人阵亡的重要原因。皮埃尔·德·欧比松眼见自己的部属不落下风，便没有派出大批援军，相反，他选择亲自加入圣尼古拉斯堡的战斗以鼓舞士气。经过长达十个小时的战斗，土耳其人的阵亡数竟达2500人，大团长的头盔一度被弹片击落，但他本人幸运地逃过一劫。最终，土耳其人精疲力竭，狼狈地鸣金收兵。

众目睽睽之下，梅希帕夏出动精锐发起的新一轮进攻竟遭受如此惨败，他倍受打击，因沮丧和悲伤枯坐在自己的营帐中，整整三天未发一语。[19]

虽然在罗德岛围城战的最初阶段，土耳其人的重点集中于圣尼古拉斯堡，但在其他地段，双方也在交火，尤其是在大团长宫附近，战事相当激烈。5月31日，两发奥斯曼人的炮弹直接命中了大团长宫。一发穿透了三层建筑，最后深深嵌入马厩的地面；另一发射入了大团长起居室，击毁两根大理石柱，破坏了房间的穹顶，最终在团长的酒桶里停了下来。所幸皮埃尔·德·欧比松正亲临前线督战，并不在宫中，因此，除了大团长的美酒，炮击并未造成太大的损失。

◎ 1480年医院骑士团所用巨型臼炮，炮身重3.3吨，发射的花岗岩石弹重260公斤，被用于城墙近距火力支援，现收藏于巴黎军事博物馆（Musée de l'Armée）

◎ 梅希帕夏视察罗德市犹太区的城防情况，来自纪尧姆·科尔辛《罗德岛围攻记》

由于圣尼古拉斯堡久攻不下，梅希帕夏不得不改变自己的主攻方向。经多日考察，他最终选择在城东犹太人聚居区一带发起新的攻势。此处紧邻阿卡迪亚湾，地势平坦，便于炮兵射击和人员调度，而这一段城墙当时由意大利骑士驻守，兵力也算不上雄厚。从6月下旬起，梅希帕夏在该地部署了8门重炮，持续轰击意大利骑士的防区。据科尔辛记载，炮击的巨响甚至在100英里外的科斯岛也清晰可闻（科尔辛的说法想必有所夸张）。

接连不断的炮击让意大利语区的城墙出现了多处裂缝甚至豁口。大团长亲自坐镇前线指挥，他调度一切人力（甚至包括妇女）连夜抢修城墙，所用材料除了木头、石块以外还包括装满泥土的水桶（骑士们发现它的防弹效果颇佳）。守军主动拆除了犹太人区不少靠近城墙的建筑，并在空地上挖掘了一条干壕沟，倘若外城墙被突破，这里就可以作为第二道防线。上至大团长、分团长、骑士团高官，下至普通骑士、修士、商人、市民，甚至妇女儿童，都积极地投入到施工中来，因为他们深知这与自己的生死休戚相关。

为了瓦解罗德人的士气，土耳其人不仅炮击城墙，还开始轰击居民区，希望能够制造平民的重大伤亡，以引起恐慌。负责这一任务的主要是重型臼炮，因为其弹道足以越过罗德市8米高的城墙。不过，由于精度太低，它们造成的伤亡尚可以接受。大团长虽忙于在前线督战，但也没有忽视市民们的安危。他特意组织人手，将老弱妇孺迁入地下室，保全了大批市民的性命。梅希帕夏后来在城东的高地上架设了炮兵阵地，获得了更好的射界，为了增强破坏力，他甚至命令士兵发射了大量燃烧弹与火箭。不过，医院骑士团对此早有准备，城中有一支训练有素的“消防队”，他们很快便控制了火势，令土耳其人的期望落了空。

另一方面，土耳其工兵也在孜孜不倦地作业，他们挖掘战壕，修建掩体，使土耳其部队在良好的掩护下一步步逼近了意大利语区城墙。整整三十八天中，土耳其人都在为最后的总攻做准备。大团长皮埃尔·德·欧比松在给神圣罗马帝国皇帝弗雷德里克三世（Frederick Ⅲ，1415—1493）的信件中这样写道：

“土耳其人以惊人的毅力不懈地收集石料用于填埋护城河以便形成一条通路直达城墙，但我军严阵以待，及时修复了护城壕并加宽了它，让对手无机可乘。此后敌军转而将注意力放到炮击犹太区城墙上，虽然城墙受损严重，但我们用新砍伐的连根带叶的树木临时制作了若干栅栏，堵住了缺口。这些放置在城墙外的树木及堆放的大量木柴还有效地降低了对方火炮的杀伤力，并能对土耳其士兵攀爬城墙造成阻碍。我军的火炮及燃烧武器对城墙外的敌军也形成了很大的威慑，使他们难以过分接近。考虑到土耳其人填埋护城壕对城市的重大威胁，我们选择在夜间秘密开凿一条地道直通护城河，将土耳其人的石块偷偷运往城内。白天，土耳其士兵发现他们堆积在护城河的石块有相当一部分不翼而飞（骑士团总计‘偷走’了超过3500块石块），多日的劳作就这样前功尽弃，不禁大惊失色……”

当奥斯曼人持续炮击犹太人区时，大团长想起了乔治大师的专长，命令他负责操作新打造的投石机向奥斯曼人反击，然而，乔治发射的石弹不仅没有命中敌人，反而击中了本方的城墙。如此一来，先前对他的怀疑就变成了严厉的审讯。酷刑之下，乔治终于承认了自己是奥斯曼人安插到城中的间谍。大团长亲自下令，将这个害群之马公开送上了绞刑架。

犹太人区战事吃紧时，有部分意大利骑士的意志开始动摇，他们委托一位名叫菲莱尔福的同僚作为代表前去游说皮埃尔·德·欧比松，希望大团长能够出面与奥斯曼人和谈。得知军心不稳后，欧比松召集了全体意大利骑士，公开告知他们如果确实畏敌如虎，自己可以提供船只让其逃生——不出所料，此举反而激发了意大利骑士的荣誉感，随后大团长恩威并施，让这批战士同意继续战斗，与罗德港共存亡。城墙以外，梅希帕夏为了打击守军的士气，也特意派遣了两名医院骑士团的逃兵回到城中，这两人四处散布流言，宣称穆罕穆德二世与10万援军已在奔赴罗德岛的途中，但欧比松丝毫不为所动。这两个叛徒甚至试图怂恿菲莱尔福刺杀大团长，但意大利人反而立即向欧比松检举了奥斯曼间谍的阴谋。他们很快被逮捕并投入监牢，梅希帕夏的离间行动就此破产。事实证明，一旦获得足够的激励，意大利人也

◎ 梅希帕夏开始指挥部队对罗德城犹太区发起围攻，来自纪尧姆·科尔辛《罗德岛围攻记》

是不容小觑的勇士。稍后在对奥斯曼人炮兵阵地的一场夜袭中，意大利骑士大获全胜，当他们回城时，矛尖上插满了奥斯曼士兵的首级，用这种有些令人不寒而栗的方式向大团长证明了自己的价值。但这样的胜利并不足以扭转敌强我弱的态势。

经过将近六周的炮击后，城墙已出现了巨大的缺口，甚至足以让骑士策马通行。梅希帕夏最后一次做出劝降的努力，他的特使苏莱曼贝伊来到城墙外，表示如果医院骑士团弃暗投明，向奥斯曼帝国表示臣服，那么不仅全城人口可以保全，他们还会被苏丹视作盟友；如果负隅顽抗，城外已集结了 4 万名精兵蓄势待发，医院骑士团必将全军覆没，而市民也会因此在劫难逃。负责与苏莱曼交涉的医院骑士团罗德城防司令安托万·戈蒂埃（Antoine Gautier）豪气干云地回复说，苏丹的"交友"方式实在是旷绝古今，令人难以理解；即使面前的城墙已经残破，但在它身后，骑士团还构筑了第二条防线，希望奥斯曼人牢记圣尼古拉斯堡的惨败，如果一意孤行，必将重蹈覆辙。

医院骑士团的狡黠和毅力，以及乔治之死让梅希帕夏如坐针毡。终于，他决定一劳永逸地终结这一战事。7 月 27 日，土耳其人的炮击骤然加强，在一天的时间里（包括夜间），他们竟向犹太区发射了超过 300 发炮弹。7 月 28 日黎明前，炮击异样地戛然而止。这暴风雨来临前的寂静预示着土耳其人的总攻即将上演。一门臼炮射出耀眼的信号弹，向土耳其全军下达了攻击的指令，充当前锋的是巴希巴祖克，他们杂乱无章地涌向城墙，作为炮灰吸引了骑士团大量火力。紧随其后的是土耳其新军，即使在枪林弹雨中，这批训练有素的战士依旧保持着严整的阵型。虽然医院骑士团在多日的鏖战中对土耳其人的总攻已经有所准备，但其突击的威力还是令守军猝不及防。在第一轮突击中，城墙上的守军伤亡惨重，土耳其人成功地攀上了墙头，穆斯林的旗帜已经在意大利塔上飘扬。大团长甚至用"大势已去"（拉丁语：eradicare）来形容当时自己的心情，可见罗德岛保卫战到了最危急的时刻。

千钧一发之际，皮埃尔·德·欧比松留下了自己的千古名言："我等为信仰而死，何其壮烈！"他抄起一支短矛，向浩荡的敌军扑去。在写给弗雷德里克三世的信件中，他这样描述当时的情景：

"突然，城头四处都是大批敌军，虽然情势不利，但我军死战不退，令战线不至全面崩溃。犹太区城墙内共有四座阶梯（其中一座已被我方主动封堵），我和部下拾级而上，来到意大利塔抵御土耳其人。他们装备精良，有 2000 人之众，竭力要将我们赶下城墙，但我的士兵们十分骁勇，成功地顶住了对手的白刃战。站在城墙顶端，我看到土耳其大营中的援军还在蜂拥而至，人头攒动，竟已看不见地面。其总兵力达 4000 人左右。战斗持续了两小时，十分艰苦，但我们高举基督的旗帜，誓死不退。终于，土耳其人支撑不住，开始撤退，由于慌不择路，互相践踏，加重了他们的伤亡。事后，我们在战场共清点出 3500 具敌军尸体，为了避免瘟疫流行，最终将其付之一炬。将士们获得了丰厚的战利品，他们甚至主动追击至敌方大营内，给敌方造成不小的损失，并且全身而退。”[20]

虽然通过大团长的描述我们可以想象当时战况之激烈，不过在谈及自己的英勇方面，欧比松还是过于谦虚了。马里·迪皮伊与纪尧姆·科尔辛等人的记载还原了当时更加惊心动魄的场面：

“7 月 27 日，奥斯曼人持续炮击了整整一天。第二天黎明前，趁着夜色（加之部分守军精疲力竭，已进入了梦乡），土耳其人发动了一次突袭，成功地登上了罗德市犹太区城墙的意大利堡。皮埃尔·德·欧比松此时正在意大利堡附近防区，虽已年近花甲（时年 57 岁），他依旧身先士卒，带领一小队精兵迅速攀上意大利堡。此时敌众我寡，堡垒上的守军已几近崩溃。所幸大团长与麾下的骑士皆身披重甲，防护上的优势一定程度上抵消了人数上的劣势。欧比松身后除了部分亲兵，还有 3 名忠心耿耿的旗手，他们手中，救世主耶稣基督、圣母玛利亚与圣约翰的旗帜迎风飘扬。大团长精致的铠甲在晨光中熠熠生辉，俨然是一面活生生的帅旗，吸引着基督徒与穆斯林的目光，也凝聚着医院骑士团的斗志与决心。”

◎ 大团长皮埃尔·德·欧比松亲自登上城头与土耳其军决战，身后是高举的基督的旗帜，来自纪尧姆·科尔辛《罗德岛围攻记》

罗德岛大围攻已经到了一决胜负的关键时刻，梅希帕夏目睹欧比松的英姿，便派遣一队精锐的土耳其新军去取他项上人头。在生力军的支援下，土耳其人一度占据了上风。28 日的决战前，大团长已经三处负伤，此时旧伤未愈，大腿再次被弓箭射中，攀爬阶梯时两度坠落，又两度被属下救起；而在城头的白刃战中，他的胸甲被一名新军的长矛刺穿，肺部受了重伤。大团长已经摇摇晃晃，精疲力竭，骑士团成员眼见自己敬爱的领袖危在旦夕，反而爆发出惊人的斗志，他们舍生忘死，怒吼着涌向意大利堡，去拯救皮埃尔·德·欧比松。由于双方人员过于密集，一些匆匆赶到的医院骑士甚至手执长矛利刃，直接跳进了土军人丛中，令对手肝胆俱裂。战斗最激烈之时，梅希帕夏犯下了一个愚蠢的错误，他竟然派出传令兵对前线浴血的将士宣布城破后禁止劫掠，罗德市所有的财富皆属于苏丹穆罕穆德。此举对士气产生了灾难性的影响，虽然精锐的新军还在战斗，但大部分封建士兵和巴希巴祖克已经不愿意继续以身犯险了。大团长被部下强行抬出了火线，但土耳其人在气势上已完全被压倒，他们动摇了，退缩了，即使土耳其新军将部分逃兵就地正法也无济于事。在混乱的撤退中，溃兵慌不择路，互相践踏，徒增伤亡。而获胜的医院骑士一鼓作气，顺势突入梅希帕夏的大营，虏获了他的军旗，这才班师回营。

梅希帕夏不得不咽下苦果。医院骑士团宣称在近两天的战斗中，土耳其人有3500人阵亡[21]，约9000人负伤（在整个罗德岛围城战中，土耳其人的伤亡超过2.4万人）。不过，医院骑士团自身也损失过半，相当一部分高级军官业已阵亡，所幸大团长虽然伤势严重，但并不致命，这让得知消息的梅希帕夏懊恼不已。虽然土耳其军在人数上依旧占据上风，但全军已经师老兵疲，难以为继。当得知2艘那不勒斯王国的帆船运载着援兵补给突破土耳其海军的阻截进入罗德港后，8月17日，梅希帕夏终于下决心班师回国。此时距土耳其人在罗德岛登陆，已经过去了整整八十九天。班师途中，梅希帕夏为了替奥斯曼帝国挽回些许颜面，徒劳地尝试攻取医院骑士团位于小亚细亚的博德鲁姆城堡，但再尝败绩。当他率领着残兵狼狈地退回伊斯坦布尔金角湾后，立即被穆罕穆德二世解除了维齐的职务，并被流放去了盖利博卢（Gelibolu）。不过在巴耶济德二世即位后，他重新获得了重用，于1499年荣升为帝国大维齐。[22]

当梅希帕夏的主力部队在罗德城下陷入苦战之时，1480年6月，盖迪克·艾哈迈德帕夏率领的偏师（由140艘战舰、1.8万名步兵、700匹战马组成）开始入侵意大利半岛，随行的还包括帝国鲁米利亚（Rumelia）总督和土耳其新军阿加（agha，相当于“司令”）等高级将领。这支大军从阿尔巴尼亚发罗拉（Vlorë）启程，横渡奥特朗托海峡，剑指意大利本土。具有讽刺意味的是，一支包含60艘战舰的威尼斯警戒船队从科孚岛出发，一路友好地伴随着奥斯曼帝国舰队，当发现土耳其人的目标是阿普利亚而非威尼斯后，它便心满意足地返航了。于是意大利南部的海面就这样门户洞开，令土耳其人畅通无阻。原本艾哈迈德计划在布林迪西（Brindisi）登陆，但当从俘虏口中得知阿普利亚的基督徒毫无防备后，他大胆地将登陆地改为了阿普利亚的重要海港奥特朗托。7月28日（也就是梅希帕夏发动罗德岛总攻的同一天），土耳其人正式登陆奥特朗托，经过半个月的围攻，8月11日城墙失守，土耳其军突入内城，随即展开了一场屠杀。据说有1.2万名基督徒遇难，5000人被变卖为奴。罗马大为震动，据说教廷甚至制订了教皇北逃并疏散全部市民的方案；与此同时，教皇西斯克特四世紧急号召各基督教国王前来救援。虽然初战告捷，但艾哈迈德帕夏深知本方兵力不足，苦苦等待着来自罗德岛的援军。然而援军迟迟不见踪影，不久后，东方传来了梅希帕夏损兵折将的噩耗。艾哈迈德只能率主力返回阿尔巴尼亚越冬，期待来年自行征募一批生力军重返意大利。他仅留下7000余人的武装固守奥特朗托。倘若罗德岛失守，梅希帕夏的主力与艾哈迈德合兵一处，意大利恐将生灵涂炭，后果不堪设想。因此，医院骑士团的伟大胜利，间接地挽救了教皇国与整个基督教文明的中心。[23]

虽然罗德岛的挫折令苏丹龙颜大怒，但这年冬天穆罕穆德二世身体微恙，一直在伊斯坦布尔的皇宫中静养（也就是在这段时间里，真蒂莱·贝利尼创作了那幅著名的苏丹肖像画）。苏丹的刚强个性不允许失败，来年春季，人们惊奇地发现，在首都对面的安纳托利亚海岸竟升起了穆罕穆德二世的马尾旗——按照传统，这意味着奥斯曼帝国即将对亚洲用兵。穆罕穆德二世很快再次下令动员整个帝国的军事力量，为了保守机密，关于出征的目标，他甚至对自己的宠臣也守口如瓶。1481 年 4 月，奥斯曼大军已整装待发，苏丹亲自来到盖布泽（Gebze，位于小亚细亚西北，距离伊斯坦布尔约 30 公里）附近的军营，准备御驾亲征。然而，5 月 1 日，一阵强烈的腹痛突然袭击了他。苏丹的波斯御医哈米德丁（Hamiduddin）被召唤至帐中为他诊治，但随后的两天中，穆罕穆德的病情不但未见好转，反而不断恶化。大臣们终于想起了意大利老御医马埃斯特罗·雅各布（Maestro Iacopo）。当他为主公做完检查后，心情沉重地向朝臣们表示，由于先前哈米德丁的误诊（雅各布含蓄地称哈米德丁开出了“错误”的药方），他已经无力回天了。很快，穆罕穆德二世感到腹部极其强烈的绞痛（一般认为是哈米德丁的药物导致了苏丹的急性肠梗阻），他在痛苦中于 5 月 3 日病逝，享年 49 岁。一位意大利密使在向国内通报苏丹的死讯时留下了一句名言：“雄鹰已逝！”（La grande aquila è morta！）在基督教世界，人们无不奔走相告，城市鸣放着礼炮，教堂的钟声经久不息。罗马教皇西斯克特四世为此亲自主持了一场盛大的庆典，以感谢上帝的眷顾。医院骑士团原本正为传说中穆罕穆德二世的复仇而惴惴不安，此时也终于如释重负。盖迪克·艾哈迈德帕夏返回首都，参与了两位王子争夺大位的斗争。同年 5 月，几乎遭到遗弃的奥特朗托的奥斯曼守军被那不勒斯王国太子阿方索（Alfonso of Aragon，1448—1495）率领的十字军团团围住，不得不签署城下之盟，撤往阿尔巴尼亚。穆罕穆德二世生前征服罗马的夙愿，就此彻底化为泡影。

穆罕穆德的死至今仍是个未解之谜。从他的症状上看，似乎是遭到了毒害。御医哈米德丁显然最具嫌疑，四年后他在埃迪尔内暴毙，人们传言他是被新任苏丹巴耶济德二世赐死的。过去威尼斯人曾经多次尝试暗杀穆罕穆德二世，但均未得手。1481 年苏丹的蹊跷离世应该并非威尼斯人的手笔，幕后黑手更像是来自于土耳其宫廷之中。穆罕穆德二世膝下有两位王子——巴耶济德与杰姆（他的长子多年前因犯罪已经被他处死），生前他尚未公开立储，不过人们一般相信苏丹更偏爱幼子杰姆。因为杰姆勇武善战，俨然是青年时代穆罕穆德的翻版；而巴耶济德则显得过于老成持重。苏丹分别委任两位王子为阿马西亚、卡拉曼总督，以昭示公平，但王子们对父亲的偏好其实了然于胸。虽然欧洲人更相信穆罕穆德未竟的远征是针对罗德岛医院骑士团，但土耳其国内的传言却说，苏丹此番讨伐的目标是王子巴耶济德治下的阿马西亚。早在4月上旬，巴耶济德就从伊斯坦布尔接到密报，大维齐卡拉曼尼·穆罕穆德（Karamani Mehmed）正在竭力游说苏丹册立杰姆为储君，因此，当父亲患病后，他买通御医孤注一掷，似乎也“合情合理”。随着哈米德丁的死亡，穆罕穆德二世的驾崩也成了一桩永远的历史悬案。

卡拉曼尼·穆罕穆德利用自己的权力，对政府和军队隐瞒了苏丹的死讯，同时秘密派出使节通知杰姆火速返回首都即位。杰姆不仅早前得到了父亲的青睐，而且获得了大批土耳其贵族的拥护；但巴耶济德在德米舍梅新贵中不乏拥趸，最关键的是，卡皮库鲁禁军（尤其是土耳其新军）倾向于他：双方可谓势均力敌。然而，穆罕穆德二世多年来穷兵黩武已经让臣民身心俱疲，人心向背才是两位王子决胜的关键砝码。民众素来听闻杰姆尚武好斗，唯恐他登基后会出现又一位“征服者”，相反，巴耶济德具备谦和温良的品质，于是他渐渐赢得了民心。土耳其新军在首都发觉主人已经去世，将满腔怒火发泄在欺骗他们的大维齐身上，最终卡拉曼尼·穆罕穆德身首异处，暴动的新军还洗劫了伊斯坦布尔的犹太人和基督徒社区，同时派员迎接巴耶济德即位。而之前大维齐派出的信使均遭巴耶济德的支持者逮捕。1481年5月21日，巴耶济德顺利成为新一任苏丹，即巴耶济德二世。

由于禁军的干预，杰姆失去了眼看就要到手的皇位，不甘失败的他在一周后于布尔萨自行宣布为安纳托利亚的苏丹，与兄长分庭抗礼。原本他建议与巴耶济德平分帝国，但后者在盖迪克·艾哈迈德帕夏的鼓励下，决心维护帝国的统一。6月20日，两兄弟最终兵戎相见，巴耶济德掌握的禁卫军在士气和素质上压倒了对手，杰姆与其残部不得不流亡马穆鲁克王朝。虽然遭遇了惨败，但杰姆对帝位的诉求并未停歇，流亡生涯中他一直图谋东山再起，成了令巴耶济德二世夜不能寐的“达摩克利斯之剑”。来年6月，杰姆在马穆鲁克的扶持下组建了一支远征军，一度进逼安卡拉，但旋即再度被巴耶济德挫败。走投无路的杰姆竟向医院骑士团大团长皮埃尔·德·欧比松提出了避难的请求，欧比松很快派出

◎ 巴耶济德二世，奥斯曼帝国画家莱夫尼（Abdulcelil Levni）绘制

海军将杰姆迎回罗德岛，他甚至为奥斯曼王子举行了隆重的宴会，二人在宴会上言笑甚欢（在博德鲁姆城堡，至今还收藏着展现大团长宴请杰姆王子的画作）。稍后，杰姆向欧比松承诺，一旦夺回王位，将赋予医院骑士团一系列贸易特权，并提供15万枚金币作为谢礼。不过，大团长并非真心援助杰姆复辟。他仔细对比权衡了两位奥斯曼王子的个性与特长——如果助杰姆夺取王位，放虎归山，恐怕日后会成为骑士团的心腹之患；而巴耶济德厌恶暴力，他的爱好是兴建华美的清真寺而非东征西讨，骑士团反倒有可能与他实现和谐共存。杰姆是皮埃尔·德·欧比松手上的一个筹码，随时可用于交换骑士团急需的利益。很快，巴耶济德便听闻了弟弟投奔奥斯曼帝国宿敌的消息。鉴于两年前出兵罗德岛无果，他并不愿兴师问罪，而是派出密使向大团长表示，只要将杰姆驱逐，苏丹便会为罗德岛骑士提供一笔丰厚的谢礼，同时也将与骑士团化干戈为玉帛。欧比松立即抓住这一千载难逢的机会。1482年9月1日，杰姆被礼送出境，流亡法国（他去世于1495年，可能是巴耶济德派人投毒的结果）。当年年底，奥斯曼帝国与医院骑士团正式缔结和约，为了表示感谢与尊重，巴耶济德二世向医院骑士团支付了4.5万达克特，其中的1万用于修复罗德港受损的城墙，其余3.5万则作为骑士团保护杰姆的年金（前提是保证杰姆不得从事反对兄长的阴谋）。两年后，苏丹甚至赠给了医院骑士团两件宗教圣物——施洗者约翰的右臂及耶稣的荆棘冠（显然为昔日从拜占庭帝国获得的战利品）。对比往日骑士团不得不对穆罕穆德二世“纳贡”，这不啻为伟大的外交胜利。在皮埃尔·德·欧比松的努力下，医院骑士团终于赢得了休养生息的时间。[24]

◎ 医院骑士团设宴款待杰姆王子，来自纪尧姆·科尔辛《罗德岛围攻记》

自1291年阿卡陷落已经过去将近两个世纪，十字军运动早已陷入低潮，而“偏安”罗德岛的医院骑士团也因此广受诟病。但罗德保卫战的传奇胜利扭转了这一切。副书记长纪尧姆·科尔辛撰写的《罗德岛围攻记》图文并茂，风靡西欧，并很快被翻译为英语和法语，成为对骑士团绝佳的宣传。医院骑士团再度蜚声海外，来自欧洲的捐款捐物纷至沓来，而大批出身名门的青年才俊涌至各地分部，希望应征入伍——在此后不到二十年中，医院骑士的数量增加了三分之一。教皇西斯克特四世对罗德岛大捷也赞誉有加，为了帮助医院骑士团筹集重建资金，他甚至特许后者在欧洲发售赎罪券。皮埃尔·德·欧比松的个人威望升至顶峰，1489 年，他被教皇英诺森八世（Innocent Ⅷ，1484—1492 年在位）加封为主教，其“大团长”的头衔亦首次被教皇及欧洲诸国正式认可（尽管第二任大团长雷蒙便开始使用这一头衔，但并未获得公认）。好运也开始眷顾此前命途多舛的医院骑士团，1481 年罗德岛发生了多次严重的地震，令尚未得到修复的罗德市城墙更加千疮百孔，如果此时土耳其人发动奇袭，骑士团恐将难以抵挡——然而他们在惶惶中却收到了苏丹穆罕穆德二世猝然离世的喜讯。两位奥斯曼王子的内斗让医院骑士团坐收渔人之利，也令罗德岛由此转危为安。1484 年，挟罗德岛战役的军威，医院骑士团与马穆鲁克苏丹国顺利地续订了条约，埃及苏丹甚至送给大团长 3000 枚金币，以示笼络。1495 年杰姆去世后，医院骑士团失去了掣肘巴耶济德二世的一张王牌，但奥斯曼帝国的入侵并未立即发生。这年 3 月，皮埃尔·德·欧比松派遣骑士团墨西拿分团长保罗·迪·萨洛马在西西里招募武装舰只，作为报偿，他特许这些加盟的船长们在罗德岛出售虏获的穆斯林战利品——这实际上鼓励了各国海盗前往医院骑士团总部“淘金”。欧比松得到情报说，奥斯曼人正在竭力扩充舰队，甚至准备打造排水量超过 2000 吨的超级巨舰[25]，于是医院骑士团也开始紧急加强自己的海军。大团长督促骑士团在萨沃纳（Savona）、热那亚、伦巴第等地的指挥官为罗德岛总部募集船只，并采购生产新舰的材料（包括 400 块制作船帆的棉布、300 支船桨及大量缆绳）。时年 31 岁的伦巴第分团长法布里齐奥·德尔·卡雷托（十七年后他成为骑士团第 43 任大团长）被任命为新舰队指挥官。不过，此时的巴耶济德其实根本无暇出兵罗德岛。奥斯曼帝国与马穆鲁克王朝的战争持续了整整六年（1485—1491），而从 1496 年起，它与威尼斯共和国的关系也开始急剧恶化，这转移了苏丹大部分的注意力。土耳其人违背昔日与威尼斯达成的协议，禁止威尼斯商人出入帝国各个港口，1499 年 7 月，政府下令逮捕了伊斯坦布尔的全体威尼斯侨民，一个月后，奥斯曼海军攻占了威尼斯在东地中海的要地勒班陀（Lepanto，位于希腊，今名纳夫帕克托斯），而来自波斯尼亚的阿金日骑兵则蹂躏了克罗地亚与达尔马提亚地区，两国再度处于全面战争状态。威尼斯在财政上捉襟见肘，渐落下风。1501 年，教宗亚历山大六世（Alexander Ⅵ，1492—1503 年在位）号召组建基督教联盟，共赴圣战。教皇国、医院骑士团、威尼斯、法国、西班牙（阿拉贡国王斐迪南二世与卡斯蒂利亚女王伊莎贝拉一世喜结连理后，组成了阿拉贡—卡斯蒂利亚联合王国，并于 1492 年征服了穆斯林的格拉纳达王国，令统一的西班牙王国初见雏形）、葡萄牙先后加入。医院骑士团欧洲分部提供了 5 艘加莱战舰（由法布里齐奥·德尔·卡雷托指挥），罗德岛总部也派出 5 艘（包括一条“大舰”）[26]，皮埃尔·德·欧比松更是光荣地被教皇委任为联军主帅。他们与盟军一道，自1502年起开始进攻土耳其人占据的伊奥尼亚（Ionian）群岛，并于当年8月最终攻占了莱夫卡扎（Lefkada，希腊西部岛屿）。与此同时，大团长派出的另一艘战舰在罗德岛附近海域击败了肆虐多时的土耳其海盗，抓获大批俘虏，他们后来成为修建罗德市城墙与要塞的苦工。尽管初战告捷，但威尼斯共和国无法长期担负与奥斯曼帝国交恶的经济损失，在这一年年底他们选择了与巴耶济德媾和。教皇发起的圣战又一次功亏一篑，而皮埃尔·德·欧比松感觉遭到了背叛，1503年7月3日他在郁郁寡欢中病逝（据说去世前大团长因对罗德岛的未来忧心忡忡而常常夜不能寐），结束了其战功彪炳的一生。医院骑士团按照国王的规格为皮埃尔·德·欧比松举行了葬礼，长长的送葬队伍默默穿过罗德市的主干道，走在最前列的6名骑士高举着大团长个人的旗帜、他的主教冠及教皇钦赐的十字架；队伍中的天主教与东正教主教虽然平日里多有不和，但在悼念大团长一事上达成了少见的共识。新当选的大团长埃梅里·德·安布瓦兹（Emery d'Amboise，1503—1512年在位，时任骑士团法国分团长）要在一年后才能抵达罗德岛，一些土耳其海盗误以为此时骑士团群龙无首，便在周边岛屿大肆劫掠。代理政务的副团长居伊·德·布兰切弗（Guy de Blanchefort）于是年8月派出3艘加莱战舰讨逆，医院骑士团舰队以少敌多，击沉了8艘土耳其军舰，俘获2艘，大胜而归。至此土耳其海盗望风而靡，罗德岛人心思定。

埃梅里·德·安布瓦兹即位之初，便遇上了一起严重的外交纠纷。1504年，巴耶济德二世之子科尔库特（Korkut，亦是南安纳托利亚总督）的宠臣卡迈勒贝伊（Kemal Beg）不幸被医院骑士团海军（海盗）俘虏，他被带至罗德岛，沦为奴隶。科尔库特多次向骑士团写信，要求释放卡迈勒，骑士们经过调查却尴尬地发现，卡迈勒已经于7月一次未遂的越狱中溺水身亡了。科尔库特王子怒不可遏，甚至发出了武力威胁。安布瓦兹决定冷静应对，他不卑不亢地回复了奥斯曼人的信件——既表达了对奥斯曼人的尊敬和善意，同时

◎ 皮埃尔·德·欧比松与属下骑士商讨政务，来自纪尧姆·科尔辛《罗德岛围攻记》

也绝不轻易做出让步。但迫于压力，大团长还是勒令麾下骑士在往后的海上行动中有所收敛。最终，卡迈勒贝伊遇难的悲剧得以和平解决。但一年后，原本寓居于开罗的杰姆之子穆拉德携家眷投奔了罗德岛医院骑士团，此举令巴耶济德二世与埃梅里·德·安布瓦兹的关系再度趋于紧张。

15 世纪末至 16 世纪初，穆斯林把持着从东印度通往地中海的香料贸易，获利颇丰。基督徒急于打破这种垄断，甚至不惜以海盗劫掠的方式加以破坏。其中最负盛名的当属葡萄牙人，但医院骑士团也不遑多让。1507 年在克里特岛附近，他们捕获了一艘从亚历山大前往突尼斯运送香料的克拉克商船，它满载着香料、地毯、丝绸等贵重货物，上面的乘客也大多为埃及的富贾显贵，由此医院骑士团获得了一笔巨额财富。同年，另一支海军分遣队在塞浦路斯附近也俘虏了 3 艘穆斯林商船……罗德岛海盗的肆虐迫使奥斯曼帝国与马穆鲁克王朝不得不寻求某种合作。1510 年，埃及苏丹坎苏（Kansuh）的舰队启程从亚历山大向奥斯曼帝国的港口尤穆尔塔勒克（Yumurtalık）运输木材。埃梅里·德·安布瓦兹得知消息后，便派出葡萄牙骑士安德里亚·德·阿马拉尔（Andrea d'Amaral，时任骑士团书记长副官）与法国骑士菲利普·维利耶·德·利勒亚当（Philippe Villiers de L'Isle-Adam，时任骑士团大总管）共同率领一支舰队予以拦截。安德里亚负责桨帆战舰，而菲利普指挥大帆船。在尤穆尔塔勒克港外，二人就作战方略产生了尖锐分歧——葡萄牙人主张立即突入港区发动奇袭，而法国人建议诱敌出港再予以歼灭。经过激烈争吵后，骑士团舰队采纳了菲利普的方案。最终，骑士团获得了一场酣畅淋漓的胜利，他们共夺取了 11 条商船、4 艘战舰，其余的埃及船只则在战斗中被付之一炬。埃及海军损兵折将，元气大伤，暂时难以威胁罗德岛水域。但喜悦的背后，也掺杂着不和谐的音符：安德里亚·德·阿马拉尔脾气火爆，自视甚高，人缘不佳（但是另一方面，他在学术上颇有造诣，尤其对普林尼的作品如数家珍），他对与菲利普在作战方案上的龃龉心生怨怼，甚至将法国人带来的大捷视作自己的耻辱，两人从此结仇，这一插曲深刻地改变了罗德岛骑士未来的命运。[27]

1512 年，巴耶济德二世已年过花甲，他的三位王子艾哈迈德（Ahmet）、科尔库特与塞利姆（Selim）围绕着王位，展开了激烈的竞争。长子艾哈迈德在内政上精明能干，颇受百姓拥护，他也继承了父亲温和的性格，因此得到了多数大臣与苏丹的支持；但他于安纳托利亚领兵作战时多尝败绩，在土耳其军队中声名狼藉。科尔库特精通诗歌、音乐与伊斯兰科学，在乌里玛（伊斯兰教士）阶层中备受推崇，然而他同样不擅长军事。唯有塞利姆，似乎继承了祖父“征服者”穆罕穆德二世的衣钵，骁勇善战，得到了军队的青睐。这年 4 月 25 日，首都的土耳其禁卫军发动兵变，胁迫巴耶济德二世禅位于塞利姆。英雄迟暮的老苏丹在前往流放地的途中被塞利姆收买的御医投毒暗害，艾哈迈德与科尔库特则在第二年先后命丧新任苏丹之手。崇尚武力的塞利姆成为奥斯曼帝国的主人绝非医院骑士团之福。[28]

山雨欲来之际，大团长埃梅里·德·安布瓦兹却在这年撒手人寰，临危受命的居伊·德·布兰切弗亦于从法国返回罗德岛接任的途中猝然离世，引领骑士团的重任落在了意大利骑士法布里齐奥·德尔·卡雷托（此前担任意大利语区皮利耶）肩上。他出身名门，是热那亚共和国执政官巴纳巴斯·阿多尔诺（Barnabas Adorno）的外孙，亦为菲纳莱侯爵乔瓦尼·德尔·卡雷托的第四子。法布里齐奥曾任骑士团驻教廷大使，颇受教皇器重，在欧洲人脉广泛，并曾长期指挥骑士团舰队，军事经验丰富。新任大团长敏锐地捕捉到了奥斯曼帝国风向的变化，更加不遗余力地着手强化罗德城的防御。1480 年以后，历任大团长均为改进城防系统投入了重金。城墙的平均厚度已被扩充至约 12 米，塔楼也增加至同一高度。随着 15 世纪 90 年代法王查理八世入侵意大利半岛，新的军事技术开始兴起，法国人大幅改良了传统火炮，与土耳其人的传统攻城重炮相比，法国的火炮口径更小，但精度与穿透力远胜之。在抵御法军进犯的艰苦岁月里，意大利人培养出了一大批优秀的城防工程师，他们发明了新式的防御系统，以应对改良过的火炮。其中不少人被求贤若渴的医院骑士团重金引进，以改良罗德岛的工事。卡雷托主政时期，他以优厚条件招募了原本为神圣罗马帝国皇帝马克西米连一世效力的巴西利·德拉斯卡拉（Basilio della Scala）作为罗德城防总工程师。在后者的主持下，骑士团建成了一系列新型的堡垒。例如环形的意大利堡（又名卡雷托堡，以纪念大团长法布里齐奥·德尔·卡雷托），以及圣乔治门前的奥弗涅棱堡（在 1522 年土耳其人的围攻中，后者表现得比前者更经得起近代火炮的洗礼，此后，多边形棱堡成为未来三个世纪西方要塞工事的典范）。改良后，罗德城的双重城墙的外墙内部已无任何遮蔽（外侧建有胸墙和喇叭状射击孔），倘若来犯之敌登上外墙墙头就会彻底暴露在第二道城墙的火力之下。此外，外墙与内墙之间留有一道干壕沟，壕沟没有出口，俨然是为敌人设下的陷阱。城门也进行了改建，大部分陆墙的城门变得十分狭窄，仅容一辆马车通过，背后的道路也被刻意设计得百转千回（如“弓”字形）——即使土耳其人突破了城门，也将完全无法发挥兵力上的优势。[29]

塞利姆一世即位后的确恢复了祖父穆罕穆德二世的扩张政策，然而他最初征伐的目标，竟非宿敌医院骑士团，而是穆斯林“兄弟国家”。1514 年，在与马穆鲁克苏丹达成某种默契后，塞利姆领军进攻信仰什叶派（奥斯曼帝国信奉逊尼派）的伊朗萨菲王朝（Safavid dynasty）。当年 8 月 23 日，在查尔迪兰战役中，虽然付出了惨重伤亡，塞利姆还是获得了胜利，萨菲王朝沙阿（Shah，相当于“国王”）伊斯玛仪一世（Ismail Ⅰ，1487—1524）负伤后仅以身免。奥斯曼大军旋即攻陷了伊朗首都大不里士（Tabriz），并将大批当地学者、艺术家和工匠作为战利品送往伊斯坦布尔。不过，塞利姆一世也明白以现有兵力吞并

◎ 罗德市意大利堡（卡雷托堡）

◎ 圣凯瑟琳门

◎ 大团长安布瓦兹在位时期修建的安布瓦兹门

◎ 罗德港海墙

整个伊朗无异于痴人说梦，加之伊斯玛仪一世奉行焦土政策，随着冬季的到来，奥斯曼人面临着后勤上的巨大压力。最终，塞利姆不得不下令班师回国，大不里士很快被伊斯玛仪收复，东部的萨菲王朝在未来的两个世纪中，将成为奥斯曼帝国难缠的对手。

1516 年春天，奥斯曼军队穿越安纳托利亚地区，开始了新一轮的军事行动。开罗的马穆鲁克王朝对这支军队的动向感到忧心忡忡：他们是准备再一次进入阿塞拜疆攻打波斯萨菲王朝，还是要南下叙利亚并威胁埃及？无论塞利姆一世兵锋所指何处，都是对马穆鲁克王朝的威胁。基于这种危机感，埃及苏丹甘萨伍赫·高里（Qansawh al-Gawri）不顾麾下高级将领们的反对，决意进军阿勒颇，以干涉奥斯曼人的入侵。

实际上，塞利姆一世本来的目标是伊朗的萨菲王朝，他更希望与马穆鲁克苏丹国保持和平，以免两线作战，但得知甘萨伍赫苏丹已进驻阿勒颇，甚至准备向安纳托利亚进军后，塞利姆不得不做出回应。7月，奥斯曼帝国苏丹亲率主力来到科尼亚和开塞利（Kayseri），并与大维齐锡南帕夏成功会师。这时甘萨伍赫的大使前来，警告塞利姆不要入侵伊朗，甚至还提出了领土要求。塞利姆则冷静地回答道，如果开罗方面坚持这些要求，那么除了战争他别无选择。双方谈判正式破裂。8月4日，塞利姆决定取消进攻萨菲王朝的计划，转而挥师攻入叙利亚。8月24日，两军在阿勒颇附近的达比克草原展开了决战。

虽然马穆鲁克与奥斯曼人的卡皮库鲁军团一样，作为职业军队在伊斯兰世界享有盛誉，但此时已经稍显落伍，因为他们依旧是传统重骑兵部队，而非像奥斯曼人那样，在新军中普遍装备火枪甚至专门设置了炮兵团。由于派系斗争，甘萨伍赫苏丹派遣前任苏丹的旧部去做危险的第一轮冲锋，后者一度在塞利姆的防线上撕开了一道裂口，但关键时刻甘萨伍赫的嫡系部队居然依旧按兵不动。重整旗鼓的奥斯曼禁卫军很快发起反攻，而被塞利姆收买的阿勒颇总督趁机散布甘萨伍赫已经阵亡的谣言。马穆鲁克人军心大乱，各路诸侯的部队竞相逃离战场。甘萨伍赫·高里彻底丧失了对部队的掌控，在乱军中死去。

于是，整个叙利亚未做进一步抵抗就望风而降。9月27日，塞利姆苏丹进入历史名城大马士革，受到了当地军民的热烈欢迎。他明智地善待当地穆斯林与非穆斯林宗教团体的领袖，许诺给予基督徒自治的权利，同时约束部队对百姓秋毫无犯，因此获得了大批拥趸。攻占叙利亚后，塞利姆原本希望见好就收，但在12月末，开罗传来了他派去议和的大使被马穆鲁克新任苏丹突曼贝伊（Tuman Bey）杀害的噩耗，受到羞辱的塞利姆一世发誓要彻底征服埃及。1517年1月3日，留下叙利亚卫戍部队之后，塞利姆和锡南帕夏再次在加沙会师，六天后大军开始穿越沙漠。虽然受到突曼贝伊的煽动，附近的阿拉伯部落一再进行骚扰，但奥斯曼军队还是只用五天时间就把所有辎重和火炮运过了西奈半岛，速度之快令人侧目咋舌。1月17日，奥斯曼大军第一次踏上了埃及的土地。

突曼贝伊上台伊始也曾锐意革新，他建立了一支新式军队，大量装备各式火器，甚至训练了一支火枪骆驼骑兵，他还在埃及各大城市的军工厂加紧铸造大炮。如果给他充足的时间，历史或许会改写。但塞利姆没给他喘息的机会。1月23日，突曼贝伊的主力遭到突袭，再度被塞利姆一世击败，马穆鲁克人的损失达7.2万人之众；奥斯曼帝国也付出了惨痛代价，大维齐锡南帕夏于此役阵亡。马穆鲁克人的精锐已经丧失殆尽，虽然其残部在首都开罗又进行了四天（1月27日至30日）顽强的巷战，但最后还是被奥斯曼帝国的绝对优势兵力所压倒。突曼苏丹突围后，继续以游击战的方式袭扰奥斯曼人，直到最后于1517年3月在尼罗河畔再次被击败为止。不久之后他被奥斯曼人明正典刑。在埃及延续了二百六十多年（1250—1517）的马穆鲁克王朝也寿终正寝了。

吞并马穆鲁克帝国不仅大幅扩充了奥斯曼帝国的实力，在精神层面，塞利姆一世也获益匪浅：定居于开罗的哈里发穆塔瓦基勒（al-Mutawakkil）沦为奥斯曼人的傀儡，与大批战俘一道随土耳其舰队返回伊斯坦布尔，这意味着伊斯兰世界的最高精神领袖已被奥斯曼苏丹控制，塞利姆也第一次从哈里发手中得到了“两大圣地麦加和麦地那的仆人和保护者”的至高荣誉。当穆塔瓦基勒去世后（1543 年），奥斯曼苏丹便名正言顺地继承了哈里发的头衔，从此在整个伊斯兰世界拥有了毋庸置疑的居先权。穆罕穆德二世攻占君士坦丁堡令自己获得了东罗马帝国法统，而塞利姆一世灭亡马穆鲁克苏丹国则让土耳其人得以继承历代哈里发的衣钵，不得不说这是一场伟大的胜利。[30]

在奥斯曼帝国与马穆鲁克王朝的战争中，萨菲王朝一直选择作壁上观。反倒是医院骑士团深谙唇亡齿寒的道理，于 1516 年冬向开罗运送了一批马穆鲁克人急需的火炮、弹药。然而骑士团必须兼顾本岛的防御，这些军火显得有些杯水车薪。随着马穆鲁克王朝的轰然倒塌，罗德岛医院骑士团已经成为土耳其势力中的一叶孤舟。不过，黎凡特地区肆虐的战火反而衬托出罗德岛的宁静与繁荣。由于历代大团长对知识分子的器重，罗德岛成为很多文人与艺术家避祸的天堂，在 15—16 世纪之间，它更是拜占庭学的研究中心之一。其中的代表性人物包括克里斯托福罗·布隆戴蒙提（Cristoforo Buondelmonti，1386—1430，意大利修士、旅行家，将希腊学术引进西欧的先驱之一）、卡斯蒂廖内的萨巴（Sabba da Castiglione，人文主义者，考古学家，医院骑士团骑士）、纪尧姆·科尔辛及他的继任者巴塞洛缪·波利齐亚诺（Bartholomew Poliziano，曾任大团长欧比松的秘书，后担任副书记长一职直到 1522 年）等。受意大利文艺复兴的影响，意大利语在骑士团内的地位不断上升，终于同拉丁语一道成为骑士团此时的官方语言，而传统上强势的法语，地位则有所下降。大批来自意大利、法国、加泰罗尼亚的商人与工匠在罗德港寻觅栖身之所，欧洲各大银行也在此地开设分行。尽管骑士团周期性地与地中海各伊斯兰国家交恶，但放眼整个 15 世纪，与异教徒的贸易往来大体上依旧畅通。随着基督徒在黎凡特的据点不断丧失，相形之下，罗德岛竟有了几分“世外桃源”的气象。

塞利姆一世虽然战功赫赫，但他却永远无法为穆罕穆德二世在罗德岛遭受的挫折雪耻了。1520 年 7 月，他领兵离开伊斯坦布尔前往埃迪尔内，有人相信苏丹正在筹划征服匈牙利，而多数基督徒更倾向于认为他在酝酿对医院骑士团的复仇。可行军途中，塞利姆的背痈突然发作，两个月后，他病逝于一座名叫锡尔特的村庄，将一个庞大的帝国留给了唯一幸存的儿子——年仅 26 岁的苏莱曼一世（Suleiman Ⅰ，1494—1566）。

苏莱曼一世是幸运的，他的王位继承得异常顺利，因为父亲已替他铲除了几乎全部竞争对手（塞利姆一世处死了苏莱曼以外的儿子和他所有的侄子，唯一潜在的王位觊觎者为定居罗德岛的杰姆之子穆拉德）；父亲留下了一支强悍的陆海军，为他日后大展宏图打下了坚实基础。马穆鲁克王朝已经覆灭，萨菲王朝和威尼斯丧失了锐气，哈布斯堡王朝固然正在崛起，但此刻羽翼尚未丰满。苏莱曼在安纳托利亚与巴尔干几无对手，而对埃及和叙利亚的征服为他提供了丰富的财源，年轻的苏丹拥有将这个生机勃勃的帝国推向顶峰的一切条件，而他也的确未负众望。穆罕穆德二世以武功名垂青史，而他的曾孙苏莱曼不仅能征善战，还擅长立法与内政（他因此被国民尊称为“卡努尼”，即“立法者”），可谓青出于蓝。苏莱曼一世一生中领导了13次大规模战役，鲜尝败绩，西方人战栗地称他为“大帝”和“伟大的突厥人”。在此后的近半个世纪中，他将成为医院骑士团最可怕的对手。

苏莱曼刚一即位，便发起了一场所谓保护正义与美德的政治改革。他废除了父亲颁布的与伊朗通商的禁令；当年从伊朗和埃及俘获的工匠、艺术家和文人得到允许，可以返回故土（虽然其中的多数因苏莱曼开出的优厚待遇选择留在伊斯坦布尔）；他强调尊重生命、财产和信仰自由，登基第二天就签署法令，规定军队要自费负担行军途中的补给，不得骚扰乡邻；他强化法庭制度，任命了额外的警察与监察官；他改组了政府，以才能和功勋作为提拔官员的主要标准，大力惩治腐败。数以百计的法学家和法官被收入苏丹的统治机构，他们持之以恒地修订、颁布法规法典，规范了统治阶层所有成员的权利和义务，使整个奥斯曼帝国的面貌焕然一新。苏莱曼一世同样明白军事上的胜利对树立权威的作用。1521年春，帝国各路精锐开始在伊斯坦布尔集结，苏莱曼亲率大军直取巴尔干重镇贝尔格莱德。他的曾祖穆罕穆德二世曾在此蒙羞（1456年被匈雅提击败于城下），但到了当年8月，奥斯曼帝国的旌旗已在贝尔格莱德城头飘扬——这是苏莱曼大帝统治生涯中的第一场大捷。[31]

环顾东地中海，马穆鲁克苏丹国已不复存在，而萨菲王朝也表示了屈服，能够对奥斯曼帝国的霸业构成威胁的只有威尼斯共和国与罗德岛医院骑士团。威尼斯经过数百年的苦心经营，已枝繁叶茂，难以一口吞下，苏莱曼明智地选择与之媾和——共和国于是庄严地向苏丹承诺，日后他征伐别处时，威尼斯将严守中立。奥斯曼人眼下的对手，仅剩医院骑士团了。

与奉行商业利益优先的威尼斯不同，医院骑士团诞生于十字军时代，作为教皇直属的天主教修会，他们无法摈弃圣战的情怀，也势必难以“与狼共舞”。由于骑士团多年在海上的“英雄行径”，奥斯曼帝国朝野上下对他们恨之入骨。骑士团不仅破坏伊斯兰国家的商路，贩卖穆斯林奴隶，甚至曾经拦截开往伊斯坦布尔的运粮船，导致奥斯曼帝国首都的粮价一度暴涨，民怨沸腾，直达天听。苏莱曼一世亦感到忍无可忍，甚至称罗德岛为“法兰克毒蛇的巢穴”。遵循惯例，苏丹将他在贝尔格莱德的捷报送往了罗德岛，虽然看似仅仅在炫耀其赫赫战功，但字里行间却透出一股威胁的寒意。看来，奥斯曼帝国对罗德岛的第二次围攻，已经迫在眉睫。[32]

在苏莱曼占领贝尔格莱德前七个月，罗德岛医院骑士团议会刚刚选出了新一任大团长菲利普·维利耶·德·利勒亚当（1521—1534 年在位）。与皮埃尔·德·欧比松等前辈几乎毫无悬念地当选不同，利勒亚当（时任法国分团长）的即位经历了一番激烈角逐。他有两位强劲的竞争对手，分别是托马斯·多克拉（Thomas Docwra，时任英国分团长）和安德里亚·德·阿马拉尔（时任书记长）。在法国团友的鼎力支持下，利勒亚当最终险胜。托马斯·多克拉颇有风度地向法国人表示祝贺，然而安德里亚·德·阿马拉尔却对结果愤懑难平。十一年前，在与利勒亚当共同指挥尤穆尔塔勒克战役时，他便因与后者意见不合而心生嫌憎，此刻更将选举落败视为利勒亚当对他个人的侮辱和报复（虽然选举时利勒亚当身在法国）。作为骑士团卡斯蒂利亚—葡萄牙语区的领袖，阿马拉尔不仅拒绝道贺，甚至公开宣称利勒亚当将会是最后一任罗德岛医院骑士团大团长。这标志着骑士团内部已出现裂痕，而他的预言竟在一年后应验了。[33]

在苏莱曼苏丹完成那封绵里藏针的国书后第 9 天，菲利普·维利耶·德·利勒亚当风尘仆仆地从法国赶回了罗德岛。按照族谱，他是 1291 年指挥阿卡保卫战的医院骑士团大团长让·德·维利耶的旁系后裔，故而此次当选对他来说还具有一份特殊的使命感。苏丹在信函中使用了一系列华丽尊贵的称号，而利勒亚当的回信却仅仅谦逊地称自己为一名“修士”。[34] 他的回信显得不卑不亢：

“菲利普·维利耶·德·利勒亚当修士，罗德岛大团长，致土耳其苏丹苏莱曼：您的使臣已送上书信，阅后我对其寓意了然于胸。您关于和平的倡导令我等心有戚戚，不过库尔特奥卢[35]恐怕会对此不以为然。这位海盗在我航海途中试图对我不利，我们趁着夜色躲过了他的偷袭驶入罗德岛海域，此人便又开始谋划劫掠过往的威尼斯商船。在我方舰队出港征讨之前，库尔特奥卢就扔下从克里特岛虏获的战利品，逃之夭夭。后会有期。”[36]

事已至此，与土耳其人的二度交锋不可避免。罗德岛处于风暴的中心，大团长照例向西方的盟友们发出了呼救，可惜应者寥寥。苏莱曼选择了绝佳的时机开启战端：天主教两大君主法王弗朗索瓦一世（Francis Ⅰ，1494—1547）与神圣罗马帝国皇帝、西班牙国王查理五世（Charles Ⅴ，1500—1558）正以意大利为主战场争夺欧洲霸权；在同土耳其的连年鏖战中身心俱疲的威尼斯共和国选择与之议和并承诺严守中立；英王亨

◎ 苏莱曼一世，意大利画家提香（Tiziano Vecelli，1488—1576）绘制

◎ 菲利普·维利耶·德·利勒亚当，法国画家亨利·莱曼（Henri Lehmann，1814—1882）绘制

利八世为了解决财政困难，觊觎着医院骑士团英国分团的财产；而马丁·路德（Martin Luther，1483—1546）的宗教改革运动正令教廷焦头烂额……诸多盟友选择置身事外，响应号召的只有各地分部的医院骑士，然而他们的驰援只能算作杯水车薪。尽管形势极度不利，但利勒亚当不为所动。与1480年皮埃尔·德·欧比松采取的策略类似，他也派出船只前往意大利、克里特等地尽可能地为骑士团募集粮草；他督促部下整修要塞，生产军火，拓宽壕沟，并且严防奥斯曼人的间谍传递情报。1522年4月，医院骑士团组织农夫提前收割了尚未成熟的小麦，将农村人口迁入城内，并纵火焚毁郊外建筑，罗德港内的铁链也再度升起，一场大战迫在眉睫。

与此同时，奥斯曼帝国的备战也在有条不紊地进行着。与西方的同行相比，土耳其军队历来高度重视后勤补给的作用，重大的征伐往往提前一年便开始筹备，由于缜密的计划、严明的军纪及良好的交通网，奥斯曼人能够集结一支让基督徒瞠目结舌的大军（苏莱曼大帝在位期间，奥斯曼帝国最多能一次动员30万人的部队）。然而，受到冬季气候、交通的限制，并且作为部队主力的西帕希（封建士兵）也需要定期返乡打理农庄，奥斯曼人的大型军事行动一般从4月开始，9月便宣告结束。他们的对手如果坚持到了10月，往往能获得喘息的机会。

1522年春季至初夏，各地奥斯曼军队会合为两路大军，一支从伊斯坦布尔出发，另一支来自新近征服的叙利亚。考虑到1480年穆罕穆德二世的前车之鉴，苏莱曼一世决定御驾亲征，整个奥斯曼帝国出动的陆海军规模空前，令人不寒而栗。据战役亲历者、医院骑士雅克·德·波旁（Jacque de Bourbon）的记载，来自土耳其本部的舰队有船只250余艘，来自叙利亚的约150艘，其中包括35艘巨型的加莱赛战舰[37]，而苏莱曼的陆海军的总人数竟达20万人。这显然是夸大了的数字，但由于奥斯曼帝国方面并未留下确切的数据，其远征罗德岛的兵力规模已无从考证。不过从舰只的数量估计，恐怕也不低于10万人。其中跟随苏丹出征的1万名土耳其新军，尤为不可小觑。与之对峙的罗德岛守军仅有311名医院骑士[38]、约300名军士、50

名“准修士”（Oblate）、500名热那亚水兵和50名威尼斯水兵，此外还有医院骑士安东尼·博西奥（Anthony Bosio）从克里特岛（当时属于威尼斯）紧急招募的500位雇佣弓箭手，以及数千名罗德市民兵，总兵力在5000—7500人之间。对战双方可谓相差悬殊。万幸的是，随同博西奥加盟罗德岛守军的志愿者中，包括威尼斯天才军事工程师马丁嫩戈的加布里埃利·塔迪尼（Gabriel Tatini da Martinengo）。虽然威尼斯政府严禁国民介入医院骑士团与奥斯曼帝国的争端，但受骑士团英雄气概的感染，塔迪尼毅然决定前往罗德港为对抗异教徒的事业尽一份绵薄之力。应其要求，骑士团正式给予了他医院骑士的身份。他将在后来的围攻中扮演重要角色。[39]

6月10日，医院骑士团收到了苏莱曼一世的第二封国书。这次不再是虚情假意的外交信函，而是赤裸裸的最后通牒：

“苏莱曼苏丹致罗德岛大团长菲利普·维利耶·德·利勒亚当、他麾下的骑士们，以及各色人等。你等对我国人民的摧残令人发指，使我对他们心生怜悯，而对你们义愤填膺。因此，我命令你们立即投降，将罗德岛及其要塞交予我方。我将大发慈悲，允许你们携带最珍贵的私人财物安全离去；如果你们愿意接受我的统治，我将不向你们收取任何赋税，也不会以任何方式限制你们的自由，更不会妨碍你们的信仰自由。如果你们有理智，就应当选择友谊与和平，而不是残酷的战争。因为，你们一旦被征服，就将不得不接受胜利者通常施加的残酷惩罚。你们自己的力量、外部的援助和强大的防御工事都无法保护你们。我将把你们的防御工事夷为平地……我以上天的真主、创世者、四福音书作者、四千先知——他们从天而降，其中最伟大者乃穆罕穆德，最值得崇敬者——我祖父与父亲的英灵、我本人神圣尊贵的帝王头颅的名义发出如此誓言。”[40]

这一次，菲利普·维利耶·德·利勒亚当以默默地整军备战作为他的全部回应。

6月下旬，庞大的奥斯曼舰队开始入侵医院骑士团掌控的十二群岛。由于兵力不足，骑士团采取了放弃外岛、收缩防线全力固守罗德岛的策略，因此，在多数外岛，奥斯曼人未遭到任何有组织的抵抗。唯一的例外是科斯岛，这里建有一座坚固的要塞，驻守于此的医院骑士团法国籍骑士普雷让·德·比杜（Prejan de Bidoux）拒绝不战而降。他率领自己的部下冲出城堡，向正在登陆的奥斯曼军发起了突袭。奥斯曼人万万没有料到人数居于绝对劣势的守军竟敢主动出击，顿时阵脚大乱。普雷让·德·比杜越战越勇，率领守军奇迹般地将穆斯林赶下了海。苏莱曼一世不愿在这座小岛上做过多的纠缠，指示部队绕过科斯岛直取罗德城。骑士团虽然取得了一场激动人心的胜利，但这对整个战局并无重大影响。因为普雷让·德·比杜的偏师无力回援骑士团总部，他们也缺乏海军，故而无法对路过的奥斯曼舰队实施拦截。

6月24日是医院骑士团主保圣人圣约翰的瞻礼日，菲利普·维利耶·德·利勒亚当在圣约翰教堂举行了隆重仪式，祈求圣约翰能够保佑骑士团渡过难关。然而就在

◎ 医院骑士团科斯岛城堡遗址

同一天，奥斯曼人的舰队开始尝试登陆罗德岛。两天后，大批奥斯曼人的攻城器械与物资开始源源不断地在海滩装卸，医院骑士们在城墙上心情沉重地看着这一切，却无力阻拦。考虑到敌我力量悬殊，利勒亚当严禁部下擅自出击。但也有少数跃跃欲试的医院骑士尝试着出城骚扰正在挖掘战壕的奥斯曼帝国瓦拉几亚工兵，由于后者几乎毫无武装，他们颇有斩获。随着土耳其军力的不断增强，上述骑士团冒险家也不得不案兵束甲了。

奥斯曼人的登陆持续了整整两周。令人叹为观止的不仅是大量以鹤嘴镐与铲子为“武器”的坑道工兵，还包括阵容强大的各式炮兵。与1480年梅希帕夏的部队相比，苏莱曼的军队装备的火炮在性能与种类上有了长足的进步，本次出征的炮兵团拥有6门10英寸口径大炮、15门29英寸重炮及2门32英寸巨型火炮（此外还包括大量轻型火炮）。而他的坑道工兵大多曾是来自巴尔干地区的基督教矿工，经验丰富，同样不容小觑。

在部队部署完毕后，7月28日，苏莱曼苏丹的旗舰终于横渡海峡，缓缓驶入罗德岛。随着苏莱曼亲临前线坐镇指挥，第三次罗德岛大围攻正式揭开了帷幕。

土耳其人深谙罗德市城防的严密，为了尽可能减少伤亡，工兵首先挖掘了一道与城墙大体平行的战壕，并在战壕外修建了遮蔽炮火的栅栏。以此为依托，他们继续向前挖掘大量抵近战壕，让攻城部队能够逐步靠近城墙。大量作业的工兵暴露在罗德岛守军无情的炮火之下，加之医院骑士团不时发起反突击，因而伤亡十分惨重。

但对于兵力雄厚的苏莱曼大帝来说，这点损失完全可以承受。在土耳其工兵以鲜血铸成的战壕中，炮兵开始构筑阵地，并大显身手。为了提高射界和精度，工兵甚至不顾骑士团的炮火，拼死垒起了两座土山（分别正对着意大利堡与圣乔治门），每座山头架设了5门重炮，对面罗德城内的情况可以一览无余。医院骑士团在圣约翰教堂附近的钟楼也设置了自己的瞭望哨，用于监控整个奥斯曼大军的排兵布阵。炮击持续不断，达一个月之久，除了常规的石弹、铁弹，还包括燃烧弹，甚至用腐败的尸体做成的“生物炮弹”。与此同时，奥斯曼帝国陆军完成了对罗德城陆墙的包围，

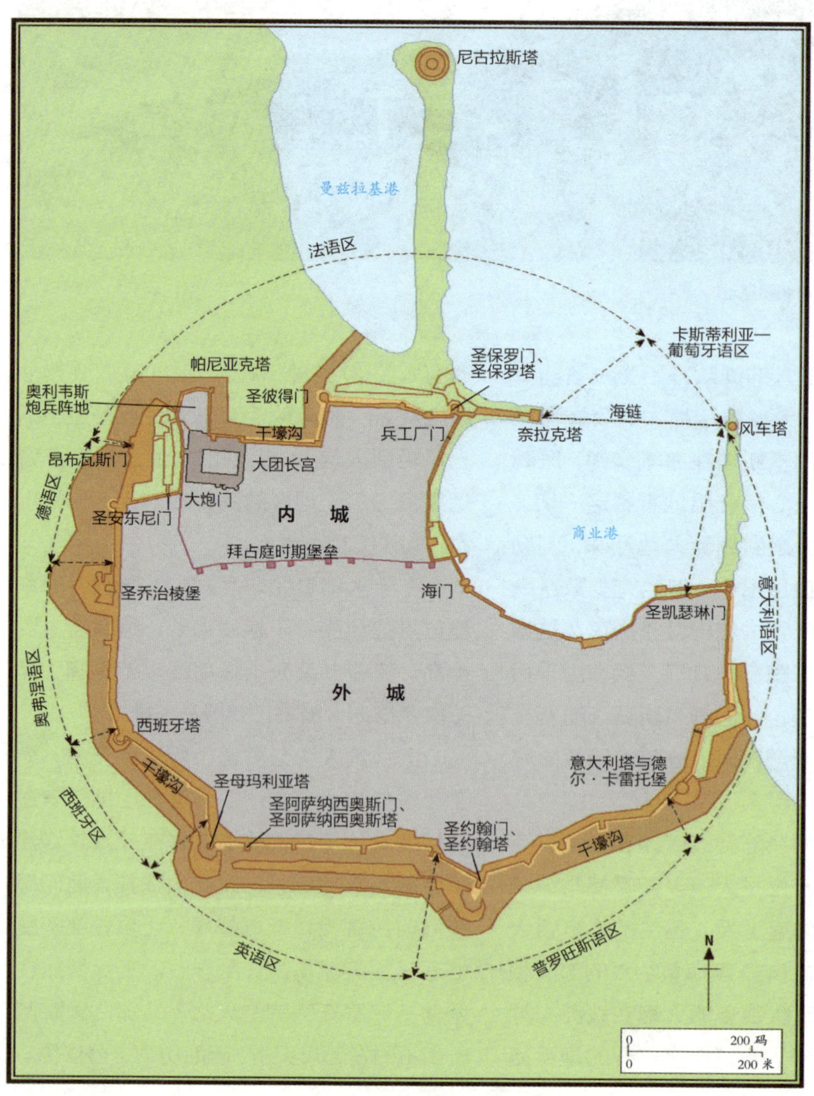

◎ 1522年罗德市城防图，资料来自：Konstantin Nossov, *The Fortress of Rhodes 1309-1522*, p.54

他们形成了一条长达1.5英里（约2.3公里）的半月形阵线，令骑士团各防区都面临沉重的压力。

围城之初的一天夜里，一支特殊的医院骑士团分遣队乘船潜出城外，他们身着土耳其服饰，且精通土耳其语，在夜色掩护下，成功混入奥斯曼帝国军营，“诱拐”了两名土耳其人，并将其绑回罗德城内。二人被带至圣约翰教堂钟楼，加布里埃利·塔迪尼亲自主持了审讯。这位看似温和的工程师杀气腾腾地对俘虏说，如果拒绝合作或刻意敷衍，就立即将他们扔出窗外。从瑟瑟发抖的穆斯林口中，塔迪尼成功获取了关于土耳其人兵力部署的详尽情报，他得以有的放矢地调整防线，从而在这场生死对决中占据了先机（日后苏莱曼也发现了圣约翰教堂钟楼对骑士团的重要性，下令集中火力将其摧毁，所幸塔迪尼当时不在楼中，逃过了一劫）。[41]

与1480年一样，医院骑士团按照八大语言区分配了城防任务（具体位置有所变化）。但土耳其人吸取了昔日的教训，放弃进攻港口区和圣尼古拉斯堡，进攻的焦点集中于陆墙。尤其是意大利、英格兰和西班牙人的防区，被作为突破口遭到了重点“照顾”。土耳其人的坑道日益逼近城墙，其内部搭建了木桩，顶部覆盖了兽皮，以掩护工兵作业。为了反制，加布里埃利·塔迪尼开发了一套侦听装置：在危险地区用木框蒙上薄薄的兽皮，上面悬挂铃铛，即使地下一阵轻微的震动也足以让“警铃”大作。一旦确认土耳其人地道的位置，塔迪尼就组织开凿针锋相对的“反地道”，短兵相接后，守军则用炸药摧毁敌人的隧道，杀死工兵。为了抵御土耳其人埋设的地雷，他在城墙与棱堡中设计了螺旋形的“排气口”，用于释放冲击波，以减轻对工事的破坏。至9月初，土耳其人的攻势似乎陷入了僵局，塔迪尼已经累计破坏了超过50条他们的地道，并且成功地部署、指挥骑士团炮兵击退了土耳其人对奥弗涅防区的进犯。可惜百密一疏，9月4日，在英语区和西班牙区交界的圣玛丽堡发生了猛烈的爆炸，土耳其工兵突破了塔迪尼的防线，在堡垒下方引爆了一枚地雷，炸出一道宽30英尺的豁口。土耳其部队士气大振，他们蜂拥而入，一度在圣玛丽堡上竖起了自己的军旗。大团长利勒亚当亲自率部反击，终于将穆斯林逐出城堡，在这天的战斗中，奥斯曼军损失了2000人；医院骑士团则失去了桨帆舰队指挥官、掌旗官及高级将领加布里埃·德·波莫罗。五天后，苏莱曼下令在同一地段发起第二次突击。但医院骑士团已有所防备，在罗德城交叉火力的打击下，土军伤亡了3000人，不得不鸣金收兵。战斗中，苏丹的主炮手被骑士团的炮弹炸断了双腿，部队士气低落，畏惧不前，据说军官们需要用剑砍杀才能驱使部下投入进攻。9月17日，土耳其人再度于英语区棱堡下引爆了一枚地雷，城墙受损严重，土耳其士兵前仆后继，突破了外墙。利勒亚当当时正在附近一所教堂内，听闻巨响，他立即与亲兵赶赴英语区前线，与身披重甲的英国骑士会合。而德语区司令官克里斯托弗·冯·瓦尔德纳也带着一队炮兵前来增援。两人的到来极大地鼓舞了士气，他们成功将土耳其士兵逐出了突破口。抱头鼠窜的溃兵向本方阵地逃去，却见负责前线指挥的第二维齐穆斯塔法帕夏（Mustafa Pasha）手持土耳其弯刀，威风凛凛地伫立在阵地上，他手起刀落，将逃兵一一就地正法。在弯刀的督促下，士气总算得到了某种“恢复”。土耳其人又组织了第二轮冲锋，但经过两小时苦战，他们依旧不能越雷池一步，穆斯塔法只得下令撤退。医院骑士团虽然再次获胜，但英语区领袖、土科波利尔约翰·巴克（John Buck）不幸阵亡——这是整个英语区骑士的重大损失。

尽管战事激烈，但苏莱曼一世认为胜券在握，只要能夺取罗德市，巨大的伤亡也是帝国能够承受的。穆斯塔法帕夏向他夸口说，在9月一定可以结束战斗。9月23日，穆斯塔法自忖守军已精疲力竭，力主发起总攻。苏莱曼亲自向全军将士发表了演说，并搭建了观战台，全程督战。第二天拂晓，炮兵团开始一轮密集的射击，硝烟尚未散尽，土耳其攻城部队在精锐的新军带领下，于苏丹的注视中，同时向意大利、普罗旺斯、阿拉贡及英格兰防区发起冲锋，阿拉贡防区的战事最为惨烈。土耳其新军阿加巴里（Bali）帕夏身先士卒，他与战友一度登上了城头，奥斯曼军旗在阿拉贡堡上方飘扬，土军阵中爆发出一阵欢呼。然而，新军很快发现，他们落入了医院骑士团的陷阱。历经数代大团长及加布里埃利·塔迪尼的改建，罗德市城防系统足以成为所有入侵者的梦魇。当土耳其新军艰难地翻越外墙后，他们发现在自己与内墙之间，横亘着一道干壕沟，其中毫无遮蔽，而对面的墙头上，布满了虎视眈眈的火枪手与弓箭兵，此外，尚在骑士团掌控中的外线棱堡也从侧面倾泻着枪林弹雨。土耳其士兵立即沦为了绝佳的活靶，像被猎杀的兔子一般扑倒在地。而狭窄的壕沟与城门让土耳其方面在兵力上的绝对优势无从施展，只能分批投入战斗，这又为医院骑士团提供了各个击破的机会。

经过六个小时鏖战，在罗德城几处突破口的壕沟里，穆斯林尸横遍野，在靠海的意大利区，据说海水也为之变色。土军终于难以为继，在指挥官的呵斥甚至威胁声中，他们不顾一切地逃离了战场。据说，在一天的时间里，土军的伤亡人数达到了1.2万—1.4万人，而当初插上阿拉贡堡的军旗反而悉数被骑士团俘获。苏莱曼大帝冷静地注视着这场惨败，第二天，他下令将“罪魁祸首”穆斯塔法帕夏乱箭射死。由于将领们苦苦求情，他总算收回了成命，但穆斯塔法遭到罢黜，苏丹决定以艾哈迈德（Ahmed，时任鲁米利亚总督）帕夏取而代之。与此同时，舰队司令库尔特奥卢也因为支援陆军不力引发了苏丹的雷霆之怒。他在自己旗舰的甲板上遭到了公开鞭刑的羞辱，旋即被放逐回国。奥斯曼土耳其全体官兵意识到，对罗德城的围攻将无可避免地陷入持久苦战，而有苏莱曼督战他们万不敢轻言放弃。[42]

土军的士气已经开始动摇，据间谍传回的情报，不少土耳其士兵已经私自驾船逃离了这片“屠宰场”。医院骑士团亦在苦苦支撑，大团长将希望寄托在查理五世

◎ 罗德城英语区外墙与内墙之间

与教廷身上。查理深知罗德岛的重要性，然而弗朗索瓦一世牵扯了他的大部分精力。整个10月，只有几艘小船突破了土耳其舰队的封锁，驶入罗德港，他们带来了令人振奋的消息——医院骑士团的意大利分部及其盟友已征募了2000人的援军，正整装待发。但罗德岛守军不知道，当这支部队在墨西拿集结后，黯然发现缺乏护航的海军。英王倒派出一批骑士踏上了援救罗德岛的征途，却出师未捷身先死：因海上风暴在比斯开湾沉船，无人幸存。法国与西班牙也象征性地提供了舰队，但一直未能冲破土耳其海军的防线。

10月10日，战局急转直下，土耳其人在西班牙防区打开了缺口，他们建立了阵地，死战不退，骑士团无法将其逐出，只好退守第二道防线，将外墙让与穆斯林。次日，前线再度传来噩耗：加布里埃利·塔迪尼在透过射击孔观察土耳其人阵地时，竟被苏莱曼的一名狙击手命中头部，子弹射入眼窝，从颅骨侧面穿出。塔迪尼大难不死，但身负重伤，随后六周他都无法回到前线。医院骑士团痛失大将。与此同时，大团长诧异地得知弹药即将告罄，尤其是火药奇缺，库存最多只能维持一个月。利勒亚当疑窦丛生，因为战役爆发前，书记长安德里亚·德·阿马拉尔曾亲自向他保证，罗德城中的弹药足以支撑一年之久。他不得不下令，未获上级批准，严禁士兵私自开火，同时组织市民尝试着自行生产一批火药。

与1480年罗德岛人众志成城不同，此刻城中传来了不和谐的音符。罗德岛居民原本龙蛇混杂，拉丁人、希腊人、犹太人乃至穆斯林奴隶生活在同一道城墙内，难免产生龃龉。大敌当前，人人自危，市民竞相猜忌他人为土耳其间谍。这些怀疑倒不全是空穴来风。战役打响之初，便有一批土耳其女奴试图在城内纵火，幸而其图谋被及时发现；很多穆斯林奴隶利用一切机会投奔土耳其人，甚至送去了关键的情报；一名自塞利姆一世时期就潜伏在罗德的犹太医生利用弓弩向城外传递骑士团弹药匮乏的消息，被当场抓获……终于在10月底，发生了医院骑士团有史以来最严重的“间谍案”。骑士们在奥弗涅堡捕获了一名里通外敌的“奸细”——西班牙裔骑士布莱兹·迪亚兹，严刑拷打之后，他供出的幕后主使竟是他的上级——骑士团书记长、卡斯蒂利亚—葡萄牙皮利耶安德里亚·德·阿马拉尔。书记长在竞选大团长落败时的诅咒声犹在耳边，加之他多年来脾气暴躁，树敌过多，自然引发了众多团友的怀疑。非常时期，利勒亚当对这位十几年的老对手不再留情，他下令将阿马拉尔逮捕下狱。此时不仅迪亚兹坚持自己的供词，还有一位希腊教士出面作证，声称他亲眼看见了书记长与迪亚兹一起将绑有信函的弓箭射向土耳其阵地。甚至当初阿马拉尔表示利勒亚当将会成为罗德岛末代骑士团长的置气之语也被当作了他的罪证。书记长百口莫辩，但在严刑拷打之下，他始终断然否认一切叛国投敌的指控。尽管缺乏确凿证据，骑士团高层还是判处阿马拉尔及其下属死刑。11月8日，在极端残忍的行刑后，老骑士的头颅与残肢出现在罗德城墙的矛尖上，以震慑宵小。可惜事与愿违，对书记长草率甚至惨无人道的处置反而令骑士团内部人人自危。迪亚兹或许是咎由自取，但对书记长的定罪其实缺乏铁证。考虑到阿马拉尔身兼卡斯蒂利亚—葡萄牙语区皮利耶一职，他的悲剧严重破坏了各语言区骑士间的团结。1480年的围攻中，当意大利骑士流露出临阵脱逃的意向时，大团长皮埃尔·德·欧比松光明磊落，从容化解——相形之下，利勒亚当的举措虽情有可原，未免显得有些睚眦必报，草木皆兵。[43]

骑士团开始自乱阵脚，但土耳其人同样在苦苦支撑。冬季已然来临，10月下旬，罗德岛下起了大雨。堑壕积满了雨水，战场泥泞不堪。瑟瑟寒风从安纳托利亚吹向十二群岛，气温骤降，土耳其工兵甚至难以握住铁铲，营地中疫病流行……部队的士气一落千丈，将士们在窃窃私语中发泄着不满。这一切，苏丹都看在眼里。若是资质平庸、意志薄弱的君主，恐怕早已班师回朝。但年轻的苏莱曼决心用一场超越先祖的大捷来树立自己的权威，他已无路可退，只能逆流而上。10月31日，在御前会议上，苏丹做出了一项惊人的决定：土耳其舰队将开往安纳托利亚海岸一处避风港越冬，而全体陆军则留在罗德岛内继续攻城，苏丹本人也会继续与将士们荣辱与共。

苏莱曼的意志令全军上下深受触动。进入11月，土耳其人在恶劣的气候下，重新发起了攻势。而医院骑士团因持续的伤亡，已经没有充足的人力修补城墙或转移大炮，也无法兼顾各个防区。火药几乎消耗殆尽，城中的存粮仅剩少许面包，传说中的西方援军则毫无踪影。此前西班牙防区的突破口依旧被土耳其人牢牢掌控，他们不断拓宽这一豁口，此时其宽度竟已能让40人并肩策马通行。连绵的阴雨（甚至冰雹）对攻守双方都是煎熬，但穆斯林在

◎ 1522年向罗德城进攻的土耳其新军，来自16世纪的《苏莱曼之书》（*Süleymanname*，现藏于伊斯坦布尔托普卡匹宫博物馆）

补给上占据了上风。11月30日，奥斯曼人发动了最后一次全面突击。骑士团用最后的力量，勉强击退了对手，土耳其人阵亡人数超过2000，但他们明白，自己再也无法将苏莱曼的士兵彻底逐出城墙了。面对土耳其人的蚕食，不少市民和雇佣军开始滋生绝望的情绪，纷纷希望谋求退路。与此同时，医院骑士团的顽强也超乎苏莱曼的预期。他每天都要目睹自己的臣民遭受折磨，不免心急如焚。他也在私下里试图寻求一个体面的解决方案。

12月1日，罗德城外终于出现了苏丹的密使（一位名叫莫尼略的热那亚改宗者），他被骑士们驱逐，但两天后他携带着苏莱曼的亲笔信再度出现。骑士们由此相信，苏莱曼一世的确有意和谈，便开始小心翼翼地与之秘密接洽。双方的密使与密函往来不断，但表面上依旧剑拔弩张。在闭门会议中骑士团高层意见不一：利勒亚当力主死战到底，当得知部下有意谈判甚至一度悲愤得失去知觉；而普通市民唯恐遭受屠城的厄运，声泪俱下地委托克雷蒙（Clement）主教作为民意代表向大团长祈求和平。人们将目光转向加布里埃利·塔迪尼，希望能听到这位军事专家的意见。刚刚伤愈的塔迪尼语气沉重地表示：

目睹奥斯曼人炮兵阵容的庞大，对比城墙破损的程度，再考虑到敌人已经突破外墙，并修建了长超过30米，宽超过20米的战壕；而我方骑士大部非死即伤，弹药告罄，劳力短缺——如果没有援军立即到来的话，我认为已经无法继续抵抗下去了。事实上，罗德城马上就会陷落。

塔迪尼的谏言终于让大团长及骑士团修士大会回归了理性。平心而论，苏莱曼一世开出的条件相当宽厚：全体医院骑士可以体面地携带财产与武器（火炮除外）离开罗德岛；平民的生命与财产都将得到保障，他们的宗教信仰会被尊重，五年内不收取任何赋税（同时免于被德米舍梅制度征召）；苏丹甚至表示可以提供舰只，供骑士团撤离。作为交换，骑士团需要交出他们掌控的十二群岛全部岛屿（此时只有罗德岛与科斯岛尚在手中）及安纳托利亚的博德鲁姆城堡。双方一直讨价还价，谈判持续了整整两周。原本利勒亚当还希望以此作为缓兵之计，但12月18日土耳其人又发动了一次攻势，基本控制了西班牙堡，罗德城顿时险象环生。在绝望的气氛中，一位英国阵亡骑士的遗孀（实为情妇）手刃了自己的两个孩子，披挂亡夫的盔甲和武器，冲入与土耳其人对峙的壕沟。在那里她英勇作战，最终被土耳其人杀死。但这样刚烈的市民毕竟是少数，多半的罗德人已经不愿做无谓的牺牲了。无奈之下，大团长不得不回到谈判桌前。苏丹已经亮出了底线，骑士团必须交出要塞和土地，但为了安抚基督徒，他主动撤军一英里，并与骑士团互换了人质。利勒亚当最终选择信任苏莱曼的承诺，12月20日，双方代表正式签署了协议。

四天后，利勒亚当脱下鲜艳的红色骑士外套，换上黑色肃穆的修士服，亲自前往土耳其大营拜会苏丹。这场历史性的会晤体现出古老的骑士风范，依稀令人回想起昔日的萨拉丁与“狮心王”。当心力交瘁、满面愁容的大团长附身亲吻苏莱曼的手时，年轻的苏丹颇受触动。作为一名军人，在半年的交锋中，他对医院骑士团的英勇顽强也心怀敬佩。通过翻译，他安抚利勒亚当说：“人的命运沉浮不定，丧失城市与国土也并非世界末日。”他旋即转向自己的朝臣：“这位勇敢的老人不得不离乡背井，让我肝肠寸断。”两天后，苏丹决定亲自视察刚刚投降的罗德市，亦是作为对利勒亚当的回访。部下建议他多带护卫，被苏丹断然拒绝。于是，苏莱曼在几乎没有卫兵保护的情况下，信步通过了罗德古老的城门，见多识广的医院骑士们也为此动容。这是苏丹给予骑士团的极高礼遇和信任，他也获得了最高规格的接待。离开城市时，苏莱曼特意掀起了自己的头巾，以示敬意。稍后，土耳其大军有序入城，在奥斯曼皇家乐队的伴奏中，星月旗在罗德港缓缓升起，穆斯林的欢呼响彻云霄。医院骑士团在罗德岛的时代，结束了。

1523 年 1 月 1 日，幸存的 180 名医院骑士（包含不少伤员）缓缓登上了克拉克船“圣玛丽亚”号，加莱船“圣雅各”号、“圣凯瑟琳”号和“圣波拿文士拉”号，他们带走了骑士团数百年的档案文献与珍贵圣物（包括巴耶济德二世赠予的圣约翰右臂骨），随行的还有一批心系骑士团的希腊居民，但功勋卓著的加布里埃利·塔迪尼未能同行。求贤若渴的苏莱曼久仰他的大名，入城后便特意将他纳入了帐中。

医院骑士团舰队在哀恸中驶离了罗德港，告别了他们经营了两个世纪的“第二故乡”，对岸小亚细亚白雪皑皑的群山映入眼帘，对很多骑士来说，这是他们此生最后一次远望亚洲的土地。白发苍苍的利勒亚当神色凝重，或许，他正在心中酝酿东山再起的宏伟计划。而在摇晃的甲板上凭栏远眺的还有一位不起眼的年轻法籍医院骑士，名叫让·帕里佐·德·瓦莱特（Jean Parisot de Valette，1495—1568，通常称让·德·瓦莱特），这一年，他与苏莱曼同为 26 岁。[44]

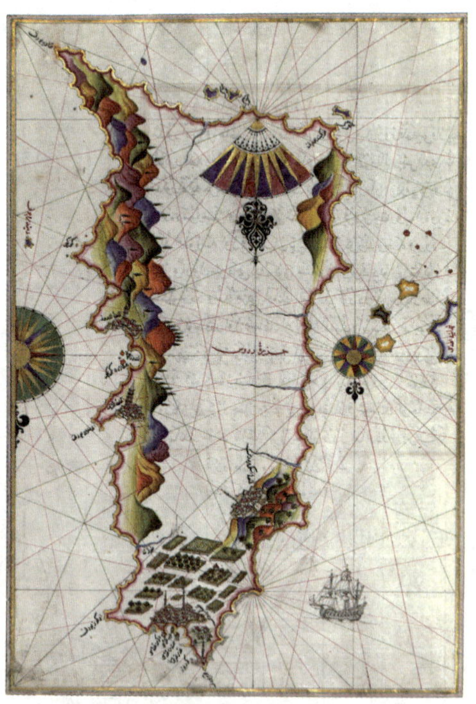

◎ **皮里雷斯[45]（Piri Reis，1465/1470—1553）在罗德岛沦陷后不久为苏莱曼大帝绘制的该岛地图**

注释

[1] Kenneth M.Setton (Editor), *A History of the Crusades, Volume Ⅲ: The Fourteenth and Fifteenth Centuries*, University of Wisconsin Press, 1975, p.312.

H. J. A. Sire, *The Knights of Malta*, p.57.

[2] H. J. A. Sire, *The Knights of Malta*, p.50.

[3] Kenneth M.Setton (Editor), *A History of the Crusades, Volume Ⅲ: The Fourteenth and Fifteenth Centuries*, pp.317-318.

斯坦福·肖，《奥斯曼帝国》，61-66 页。

Caroline Finkel, *Osman's Dream: The History of the Ottoman Empire*, pp.40-42.

Desmond Seward, *The Monks of War: The Military Religious Orders*, Penguin Books, 1995, p.242.

[4] Konstantin Nossov, *The Fortress of Rhodes 1309-1522*, Osprey Publishing, 2010, pp.9-10.

Helen Nicholson, *The Knights Hospitaller*, pp.59-61.

除了军事建筑，在安东尼奥任内，医院骑士团罗德市医院也得到了大幅扩建。这座医院保存至今，并成为今日罗德市的地标之一（现为考古博物馆）。除此以外，还有一座较小的圣凯瑟琳医院，1392 年由意大利籍医院骑士多米尼克·德·阿拉曼尼亚（Dominic de Alamania）创立，并在 1516 年得到了现代化改建。虽然在成立初期医院骑士团以救死扶伤、扶助朝圣者为第一要务，但在罗德岛时期，这一使命已下降至第二位。一方面是因为骑士团忙于应对外敌，另一方面是因为朝圣者日渐减少——圣地的沦陷让欧洲前往耶路撒冷的基督徒不复当年的规模，同时他们也未必都会在罗德岛歇脚。

[5] Kenneth M.Setton (Editor), *A History of the Crusades, Volume Ⅲ: The Fourteenth and Fifteenth Centuries*, pp.319-320.

Helen Nicholson, *The Knights Hospitaller*, p.58.

Desmond Seward, *The Monks of War: The Military Religious Orders*, pp.244-245.

Peter Purton, *A History of the Late Medieval Siege 1200-1500*, Boydell Press, 2010, p.380.

Nicolau D'Olwer, *"Un Témoignage catalan du siège de Rhodes en 1444"*, Estudis universitaris catalans, 1927, pp.376-387.

[6] 匈牙利国王阿尔贝特二世（Albert Ⅱ，1397—1439）去世后，只留下一个遗腹子拉迪斯拉斯（Ladislaus，1440—1457）。由于国主年幼，亲政遥遥无期，部分匈牙利贵族便奉波兰国王瓦迪斯瓦夫三世为王，而另一部分贵族继续以拉迪斯拉斯为正统，以至于匈牙利同时出现了两位统治者，甚至为此爆发了一场短促的内战。直到瓦迪斯瓦夫三世阵亡以后，匈牙利王国才再度统一。

[7] 斯坦福·肖，《奥斯曼帝国》，50-51 页。

Franz Babinger, *Mehmed the Conqueror and His Time*, Princeton University Press, 1992, pp.29-40.

Helen Nicholson, *The Knights Hospitaller*, pp.58-59.

维齐（Vizier），土耳其语原意为"顾问"，在奥斯曼帝国中，它是高级政府官员所用的头衔，通常授予政府部门大臣、重要地方总督、国务会议成员及少数高级将领，其中列首席的是所谓"大维齐"（Grand Vizier），相当于帝国首相或总理。参见：Selcuk Aksin Somel, *Historical Dictionary of the Ottoman Empire*, Scarecrow Press, 2003, p.315.

关于瓦尔纳战役的详情，读者可参考：Colin Imber, *The Crusade of Varna 1443-45*, Ashgate, 2006.

[8] 关于君士坦丁堡沦陷一役的详情，参见：斯蒂文·朗西曼，《1453——君士坦丁堡的陷落》，87-135 页。

[9] Kenneth M.Setton (Editor), *A History of the Crusades, Volume Ⅲ: The Fourteenth and Fifteenth Centuries*, pp.321-312.

Helen Nicholson, *The Knights Hospitaller*, pp.58-59.

[10] Kelly DeVries, Robert Douglas Smith, *Besieged Rhodes: A New History*, The History Press, 2012, p.25.

Kenneth M.Setton (Editor), *A History of the Crusades, Volume Ⅲ : The Fourteenth and Fifteenth Centuries*, p.318 pp.322-323.

Kenneth M.Setton, *The Papacy and the Levant, 1204-1571,Vol. Ⅰ : The Thirteenth and Fourteenth Centuries*, pp.271-313.

斯蒂文·朗西曼，《1453——君士坦丁堡的陷落》，160-166 页。

[11] Kelly DeVries, Robert Douglas Smith, *Besieged Rhodes: A New History*, pp.33-34.

Desmond Seward, *The Monks of War: The Military Religious Orders*, p.246,p.249.

Kenneth M.Setton (Editor), *A History of the Crusades, Volume Ⅲ : The Fourteenth and Fifteenth Centuries*, pp.323-324.

Konstantin Nossov, *The Fortress of Rhodes 1309-1522*, p.11.

[12] 德米舍梅一词原指统治者有权占有五分之一战利品的征收程序。后来，它发展为奥斯曼土耳其官方定期征募基督徒家庭的儿童，以充实帝国军队、宫廷或政府职位的制度。新军士兵（包括整个奥斯曼中央常备军卡皮库鲁）一般也通过德米舍梅制度入伍。德米舍梅最早成型约始于巴耶济德一世时期，普遍实施则是在穆拉德二世及穆罕穆德二世统治时期。该系统在其运行初期或许遭到了部分基督徒的抵制，或许还被当作苏丹迫害他们的证据，不过随着时间推移，基督徒们发现这是令自己的子孙进入帝国高层的绝佳方式，于是被苏丹征集渐渐演变为一种基督徒的福利和荣誉，甚至有部分基督徒家长采用贿赂的方式，以安排儿子被苏丹选中。参见：

斯坦福·肖，《奥斯曼帝国》，151-152 页。

黄维民，《奥斯曼帝国》，三秦出版社，2000 年，172-177 页。

[13] 纪尧姆·科尔辛（1430 年出生于法国杜埃，1501 年卒于罗德岛），医院骑士团政治家、外交家，曾任骑士团副书记长（vice-chancelier），亲历了 1480 年奥斯曼帝国对罗德岛的进犯，著有《罗德岛围攻记》（完成于 1483 年左右，拉丁语书写，后被翻译为英语及法语）一书，该书是关于这场战役最直观、权威的史料。

[14] David Nicolle, *The Janissaries*, Osprey Publishing, 1995, p.9.

斯坦福·肖，《奥斯曼帝国》，161-169 页。

[15] 帕夏（Pasha）是奥斯曼帝国行政系统里的高级头衔，通常授予总督、将军及高级官员，也用作贵族敬语。贝伊（Bey），在突厥语中的原意是“首领”或“酋长”，后来成为奥斯曼帝国及中亚、南亚地区伊斯兰教人士的一种头衔，有“总督”“老爷”等意思。在奥斯曼帝国的等级制度中，帕夏的地位高于贝伊。

[16] Franz Babinger, *Mehmed the Conqueror and His Time*, p.390,pp.396-397.

Kelly DeVries, Robert Douglas Smith, *Besieged Rhodes: A New History*, pp.43-44.

相对于 1444 年罗德岛战役第一手资料的匮乏，对 1480 年罗德岛大围攻的记载较为丰富，其中最有代表性的文献包括医院骑士团副书记长纪尧姆·科尔辛、医院骑士马里·迪皮伊（Mary Dupuis）的著作及大团长致神圣罗马帝国皇帝弗雷德里克三世的书信。

[17] Kenneth M.Setton (Editor), *A History of the Crusades, Volume Ⅲ : The Fourteenth and Fifteenth Centuries*, p.324.

Kelly DeVries, Robert Douglas Smith, *Besieged Rhodes: A New History*, p.45.

Desmond Seward, *The Monks of War: The Military Religious Orders*, p.249.

Stephen Dafoe, *An Illustrated History of the Knights Hospitaller*, pp.90-91.

Konstantin Nossov, *The Fortress of Rhodes 1309-1522*, p.46.

关于土耳其军队的规模，不同文献记载的数字出入较大，大团长的官方记录为 7 万人，而纪尧姆·科尔辛记载为 10 万人左右，马里·迪皮伊甚至认为达到了 17 万人。虽然骑士团方面给出的数字或许有些夸张，但考虑到罗德市陆墙长达 2.25 公里，海墙长度也超过 1 公里，面对如此漫长且坚固的防线，奥斯曼人的军队（包含后勤人员）应该不会低于数万人的规模。

[18] Franz Babinger, *Mehmed the Conqueror and His Time*, p.397.

Kelly DeVries, Robert Douglas Smith, *Besieged Rhodes: A New History*, pp.46-49.

Stephen Dafoe, *An Illustrated History of the Knights Hospitaller*, p.96.

三位基督教变节者均随梅希帕夏一同出征罗德岛。不过，在登陆前，安东尼奥斯·迈利加拉斯便因斑疹伤寒在船上病故了；而登陆后在第一天的战斗中，号称神通广大的迪米特里奥斯·索菲亚诺斯也倒在了医院骑士团的枪口下；唯一幸存的乔治则有些蹊跷地迅速投奔了医院骑士团。

[19] Kelly DeVries, Robert Douglas Smith, *Besieged Rhodes: A New History*, pp.50–54.

Franz Babinger, *Mehmed the Conqueror and His Time*, pp.397–398.

Konstantin Nossov, *The Fortress of Rhodes 1309–1522*, pp.47–51.

H. J. A. Sire, *The Knights of Malta*, pp.51–3.

Kenneth M.Setton, *The Papacy and the Levant, 1204–1571,Vol. Ⅰ: The Thirteenth and Fourteenth Centuries*, pp.350–353.

[20] Kelly DeVries, Robert Douglas Smith, *Besieged Rhodes: A New History*, pp.55–58.

Konstantin Nossov, *The Fortress of Rhodes 1309–1522*, p.52.

大团长致弗雷德里克三世的信件用拉丁语撰写，其英译本可参见：Stephen Dafoe, *An Illustrated History of the Knights Hospitaller*, pp.91–95.

[21] 大团长在给神圣罗马帝国皇帝的信件中称骑士团清点了土耳其人的尸体，并统一火葬，因此 3500 这个数字应该是可信的。

[22] Kelly DeVries, Robert Douglas Smith, *Besieged Rhodes: A New History*, pp.58–60.

Franz Babinger, *Mehmed the Conqueror and His Time*, pp.398–399.

Desmond Seward, *The Monks of War: The Military Religious Orders*, pp.252–253.

H. J. A. Sire, *The Knights of Malta*, p.54.

Helen Nicholson, *The Knights Hospitaller*, p.62.

Kenneth M.Setton, *The Papacy and the Levant, 1204–1571,Vol. Ⅰ: The Thirteenth and Fourteenth Centuries*, pp.356–359.

得知罗德岛被围困后，虽然因土耳其人在意大利半岛登陆而焦头烂额，教皇西斯克特四世还是对医院骑士团伸出了援手。他当即拨款 1 万达克特，并开设了特别的“罗德税”以筹集经费。在他的呼吁下，教廷、那不勒斯、米兰、佛罗伦萨、萨伏伊、费拉拉等国总计征得 6.7 万达克特巨款，用于打造舰队驰援罗德岛。但因罗德岛在 8 月顺利解围，这次远征并未成行。耐人寻味的是，在整个过程中，威尼斯共和国因与奥斯曼帝国单独媾和而一直袖手旁观。

[23] Franz Babinger, *Mehmed the Conqueror and His Time*, p.390–392.

Kenneth M.Setton, *The Papacy and the Levant, 1204–1571,Vol. Ⅰ: The Thirteenth and Fourteenth Centuries*, pp.343–344.

[24] Franz Babinger, *Mehmed the Conqueror and His Time*, pp.403–408.

Desmond Seward, *The Monks of War: The Military Religious Orders*, p.254.

David Nicolle, *Knight Hospitaller (2): 1306–1565*, Osprey Publishing, 2001, p.19.

Helen Nicholson, *The Knights Hospitaller*, pp.62–63.

Stephen Dafoe, *An Illustrated History of the Knights Hospitaller*, p.98.

斯坦福·肖，《奥斯曼帝国》，95–98 页 .

由于施洗者约翰是医院骑士团的主保圣人，因此巴耶济德二世赠予的“右臂”一直是骑士团珍视的圣物，二战时期为了躲避战火它被送至巴尔干秘密保藏，一度下落不明，直到战后多年才在黑山寻回。

[25] 进入 15 世纪，除了传统的桨帆船（加莱船），新式克拉克帆船（Carrack，西班牙语称之为 Nao）也开始崭露头角。其特征是巨大的弧形船尾及船首的巨型斜桅，它在前桅及中桅装配了 2—3 张横帆，后桅则配上一面三角帆。与传统桨帆船相比，克拉克帆船体格巨大，远洋性能颇佳，可以携带大量军备，而且拥有更优良的防御能力。英法百年战争时期，英王亨利五世于 1420 年打造的“上帝”号是早期克拉克帆船的杰作，这艘巨舰的总吨位竟然达到了 2750 吨。15 世纪末传说中的土耳其巨舰，应该与之类似。另一种新式战舰为盖伦帆船（galleon），它算得上克拉克船的改良版，拥有被调低的船首、延长的船身，并以方型船尾楼取代传统的弧形船尾，船身更坚固，航速更快，并且造价相对低廉，特别适合用于远洋战斗。稍后，医院骑士团也装备了自己的盖伦帆船与克拉克帆船。

[26] 文献中特意强调 16 世纪初医院骑士团海军除了装备常规的桨帆战舰（即加莱船）外，还拥有至少一艘“大舰”[Great Ship，名为“圣乔瓦尼”（San Giovanni，即“圣约翰”的意大利语形式）号]。按照 17 世纪英国海军的四级分类，“大舰”在吨位上仅次于“皇家战舰”，高于“中型舰”和“小型舰”。因此，医院骑士团的“大舰”在吨位与战斗力上，想必超过了普通的桨帆船，它很可能是为对抗奥斯曼帝国海军的重型船只而推出的新式克拉克帆船。

[27] Kenneth M.Setton (Editor), *A History of the Crusades, Volume Ⅲ: The Fourteenth and Fifteenth Centuries*, pp.327-332.

Helen Nicholson, *The Knights Hospitaller*, p.65.

Stephen Dafoe, *An Illustrated History of the Knights Hospitaller*, pp.99-100.

Desmond Seward, *The Monks of War: The Military Religious Orders*, pp.245-248.

[28] 斯坦福 · 肖，《奥斯曼帝国》，107-108 页。

Caroline Finkel，*Osman's Dream: The History of the Ottoman Empire*, pp.98-102.

也有历史学家认为巴耶济德二世是自然死亡。

[29] H. J. A. Sire, *The Knights of Malta*, pp.54-55.

Helen Nicholson, *The Knights Hospitaller*, p.63.

[30] 斯坦福 · 肖，《奥斯曼帝国》，109-115 页。

Caroline Finkel, *Osman's Dream: The History of the Ottoman Empire*, pp.104-111.

[31] Kenneth M.Setton (Editor), *A History of the Crusades, Volume Ⅲ: The Fourteenth and Fifteenth Centuries*, pp.333-334.

斯坦福 · 肖，《奥斯曼帝国》，118-119 页。

[32] 罗杰 · 克劳利，《海洋帝国：地中海大决战》，陆大鹏译，社会科学文献出版社，2014 年，15-16 页，22-23 页。

Stephen Dafoe, *An Illustrated History of the Knights Hospitaller*, p.101.

[33] Stephen Dafoe, *An Illustrated History of the Knights Hospitaller*, pp.100-101.

[34] 苏莱曼一世所用的头衔包括：万王之王，拜占庭与特拉布宗皇帝，波斯、阿拉伯、叙利亚与埃及君主，欧洲与亚洲的最高领主，麦加与阿勒颇亲王，耶路撒冷国王，世界之海的统治者。而菲利普 · 维利耶 · 德 · 利勒亚当仅仅在自己姓名前使用了“Fra'”这一称号。它是拉丁语 frater（法语 frère，意大利语 frate，英语 Friar）一词的缩写，原始的意思是“兄弟”。但在医院骑士团（包括其他修道会）中，它也是一种身份的象征。只有许下了“绝财”“绝色”“绝意”三愿、正式入会的修士，彼此之间才能互称“frater”；而医院骑士团中还包括俗人及“Oblate”（原指献身于修道院宗教生活的孩童，后泛指虽加入修道会修行，但仍保持某种世俗生活的信徒，为与正式修士相区别，本书中笔者将其译为“准修士”），他们之间便不能以“frater”互称。故笔者将“frater”译为“修士”而非“兄弟”。参见：

罗杰 · 克劳利，《海洋帝国：地中海大决战》，15-16 页。

丁光训，金鲁贤，张庆熊（主编），《基督教大辞典》，上海辞书出版社，2010，722 页。

[35] 库尔特奥卢（Cortoglu），土耳其海盗，长期与医院骑士团海军作战，是后者的劲敌，在利勒亚当乘坐“圣玛丽亚”号从法国前往罗德岛赴任的途中，他曾多次试图俘获大团长的旗舰，但均未成功。在日后对罗德岛的围攻中，他被任命为奥斯曼帝国海军司令。

[36] Stephen Dafoe, *An Illustrated History of the Knights Hospitaller*, p.101.

[37] 加莱赛船（galleass）是威尼斯人的发明，与传统加莱船相比，它在吨位和火力上都有大幅增强。

[38] 1522 年，罗德岛医院骑士团总部共有 108 名西班牙—葡萄牙骑士、62 名法国骑士、51 名普罗旺斯骑士、47 名意大利骑士、26 名奥弗涅骑士、11 名英国骑士，人数最少的是德意志骑士，仅有 6 人。参见：H. J. A. Sire, *The Knights of Malta*, p.36.

[39] 关于围攻罗德岛的奥斯曼军队的人数，历来众说纷纭。除了传统的 20 万人这一版本，医院骑士团英国骑士尼古拉斯 · 罗伯茨（Nicholas Roberts）爵士声称奥斯曼人出动了 1.5 万名水兵、10 万名陆军，以及 5 万名工兵，

合计 16.5 万人。土耳其方面，根据艾哈迈德·哈菲兹（Ahmed Hafiz）的记载，苏丹的舰队共有 6.5 万人，其中 4 万人为水手，但这一数字不包括后续增援部队。不过，即使土耳其军的人数有一定水分，他们与骑士团相比占据绝对上风还是毋庸置疑的。参见：

罗杰·克劳利，《海洋帝国：地中海大决战》，25–26 页。

Stephen Dafoe, *An Illustrated History of the Knights Hospitaller*, p.102.

Kelly DeVries, Robert Douglas Smith, *Besieged Rhodes: A New History*, pp.95–96.

Kenneth M.Setton (Editor), *A History of the Crusades, Volume Ⅲ : The Fourteenth and Fifteenth Centuries*, p.336.

Desmond Seward, *The Monks of War: The Military Religious Orders*, pp.259–260.

[40] 罗杰·克劳利，《海洋帝国：地中海大决战》，27–28 页。

[41] 罗杰·克劳利，《海洋帝国：地中海大决战》，31–33 页。

Stephen Dafoe, *An Illustrated History of the Knights Hospitaller*, pp.105–106.

H. J. A. Sire, *The Knights of Malta*, p.57.

H. J. A. Sire, *The Knights of Malta*, p.66.

Kelly DeVries, Robert Douglas Smith, *Besieged Rhodes: A New History*, pp.106–109.

Desmond Seward, *The Monks of War: The Military Religious Orders*, p.260.

[42] 罗杰·克劳利，《海洋帝国：地中海大决战》，33–36 页。

Stephen Dafoe, *An Illustrated History of the Knights Hospitaller*, pp.107–108.

Kelly DeVries, Robert Douglas Smith, *Besieged Rhodes: A New History*, pp.110–112.

Desmond Seward, *The Monks of War: The Military Religious Orders*, pp.260–261.

[43] 即使是同时代医院骑士团的历史学家，也对所谓“阿马拉尔叛变”一事表示怀疑，而后世的学者普遍相信，这就是一桩冤案。本案中，证人的可信度是高度存疑的；其次，穆斯林方面完全没有相关资料作为佐证，也与情理不符。1856 年罗德市圣约翰教堂遭雷击后发生了猛烈爆炸。经调查后发现，在教堂穹顶内竟暗藏着大量医院骑士团时期的火药。由于 1522 年围攻期间骑士团原本可支撑一年之久的火药离奇消失，这批教堂里的火药应该是被城内“第五纵队”为配合土耳其人的攻势故意藏匿的。但并无证据证明这些内奸的领袖就是安德里亚·德·阿马拉尔。参见：

罗杰·克劳利，《海洋帝国：地中海大决战》，36–37 页。

Stephen Dafoe, *An Illustrated History of the Knights Hospitaller*, pp.108–109.

Kelly DeVries, Robert Douglas Smith, *Besieged Rhodes: A New History*, pp.112–113.

Desmond Seward, *The Monks of War: The Military Religious Orders*, p.262.

H. J. A. Sire, *The Knights of Malta*, p.58.

[44] 罗杰·克劳利，《海洋帝国：地中海大决战》，39–44 页。

Stephen Dafoe, *An Illustrated History of the Knights Hospitaller*, pp.109–110.

H. J. A. Sire, *The Knights of Malta*, p.59.

Desmond Seward, *The Monks of War: The Military Religious Orders*, pp.264–265.

Kelly DeVries, Robert Douglas Smith, *Besieged Rhodes: A New History*, pp.114–119.

英国医院骑士尼古拉斯·罗伯茨在战后的信件中声称此役土耳其方面阵亡了 10.3 万人，医院骑士团共损失 6000 人，但这一数字显然过于夸张了。

[45] 皮里雷斯，原名艾哈迈德·毛希丁·皮里（Ahmed Muhiddin Piri），奥斯曼帝国海军将领，地理学家、地图制作者，曾参加 1522 年对罗德岛的围攻。在其传世之作《航海之书》（*Kitab-ı Bahriye*）中，保存了大量 16 世纪的地图精品。

第七章 马耳他之鹰

利勒亚当与流亡中的骑士团首先来到了威尼斯统治下的克里特岛首府干地亚（Candia），他随即派员通知科斯岛与博德鲁姆堡守军放弃驻地前来会合。直到此时，医院骑士团才有时间和精力救治大批随行的伤员。

在撤离罗德岛时，骑士团尽可能地带走了他们贵重的装备与财富。其中，最值得一提的当属医院骑士团海军旗舰“圣玛利亚”号，它是一艘巨型克拉克帆船，原名“莫加比纳”号（Mogarbina），本属于马穆鲁克王朝，1507年在科斯岛附近被骑士团捕获。如今马穆鲁克王朝已灰飞烟灭，而科斯岛也不再是医院骑士团领土，令人不胜唏嘘。在骑士团觅得一处新基地之前，“圣玛利亚”号将暂时成为他们的浮动总部。

经过将近一年的休整，1523年冬，利勒亚当与部下方才启程驶向意大利。不同寻常的是，骑士团的舰只上并未悬挂传统的八角形十字旗，而是一面哭泣的圣母玛利亚怀抱死去耶稣的旗帜，上书拉丁语格

言："你是解除吾等苦难的唯一希望。"（afflictis tu spes unica rebus.）它有两层含义：其一是表达对失去罗德岛的悲恸，其二是表达对西方盟友隔岸观火的不满。由于骑士团土科波利尔约翰·巴克已经在罗德岛阵亡，利勒亚当在干地亚任命"圣玛利亚"号船长、英国骑士威廉·韦斯顿（William Weston）为新任土科波利尔。在他带领下，劫后余生的骑士团舰队离开他们熟悉的爱琴海海域，进入爱奥尼亚海。[1]

此时基督教世界的氛围，与200年前医院骑士团攻占罗德岛时相比已大不一样。1517年10月31日，萨克森神学教授马丁·路德[2]的《九十五条论纲》被贴在维滕贝格大学的教堂大门上，文中对教廷兜售赎罪券的行为痛加鞭笞，从此在基督教世界引发了一场轩然大波。马丁·路德抓住天主教会的多年积弊，道出广大教众心声，从而揭开了宗教改革运动的序幕。

◎ 马丁·路德肖像，老卢卡斯·克拉纳赫（Lucas Cranach der Ältere，1472—1553）绘制

随着时间的推移，马丁·路德改革教会的思想也在不断发展，他的信众日渐增多，并得到了一批德意志显贵的同情与支持。虽然教廷也尝试着与之和解，但到1520年后，经过多番论战，双方的关系已无转圜的可能。1521年初，教皇利奥十世正式将马丁·路德逐出教会，后者也同时登上了查理五世[3]的"黑名单"。虽然教廷下令焚毁马丁·路德的一切"歪理邪说"，但并不能阻止他的布道。随着印刷术的普及，加之天主教会数百年来的堕落有目共睹，马丁·路德在欧洲很快拥有了一大批拥趸，继1054年东西方教会大分裂之后，基督教再次面临分崩离析的危险。

在这风口浪尖上抵达墨西拿的医院骑士团舰队，看上去似乎与欧洲各国有些格格不入。骑士团原本兴起于十字军时代，然而古老的十字军精神早已随风而逝。他们从罗德岛抢救出的珍宝——圣约翰的右臂骨、"真十字架"碎片、耶稣的荆棘冠，在此时的改革派眼中，恰恰印证了其食古不化的嫌疑。马丁·路德认为，基督教信仰并不依赖教会的繁文缛节、来路不明的"圣物"或廉价的赎罪券，而是根植于信众的内心世界。长期偏安一隅的医院骑士团一时恐怕难以理解这样的分歧，也因此失去了不少昔日的支持者。

尽管苏莱曼已经对欧洲虎视眈眈，几大基督教强权却陷入了内斗。法王弗朗索

◎ 查理五世戎装像，意大利画家提香绘制

◎ 克雷芒七世，意大利画家塞巴斯蒂亚诺（Sebastiano del Piombo）绘制

瓦一世[4]在竞选神圣罗马帝国皇帝时败于查理五世，并对此耿耿于怀，1521年秋，为了争霸欧洲，他领军入侵纳瓦拉，揭开了哈布斯堡—瓦卢瓦战争的序幕。以法兰西、威尼斯为一方，神圣罗马帝国、西班牙、英国、教皇国为另一方，硝烟在法国、意大利、西班牙等地弥漫。三大欧洲基督教君主皆为医院骑士团的传统盟友，菲利普·维利耶·德·利勒亚当不敢忤逆任何一方，只能如履薄冰地维护着脆弱的外交平衡。医院骑士团总部先后在墨西拿、库迈（Cumae，意大利半岛西部海港）、奇维塔韦基亚（Civitavecchia，罗马西北港口，亦为教皇国海军基地）、维泰博（Viterbo，位于意大利中部，距罗马约100公里）、尼斯（Nice，法国东南港口城市）等地驻扎，寄人篱下，居无定所，如同吉卜赛人那样四处迁徙，令人扼腕。考虑到圣殿骑士团的前车之鉴，医院骑士团上下感到必须确立新的总部所在地，并以此谋划东山再起，这副重担自然落在了利勒亚当肩上。

早在医院骑士团舰队于奇维塔韦基亚下锚时，利勒亚当便请求拜会教皇阿德利安六世，以共商骑士团新总部选址——最初的候选地包括马略卡岛、克里特岛、马耳他岛甚至厄尔巴岛（日后曾作为拿破仑一世的流放地）。但当时教皇正忙于同查理五世、亨利八世一起与入侵意大利的弗朗索瓦一世作战，无暇他顾，只好通知骑士团推迟会晤。直到1523年9月1日，教皇才在自己的病榻上接见了利勒亚当，当时他已身染沉疴。这次仓促而悲凉的会面并未给骑士团带来实惠，虽然教皇公开赞许大团长为信仰的捍卫者、基督的勇士，

◎ 弗朗索瓦一世怀抱弥留之际的达·芬奇，让·奥古斯特·多米尼克·安格尔绘于1818年

但新总部的设立毫无头绪。两周以后，阿德利安六世便去世了。令人欣慰的是，利勒亚当被任命为枢机会议（Conclave）[5]的护卫，这是一项极高的荣誉，可见教廷对骑士团的倚重其实不减当年。

枢机会议投票之后，朱利奥·迪·朱利奥诺·德·美第奇（Giulio di Giuliano de Medici）脱颖而出，他如愿当选新一任教皇，是为克雷芒七世（Clement Ⅶ，1523—1534 年在位）。对医院骑士团而言，这可谓天大喜讯。克雷芒七世与骑士团渊源极深，他青年时代便加入了骑士团，并曾任卡普阿分团长一职，对医院骑士团知根知底，并心怀同情。此外，他出身于佛罗伦萨名门美第奇家族，其伯父为声名远扬的洛伦佐·德·美第奇（Lorenzo de' Medici，1449—1492）[6]，而前教皇利奥十世则是他的堂兄。作为美第奇家族成员，克雷芒七世在整个欧洲具有额外的影响力，他极力游说查理五世向医院骑士团伸出援手，并取得了效果。[7]

1524 年，查理五世终于向医院骑士团抛出了橄榄枝：帝国愿意将马耳他岛[8]（面积约为 246 平方公里）与戈佐岛（Gozo，位于马耳他岛西北方，面积约为 67 平方公里）交予医院骑士团，条件是骑士团必须向查理五世效忠，此外还需负责防守位于北非的的黎波里（Tripoli）港[9]。虽然查理五世表达了善意，但利勒亚当却感到十分为难。的黎波里尽管被哈布斯堡王朝所攻克，但处于穆斯林的包围之中，孤悬海外，强敌环伺，是个烫手山芋。而鉴于查理五世与弗朗索瓦一世紧张的关系，一旦公开与之结盟，必将把医院骑士团推向法兰西的对立面——这不符合骑士团恪守中立的政策，也令占据多数的法国裔骑士们难以认同。经过多轮磋商，双方还是未能达成共识。查理五世的动议就这样被搁置下来。

此后三年，医院骑士团总部依旧在维泰博踟蹰，但时局已悄然变化。马丁·路德与宗教改革运动的能量远远超乎预期，令骑士团猝不及防，损失惨重。早在罗德岛大围攻时期，便有部分德意志的医院骑士团修士改信了路德宗，在他们的大力游说之下，大批德意志医院骑士纷纷改换门庭，投向新教的怀抱。同时，亦有不少属于骑士团的地产被新教国家没收。此外，在斯堪的纳维亚和英格兰，甚至西班牙与法国，新教的势力也在不断增长。也就是说，骑士团适逢总部落难、急需补充血液的关键时刻，却面临着人员流失、财富萎缩之苦。此外，驻扎在圣座附近也未必是一件幸事。利勒亚当渐渐察觉，与罗德岛时期相比，教宗似乎有将医院骑士团定位为另一支瑞士卫队（即教廷卫队）的倾向。也难怪大团长会殚精竭虑地积极筹备反攻罗德岛。可惜若离开了威尼斯、西班牙等国的鼎力支持，这样雄心勃勃的计划无异于痴人说梦。认清形势后的大团长顶住内部压力，下令组建了一个由 8 名骑士（分别来自八大语言区）构成的委员会，再次商讨接受查理五世提案的可行性。[10]

1525 年 2 月 24 日，在意大利爆发的帕维亚（Pavia）战役中，由于法兰西名将波旁公爵查理三世（Charles Ⅲ，1490—1527）临阵倒戈，弗朗索瓦一世亲率的法军遭到重创，法国国王沦为了查理五世的战俘。他被押往马德里，软禁了近一年之久，签署丧权辱国的《马德里条约》并留下两位王子做人质后，才得以返回故国。但弗朗索瓦一世一回到巴黎便立即撕毁了和约，在他看来，胁迫之下做出的承诺并无法律效力。为了对抗如日中天的查理五世，弗朗索瓦一世广交盟友，英国、威尼斯共和国、佛罗伦萨共和国、米兰大公国相继加入他的“科尼亚克同盟”（League of Cognac，因盟约签署地为法国科尼亚克而得名），甚至教皇克雷芒七世也因忌惮查理五世的权威而公开对弗朗索瓦示好，并郑重宣布《马德里条约》无效——此举令查理五世勃然大怒，欧洲各大强国因此卷入了一团战火。利勒亚当依旧徒劳地试图游说查理五世与弗朗索瓦一世为收复罗德岛提供外援，但他的出访均无功而返。大团长心灰意冷地返回意大利，竟忘了向英王亨利八世发出同样的呼吁。亨利八世认为这是对他的极大轻蔑，英国政府查封了骑士团的大批财产，并准备发配英国医院骑士去驻守加来（Calais，法国北部港口，当时为英王属地）以示报复。为了平息外交危机，利勒亚当不得不紧急赴英国安抚妒火中烧的亨利。在他的竭力奉承之下，英王总算转怒为喜，并许诺给予骑士团一笔资金用做收复故土的经费（然而这个承诺五年后方才兑现）。

虽然英格兰的危机成功得以解决，但意大利的情况却不容乐观。克雷芒七世原本加入了科尼亚克同盟，但随着哈布斯堡王朝的兵锋直趋教皇国，教宗的态度也开始摇摆不定起来。为了避免教皇国生灵涂炭，他私下与查理五世签署了停战协定，以6万达克特为代价，换取罗马的安全保障。1527年春，波旁公爵查理三世率领哈布斯堡联军击败了法军，但迟迟未能得到军饷。波旁公爵的部下大多为来自德意志的雇佣兵，且不少人已改信路德宗，他们原本便对教皇国心怀怨恨，此刻公然哗变，劫持主帅向罗马城进军。5月5日，这支3万余人的军队来到罗马城下，而教廷的军队总计不过5000人，其中还有不少民兵。第二天，在攻城战斗中，查理三世中弹殒命，他的军队从此彻底失去了纪律，成了一群土匪强盗。当天叛军突破了城墙，在圣彼得大教堂外，全靠瑞士卫队殊死抵抗（189人中仅42人生还），克雷芒七世才得以全身而退。哈布斯堡叛军在罗马烧杀劫掠，无恶不作，而教皇只能退守圣天使堡，事实上沦为囚徒——这一飞来横祸史称“罗马之劫”。一个月后，克雷芒七世凑齐了40万达克特的赔款，并许诺割地，方获得查理五世的谅解和撤兵。

“罗马之劫”发生时，医院骑士团总部虽就在附近，然而势单力薄，无力驰援。罗马的一片狼藉，反而让利勒亚当和部下准备远离这片是非之地。他们稍后迁往了法国尼斯，为新总部选址一事变得十分迫切。而教皇国在血的教训面前，也正式改弦更张。此后历代教宗，均小心翼翼地维护着与哈布斯堡王朝的和睦关系，并视之为捍卫天主教的柱石。克雷芒七世与查理五世的和解，客观上也为医院骑士团重新考虑三年前查理的提议奠定了政治基础。

◎ 圣天使堡，意大利画家朱塞佩·佐奇（Giuseppe Zocchi，1711—1767）绘制

与此同时，苏莱曼大帝并未停下自己征伐的脚步。得知基督徒正忙于内斗，1526 年春，他亲率大军远征匈牙利王国。年仅 20 岁的匈牙利国王路易二世在得到哈布斯堡王朝的支持后，亦亲自领兵迎战。是年 8 月 29 日，在摩哈赤战役（Battle of Mohács）中，匈牙利王国军遭到了毁灭性打击，路易二世阵亡，此外还有超过 1000 名匈牙利贵族殉难，独立的匈牙利王国至此不复存在。十天后，苏莱曼顺利攻占布达与佩斯，他并没有彻底吞并这片土地，而是扶植傀儡，将匈牙利变为了自己的藩属。一年后，部分不甘接受奥斯曼帝国统治的贵族选举查理五世之弟、奥地利大公斐迪南（Ferdinand，1503—1564，1558 年后成为神圣罗马帝国皇帝，即斐迪南一世）为匈牙利国王。为了维护自己在匈牙利的藩属，1529 年，苏莱曼再度出兵中欧，于 9 月 3 日从斐迪南手中夺回布达，旋即挥师直取哈布斯堡王朝的中心——维也纳。整个欧洲为之震动。大敌当前，查理五世终于同弗朗索瓦一世签署了和约，从而得以派出大量援军。维也纳虽陷入重围，破坏严重，但冬季来临，奥斯曼军的补给开始遭遇严重困难。奥地利人的抵抗意志也超出苏莱曼预期，即使斐迪南与大部分宫廷要员弃城逃跑，守军和市民依然拒绝投降。如果苏丹像 1522 年远征罗德岛那样，选择咬牙坚持，在奥地利越冬，维也纳恐怕终将沦陷。然而部队已怨声载道，甚至存在哗变的风险，苏莱曼一世不得不选择班师回国。欧洲因此逃过了一劫。[11]

◎ 一只马耳他游隼

维也纳之战令查理五世与教皇均意识到奥斯曼帝国才是最大的威胁，1529 年，双方在巴塞罗那正式签署和约，科尼亚克同盟战争寿终正寝。第二年，克雷芒七世甚至亲自主持了查理五世的加冕典礼，加封他为“意大利国王”。查理五世也深谙医院骑士团在对抗奥斯曼帝国方面的作用，1530年3月,他再次提出向骑士团转交土地:

“将马耳他岛、戈佐岛、科米诺（Comino）岛赏赐与医院骑士团，以使他们能够安宁地执行宗教义务，保护基督教社区的利益，凭借其力量和武器打击神圣信仰的奸诈敌人。作为回报，骑士团应于每年万圣节向兼任西西里国王的查理五世进贡一只游隼。”[12]

与六年前相比，查理五世的条件宽厚

了许多。虽然他仍要求医院骑士团驻守的黎波里，但取消了早先要求医院骑士团必须与之结盟的前提条件（仅要求骑士团不得攻击查理五世的领土与舰只），体现了对法国籍骑士的尊重，并保障了骑士团的自主权利。利勒亚当则保证，一旦骑士团成功收复罗德岛，或因为其他原因离开马耳他，便会将该地归还给查理五世（或他的继承人）——这意味着骑士团只是“租借”马耳他，而无权将其转让与第三方。

1527 年的骑士团大会上，骑士们已经在接收马耳他一事上勉强达成了共识，此刻，再也没有理由拒绝查理五世的善意了。1530 年 10 月 26 日，大团长菲利普·维利耶·德·利勒亚当乘坐医院骑士团旗舰“圣玛利亚”号抵达马耳他岛。岛民（此时全岛人口约为 1.2 万人，加上附属岛屿也不会超过 2 万人）对新主人的到来表现得十分

◎ 利勒亚当率部首次登上马耳他岛，法国画家勒内·泰奥多尔·贝尔东（René Théodore Berthon，1776—1859）绘制

温顺，他们郑重起誓，将尊重骑士团的领导，定期缴纳赋税，承担封建义务；而骑士团则许诺将为居民们带来安全与福祉，并将马耳他打造为地中海的明珠。利勒亚当魂牵梦绕的依旧是相对富饶的罗德岛，迁居马耳他在他心中，不过是权宜之计。令大团长始料未及的是，医院骑士们日后会在马耳他岛度过两个半世纪的漫长岁月，他们也因此获得了新的显赫称号——马耳他骑士团。

此前法国骑士对马耳他的抵制虽有部分民族情结作祟，但这并不是全部的原因。利勒亚当的八人委员会六年前曾实地上岛勘探，他们发回的报告令骑士团上下愁肠百结：

马耳他岛布满砂岩（实际上为石灰岩），长 6—7 里格[13]，宽 3—4 里格。岛上薄薄地覆盖着一层厚 3—4 英尺的土壤，乱石密布，大部分土地并不适合耕种。但此地尚能出产无花果、甜瓜等水果，以及棉花与蜂蜜，居民可用于交换进口粮食。除了几口泉眼，马耳他岛无河无泊，淡水匮乏（甚至没有水井），岛民不得不自建水池用于储积雨水。此处树木稀少，木材奇缺，甚至要论磅售卖。居民不得不用晒干的牛粪作为主要的燃料。马耳他的首府为诺塔比莱（Notabile，现名为姆迪纳），它坐落于马耳他中部高地，大部分建筑已破败不堪，居民多面带菜色。岛屿西部地势险峻，无处可供船只下锚停泊。但在岛屿东部却有两座深水良港，足以容纳世上任何一支舰队……[14]

如果在登岛之前，利勒亚当对这份报告尚心存幻想，进驻马耳他以后，眼前所见的一切证实了委员会所言非虚。按照欧洲人的眼光，这片群岛几乎算得上不毛之地，且常年遭受北非穆斯林海盗的侵扰，与富庶的十二群岛相比，俨然有云泥之别。令人略感宽慰的是，除了蜂蜜、水果和棉花，岛上还出产橄榄、亚麻，并且能够一年两熟，此外东部的深水港比尔古（Birgu）从地理条件来看连昔日的罗德港也自叹弗如。诺塔比莱自罗马时期便已建城，它是当时岛上唯一的设防城市。虽然平民区的确有些寒酸，但马耳他贵族的宅邸还是带给它几分首府的气度。令骑士团意外的是，城内甚至开设了一座医院，让人倍感亲切。麻雀虽小五脏俱全，诺塔比莱还拥有犹太人社区和完整的工匠行会。按照人口，比尔古或许只能算一座“渔村”，但它也是繁忙的商港，西西里王国统治时期，其总督便驻跸在此。为了保护商船，这里还建有一座小型的城堡（名为圣安杰洛），并部署了一支雇佣军。马耳他岛并无“官方海军”，但很多贵族和富商都打造了自己的战舰，一方面用于抵御穆斯林的进犯，另一方面也常做些海盗营生。因位于地中海贸易线的中心，马耳他诸岛遍布瞭望塔，看似防守严密，实则大多年久失修。比尔古的圣安杰洛（Saint Angelo）城堡也早已落伍，其中竟只安放了 3 门火炮。[15]

尽管马耳他岛的条件有些让人心灰意冷，但它绝非一无是处。与罗德岛相比，马耳他的面积约为它的五分之一，因此战线较短，便于人手短缺的医院骑士团防守。岛上土地固然贫瘠，两座深水良港却是整个地中海可遇不可求的珍宝，何况医院骑士团本已越来越仰仗海军和海上贸易。马耳他距离西西里不足100公里，倘若再度遭到奥斯曼帝国的大举进犯，也便于获得基督教盟友的援救。这都是它得天独厚的优势。马耳他是块璞玉，一经雕琢，也可能成为地中海又一颗明珠。

多年来诺塔比莱一直是马耳他的首府，但利勒亚当独具慧眼地选定比尔古为骑士团国的新首都。他上岛后签署的第一份命令便是强化圣安杰洛城堡，并新建了一段城墙以保护比尔古，按照惯例，城堡与城墙被分配给八大语言区驻守。年轻的骑士们将一些荒废的房屋改造为自己的集体宿舍，而资深骑士与官员往往自掏腰包购买或租赁岛民的住宅作为自己的安身之所。为了赢得马耳他人的认可，登岛之初，骑士团以铁腕对内推行严刑峻法，希望能重整纪律。曾有一位英国骑士因谋害自己的马耳他发妻（实为情妇）与一名偷窃祭坛圣物的修士一起被装入麻袋，公开抛入海中。但在多事之秋，骑士团内部的矛盾也难免有所激化。1532年，在一次骑士决斗中，来自罗马的医院骑士杀死了一名普罗旺斯骑士，这引发了一场严重的械斗——法语区、意大利语区、西班牙语区骑士团成员在比尔古街头互相混战。好在凭借利勒亚当的威信，此事总算得到了平息。[16]

马耳他虽然紧邻西西里，但并不太平。传奇奥斯曼帝国海盗巴巴罗萨·海雷丁（Barbarossa Hayreddin，1478—1546）[17]于1529年从查理五世手中夺回了阿尔及尔（Algiers，今阿尔及利亚首都），他还获得了苏莱曼大帝的赏识与重用，在地中海掀起一阵腥风血雨。查理五世启用热那亚海军将领安德烈亚·多里亚（Andrea

◎ 今天的姆迪纳城（即诺塔比莱）

Doria，1466—1560）与之抗衡，双方互有胜负，但巴巴罗萨略占上风。1531年，巴巴罗萨·海雷丁挫败了多里亚收复戈梅拉岛（Peñón de Vélez de la Gomera，位于摩洛哥近海）的企图；稍后更纵兵蹂躏西班牙海岸，穆斯林海盗的旗帜也再次出现于西西里和马耳他岛附近。

马耳他的贫瘠与海雷丁的坐大固然令骑士团倍感压力，但在那个动荡的年代间或亦有喜讯传来。当罗德岛陷入苏莱曼大帝的重围时，医院骑士团正在尼斯打造一艘空前的超级巨舰。可惜它未能赶上罗德岛之役，两年后才正式下水，这便是医院骑士团史上最著名的克拉克帆船“圣安娜”号（Santa Anna）。其排水量高达3000吨，拥有4条桅杆，并且是欧洲第一艘装甲帆船。它铺设了两层火炮甲板（此为空前之举），共安装50门重炮及大量轻型火炮，可搭载100名骑士和500名水兵。由于体积巨大，它的船舱舒适性也超越以往，海上自持力可达六个月。“圣安娜”号的船体由一层铅制金属板包裹（并用铜钉固定，可提高防护力和水密性），其防护力优于同时期任何一艘战舰。更加奢侈的是，船上居然还有一座面包烘烤房和一座磨坊，同时代的海员通常以饼干作为主食，而“圣安娜”号的船员每天都能享用新鲜白面包（每天可制作2000块），此外还有一个铁匠铺（船上常驻3名武器匠），可现场修理、制作盔甲武器。设计师甚至匠心独运地在船上开辟了一片花园，里面种植着橘子树和柏树，令人恍如置身仙境，完全可作为大团长宣扬国威的海上行宫使用。当尼斯暴发瘟疫时，大团长与骑士们便移居至此，数月生活在海上，竟无一人患病。1530年“圣安娜”号随骑士团海军一同抵达马耳他，第二年便接替“圣玛利亚”号成为旗舰。1531年它带领骑士团舰队挫败了海雷丁对西西里的袭扰。同年，亨利八世的一艘运输舰来到马耳他下锚，它运来了5年前英王承诺过的一批援助——包括19门重炮和1023发炮弹。由于罗德岛沦陷时，医院骑士团失去了岛上的全部火炮，英王的馈赠虽有些姗姗来迟，但也算得上雪中送炭。

利勒亚当一直对反攻罗德岛念念不忘，1532年，以“圣安娜”号为首的骑士团舰队加入安德烈亚·多里亚率领的联军参与了对莫顿（Modon，位于今希腊伯罗奔尼撒半岛西南的麦西尼亚州）的进攻。大团长原计划以此为跳板，进而剑指罗德岛。可惜面对苏莱曼优势兵力的反击，莫顿很快得而复失。光复罗德岛的梦想随之化为泡影，这对利勒亚当打击甚重，两年后他便在无尽的遗憾中去世了。同年，巴巴罗萨·海雷丁在伊斯坦布尔被苏莱曼一世召见，苏丹隆重地授予他奥斯曼海军司令这一要职，从此，前巴巴里海盗的舰队扩充至超过100艘舰船，士兵则逾1万人（包括部分精锐的土耳其新军）。踌躇满志的海雷丁很快收复了之前被多里亚攻占的科罗尼、勒班陀等地，并长驱直入，蹂躏意大利半岛，教宗克雷芒七世惶惶不可终日，甚至打算撤离罗马。而在基督徒做出反击之前，海雷丁已率部返回北非，于8月占领了突尼斯，此处距离马耳他仅有400公里，距医院骑士团驻守的的黎波里，也不过500公里。[18] 查理五世不能对海雷丁的扩张视而不见，他召集了一支庞大的舰队，用于讨伐新晋的奥斯曼海军司令。1535年6月，舰队在西西里集结完毕，共包括74艘桨帆船、超过300艘帆船及3万名士兵。医院骑士团也精锐尽出，它提供了700名骑士和54艘战船，由海军副司令奥塔维奥·博蒂格拉（Ottavio Bottigella）带队。旗舰“圣安娜”号格外引人瞩目，其豪华雄伟令查理五世的旗舰也自叹弗如，大大鼓舞了士气。皇帝麾下的另一明星是1534年刚刚下水的葡萄牙战舰“博塔佛戈”号（Botafogo），虽然它的排水量“仅有”1000吨，但赫然装备了多达366门火炮，可谓“海上炮台”。它的船长贝雅公爵路易是葡萄牙国王若昂三世（João Ⅲ）之弟，查理五世为他的姐夫，此外他曾任医院骑士团克拉图（Crato）分团长，与骑士团也渊源颇深。6月，查理亲率基督教联合舰队出现在突尼斯城外。

突尼斯此时共有居民8万人（大部分为阿拉伯人和摩尔人），而它的地势极为险要，虽然是北非著名港口，但其主城与突尼斯湾之间隔着一座天然形成的潟湖（即突尼斯湖），只能通过一条狭长的水道出海，其两侧建有坚固的要塞——拉格莱塔（La Goletta）堡，可谓易守难攻。巴巴罗萨·海雷丁安排他信任的副将、犹太人锡南（Sinan）率领6000名精兵驻守于此，查理五世的部队要夺取突尼斯，必须先跨越这道障碍。6月20日，进攻正式打响。“博塔佛戈”号仗着它强悍的火力，一马当先，成功摧毁了封锁突尼斯湖水道的铁链。但穆斯林以大量轻便灵活的桨帆快船施展狼群战术回击，令基督教舰队一时无法突破拉格莱塔堡防线。整整三周，受困于天气和内斗（联军中的西班牙人与意大利人素来不和，而德意志新教徒与天主教徒早已心生罅隙），基督徒部队伤亡惨重却进展甚微。但查理五世不愿退缩，7月14日，经过对守军的长期消耗，他发起了一次总攻。安德烈亚·多里亚亲自率领72艘战舰驶向拉格莱塔堡。“博塔佛戈”号负责提供炮火支援，而“圣安娜”号与医院骑士团舰队则光荣地肩负起了攻城前锋的职责。炮击从清晨持续至中午，拉格莱塔堡多处塔楼和城墙已经崩塌。医院骑士团趁此良机在城堡外登陆，并利用攻城梯攀上了城头。他们将锡南的反扑一一击退，牢牢占据了城墙突破口，为兄弟部队打开了胜利之门。查理五世麾下的各路部队源源不断地涌入城中，日暮时分，他们终于夺下了这座要塞。

目睹进入突尼斯湖内的声势浩大的基督教舰队，海雷丁与部将产生了分歧。此时突尼斯城内关押着超过1万名基督教奴隶，海雷丁计划趁查理五世立足未稳，率主力出城与之决战，但这批异教俘虏无疑是一大隐忧。他原打算将其尽数屠戮，以绝后患，但却遭到以锡南为代表的高级军官的群起反对。海雷丁不得不妥协，他心怀着忧虑孤注一掷地向查理五世发动反击。查理五世的战马在枪林弹雨中倒下了，他的一名侍从就战死在皇帝的身边，但查理五世挥舞着长矛，力战不退。激战正酣时，突尼斯城内一位名叫保罗·西梅奥尼（Paolo

Simeoni）的医院骑士（他因战败被俘沦为海雷丁的奴隶）积极鼓动难友们揭竿而起，他们占据了军械库，夺取武器，与城内的少量穆斯林守军展开巷战。海雷丁明白大势已去，不得不弃城而逃，他带领数千部下狼狈地突围而出，奔向阿尔及尔。查理五世凯旋入城，而重获自由的医院骑士西梅奥尼是首批在城门迎接皇帝的战士之一。查理用一场大胜稳定了地中海西部的局势，医院骑士团在战役中的表现可圈可点，称得上厥功至伟。战后庆典查理五世特意安排在“圣安娜”号上举行，以示礼遇。[19]

尽管占领突尼斯后基督徒烧杀劫掠的行径为这场大胜蒙上了阴影，但医院骑士团从中依旧获益良多。其出色的表现令查理五世和教皇刮目相看，也让他们得以昂首返回马耳他岛。与利勒亚当领导骑士团十三年相比，他的继任者意大利人皮耶罗·德·蓬特（Piero de Ponte）在位仅十五个月（1534—1535）。1536 年 9 月，接替蓬特的法国骑士迪迪埃·德·圣雅耶（Didier de Saint-Jaille）在赴马耳他途中于蒙彼利埃病逝。经过激烈角逐，西班牙裔骑士胡安·德·霍迈德斯（Juan de Homedes y Coscon，1536—1553 年在位，按照当时西班牙人的习惯，科斯科为母姓，霍迈德斯为父姓，为求统一本书中不再译出母姓）击败了两位对手，脱颖而出，从

◎ 1535年突尼斯战役，佛兰德画家弗朗斯（Frans Hogenberg，1540—1590）绘制

此开始了他近二十年的漫长统治。霍迈德斯出生于阿拉贡，是一员参加过1522年罗德岛战役的老将，他的当选是各方力量博弈的结果。传统上，法国籍骑士长期占据着优势地位，但在骑士团迁居马耳他后，西班牙骑士的地位不断上升。查理五世定都马德里，其帝国幅员广袤，医院骑士团的阿拉贡、卡斯蒂利亚、德意志、意大利语言区大部分处于他的统治下，影响力不容小视。而法兰西与奥斯曼帝国的联盟几乎已成为公开的秘密，这也必然影响到团内法国骑士的地位与声望。胡安·德·霍迈德斯的当选标志着医院骑士团继胡安·费尔南德斯·埃雷迪亚后，再度进入了一段“西班牙时期”。

这位西班牙骑士即位之初，便面临着严峻的挑战。坏消息首先来自英格兰。亨利八世在统治的初期，对医院骑士团十分友善。英国分团长托马斯·多克拉（曾在1521年与利勒亚当竞选大团长一职）深受英王信赖，他长期担任英国上议院议员，并且是其中的贵族领袖之一。1526年亨利八世与医院骑士团发生外交纠纷，他从中穿针引线成功促使国王与利勒亚当握手言和。当1527年，这位德高望重的骑士去世后，情况开始急转直下。亨利八世本希望安排自己的亲信继任英国分团长，甚至试图截取英国分团每年上缴至总部的4000英镑贡赋。但骑士团顶住压力，执意任命威廉·韦斯顿（土科波利尔，曾先后担任骑士团旗舰“圣玛利亚”号和“圣安娜”号的舰长）为英国分团长，虽然亨利勉强同意，但双方已心生嫌隙。1533年后，亨利八世开始逐步推行宗教改革，建立独立的英国教会，斩断与罗马教廷的联系，此举将医院骑士团置于十分尴尬的境地，因

◎ 医院骑士团位于苏格兰境内托菲肯（Torphichen）的分部，它坚持到了1563年

为众所周知，骑士团隶属于天主教会，并直接对宗座负责。1536年后，英国政府开始强制性地在全国范围没收、征用天主教会的修道院、财产，强迫天主教教士转而对英国教会效忠，甚至处死异见者，医院骑士团也不能例外。圣殿骑士团在法国的悲剧似乎于英国重演，虽然亨利八世的手段要温和许多。1538年他写给胡安·德·霍迈德斯的信中，便以英国教会（即圣公会，Anglican Church）领袖和医院骑士团保护人自居，这在大团长眼中，已实属僭越。亨利八世随后提出的要求更加触目惊心：他表示英国的医院骑士必须承认自己（而非教宗）的领导地位，任何重要职务的任命必须首先征得国王的首肯，英国分团也需要向国王照章纳税，每年在英国定期召开修士团大会用于惩戒敢于抗命者……自十字军东征以来，医院骑士团便享受着免税的权利，同时高度自治，仅对教廷负责。亨利八世近乎最后通牒的信函几乎打破了骑士团的所有传统，胡安·德·霍迈德斯除了拒绝别无选择。古老的骑士团与多年盟友英格兰王国分道扬镳已经在所难免了。1540年5月7日，亨利八世正式签署法令解散医院骑士团英国分团，没收它的全部财产，同一天，医院骑士团末代英国分团长威廉·韦斯顿也在震惊和痛苦中走完了自己的人生历程。[20]

◎ 医院骑士团英国分团长托马斯·多克拉，威廉·罗杰斯（William Rogers，1589—1604）绘制

在英国与爱尔兰的医院骑士团分部被取缔后，大部分团员选择了自我流放，并纷纷投奔马耳他总部。少数留在英国的骑士团骨干往往处境凄凉。例如，出身名门的阿德里安·福蒂斯丘（Adrian Fortescue，1476—1539）爵士，曾经为亨利八世在对抗弗朗索瓦一世的战争中效命十年之久。1532年，他加入了医院骑士团，同托马斯·多克拉一样，一度颇受英王赏识，是亨利八世的宫廷重臣。然而两年后，他却毫无征兆地被捕下狱，经过数月关押，检察官未能发现确凿罪证，不得不将其释放。福蒂斯丘战战兢兢地度过了五年时光，1539年（当时英国与医院骑士团的关系已近乎破裂），他又一次遭到逮捕，未经正式审判，这位显贵就因“阻碍国王宗教改革”被控犯下了叛国罪，7月9日他在伦敦塔外被斩首示众（与他一道赴死的共16人，包括另

一位医院骑士托马斯·丁利）。他亦是亨利八世宗教改革运动中，医院骑士团最著名的牺牲者。[21] 虽然大部分的英国医院骑士成功逃出生天，但骑士团的损失依然相当惨重。八大语言区之一的英语区已名存实亡，在不列颠及爱尔兰的财产被抄没也让马耳他总部面临巨大的财政压力。经济危机的一个直接恶果是，胡安·德·霍迈德斯不得不忍痛下令让骑士团海军旗舰“圣安娜”号提前退役，以节省开支。它本是骑士团舰队的骄傲，下水十六年来，立下了赫赫战功，“圣安娜”号退役后，医院骑士团海军再无能与之媲美的战舰，这对水兵的士气是个沉重的打击。

战场上的情势同样不容乐观。1538年，恢复元气的海雷丁又开始纵兵蹂躏威尼斯共和国控制的爱琴海诸岛，大批城镇遭洗劫一空，而健壮男丁则被掳为划桨奴隶。在教皇的筹划下，基督教国家再次组建了“神圣联盟”，成员除了查理五世的哈布斯堡王朝，还包括威尼斯、热那亚、教皇国及医院骑士团（骑士团提供了10艘战舰），安德烈亚·多里亚被任命为联合舰队司令。是年9月，经过一番延宕后，多里亚的西班牙舰队终于抵达科孚岛，与各盟友会师。威尼斯人急于夺回被海雷丁侵吞的领土，但多里亚却显得有些漫不经心，他的热那亚出身更加重了威尼斯的猜疑（威尼斯与热那亚素来不和）。9月初，联合舰队终于出港，寻求与巴巴罗萨·海雷丁决战。基督徒的舰只超过200艘，而海雷丁的战舰不过约140艘，前者明显占据优势。但海雷丁明智地选择在希腊西海岸的普雷韦扎湾避战不出，多里亚将土耳其舰队封锁了整整三周，但也无计可施。9月27日，天气逐渐转冷，多里亚准备暂时收兵来年再图进取，第二天，获悉基督徒动向的海雷丁却出其不意地主动发起了进攻。普雷韦扎海战正式打响。当天狂风大作，基督徒正准备撤退，阵型混乱不堪，海雷丁的出击收到了奇效。复仇心切的威尼斯人划桨上前迎敌，却发现多里亚的主力竟还在后方闲庭信步。当威尼斯人遭到包围时，西班牙人依旧拉开距离，只做远距离炮击支援。夜幕降临时，基督教舰队总司令率先熄灭了自己旗舰船尾的灯笼，撤离战场。巴巴罗萨·海雷丁一举扭转了劣势，胜利而归。普雷韦扎海战中，基督徒失去了12艘战舰（大部分属于威尼斯共和国），而土耳其人无一损失。虽然不至于伤筋动骨，但在兵力占优的情况下被土耳其海军击败，对神圣联盟士气上的打击不可忽视。尤其是多里亚的避战、怯战，令威尼斯人怒不可遏，他们将失利完全归咎于主帅拙劣的指挥，这令联盟内部也产生了裂痕。[22] 两年后，感觉遭到背弃的威尼斯共和国选择单独与土耳其和谈，随着和约（条约内容称得上丧权辱国）的签署，它暂时退出了与奥斯曼帝国的战争。查理五世和医院骑士团面临的压力随之骤然上升。

查理五世准备通过一场亲征一雪前耻，他将目标定在海雷丁的大本营阿尔及尔。经过数年筹备，1541年秋，新的基督教联合舰队扬帆启程。医院骑士团再次派出约700人参战，而整支联军拥有500艘战船和2.4万名士兵。虽然经历了普雷韦扎的噩梦，但多里亚依旧深得皇帝信任，他继续坐镇指挥海军；而陆军则交给费尔南多·阿尔瓦雷斯·德·托莱多（Fernando Alvarez de Toledo，1507—1582，第三代阿尔瓦公爵，查理五世及腓力二世统治时期的著名将领和政治家）指挥，阿尔瓦雷斯麾下人才济济，其中便包括因远征墨西哥而威名远扬的埃尔南·科尔特斯（Hernán Cortés，1485—1547，曾以不足千人的武装征服、吞并美洲的阿兹特克帝国），他从新大陆返回旧世界，希望能为自己的皇帝再建不世功勋。此时巴巴罗萨·海雷丁作为奥斯曼帝国海军司令正于东地中海征战，不在阿尔及尔城内。守城的任务交给了其爱将哈桑阿加，他还得到了昔日在突尼斯战役中表现抢眼的锡南的援助。阿尔及尔舰队则由两位年富力强的海军将领萨利赫雷斯（Salih Reis）和图尔古特雷斯（Turgut Reis，亦拼写为Dragut）[23]负责。

作为经验丰富的水手，多里亚起初希望阻止查理五世贸然用兵，冬季即将来临，这个时节地中海常常风暴肆虐，对舰队的集结、部队的补给将形成极大的挑战。但出于政治原因，查理决定冒险一搏。这年夏天，苏莱曼大帝亲率帝国陆军主力围攻匈牙利首都布达，查理五世之弟奥地利大公、匈牙利国王斐迪南前线告急（布达在8月29日沦陷），急需兄长为他分忧。此外，查理五世认为恶劣的天气条件固然增加了本方的困难，但也可阻止海雷丁从东地中海增援阿尔及尔。

10月下旬，查理五世的部队抵达阿尔及尔城下，并安营扎寨。23日，联军中的意大利人、德意志人和西班牙人分别从东、南、西三个方向开始攻城，与当年突尼斯战役如出一辙，150名医院骑士有幸再次成为先锋。看上去，阿尔及尔已经是囊中之物，然而当天晚间突然狂风大作，天降暴雨。如同多里亚担心的那样，恶劣天气令火药受潮，舰队的船只互相磕碰，部队阵脚大乱。暴风雨中，共有15艘桨帆船和140艘运输舰搁浅或沉没。大批泅水逃生的士兵落入了穆斯林的陷阱，引颈就戮。好在多里亚临危不乱，竭力拯救出一批舰只，带领他们前往距阿尔及尔15公里外的地方下锚避风。一位信使冒雨赶到皇帝大营中，通报了海军的不幸与多里亚的新位置，查理五世当即决定率领全军与多里亚会合。

15公里的路程显得无比漫长。穆斯林发现了基督徒的动向，主动出城攻击。将士们归心似箭，几乎无人愿意冒死迎敌，只有医院骑士团还保持着高昂的斗志和严明的纪律，查理五世当即委托他们从前锋改为后卫，负责掩护整支大军后撤。医院骑士浴血奋战，挽救了基督教军队，使之免于全线溃散，然而骑士的损失也十分惨重，能够平安返回马耳他的仅是其中极少数。查理的陆军终于同多里亚的海军会师，然而海况恶劣，船只不足，无法将全体将士送回欧洲。为了离开这片死亡海岸，查理五世甚至不得不亲手将自己的坐骑推下了海。他的旗舰跌跌撞撞地离开了北非的土地，身后留下了大批遭到遗弃、咒骂不休的官兵……本次远征，共损失了8000名士兵（包括300名贵族），阿尔及尔的奴隶市场人满为患，一名基督教战俘的价格甚至一度与一头洋葱等同。

“我们必须感谢上帝，希望在这次灾难之后，他将善待我们，赐给我们真正的好运。”在写给弟弟斐迪南大公（他同样因失去布达而懊恼不已）的信中，查理五世还保留着一丝信心。但皇帝已厌倦了地中海战役的颠簸，第二年，他启程前往尼德兰，去处理新教徒起义带来的纷争，而将医院骑士团置于风口浪尖之上。

1538年、1541年的两次惨败，葬送了攻陷突尼斯带来的喜悦。骑士团在北非的据点的黎波里已岌岌可危。但此时巴巴罗萨·海雷丁已到了古稀之年，多年的征战令这位传奇海盗身心俱疲。1543—1544年海雷丁与弗朗索瓦一世联合，在地中海西部进行了一系列扫荡作战，他攻克了尼斯，甚至一度公然进驻法国土伦港，全欧洲为此惶惶不可终日。基督徒并不知道，这已是海雷丁最后的演出。一年后，他正式在伊斯坦布尔宣布退休，苏莱曼大帝给予他极高的礼遇，让这位老臣在海边的豪华官邸内安享晚年（海雷丁于1546年7月4日病逝），而他的继任者是曾在阿尔及尔给医院骑士团留下阴影的图尔古特雷斯。

图尔古特上任后的第一个目标是位于突尼斯与的黎波里之间的马赫迪耶（Mahdia）。该地陷入土耳其人之手后，大团长霍迈德斯敏锐地察觉出这对马耳他的威胁，1550年，他派出140名骑士、500名佣兵与查理五世的部队经过苦战共同夺回了马赫迪耶。这场胜利暂时稳定了马耳他的周边局势。

一次小小的挫折并不能熄灭图尔古特的雄心壮志。为了报复，他于第二年带领一支小型舰队（以快船为主）悄然潜入马耳他岛以北的戈佐岛，当地居民对穆斯林海盗的“来访”毫无戒备，共有5000人被俘沦为奴隶。戈佐岛被洗劫一空，几乎成为不毛之地。在医院骑士团和多里亚发起反击之前，图尔古特神出鬼没的舰队已远走高飞。

图尔古特并不满足于5000个奴隶，为了取代海雷丁在苏丹心目中的位置，为了树立自己的权威，他还需要更具说服力的战果——的黎波里成了他的下一个目标。他的舰队旋风般出现在的黎波里城外，城中的主将是医院骑士团元帅加斯帕尔·德·瓦利耶（Gaspard de Vallier），尽管敌我力量悬殊（守军仅200人），但面对图尔古特的劝降，他断然拒绝。于是的黎波里很快响起了隆隆炮声。

战事打响前，法国使节加布里埃尔·德·阿拉蒙（Gabriel d′Aramon）带领一支小型舰队加入了图尔古特与副将锡南帕夏的队伍。他并非助战，而是受胡安·德·霍迈德斯的嘱托，特意前来调停，希望土耳其人不要攻占的黎波里。因为医院骑士团并不在法兰西—奥斯曼联盟的敌人名单上，而的黎波里的医院骑士（包括加斯帕尔·德·瓦利耶本人）大都为法国人。不料立功心切的图尔古特对加布里埃尔的劝说置若罔闻，当法国使节威胁要前往伊斯坦布尔面见苏丹申诉后，他竟下令将使团软禁，直至战斗结束才予以释放。土耳其人布下的36门大炮轰击了整整六天，援军杳无音信，守军最终无以为继，被迫投降。欣慰的是，加布里埃尔·德·阿拉蒙总算为自己的法国同胞争取到了宽大条件——加斯帕尔·德·瓦利耶为首的医院骑士登上加布里埃尔的舰队，安然无恙地返回了马耳他。然而医院骑士团位于北非大陆的最后一处据点，已经永久地沦陷了。

◎ 伊斯坦布尔海军博物馆中的图尔古特雕像

当瓦利耶与战友在比尔古登陆时，迎接他们的不是鲜花美酒，而是大团长的雷霆之怒。按照团规，未经上级允许擅自投降可算作叛逆。何况的黎波里是查理五世连同马耳他一道馈赠骑士团的厚礼，如此草率就丢失显然有负皇恩，亦令骑士团蒙羞。然而瓦利耶却针锋相对地予以反驳。他控诉霍迈德斯在的黎波里城防投资上的吝啬；责怪大团长提供的卡拉布里亚（Calabria，位于意大利半岛南部）佣兵良莠不齐，竟发生了哗变；他甚至尖锐地指出生于西班牙的霍迈德斯是在党同伐异。自迁至马耳他以来，医院骑士团内法国骑士与西班牙骑士历来不和，此时霍迈德斯已然嗅到了一股不祥的气息。他无法迁怒于加布里埃尔·德·阿拉蒙，便只能严惩加斯帕尔·德·瓦利耶，以儆效尤。盛怒下，胡安·德·霍迈德斯命人当众撕碎了瓦利耶及部下的骑士制服（这是莫大的羞辱），把他们投入大狱，并声称将按照叛国通敌之罪论处——这通常意味着死刑。法国骑士们群情激昂，纷纷为元帅辩解，此事甚至惊动了即位不久的法王亨利二世（Henri Ⅱ，1519—1559），后者也希望大团长能从轻发落。最终瓦利耶保住了性命，但仍失去了人身自由，直到数年后让·德·瓦莱特上任时才彻底获得平反。[24]

瓦利耶的遭遇真实反映了霍迈德斯统治时期医院骑士团内部分裂的困境。医院骑士团成立后的三百年间，法国骑士长期占据着毋庸置疑的统治地位，直到15世纪情况才有所改变。随着西班牙、意大利骑士地位的上升，他们与法国骑士的矛盾

◎ 医院骑士团第47任大团长胡安·德·霍迈德斯

◎ 卡普阿分团长莱昂内·斯特罗齐

缓慢而持续地扩大着。1522年罗德岛大围攻中西班牙籍书记长阿马拉尔被法国籍大团长利勒亚当处死的悲剧，将党同伐异推向了一个顶峰。霍迈德斯拥有查理五世这位强援，遭放逐的英国医院骑士们到马耳他后也鼎力拥护他，在八大语言区中，对阵法国骑士拥有5∶3的优势。但法国人并不愿轻易低头，他们的确为祖国与土耳其人的暧昧而愧疚，也不敢公然挑战大团长的权威，但对霍迈德斯的政令，却不时阳奉阴违。在欧洲渐渐出现了一些关于霍迈德斯独断专行、嫉妒贤能、贪污腐败的流言，大部分都是法国医院骑士的手笔。甚至有部分意大利骑士也站到了大团长的对立面——卡普阿分团长、佛罗伦萨人莱昂内·斯特罗齐（Leone Strozzi，1515—1554，来自意大利著名的斯特罗齐家族，15岁便加入骑士团，战功卓著）痛恨查理五世，巴巴罗萨·海雷丁入侵尼斯时，他竟公然伸出了援手，当土耳其海军司令凯旋时还指挥一支舰队为后者保驾护航。霍迈德斯获悉后勃然大怒，他当即撕下斯特罗齐的骑士袍并解除了他卡普阿分团长的职务。但反对者并未偃旗息鼓。1548年的骑士团全体大会上，霍迈德斯的政敌要求将总部从马耳他迁至的黎波里，虽然他们列举了很多冠冕堂皇的理由，但此举无异于一次隐性政变。二十年前，法国骑士曾强烈反对接收的黎波里，现在却希望以它为骑士团的统治中心，目的就是远离查理五世的势力范围，并架空大团长。霍迈德斯顶住了压力，他的对策是派遣法国籍元帅瓦利耶与50名法国骑士驻守的黎波里，使他们远离骑士团中枢，形同流放。三年后趁的黎波里沦陷的“良机”，大团长如愿以偿地对法国人进行了报复。

霍迈德斯深谙治理医院骑士团必须刚柔并济，在敲打法国骑士后，他决心向曾心存芥蒂的意大利骑士抛出橄榄枝。他宽恕了被驱逐出团的莱昂内·斯特罗齐，将他召唤至马耳他，并任命这位意大利将领作为对奥斯曼人复仇行动的指挥官。1552年，斯特罗齐率部在的黎波里以西的佐拉（Zoara）登陆，并很快占据了这座城市。但胜利的喜悦并未持续多久，斯特罗齐放纵部下四处搜刮战利品，不料遭遇穆斯林的反攻部队。佐拉战役演变为一场耻辱的溃败，医院骑士团损失了多达89名骑士。这是霍迈德斯生前最后一次大规模军事行动，却不得不再度咽下苦果。一年后，大团长郁郁而终。

胡安·德·霍迈德斯是16世纪中医院骑士团在位时间最长的大团长（共17年），他的统治给骑士团留下了难以磨灭的印记。虽然军事上屡屡受挫，部分下属桀骜不驯，但在他的铁腕统治之下，内部不和并未演变为公开决裂，骑士团多次逢凶化吉，并在马耳他站稳了脚跟。霍迈德斯最大的功绩是在马耳他岛进行的建设工程。骑士团国首都比尔古位于马耳他东南“大港区”（Grand Harbour），虽然作为港口自然条件优越，但从军事角度看却易攻难守，曾有人建议放弃该城另建新都。霍迈德斯内心深处并没有放弃重返罗德岛的计划，因此不愿进行如此兴师动众的浩大工程，他竭尽所能、因地制宜地强化大港区的防御，并聘请著名的意大利城防工程师安东尼奥·费拉莫尼奥（Antonio Ferramolino）主持设计和建造。费拉莫尼奥彻底改建了比尔古的门户圣安杰洛城堡，使它成为一座装备重炮的现代化要塞，比尔古与圣安杰洛堡之间还开凿了壕沟并灌入海水，让骑士团舰队获得了安全的避风港。霍迈德斯还在比尔古西侧的伊索拉（Isola）半岛大兴土木，构筑工事，并花费100达克特从威尼斯订购了一条巨型铁链，分别系于伊索拉海角与圣安杰洛堡（两座半岛间的港湾被称作“桨帆船”湾），用以抵挡敌人海军潜在的进犯。为了掩护比尔古的侧翼，霍迈德斯下令在它北面的希贝拉斯（Sciberras）半岛突出部新建一座城堡，名为圣埃尔莫堡（Fort Saint Elmo），它扼住了整个大港区的咽喉，将在十余年后土耳其人的围攻中，发挥关键作用。

经过胡安·德·霍迈德斯的精心打造，马耳他岛的防御已初成体系。不过圣埃尔莫堡与伊索拉的工事直至他去世，仍未完成，这一使命转交予其继任者克劳德·德·拉森格勒（Claude de la Sengle，1494—1557）。拉森格勒原为骑士团法语区领袖，他执政代表着骑士团“西班牙时代”的结束。他生性谨慎，虽然自己的同胞长期与霍迈德斯意见相左，但上台后并未全盘否定西班牙人的政见主张，甚至连狱中的加斯帕尔·德·瓦利耶，也不敢贸然赦免。1553年，查理五世曾建议将新近从穆斯林手中夺取的马赫迪耶转交医院骑士团，以弥补他们在的黎波里的损失。但拉森格勒经过权衡后，拒绝了皇帝的好意，因为他意识到按照骑士团现有的兵力，不足以在北非开辟第二条战线。查理五世只好命令其西西里总督胡安·德·韦加（Juan de Vega）将马赫迪耶纵火焚毁，后者忠实地执行了这一任务，但为了报复医院骑士团的“不识抬举”，返回西西里后，他一度禁止拉森格勒从自己的辖地进口粮食。为此大团长不得不聘请工程师升级、扩充了马耳他岛上的磨坊，才令岛民免于饥馑之苦。虽然拉森格勒的任期只有短短四年，但他成功地完成了霍迈德斯未竟的城防计划。圣埃尔莫堡与伊索拉半岛上的圣米迦勒（St. Michael）堡相继顺利竣工，为了纪念大团长的丰功伟绩，骑士们特意将伊索拉半岛改名为森格勒阿（Senglea）半岛，这一名称沿用至今。

克劳德·德·拉森格勒短暂的统治也并非一帆风顺。1555 年 10 月 22 日夜，停泊于比尔古的医院骑士团舰队突然遭遇了一场诡异的风暴。呼啸而至的龙卷风将 4 艘桨帆船桅杆折断，令船只倾覆。第二天破晓时，惊魂未定的骑士们发现港口一片狼藉，4 艘战舰底朝天地漂浮在海面

◎ 森格勒阿半岛和圣米迦勒堡

◎ 比尔古城外的圣安杰洛堡

◎ 马耳他大港区

上。他们急忙乘小船去搜救幸存者。骑士团舰队司令马蒂兰·罗姆加（Mathurin Romegas，1525—1581）当夜正于自己的旗舰执勤，亦被困于翻转的舰内，万幸的是，他所在的船舱尚留有少许空气（海水已淹没至他的肩膀）。士兵们听到了罗姆加的呼救，将船舱凿出缺口，这位令地中海穆斯林胆寒的骁将（还有他的宠物猴）才得以逃出生天。骑士团在一夜间损失了600人，不过其中大部分是划桨奴隶。1557年，一支由5艘桨帆船组成的远征军出征罗德岛，但他们在罗德岛外海被奥斯曼海军重创，当残部逃回马耳他时，据说因巨大的失望和悲恸，大团长在码头潸然泪下。这次失利基本击碎了骑士团光复罗德岛的幻想。深受打击的拉森格勒的健康情况每况愈下，同年8月，他在诺塔比莱病逝。[25]

◎ 克劳德·德·拉森格勒肖像画，现藏于英国圣约翰骑士团（医院骑士团）博物馆

接过克劳德·德·拉森格勒衣钵的正是当年曾参与罗德岛保卫战的法国骑士让·帕里佐·德·瓦莱特。他出生于法国南部凯尔西（Quercy）地区的名门望族，祖父曾为法国国王的侍卫，其远房堂弟日后更成为第一代埃佩尔农公爵。初加入医院骑士团时（1514年），瓦莱特刚满20岁，如今已年过花甲，须发皆白。他身材高大魁梧，喜欢蓄起浓密的胡须，嗓音低沉而富有感染力，他精通数门语言（法语、意大利语、希腊语、西班牙语、阿拉伯语、土耳其语），一眼看上去像是个文质彬彬的希腊主教，但他在骑士团服役的半个世纪里，屡立战功，深孚众望。瓦莱特追随利勒亚当团长迁居马耳他后，颇受器重，于1537年被任命为的黎波里指挥官。与守土安民相比，他更偏爱海上生活，按照骑士团的规定，出海8次后，骑士可获得休假的机会。然而瓦莱特与他的座舰“圣约翰”号及其水手形影不离，一同出生入死，竟从未享受过自己的假期。1541年的阿尔及尔之战，让·德·瓦莱特指挥“圣约翰”号冲锋陷阵，却不幸兵败被俘。此后他沦为图尔古特的划桨奴隶长达一年之久。16世纪的划桨奴隶处境凄惨，九死一生，但瓦莱特以惊人的毅力撑到了医院骑士团与图尔古特交换战俘的时刻。返回马耳他后，他作为战斗英雄，声名更盛。1554年，在拉森格勒统治时期，他被选举为医院骑士团海军司令。这是空前的殊荣，足以载入史册，因为按照骑士团百年来的惯例，海军司令通常由意大利骑士担任，而让·德·瓦

莱特属于普罗旺斯语区。这一任命足以彰显他在骑士团内的崇高地位和巨大威望。不久后，瓦莱特在一场海上遭遇战中，成功地使当年曾击败并俘虏他的奥斯曼帝国舰长阿夫达·拉克曼沦为阶下囚，一雪前耻，在骑士团内传为佳话。除去在阿尔及尔马失前蹄，瓦莱特在其戎马生涯中鲜尝败绩，一些历史学家甚至将他与骑士团同僚马蒂兰·罗姆加、查理五世的私生子奥地利的唐胡安（Don Juan de Austria，1547—1578，曾指挥勒班陀大海战）并列为16世纪欧洲最伟大的海军将领。1555年马耳他的风灾对瓦莱特是个严峻的考验。遭受重创的舰队急需重整旗鼓，新任海军司令为此殚精竭虑。查理五世之子腓力听闻这一悲剧后，立即送来了2艘桨帆船，以示支援。大团长拉森格勒下令在墨西拿订购了一艘全新的桨帆战舰，法国分团长也提供了2艘，圣吉勒分团长则援助了一艘全副武装的盖伦帆船。至于这些新舰所需的划桨奴隶，教皇国慷慨地予以了接济。很快，医院骑士团的海军便焕然一新。由于表现优异，瓦莱特随即被拉森格勒提拔为骑士团副团长，这令他日后接任大团长一职显得水到渠成，众望所归。[26]

与意气风发的让·帕里佐·德·瓦莱特相比，16世纪50年代的查理五世已经是个日薄西山、心力交瘁的老者。他胸怀雄才大略，事必躬亲，却屡受挫折，沉疴缠身（患痛风病），精神渐趋崩溃。老皇帝不再频频接见朝臣，发布政令，而是醉心于摆弄钟表。1556年，查理五世将自己的庞大帝国一分为二：中欧的神圣罗马帝国交予弟弟奥地利大公斐迪南，而帝国的其余部分则由他的爱子腓力二世（Philip Ⅱ，1527—1598）[27]统治。腓力二世时年29岁，雄姿英发，渴望建功立业，环顾四周，医院骑士团依旧是他值得信赖的盟友。腓力将奥斯曼帝国视为心腹之患，因此积极拉拢马耳他骑士加入他的“神圣同盟”。

瓦莱特上任之初，骑士团面临的机遇与挑战并存。腓力二世的器重固然令人鼓舞，但霍迈德斯时代产生的裂痕急需修补。好在通过两代大团长的经营，骑士团曾经捉襟见肘的财政有所好转。拉森格勒为瓦莱特在国库中留下了整整8万斯库多（scudo，复数形式为scudi）[28]银币，为后者重振骑士团的人心士气奠定了经济基础。瓦莱特即位后立即下令将蒙冤入狱的加斯帕尔·德·瓦利耶予以释放，并为他平反昭雪，此举成功安抚了团内的法国骑士，令大团长的地位更加巩固。1553年登基的英国女王玛丽一世（Mary Ⅰ，1516—1558）是个虔诚的天主教徒，她终止了父亲亨利八世的宗教改革，在英格兰全面复兴天主教。在女王的首肯下，1557年，医院骑士团英国分部（即伦敦克拉肯维尔分部）得以重建。托马斯·特雷瑟姆爵士（Thomas Tresham，玛丽一世的宠臣、上议院议员，去世于1559年）成为骑士团英国分团长，随后理查德·雪莱（Richard Shelley）爵士被任命为骑士团新任土科波利尔（按照惯例由英语区产生，特雷瑟姆去世后他成为获得马耳他总部认可的最后一任英国分团长），冷清多年的比尔古英语区团部再次入住了5位英国骑士，英语区似乎有了凤凰涅槃的迹象。可惜一切不过是昙花一现，玛丽驾崩后，接替她的伊丽莎白一世（Elizabeth Ⅰ，1533—1603）重新恢复新教的统治地位，于1559年再度废黜了英国医院骑士团，幸存的骑士不得不远遁马耳他岛。[29]

瓦莱特曾经驻守的黎波里，深谙它对马耳他安全的重要性。大团长与西班牙帝国西西里总督、第四代梅迪纳塞利公爵胡安·德·拉切尔达（Juan de la Cerda, 4th Duke of Medinaceli，1514—1575）私交甚笃，他极力鼓动后者游说腓力二世收复的黎波里，以打击北非穆斯林海盗的气焰。适逢1558年马略卡岛及西班牙沿海地区均遭受土耳其海军的袭扰，在瓦莱特与拉切尔达的谏言下，腓力终于下定决心，远征的黎波里。老将安德烈亚·多里亚此时已是93岁高龄，无法挂帅出征，腓力二世指定梅迪纳塞利公爵为联军名义上的主帅，但将实质指挥权交给了老多里亚的侄孙乔瓦尼·安德烈亚·多里亚（Giovanni Andrea Doria，1539—1606），后者不过是一个年方20、初出茅庐的青年，虽不乏天赋，但欠缺经验。事后证明，这可谓腓力犯下的巨大错误。

1559年10月底，西班牙舰队从墨西拿起航，驶往马耳他，与各路盟军会合。神圣联盟（包括西班牙、教皇国、热那亚、

◎ 让·帕里佐·德·瓦莱特戎装像，法国画家安托万·德·法沃瑞作品

◎ 腓力二世肖像画，意大利女画家索福尼斯巴·安圭索拉（Sofonisba Anguissola，1532—1625，曾长期担任腓力二世的宫廷画师）绘制

马耳他骑士团等）舰队共包含约 54 艘桨帆船、3 艘盖伦帆船及 69 艘小型战舰、运输舰，此外还搭载了大约 6000 名步兵。瓦莱特于比尔古盛情款待了远道而来的基督教盟友，考虑到临近寒冬，他建议暂缓出击，全军就地越冬待来年再向北非进发。年末马耳他岛疫病流行，联军共因此损失了 1500 人，可谓出师不利。第二年 2 月，神圣联盟舰队终于正式启程，他们发觉的黎波里防守严密，便临时将目标改为穆斯林海盗的另一重要巢穴——杰尔巴（Djerba）岛。瓦莱特提供了 4 艘桨帆船和约 400 名骑士，可能是为了对年轻的乔瓦尼·安德烈亚·多里亚表示尊重，加之年事已高，大团长并未亲征，而是任命来自普罗旺斯语区的查理·德·特瑟阿（Charles de Tessi è res）代替自己指挥。

1560 年 3 月，联合舰队顺利攻占了疏于防范的杰尔巴岛，拉切尔达下令在岛上构筑要塞，并派驻了多达 5000 人的守军。成功护送友军登陆后，按照大团长的指令，大部分医院骑士团的舰只和兵员便返回了马耳他。虽然旗开得胜，但基督徒的军事行动早已走漏风声，奥斯曼帝国海军司令皮雅利帕夏（Piali Pasha，1515—1578，1554 年成为帝国海军司令，1568 年晋升为维齐）率领一支由 86 艘桨帆船组成的舰队从伊斯坦布尔风驰电掣般地出现在杰尔巴岛外。基督徒始料未及，方寸大乱。乔瓦尼·安德烈亚·多里亚来不及组成作战阵型，不得不派出舰队仓促迎战。最终，散乱的神圣联盟战舰被皮雅利各个击破，多里亚见势不妙，与拉切尔达带领其个人的桨帆船队匆匆撤出战场，逃往马耳他，抛下了杰尔巴岛上的守军（他许诺不久后将携援军为他们解围）。在这场一面倒的战斗中，基督徒共损失了约 30 艘桨帆船及大部分辅助舰只。杰尔巴岛的陆军坚守了整整三个月，但援军迟迟不见踪影，最终他们还是向皮雅利投降了，其中大部分人沦为了奥斯曼帝国的划桨奴隶（俘虏中包括拉切尔达的幼子和许多显贵）。杰尔巴岛的惨败是对腓力二世的当头棒喝。沉没的战舰还可以尽快打造，然而此役中失去的约 600 名海军军官、2400 名海军火枪兵却是帝国的无价之宝。这批训练有素的人员显然不能在数年内重生，腓力二世的海军因此实力大减，不得不收缩战线，很难再与皮雅利帕夏争锋。地中海再次成为奥斯曼帝国的内湖，而马耳他的医院骑士团将只能独自承担土耳其人的压力。所幸，在杰尔巴的灾难中，医院骑士团海军大体得以保存。[30]

面对咄咄逼人的苏莱曼大帝，腓力二世选择卧薪尝胆，巴塞罗那的造船厂为此日夜赶工；而让·帕里佐·德·瓦莱特选择以攻为守，他命令骑士团那支规模不大的海军主动出击，阻断奥斯曼帝国的航线，劫掠其商船，袭扰其海滨（兵锋甚至远达巴勒斯坦）。负责指挥这些海盗行动的正是在 1555 年风灾中大难不死的传奇将领马蒂兰·罗姆加。他出生于法国南部一个贵族家庭，17 岁便加入了医院骑士团，21 岁成为正式骑士。多年的海上生涯使罗姆加对地中海上的每一处码头、港湾甚至渔村都了如指掌。与老成稳重的瓦莱特相比，他在作战风格上更类似于昔日的巴巴罗萨·海雷丁——骁勇、大胆、泼辣，为了胜利不择手段，但对自己的战友慷慨仗义。基督徒对他的到来常常箪食壶浆，而穆斯林则恨不得能将他寝皮食肉。1564年2月，马蒂兰·罗姆加加入西班牙帝国新任西西里总督堂加西亚·德·托莱多（Don García de Toledo，1514—1577，他亦是西班牙名将费尔南多·阿尔瓦雷斯·德·托莱多的堂弟）麾下，代表骑士团参与了夺取北非穆斯林海盗基地巴迪斯（Badis，今称戈梅拉）岛要塞的战斗。虽然这只是一场小胜，但对杰尔巴惨败后士气低迷的基督教军队而言，不啻为一剂强心针。西班牙的宣传机器迅速运转起来，将巴迪斯之战吹得天花乱坠，亦令奥斯曼人怒火中烧。同年6月4日，罗姆加率领的骑士团舰队在希腊外海与一艘土耳其大型盖伦帆船不期而遇，经过一番浴血战斗，骑士们击败了船上的200名土耳其新军，成功将它捕获。清点战利品时，罗姆加发现这艘原定驶往威尼斯的商船竟满载价值8万西班牙达克特的货物，它的主人亦非等闲之辈——苏莱曼大帝的宠臣、首席太监基兹拉尔（Kizlar）。罗姆加与将士们兴高采烈地将大帆船带回了马耳他，这是一件鼓舞人心的战利品，也是一笔巨额的财富，对备战中的骑士团来说，可谓雪中送炭。但令罗姆加始料未及的是，此举已经触动了东方土耳其宫廷敏感的神经。稍作休整后，罗姆加再度出海，在安纳托利亚附近海域，他击伤了另一艘土耳其武装商船，全体船员皆沦为骑士团俘虏。其中的显贵包括奥斯曼帝国开罗总督及苏莱曼之女米赫里马赫公主（Mihrimah Sultan，1522—1578）[31]百岁高龄的乳母。三天后，罗姆加又意外捕获了前往伊斯坦布尔面圣途中的奥斯曼帝国亚历山大总督。最终，医院骑士团舰队裹挟着超过300名土耳其俘虏胜利而归。

1564年罗姆加的一系列胜利在伊斯坦布尔掀起了轩然大波。文武百官纷纷上书要求严惩医院骑士团，基兹拉尔则在深宫中对苏丹倾诉自己的哀恸。苏莱曼的爱女米赫里马赫与自己的乳母情深意笃，老太太被劫持令公主痛不欲生，她也不断向父亲进言，希望能一劳永逸地铲除马耳他岛这个异教徒的巢穴，为帝国和乳母讨回公道。帝国民间也响起了讨伐医院骑士团的呼声。有一位在伊斯坦布尔家喻户晓的土耳其母亲胡玛，她的两个女儿及儿子在1557年前往麦加朝圣途中，被医院骑士弗朗索瓦·德·洛林（François de Lorraine，1534—1563，为著名的第二代吉斯公爵之弟，曾任医院骑士团法国分团长）俘获为奴。儿子下落不明，两个女儿则分别被弗朗索瓦赠给了法国王后及萨伏伊女公爵，成为宫廷女侍。她们被迫改信了基督教，其中一人还与基督徒成了婚。数年来，胡玛一直在奔走陈情，希望苏丹能营救自己的子女。苏莱曼的确曾督促大维齐阿里及地中海贝伊勒贝伊图尔古特着手解决此事，医院骑士团的海上劫掠甚至引发了法国与奥斯曼帝国之间的外交风波。但法国政府强调两位女孩是自愿皈依，除非奥斯曼方面释放所有法国奴隶，否则不能送她们回乡。1564年，公主米赫里马赫也公开表达了对胡玛的同情与支持。面对汹汹民意，苏莱曼大帝不得不做出回应。这一切都促使他下决心以武力解决马耳他问题。

1564年的苏莱曼一世已经年逾古稀，虽然在近半个世纪的漫长统治里其文治武功登峰造极，但此时苏丹开始有了几分英雄迟暮的苍凉。帝国的版图得到空前扩张，但无休无止的战争也令他身心疲惫，此外看似光鲜的国家内部矛盾丛生，官员的腐败日渐猖獗，通货膨胀如脱缰野马难以遏制[32]，诸位王子为了皇位钩心斗角进而造成家门不幸（1553年苏莱曼亲自下令处决了长子穆斯塔法，1561年巴耶济德王子也因涉嫌谋反被杀，最终幸存下来的只有他资质最为平庸的儿子塞利姆，即未来的塞利姆二世）……但苏莱曼依旧掌控着庞大的帝国，并拥有无上的权威。罗姆加的挑衅只是导火索，多年前，巴巴罗萨·海雷丁就梦想着攻占马耳他。1551年，图尔古特也曾向苏丹主动请缨，要求亲自荡平这一基督徒"海盗"的老巢。在内心深处，或许苏丹早就为当年在罗德岛的宽宏而追悔莫及。同年10月的底万(Divan，国务会议)上，苏丹终于决定入侵马耳他，一个月后，他通过诏书将这一计划公之于众：

◎ 奥斯曼帝国公主米赫里马赫，佛罗伦萨画家克里斯托法诺·德尔·阿尔蒂西莫（Cristofano dell'Altissimo，1525—1605）绘制

"我打算征服马耳他岛，并任命穆斯塔法帕夏为此次战役的指挥官。马耳他是异教徒的一个总部，马耳他人已封锁穆斯林朝圣者和商人在'白海'通往埃及的航路。我已命令皮雅利帕夏率帝国海军参与本次战役。"[33]

穆斯塔法帕夏（Mustafa Pasha，约1500—1580）拥有"太傅"（Lala，他曾是皇子巴耶济德的老师）这一崇高头衔，曾任大马士革贝伊勒贝伊和第五维齐，青年时代追随苏莱曼一世参与了罗德岛大围攻，随后指挥过与波斯、匈牙利的多场战役。穆斯塔法身经百战，兵法纯熟，宗教上极具热忱，但即使其密友也不得不承认，此君生性嗜血残暴，尤其对基督徒有一种近乎偏执的痛恨。1564年底，他被苏莱曼委任为远征马耳他陆军的指挥官。然而，海军指挥官皮雅利帕夏与穆斯塔法帕夏却少有共同之处。皮雅利具有克罗地亚血统，原本是一名基督徒，1526年摩哈赤战役后被苏莱曼的军队俘虏并通过德米舍梅制度进入苏丹宫廷，进而获得了后者的赏识。皮雅利长期在帝国海军中服役，他见多识广，审慎冷静，足智多谋，1558年与图尔古特合作扫荡意大利沿海地区，捕获了数千奴隶及大量战利品，令苏丹龙颜大悦。两年后，在杰尔巴战役中，他又重创西班牙海军精锐，名声大噪。在苏莱曼看来，他是统领远征舰队的不二人选。不过，同时任命两位几乎权力相等的将官，显得有些异乎寻常。虽然苏丹要求穆斯塔法与皮雅利能“亲如父子”——但前者是一位典型的传统突厥贵族，后者则是德米舍梅新贵的代表，两人素来政见不合。或许，苏莱曼大帝本希望通过此举平衡朝中各派势力，但这样的人事安排却为日后的马耳他战役埋下了隐患。

远征军中另一位明星当属的黎波里总督图尔古特帕夏。医院骑士团视其为最难缠的老对手，1540—1565年间，他曾先后7次袭击马耳他群岛。作为巴巴罗萨·海雷丁的接班人，图尔古特对骑士团了如指掌，他与大团长瓦莱特数次交手，互有胜负，也算得上渊源颇深。瓦莱特曾经沦为图尔古特的划桨奴隶，但图尔古特对他有些“英雄惜英雄”，特意叮嘱部下予以善待，令瓦莱特得以幸存至交换俘虏的时刻。造化弄人，八年后，图尔古特竟在海上败于瓦莱特之手。大团长亲自“救起”了这位故人：“图尔古特先生，这就是战争。”穆斯林海盗首领淡然地回答：“运气不佳。”最终图尔古特被奥斯曼帝国重金赎回。长期以来，他一直希望能一劳永逸地解决马耳他岛上的顽敌，如今得偿所愿，自然成为攻打骑士团的先锋，两位久经沙场的海盗萨拉赫（Salah，1488—1568）雷斯与乌卢奇·阿里（Uluç Ali，1519—1587）帕夏则作为他的副将一同出征。

皮里雷斯曾经在《航海书》中绘出马耳他岛的详细地图，图尔古特更多次派遣间谍乔装为渔民上岛侦察，他们带回了骑士团要塞工事的图纸，以及岛上地形、物产的情报。据说苏莱曼甚至命人制作了马耳他各城堡的精确模型，在奥斯曼人的参谋部里，军官们制定了缜密的作战计划：既然岛上树木匮乏，那么攻城所需的木料就必须自行携带；既然马耳他石灰岩密布，

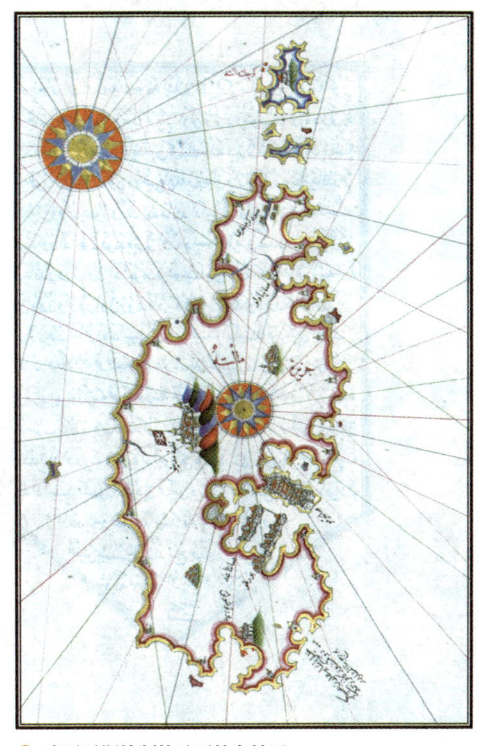
◎ 皮里雷斯绘制的马耳他岛地图

那么便不能仰仗坑道工兵的作用，必须以重炮攻城；既然马耳他淡水稀缺，那么可以通过破坏骑士团蓄水池的方法，令对手俯首称臣……[34]

虽然与苏莱曼一世同岁，但1564年的瓦莱特依旧精神矍铄、身手矫健。马耳他大围攻的亲历者弗朗西斯科·巴尔维·迪·柯勒乔（Francisco Balbi di Correggio，1505—1589）曾这样形容他眼中的医院骑士团大团长："他身材修长，举手投足颇具领袖风范。他拥有与其年龄不相符的健康体魄，在此后艰苦的围攻中经受住了严酷考验。大团长是一个虔诚的人，聪明、睿智，为人公正，具备良好的记忆力。无论海战陆战他都经验丰富，同时还保持着一颗谦逊的心，对下属的谏言能够从善如流。我认为他是领导骑士团抵御苏莱曼猛攻的不二人选。"[35]

与勇往直前的罗姆加相比，瓦莱特更加心思缜密，前者带来的种种捷报反而令大团长担忧，奥斯曼帝国的报复已近在眼前。图尔古特曾多次派遣间谍至马耳他刺探情报，其实瓦莱特在伊斯坦布尔也安插了自己的眼线。1564年底，土耳其人在首

◎ 皮雅利帕夏，藏于土耳其梅尔辛海军博物馆

◎ 乌卢奇·阿里帕夏，藏于土耳其梅尔辛海军博物馆

都大举扩军备战已无法瞒天过海，瓦莱特很快获知了苏莱曼即将入侵马耳他的消息。虽然类似的传闻屡见不鲜，但这一次却非同寻常。马耳他的防御工事还远谈不上固若金汤，首都比尔古所在半岛低于背后的腹地，一旦土耳其人登陆，极易遭到后者居高临下的炮击（这也是当年人们建议大团长迁都的缘故），对城堡的进一步改良也并未完工。与1521年的罗德岛如出一辙，瓦莱特也派出使节前往各地的骑士团分部求援，但可惜今非昔比。骑士团英语区已不复存在，德语区则日渐离心离德，最终汇聚在马耳他总部的骑士，不过500余人。西班牙这一盟友的态度也有些暧昧。腓力二世尚未从杰尔巴的灾难中恢复元气，其谨慎的性格促使他倾向于收缩防线拱卫西班牙本土，而不是在马耳他群岛冒险。教皇国倒及时做出了响应，可教皇庇护四世（Pius Ⅳ，1559—1565年在位）送来的不是急需的援军而是一笔金钱。情急之下，瓦莱特甚至认真考虑过将总部迁至科西嘉岛，以避开奥斯曼人的锋芒，由于热那亚人漫天要价（当时科西嘉为热那亚共和国所有），最终不得不打消了念头。看来，骑士团将又一次独自对抗苏莱曼的大军了。

出乎意料的是，刚刚就任西西里总督的堂加西亚·德·托莱多主动为骑士团雪中送炭。他具备独到的战略眼光，了解马耳他对西西里乃至整个意大利防御的重要性。1564年秋，堂加西亚在致腓力二世的信件中分析了奥斯曼帝国对西班牙的严重威胁，尤其强调，马耳他岛在未来的入侵里必将首当其冲。在西西里总督看来，只有坚守马耳他，西班牙才能够控制南欧海岸，并有机会将土耳其人逐出地中海西部；而一旦马耳他陷落，后果将不堪设想。腓力二世勉强同意对医院骑士团伸出援手，但表示援军尚需时日。1565年4月，堂加西亚·德·托莱多也接到了奥斯曼大军从伊斯坦布尔启程的消息，线报说其“去向不明”，但堂加西亚意识到土耳其人的目标正是马耳他。他出发访问了比尔古，与大团长瓦莱特会晤，并视察了岛上的要塞建筑。他尤其看重圣埃尔莫堡的防御作用，针对其薄弱之处，建议瓦莱特在它的侧翼修建一座三角堡。了解到骑士团在兵力上捉襟见肘后，堂加西亚当机立断，将自己的西西里岛驻军的三分之一（约1000人）调拨给瓦莱特使用，并任命他的儿子法德里克为这支军队的指挥官。瓦莱特特许法德里克加入医院骑士团，成为一名骑士，这算得上至高的荣誉（法德里克本为私生子）。堂加西亚从比尔古返回西西里前，法德里克亦来到码头送行，谁能料到，父子一别竟从此生死相隔。[36]

1565年春，各路增援骑士团的军队开始陆续抵达马耳他。除了堂加西亚留下的西班牙军队，大团长麾下共有约500名医院骑士、100名医院军士、800名意大利雇佣军、500名划桨奴隶、200名希腊与西西里的志愿者，以及3000名马耳他本土民兵，合计约6100人。八大语言区的皮利耶中，有三位亲赴马耳他，与瓦莱特和团友们生死与共。他们分别是杰罗尼莫·德·韦特（Geronimo de Huete，西班牙语区）、巴尔塔萨·恩帕德尔（Balthasar Empador，意大利语区）和安托万·德·博尔内（Antoine de Bourne，法语区）。除了监督各自语言区的防务，他们还承担起贮备粮草、调度劳工的重任，甚至连比尔古、圣安杰洛堡、圣米迦勒堡的淡水供应也由三位皮利耶全权负责。盛夏将至（马耳他属地中海气候，夏季炎热少雨），为了保障军民饮水，瓦莱特还专门安排了两名骑士对饮用水实行配给制。为减轻后勤上的负担，医院骑士团尽可能疏散了岛上的非战斗人员（老人、妇孺、穆斯林），将他们送往西西里。不过还是有相当一部分岛民主动要求留下来保卫自己的故乡。由于贵族身份和职业军官的自尊，瓦莱特最初对本地人组成的民兵瞧不上眼。马耳他人是地中海上一支独特的民族，虽然使用阿拉伯语方言（例如，他们称上帝为“安拉”），但对天主教信仰十分虔诚，对骑士团忠心耿耿。由于岛上历来物产匮乏，他们不得不长期依靠大海谋生，是地中海一流的水手，战时可补充骑士团海军；此外马耳他地处航路中心，时常遭受穆斯林海盗的袭扰，在守土安民的岁月中，马耳他人逐渐养成了骁勇、彪悍的性格，他们固然欠缺专业军事素养，但论勇气和坚韧并不逊于骑士团成员——日后马耳他民兵终将令大团长瓦莱特刮目相看。5月8日，一位医院骑士团的摩尔人间谍从北非带回了重要情报：突尼斯贝伊阿米达（Amida）正在竭力搜集蜂蜜、橄榄油、葡萄干、蜜枣等食物以迎接即将到来的土耳其舰队主力，不过在他的仓库中却缺乏面包（这一年地中海地区遭遇了严重的歉收）；而的黎波里的图尔古特帕夏则为阿米达送来了大量丝绸、火炮，以示声援——显然，对马耳他的进攻已箭在弦上了。针对这份情报，瓦莱特与堂加西亚及时调整了自己的作战计划，马耳他岛上紧锣密鼓的备战进入了最后阶段。全体医院骑士轮番来到工地，加入了强化马耳他要塞的工程中，甚至大团长瓦莱特每天都要抽出几个小时身体力行。骑士们亲自指导马耳他民兵操练火枪，兵工厂在赶制火药与盔甲，而乡间的平民也陆续疏散至各城堡与市镇，庄稼被提前收割，城外水井被投毒，以坚壁清野。医院骑士们脱下肃穆的黑色修士制服，换上了威风凛凛的红色骑士袍。他们全副戎装，在首都举行了一场阅兵，此举大大提振了士气。虽然将主力集中在东部大港区，但瓦莱特也没有放弃马耳他其余部分的防守，一支80人的部队被安排在戈佐岛要塞，另一支则驻扎于马耳他中部的旧都诺塔比莱，由葡萄牙骑士佩德罗·梅斯基塔（Pedro Mezquita）指挥——其中包括瓦莱特麾下的大部分骑兵，他们成为骑士团的总预备队。

地中海的另一端，1565年3月30日，在伊斯坦布尔为穆斯塔法与皮雅利举行了盛大的出征仪式。驶向马耳他的奥斯曼舰队，舰只数量达到了379艘，旌旗招展，可谓盛况空前。其中的精华是苏丹的土耳其新军，共计6300余人；其次是来自帝国各地的西帕希，约9000人；水手与东地中海的穆斯林海盗约1万人，此外还有3900名狂热的圣战志愿者。在遥远的北非，图尔古特帕夏的部队（约2万人）也枕戈待旦，随时准备与穆斯塔法帕夏会师马耳他。奥斯曼帝国动用的总兵力达到了4.8万人，是医院骑士团的8倍。这只是对战斗人员的统计，按照惯例，奥斯曼军队中还包括一批负责后勤保障、医疗卫生的非战斗人员，此次甚至有犹太奴隶商人随军出征，准备到马耳他大发横财。[37]

苏莱曼大帝与穆斯塔法帕夏皆曾亲历1522年的罗德岛围攻，深知医院骑士团绝非泛泛之辈。诚然，根据情报，与昔日罗德岛一流的城防工事相较，马耳他的几处要塞更像是粗糙的半成品；医院骑士团曾在罗德岛经营了两个世纪，迁居马耳他却仅仅三十余年，根基并不深厚——这对奥斯曼帝国意味着可乘之机。但罗德岛与伊斯坦布尔近在咫尺，马耳他却远在800英里之外，劳师远征对帝国的后勤补给是个巨大的挑战。土耳其人也意识到马耳他地形狭窄，物资匮乏，不利于大量兵力展开部署，因此，出征的部队人数只有1522年进攻罗德岛时的一半，这是十分明智的。为了解决后勤上的困难，土耳其人几乎将一整座皇家仓库搬到了海上，从武器弹药、食品服装到帐篷、皮带、绳索、车轮、鹤嘴锄，甚至连攻城所需的木料，都全部自行携带。1565年的奥斯曼帝国正如日中天，但其军队在构成与战法上与1522年并无本质区别。奥斯曼军队强调机动性与多兵种合成，其士兵一般只装备较轻的皮甲和金属头盔，土耳其新军甚至不披挂盔甲。然而，医院骑士此时配备着欧洲顶级全身板甲（多订购于意大利或德意志），甚至骑士团雇佣军也拥有精良的甲胄。在马耳他乱石密布的地形中，土耳其士兵的机动性无从谈起，医院骑士团盔甲上的巨大优势在守城战中反倒被放大[38]。为了扭转颓势，苏莱曼的对策是增加火器的比例和威力。6000多名新军在马耳他之战中大多放弃了传统弓箭，转而仰仗火枪战斗。新军士兵自孩童时代便经受严苛的军事训练，往往同时精通好几种武器。他们的火枪与欧洲同行相比更加重型化，较长的身管带来了更长的射程与巨大的穿透力（缺陷则是需要更长的装填时间），对板甲的威胁不容小觑。经过多年操练，土耳其新军火枪手往往能够百步穿杨，是地中海一流的神射手。[39]

至于岛上的骑

◎ 萨克森—科堡公爵约翰·埃内斯特（John Ernest，1521—1553）的全套马铠，现收藏于美国纽约大都会博物馆士团要塞，苏丹为自己的远征军准备了62门攻城炮、10万发炮弹和约2000吨火药，它们足以将比尔古、圣米迦勒堡与圣埃尔莫堡夷为平地。

5月18日，在瓦莱特的指示下，罗姆加带领4艘桨帆船驶出加莱湾，前往马耳他外海巡弋。大团长预感到土耳其人的舰队日渐临近，希望罗姆加能提前侦察到敌人的动向。然而就在这一天黎明，圣安杰洛堡与圣埃尔莫堡的瞭望哨几乎同时发现东南方地平线上，出现了大片船帆，据估计至少有200艘。三声号炮立即将土耳其人到来的消息传遍了全岛。这一度引发了阵阵骚动和恐慌，因为战事揭幕的时间远超预期，将士和居民尚未准备就绪。瓦莱特不得不调遣一队骑士负责引导疏散民众，同时派出一艘快船前往西西里向堂加西亚告急。考虑到土耳其人巨大的优势，以罗姆加的4艘战舰继续侦察，无异于羊入虎口，大团长将他们召回了比尔古复命，转而命令一队骑兵沿着海岸线监视土耳其舰队的动向。同时，作战会议在骑士团总部召开。

◎ 著名德意志盔甲大师孔兹·洛赫纳（Kunz Lochner）制作于1548年的板甲，现收藏于美国纽约大都会博物馆

按照骑士团传统，瓦莱特准备以八大语言区划分防御任务。1565年的骑士团语言区同1522年罗德岛时期相比已发生变化：人数最多的是意大利语骑士，共164人；其次是阿拉贡和卡斯蒂利亚骑士，分别为85人和68人；来自法兰西的三个语言区

◎《土耳其新军与狮子》，意大利画家雅各布·利格齐（Jacopo Ligozzi，1547—1627年）绘制

◎ 意大利修士、地图家伊尼亚齐奥·丹蒂（Ignazio Danti，1536—1586）绘制的土耳其围攻马耳他布阵图。（画面居中的为希贝拉斯半岛，顶端要塞为圣埃尔莫堡，东侧港湾即马耳他大港区）

拥有133人；随着新教势力崛起，德语区仅剩13人；最令人唏嘘的是英语区骑士，居然只有大团长的拉丁语秘书奥利弗·斯塔基这一名代表。尽管英国分团已不复存在，但奥利弗·斯塔基还是主动请缨，以捍卫数百年来英国医院骑士的荣誉。瓦莱特于是将数百名希腊（大部分是当年随骑士团撤离罗德岛的希腊人后裔）和马耳他士兵交予自己的秘书指挥，他本人与500名守军（包括50名骑士）驻守圣安杰洛堡。城堡外接近海平面的平台上，骑士团安放了4门火炮，这座小型的炮台由罗姆加及他的水兵们操控，它的位置极佳，既可以攻击进犯比尔古的敌人，也能支援海湾对面圣埃尔莫堡的友军。比尔古半岛的海岸线由德意志骑士护卫，比尔古城大部分交予法国骑士防守，但南面与腹地接壤的部分瓦莱特委托卡斯蒂利亚骑士负责（如果比尔古遭到陆路攻击，此地将首当其冲，可见大团长对他们的信任），在法国人和卡斯蒂利亚人的防区之间，安排的是奥利弗·斯塔基的“英格兰”部队。比尔古半岛西侧的森格勒阿半岛大体上属于意大利骑士的防区，但顶端的圣米迦勒堡由阿拉贡骑士防御。希贝拉斯半岛突出部上的圣埃尔莫堡原本只部署了 80 人，由来自皮埃蒙特（Piedmont，位于意大利西北部）的老将路易吉·布罗利亚（luigi Broglia）统率，土耳其人出现后，大团长紧急派遣更年轻的胡安·德·埃瓜拉斯（Juan de Eguaras）带领 300 名援军加入了布罗利亚的队伍。[40]

与此同时，负责监视土耳其军动向的分遣队（由骑士团元帅带队，有 1000 人之众）却传来了令人惊愕的消息。骑士团上下原以为奥斯曼人会在马耳他南部的马尔萨什洛克湾（Marsaxlokk，距离比尔古约 5 英里）登陆，但他们却徐徐绕过这一天然下锚地，转而北上，于当天黄昏在马耳他西北的加金·图菲哈（Għajn Tuffieħa）湾附近靠岸。此举令医院骑士团有些措手不及。当晚分遣队在诺塔比莱过夜，第二天清晨，骑兵指挥官埃瓜拉斯命令法国骑士拉·里维埃（La Rivière，曾任大团长瓦莱特侍从）带领 12 名骑兵前去侦察土耳其人的动向，并尽力抓捕一名俘虏以获得急需的情报。埃瓜拉斯特意叮嘱，敌众我寡，不可打草惊蛇。里维埃和部下本在屏息设伏，突然，他发现诺塔比莱指挥官佩德罗·梅斯基塔的侄子文多·德·梅斯基塔策马向自己奔来，里维埃误以为后者是要向他传达重要讯息，便起身迎接，不料他们双双被土耳其哨兵发现了踪迹。为了不暴露战友的位置，里维埃英勇地孤身向土耳其阵地冲去，他

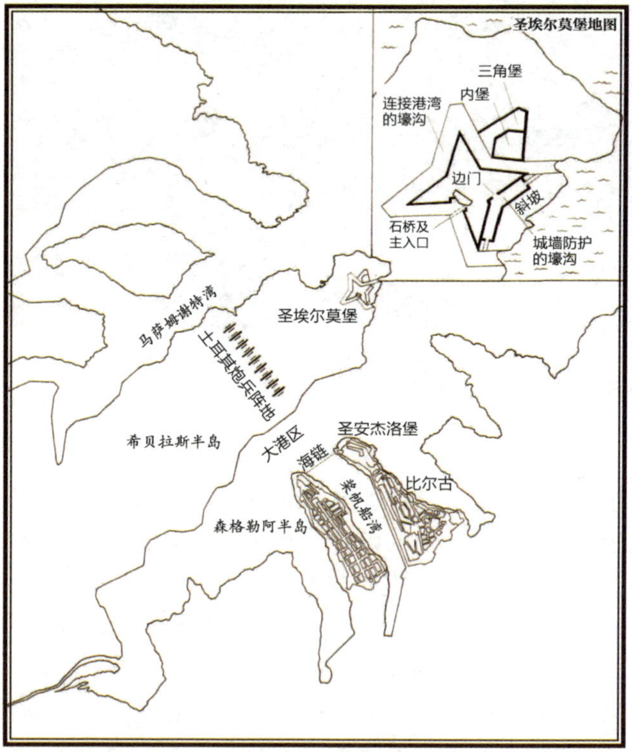

◎ 马耳他大围攻时期的大港区地图，出自：H. J. A. Sire, *The Knights of Malta*, p62

的坐骑被击倒，他本人很快负伤被俘，而文多·德·梅斯基塔受了致命伤，他脱下盔甲在一段残垣后死去（两三天后人们才发现他的遗体，将他送回诺塔比莱安葬）。梅斯基塔不幸成为马耳他大围攻中的第一位牺牲者。

如果奥斯曼人继续深入内陆，马耳他大围攻的结果或许会就此改写。然而，在大营中，两位将领却发生了严重的争执。理论上，本次战役应由穆斯塔法、皮雅利、图尔古特精诚协作，共同指挥，但两位来自帝国中枢的将军虽然长期不和，在排斥“巴巴里海盗”图尔古特一事上却达成了共识。按原定计划，他们本该与图尔古特会师后再进攻马耳他，此时为了揽下头功，二人决定先行登陆。在登陆地点及主攻方向上，穆斯塔法与皮雅利算得上南辕北辙。陆军出身的穆斯塔法倾向于发挥兵力优势，步步为营，稳扎稳打，首先占领诺塔比莱，控制马耳他岛北部，切断守军与基督教援军的联系，再围攻比尔古。海军司令皮雅利帕夏则有另一番考量：时值初夏，马耳他随时可能刮起西洛可风（Sirocco）[41]，一旦风暴骤至，缺乏避风港的奥斯曼舰队就有全军覆没之虞，而穆斯塔法的陆军则可能因此陷入绝境。为了获得可靠的下锚地，皮雅利坚持全军应首先夺取大港北侧的马萨姆克塞特湾[Marsamxett，当时称马萨姆谢特（Marsamuscetto），为马耳他仅次于大港的第二深水良港]。最后，皮雅利的意见占据了上风，第二天上午，土耳其舰队出现在马尔萨什洛克，开始再次登陆。诺塔比莱的步兵大部分撤回了比尔古，以加强大港区的防御，而骑兵部队则留了下来，以袭扰土耳其人的补给线。土耳其人占领了扎巴（Zabbar）村作为前进基地，兵员和物资源源不断地涌上滩头，虽然骑士团也派出了小股部队希望能延缓穆斯塔法的攻势，但依旧无力阻碍他推进。土耳其人攻占了比尔古西边的马尔萨（Marsa），并获得了当地水源（尽管遭到一定程度的破坏），穆斯塔法在附近高地设立了自己的营帐，比尔古在他眼下一览无余。

5月21日，为了检验医院骑士团的战斗力，穆斯塔法决定发起一次试探性的进攻。先前被俘的里维埃虽然惨遭严刑拷打，却拒绝对骑士团的军事机密吐露半字，此刻他被带到穆斯塔法帐前，后者向他许诺，只要能指出比尔古城防的薄弱之处，便还他自由。里维埃伪装出一副精神崩溃的模样，向穆斯塔法“坦白”说卡斯蒂利亚人的防区可作为突破口，然而实际上这里的防御是比尔古最强的。于是穆斯塔法的大军旌旗招展，鼓乐齐鸣，向卡斯蒂利亚骑士的城墙挺进。瓦莱特的部下早已摩拳擦

◎ 土耳其部队登陆马耳他，意大利画家马特奥（Mateo Pérez de Alesio，1547—1616）绘制

掌，他派出700人（其中包括罗姆加等多位名将）出城与敌军对阵。双方激战了整整五小时，土耳其军始终无法接近城墙。新军火枪手虽然在威力与精度上占据优势，但骑士团火枪兵装填速度远胜他们，因此在近距离混战中觅得先机。最终，穆斯塔法损失了100人，而骑士团一共只阵亡22人（其中12人死于本方火药意外爆炸）。卡斯蒂利亚人射出的枪林弹雨一度令穆斯塔法也险些负伤，他如梦初醒——自己竟遭到了里维埃的愚弄。之后，这位忠诚的骑士被带到一艘战舰上，在众目睽睽下被残忍地处决。骑士团展现了实力，奥斯曼帝国远征军遭遇了当头棒喝。[42]

第二天，土耳其人重整旗鼓，对森格勒阿半岛的圣米迦勒堡展开攻击。瓦莱特命令部下闭门不出，给敌军造成请君入瓮的假象，其实这里的工事远较比尔古薄弱，战斗打响时，骑士团的工兵甚至还在抢修城墙。但奥斯曼军队对昨日的失利尚心有余悸，试探一番后，他们很快撤出了战场。

马尔萨的大营中，穆斯塔法与皮雅利就作战的优先目标再次产生了分歧。穆斯塔法青年时代曾与瓦莱特在罗德岛对垒并尝到了苦头，马耳他一役对他而言不仅仅是苏丹分配的任务，还掺杂着个人恩怨。因此，他希望集中兵力，直扑瓦莱特所在的比尔古，破坏骑士团的大脑和心脏。而皮雅利依旧对避风港念念不忘，要夺取马萨姆克塞特湾，就必须首先拿下扼住其门户的圣埃尔莫堡。奥斯曼间谍带回的情报说，圣埃尔莫堡是一座背靠大海的四角星

◎ 土耳其军进攻卡斯蒂利亚骑士防区，马特奥绘制

形棱堡，在其东北侧还临时搭建了三角堡及内堡（cavalier），整座城堡看上去弱不禁风，俨然是赶工之作，在全力进攻之下，估计它只能抵挡三四天。皮雅利再次说服了穆斯塔法。5月23日，土耳其人的炮兵开始绕过森格勒阿，进入希贝拉斯半岛。

万幸的是，自登陆之日起，便陆续有一批土耳其逃兵（多为曾经的基督徒）投奔医院骑士团。此时有一位叛教者，曾经是穆斯塔法帕夏身边的亲兵，他完全了解两位指挥官的作战计划，将它作为见面礼向瓦莱特全盘托出。大团长立即调整部署，争分夺秒地加强圣埃尔莫的防御，并利用这喘息之机，继续修缮比尔古和森格勒阿的工事。大团长下令疏散圣埃尔莫的妇孺老弱，派遣马斯上校带领160人的部队（包括64名骑士）和食品弹药驰援该地。在土耳其人完成部署前，骑士团最终成功地将圣埃尔莫堡的守军扩充至800余人。大团长亲自为这批勇士送行，并语重心长地叮嘱道："圣埃尔莫堡是马耳他的钥匙。"

5月24日，第一批土耳其火炮进入了阵地，开始轰击圣埃尔莫。其中包括2门60磅炮、10门80磅炮和1门威力巨大的160磅炮。奥斯曼军队拥有那个年代一流的工兵和炮兵，但马耳他独特的地形阻碍了他们施展才能——圣埃尔莫附近泥土稀薄，乱石丛生，难以按部就班地挖掘战壕，铺设炮台。土耳其工兵在守军诧异的目光下，竟以令人称奇的速度在坚硬的岩石表面开凿出蛛网般密集复杂的坑道，并从后方运来泥土开始堆砌炮台。几天后，土耳其军已挺进至距离圣埃尔莫堡城墙不过600步的地方，24门大炮分为两列，轮番轰击。目睹战友的惨况，瓦莱特命令圣安杰洛堡外炮兵阵地上的4门火炮予以还击。由于它们占据了绝佳的射击位置，给土耳其人带来了不小的损失，甚至皮雅利也被骑士团的弹片所伤。然而骑士团的火药储备无法与奥斯曼人相提并论，很快他们便不得不放慢射击频率，以节省弹药。大港对面，圣埃尔莫堡外土军的声势与威胁与日俱增。一批精选的新军狙击手就埋伏在城外的战壕里，静静等待着猎物出现。

◎ 今天的圣埃尔莫堡

只要守军从胸墙后探出身子，便会迎来一阵枪林弹雨。一天之内，新军士兵就击毙了30人。面对四面八方的火力，守军士气日渐低落。

5月26日夜，西班牙军官胡安·德·拉切尔达（他负责指挥腓力二世提供的援军，与前文提及的西西里总督拉切尔达并非同一人）作为代表潜回比尔古，向瓦莱特求救。拉切尔达表示，敌我力量悬殊，圣埃尔莫难以坚守，最多仅能支撑数天，希望大团长及时投入强援。

实际上，圣埃尔莫堡虽看似势如危卵，但守军的伤亡并不严重。白发苍苍的瓦莱特对拉切尔达的畏敌如虎十分恼怒，他冷冷地表示如果他们贪生怕死，自己与手下亲兵很愿意立即接替其任务。羞愧难当的西班牙人返回了自己的岗位，稍后大团长也送去了一批援军和物资，同时连夜将前线的伤兵运回比尔古的骑士团医院救治。[43]

虽然瓦莱特的激将法一度稳定了军心，但很快又有新的噩耗传来。6月2日清晨，圣埃尔莫三角堡瞭望台上的哨兵在东南方向发现了大片船帆。骑士们满怀希望，以为这是西西里总督派来的援军，但美梦很快破灭，这竟是姗姗来迟的图尔古特帕夏的北非军团。奥斯曼帝国阵中没有人比图尔古特更加了解马耳他与骑士团，得知穆斯塔法、皮雅利的作战方略，身经百战的老海盗心中其实难以苟同。在他看来，应该首先夺取戈佐岛，其次是内陆的诺塔比莱，最后才进攻医院骑士团的核心区域大港。但事已至此，骑虎难下，图尔古特只好

◎ 土耳其人围攻圣埃尔莫堡，右下角为新军火枪手，马特奥绘制

亲临前线督战，希望能一蹴而就。他敏锐地察觉出，瓦莱特希望在圣埃尔莫堡尽可能地拖住土耳其主力，以待援军。兵贵神速，图尔古特利用自己携带的大炮，在希贝拉斯高地架设了第二个炮兵阵地，可同时攻击圣埃尔莫堡与圣安杰洛堡，同时在马萨姆谢特湾北侧建立了第三个炮兵阵地，安放4门火炮。圣埃尔莫堡遭受了史无前例的全方位炮击。事实证明，它远比人们想象的坚固，虽然已千疮百孔，但依然屹立不倒。6月3日拂晓，在图尔古特的建议下，奥斯曼军队调整主攻方向，全力向东北侧三角堡突击。土耳其新军携带云梯冲锋在前，哨兵已经被狙击手毙命，无人发出警告，土耳其人顺利涌入三角堡，星月旗在内堡墙头飘扬。一队骑士冒死发动反冲锋，勉强阻止了新军士兵顺势突入圣埃尔莫主堡内。骑士团数次反攻，希望将敌人逐出三角堡，但土耳其人已经构筑了自己的防御阵地，死战不退。稍后狂热的土耳其人再度试图闯入圣埃尔莫堡，城堡内十分狭窄，他们互相拥堵，成为骑士团手雷的绝佳目标。五小时的激战，土耳其人付出了阵亡500人的代价，骑士团损失了80人（包括20位骑士）。其中最英勇的典范当属法国骑士拉·加登普（La Gardampe），混战中他胸部中弹，身负重伤，但战友试图检查其伤势时，他却劝阻说：“别管我！我已经是个死人，坚守你的岗位！”最后，他爬回城堡内的小教堂，死在了祭坛之下。

土耳其人死死占据着三角堡，并利用缴获的大炮，居高临下地轰击圣埃尔莫。后者已经一览无余，无险可守。守军士气低沉，他们派出代表，希望大团长允许自己撤回比尔古。但瓦莱特晓之以大义，成功说服他们咬牙坚持，以赢得时间，毕竟，堂加西亚许诺将在月底派出部队。6月8日，3位从比尔古派往圣埃尔莫的骑士发现当地守军已处于精神崩溃的边缘，甚至有哗变的危险，好在使节与军官们一起抚平了士兵的恐慌，比尔古也派来了新一批志愿者。战事陷入了拉锯，圣埃尔莫俨然成为土耳其与骑士团的绞肉机。骑士团击毙了新军阿加，但他们的重要指挥官米兰达也身负重伤。双方都精疲力竭，但土耳其人拥有人数和资源上的巨大优势。6月22日，土耳其人发动了一次总攻。数千敌军登上了圣埃尔莫城墙，于是，就在狭窄的胸墙处爆发了激烈的白刃战。烈日炎炎，身披重甲的骑士汗流浃背，但无一人退缩。在轰隆隆的炮声中，伤兵的惨叫声在圣安杰洛堡也清晰可闻。六个小时后，土耳其军伤亡过大，不得不暂时收兵。圣埃尔莫堡看似傲然挺立，实则已是一座死城。幸存者在一堆瓦砾中爬行，大部分指挥官均已阵亡。少数几位幸运儿——埃瓜拉斯、马斯上校、米兰达都挂了彩。穆斯塔法帕夏不会给守军喘息休整的机会。6月23日晨，土耳其大军再次梦魇般出现在圣埃尔莫城墙四周，最后的攻击开始了。

经过清点人数，昔日800人的守军中，尚能战斗的只剩60人。埃瓜拉斯失血过多，米兰达被严重烧伤，马斯上校腿部中弹，三人皆已无法站立，埃瓜拉斯和米兰达决定坐在椅子里继续战斗，马斯找不到椅子，便用一根圆木代替。这区区60人的守军抵抗了整整四个小时，瓦莱特眼看着圣埃尔莫火光冲天，却无能为力。经过长达一个月的浴血奋战，残存的医院骑士团守军终无以为继。埃瓜拉斯挥舞着长矛，甚至掷出木椅作为武器，最后被土耳其弯刀砍下了头颅。马斯上校用他硕大的双手剑手刃了好几名敌兵，最后与米兰达一同倒在血泊中。医院骑士中，被俘的只有 9 人（均受了伤）。为了夺取这座小小的城堡，奥斯曼军动用了 8000 人的兵力，发射了 1.8 万发炮弹。尽管拿下了圣埃尔莫，但穆斯塔法面无喜色。“真主啊！如果‘儿子’（指圣埃尔莫堡）就让我们付出如此惨痛的代价，该如何面对他的‘父亲’（指圣安杰洛堡）呢？”他说。

穆斯塔法将自己的怒火全部发泄在圣埃尔莫堡幸存的守军身上，一批战俘被当作箭靶活活射死，逃入教堂的残兵也被屠戮殆尽。医院骑士尤遭憎恨，第二天圣埃尔莫的主要指挥官及知名骑士的尸体被钉在十字架上向对岸的圣安杰洛堡守军示众，之后被抛入大海，随着潮水静静漂到比尔古岸边。穆斯塔法希望自己的暴行能够让马耳他人不寒而栗，但此举反而激起了他们的斗志。瓦莱特发表了鼓舞人心的演说，并派人将骑士们的尸体收殓厚葬。目睹团友的凄惨结局，大部分医院骑士根本无须动员，都迫切地想向土耳其人讨回血债。一方面骑士团主保圣人圣约翰的瞻礼日礼拜照常进行，另一方面瓦莱特也展开了雷霆般的报复。所有比尔古的土耳其战俘都被押往城墙，在众目睽睽下公开处决。大团长甚至命令将土耳其人的人头塞入火炮中，这些特殊的“炮弹”雨点般地射向土军营帐，以作为“回礼”。1522 年的罗德岛大围攻中，苏莱曼与利勒亚当还能体现出昔日萨拉丁与“狮心王”的骑士风范，但在 1565 年穆斯塔法与瓦莱特的对决中，这一切已荡然无存。

诚然，圣埃尔莫堡已陷入敌手，马萨姆克塞特湾早晚是土耳其人的囊中之物。但前方传来的也不全是让人沮丧的消息：图尔古特帕夏在指挥炮兵轰击圣埃尔莫时，意外被己方炮弹的弹片所伤，最终伤重不治。奥斯曼大军的三位主帅中，图尔古特最被医院骑士团所忌惮。当年其兄弟便在袭击戈佐岛时阵亡，图尔古特本人也曾说：“我预感自己终将在马耳他岛马革裹尸。”他的话竟一语成谶。听闻老对手的死讯，瓦莱特如释重负。战局开始胶着，圣埃尔莫的抵抗为骑士团赢得了宝贵的时间，西西里的援军随时可能到来，马耳他希望尚存。[44]

◎ 土耳其军攻陷圣埃尔莫堡，马特奥绘制

开战至今，穆斯塔法已经损失了至少4000人，原计划四天攻占圣埃尔莫堡，实际却花费了超过四周。图尔古特的遗体被隆重地运回了的黎波里，穆斯塔法希望海盗们能从北非带回更多补给与援军。面对重兵坚守的圣安杰洛堡与圣米迦勒堡，帕夏心中也不免有些惴惴不安。与1522年罗德岛大围攻相似，穆斯塔法也决定派使节前往骑士团首都劝降。条件依旧宽大：交出马耳他，骑士团可携带武器、财产平安地迁往西西里。

骑士团方面付出了1500人阵亡的惨痛代价（占总兵力的四分之一），虽然在部下与平民面前强作镇定，但大团长的内心实际上焦灼万分。在写给腓力二世和堂加西亚的信件中，他反复请求西班牙人迅速驰援，否则自己的骑士将死无葬身之地。瓦莱特的确接见了奥斯曼帝国的使节（一位西班牙血统的奴隶），他将后者带到比尔古城墙边，指着城外的壕沟说，这是我唯一愿意割让给土耳其的领土——用来埋葬新军的墓地。他让瑟瑟发抖的使节向穆斯塔法传话：勿要做第二次尝试，下一位劝降者将被立即绞死。

穆斯塔法帕夏只能选择加紧攻城。剩余的两个主要目标中，森格勒阿半岛防御相对薄弱，尤其是它的西侧海岸，几乎没有成型的工事。因此，它成为土耳其人下一个重点突破的对象。尽管皮雅利的舰队已驶入马萨姆克塞特湾，但骑士团依旧拥有大港区的制海权。为了在森格勒阿登陆，穆斯塔法希望能重演1453年穆罕穆德二世征服君士坦丁堡金角湾的战术：将马萨姆克塞特湾中的部分战舰拖上陆地，横穿希贝拉斯半岛，潜入大港并偷袭森格勒阿西岸。如果这一计划顺利实施，森格勒阿的守军将难逃灭顶之灾。万幸的是，一位土耳其军官穆罕穆德·本·达伍德（他出生于希腊贵族家庭，后改信伊斯兰教，进入土耳其军队服役）此时决定弃暗投明。他冒死游过港湾，向骑士团报警，将穆斯塔法的绝密计划全盘托出。这条情报可谓价值连城。瓦莱特下令用木桶在两座半岛间搭建了一座浮桥，可随时调拨兵力增援森格勒阿；马耳他工匠则在西海岸外埋下了许多木桩，顶部安置铁环，用铁链一一贯穿，为半岛打造了一道屏障。

6月末，堂加西亚许诺的第一批援军悄然登陆马耳他北岸，在浓雾的掩护下，他们秘密进驻诺塔比莱，土耳其人对此浑然不觉。7月3日夜，经过长时间迂回行军，他们成功绕过了土耳其防线，乘船进入比尔古。虽然援军不过700余人（包括42名医院骑士，他们因土耳其的封锁未能及时赶赴比尔古），但在圣埃尔莫堡沦陷的背景下，他们的到来还是大大鼓舞了士气。破晓之后，穆斯塔法帕夏方如梦初醒，基督徒竟能突破重围送来援军，两位奥斯曼指挥官又爆发了一场争吵。穆斯塔法决定立即发起对森格勒阿的总攻，以一雪前耻。7月4日，土耳其炮兵阵地开始持续轰击森格勒阿，但这不过是佯攻而已。7月6日，大港区上游终于出现了穆罕穆德·本·达伍德预言中的土耳其舰队，他们很快发现了森格勒阿西侧的水下工事。土耳其人试图摧毁它，但马耳他骑士和水手拼死阻拦，土耳其人终未能得逞。穆斯塔法帕夏的耐心渐渐耗尽，7月15日，他命令从水陆两个方向对森格勒阿进行总攻。

阿尔及尔总督哈桑（亦是图尔古特的女婿）刚刚率领一批援军赶到马耳他，便立即投身到当天对森格勒阿南部陆墙的攻势中。而在西面，数十艘经陆地滑入大港的土耳其战舰满载士兵，也开始准备在半岛海岸登陆。此外，还有第三支分遣队——10艘桨帆船及1000名新军士兵，计划绕过海链，在一小块缺乏防护的海岬上岸，让守军首尾不能兼顾。森格勒阿已危在旦夕。

然而，穆斯塔法的奇兵却首先遭受厄运。穆斯林间谍虽侦察出当地防御的薄弱之处，却未能发现附近一座极其隐蔽的骑士团炮台。毫无防备的土耳其舰队在150码距离上遭受5门火炮齐射，10艘战舰沉没了9艘，数百名新军瞬间死于非命。与此同时，骑士团的预备队源源不断地通过浮桥前来支援森格勒阿。西西里总督堂加西亚之子法德里克不顾瓦莱特的劝阻，执意亲赴前线作战，却很快被一发土耳其人的火枪子弹击中殒命。骑士团部队的前赴后继在气势上压倒了敌人，哈桑的部队终于力不能支，被迫后撤。而西海岸登陆的土耳其军对此一无所知，陷入孤立。雪上加霜的是，土耳其舰队竟已撤出海滩，骑士团守军一鼓作气，冲上滩头，土耳其部队完全沦为待宰的羔羊。一些穆斯林放下武器，祈求宽恕，但有了圣埃尔莫的前车之鉴，大团长明确下令，不留活口。皮雅利帕夏担心葬送他的舰队，要求海军按兵

◎ 土耳其军围攻森格勒阿半岛，右侧为比尔古，中间为大团长下令搭建的浮桥，马特奥绘制

不动；穆斯塔法心急如焚，督促水兵火速援救，但比尔古的炮火令他们无法越雷池一步。森格勒阿变成了一座屠场，长矛、盾牌、旗帜、尸体漂浮在海滩上，最终，只有4名登陆的土耳其人生还。“为圣埃尔莫报仇”的呼声响彻比尔古的大街小巷，6面被缴获的土耳其军旗在教堂隆重陈列，穆斯塔法遭受了一场刻骨铭心的失败。[45]

虽然攻势受挫，但第二天土耳其人便恢复了对两座半岛的炮击。穆斯塔法明白依靠海军无法染指森格勒阿，下令将进入大港区的舰队沿陆路送回马萨姆克塞特湾。64门大炮夜以继日地发出轰鸣，炮声远在西西里也清晰可闻，而土耳其工兵像蚂蚁一样勤恳地继续挖掘地道，这一切表明奥斯曼人正在为新一轮总攻积蓄着力量。

战斗已持续了两个月，整个欧洲都在屏息关注着这片弹丸之地。自6月底送来700名援军后，堂加西亚的后续增援便杳无音讯。大团长瓦莱特忧心忡忡，连番催促，而西西里总督也是有苦难辩：腓力二世依旧对五年前杰尔巴岛的灾难心有余悸，他过于谨小慎微，不愿用自己苦心重建的舰队冒险。西班牙国王的延宕甚至令教皇庇护四世忍无可忍，宗座指示西班牙籍红衣主教提醒国王，倘若没有梵蒂冈的资助，西班牙舰队只能停留在图纸上。医院骑士团正履行着捍卫天主教的职责，马耳他俨然是罗马的屏障，庇护四世心急如焚，腓力二世却似乎依然故我。他指示堂加西亚，只有在不损害舰队的前提下，方可驰援比尔古。而双方信件的每一个来回，都会耗时整整六周。

经过半个月的准备，8月2日，穆斯塔法与皮雅利分别对森格勒阿和比尔古发起了攻势。炮声震耳欲聋，甚至远在卡塔尼亚和锡拉库萨（均位于西西里岛东部）都清晰可闻。由于穆斯塔法放弃了登陆，土耳其军队只能强攻狭窄的陆墙，其兵力优势完全无法体现。双方均以惊人的毅力喋血苦战，即使是一段城墙、一面旗帜也反复争夺，马耳他围攻演变为不折不扣的拉锯战。在相对平静的岛屿中部，诺塔比莱守军并不愿作壁上观。每天都有一队骑兵从这里出发，用游击战的方式，袭击掉队的敌人士兵，破坏其补给线。带队的指挥官是一名骑士团新丁温琴佐·阿纳斯塔吉

◎ 温琴佐·阿纳斯塔吉肖像画，著名希腊裔西班牙画家格雷考（El Greco，1541—1614）绘制

（Vincenzo Anastagi），他于两年前刚刚成为医院骑士，马耳他战役中，他以机敏英勇崭露头角，不久之后，他将作为比尔古的救星名垂青史。

8 月 7 日，土耳其人的火力准备已持续了五天。破晓前一小时，8000 名敌军出现在森格勒阿城墙外，4000 人则开始围攻比尔古。此前一天，一位西班牙士兵叛变投奔了穆斯塔法，骑士团的防御部署被完全泄露。为此，瓦莱特不得不紧急调整部署。当战斗打响时，他与预备队驻守在比尔古广场，随时准备驰援告急的地段。

比尔古的外侧城墙在连日的炮击下几乎化作一片瓦砾，但在它的后方，还有第二道城墙，中间则横亘着壕沟。这简直是一座死亡陷阱，皮雅利的部队尸横遍野，却无法越雷池一步。甚至马耳他的妇女也被动员起来，她们手持木桶，往土耳其人的头上倾泻沸水，她们的孩子则以石块为武器向敌人“开火”。突然，一枚地雷在卡斯蒂利亚骑士的棱堡下爆炸，顷刻间地动山摇，浓烟滚滚，不少守军和市民以为末日将近。瓦莱特匆匆带上头盔，抄起一支长矛，和预备队冲向这道缺口。卡斯蒂利亚骑士竭力阻止大团长以身犯险，但老骑士威风凛凛地说：“我已经 71 岁了，为了捍卫信仰，与自己的兄弟朋友们并肩战斗，死而无憾！”他夺过一把火枪，开始向敌人射击。混战中一颗手雷在大团长身边爆炸，他腿部负伤，但仍拒绝撤出战斗。

◎ 瓦莱特曾使用过的胸甲

瓦莱特的身先士卒，成功稳定了比尔古的局面，但在森格勒阿半岛，情势极不乐观。穆斯塔法的兵力更加雄厚，经过九个小时的苦战，守军筋疲力尽，妇女儿童已经走上战场，瓦莱特在比尔古自顾不暇，再也没有预备队可供支援了。在穆斯塔法看来，胜利唾手可得，他下令将最精锐的土耳其新军投入战斗。

圣米迦勒堡的士兵已经陷入绝境，蜂拥而至的新军很快突入内城，但就在此时，土耳其阵地里竟传来了要求撤退的军号声，远远望去，后方的土耳其大营中升起了一股黑烟。有人向两位帕夏禀告，堂加西亚的援军已经登陆，大营被摧毁，部队有腹背受敌的风险。奥斯曼军中弥漫着一股恐慌情绪，穆斯塔法不得不下令回师迎敌，土耳其人如退潮般撤离了两座半岛。马耳他暂时得救了，很多骑士与市民视之为上帝赐予的奇迹。

事实上，此时堂加西亚的部队依旧在

西西里集结，在土耳其人背后掀起风浪的，是温琴佐·阿纳斯塔吉率领的百余人的骑兵部队。虽然通讯被阻，但从比尔古和森格勒阿的硝烟火光中，阿纳斯塔吉意识到骑士团总部告急，然而以自己的力量不足以为骑士团解围，他做出了一个惊人的决定——向土耳其大营突击。阿纳斯塔吉的赌博收到了奇效，穆斯塔法和皮雅利主力尽出，营中只剩下伤病员和少量哨兵，医院骑士团骑兵在大营里横冲直撞，如入无人之境。伤病员皆沦为待宰羔羊，大批辎重被纵火焚毁。在穆斯塔法回师之前，阿纳斯塔吉的部队如旋风一般地撤出战场，返回了诺塔比莱。

到手的胜利不翼而飞，穆斯塔法帕夏暴跳如雷，他与皮雅利也再次爆发了争吵。后者一度带兵准备夺取诺塔比莱以示报复，却发现该城的防守远比想象中严密，不得不无功而返。两位帕夏被迫面对事实：苏丹已经表达了不满，必须尽快拿下比尔古，结束战争。[46]

8月，围城还在继续，战斗旷日持久。骑士团固然在苦苦支撑，但土耳其人也开始饱受弹药和补给短缺、人员消耗过大之苦。双方都投入了最后的预备力量，穆斯塔法开始动用舰队的火药储备，而瓦莱特则亲自来到医院，说服伤员们也奔赴前线。穆斯塔法华丽的营帐内，各位军官的士气也越发消沉，他建议效仿当年苏莱曼在罗德岛的战法，于马耳他扎营过冬，不给骑士团喘息的机会。但这项建议遭到了皮雅利帕夏的强烈反对，因为冬季补给困难，舰队也无法在马耳他修补船只，如果局面依旧没有改观，他要求考虑撤兵事宜。最终，指挥官们同意在8月底展开新一轮攻势，争取在冬季来临前解决战斗。

8月25日，马耳他岛下起了瓢泼大雨。土耳其人蜷伏在积水的战壕中，尸体发出阵阵恶臭，营地里疫病流行，粮食日渐短缺。基督徒方面，大部分将士已经战死，城墙几乎化为齑粉，比尔古已摇摇欲坠。两军都已经是强弩之末，战争转化为对意志的考验。有人建议大团长放弃首都，率残部退至圣安杰洛堡死守。瓦莱特的回应是炸断了圣安杰洛的吊桥，决意背水一战，与首都市民生死与共。他对当年罗德岛战役末期的内讧想必记忆犹新，也因此深谙团结和民心向背的重要性。

8月30日上午，大雨倾盆，穆斯塔法帕夏集结兵力，发动了最后一次大规模的进攻。土耳其士兵清理了城墙豁口的瓦砾，突入城中。瓦莱特腿伤未愈，一瘸一拐地带领亲兵冲向突破口，他抵达时，发现连马耳他的妇女和儿童都已经和土耳其人交上了手。千钧一发之际，骑士团再次获得了上苍的眷顾。雨停了，守军连忙捡起身边的火枪与燃烧武器，顿时一片枪林弹雨。土军猝不及防，阵脚大乱。穆斯塔法帕夏面部负伤，可他不愿轻言放弃，依旧手持棍棒，在前线督战。然而，土军将士精疲力竭，傍晚时分，穆斯塔法也不得不承认自己的失败。

此后的一周，穆斯塔法枯坐在自己的营帐内对再度败给医院骑士团而闷闷不乐，例行公事般的炮击还在继续，但土军已没有意愿冲入骑士团要塞白白送死了。9月7

日，穆斯塔法接到了晴天霹雳般的情报——堂加西亚的援军已经在马耳他梅利哈湾顺利登陆，人数超过 8000 人。10 英里外的比尔古和森格勒阿，在废墟中等待着新一轮进攻的守军惊异地发现，土耳其阵地陷入一片喧嚣与混乱，他们开始将火炮与物资装上战舰，一些北非海盗甚至径直驶离马耳他，公然当了逃兵。一切迹象都表明，堂加西亚的援军终于抵达。虽然比尔古的市民已经开始欢庆胜利，但瓦莱特审慎地禁止部下主动出击，因为他担心穆斯塔法设下了埋伏。

土耳其人忙于撤退，堂加西亚的援军则用一天时间缓缓进入了诺塔比莱。烈日炎炎，经过了长途跋涉，这支援军筋疲力尽，如果此时穆斯塔法孤注一掷，向他们进攻，马耳他的命运依旧难料。但穆斯塔法直到 9 月 11 日才再度率领 1 万人的部队北上诺塔比莱，企图将这批援军一举歼灭。基督徒已经休整了数天，其中大部分为腓力二世部署在意大利的西班牙老兵，他们训练有素、身经百战，当土耳其人进抵诺塔比莱郊外时，他们发现面对的是铜墙铁壁一般的“西班牙大方阵”。

穆斯塔法的疲惫之师与生龙活虎的西班牙方阵对垒，胜负不言而喻。西班牙人奋勇出击，将土耳其人彻底击溃，其中也间杂着少数从意大利返回的医院骑士，他们的红白两色骑士袍在战场上分外夺目，令土耳其人望而生畏。这一次，皮雅利的舰队及时出现在岸边，将残兵接回海上。有了圣埃尔莫堡的惨痛记忆，西班牙人以

◎ 土军撤离马耳他，马特奥绘制

眼还眼，一些掉队的土耳其士兵在海滩上被无情斩杀。两三天后，溺死者的尸体也静静地浮现在海湾。

图尔古特麾下的巴巴里海盗返回了北非，穆斯塔法与皮雅利怀揣着沮丧、恐惧和内疚，或许还有庆幸，踏上了前往伊斯坦布尔的归途。医院骑士团的团旗再度于圣埃尔莫堡上方飘扬，战前的6000人守军此时仅有800余人还有战斗力。500名医院骑士中，超过半数阵亡。这是一场惨胜，但亦是骑士团离开罗德岛之后最伟大的胜利。

马耳他大围攻失败，奥斯曼将领的指挥失误要负相当大的责任，如同1560年基督徒在杰尔巴的失利一样。如果皮雅利支持穆斯塔法老成的计谋——首先攻下诺塔比莱，以它为基地占领马耳他北部，切断大港区与西西里的联系，再缓缓收紧绞索，恐怕结局会颇为不同。将主要兵力集中于大港区，给了堂加西亚大展拳脚的机会。此外，奥斯曼人在圣埃尔莫堡浪费了大量时间，延误战机。

1565年马耳他战役的胜利，对骑士团与欧洲的意义非同小可。它不单纯是东西方两大强权争霸过程中的一段插曲，或者古老的十字军运动的尾声——如果马耳他失陷，奥斯曼帝国将在地中海的心脏地带获得一个优秀的海军基地，足以凭此登陆西西里，甚至攻略意大利，罗马与教廷都将面临实质性威胁。对于西班牙帝国和新教国家而言，他们同样从奥斯曼人的失败中获益。如果瓦莱特、骑士团与马耳他人民未能成功抵挡穆斯塔法的攻势，整个欧洲的历史恐怕也将被改写。

得知马耳他惨败的消息，苏莱曼一世并没有处死败军之将，而是发誓准备像当年的罗德岛一战那样，御驾亲征，一雪前耻。但苏莱曼已垂垂老矣，第二年9月5日，苏丹在远征匈牙利的途中驾崩，结束了他四十六年的漫长统治，给他的继承人塞利姆留下了一个空前庞大的帝国。但绰号“酒鬼”的塞利姆并无父亲那般的雄才伟略。维也纳曾在陆地上阻挡过苏丹前进的步伐，而马耳他岛在海上令土耳其精兵铩羽而归。医院骑士团拯救了欧洲，成为名副其实的“基督教之盾”。

1568年8月21日，瓦莱特也在马耳他病逝。之前他慷慨地释放了自己的全部奴隶，并为骑士团上下的精诚团结而欣慰不已。骑士团在大团长一手新建的以他的名字命名的城市瓦莱塔（Valletta，1566年3月动工，位于希贝拉斯半岛，瓦莱特埋下了第一块奠基石，直到今天，它还是马耳他共和国的首都）为他举行了隆重的葬礼。他的挚友、拉丁语秘书、英国骑士奥利弗·斯塔基为老上司撰写了墓志铭：

“这里长眠着名垂青史的瓦莱特，他曾是非洲与亚洲之鞭，亦曾为欧洲之盾，他多次击败异教徒的军队，如今第一个在其创建的城市的地下获得了安宁。”[47]

注释

[1] Stephen Dafoe, *An Illustrated History of the Knights Hospitaller*, p.111.

Ernle Bradford, *The Shield and the Sword*, Open Road Media, 2014, pp.125–126.

[2] 马丁·路德，德意志宗教改革家，路德宗创立者。生于艾斯莱本（Eisleben），青年时代曾于埃尔富特大学学习法律，1505 年转而加入奥古斯丁会钻研神学，1507 年任神父。1515 年成为维滕贝格大学神学教授，1517 年他撰写了著名的《九十五条论纲》，针砭教会陋习，反对教廷出售赎罪券，揭开了宗教改革运动的序幕。1520 年他与教皇彻底决裂，被处以绝罚之刑，同时神圣罗马帝国皇帝查理五世也对其下达了逮捕令，所幸萨克森选帝侯腓特烈三世允许马丁·路德在他的城堡中避难，使改革运动得以继续。马丁·路德在神学上强调因信称义，提倡用民族语言举行宗教仪式，并亲自将《圣经》从拉丁文译为德文，他撰写的三大宗教改革论著《告德意志族贵胄书》《论教会的巴比伦之囚》《基督徒的自由》广为流传，影响极大。参见：丁光训，金鲁贤，张庆熊（主编），《基督教大辞典》，396 页。

[3] 查理五世，神圣罗马帝国皇帝，先后拥有的头衔包括：罗马人民的国王、意大利国王、全西班牙人国王、西西里国王、那不勒斯国王、萨丁尼亚与科西嘉国王、耶路撒冷国王等。他出生于哈布斯堡家族，是神圣罗马帝国皇帝马克西米连一世和勃艮第女公爵玛丽的孙子，亦是阿拉贡的斐迪南二世与卡斯蒂利亚的伊莎贝拉一世的外孙。查理五世即位之后励精图治，将哈布斯堡王朝的权势推向了顶峰，并开启了西班牙“日不落帝国”时代。他同时也是天主教的忠实捍卫者，长期与奥斯曼帝国及新教国家作战。

[4] 弗朗索瓦一世，又称“大鼻子弗朗索瓦”“骑士国王”。他从出身上看属于瓦卢瓦王室昂古莱姆支系，即位后被公认为法国史上第一位文艺复兴式的开明君主。他爱好文艺，鼓励学术，是不少艺术家（包括达·芬奇）与文人墨客的赞助者。同时他竭力与查理五世争夺欧洲霸主之位，是后者的死敌。虽然在与查理的交战中他总体居于下风，但身先士卒、百折不挠的作战风格为他赢得了广泛的美誉，颇受国民拥戴。但他日后为了牵制查理五世帝国，不惜与基督教公敌苏莱曼大帝结盟，也广受诟病。

[5] 枢机会议，亦音译为“康格拉夫”，拉丁语为“cum clave”，原意是“封闭的房屋”。它是罗马天主教会选举教宗的秘密会议，选举期间枢机主教团必须集中于梵蒂冈西斯廷小教堂内，在不受外界干扰的情况下进行闭门投票，故而得名。参见：丁光训，金鲁贤，张庆熊（主编），《基督教大辞典》，591 页。

[6] 洛伦佐·德·美第奇，被同时代的佛罗伦萨人尊称为“伟大的洛伦佐”，杰出的政治家、外交家，文艺复兴时期佛罗伦萨共和国的实际统治者，同时也是著名的文艺赞助人（赞助对象包括达·芬奇、米开朗琪罗等巨匠）。他在位期间，佛罗伦萨进入其黄金时代。克雷芒七世是他弟弟朱利奥诺的私生子，自幼由他抚养、教育。

[7] 当时的地中海基督教强国中，威尼斯、法国皆与奥斯曼帝国关系暧昧，查理五世的确是医院骑士团获得赠土的最佳选择。

[8] 马耳他岛，位于西西里岛以南约 93 公里处，公元前 10 世纪起便有腓尼基人来此定居。先后经历了腓尼基人、罗马人、拜占庭人、阿拉伯人、诺曼人的统治，1530 年后连同附属岛屿被查理五世租借给医院骑士团，直至 1798 年被拿破仑一世夺取。马耳他岛面积狭小，土地贫瘠，资源匮乏，亦无湖泊或河流，但扼住地中海贸易要道，且拥有深水良港，地理位置极其重要，历来为兵家必争之地。马耳他的气候属于典型的地中海气候，夏季炎热干燥，冬季温暖多雨，当地居民兼受阿拉伯及意大利的影响，其语言为阿拉伯语的一种方言，但岛民多为虔诚的天主教徒。今天的马耳他共和国拥有超过 45 万国民，人口密度居全世界第 7。参见：光复书局大美百科全书编辑部，《大美百科全书·23》，105–107 页。

[9] 此处的的黎波里，位于北非海岸，现为利比亚首都及第一大城市。为了与黎巴嫩的同名城市（也就是十字军东征时期“的黎波里伯国”的首府所在地）相区别，亦称“西的黎波里”。

[10] Stephen Dafoe, *An Illustrated History of the Knights Hospitaller*, pp.112–114.

H. J. A. Sire, *The Knights of Malta*, pp.59–60.

Ernle Bradford, *The Shield and the Sword*, p.127.

[11] 斯坦福·肖，《奥斯曼帝国》，123–126 页。

Stephen Dafoe, *An Illustrated History of the Knights Hospitaller*, pp.114–115.

Desmond Seward, *The Monks of War: The Military Religious Orders*, p.269.

Caroline Finkel, *Osman's Dream: The History of the Ottoman Empire*, pp.122–125.

Halil Inalcik, *The Ottoman Empire: The Classical Age 1300–1600*, Phoenix, 2001, pp.35–36.

关于弗朗索瓦一世发起科尼亚克同盟战争及随后意大利战争的详情，可参考：乔治·杜比，《法国史·上卷》，吕一民，沈坚，黄艳红等译，商务印书馆，2014，580–586 页。

[12] 罗杰·克劳利，《海洋帝国：地中海大决战》，76–77 页。

自 1530 年起，医院骑士团一直坚守每年向哈布斯堡王室上供游隼的约定，直至 1798 年被拿破仑一世驱逐离岛。

[13] 1 里格（League）约合 3 英里，5556 米。

[14] Ernle Bradford, *The Shield and the Sword*, pp.127–128.

[15] Helen Nicholson, *The Knights Hospitaller*, pp.116–117.

Ernle Bradford, *The Shield and the Sword*, pp.131–132.

虽然多数史料记载表明医院骑士团登上马耳他岛时得到了居民的认可，但也有不同的声音。例如马耳他本土历史学家扎米特（Zammit）爵士就认为，骑士团的到来剥夺了岛民原本享有的自治权利，因此骑士团与当地人一度关系紧张。

[16] Desmond Seward, *The Monks of War: The Military Religious Orders*, p.270.

按照团规和骑士入团时许下的誓愿，他们理论上不能拥有私人财产。但骑士团实际上允许骑士保留一部分战利品作为奖励，同时也会定期发放一笔“零花钱”。

[17] 巴巴罗萨·海雷丁出生于奥斯曼帝国莱斯博斯岛，原名海德尔（Khidr），父亲是一名具有阿尔巴尼亚血统的土耳其军官，母亲是当地希腊人。他与兄长奥鲁奇（Oruç）自青年时代便投身航海事业，既从事正规贸易，也参与海盗营生。奥鲁奇在同医院骑士团的作战中一度被俘，当了三年划桨奴隶，后被海德尔成功搭救。兄弟二人因卷入了奥斯曼皇子的帝位之争且选择了失败的一方，而不得不亡命北非，进而成为北非鼎鼎有名的海盗。1515 年后，奥鲁奇被塞利姆一世招安，获得了阿尔及尔的统治权，建立了自己的海盗王国。虽然奥鲁奇在查理五世的反击中兵败身亡，但海德尔继承了他的遗志，以巴巴罗萨·海雷丁的名号纵横地中海，并最终被苏莱曼大帝任命为奥斯曼帝国海军司令。巴巴罗萨·海雷丁航海经验丰富，作战时老谋深算、心狠手辣，在其治理下，奥斯曼海军进入了它的鼎盛时期。

[18] 1534 年 8 月，在巴巴罗萨占领突尼斯后不久，一队奥斯曼帝国使团从伊斯坦布尔出发前往法国，与弗朗索瓦一世秘密会晤。双方商谈了整整四个月，就共同对抗查理五世的哈布斯堡王朝达成了共识，并事实上结为盟友。但由于教皇保罗三世明令禁止基督教国家在与穆斯林交战时同室操戈，弗朗索瓦一世暂未采取行动，其与苏莱曼一世的密约也未公开。但在查理五世夺回突尼斯后，在穆斯林要塞中发现了大量法国援助的军火，法国与土耳其间的“暧昧”才浮出水面。参见：Stephen Dafoe, *An Illustrated History of the Knights Hospitaller*, p.124.

[19] 罗杰·克劳利，《海洋帝国：地中海大决战》，89–93 页。

H. J. A. Sire, *The Knights of Malta*, pp.61–63,p.88.

David Nicolle, *Knight Hospitaller (2): 1306–1565*, p.32.

Stephen Dafoe, *An Illustrated History of the Knights Hospitaller*, pp.120–125.

Desmond Seward, *The Monks of War: The Military Religious Orders*, p.271.

“圣安娜”号在多次海战中表现不俗，甚至一度成为医院骑士团的象征，但它的设计过于超前，维护费用不菲，需要的人力惊人，令医院骑士团不堪重负（因此在“圣安娜”号服役的后期，它已经因维护不佳而船况堪忧了）。“圣安娜”号的设计主要针对大规模海上会战，在小规模的海上破袭战、游击战中，由于相对笨重常常无用武之地，和平时期，它甚至一度被用来运输小麦（一次可运载 900 吨）。这也是它最终提前退役的重要原因之一。

[20] Stephen Dafoe, *An Illustrated History of the Knights Hospitaller*, pp.126–127.

H. J. A. Sire, *The Knights of Malta*, pp.63–65.

Philip Whittemore. "*Sir William Weston, last prior of the Order of St John of Jerusalem, d 1540 and his monument*". *Transactions of the London and Middlesex Archaeological Society 65*, 2014, pp.271–282.

1540 年后，医院骑士团在整个不列颠岛与爱尔兰的势力几乎烟消云散，唯一的例外是苏格兰，詹姆士·桑迪兰兹（James Sandilands）爵士作为托菲肯分部领袖，一直维系着医院骑士团在当地的存在，直至 1563 年不得不向苏格兰玛丽一世女王投诚。此后他以个人名义买下了这座宅邸，并成为托菲肯领主。

[21] 阿德里安 · 福蒂斯丘被以莫须有的罪名处死后，医院骑士团一直试图为他恢复名誉，1895 年教皇利奥十三世为福蒂斯丘行宣福礼（Beatificatio），正式认可了他天主教殉道者的身份。若论此时境遇最凄惨的英国医院骑士，则非大卫 · 冈斯顿（David Gunston）莫属——他于 1541 年被英王处以车裂之刑（hanged, drawn and quartered）。此外还有两名医院骑士在囚禁中死去。参见：Desmond Seward, *The Monks of War: The Military Religious Orders*, pp.271-272.

[22] 多里亚在普雷韦扎海战中鼠首两端的原因众说纷纭，一般认为他指挥的舰队原本属于其个人私财，为了尽可能减少损失，他采取了一种十分消极的策略。

[23] 雷斯（Reis）原意为“船长”，后成为对奥斯曼帝国海军高级将领的尊称。一位雷斯帕夏大体相当于西方的舰队司令。日后，图尔古特荣升为奥斯曼帝国海军司令、地中海贝伊勒贝伊（意为“贝伊中的贝伊”，地位高于普通贝伊）及的黎波里帕夏，权倾一时。

[24] 罗杰 · 克劳利，《海洋帝国：地中海大决战》，103-108 页。

Kenneth M.Setton, *The Papacy and the Levant, 1204-1571, Vol.3*, Amer Philosophical Society, 1984 p.555.

Stephen Dafoe, *An Illustrated History of the Knights Hospitaller*, pp.128-130.

H. J. A. Sire, *The Knights of Malta*, pp.66-67.

Helen Nicholson, *The Knights Hospitaller*, p.121.

Desmond Seward, *The Monks of War: The Military Religious Orders*, pp.273-274.

的黎波里的丢失将骑士团的内部矛盾暴露无遗，曾有历史学家声称霍迈德斯对法官威逼利诱以确保瓦利耶被判处重刑——这显然是受到了大团长政敌的蛊惑，因为大元帅其实未经任何审判便直接被投入了监狱。

[25] 罗杰 · 克劳利，《海洋帝国：地中海大决战》，125 页。

Helen Nicholson, *The Knights Hospitaller*, p.121.

Desmond Seward, *The Monks of War: The Military Religious Orders*, p.275.

H. J. A. Sire, *The Knights of Malta*, p.65,p.68.

Ernle Bradford, *The Shield and the Sword*, pp.132-134.

http://www.islalocalcouncil.com/promseng.htm#claude

[26] Stephen Dafoe, *An Illustrated History of the Knights Hospitaller*, pp.131-132.

Stephen Dafoe, *An Illustrated History of the Knights Hospitaller*, pp.275-276.

H. J. A. Sire, *The Knights of Malta*, p.68.

[27] 腓力二世，绰号“精明的腓力”（Felipe el Prudente），西班牙历史上的著名君主，曾迎娶英国女王玛丽一世为妻，在位期间西班牙帝国进入了鼎盛时期（号称“黄金时代”）。其领地除西班牙以外，还包括米兰、那不勒斯、西西里、撒丁岛、尼德兰、勃艮第等，他可算 16 世纪最有权势的天主教君主，也逐步扭转了基督徒在对抗奥斯曼帝国时的颓势。不过腓力二世以天主教保护人自居，多次干涉新教国家事务，并强力镇压尼德兰独立运动，因穷兵黩武，开支浩大，国家财政在 1557—1596 年间先后五次宣告破产。1588 年远征英国的无敌舰队惨败后，西班牙帝国开始走向衰落。

[28] 斯库多为马耳他骑士团国通用的银币单位，于大团长皮耶罗 · 德 · 蓬特在位期间首次铸造。骑士团离开马耳他之后，斯库多依旧在当地通行了很长时间，直至 20 世纪。19 世纪末 1 斯库多银币的价值约合 3.8 英镑。此外，在意大利诸邦，斯库多也是常见货币，但具体币值各有不同。

[29] 最后一位定居在比尔古的知名英国骑士为奥利弗 · 斯塔基（Oliver Starkey），曾任骑士团副土科波利尔。由于人丁凋落，马耳他的英语区分部最终遭废弃，他只能独自生活在附近的一所宅邸中。斯塔基博学多才，虽然英语区已经名存实亡，但大团长瓦莱特对他颇为赏识，后任命他为自己的拉丁语秘书，并负责骑士团的外交事务。而理查德 · 雪莱仅仅于 1565 年马耳他大围攻结束后至 1569 年短暂居住在比尔古，因与瓦莱特的继任者不和他最终选择了流亡威尼斯。

[30] 罗杰·克劳利，《海洋帝国：地中海大决战》，125–130 页。

John Francis Guilmartin, *Galleons and Galleys*, Cassell, 2002, p.133.

Kenneth M.Setton, *The Papacy and the Levant, 1204–1571, Vol.3*, pp.758–762.

Stephen Dafoe, *An Illustrated History of the Knights Hospitaller*, pp.132–133.

[31] 米赫里马赫公主是苏莱曼大帝唯一的女儿，深受宠爱。她并不愿隐居于深闺之中，而是积极投身政治活动，并广泛赞助帝国的文艺和建筑事业。米赫里马赫对晚年的苏莱曼颇具影响力，苏莱曼驾崩后，她甚至被即位的弟弟塞利姆二世尊奉为“苏丹皇太后”（Valide Sultan），虽然她并非塞利姆之母。

[32] 奥斯曼帝国长期实行银本位制（通用银币阿克切），而地理大发现后，大量美洲的贵金属（尤其是白银）通过西班牙、葡萄牙进入地中海世界，从而导致了持续的货币贬值及价格上涨（即所谓的“价格革命”）。奥斯曼帝国政府的岁入，从 1534 年的 500 万金币，锐减至 1591 年的 250 万金币，小麦的价格在 16 世纪累计上涨了 20 倍。参见：哈全安，《土耳其通史》，上海社会科学院出版社，2014 年，122 页。

[33] 罗杰·克劳利，《海洋帝国：地中海大决战》，134–142 页。

Desmond Seward, *The Monks of War: The Military Religious Orders*, p.277.

Stephen Dafoe, *An Illustrated History of the Knights Hospitaller*, pp.133–134.

H. J. A. Sire, *The Knights of Malta*, p.68.

Tim Pickles, *Malta 1565: Last Battle Of The Crusades*, Osprey Publishing, 1998, p.14.

Kenneth M.Setton, *The Papacy and the Levant, 1204–1571, Vol.4*, Amer Philosophical Society, 1984, pp.836–837.

读者若想了解 1565 年马耳他大围攻的详细进程，可阅读以下参考书：

Francisco Balbi di Correggio, *The Siege of Malta 1565*, Ernle Bradford(trans.), Boydell Press, 2011.（此为战役亲历者撰写，最宝贵的第一手资料。）

Ernle Bradford, *The Great Siege: Malta 1565*, Open Road Media, 2014.

Bruce Ware Allen, *The Great Siege of Malta: The Epic Battle between the Ottoman Empire and the Knights of St. John*, ForeEdge, 2015.

[34] 罗杰·克劳利，《海洋帝国：地中海大决战》，142–144 页。

Tim Pickles, *Malta 1565: Last Battle Of The Crusades*, pp.16–19.

[35] 参见：Francisco Balbi di Correggio, *The Siege of Malta 1565*, p.27.

弗朗西斯科·巴尔维·迪·柯勒乔出生于意大利雷焦艾米利亚的柯勒乔，1565 年马耳他大围攻期间，他作为火枪手随西班牙的一支援军在马耳他与骑士团并肩作战。战役结束后他于 1567 年将自己的日记整理出版，这成为关于马耳他大围攻少有的第一手资料，历来受史学家看重，例如医院骑士团官方历史学家贾科莫·博西奥（Giacomo Bosio，1544—1627）就曾在著作中大量引用弗朗西斯科的记载。亨利·巴尔维在 1961 年推出了此书的第一个英译本，但笔者在本书中引用的是历史学家厄恩利·布拉德福德（Ernle Bradford）1965 年出版的经过考证并略作删减的第二个英译本。

[36] 罗杰·克劳利，《海洋帝国：地中海大决战》，141 页。

H. J. A. Sire, *The Knights of Malta*, p.68.

Francisco Balbi di Correggio, *The Siege of Malta 1565*, pp.38–39.

[37] 罗杰·克劳利，《海洋帝国：地中海大决战》，155–161 页。

Francisco Balbi di Correggio, *The Siege of Malta 1565*, pp.36–41.

Tim Pickles, *Malta 1565: Last Battle Of The Crusades*, pp.21–25.

Desmond Seward, *The Monks of War: The Military Religious Orders*, pp.278–280.

Ernle Bradford, *The Shield and the Sword*, pp.152–156.

Helen Nicholson, *The Knights Hospitaller*, p.122.

马耳他战役爆发前，大团长瓦莱特曾派出一艘加莱船前往北非海岸收集情报，因为土耳其人的封锁，它与派往西西里报信的另一艘加莱船均无法返回比尔古。两艘战舰上共有约 600 人，这对骑士团是不幸的损失。关于奥斯曼人远征马耳他的军队人数，不同史书的记载出入较大，大体在 2.8 万—5 万人之间。笔者在书中采用了较高的数字，因为一些历史学家的保守估计往往没有计算从北非出发的奥斯曼帝国援军。1564 年苏莱曼的新军共有 1.3 万余人，他将其中近二分之一投入到马耳他战场，由此可见苏丹的重视程度。

[38] 当然，全身板甲亦非完美无瑕。在马耳他的夏季，骑士的甲胄常常令他们汗如雨下。1551 年，当英语区皮利耶约翰 · 厄普顿（John Upton）爵士披挂完毕准备上阵迎战入侵戈佐岛的图尔古特时，这位体型肥胖的骑士竟因炎热而死。参见：Tim Pickles, *Malta 1565: Last Battle Of The Crusades*, p.25.

[39] 读者若想进一步了解土耳其新军的历史，可参考笔者拙作《苏丹之刃——土耳其新军简史》，载于：指文烽火工作室，《战争事典 015》，人民日报出版社，2016 年，86-152 页。

[40] 罗杰 · 克劳利，《海洋帝国：地中海大决战》，162-165 页。

Francisco Balbi di Correggio, *The Siege of Malta 1565*, pp.42-45.

Tim Pickles, *Malta 1565: Last Battle Of The Crusades*, pp.27-28.

Desmond Seward, *The Monks of War: The Military Religious Orders*, p.280.

Stephen Dafoe, *An Illustrated History of the Knights Hospitaller*, p.138.

[41] 西洛可风是每年 3—5 月发端于撒哈拉沙漠贯穿地中海的强风，它干燥、炎热，途径马耳他时常常演化为猛烈的风暴，破坏力甚大。

[42] 罗杰 · 克劳利，《海洋帝国：地中海大决战》，169-173 页。

Francisco Balbi di Correggio, *The Siege of Malta 1565*, pp.48-50.

Tim Pickles, *Malta 1565: Last Battle Of The Crusades*, pp.28-29.

Stephen Dafoe, *An Illustrated History of the Knights Hospitaller*, pp.138-139.

Ernle Bradford, *The Shield and the Sword*, pp.156-160.

[43] 罗杰 · 克劳利，《海洋帝国：地中海大决战》，174-181 页。

Francisco Balbi di Correggio, *The Siege of Malta 1565*, pp.51-57.

Tim Pickles, *Malta 1565: Last Battle Of The Crusades*, pp.30-32.

Stephen Dafoe, *An Illustrated History of the Knights Hospitaller*, pp.140-141.

[44] 图尔古特的真正死因，历来众说纷纭，还有另一种流行的说法——他是被圣安杰洛堡发射的炮弹所伤。圣埃尔莫的战斗结束后，虽然穆斯塔法帕夏残忍虐待俘虏，但还是有少数守军幸运逃生。几名水性娴熟的士兵游回了比尔古，为大团长带来了要塞陷落的细节；另有几位骑士向图尔古特的部下投降，他们也保住的性命——这并非出于仁慈，而是海盗遵循传统希望用他们换取巨额赎金。参见：

罗杰 · 克劳利，《海洋帝国：地中海大决战》，183-206 页。

Francisco Balbi di Correggio, *The Siege of Malta 1565*, pp.58-90.

Stephen Dafoe, *An Illustrated History of the Knights Hospitaller*, p.141.

Desmond Seward, *The Monks of War: The Military Religious Orders*, pp.282-284.

Helen Nicholson, *The Knights Hospitaller*, p.123.

Tim Pickles, *Malta 1565: Last Battle Of The Crusades*, pp.34-45.

Ernle Bradford, *The Shield and the Sword*, pp.164-166.

[45] 罗杰 · 克劳利，《海洋帝国：地中海大决战》，207-229 页。

Francisco Balbi di Correggio, *The Siege of Malta 1565*, pp.91-118.

Stephen Dafoe, *An Illustrated History of the Knights Hospitaller*, p.142.

Tim Pickles, *Malta 1565: Last Battle Of The Crusades*, pp.48-55.

Desmond Seward, *The Monks of War: The Military Religious Orders*, p.285.

H. J. A. Sire, *The Knights of Malta*, p.70.

[46] 罗杰 · 克劳利，《海洋帝国：地中海大决战》，230-249 页。

Francisco Balbi di Correggio, *The Siege of Malta 1565*, pp.119-147.

Stephen Dafoe, *An Illustrated History of the Knights Hospitaller*, pp.142-143.

Tim Pickles, *Malta 1565: Last Battle Of The Crusades*, pp.56–64.

Desmond Seward, *The Monks of War: The Military Religious Orders*, p.286.

H. J. A. Sire, *The Knights of Malta*, p.71.

温琴佐·阿纳斯塔吉对手无缚鸡之力的土耳其伤兵痛下杀手，似乎有违医院骑士团宗旨，但在当时特殊的情势下，也不宜苛责。他在艰苦卓绝的马耳他大围攻中幸存，却于 1585 年因内斗死于两名医院骑士同僚之手。

[47] 罗杰·克劳利，《海洋帝国：地中海大决战》，250–273 页。

Francisco Balbi di Correggio, *The Siege of Malta 1565*, pp.149–189.

Stephen Dafoe, *An Illustrated History of the Knights Hospitaller*, pp.143–146.

Tim Pickles, *Malta 1565: Last Battle Of The Crusades*, pp.65–85.

Desmond Seward, *The Monks of War: The Military Religious Orders*, pp.286–287.

H. J. A. Sire, *The Knights of Malta*, p.71.

第八章
“海狗”岁月

在马耳他取得奇迹般的胜利称得上是医院骑士团的历史转折点。此前在很多欧洲权贵的眼中，这一古老的组织更像十字军时代的“活化石”，早已奄奄一息，行将就木。当捷报从比尔古传至全欧洲后，法国、西班牙、葡萄牙、教皇国竞相慷慨解囊，赠予了骑士团大笔重建资金。甚至新教国家也感到倍受鼓舞，英国坎特伯雷大主教马修·帕克还特意为此举行了隆重的纪念仪式。腓力二世一度对援救马耳他举棋不定，新任教皇庇护五世（Pius Ⅴ，1566—1572年在位）也对此颇有怨言，但事后，国王向骑士团表达了他的善意——鉴于守军伤亡惨重，1.5万名西班牙士兵被派往马耳他驻

防，以抵御奥斯曼帝国潜在的反扑，此举还为骑士团的重建工作赢取了宝贵时间。

庇护五世与来自豪门的前任庇护四世不同，他出身贫寒，早年甚至当过羊倌。即位时他已年过花甲，须髯皆白，头部谢顶，但个性坚毅果敢，从不轻易妥协，并且洁身自好，过着苦行僧一般的生活，甚至仅有两件粗羊毛衫，能够换洗便感到心满意足。[1] 面对新教势力坐大，庇护五世一方面拒绝与之妥协，另一方面雷厉风行地推行教会改革，并鼓动重拾十字军精神，而刚刚浴血奋战击退奥斯曼人的马耳他骑士团，在教皇眼中，无疑正是天赐的楷模。他不仅为骑士团送去大量资金，还破例赠予大团长瓦莱特主教冠(Galero,俗称“红帽子”)，当得知瓦莱特因忙于马耳他城市、要塞的重建而无暇前往罗马受此殊荣后，庇护五世又派去了意大利人弗朗切斯科·拉帕雷利（Francesco Laparelli，1521—1570，米开朗琪罗的徒弟和助手，文艺复兴时期的著名建筑家、工程师）以辅佐比尔古、瓦莱塔等地的设计施工。

西班牙驻军、教皇经费与拉帕雷利的到来稳定了马耳他的人心。大围攻之后，比尔古、圣埃尔莫、森格勒阿等地几乎化为废墟，战役的惨烈令幸存的骑士难免心怀不安，而苏莱曼大帝的报复随时可能到来——团友们纷纷鼓噪着放弃马耳他，撤往欧洲大陆，甚至骑士团的珍贵圣物也被一一打包，等待装船运走。依靠各方的援助，大团长终于成功安抚了部下。早在胡安·德·霍迈德斯统治时期，工程师安东尼奥·费拉莫尼奥就曾强烈建议在易守难攻的希贝拉斯半岛另建新都，但苦于物资人力短缺，计划未能实施。到瓦莱特统治时终于有条件去践行这一宏大的工程，新首都（即瓦莱塔）的施工持续了数年，直至瓦莱特去世仍未完成。新任团长皮埃

瓦莱塔海墙

◎ 瓦莱塔全景

◎ 瓦莱塔市内花园

◎ 圣雅各内堡内部

◎ 圣雅各内堡

尔·德·蒙特（Pierre de Monte，1568—1572年在位，意大利人）继承瓦莱特的遗愿，继续推进瓦莱塔的建设。

作为米开朗琪罗的弟子，弗朗切斯科·拉帕雷利大胆地为瓦莱塔采用了最新式的城防设计。新首都建于希贝拉斯半岛的高地上，三面环海，仅一面通过地峡与陆地相连。主城门有巨型棱堡（高达47米）进行防护，两侧分别是圣雅各内堡与圣约翰内堡，它们可对来犯之敌构成交叉火力；多层城墙带有一定倾角，足以抵御大炮的轰击，墙外是人工开凿的护城河。圣埃尔莫堡也得到彻底修复及扩建，与瓦莱塔融为一体，互成掎角之势。城墙内的建筑更加令人叹为观止。由于瓦莱塔是一座平地而起的全新城市，弗朗切斯科·拉帕雷利能够按照文艺复兴时的科技与审美大展拳脚。大团长宫、总医院、各语言区会馆、圣约翰教堂等地标建筑一一落成，高级骑士为修建自己的华美宅邸展开了激烈竞争，即使城内的普通民宅也都尽数配备了欧洲罕见的蓄水池（马耳他严重缺水）和下水道。每一座建筑均由专职建筑师设计，绝不雷同，甚至城中偏僻的角落也由精美的壁柱加以装饰。主干道从城门直抵圣埃尔莫堡，宽阔笔直，与中世纪蜿蜒局促的街道有云泥之别。1570年拉帕雷利去世后，他的助手、马耳他建筑师吉罗拉莫·卡萨尔（Girolamo Cassar）继续他未竟的事业。第二年3月，皮埃尔·德·蒙特正式宣布将骑士团总部由比尔古迁至瓦莱塔，团长本人也入住瓦莱塔大团长宫。这座精心打造的城市，虽然规模无法与罗马或巴黎相提并论，但舒适整洁，优雅别致，固若金汤——正如沃尔特·斯科特爵士所说："它是绅士建造的绅士之城。"[2]

瓦莱特的继任者皮埃尔·德·蒙特是骑士团一员德高望重的老将，1565年的大围攻中，他曾率部死守森格勒阿半岛，抵挡住了奥斯曼人的轮番进攻。图尔古特帕夏死后，北非的穆斯林海盗一度有些群龙无首，蒙特趁机派遣骑士团海军（一共拥有6艘战舰）四处出击，战果颇丰。但昔日图尔古特的爱将乌卢奇·阿里［基督徒习惯称他为奥基亚利（Occhiali）］逐步统一了巴巴里海盗各部，他很快被塞利姆二世任命为阿尔及尔总督，并在1569年为帝国重新夺取了突尼斯，声势大振。第二年7月，乌卢奇在西西里附近与一支由4艘加莱船组成的医院骑士团舰队不期而遇。战斗爆发后，医院骑士团舰队司令弗朗西斯科·德·圣克莱门特（Francisco de Sant Clement）竟下令弃舰逃生，战场风向突变，3艘加莱船很快沦为乌卢奇的战利品（这相当于整个骑士团海军的50%）。多达62名医院骑士阵亡或被俘，而弗朗西斯科却携带他的金银细软，登上西西里海岸，耻辱地保住了性命。当他返回马耳他后，迎来了全团上下的雷霆之怒。马耳他大围攻后，骑士团还从未遭受如此惨败。弗朗西斯科·德·圣克莱门特立即被移送法庭审判，最初骑士团法官参照十七年前加斯帕尔·德·瓦利耶丢失的黎波里的先例，仅仅将他开除出团。但民意汹汹，众怒难平，骑士们纷纷要求为遇难战友讨回公道。大团长皮埃尔·德·蒙特下令将案件发回重审。最终，弗朗西斯科·德·圣克莱门特被判处绞刑，尸体装入麻袋抛入海中，以儆效尤。[3]

弗朗西斯科的临阵脱逃为骑士团海军带来了严重损失，雪上加霜的是，此刻地中海再次进入多事之秋，皮埃尔·德·蒙特急需舰只和水手，以迎接奥斯曼人的挑战。土耳其新君塞利姆二世虽然昏聩，但他拥有一位精明强干的大维齐——苏库鲁帕夏（Sokollu Mehmed Pasha）。作为深受苏莱曼大帝宠信的股肱重臣，苏库鲁曾任帝国海军司令，对地中海的局势了如指掌，也洞悉奥斯曼帝国的长处与缺陷。马耳他一战后，基督教世界空前团结，而奥斯曼海军士气低迷，大维齐更愿意在匈牙利发动陆上攻势，对海上的征战持慎重态度。但他的两大政敌穆斯塔法帕夏与皮雅利帕夏作为医院骑士团的手下败将，竭力鼓动苏丹一雪前耻。尤其是穆斯塔法，作为帝师，对塞利姆具有很大的影响力。但时过境迁，马耳他的防务今非昔比，骑士团还得到了欧洲列强的鼎力扶持，苏库鲁总算说服苏丹放弃劳师远征的念头。作为妥协和交换，他同意在地中海发起一次水陆两栖战役，由穆斯塔法和皮雅利指挥，而目标定在了威尼斯共和国治下的塞浦路斯岛。

与医院骑士团在马耳他如鱼得水相比，威尼斯在塞浦路斯岛的统治并不得人心。共和国的天主教官员几乎将当地希腊东正教徒视作奴婢，其境遇甚至不如十字军时代。1516 年塞浦路斯总督计划通过缴纳赎金的方式令岛上 2.6 万名农奴至少部分获得自由，但居然仅有一人能凑齐 50 达克特。16 世纪 60 年代，两个塞浦路斯岛民甚至潜逃至伊斯坦布尔，当面向苏莱曼大帝陈情，表示塞浦路斯农夫们愿意箪食壶浆迎接王师前来“解放”。威尼斯人急忙向苏库鲁献上大笔贿赂，令他交出了这两个叛国之徒。虽然成功平息了事件，但这也打击了威尼斯人统治的信心。整个 16 世纪 60 年代，塞浦路斯局势动荡不安，1562 年的农民暴动以及接踵而至的饥荒、瘟疫、地震，摧残着这个曾经富饶平静的岛屿。在苏库鲁看来，塞浦路斯已是囊中之物。1570 年 6 月，穆斯塔法与皮雅利率领 6—8 万土耳其军队，在该岛利马索尔附近抢滩上岸（仅仅三年前，帝国还与威尼斯签署了和平协议，此举有背信弃义之嫌）。

◎ 大维齐苏库鲁帕夏

奥斯曼帝国的食言而肥逼迫威尼斯共和国与西班牙、医院骑士团、热那亚等国一道，加入了庇护五世组织的神圣联盟。同威尼斯人的义愤填膺相比，腓力二世显得有些心猿意马。西班牙国王正忙于镇压国内摩里斯科人（昔日伊比利亚半岛上的穆斯林的后裔，但多数已皈依基督教）的叛乱，在教皇特使的反复劝说之下，出于分散土耳其帝国兵力的考量，才勉强同意出征。腓力二世的异母兄弟奥地利的唐胡安被任命为联军主帅。但腓力同时委任乔瓦尼·安德烈亚·多里亚为西班牙舰队指挥官，并暗中叮嘱他多加掣肘，尽力延缓进军速度。为此，杀敌心切的威尼斯人不止一次与西班牙友军发生激烈争执。医院骑士团虽亦加入联军，但弗朗西斯科的败绩令它仅能派出 3 艘军舰（分别为“卡皮塔纳”号、“圣彼得”号、“圣约翰”号）参战，人轻言微，无法阻止联军的内讧。

地中海的另一端，塞浦路斯狼烟四起，已势如危卵。

被土军合围后，塞浦路斯首府尼科西亚只坚守了四十五天，穆斯塔法甚至将总督丹多洛的首级盛在盘中送往法马古斯塔向守军将领安东尼奥·布拉加蒂诺（Antonio Bragadino）“劝降”，但被后者严词拒绝。同年9月，奥斯曼帝国大军将塞浦路斯由威尼斯掌控的最后一座城市法马古斯塔重重包围，而布拉加蒂诺的部队仅有7000余人。威尼斯人在法马古斯塔体现出的血性足以与1565年的马耳他骑士团相媲美，在十倍之敌的围攻下，他们即使孤立无援，仍坚守了近一年之久。如果神圣联盟舰队不是在地中海逡巡徘徊，布拉加蒂诺本有机会创造奇迹。可援军毫无踪影，城中已弹尽粮绝。1571年8月，精疲力竭的穆斯塔法帕夏开出了诱人的条件，法马古斯塔城头最终升起了投降的白旗。

◎ 奥地利的唐胡安

穆斯塔法同意让剩余的威尼斯将士平安返回故土，几天后又撕毁了协议，以布拉加蒂诺拒绝提供人质和早先杀死战俘为由，将他们屠戮殆尽。布拉加蒂诺本人则成为土耳其人泄愤的目标，被一名犹太刽子手活活剥皮，然后经盐和醋处理风干，填满干草，作为特殊的战利品送往伊斯坦布尔。发生在法马古斯塔的骇人暴行终于彻底激怒了古老的威尼斯共和国。[4]

当法马古斯塔陷落之时，神圣联盟舰队正驻扎于西西里墨西拿港。除唐胡安以外，联军可谓名将云集：西班牙老将巴赞（Don Alvaro de Bazan，1526—1588，1569年受封为第一代圣塔克鲁斯侯爵，官至海军上将）、热那亚的乔瓦尼·安德烈亚·多里亚、马耳他骑士团的马蒂兰·罗姆加、教皇国的马可·安东尼奥·科罗纳（Marc Antonio Colonna，1535—1584，帕利亚诺及塔利亚科佐公爵）和独眼英雄阿斯卡尼奥·维托齐（Ascanio Vittozzi，意大利军事工程师，曾在1565年的马耳他大围攻中有着杰出表现）、威尼斯的塞巴斯蒂安·维内罗（Sebastian Venier，1497—1572，任威尼斯舰队司令）与阿戈斯蒂诺·巴尔巴里哥（Agostino Barbarigo，舰队副司令）……但他们各为其主，常常因作战方略争执不休。直到9月10日，经过唐胡安的斡旋，各司令官方达成共识——向塞浦路斯进军（他们对法马古斯塔的沦陷尚一无所知）。

10月4日，行至凯法利尼亚（Kefalonia）岛的联合舰队惊闻法马古斯塔陷落、数百威尼斯战俘被残忍杀害的噩耗。大敌当前，又听闻不少亲朋故交罹难，威尼斯人无不摩拳擦掌，复仇心切；得知奥斯曼人的暴行，西班牙、意大利籍士兵也难掩心头愤恨。联合舰队各国将士终于在最后时刻尽释前嫌。当初舰队成立的目的是援救塞浦路斯，而法马古斯塔的沦陷令他们失去了目标。唐胡安又一次在旗舰“皇家”号紧急召开了会议，会上依然有少数西班牙船长嘟哝着撤退，但威尼斯人用雷霆般的声音叫喊着复仇。血气方刚的唐胡安渴望建功立业，罗姆加也梦想着一雪1570年战败的耻辱。于是舰队起锚继续向奥斯曼帝国舰队的驻地勒班陀[5]进发，不过这一次不是为了援助盟友，而是为了畅饮仇敌的鲜血。

奥斯曼帝国海军司令索富·阿里帕夏（Sofu Ali Pasha）不愿闭门不出，他选择主动迎战。10月7日，他与唐胡安率领各自舰队出现在勒班陀以西约40英里的帕特雷湾，著名的勒班陀大海战由此打响。

神圣联盟舰队拥有206艘桨帆战舰和6艘加莱赛战舰，步兵包括：5000个威尼斯人、1500名教廷步兵、5000个意大利人、5000个德意志人、8000个西班牙人和4000名来自各国的志愿兵，总数达到了28500人，加上舰队中的海员和桨手，兵力接近7万人之众。土耳其舰队拥有216艘桨帆战舰，以及56艘桨帆快船和64艘小型弗斯特船。虽然土耳其舰队看似数量更为庞大，但重型军舰及火炮的数量却不如其对手。整个舰队约有5万名桨手和海员，步兵数量则为2.7万人，其中包括大约1万名精锐的土耳其新军。据说，双方集结的军舰数量达到了整个地中海诸国海军兵力的70%，可谓规模空前。

目睹土耳其舰队遮云蔽日的阵势，即使复仇心切的威尼斯人也不禁面露惧色。唐胡安临时于旗舰举行了一次参谋会议。在神圣联盟各国海军中，医院骑士团与奥斯曼帝国交手多次，经验最为丰富，因此，他特意征求骑士团海军司令罗姆加的意见。后者指了指身后旌旗招展的船队，豪情满怀地说：“如果您的父王查理五世尚在人世，直到饮马伊斯坦布尔之前，他绝不会停止进攻。”唐胡安再次向他确认：“您的意思是我们必须立刻进攻？”“是的，先生。”于是唐胡安转身冷静地对各位将领说道：“我们进攻吧！”

神圣联盟舰队被分为左中右三部分。前锋是威尼斯人的6艘重型加莱赛战舰；中军以唐胡安及其旗舰“皇家”号为核心，教皇国的科罗纳与威尼斯的维内罗作为后盾，共计60艘战舰；右路则是多里亚的舰队（包括3艘医院骑士团战舰），为数53艘；左路由威尼斯副帅巴尔巴里哥带队，共计57艘战舰；在他们后方，是老将巴赞统领的后备舰队，共30艘桨帆船。阿里帕夏的布阵大同小异，中军由他本人亲自坐镇，其旗舰“苏丹娜”号正对着唐胡安的“皇家”

号；右翼是亚历山大贝伊穆罕默德·苏鲁克；左翼是阿尔及尔总督乌卢奇·阿里帕夏——恰好对阵多里亚和医院骑士团，可谓冤家路窄。其中，多里亚及骑士团面临的压力最大，因为乌鲁克麾下足有67艘桨帆舰与27艘快船，而热那亚人仅有53艘战舰。

勒班陀海战打响后，双方北部与中部的分舰队率先接火。巴尔巴里哥的旗舰“兰特纳”号（Lanterna）遭到了苏鲁克的围攻，他本人被暗箭射中右眼，受了致命伤，但威尼斯士兵复仇心切，并未动摇。南侧的军需官马可·奎里尼（Marco Quirini）及时率部北上增援，攻击奥斯曼人的侧翼，与此同时，大批在土耳其人阵中服役的基督教桨手也纷纷倒戈。终于，土耳其人丧失了斗志，溃不成军，苏鲁克伤重被俘，旋即遭到处决。中部的战斗最为激烈。唐胡安与阿里像中世纪骑士那样选择了直接对垒，围绕两军旗舰（“皇家”号与“苏丹娜”号），双方展开了反复争夺。经过数轮炮击后，“皇家”号与“苏丹娜”号的将士不得不展开残酷的接舷战，800名士兵在狭窄的甲板上捉对厮杀，一时间战局陷入了胶着。但最终唐胡安的预备队加入了战斗，而阿里的部分战舰却擅自撤离了战场。在战斗最危急的时刻，教皇国舰队司令科罗纳询问医院骑士团名将罗姆加（罗姆加被分配到教皇国旗舰参与作战）：“是攻击下一艘敌舰，还是回援‘皇家’号？”罗姆加不发一语，夺过船舵，亲自操舰向“皇家”号驶去。威尼斯舰队司令塞巴斯蒂安·维内罗也赶来支援唐胡安。基督教士兵士气大振，再次登上了“苏丹娜”号。随着阿里本人的阵亡，唐胡安取得了决定性的胜利。

但是对整个奥斯曼舰队而言，战斗还没有完全结束。在双方整个阵型的南部，多里亚与乌卢奇·阿里还在玩猫鼠游戏。由于他们均处于最外线，直到中路发生激

◎ 收藏于英国伦敦国家海事博物馆关于勒班陀海战的油画

战后近一个小时，还没有正式接触。多里亚素来以谨慎多谋著称，而海盗出身的乌卢奇也算得上一只老狐狸，双方都不愿以身犯险。

多里亚观察到土耳其军在左翼的数量优势，担心己方侧翼遭到合围，于是只能减缓航速，向东南展开队形，以保护侧后方。乌卢奇也是老谋深算的将领，他明白若要发挥自己舰队的数量优势，就应该尽量延长战线，伺机插入敌军后方，以期与中军共同夹击对手。由于多里亚应对得当，突袭基督教右路舰队的侧翼看来难以得手，不过，多里亚的机动导致分舰队与中路舰队间出现了一个宽达1000码的缺口。乌卢奇敏锐地发现了这一个机会。

雪上加霜的是，热那亚人多里亚的分舰队中，混编了医院骑士团的3艘战舰以及部分威尼斯、教皇国的军队。他们原本就对主帅疑虑重重，此时更私下断定此人懦弱不忠、畏敌如虎。于是，共有16艘战舰未经多里亚允许，便擅自脱离了队列——他们准备去抵挡乌卢奇帕夏。这样一来，多里亚的阵线就变得支离破碎了，而他手上可直接掌控的兵力仅有不到40艘战船。

乌卢奇当然不会放过这样的天赐良机。他指挥舰队主力脱离与多里亚的对峙，向北加速前进以拦截那支孤军。在那10余艘军舰组成的基督教编队中，冲在最前列的是3艘马耳他骑士团的舰只，他们飘扬的红底白十字旗尤令乌卢奇愤恨。不待主帅动员，土耳其人便如狼似虎地向敌军扑去。双方接近5∶1的力量对比令基督教分舰队损失惨重。每艘马耳他战舰都遭到了至少7艘桨帆快船的围攻，骑士们虽然英勇奋战，但很快便寡不敌众。“卡皮塔纳”号被数艘土耳其战舰团团围住，土耳其士兵蜂拥而至，它的船员拼死抵抗，但无奈数量悬殊，最终几近全军覆没。来自萨拉戈萨的医院骑士拉米雷斯被无数箭矢射中，形同一只恐怖的刺猬，但他仍奋战在最前线，甚至一度令土耳其人望而生畏，不敢近身；一位勃艮第骑士英勇地跳上了土耳其军舰，手刃四名敌兵，直至被人潮吞没；而医院骑士团舰队司令官朱斯提亚尼（罗姆加被唐胡安调至中军后，由他全权指挥）身中五箭，最终力尽被俘。除他以外，“卡皮塔纳”号上仅有两人幸存，他们均身负重伤，失去了知觉，被误以为已经殒命。掌旗官、阿拉贡骑士唐马丁在爆炸中失去了左臂和半个肩膀，竟奇迹般地幸存了下来（日后他带着残疾光荣地成为骑士团安波斯塔城堡的堡主）。不过“卡皮塔纳”号的抵抗也令乌卢奇付出了阵亡300人的代价。与此同时，“圣约翰”号也招致了同样的命运，全船将士几乎无一生还。骑士团友军们的战斗同样可歌可泣：唯一的萨伏伊战舰拼死抵抗，全员阵亡；“北梭鱼”号的士兵费德里科·韦努斯塔左臂重伤，血流不止，他找到舰上一名划桨奴隶要求他替自己截肢，被惊恐万状的后者拒绝，于是他举刀自行做了“手术”，简单包扎后，立刻又投入了战斗；而“基督复活”号船长索兰佐在战舰失守的一刹那，毅然引爆了弹药库，与周遭数艘土耳其战船同归于尽。

尽管抵抗比预期激烈，乌卢奇还是在基督教舰队的阵列上撕开了一道口子，一

◎ 马耳他骑士团为纪念勒班陀海战200周年发行的邮票

路披荆斩棘，虏获颇丰。他夺取了医院骑士团的旗舰“卡皮塔纳”号，拖曳在身后，准备作为给苏丹的胜利献礼。然而，此时他对中路舰队阿里帕夏的遭遇一无所知，随着阿里帕夏的阵亡，乌卢奇与胜利在不知不觉中失之交臂。一艘神圣联盟右翼的加莱赛战舰终于进入了有效射程，它立即用密集的弹雨为遇难的战友复仇；多里亚也率领自己的舰队从土耳其人后方赶来，抄袭乌卢奇的后路；唐胡安、维内罗、科罗纳等人已经扫荡了阿里的主力，此时重整旗鼓，由北向南列队朝乌卢奇逼近：战局顿时逆转。如果以医院骑士团为首的16艘基督教战舰未做如此激烈抵抗，如果多里亚真的如传言所说逃离了战场，乌卢奇帕夏或许能及时北上增援阿里的中军，或许后者便不会落个枭首示众的结局。但此刻为时已晚，由于主力正与多里亚纠缠混战，乌卢奇手中仅剩30条船的机动兵力，而这股力量显然无法与北面杀气腾腾的唐胡安抗衡。乌卢奇是一个精明的海盗，他不会做无谓的牺牲，既然大局已定，他的首要任务便是尽可能多地带领部下全身而退。幸运的是，海面上忽然刮起了东风。乌卢奇麾下原本以桨帆快船居多，速度上占优，他聚拢身边的残兵，割断了“卡皮塔纳”号的缆绳，带领14艘船只朝着西北方绝尘而去。这是奥斯曼海军在勒班陀一役中唯一成建制保存下来的力量。[6]

勒班陀海战是一场惊人的大胜，足以名垂青史，但就整个战略态势而言，此战并没有立即改变地中海的实力平衡。1572年5月1日，教皇庇护五世因病逝世，神圣联盟顿时失去了主心骨与号召人。尽管如此，神圣联盟还是在6月于墨西拿集合，准备与科孚岛的威尼斯分舰队一道向塞浦路斯甚至达达尼尔海峡进攻。然而，在半年多的时间里，奥斯曼帝国依靠其惊人的财力与物力，又打造了一支多达150艘军舰的海军。当威尼斯使节前往君士坦丁堡一探虚实时，大维齐苏库鲁豪气干云地说道：“基督徒只是烧焦了我的胡须，但我却砍断了基督徒的臂膀。”平心而论，这只能算是一支外强中干的舰队，因为大部分有经验的水手和海军军官都在勒班陀一战中阵亡或被俘了，乌卢奇帕夏虽然抢救下来一部分水师，可他们不足以娴熟操纵这样大规模的第二支舰队。如果神圣联盟能立即发动大规模进攻，想必还会取得一场大胜，甚至可以封锁君士坦丁堡。可惜事与愿违。联盟虽外表光鲜，实质已沦为一盘散沙，威尼斯人为了商业贸易，首先选择与土耳其单独媾和，并咽下了丢失塞浦路斯的苦果。西班牙仍坚持战斗，1573年，唐胡安的舰队攻下了突尼斯，但第二年便被乌卢奇再次夺回。勒班陀战役后获得的全部成果，看上去已经丧失殆尽。

可是，奥斯曼帝国已悄然发生变化。塞利姆二世缺乏父亲的雄才大略，苏莱曼一世辉煌背后的各种积弊此时也慢慢凸显。通过勒班陀的惨败，务实的大维齐苏库鲁明白自己的国家无力在海上与欧洲强国正面竞争，于是将目光转向陆地。从16世纪末期至1683年维也纳之战，奥斯曼帝国继续在陆上开疆拓土，但已经是画地为牢——西面被基督教国家阻挡在意大利半岛之外，东面则有虎视眈眈的伊朗帝国。土耳其是一只被困在囚笼中的巨兽，而西班牙、英格兰、法兰西等国，则可以尽情扬帆出海去探索新世界，自此双方走上了不同的道路。勒班陀战役中，医院骑士团固然损失惨重（它失去了仅存的3艘桨帆战舰中2艘的船员），但也获益良多。连续两场对土耳其的胜利，令马耳他在此后两百年间未受到后者的严重威胁，骑士团真正在地中海中心站稳了脚跟。他们的威名四海远播，他们的战舰令穆斯林谈虎色变。八角十字再度赢得了世人的尊重，骑士团也迎来了发展的契机。

因为在马耳他大围攻及勒班陀海战中人员损失甚大，医院骑士团引入了大批新鲜血液。这些年轻的骑士成长于文艺复兴时代，与保守古板的老一辈间横亘着一道鸿沟。勒班陀海战后，马耳他附近的局势相对稳定，骑士团对西班牙的依赖有所降低，法国骑士的传统影响力得到了恢复。1572年，来自法国的让·德·拉卡西埃（Jean de la Cassière，1502—1581）当选为第51任大团长（此前任奥弗涅语言区皮利耶）。拉卡西埃是一位称职的军事指挥官，亦是一名老派的骑士，他近乎顽固地希望坚守骑士团的传统，并给年轻的下属们留下了傲慢、自负、不通人情的印象。拉卡西埃名垂青史的功绩是在瓦莱塔兴建了骑士团马耳他修会总教堂——圣约翰大教堂（今为瓦莱塔圣约翰副主教座堂，而主教座堂传统上设置于姆迪纳）。圣约翰教堂由吉罗拉莫·卡萨尔设计，建成后骑士团著名画家马蒂亚·普雷蒂（Mattia Preti，1613—1699）[7]在17世纪对它的内部进行了极其精美地装潢，使之被誉为巴洛克建筑的杰出代表，在欧洲享有盛誉。它长40米，宽20米，内部设有8间礼拜堂，分别代表八大语言区，是骑士团宗教活动的中心，多位大团长（包括利勒亚当、森格勒、瓦莱特、阿洛等）也长眠于此。

但接踵而至的一系列事件严重打击了拉卡西埃的威望。在统治之初，大团长便与马耳他主教在主教任免权上发生了尖锐矛盾。按照十字军时代以来的传统，骑士团本应拥有自主任免主教的权力，但这遭到了马耳他主教的反对。拉卡西埃无法令主教妥协，无奈之下不得不乞求教皇格列高利十三世（Gregory XIII，1572—1585年在位）介入调停，而教皇特意委派了一名宗教大法官前往马耳他，公开的说辞是为了防备新教徒的渗透，但此举实质上损害了骑士团的自主权，引发了许多骑士的不满。拉卡西埃大力支持部下劫掠穆斯林商船，甚至包括与穆斯林贸易的基督教国家舰只，这又引发了新的外交危机。1575年，骑士团海军捕获了一艘替犹太雇主运货的威尼斯商船，威尼斯政府对此怒不可遏，甚至威胁要没收国内的所有医院骑士团财产。拉卡西埃再度请求教皇调解。最终，骑士团不得不付出大笔赔偿。历史上，马耳他骑士不止一次“误伤”威尼斯船只，但如此屈尊尚属首次，很多拉卡西埃的部下认为大团长公开令骑士团蒙羞，对他的非议进一步蔓延。1578 年拉卡西埃发布条令要求医院骑士及属下的海盗不得侵犯威尼斯船只，只能劫掠非基督徒。很多骑士对此阳奉阴违，当面对威尼斯商船时，他们往往临时挂上别国旗帜以规避罪责。此后当腓力二世准备推荐自己年仅 17 岁的堂侄文策尔为卡斯蒂利亚与莱昂大修道长时，拉卡西埃似乎又一次准备退让。忍无可忍的卡斯蒂利亚骑士以公开叛乱作为回应，

◎ 瓦莱塔圣约翰教堂德语区礼拜堂（谢文拍摄）

◎ 瓦莱塔圣约翰副主教座堂

◎ 瓦莱塔圣约翰教堂中堂（谢文拍摄）

叛乱遭到了镇压，在教皇的命令下，这批犯上的骑士不得不公开对大团长表示悔改之意。但拉卡西埃已经尽失人心。

在私人生活方面，拉卡西埃也体现出矛盾的一面。他相当讲究大团长的排场与威仪，为了扩建大团长宫，不惜拆除了临近的意大利语区会馆（意大利骑士的愤怒可想而知）；另一方面，他又真诚地幻想恢复骑士团清心寡欲、安贫乐道的传统，要求属下远离奢靡生活，甚至不允许他们与自己的情妇往来——这便犯了众怒。1577年海军英雄罗姆加当选为副团长，名正言顺地成为骑士团内“少壮派”的希望与领袖。四年后，罗姆加通过一场不流血的政变软禁了拉卡西埃并取而代之，这是1317年大团长富尔克遭部下刺杀、围攻以来，骑士团内部最严重的危机。虽然在教皇的强力干预下，罗姆加最终未能如愿，但拉卡西埃也无法重新执政，后客死罗马。教皇扶持上台的于格·卢本斯·德·维达勒（Hugues Loubenx de Verdalle，1582—1595年 在位）并不能令骑士们心悦诚服，尽管教皇赐予他尊贵的枢机主教头衔，他依旧明白自己的统治很脆弱——维达勒执政的大部分时间都驻跸在罗马而非瓦莱塔。他唯一留名青史的政绩，恐怕仅仅是主持修建了维达拉宫（Verdala Palace，由吉罗拉莫·卡萨尔设计，今为马耳他总统夏宫）。[8]

第二任大团长雷蒙·杜·皮伊制订第一部团规时，医院骑士团还仅仅是个虔诚的天主教修道组织。团规中明确规定，当一名医院骑士与女性独处时，要保护她的贞洁，团长甚至禁止妇女为骑士洗手洗脚、整理床铺。时过境迁，16世纪后期的马耳他骑士团中十字军精神已渐行渐远，骑士团成员多来自欧洲的贵族家庭，早已习惯了声色犬马的日子。在同异教徒作战时，骑士团仍然英勇无畏，令人尊敬，但当他

◎ 维达拉宫

们返回马耳他后，饮酒、赌博、狎妓、决斗变得司空见惯。拉卡西埃天真地试图扭转这一趋势，却落得个身败名裂的下场。此后的两任团长——维达勒与马丁·加兹（Martin Garzez，1595—1601 年 在位）不得不采取无为而治的策略。进入 17 世纪，阿洛·德·威格纳库尔（Alof de Wignacourt，1601—1622 年在位）当选大团长后，终于认清了骑士团日益世俗化的事实，他成功地解决了前任留下的一系列难题，并在军事、民生和文化方面颇有建树。医院骑士团的历史也因此揭开了新的篇章。

◎ 阿洛·德·威格纳库尔及侍童，卡拉瓦乔绘制，现收藏于巴黎卢浮宫

阿洛·德·威格纳库尔于 1564 年加入医院骑士团时年仅 17 岁，第二年便参加了艰苦卓绝的马耳他保卫战，从此崭露头角。经过近四十年的历练，1601 年当选为大团长的威格纳库尔已是一名经验丰富、头脑灵活的老兵，他的睿智和手腕从即位之初颁布的一条政令便可略见端倪：阿洛·德·威格纳库尔宣布使徒圣保罗登上马耳他岛的日子恰恰为 1 月 10 日，与自己上任的日期正好是同一天——直到现在马耳他人还在纪念这个节日。勒班陀海战胜利后，马耳他岛长期太平无事，骑士们难免有所懈怠。威格纳库尔一方面积极鼓励部下出海劫掠穆斯林商船，袭扰北非海岸；一方面持续投入重金巩固强化马耳他本岛的防御工事（包括重建戈佐岛的奇塔代拉城堡），其中尤以一系列临海的瞭望塔及棱堡最为著名，至今还被马耳他人称作“威格纳库尔塔群”。

大团长的未雨绸缪最终收到了成效。1603 年和 1610 年，骑士团两度收到奥斯曼人即将入侵的预警，所幸最终都是虚惊一场。1609 年，在一场海上遭遇战中，医院骑士团舰队指挥官希瓦利埃·德·弗雷西内不敌达马特·哈里尔帕夏（Damat Halil Pasha，奥斯曼帝国著名海军将领，后曾两度担任帝国大维齐），骑士团海军损失了 3 艘盖伦帆船，弗雷西内本人也壮烈殉国。1614 年 7 月，由 60 艘桨帆船组成的土耳其舰队在达马特·哈里尔的率领下于马耳他南部马尔萨什洛克湾突然登陆，但阿洛·德·威格纳库尔已有所防备，新建的卢奇安塔用密集的炮火对土耳其人予以迎头痛击。哈里尔不得不转而在马尔萨斯卡拉（Marsaskala）湾附近上岸，约6000名土耳其士兵扑向这里的村镇梓橄（Żejtun），所幸居民已提前接到警报，尽数撤离。哈里尔的部下只能对着空无一人的梓橄泄愤，他们焚烧民宅，毁坏农田，当地的圣乔治教堂和圣凯瑟琳教堂也受损严重。接到情报后的阿洛·德·威格纳库尔迅速派出一队骑兵予以反击，训练有素的马耳他人也很快集结了多达6000—8000人的民兵向梓橄进发。经过几天试探性的交火，土耳其人发现毫无机会，只能悻悻地撤回的黎波里。战斗中医院骑士团无一人阵亡（约20人负伤），可谓完胜。战后针对马耳他防御的薄弱之处，大团长下令在梓橄附近修建了圣托马斯塔。经过1565年、1571年、1614年三场失败，土耳其人对医院骑士团心存敬畏，此后马耳他再未遭到奥斯曼帝国的直接进犯。

除了军事上的胜利，阿洛·德·威格纳库尔在发展马耳他的经济民生方面也有所建树。在16世纪末期，马耳他6万人口中有近四分之一从事着与骑士团海军或海上贸易相关的工作。威格纳库尔即位后，更加鼓励发展航海贸易与工商业。与古板迂腐的前任相较，他显得“通情达理”，对骑士的经商致富甚至风花雪月采取宽容态度。马耳他位于地中海中心航道，很快便成为各地商人、水手与游客的向往之地。大港区千帆云集，瓦莱塔人头攒动，一片繁华景象。针对马耳他缺水的现状，威格纳库尔主持修建了“威格纳库尔水渠”（Wignacourt Aqueduct），这项浩大工程竣工后，极大地改善了当地的农业与民生，令他获得了岛民发自肺腑的爱戴。作为代价，骑士团的风纪则无可避免地有所松弛。小小的马耳他竟成了梅毒的重灾区，当地人隐晦地称之为“法国病”，各种症状的梅毒患者在瓦莱塔的大街小巷徘徊，令人汗颜。17世纪初到访过马耳他的英国旅行家乔治·桑兹回忆说：“马耳他岛上共有三座女修道院，一所献给了圣母玛利亚，一所居住着改邪归正的前娼妓，另一

◎ 卢奇安塔

◎ 保存至今的威格纳库尔水渠

所则用于收留娼妓的私生女。”[9]

阿洛·德·威格纳库尔在文化方面最大的功绩，恐怕便是曾力排众议邀请画坛巨匠卡拉瓦乔加入骑士团。卡拉瓦乔全名为米凯兰杰洛·梅里西·达·卡拉瓦乔（Michelangelo Merisi da Caravaggio，1571—1610）1571年9月出生于意大利米兰，少年时代父母便先后去世，从13岁起他师从西莫内·彼得查诺（Simone Peterzano，据说是大画家提香的学生）学习绘画，1592年他来到罗马，逐渐显现出艺术上的惊人天赋。1600年他创作的《圣马太殉难》与《圣马太蒙召》在罗马引起了轰动，从此声名鹊起。但在画坛的光环之外，卡拉瓦乔恃才傲物，狂放不羁，私生活相当混乱，尤其喜欢与人斗殴，据说他的治安记录和审讯记录足有数页之多。1606年5月29日，在一次因赌债引发的口角中，他不慎杀害了一位名叫拉努乔·托马索尼的青年。[10]过去来自名流阶层的卡拉瓦乔拥趸们曾摆平了他的一系列出格甚至犯罪记录，但此次人命关天，证据确凿，他们也无能为力。画家只好狼狈地逃往那不勒斯，因为它处于教皇国的司法管辖权之外。当地的科隆纳家族欣赏卡拉瓦乔的才华，给予他庇护，他很快成为那不勒斯最享有盛誉的画家，并为教会完成了多幅重要作品。然而卡拉瓦乔感觉在意大利并不能高枕无忧，与此同时，长期从事宗教绘画也令他萌生了自我救赎的念头，而医院骑士团所在的马耳他似乎就是他洗涤灵魂的净土。

1607年7月，卡拉瓦乔慕名登上了马耳他岛。这一年阿洛·德·威格纳库尔刚刚由神圣罗马帝国赠予亲王头衔，人们开

◎ 卡拉瓦乔画像，奥塔维奥·莱昂尼（Ottavio Leoni）绘制

◎ 瓦莱塔圣约翰教堂珍藏的卡拉瓦乔代表作《被斩首的圣施洗者约翰》

始改称他“尊贵的殿下”。天才画家的突然来投被大团长视作莫大的荣光，威格纳库尔欣赏卡拉瓦乔的技艺，并不在乎围绕他的风言风语，为了保护他，甚至不惜触犯罗马的豪门（拉努乔·托马索尼出身名门）。大团长授予卡拉瓦乔马耳他骑士团官方画家的身份，甚至破格接纳他加入了骑士团（以卡拉瓦乔的血统和资历，他本无资格立即成为医院骑士）。按照惯例，骑士团新人需要分配到海军服役，考虑到画家的特殊情况，威格纳库尔特意免除了他的这项义务。卡拉瓦乔一度在马耳他如鱼得水，乐不思蜀，他生活富足，无忧无虑，备受尊重；作为回报，他绘制了大量作品献给大团长和骑士团，其中最具代表性的当属巨幅的《被斩首的圣施洗者约翰》（这是他唯一签名的作品，由瓦莱塔圣约翰教堂珍藏）和《阿洛·德·威格纳库尔及侍童的画像》（被誉为卡拉瓦乔人像画的巅峰之作），此外还包括为团内其他领导人所作的肖像画以及教堂壁画等。1608年7月，洛林王子弗朗索瓦到访瓦莱塔，并停留了整整六天。在此期间，他参观了圣约翰教堂，对卡拉瓦乔的新作《被斩首的圣施洗者约翰》赞不绝口，进而邀请他为父亲亨利二世创作一幅《圣母领报》（*Annunciation*，现收藏于法国南锡美术博物馆）。卡拉瓦乔欣然允诺，这张画作为他赢得了洛林公爵夫妇的欢心，日后正是仰仗他们的帮助，卡拉瓦乔最终获得了教皇的赦免。

◎ 阿洛·德·威格纳库尔的盔甲，现藏于瓦莱塔大团长宫武器盔甲厅

可惜好景不长，卡拉瓦乔暴躁的脾气依然如故。不久之后，他与一位高阶的医院骑士发生了严重的纠纷并令对手身负重伤（卡拉瓦乔属于“恩典骑士”，而对方属于“公义骑士”，地位更高），因触犯团规（按规定，殴打团友者将入狱直至开除出团）被关入了圣安杰洛堡的地牢。卡拉瓦乔显示出自己的聪明才智，他竟能成功越狱并于年底乘船逃亡西西里锡拉库萨港。虽然不久后他深感懊悔，并创作了《莎乐美与圣约翰的头颅》作为礼物献给阿洛·德·威格纳库尔以乞求宽恕，但大团长已经失去了耐心，不为所动。1610年7月，一代艺术巨匠、前医院骑士米凯兰杰洛·梅里西·达·卡拉瓦乔因热病在埃尔科莱港病逝。

卡拉瓦乔是一位才华横溢的艺术家，

◎ 医院骑士团墨西拿分团长安东尼奥·马尔泰利（Antonio Martelli）肖像画，卡拉瓦乔绘制

◎ 身着医院骑士团制服的西班牙文豪洛佩·德·维加

而非尽忠职守的医院骑士。他的离去固然令人扼腕，但也是情理之中。短短数年的骑士生涯中，他留下了宝贵的作品，也为大团长威格纳库尔的执政增添了几分瑰丽的色彩。由于卡拉瓦乔的知名度，医院骑士团在欧洲名流及文化界中的声望也大大提高了。[11]

阿洛·德·威格纳库尔之后，第二位长期执政的法籍大团长安托万·德·波勒（Antoine de Paule，1623—1636 年在位）将自己的精力集中于骑士团的内政上。在大团长宫、维达拉宫之后，他主持修建了第三座大团长官邸——位于阿塔尔德（Attard）附近的圣安东尼奥宫（San Antonio Palace，现为马耳他共和国总统府），这座精致舒适的建筑尤其以它风景如画的花园而驰名。1631 年安托万·德·波勒召集了 17 世纪医院骑士团最后一届修士大会（下一届在 145 年后才举行），利用这次机会，他下令进行一次彻底的“人口普查”，因此我们得到了准确的各语言区骑士数字：意大利语区 584 人，法语区 361 人，普罗旺斯语区 272 人，卡斯蒂利亚语区 239 人，奥弗涅语区 143 人，阿拉贡语区 110 人，德语区 46 人。与 16 世纪相较，法国骑士再次占据了数量优势（来自法国的 3 个语言区的骑士占总人数的 44%），而西班牙骑士的规模则有所下降。另一引人注目的变化是，骑士团中教士、军士的比例大幅降低，与总数达 1755 人的骑士相比，教士仅有 148 人，军士则为 155 人（其中缺少意大利语区的统计数字）。此时医院骑士团已真正演变为“骑士之团”了。

1627年，因教皇乌尔班八世（Urban Ⅷ，1623—1644年在位）鼎力举荐，大团长安托万·德·波勒破格将洛佩·德·维加（Lope de Vega，1562—1635）召入骑士团。作为诗人、剧作家和小说家，洛佩·德·维加才高八斗，一生创作了3部小说、3000多首诗歌和超过500部戏剧，他奠定了西班牙古典戏剧的准则，被塞万提斯（《堂吉诃德》的作者、西班牙大文豪）誉为“西班牙的凤凰”。他和卡拉瓦乔一样，大大提升了医院骑士团在欧洲文艺界的声誉。[12]

◎ 安托万·德·波勒

1636年当选的意大利籍大团长乔瓦尼·保罗·拉斯卡里斯（Giovanni Paolo Lascaris，1636—1657年在位）在医院骑士团历史中留下了自己的独特印记。他血统高贵，是文蒂米利亚伯爵的后裔，并与

◎ 圣安东尼奥宫

拜占庭拉斯卡里斯皇族（于1204—1261年统治尼西亚帝国）沾亲带故。1584年加入骑士团后，他长期在马耳他从事工农业管理工作，成绩斐然，1632年被任命为骑士团驻西班牙大使，拥有丰富的外交经验。四年后经激烈竞争，拉斯卡里斯从三位大团长候选人中脱颖而出，并执政达三十余年。在拉斯卡里斯漫长的统治时期里，骑士团经历了多次挑战和危机，却又幸运地一一逢凶化吉。

虽然三十年战争[13]是在阿洛·德·威格纳库尔任内爆发的，但当拉斯卡里斯即位后，它已经演变为全欧洲列强的混战，如脱缰野马失去了掌控。医院骑士团明智地选择置身事外，拉斯卡里斯甚至借机与法国发展外交关系（1565年马耳他大围攻后，医院骑士团传统上与西班牙帝国关系更加亲密）——骑士团同意了法国首相黎塞留要求他们为法兰西训练海军的请求。在马耳他骑士的帮助下，1638年年轻的法国海军击败了西班牙海军，令全欧洲刮目相看。与此同时，骑士团也并未与哈布斯堡王室交恶，马耳他本岛得以远离战火。第二年意大利半岛爆发的卡斯特罗战争（Wars of Castro，1639—1649）再度将骑士团置于两难境地。交战双方一方为教皇乌尔班八世，另一方为帕尔马及卡斯特罗公爵法尔内塞（Farnese）。作为医院骑士团的最高精神领袖，乌尔班八世要求他们提供战舰共同对抗法尔内塞家族，而后者及其盟友（包括威尼斯、佛罗伦萨、摩德纳等国）则竭力游说骑士团保持中立。面对复杂局面，拉斯卡里斯显示出他老练甚至狡诈的外交手腕：骑士团的确为教皇派出了增援舰队，但它仅限于“武力展示”，而不卷入战斗；与此同时，法尔内塞家族小心翼翼地将冲突严格限定在陆上——长达十年的战争中，医院骑士团的“增援”舰队未曾发射过一枪一弹。最终教皇国获胜，卡斯特罗城被彻底夷为平地，医院骑士团也算是笑到了最后。

尽管外交手段保障了马耳他的平安，拉斯卡里斯依然未雨绸缪，从1637年至1652年，他陆续主持在马耳他及戈佐岛兴建了一系列瞭望塔与工事，它们被统称为“拉斯卡里斯塔群”。作为“威格纳库尔塔群”有益的补充，拉斯卡里斯的工作进一步完善了马耳他群岛的防御力量，也大幅改善了骑士团总部的安全态势。

◎ 拉斯卡里斯主持修建的圣阿加莎塔（Saint Agatha's Tower）

不过，在马耳他的塔楼尚未全部竣工之时，却意外地发生了牵动全欧洲的1644年“9.28事件”。它发生于当年9月28日的罗德岛外海，6艘战舰组成的医院骑士团舰队袭击了从伊斯坦布尔出发前往亚历山大的土耳其船队。经过七个小时的激战，骑士团成功捕获了它们（包括一艘重型盖伦帆船“苏丹娜”号和若干小型舰只）。土耳其的600名船员中，阵亡了220人，包括前奥斯曼帝国首席太监森伯尔（Sünbül Agha）；医院骑士团司令官布瓦博德朗扎菲拉亦壮烈殉国，此外他们还损失了125人（包括9名骑士）。在盖伦帆船上，骑士团发现了大批价值不菲的货物，而俘虏中有一位据说来自土耳其后宫的贵妇，与她同行的男婴被认为是易卜拉欣（Ibrahim，1615—1648，绰号“疯子”）苏丹的骨肉。骑士们如获至宝，他们携带战利品凯旋，途中在威尼斯控制的克里特岛上岸补给，并出售了一部分货物，此举令奥斯曼帝国怀疑骑士团与威尼斯共和国共同谋划了这次作战。医院骑士团俘虏“苏丹家眷”一事很快在全欧洲不胫而走，成了对马耳他骑士绝佳的宣传，但也触怒了土耳其政府。由于坚信威尼斯为幕后主使（尽管共和国竭力否认，但百口莫辩），易卜拉欣一世选择同时对马耳他骑士团和威尼斯宣战，并于第二年6月派遣他的女婿率超过5万大军登陆克里特岛（对外假称远征马耳他）。长达二十四年的克里特战争（1645—1669）就此揭开了帷幕。1645年8月19日土耳其人成功占领重要港口汉亚（Hanya），随后土军主力返回安纳托利亚越冬，威尼斯人获得了喘息之机，开始增援克里特岛。但易

◎ 1644年9月28日医院骑士团围攻土耳其船队，1706年版画

卜拉欣却自毁长城，因对战利品过少不满，他处决了大批前线指挥官。1646年重启的攻势中，负责指挥的穆罕默德帕夏不得不为取悦苏丹而战，1648年对克里特首府干地亚的围攻亦陷入泥潭。教皇国、医院骑士团国与法兰西竞相对威尼斯施以援手，尤其是医院骑士团，毕竟克里特战争的爆发正因他们而起。1652年，7艘马耳他加莱战舰与威尼斯舰队联手，在医院骑士巴尔达萨尔（Baldassar）的率领下，挫败了25艘土耳其军舰的进攻，甚至俘获了土耳其玛尔维萨（Malvasia）贝伊的旗舰。1656年，6艘骑士团加莱船由格雷戈里奥·卡拉法（Gregorio Carafa，1615—1690，1680年当选为医院骑士团第62任大团长）指挥与59艘战舰组成的威尼斯舰队（包括7艘重型加莱赛战舰）合兵一处，大胆地驶向奥斯曼帝国的家门——达达尼尔海峡，主动拦截土耳其海军。6月26日，他们与多达107艘的土耳其军舰爆发了会战。医院骑士与威尼斯海军配合默契，战术高超，最终取得了一场史诗般的大胜：只有15艘土耳其战舰逃出生天，仅医院骑士团舰队便俘

虏了 8 艘土耳其加莱船和 3 艘加莱赛船，而己方无一损失，联合舰队从土耳其一方解放了多达 7000 名基督教划桨奴隶；伊斯坦布尔附近海域遭到彻底封锁，土耳其首都粮食短缺，民怨沸腾。克里特战争形势一度转而对威尼斯有利。[14]

17 世纪的医院骑士团领导层中，拉斯卡里斯具有罕见的国际视野，在参与克里特战争的同时，他还尝试着于加勒比海开疆拓土。1651 年，当威尼斯舰队正封锁达达尼尔海峡时，拉斯卡里斯委托骑士团驻法国大使雅克·德·苏夫雷（Jacques de Souvré）从路易十四（Louis XIV, 1638—1715）手中买下了圣克里斯托弗岛（Saint Christopher）及其附属岛屿。两年后，马耳他骑士团国为此正式与法兰西缔约：法国在理论上保留圣克里斯托弗诸岛主权，而骑士团获得全部经济、行政、宗教管理权；作为交换条件，骑士团保证只任命法籍骑士为群岛总督，同时每当法国新君即位时，送上一顶价值 1000 埃居（Écu，法国银币单位）的王冠作为贺礼。早在 16 世纪末至 17 世纪初、亨利四世当政时期，在法国拓展美洲殖民地的浪潮中已经活跃着医院骑士的身影。例如伊萨克·德·拉兹利（Isaac de Razilly，1587—1636，18 岁加入医院骑士团）在 1632—1635 年曾担任阿卡迪亚（Acadia，位于北美洲东北部的法国殖民地）总督，并被法王路易十三册封为法兰西中将。由于骑士团长期帮助法国训练海军，早期法国美洲殖民地官员中相当一部分与马耳他颇有渊源。医院骑士团圣克里斯托弗首任总督菲利普·德·隆维利耶（Phillippe de Longvilliers）已于加勒比地区为法国政府效力多年，对当地的风土民情了如指掌，他也是骑士团购买

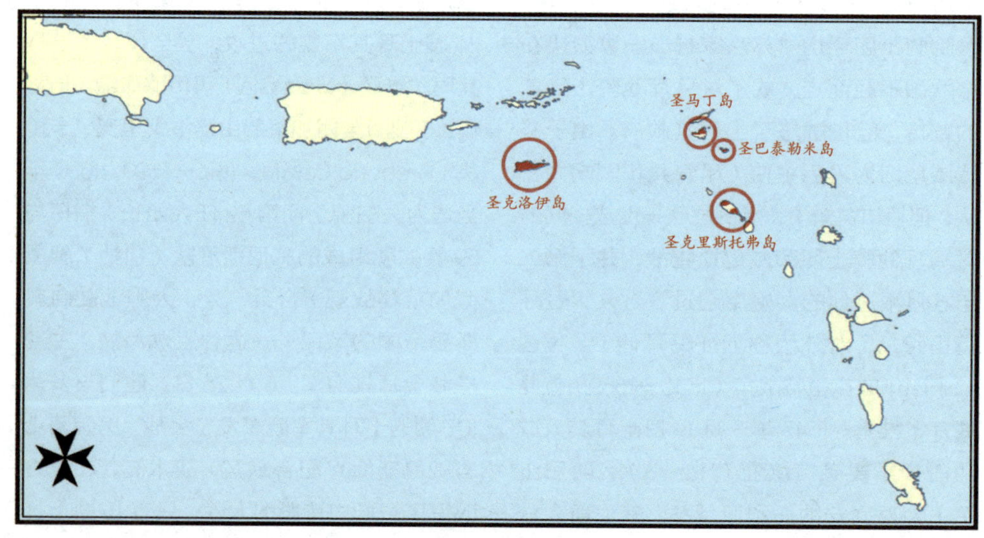

◎ 1651—1665年医院骑士团位于加勒比海的殖民地

美洲殖民地的幕后推手。经过隆维利耶的励精图治，圣克里斯托弗一度欣欣向荣，俨然成为医院骑士团位于大洋彼岸的“世外桃源”。可惜好景不长，维持孤悬海外的殖民地需持续投入大量人力物力，拉斯卡里斯与隆维利耶相继去世后，出生于阿拉贡的大团长尼古拉斯·科托内尔（Nicolas Cotoner，1663—1680 年在位）对斥资维系如此遥远的殖民地感到意兴阑珊，最终在 1665 年决定将圣克里斯托弗诸岛售还法国。骑士团在美洲的殖民生涯，历时十四年，最终画上了休止符。[15]

继承拉斯卡里斯大团长之位的马丁·德·雷丁（Martin de Redin，1657—1660 年在位）出身于西班牙，1641 年曾任纳瓦拉分团长，1656 年还被西班牙帝国任命为西西里总督。虽然其统治时间短暂，却承上启下，揭开了又一“西班牙时代”的序幕。此后的四十年（1657—1697）里，7 届大团长中竟有 5 位来自伊比利亚半岛，从而打破了法国骑士的垄断地位。马丁·德·雷丁与西班牙王室保持着良好关系，统治西西里的经历也令他在马耳他的执政过程中获益匪浅。当马耳他岛出现严重粮食短缺时，大团长利用其在西西里的人脉，顺利调来了大批食物，赢得了民心。克里特战争旷日持久，雷丁继续加强骑士团的防务力量，下令修建了一系列瞭望塔及工事，被称作“德·雷丁塔群”，他还组建了一支由 4000 名火枪手构成的新式陆军。1656 年骑士团与威尼斯联军在伊斯坦布尔城外大败奥斯曼海军，令土耳其朝野震动。同年 9 月 14 日，穆罕穆德四世任命穆罕穆德·科普鲁卢（Mehmed Köprülü，1575—1661）为新一任大维齐，从此奥斯曼帝国进入了所谓的“科普鲁卢时代”。穆罕穆德·科普鲁卢与其子法西尔·艾哈迈德·科普鲁卢（Fazıl Ahmed Köprülü，1635—1676，1661 年起接任大维齐）、养子卡拉·穆斯塔法（Kara Mustafa，1634—1683，1676 年接任大维齐）前后执政近三十年，他们整顿朝纲，锐意进取，奥斯曼帝国有了中兴的迹象，克里特岛的战局开始逐渐对土军有利。

马丁·德·雷丁去世后，来自西班牙马洛卡岛的拉斐尔·科托内尔（Raphael Cotoner，1660—1663 年在位）、尼古拉斯·科托内尔先后担任大团长一职，这也是骑士团历史中兄终弟及的特例。随着克里特战事吃紧，除骑士团海军外，拉斐尔·科托内尔派遣陆军驰援围困中的干地亚，此后数年中，他们一直与威尼斯守军并肩作战。心怀感激的威尼斯政府为此赋予境内的医院骑士携带武器的特权，这是共和国历史上前所未有的优待。虽然有医院骑士团、法国、教皇国鼎力相助，但威尼斯的整体国力毕竟不可与奥斯曼帝国相提并论。法西尔·艾哈迈德·科普鲁卢亲自督办克里特岛军务，他将套在威尼斯脖子上的绞绳不断收紧。而随着战事日渐不利，基督教诸国之间也产生了纷争，反土联盟渐渐分崩离析。威尼斯的友军纷纷撤离，1668 年，驻守在干地亚圣安德烈亚门的医院骑士也奉命回国。他们与土耳其人激战三个月，未曾后退半步，此时仅余 29 位幸存者。当他们扬帆远去后，威尼斯指挥官在给共和国议会的急信中哀叹道：“这批勇士的价值大过我们剩余的所有人！”事已至此，威尼斯的战败无可避免，土耳其亦伤痕累累。1669年，双方正式缔约，共和国放弃克里特岛，作为补偿，土耳其恢复了它在帝国境内的贸易特权。克里特战争终于画上了句号。[16]

克里特的沦陷对威尼斯共和国算得上沉重一击，而奥斯曼帝国的声望重新升至顶点，东欧再度笼罩在土耳其铁蹄的阴影之中，哈布斯堡王朝为此惶惶不可终日。与上述国家相比，马耳他骑士团的处境并未恶化。与威尼斯并肩战斗二十多年改善了骑士团与它曾经紧张的关系，骑士团的损失亦尚可接受；土耳其海军受损严重，未必有余力长途奔袭，攻占克里特后，大维齐法西尔果然将目光重新转向欧洲大陆，使马耳他本土幸运地远离了前线。不过，奥斯曼帝国的威胁依旧存在，为确保万无一失，从1669年起，尼古拉斯·科托内尔下令在马耳他修建了一系列犬牙交错的棱堡、城墙、战壕，它们融为一体，拱卫着比尔古与森格勒阿半岛，史称“科托内拉防线”（Cottonera Lines）。这项浩大工程结束后，整个防区可容纳4万人战时避难，也令马耳他成为地中海最坚固的堡垒之一。

整军备战之外，科托内尔兄弟还投入重金资助各国艺术家装饰首都，美化马耳他。其中的佼佼者当属马蒂亚·普雷蒂。1660年他正式被拉斐尔·科托内尔招纳入团，此后数年一直潜心于瓦莱塔圣约翰教堂的内部装潢。普雷蒂用大胆华丽的透视手法将教堂穹顶绘满了体现骑士团辉煌历

◎ 医院骑士团著名画家马蒂亚·普雷蒂

◎ 圣约翰教堂中的尼古拉斯·科托内尔墓

史的壁画，祭坛也得到了彻底翻新，地板则铺上了精致的马赛克。七大语言区也在教堂内展开了美学上的竞争，甚至历任大团长的坟墓也被打造成精美的艺术品。尼古拉斯·科托内尔之后的多位大团长对圣约翰教堂的美化也不惜工本。例如，17 世纪末即位的大团长拉蒙·佩雷略斯（Ramon Perellos，1697—1720 年在位）为圣约翰教堂购买了 28 块布鲁塞尔制作的精美挂毯，图案由佛兰德大画家鲁本斯（Peter Paul Rubens，1577—1640，巴洛克画派早期代表人物）亲自设计；1752 年骑士团甚至为教堂内的圣墓礼拜堂安装了一扇纯银大门……尼古拉斯·科托内尔不仅是一位艺术赞助人，1674 年他富有远见地在瓦莱塔总医院内开设了马耳他第一家近代意义上的医学院，并陆续培养了大批新生代医师，从而令骑士团的医术走到了欧洲的前沿，也显著提高了马耳他岛的医疗卫生水平。

至 17 世纪末，马耳他岛的商业高度繁荣，在地中海的贸易链条上它几乎完全取代了以往西西里的位置。18 世纪前期，除了传统的海盗收益，骑士团通过正常的商业往来同样积累了大笔财富。大团长的生活越来越像传统的帝王，例如，安东尼奥·马诺埃尔·德·维列纳（Atónio Manoel de Vilhena，1722—1736 年在位）统治期间，开创了用自己的头像铸币的先例；除瓦莱塔大团长宫外，他还斥重金于诺塔比莱另建豪华行宫；原则上骑士团本应过着清心寡欲的生活，维列纳却于首都主持兴建了一座优雅时尚的大剧院，那里定期上映欧洲顶级的歌剧与话剧。太平岁月里，瓦莱塔几乎夜夜笙歌，骑士团与马耳他人共享着来之不易的繁荣和安定。[17]

勒班陀海战后，医院骑士团的对外作战大体可分为两类：对抗异教徒和海上劫掠。在与奥斯曼帝国的交手中，双方互有胜负。1603 年，5 艘加莱船、9 艘支援舰组成的骑士团舰队远征伯罗奔尼撒半岛，一度攻占勒班陀并抓获了 400 名俘虏，令奥斯曼帝国朝野震动（这也是 1614 年土耳其舰队登陆马耳他的原因之一）。但骑士团的兵力不足以长期坚守，勒班陀最终得而复失。1606 年和 1619 年，骑士团两次企图攻打突尼斯港口均铩羽而归且损失惨重。1611 年他们重新出现在希腊近海，对科林斯发动了奇袭；1639—1640 年骑士团海军对的黎波里和突尼斯的攻势也收到了一定成效，巴巴里海盗对红底白十字旗心生惧意，不敢与之争锋，马耳他南线的安全局势因此颇有改观。1683—1699 年的“大土耳其战争”（Great Turkish War）中，医院骑士团加入神圣联盟（成员还包括教皇国、神圣罗马帝国、波兰、威尼斯、俄国等）与奥斯曼帝国作战。1683 年土耳其对维也纳的围攻功亏一篑，大维齐穆斯塔法引颈就戮，第二年骑士团出动海军全部主力（8 艘桨帆船）配合威尼斯舰队攻占了位于希腊西部的莱夫卡达（Lefkada），按照战功，1300 名土耳其俘虏中的四分之一被分配给了骑士团。1686 年骑士团海军继续与威尼斯海军在希腊沿海及达尔马提亚对土作战，并先后夺取纳瓦里诺、莫顿等地，一系列征战中，骑士团共有超过 600 人阵亡（包括33名骑士）。1699年，奥斯曼帝国终于无以为继，被迫签署《卡尔洛夫奇条约》，向神圣联盟割让了大片土地。大土耳其战争的结束宣告了奥斯曼帝国扩张时代的彻底终结。1714年奥斯曼帝国进犯威尼斯统治的希腊摩里亚地区，威尼斯、马耳他骑士团、神圣罗马帝国再度与之交战。18世纪欧洲传奇将领欧根亲王（François-Eugène，Prince of Savoy-Carignan，1663—1736，神圣罗马帝国陆军元帅）接连挫败土耳其军队，于1717年攻占贝尔格莱德，并乘势夺取了塞尔维亚、瓦拉几亚、波斯尼亚的部分领土；但威尼斯与骑士团未能收复摩里亚，所幸他们守住了伊奥尼亚群岛。1718年，双方缔结《帕萨罗维茨条约》（Treaty of Passarowitz）。这是医院骑士团最后一次参与对土耳其的大规模战役。不过，在与穆斯林势力的交往中，他们并非只有强硬的一面，早在十字军时代，医院骑士团的外交便以灵活务实著称。17世纪，提尔总督顶住奥斯曼帝国中央政府的压力，成为医院骑士团的盟友。大批挂着十字旗的马耳他船只停泊在提尔码头，堪称奇景。18世纪30年代，医院骑士团曾经出兵帮助遭到废黜的突尼斯贝伊夺回王位，凭借此举它赢得了后者的尊重，1740年突尼斯王子正式对马耳他进行了国事访问。18世纪后期，摩洛哥皇帝也曾作为贵宾，受到骑士团的隆重接待。由于与北非穆斯林的这一层特殊关系，医院骑士团常常充当欧洲国家与之交往的“中间人”，发挥了搭桥牵线的作用。

与正规会战相比，医院骑士团的“海上游击战”更加引人瞩目。土耳其人视之为赤裸裸的强盗行径，但骑士团更偏爱一个中性的术语——“科索”（corso，意大利语的意思是“远航”）。

骑士团的海盗活动早在罗德岛时期便已闻名遐迩，进入16世纪后半叶，甚至有了青出于蓝的趋势。虽然骑士团自身的舰队规模并不大，但通过发放“许可证”的方式，它急剧扩展了在地中海的力量。原则上，一切异教徒船只，包括与异教徒贸易的基督教船只，都是骑士团“讨伐”的对象。而最大的受害者，除了奥斯曼帝国，便是勒班陀海战时的盟友——威尼斯。共和国在土耳其拥有巨大商业利益，它的商船驰骋在黎凡特与意大利之间，面对虎视眈眈的医院骑士，难免会发生摩擦，甚至引发危机。

1565年大捷后的马耳他蜚声海内，也因此吸引了各国淘金者。大港区内舰船云集，除了骑士团官方的船只，还有不少领取执照、来历不明的“雇佣军”以及外国海盗船——他们的纪律自然无法保证。1580年以后，威尼斯人开始公开称马耳他骑士为“披着十字架的海盗”，与当年苏莱曼大帝对他们的指控如出一辙。1716年造访马耳他的威尼斯使节贾科莫·卡佩洛（Giacomo Capello）曾义愤填膺地写道：“对那些臭名昭著的马耳他海盗，骑士团官方极少予以惩罚，有助纣为虐的嫌疑。”骑士团对外国海盗在本岛的存在长期纵容，可能是出于经济和军事上的考量，但这的确损害了它的声誉。教廷对此也渐渐忍无可忍。1732年教皇克雷芒十二世（Clement

Ⅻ，1730—1740年在位）颁布谕令，要求除医院骑士团自身的舰只以外，严禁一切马耳他船舶从事海上劫掠活动。

勒班陀的硝烟刚刚散去，威尼斯与骑士团就产生了龃龉。1573年，两艘医院骑士团桨帆船在成功扫荡一艘土耳其盖伦帆船后准备返航，却在克里特岛外遭到7艘威尼斯战舰围攻。他们寡不敌众，多人死伤，威尼斯人为了抢夺戒指甚至不惜砍下骑士的手指，最后还侮辱亵渎了红底白十字的马耳他骑士团旗。此事激起了医院骑士团对威尼斯的仇恨。1577年以后，骑士团加强了对土耳其贸易线的攻击，威尼斯也因此不断蒙受经济、人员损失。共和国海运的重要雇主是犹太商人，骑士团认为，犹太人的财产根本不受保护，这就给了他们冠冕堂皇的袭击理由。在威尼斯政府看来，医院骑士团利令智昏，早已蜕变；但从同期后者的档案、史书记载来看，骑士们似乎真诚地相信自己正从事着伟大的“圣战”，攻击敌方商船是十字军精神的延续，而在他们眼中，与土耳其贸易的威尼斯人才是见利忘义之徒。

1578年，大团长拉卡西埃在教皇及威尼斯政府的强大压力下，不得不颁布法令，禁止骑士团攻击威尼斯船只，但异教徒船只仍不受任何保护。这一妥协并没有根本上改善与威尼斯的关系，因为马耳他拥有大批“非官方海盗”，何况还有部分精明的骑士出海后临时挂上别国国旗，从而规避罪责。拉卡西埃的示好反而被部分骑士当作他软弱无能的证据。五年后，一位名叫唐·迭戈·布罗谢若的医院骑士因海盗罪被威尼斯政府在基西拉（Kythira）岛附近逮捕。尽管骑士团辩解称他攻击的并非威尼斯船只且事发地不属于威尼斯水域，但威尼斯政府依旧将他投入监牢，西班牙国王腓力二世与萨伏伊公爵竭力调停也无济于事。直到两年后，健康严重恶化的布罗谢若才被放归马耳他，他很快一病不起。全团上下一片哗然，大团长维达勒也忍无可忍，于第二年正式对威尼斯宣战，曾经的盟友反目成仇，两国关系跌至谷底。[18]

数百年来，医院骑士团一直是教宗的宠儿，但此刻西斯克特五世（Sixtus Ⅴ，1585—1590年在位）却选择支持威尼斯。1585年他颁布诏书，保护犹太人的商业权利，禁止骑士团舰只（包括所有悬挂马耳他十字旗的舰船）攻击、劫掠任何与土耳其从事正当贸易的商船，不论其船主是基督徒，还是穆斯林，抑或犹太人。这对骑士团而言，无异于一记当头棒喝。大团长派出使节赴罗马游说教廷，但教宗不为所动。无奈之下，维达勒只能修改团规，要求麾下骑士不要袭扰商船，尤其是西班牙与威尼斯商船。骑士团与共和国的关系，因教廷的强势介入，稍有缓和。

阿洛·德·威格纳库尔即位后，意识到与威尼斯长期敌对有百害而无一利，选择主动示好。他着手规范了“劫掠许可证”的颁发，并要求所有船长出海前必须宣誓保证不攻击基督徒及获得团长、盟国君主担保的异教徒船只（盟国也包含威尼斯）。这便从源头上遏制了马耳他骑士对威尼斯航路的破坏。1614年，一艘骑士团盖伦帆船从土耳其人手中拯救了威尼斯商船“蒙达”号并将它物归原主，令威尼斯上下心怀感激。适逢西班牙帝国正打着对抗土耳其的旗号向亚得里亚海调兵遣将，威尼斯政府相信这是项庄舞剑，意在沛公。因此，他们决定利用这个机会实现与马耳他骑士团的关系正常化。作为回报，1617 年威格纳库尔拒绝了西班牙奥苏纳（Osuna）公爵提议共同远征亚得里亚海的请求。但此后数十年间，两国在海上的摩擦仍时有发生，虽然大团长反复保证本方的“科索”绝不针对威尼斯，还是有一批情不自禁的医院骑士因袭击共和国商船遭到逮捕，而为了弥补经济损失，没收骑士团在威尼斯国内的财产几乎成了惯例。

1644 年的“9.28 事件”阴差阳错地将威尼斯卷入了骑士团与奥斯曼帝国的纷争，随着克里特战争的爆发，共和国与医院骑士并肩战斗，血与火中缔结的情谊远胜过一纸合约所能提供的保障，两国的关系也随之进入了蜜月期。17 世纪末的大土耳其战争中，医院骑士团坚定地与威尼斯结成统一阵线，战果辉煌。1714 年艾哈迈德三世苏丹入侵威尼斯在希腊的领土，共和国派出贾科莫·卡佩洛出使马耳他求援，他此行还肩负着刺探骑士团情报的秘密任务。大团长拉蒙·佩雷略斯同意给予援助，但卡佩洛发回国内的秘密报告依旧相当负面：在他眼中，马耳他已经沦为海盗的巢穴，骑士团从中获益颇丰，甚至大团长本人也会从海盗的收入中抽取十分之一作为赋税。

◎ 17世纪的一艘医院骑士团桨帆战舰，佛兰德画家洛伦索·卡斯特罗绘制

1718 年《帕萨罗维茨条约》签署后，威尼斯和法国恢复了同奥斯曼帝国的合法贸易，两国共同对骑士团施压，要求他们放弃对土耳其的海上骚扰。为此甚至有部分法国军舰为土耳其商船护航，马耳他海盗的活动空间大受抑制。但骑士团仍近乎固执地坚持对土作战，1732 年 9 月，它的新式舰队在医院骑士雅克・德・尚布雷（Jacques de Chambray）的率领下，于埃及达米埃塔附近击败了一支土耳其舰队，俘虏了一名土耳其海军少将及大量军火、奴隶。不过由于传统的西方盟友无人响应，这样的胜利也只能是昙花一现。

从 1654 年至 1694 年，共有 497 艘舰船获得了骑士团官方颁发的“许可证”从事海盗活动，它们主要在北非沿岸劫掠，偶尔也深入地中海东部。“科索”为骑士团带来的经济收入超乎常人想象。例如，1661 年，一艘搭载着土耳其大使的商船被医院骑士团俘获，乘客中还包括不少帝国的名流显贵，为了赎回这些人质，土耳其人不得不支付了 20 万斯库多的巨款。1723—1749 年间，骑士团名将雅克・德・尚布雷累计进行了 31 次海上出击，共获得价值 40 万里弗尔（livre，法国货币单位，18 世纪 1 里弗尔价值约等于 1 磅白银）的财物。骑士团相当一部分“战利品”实际为异教奴隶，理论上，驱使、买卖奴隶似乎与骑士团“守卫信仰，拯救苦难”的宗旨不符。骑士团自身也体现出一种矛盾的态度。大团长安东尼奥・马诺埃尔・德・维列纳曾公开表示马耳他海军的任务并非奴役他人，而是保护基督徒、促进贸易；但他又说：“因敌人大肆抓捕基督教奴隶，我们以牙还牙也在情理之中。”

16—17 世纪，医院骑士团舰队一直以桨帆船为主力，进入 18 世纪后，这种古老的船型已渐渐落伍。1701 年骑士团以重金订购了 4 艘三级战列舰（Third-rate）[19]，分别命名为“圣约翰”号、“圣雅各”号、“圣雷蒙多”号、“圣凯瑟琳”号。它们一半建于法国土伦，另一半由马耳他本土生产，每艘装备 64 门大炮，于 1705 年正式服役。稍后还有一艘护卫舰“圣约瑟”号加入骑士团海军序列。旗舰“圣约翰”号拥有 14 名军官、440 名船员，其余 3 艘三级战舰各拥有 12 名军官和 380 名船员，护卫舰“圣约瑟”号则配备了 12 名军官和 186 名船员。整支新式舰队的人员规模达 1828 人。1705 年刚刚服役的风帆舰队便参与了一项护航任务，第二年他们与一艘土耳其四级战列舰（装备 48 门火炮）交手，并成功将其俘获。1707 年骑士团舰队支援了北非奥兰（Oran，阿尔及利亚西北部城市）的西班牙守军，以抵御来自阿尔及尔的土耳其军队的围攻。与此同时，传统的桨帆战舰的地位和数量不断降低。1701 年骑士团还保留了 6 艘桨帆船，到 1725 年就下降到了 4 艘。18 世纪，医院骑士团海军在鼎盛期共装备 5 艘战列舰、2 艘护卫舰、2 艘轻型护卫舰（corvette，装备不到 20 门火炮）和 4 艘桨帆战舰。新式风帆战舰可以全年巡航，而古老的桨帆船在地中海的活动期局限于每年 4 月至 11 月，被取而代之也在情理之中。

骑士团旗舰上的帅旗通常会上书以下格言：“上帝为我们指引方向。”其主桅悬挂着圣母玛利亚的旗帜，前桅和船尾则是圣约翰旗，船尾楼上通常还伫立着圣约翰的雕像，具有浓郁的宗教色彩。医院骑士团的战舰数量固然无法与西班牙、法国、英国等强权相比，但在地中海，它历来以训练有素、作战果敢著称。骑士团战舰能够仅通过一轮齐射便摧毁敌舰主桅，从而使它丧失动力——这是医院骑士令人闻风丧胆的成名绝技。

因为法国和威尼斯的强烈抵触，黎凡特地区的骑士团海盗活动开始锐减。而在北非，骑士团的新式海军屡屡在同巴巴里海盗对垒时占据上风，后者不得不选择避其锋芒，他们缩减了在地中海中部的活动规模，将重心置于地中海西部甚至大西洋。的黎波里等地的海盗甚至主动与骑士团缔约，停止攻击悬挂马耳他十字旗的船只。但骑士团的海盗活动并未彻底偃旗息鼓。1741 年，一位名叫格里洛的马耳他海盗在威尼斯与骑士团间引发了严重危机。他曾经是威尼斯公民，后移居马耳他岛以开拓自己的“事业”，并将劫掠的目标主要指向自己昔日的祖国。由于格里洛多次给威尼斯的商路造成严重损失，而医院骑士团对共和国的警告置若罔闻，威尼斯政府在这一年下令没收境内的全部骑士团财产，并授权威尼斯海军可以击沉一切悬挂马耳他十字旗的舰船。时任大团长曼努埃尔·平托·达·丰塞卡（Manuel Pinto da Fonseca，1741—1773 年在位）是一位政治强人，他不甘示弱，针锋相对地宣布禁止威尼斯贵族加入骑士团，同时鼓励骑士团海军和马耳他海盗主动袭击一切悬挂圣马可旗（威尼斯国旗）的船只。两国实质上已经处于战争状态。直到 1747 年，双方才达成妥协：威尼斯归还抄没的财产，骑士团则保证不再袭击共和国的商船（但这项承诺常常沦为一纸空文）。

1748 年 2 月，奥斯曼帝国罗德岛舰队旗舰“鲁帕”号的基督教划桨奴隶揭竿而起，他们制服了土耳其船员，操纵军舰克服险阻抵达马耳他岛。共有 150 名土耳其人沦为骑士团的阶下囚，其中包括奥斯曼帝国罗德岛总督穆斯塔法。第二年，身处囹圄的穆斯塔法企图与北非海盗里应外合，通过暴动趁乱逃出马耳他，然而，一位犹太商人获悉了他们的阴谋，及时禀告了大团长丰塞卡。大团长立即下令逮捕并处决了谋反者，唯一的例外是穆斯塔法本人。承法国政府求情，这位土耳其高官最终被赦免，并由法国船只送回了罗德岛。这一插曲清晰地显现出 18 世纪法国与奥斯曼帝国的特殊关系，以及它对骑士团政策的影响。

1751 年，不堪骑士团海军骚扰的威尼斯共和国关闭了科孚岛和扎金索斯（Zakynthos）岛的骑士团领事馆，以示惩罚。大团长丰塞卡则召回了驻威尼斯大使作为回应。三年后，这场外交纠纷终于得到圆满解决。威尼斯政府任命了一位意大利医院骑士马西米利亚诺·布扎卡里尼（Massimiliano Buzzaccarini）作为驻马耳他商务代表，与骑士团高层建立了稳定的联络渠道，双方的分歧从而得到及时解决。布扎卡里尼平均每两周向威尼斯政府做一次书面汇报，通过他共和国了解到马耳他骑士团国的方方面面，他们获悉马耳他日用商品极度依赖进口后，主动提出在威尼斯与马耳他之间搭建一条贸易航线。精明的威尼斯人借此拓展了在马耳他的市场，并将该岛打造为地中海重要的货运集散地。另一方面，与威尼斯稳定的贸易改善了马耳他人的生活，也减少了双方的敌意和冲突。1762年两国在平等互惠基础上正式签署了双边贸易协定，并在1782年顺利续约。此外，医院骑士团利用它在北非的独特影响力，积极为威尼斯的外交搭桥牵线——在他们的帮助下，1763年共和国与阿尔及尔、突尼斯签署和约，1764年及1765年又分别同的黎波里、摩洛哥实现了关系正常化。1750年后，医院骑士团在东地中海的海盗行为的确收敛了很多，威尼斯与马耳他的关系真正揭开了新篇章。1784—1792年，共和国甚至借用马耳他的海军基地以对抗突尼斯人。双方从十字军时代以来便明争暗斗，在18世纪后期终于成为稳固的盟友，可惜马耳他骑士团国与威尼斯共和国皆已行将就木，迟来的友谊显得太过短暂。[20]

17—18世纪医院骑士团的另一大成就是为盟国舰队训练船员，培养军官，从马耳他这个海军的摇篮中陆续涌现了大批名将。自黎塞留时代起，医院骑士团就对法国海军产生了很大影响，法国海军长期依赖马耳他骑士为他们培训人员，并积极学习借鉴骑士团的战术，一些叱咤风云的法国海军将领师从骑士团，甚至本身就曾为医院骑士。例如，阿内·伊拉里翁·德·图维尔（Anne Hilarion de Tourville，1642—1701）17岁起在医院骑士团海军服役，25岁后加入法国海军，多次率部击败英国、荷兰舰队，他深受太阳王路易十四器重，在1693年被册封为法国元帅；皮埃尔·安德烈·德·叙弗朗（Pierre André de Suffren，1729—1788）青年时代同时在法国海军和马耳他骑士团海军服役，后成长为法国海军优秀将领，1782年在印度洋击败了爱德华·休斯爵士率领的英国舰队，官至法国海军上将；查理-亨利-路易·德·阿尔萨克（Charles-Henri-Louis d'Arsac de Ternay，1723—1780）14岁加入医院骑士团，后进入法国海军服役，在七年战争和美国独立战争中有着杰出表现，官至海军少将；弗朗索瓦·约瑟夫·保罗·格拉斯（François Joseph Paul de Grasse，1723—1788）11岁加入医院骑士团，12岁起在骑士团海军服役，19

◎ 法国元帅、医院骑士阿内·伊拉里翁·德·图维尔

岁加入法国海军，1781 年美国独立战争中，率领法国海军在切萨皮克湾海战中挫败了英国舰队增援约克的企图，直接导致了约克镇英军向乔治·华盛顿及罗尚博伯爵领导的美法联军投降，对美国的成功独立做出了巨大贡献，他还拥有蒂利侯爵、格拉斯伯爵等头衔，最终官至法国海军中将……俄国女沙皇叶卡捷琳娜二世（Екатерина Ⅱ Алексеевна，1729—1796）为与瑞典争霸，希望在波罗的海组建舰队，她特意招募了年轻的医院骑士朱利奥·利塔（Giulio Litta，1763—1839）参与培训年轻的俄国海军。1790 年，在爆发于芬兰湾的斯文斯科桑海战（Battle of Svensksund）中，虽然俄国舰队被瑞典海军击败，但朱利奥·利塔表现突出，他成功于混乱中抢救出相当一部分舰只和人员，避免了更大的损失，最终官至俄国海军少将。

在漫长的“海狗”岁月中，骑士团海军树立了自己的威名，赢得了对手的尊重，但骑士团官方常常缺乏充足的资金维系昂贵的舰队，因此，不得不要求船长们以战养战，通过袭击敌船保持收支平衡甚至盈余。18 世纪中期以后，随着“海盗事业”的低迷，它的海军越来越入不敷出。1768—1769 年，维护骑士团舰队需要 961216 斯库多，但它一年的收入不过 864801 斯库多，出现了约 10 万斯库多的赤字。到了 1780 年，骑士团不得不向那不勒斯王国出售 2 艘战舰以节省开支，五年后又向西班牙出售了 2 艘桨帆船，舰队规模开始锐减。法国大革命爆发后，骑士团的财政情况进一步恶化。到了 1795 年，骑士团的风帆战舰只剩 1 艘三级战列舰和 2 艘护卫舰，且均已老旧

◎ 切萨皮克湾海战，左侧为弗朗索瓦·约瑟夫·保罗·格拉斯指挥的法国舰队，画作藏于美国诺福克海军博物馆

不堪，传统桨帆船也仅剩 4 艘。这样风烛残年的海军已无法抵御外敌登陆。骑士团在马耳他制造的最后一艘战舰是装备 64 门火炮的三级战列舰“圣约翰”号（意大利语：San Giovanni），它于 1796 年开工，1798 年下水，但因拿破仑的入侵而从未加入骑士团服役。[21]

16—18 世纪，医院骑士团的医疗事业也有了突飞猛进的发展，为当地居民带来了福祉。马耳他旧都诺塔比莱原有一座小型医院，骑士团登岛后，在比尔古修建的第二所医院并不对女性开放，实际上，它基本只为骑士团成员、士兵和水手服务（除非在战争时期）。在骑士团迁都瓦莱塔三年后（1575 年），第三所医院（骑士团瓦莱塔总医院）终于落成。它的功能较昔日罗德岛总医院有了大幅扩充，并且对全体马耳他人开放。1660 年左右，总医院进行了扩建，其主建筑长度延展至惊人的 500 英尺（约合 150 米）。17 世纪的团规要求瓦莱塔总医院至少雇佣 5 名内科医生、5 名外科医生，每晚至少保证有 3 名医生值班（包括一名外科医生）。1595 年耶稣会在岛上开办了第一所医学校，17 世纪后期尼古拉斯·科托内尔创建了真正意义上的医学院（增加了解剖学专业）。同时骑士团也定期资助年轻的医生赴国外学习深造。

按照团规，骑士团新人每周必须至少一次前往医院服务。英语区衰亡后，剩余的七大语言区被安排每周各一天派遣成员进驻医院照顾病人。而骑士团官方对医院的正式视察被定在“圣周”中的周四至周日之间，当大团长与高级官员们进入医院后，他们就不再享有特权，而是与普通骑士一样，承担救死扶伤的职责。这一传统一直延续到 18 世纪末。

18 世纪后医院骑士团的医学技术有了长足进步，在某些领域甚至冠绝欧洲。例如，瓦莱塔骑士团总医院是欧洲最早成功完成白内障手术的医院之一，它培养的眼科医生约瑟夫·巴尔特（Joseph Barth，1746—1818）在全欧享有盛誉，是骑士团的骄傲。米开朗琪罗·格里马（Michel'Angelo Grima，1729—1798）则是马耳他外科医生的杰出代表，据说他只需两分半钟就能准确取出病人的膀

◎ 骑士团名医约瑟夫·巴尔特，海因里希·菲格尔（Heinrich Füger）绘制

胱结石，令欧洲同行自叹弗如。他12岁起便进入瓦莱塔医学院，后前往比萨、佛罗伦萨大学深造，学成后于1763年返回马耳他行医。他在创伤外科方面造诣颇深，长期担任骑士团总医院首席外科医生及瓦莱塔医学院教授，并吸引了大批学生慕名前来求学。

骑士团在马耳他的漫长统治给当地人带来了安全和繁荣，也为各国冒险家提供了崭露头角的机会。著名西班牙海盗、作家阿隆索·德·孔特雷拉斯（Alonso de Contreras，1582—1641）[22]在自传中记载道：利用短短数年马耳他海盗生涯的收入，他就为自己的情妇购买了一栋昂贵的宅邸。除此以外，骑士团还在歉收时期为岛民提供赈济，平时里也承担慈善事务。不过长期以来骑士团都限制马耳他本地贵族加入，除非他们希望成为一名教士——这制约了骑士团的本土化进程，对马耳他人而言，高高在上的医院骑士始终是“外来者”，这为骑士团国的长治久安埋下了隐患。

骑士团的统治对马耳他文化也产生了深远影响，它引入了卡拉瓦乔、马蒂亚·普雷蒂、洛佩·德·维加等一流的艺术家，在马耳他各地大兴土木，令全岛建筑风貌焕然一新。曾经马耳他岛被欧洲人视作蛮荒之地，但17世纪以后，它逐渐成为南欧巴洛克艺术的中心之一，医院骑士团功不可没。马耳他第一所近代意义上的医学院和大学，也是由大团长下令成立的。骑士团的国际化使各国人才涌入这座岛屿，马耳他岛民也随着“科索”船队游历四方，提高了马耳他人的眼界与见识。

但与此同时，医院骑士团的领导层也开始发生显著的变化。一项证据是大团长的就职典礼越来越奢华，越来越接近君主的加冕仪式。传统上，大团长即位后是策马进入诺塔比莱的，但拉蒙·佩雷略斯改变了这一惯例——他选择乘坐豪华马车入城。他上任的当晚，诺塔比莱举行了盛大的赛马会，并特意为大团长及全体贵宾搭建了临时观礼台。每当举行不同仪式时，大团长就会更换一套崭新的制服，而他每到一处，都安排专人向围观人群抛洒大量银币，以收买人心。庆典中当然少不了宴会。在大团长入席前，按照惯例，他会首先向12位马耳他贫民分发食物（象征着基督与12门徒最后的晚餐）。随后，多达60名骑士将为他的酒宴服务，只有少数最尊贵的宾客有幸列席这场晚宴。大团长享用着纯银餐具，他的酒杯由黄金打造，一切待遇同欧洲国王无异。于格·卢本斯·德·维达勒在1582年获得了红衣主教头衔，于是他为自己的纹章添加了一顶耀眼的主教冠。1607年阿洛·德·威格纳库尔被神圣罗马帝国封为亲王，从此被尊称为“殿下”。而18世纪统治时间最长的大团长曼努埃尔·平托·达·丰塞卡首次采用“显赫的殿下”（Eminent Highness）这一称谓[23]，甚至公开在纹章上添加了一枚王冠——这显示大团长已经将自己视作君主，而非昔日的修道会领袖了。16世纪的普通医院骑士一度尝试着捍卫自身的自由权利，并取得了部分成功，但进入17世纪后，他们似乎已经接受了团长权力膨胀的事实。的确，自阿洛·德·威格纳库尔即位以来，大团长的头衔中便一直保留着“亲王”头衔，再也不是瓦莱特时代那个谦逊的“修士”了。[24]

17世纪20年代，修士大会努力通过修改团规简化大团长的选举程序，以提高骑士团的运转效率。1631年的大会上，这一改革得到了通过，此后团长的产生变得更加迅速和顺畅，但他的权力并没有得到制约。因为大部分修士大会的官员也觊觎着这份权力，希望有朝一日能登上团长的宝座。1741年就任的大团长平托野心勃勃，一度希望夺取科西嘉岛，为骑士团开疆拓土，同时也为自己谋求更尊贵的头衔（君王）。但他的努力被法国所阻挡，后者于1768年从热那亚共和国手中买下了这座岛屿。骑士团与法国依旧关系亲密，虽然马耳他仅仅是个弹丸小国，可骑士团大使却能享受乘马车进入法国宫廷的特权（后来在教皇国与西班牙也获得了类似权利）。平托才华出众，但喜欢独断专行，因担心自己的权力受到制约，固执地拒绝召开修士大会。抛开政治上的好处不谈，修士大会至少对整顿骑士团财务、消除积弊还是具有积极意义的。当平托去世时，骑士团的债务已经达到了近200万斯库多，每年需支付的利息，就有约12万斯库多之巨。

◎ 曼努埃尔·平托·达·丰塞卡画像，注意画面左侧的王冠，安托万·德·法沃瑞绘制

虽然对赤字心知肚明，平托依旧挥金如土。不过平心而论，大团长的投资并非为了个人享乐，而主要是希望刺激马耳他工商业，并促成科学、艺术的兴盛。他修葺了大团长宫，重建了卡斯蒂利亚语言区会馆，创建了马耳他大学，还在港口修建了壮观的仓库区。马耳他成为地中海的贸易枢纽，亦是奥斯曼帝国与法国贸易的中转站。1765年路易十五赐予骑士团法国国民待遇，大团长亦将部分瓦莱塔港区设为自由港。以上举措促成了18世纪中期马耳他的经济繁荣，也使平托获得了崇高威望。

作为马耳他的近邻，西西里与那不勒斯王国理论上拥有该岛的主权（当年查理五世将马耳他和附属岛屿“租借”予骑士团，而非永久割让）。平托即位后，西西里与那不勒斯国王查理七世试图“收回”马耳他岛，至少希望骑士团能对自己俯首称臣。为了迫使骑士团屈服，查理七世对马耳他实行了长达十一个月的贸易禁运。危机面前，平托顶住了压力，他依托法国、撒丁王国两大盟友，团结马耳他人民，针锋相对，寸步不让，最终迫使查理七世放弃了自己的要求，令马耳他转危为安。平托的铁腕促成了18世纪马耳他的一系列进步，深刻地改变了骑士团的政治面貌，但他的独裁也阻碍了应有的改革，加深了岛内各阶层的矛盾。他的继任者或资质平庸，或缺乏魄力，骑士团因此开始缓缓走向衰落。

1773年即位的弗朗西斯科·希梅内斯·德·特克塞达（Francisco Ximenes de Texada）在位仅两年便撒手人寰，医院骑士团随后迎来了1697年后第一位法国大团长——埃曼努埃尔·德·罗昂-波尔杜（Emmanuel de Rohan-Polduc，1775—1797年在位）。

罗昂就任之初也曾励精图治，锐意进取。面对前任留下的巨额债务，他大胆起用一位年轻的奥弗涅语区骑士让·德·博斯勒东·兰西亚（Jean de Bosredon de Ransijat）担任财务官一职。后者不仅精通数学，还具备骑士团中罕见的改革精神。他彻底抛弃了传统的账簿，在它的灰烬中重新建立了一套近代意义上的财务预算机构。在他的游说下，大团长于1776年11月召开了久违的修士大会。兰西亚不但希望借此解决财政困难，还富有远见地希望推行一揽子改革计划——核心目标是淡化医院骑士团的宗教色彩，切断它与教廷的从属关系，最终令骑士团转型为精英联合统治的世俗政权。为了完成这一大胆的变革，兰西亚甚至建议将教士与军士阶层排除出修士大会投票程序。可想而知，他的提案在骑士团古老的教士、军士群体中掀起了轩然大波，教皇庇护六世（Pius Ⅵ，1775—1799年在位）也表达了强烈反对。兰西亚的激进也引发了罗昂的不安，关键时刻大团长撤回了对财务官的支持。最终，修士大会通过的新版团规不但未实现世俗化改革，反而强化了骑士团的宗教义务（包括它救死扶伤的职责），但它同时批准了大刀阔斧的财务改革方案。至罗昂统治后期，医院骑士团终于实现了财政盈余，行政管理效率得到了提高，骑士团海军继续为法国、俄国培养着专业人才，在欧洲的影响力也得到了一定恢复。为了弥补英语区的长期缺失，罗昂创立了盎格鲁—巴伐利亚语言区，在晚年他又设立了俄国分团，将骑士团的势力延伸至东正教地区。此外他还兴建了蒂涅要塞(Fort Tigné),改建了卢奇安堡。

◎ 埃曼努埃尔·德·罗昂-波尔杜肖像画

但国际形势已经发生变化，罗昂的执政无法改变马耳他不得不在几大列强的夹缝中生存的现实。医院骑士团内部也不乏有识之士。1788年，德奥达·德·多洛米厄(Déodat de Dolomieu，1750—1801）[25]就曾一针见血地指出，医院骑士团就像一座蚁穴，自视甚高却又无比脆弱，随时可能被路人一脚踏得粉碎。[26]

18世纪后期，奥斯曼帝国对西欧的威胁已经烟消云散，相反，英法等国将它视作遏制俄国异军突起的一道屏障，医院骑士团的传统战略价值因此大为降低。启蒙运动在欧洲各国深入人心，骑士团奉行的十字军精神越发显得落伍和乖谬。作为天主教修士会，其领导人却以帝王自居，并在欧洲各国拥有大量财富，也招来了不少非议。在法国，废除骑士团的统治并没收它的财产，渐渐成为共识。而骑士团对危机的到来似乎浑然不觉。

18世纪后期的骑士团倒也并非食古不化，它的医学事业取得了长足进步，也涌现出一批以德奥达·德·多洛米厄为代表的近代学术精英，具有讽刺意味的是，大团长曼努埃尔·平托却依旧沉迷于古老的炼金术。危险已经临近，合理的应对是未雨绸缪，替骑士团另寻稳固的大后方，但领导层依旧采取一种抱残守缺的态度，步履蹒跚，屡屡错过良机。17世纪殖民加勒比的政策已经彻底失败，1735年圣方济各会曾建议与骑士团联合成立“埃塞俄比亚公司”，以援救当地饱受阿拉伯海盗困扰的居民，但大团长拉蒙·德皮（Ramon Despuig，1736—1741年在位）唯恐此举会触怒英法两国，予以断然回绝。1793年大团长罗昂曾试图向新生的美利坚合众国租借一片北美殖民地，他提出的互惠条件是向美国开放马耳他口岸，后者一度表现出兴趣，可惜此事最终亦不了了之。18世纪末骑士团同俄国女沙皇叶卡捷琳娜二世一度亲善，它希望借机扩充在波兰的势力与财富，然而骑士团领导层与俄国驻马耳他大使（希腊裔东正教徒）关系恶劣，外交斡旋陷入了僵局。1796年，风雨飘摇的骑士团甚至尝试着与奥斯曼帝国塞利姆三世缔约通商，最后时刻大团长因顾虑此举有违骑士团数百年的宗旨和章程而否决了动议。至此，一切外交上的自救活动均宣告失败。

1789年法国大革命的爆发彻底改变了医院骑士团的命运。[27]新成立的法国国民议会（National Assembly）强力推行宗教改革。通过《教士的公民组织法》等系列法案，主教的权力受到限制，教士改由人民选举产生，教会的财产被收归国有，神职人员需向法国国王效忠——最终的目的是切断罗马教廷对法国教会的控制，实现教会的独立自主及世俗化。以上种种举措对天主教世界的冲击可想而知。最初，作为主权实体，医院骑士团得到了国民议会的破格优待。它的财产大体安然无恙，法国政府依旧给予它免税的待遇。可惜好景不长，1791年国民议会被国民立法议会（Legislative Assembly）取而代之，新议会改变了对骑士团的政策。它将医院骑士团视作在法国拥有大量财产的外国组织，废除了后者的免税特权，同时规定法国公民一旦加入医院骑士团就会自动失去公民权利。在法籍大团长埃曼努埃尔·德·罗昂-波尔杜看来，这不啻为严重的挑衅。当路易十六决定对抗革命者时，骑士团为他提供了一笔50万里弗尔的巨款。同年6月，国王出逃失败，王室遭到软禁。东窗事发后，骑士团与革命政府的关系急剧恶化，而大团长得知这一噩耗后中风发作，在他生命的最后六年中，他的右半身几乎瘫痪。因为大团长任期终身，这对医院骑士团而言是一场灾难。如果罗昂身体健康，他或许有精力领导全团渡过难关，如果他因病逝世，骑士团也可顺利早些选出新一届领导人——他的瘫痪令骑士团陷入了群龙无首之中。

1792年9月19日，骑士团在法国的全部财产被没收（价值高达1.12亿里弗尔），逃离法国的法籍医院骑士遭到缺席审判，巴黎分部被革命政府改建为监狱，用于囚禁王室成员。雪上加霜的是，随着法国军队走出国门作战，他们每到一处便同样没收医院骑士团的财产。骑士团位于意大利和莱茵河左岸的分部因此损失惨重。西班牙、葡萄牙、那不勒斯、西西里等国君主也纷纷落井下石，开始对骑士团征收10%的赋税。1788年，医院骑士团岁入共3156719里弗尔（其中，法国三大语言区贡献了44%），支出2967503里弗尔，尚略有盈余。1792年后它的岁入急剧下滑至约100万里弗尔，债务则飙升至约600万里弗尔。与此同时，大批法国难民涌入马耳他，其中不少是被缺席判处死刑的法籍医院骑士，他们额外加重了骑士团的负担。面对空前的危机，骑士团本应节省一切开支，但当他的秘书建议取消对马耳他小麦的津贴时，大团长竟断然拒绝，因为在他看来，此举会抬高当地粮食价格，从而危及穷人的生存。罗昂出售了自己的全部珠宝，将所得缴入国库，他叮嘱自己的仆人，每天饭桌上的花费不得超过1斯库多，剩余的餐费则分给拮据的团友……大团长的高风亮节令人肃然起敬，但多事之秋，未免有些妇人之仁。

1793年法国向马耳他派驻了新任大使，虽然革命党对马耳他骑士团十分鄙视，认为它是落后的封建神权国家，但大使依然被要求安抚马耳他政府。因为法国理解马耳他在航海贸易上的枢纽地位，英国、俄国正对它虎视眈眈，法国暂时不愿将骑士团推入敌人的怀抱。法国政府甚至暗中决定，一旦马耳他遭到英国舰队入侵，就出动海军保卫它。天有不测风云，同年路易十六被处决，此事严重伤害了骑士团上下的情感，因为数百年来法兰西王室一直是它重要的盟友和保护人。法国贵族出身的大团长罗昂禁止马耳他的法国舰队升起三色旗，也拒不承认新生的法兰西共和国，这一鲁莽的举动被法国政府视为宣战。8月土伦爆发了保王党人的叛乱，英国与西班牙舰队趁势占领了这座海港，法国地中海舰队尽陷敌手，罗昂也派出600名士兵加入了反法同盟的队伍，并对法国人关闭了瓦莱塔港（虽然它是自由港）。但法国此时面临着反法同盟的围攻，暂时无力进犯马耳他；大团长很快也意识到背后的风险，经过谈判，此后数年骑士团宣布对法国保持中立，一场战争也暂时得以避免。

1796年即位的俄国沙皇保罗一世（Paul Ⅰ，1754—1801）崇拜医院骑士团，医院骑士朱利奥·利塔获得了他的垂青，在沙皇扶持下，骑士团在俄国的岁入增长至5.3万弗罗林，在骑士团各地分部屡遭重创之时，这算是难得的好消息。俄国的亲善为骑士团提供了潜在的后方，也给大团长提供了些许转圜的空间。

1797年7月埃曼努埃尔·德·罗昂-波尔杜离世，给骑士团造成了又一次沉重打击。骑士团本应慎重选出一位头脑灵活、意志坚定的领导人，但仓促之际他们却推出了史上第一位来自德语区的大团长——斐迪南·冯·洪佩施（Ferdinand von Hompesch，1797—1799年在位）。法国三大语言区的没落以及西班牙与法兰西共和国的结盟，令骑士们的选择颇为受限。大团长候选人只能来自意大利或德意志——然而拿破仑已染指北意大利，南部的那不勒斯王国则有着反复无常的劣迹。因此，在罗昂病危期间便有人断定下一届大团长将来自德语区。巧的是，一则广为流传的预言声称，骑士团在马耳他的末代大团长将会来自德意志。此外，斐迪南·冯·洪佩施的确称不上最佳人选。他来自巴伐利亚，14岁加入骑士团，曾为大团长平托的侍从，从1775年起长期担任骑士团驻哈布斯堡王朝大使，1796年后兼任德语区皮利耶。洪佩施是一位老练的外交官，头脑精明，善于察言观色甚至阿谀奉承，但他极度欠缺军事经验，对国际战略几乎一无所知，这对大团长而言几乎是致命的缺陷。洪佩施为了选举花费甚巨，并欠下了数万斯库多的债务。当选后虽然享有团长的津贴，与罗昂相比，他却不曾资助团内窘迫的部下一分一毫（马耳他岛内当时寄居着大批法国骑士“难民”）。但对待马耳他人，洪佩施摆出了亲民的面孔，他善于收买人心，粉饰太平，在岛上十一个月的统治中，的确获得了百姓的爱戴。大团长也意识到法国的威胁，并将主要精力用于请求列强（尤其是俄国）的保护，甚至授予保罗一世骑士团保护人的头衔；但他几乎没有采取任何有力措施去动员全团备战，或加固马耳他的城防。[28]

在法国大革命的乱世中，一位来自科西嘉岛的青年军官拿破仑·波拿巴（Napoléon Bonaparte，1769—1821，即未来的法国皇帝拿破仑一世）已脱颖而出：1794年的土伦港战役中，他表现优异，被革命政府破格提拔为陆军准将（时年24岁）；1795年督政府执政后，他被任命为巴黎卫戍司令，升任陆军中将；第二年他作为意大利方面军总司令，在半岛东征西讨，所向披靡，成为法国人崇拜的英雄，获得了极高的威望，但也引发了督政府的忌惮。1798年拿破仑提出远征埃及，以便为法国打通东方之路，虽然与英国战事正酣，但督政府为了使他远离政治中心，顺水推舟，给予了全力支持。1798年4月，拿破仑·波拿巴被任命为新组建的“东方军团”的司令官，布吕埃斯海军中将（François-Paul Brueys d'Aigalliers，1753—1798）任舰队司令，其中，拿破仑麾下的陆军人数达2.9万余人。而若要横渡地中海进攻埃及，马耳他是一座无法绕开的桥头堡。

拿破仑很早便意识到马耳他的战略价值，1797年5月，他曾秘密建议督政府占领该岛，但督政官对此事的态度十分消极。于是他转而游说外交部部长塔列朗（Talleyrand，全名：Charles Maurice de Talleyrand-Périgord，1754—1838）[29]："为什么我们不占据马耳他？舰队停靠马耳他期间，布吕埃斯完全有机会成为岛屿的主人。瓦莱塔的守军不过400名骑士、500名士兵，而10万马耳他居民生活困窘，普遍厌恶骑士团的统治。我在意大利作战时便有意没收骑士团的财产（以削弱其力量）。一旦我们控制了马耳他、撒丁岛和科孚岛，我们就掌控了整个地中海。"塔列朗欣赏拿破仑的见地，在他的斡旋下，督政府最终秘密批准了科西嘉人的作战计划。同年11月，拿破仑派遣一位密使艾蒂安·普西耶尔格（Etienne Poussielgue）登上了马耳他岛。他手握一份长长的名单，上面是所有可能同情、支持法国革命政府的骑士团成员。而著名的骑士团法籍地质学家德奥达·德·多洛米厄已经被拿破仑策反，他积极活动，拉拢团友倒戈。拿破仑的秘密战取得了硕果：70—80名骑士团成员最终选择了"弃暗投明"，其中便包括改革派领袖、罗昂曾经的重要幕僚让·德·博斯勒东·兰西亚（时任骑士团财务官）。具有讽刺意味的是，这些骑士团叛徒中，法国人并不多。200余名从法国出逃马耳他的骑士经历了丧失家园之痛，大部分属于坚定的主战派（普西耶尔格的报告显示，只有15位法国骑士是可能被收买的）。

1798年5月，拿破仑率部抵达土伦。5月19日，阵容庞大的法国东方军团正式开拔。此时马耳他共有10.4万名居民（马耳他本岛9万人）、332名骑士（其中282人可作战）和约6000名守军，还有4000名民兵可动员。此外骑士团总共储备了4个月的粮食和750吨火药。以守军的实力，尚能与法军一战，至少可固守待援，但大团长依旧将希望寄托于俄国、英国的干预上，迟迟不愿发起总动员。的确，英国舰队正在霍雷肖·纳尔逊（Horatio Nelson，1758—1805）[30]的率领下一路跟踪法国舰队，但恶劣的天气延误了他们的行动，直到6月20日马耳他已沦陷后，纳尔逊才收到洪佩施的求援。

6月4日，斐迪南·冯·洪佩施收到了一封来自德国分团的密信，信中表示，有确切情报证明，从土伦出发的法国舰队的目标不仅仅是埃及，还包括马耳他岛。匪夷所思的是，大团长竟无动于衷。"让我们向上帝祈祷马耳他不会受到攻击。"他轻描淡写地说。直到6月6日，法国先遣舰队已出现在马耳他外海，洪佩施才意识到危险临近，仓促地动员备战。在紧急召开的战前会议上，他坦诚自己对军事一窍不通，将指挥权拱手交予11位高官组成的军事参谋团。洪佩施确有自知之明，也试图表现出用人不疑的姿态，但他本应细细甄别部下的忠诚度——11人中，竟有4人早已暗中投靠了拿破仑·波拿巴。除了兰西亚之外，还包括城防司令、炮兵总监和工兵总监。特洛伊木马已经蓄势待发。骑士团大元帅洛拉斯对团长忠心耿耿，他组织了3艘战舰试图拦截法国舰队。这无异于以卵击石，计划失败后大元帅的威望也随之跌到了谷底，于是骑士团的指挥官们就开始各自为政了。

1798年6月9日，法国舰队（包括14艘战列舰、30艘护卫舰、300艘运输舰）抵达马耳他大港区外。拿破仑彬彬有礼地派人通知大团长，希望能够靠岸补给淡水，休整人员。大团长则依据三十年前与法国签署的条约，一次只允许4艘法舰入港，但他同意向法国海员开放马耳他医院，以释放善意。以此为借口，第二天拿破仑正式下令法军发起全面进攻。至10日中午，已有1.5万名法国士兵在马耳他的11个不同地点登陆。西班牙王国已与法国正式结盟，骑士团西班牙语区领导人唐·费利佩·德·阿马特（Don Felipe de Amat）因此禁止部下参与抵抗。于是多数西班牙骑士在他们的会馆内以静坐的形式迎接法国人的到来。当天晚上，人们发现阿马特在自己海边的官邸内与法国将军们把酒言欢。兰西亚也于拿破仑宣布入侵时，以不愿对抗基督徒为由，挂冠而去。骑士团面临分崩离析的窘况，而大团长似乎束手无策。

如果骑士团坚定地依托蒂涅要塞、科托内拉防线据险固守，或许能令拿破仑陷入一场持久战。这正是后者要竭力避免的，据说法国统帅秘密下令，若战事久拖不决，影响到远征埃及，就放弃马耳他岛。但骑士团并无统一的指挥，部分冲动的前线指挥官选择主动出击，希望将法国人赶下海。面对拿破仑的精兵，久疏战阵的骑士团陆军在野战中很快溃不成军，残部狼狈地撤回了瓦莱塔。目睹初战失利，弗洛里亚纳（Floriana）的守军竟选择了不战而逃。一片混乱中，马耳他骑士团的军旗亦被法军缴获。当然，骑士团中仍不乏尽忠职守、坚韧不屈的勇士：蒂涅要塞司令官已经80岁高龄，依然与部下生死与共，绝不后退半步；乔瓦尼·托马西（Giovanni Tommasi）以区区400名民兵死守纳沙尔防线（the Naxxar Lines），对抗法国将军巴拉杰·迪里埃（Baraguey d'Hilliers）的一整个师……可惜个别英雄事迹无法扭转马耳他的局面。至10日晚，法军已控制森格勒阿半岛，并在蒂涅要塞外架设重炮，马耳他主要城市均陷入了重围。

◎ 1798年拿破仑登上马耳他岛，查理·艾蒂安·皮埃尔·莫特（Charles Etienne Pierre Motte，1785—1836）绘制

与1565年的情况迥异，

马耳他人也与骑士团离心离德，在很多百姓看来，法国人占多数的骑士团与兵临城下的拿破仑并无本质不同，这只是一场法国人之间的“内斗”。因此，他们宁可选择置身事外。11日凌晨，一批马耳他贵族代表涌入大团长宫，叫嚷着必须马上与拿破仑和谈。大团长的部下气愤地威胁要绞死这批叛国者，但洪佩施却只是平静地送他们离去。第二天，尽管大元帅双膝跪地恳求大团长务必坚持到英国舰队抵达，后者还是决定与拿破仑谈判。11日晚6点，在多洛米厄的斡旋下，双方暂时停火。马耳他骑士团的使节登上了拿破仑的旗舰“东方”号。

平心而论，洪佩施并非准备卖国求荣，他赋予使团的任务是尽可能为马耳他争取有利的条件，而非无条件投降。但他又一次用人失察，使团的三位主要成员中，团长竟是西班牙人唐·费利佩·德·阿马特，第二位是暗中倒戈的让·德·博斯勒东·兰西亚，只有来自意大利语区的骑士弗里萨里有希望为骑士团仗义执言。不幸的是，他竟因晕船在交涉过程中几乎一语未发（他的法语原本就很蹩脚）。在拿破仑发出最后通牒后，使团屈服了，他们几乎全盘接受了法国人苛刻的协议。

阿马特等人将这份耻辱的协定带回大团长宫后，洪佩施目瞪口呆，试图拒绝签字，但他也明白，大势已去，马耳他的沦陷无可挽回。当骑士团将领图尔·杜皮恩从前线返回准备向大团长汇报时，他得知了这一噩耗。面色苍白的洪佩施对他说：“我们失去了一切。”杜皮恩回答说：“一时得失无须挂怀。荣誉永存。”

6月12日，波拿巴以征服者的身份步行进入瓦莱塔，并得到了部分骑士团拥趸的欢迎。五天后，斐迪南·冯·洪佩施带领部分仍忠于骑士团的部下悲怆地离开了马耳他。拿破仑仅允许他们携带少量随身财物，包括部分宗教圣物——圣约翰的右臂、“真十字架”碎片、圣母像等，但大部分圣物（包括第一任大团长杰拉尔德的头骨）和

◎ 铸有斐迪南·冯·洪佩施头像及纹章的马耳他银币

财产永远留在了马耳他。圣约翰教堂等名胜遭到法军洗劫，骑士团的财宝被统一运至旗舰“东方”号上。拿破仑在瓦莱塔留下了3000人的驻军，随后启程前往埃及，约有50位医院骑士选择与他同行。同年8月1日，在著名的尼罗河之战中，英国舰队击败了法国舰队，布吕埃斯伤重不治，“东方”号连同骑士团的珍宝亦永远沉入了海底。

史学家对洪佩施如此草率的投降多持批判态度，甚至认为他实乃骑士团之千古罪人。大团长的确需要承担领导责任，他对部下和臣民缺乏信任与信心，也欠缺战略眼光与外交技巧，尤其是不具备瓦莱特那样宁死不屈、破釜沉舟的勇气。拿破仑固然占据兵力上的优势，但若骑士团依托工事，坚守数月当不成问题（法军主力离开后，少量驻军在英国舰队围攻下依然坚持了两年之久，即是明证），届时纳尔逊便有机会驱逐法军，拯救马耳他岛。但平心而论，作为德意志骑士，洪佩施只能算骑士团内的“少数派”，无力驾驭人数占优的西班牙和法国骑士，更无法做到一言九鼎。危机爆发时，不少骑士团成员与长官貌合神离，甚至同拿破仑暗通款曲，早已背叛了自己的誓言。资质平庸的大团长未能力挽狂澜，也算情有可原。

无论如何，随着1798年6月17日斐迪南·冯·洪佩施与亲信们黯然撤离瓦莱塔，医院骑士团辉煌的“海狗”岁月，已经一去不复返了。[31]

◎ 马耳他海事博物馆展示的18世纪医院骑士团三级战列舰模型（王笑梦拍摄）

注释

[1] 庇护五世原名米切勒 · 吉斯莱乌（Michele Ghislieri），以生活简朴、宗教虔诚著称，即位后着力打击异端，整饬教会纪律。1570 年他对英国伊丽莎白一世女王施以绝罚之刑，并支持法国政府打击国内胡格诺派；对外则积极组建天主教神圣同盟对抗奥斯曼帝国，并赢得了勒班陀海战的胜利。庇护五世勤政爱民，威望甚高，腓力二世的使节曾对他如此评价：“他道德上白璧无瑕，宗教上无可挑剔，正是眼下我们急需的教皇人选”。1712 年庇护五世被教皇克雷芒十一世封为圣徒。参见：丁光训，金鲁贤，张庆熊（主编），《基督教大辞典》，74 页。

[2] Desmond Seward, *The Monks of War: The Military Religious Orders*, pp.287–288.

Ernle Bradford, *The Shield and the Sword*, Open Road Media, 2014, pp.183–184.

H. J. A. Sire, *The Knights of Malta*, p.73.

1566 年为何土耳其人不曾第二次进犯马耳他令无数历史学家费解。据骑士团 18 世纪出版的官方史书记载，这是由于大团长瓦莱特派出的间谍成功地引爆了伊斯坦布尔皇家兵工厂，从而为骑士团赢得了喘息之机，但这一说法并未得到最终确认。至于本章的标题所用“海狗”（seadog）一词，是西方对水手的戏称，1565 年后医院骑士团的经济与军事皆高度依赖海军，大部分马耳他骑士长期在海上生活，故笔者用此作为对他们的称呼。

[3] Philip Gosse, *The History of Piracy*, Dover Publications, 2007, pp.36–37.

Stephen Dafoe, *An Illustrated History of the Knights Hospitaller*, pp.147–148.

Ernle Bradford, *The Shield and the Sword*, p.190.

[4] 参见：马千，《争霸地中海——1571 年勒班陀大海战》，载于《铁血文库 002》，时代文艺出版社，2015 年，5–23 页。

[5] 勒班陀今名纳夫帕克托斯（Nafpaktos），位于希腊埃托利亚 - 阿卡纳尼亚州（Aetolia–Acarnania）西部科林斯湾，“勒班陀”是意大利人对它的称呼。

[6] 马千，《争霸地中海——1571 年勒班陀大海战》，24–55 页。

H. J. A. Sire, *The Knights of Malta*, p.74.

Stephen Dafoe, *An Illustrated History of the Knights Hospitaller*, pp.148–149.

Ernle Bradford, *The Shield and the Sword*, pp.191–194.

勒班陀海战后，乌卢奇一共挽救了 35 艘奥斯曼帝国战舰。

[7] 马蒂亚 · 普雷蒂，医院骑士团著名画家。他出生于意大利卡拉布里亚地区的塔韦尔纳（Taverna，他也因此被团友称作“卡拉布里亚骑士”），早年曾师从巴蒂斯泰洛 · 卡拉乔洛（Battistello Caracciolo，曾是卡拉瓦乔的学生）。1630—1659 年主要在罗马和那不勒斯从事创作工作，1659 年后长住于马耳他，并在第二年被正式接纳为医院骑士。他曾为瓦莱塔圣约翰教堂、戈佐岛圣乔治教堂绘制壁画，并在马耳他各地留下不少墨宝。马蒂亚 · 普雷蒂长寿而多产，作为卡拉瓦乔画派后期代表人物之一在整个欧洲拥有不小的影响力。

[8] H. J. A. Sire, *The Knights of Malta*, pp.74–75.

Ernle Bradford, *The Shield and the Sword*, pp.196–197.

[9] H. J. A. Sire, *The Knights of Malta*, pp.76–77.

Ernle Bradford, *The Shield and the Sword*, pp.197–202.

Helen Nicholson, *The Knights Hospitaller*, pp.125–126.

[10] 这桩命案一度成为罗马街头巷尾热议的新闻，但来龙去脉一直众说纷纭。起因除了赌债，还有说法认为是出于对某场网球比赛的争论。打斗双方各有四人，主要的“战斗”爆发在卡拉瓦乔和托马索尼二人之间。据目击者说，卡拉瓦乔原本是刺向托马索尼的大腿，但因后者突然跌倒而不慎刺入了他的腹部，导致惨剧发生。而卡拉瓦乔的头部也受了伤，此后他飞快地逃离了罗马。参见：Desmond Seward, *Caravaggio – A Life*, Farrar, Straus and Giroux, 1998, pp.309–312.

[11] Desmond Seward, *Caravaggio – A Life*, pp.313–363.

Felix Witting, M.L.Patrizi, *Caravaggio*, Sirrocco–Parkstone, 2008, pp.81–88.

[12] 进入 17 世纪，虽然医院骑士团理论上仍存在八个语言区，但英语区已经消亡。虽然如此，骑士团的规模

仍达到了空前的高度。至于教士、军士阶层的萎缩则体现了骑士团世俗化、贵族化程度的加深。随着时间推移，医院骑士团的人数难免有所起伏，例如 1635 年骑士的总人数就降为 1715 人。

数据参见：H. J. A. Sire, *The Knights of Malta*, p.77.

洛佩 · 德 · 维加与骑士团的渊源参见：http://www.ordendemalta.es/story.php?id=697

[13] 三十年战争是由神圣罗马帝国的内战演变而成的一次大规模欧洲战争，因持续整整三十年而得名。这场战争是欧洲各国长期争夺利益、树立霸权及宗教纠纷的产物，战争以波希米亚反抗奥地利哈布斯堡家族统治为始，最后以哈布斯堡家族战败并签订《威斯特法伦和约》而告结束。交战双方分别为哈布斯堡王朝领导的天主教联盟与欧洲新教国家联盟（法国虽以天主教为国教，但出于利益考量仍选择加入新教联盟作战）。三十年战争给欧洲带来空前浩劫，战后德意志各邦大约损失了 60% 的人口，神圣罗马帝国为此五分四裂，西班牙失去了欧洲霸主地位，被法兰西取而代之，瑞典也一举成为北欧强国。战争中也涌现出大批名将与新式军事科技、战术，深刻地改变了欧洲军事历史。参见：光复书局大美百科全书编辑部，《大美百科全书 · 26》，458-461 页。

[14] 骑士团抓获的这个孩子是否为苏丹的骨肉还存在争议。他最终被带回马耳他抚养长大，后来皈依了天主教，进入修道院生活，人称“奥斯曼神父”。

参见：斯坦福 · 肖，《奥斯曼帝国》，256-266 页。

Dennis Castillo, *The Maltese Cross: A Strategic History of Malta*, Praeger, 2005, pp.89-90.

Caroline Finkel, *Osman's Dream: The History of the Ottoman Empire*, pp.225-228.

[15] http://mhs.eu.pn/cc/CC08.html.

Jean-Claude Dube, *The Chevalier de Montmagny: First Governor of New France*, Elizabeth Rapley(trans.), University of Ottawa Press, 2005, pp.263-287.

[16] 斯坦福 · 肖，《奥斯曼帝国》，270 页。

Desmond Seward, *The Monks of War: The Military Religious Orders*, p.293.

Kenneth Meyer Setton, *Venice, Austria and the Turks in the Seventeenth Century*, American Philosophical Society, 1991, pp.104-162.

[17] H. J. A. Sire, *The Knights of Malta*, pp.79-80.

Desmond Seward, *The Monks of War: The Military Religious Orders*, p.298.

关于马耳他骑士团 18 世纪的详尽历史，读者可参阅：Roderick Cavaliero, *The Last of the Crusaders: The Knights of St. John and Malta in the Eighteenth Century*, Tauris Parke Paperbacks, 2009.

[18] Helen Nicholson,*The Knight Hospitaller*,pp.125-128.

Dennis Castillo,*The Maltese Cross: A Strategic History of Malta*, p.90.

[19] 18 世纪的风帆战列舰（ship of the line）通常根据吨位、火力分为四级：一级战列舰（拥有超过 98 门火炮，三层火炮甲板）、二级战舰（90—98 门火炮，双层火炮甲板）、三级战列舰（60—80 门火炮、双层火炮甲板）、四级战列舰（46—60 门火炮，双层火炮甲板）。一、二级战列舰虽然威力巨大，但造价昂贵、行动笨拙，相对而言，三级战列舰性能更为均衡，是风帆战列舰中的主力。

[20] Helen Nicholson,*The Knight Hospitaller*, pp.128-130.

Dennis Castillo, *The Maltese Cross: A Strategic History of Malta*, pp.88-91.

[21] Dennis Castillo, *The Maltese Cross: A Strategic History of Malta*, p.88,p.92.

H. J. A. Sire, *The Knights of Malta*, p.231.

[22] 阿隆索 · 德 · 孔特雷拉斯，出生于西班牙一个贫苦家庭，15 岁加入西班牙军队，后开小差辗转逃至马耳他岛，在医院骑士团军舰上服役了六年，并因此成长为训练有素的水手。之后孔特雷拉斯返回西班牙军队服役，先后担任过陆军上尉和护卫舰舰长，于欧洲各地征战。他与西班牙文学家、医院骑士洛佩 · 德 · 维加私交甚笃，在后者的劝说下，他将自己的传奇经历记录出版——孔特雷拉斯的自传因此成为研究 17 世纪上半叶西班牙及地中海历史的重要资料。

[23] 按照传统，红衣主教被尊称为“阁下”（His Eminence），亲王被尊称为“殿下”（His Highness），平托首次采用复合式的称谓“Eminent Highness”，显示出他强调自己同时具备红衣主教、亲王两种身份的野心。

为与“阁下”“殿下”区别，笔者将它译作“显赫的殿下”。

[24] Helen Nicholson,*The Knight Hospitaller*, pp.131-132.

H. J. A. Sire, *The Knights of Malta*, p.221.

[25] 德奥达·德·多洛米厄，12 岁加入医院骑士团，后成为法国著名地质学家，被巴黎中央理工学院（École centrale Paris）聘为教授，白云岩（dolomite）即以他的姓氏命名，至今法国国家自然历史博物馆还藏有他采集的矿物样品。虽然骑士团与拿破仑一世关系紧张，但他却和未来的法国皇帝私交甚笃，在 1798 年的马耳他战役中属于主降派，骑士团被逐出马耳他岛后，他曾跟随拿破仑远征埃及。1799 年多洛米厄在亚历山大染病，被拿破仑送回法国疗养，途中遭到西西里王国的俘虏和监禁（一同被俘的还包括大文豪大仲马的父亲、法国将军老仲马）。多洛米厄的不幸遭遇在欧洲知识界掀起了轩然大波，甚至英国科学协会（当时英国正与拿破仑交战）也要求立即释放这位学者。法国外交部也为此进行了多番斡旋。最终拿破仑用武力平息了事件——他领兵攻入意大利，所向披靡，而与佛罗伦萨媾和的条件之一，便是立即释放德奥达·德·多洛米厄。但两年的牢狱之灾损害了他的健康，他于 1801 年病逝。

[26] Helen Nicholson, *The Knights Hospitaller*, p.133.

H. J. A. Sire, *The Knights of Malta*, pp.224-233.

Roderick Cavaliero, *The Last of the Crusaders: The Knights of St. John and Malta in the Eighteenth Century*, pp.121-131.

[27] 关于法国大革命的来龙去脉，读者可参考：乔治·杜比，《法国史·中卷》，787-905 页。限于篇幅，笔者在本书中不再赘述。

[28] Dennis Castillo, *The Maltese Cross: A Strategic History of Malta*, pp.96-97.

Helen Nicholson, *The Knights Hospitaller*, pp.133-135.

H. J. A. Sire, *The Knights of Malta*, pp.234-237.

[29] 塔列朗为法国著名政治家、外交家。他曾任欧坦主教，1789 年被选为教士代表参加三级会议，支持征用教会财产资助新政府，并代表神职人员签署《教士公民组织法》，人称“革命的大主教”。1792 年他被派往英国作为外交特使。在罗伯斯庇尔恐怖统治时期被逐出法国，一度流亡美国，后重返故土，先后任督政府外交部部长（1797—1799）、执政府外交部部长（1799—1804）、拿破仑第一帝国外交大臣（1804—1807），路易十八复辟后再度出任外交大臣，代表法国出席维也纳会议。晚年参加了 1830 年七月革命，支持推翻路易十八，并在路易·菲利普统治时期担任驻英大使（1830—1834）。塔列朗头脑精明，善于审时度势，一生中曾几易其主，堪称法国政坛的“不倒翁”。

[30] 霍雷肖·纳尔逊，第一代纳尔逊子爵，海军中将，英国海军传奇名将。他于 1770 年加入皇家海军，1777—1783 年在西印度群岛服役。1793 年被派往地中海支持与法国作战的英国盟军。在圣文森特角战役（1797 年）中英国取得对西班牙和法国的胜利后，被擢升为海军少将，1798 年一路追击拿破仑远征舰队直至埃及，并赢得尼罗河战役的胜利，击毙法军舰队司令布吕埃斯，导致拿破仑的东方作战计划流产。1799 年因协助那不勒斯国王费迪南一世重登王位而获得布朗台公爵封号。1801 年纳尔逊赢得哥本哈根战役的胜利，借此荣升为英国海军总司令。1805 年在著名的特拉法尔加战役中，他指挥舰队重创法国、西班牙联合舰队，而本方无一损失。但战事结束前纳尔逊被法军狙击手命中，壮烈殉国。他的去世受到广泛哀悼，也因此被视为英格兰民族英雄。

[31] Dennis Castillo, *The Maltese Cross: A Strategic History of Malta*, pp.98-106.

Stephen Dafoe, *An Illustrated History of the Knights Hospitaller*, pp.149-151.

Helen Nicholson,*The Knight Hospitaller*, pp.136-137.

Roderick Cavaliero, *The Last of the Crusaders: The Knights of St. John and Malta in the Eighteenth Century*, pp.213-235.

第九章 医院骑士团的组织结构与军事生活

从十字军东征至18世纪末，医院骑士团在地中海及欧洲扮演着重要的政治军事角色。在其漫长的历史中，它逐渐发展出一套复杂而有效的管理体系，并形成了自己独有的传统和文化。本章将从骑士团成立之初至文艺复兴末期，对它在招募、训练、组织、行政结构、日常生活、装备战术等各方面的情况集中做一番梳理，以飨读者。

医院骑士团的招募

医院骑士团的壮大与十字军运动的兴起密不可分。来自法国、英国、神圣罗马帝国的骑士为十字军的中坚力量。其中法国长期以来是医院骑士团主要的人员提供国，法国人在骑士团内的地位举足轻重。12—13世纪英王依旧是法王理论上的附庸，其对骑士团的影响力尚不可与法王相比肩。德意志诸邦能提供大量人力，不过医院骑士团在招兵买马时会与条顿骑士团相互竞争。在波希米亚和匈牙利王国，骑士团的发展势头颇为喜人，不过其上层人物依旧以法国人为主，而下层成员则以匈牙利、克罗地亚的德意志人为主。意大利与德意志相仿，也盛产优秀士兵，不过意大利人更愿意参加本土的战争，不太愿意冒险加入骑士团组织。伊比利亚半岛的情况有所不同，当地长期面临伊斯兰势力的威胁，圣战气氛浓郁，那里的骑士团组织本土化程度较高，同基督教王室的关系也长期和睦，是医院骑士团的另一个“大后方”。

最初骑士团成员主要来自教士和骑士阶层。传统上，领导层对骑士心存偏爱，因为他们的加入往往能带来不菲的捐献，同时他们本身一般具备娴熟的武艺。12世纪骑士团纳新的另一重要途径是招募儿童（包括很多无家可归的孤儿）成为见习教士，一般经过三年左右的训练和考验，他们就有机会晋升为正式团员。不过随着十字军战争进行得如火如荼，各大骑士团都伤亡惨重，对武士的需求盖过了对教士的需求，这导致了医院骑士团中教士的比例不断降低，而骑士的比例则相应增加。12世纪中期以后，医院骑士团在战场上逐步树立了声誉；但另一方面，它带来的负面效果是团中的文盲开始急剧增多。通常几大天主教修士会对候选成员的文化水平都有一定

要求，例如需掌握拉丁语，而医院骑士团并不设置类似门槛。这对那些胸无点墨的贵族子弟颇有吸引力。这样的年轻人开始在骑士团中崭露头角，甚至平步青云，但也拉低了骑士团的文明程度，因无知而触犯团规的情况也增加了。

医院骑士团的招募并不存在所谓最低年龄限制（虽然对男子何时有资格正式成为骑士或教士一般存在惯例），大体的标准是：婚生子，自由人，身心健康，没有负债。医院骑士团的核心成员大体可分为骑士（knight-brothers）[1]、军士（sergeants）、教士（priests，包括修女）三大阶层。其中，地位最高的无疑为骑士。大团长费尔南多·阿方索（Fernando Afonso，1202—1206 年在位）统治时期第一次明确划分了骑士和军士两个阶层，而在圣殿骑士团中早已存在这样的区别（因为在成立之初，医院骑士团的军事色彩远远弱于圣殿骑士团）。最初骑士并非只看出身，依靠军功，平民也可能被晋升为骑士，但在 13 世纪中期以后，越来越看重骑士的门第。骑士的全套装备极其昂贵，普通人家也的确难以负担，它渐渐成了贵族中的一员（虽然地位较低），并开始世袭。对医院骑士团而言，要成为“医院骑士”需事先已经获得骑士身份（而教士身份则可以入团后再获取），并且必须是骑士之子或出身于骑士家庭。如果一名骑士企图进入骑士团担任更低级的军士，则同样被严格禁止。随着时间的推移，骑士在团内的待遇日渐提高。大团长贝特朗·德·孔普斯（Bertrand de Comps，1236—1240 年在位）统治时期首次明确规定骑士的地位高于教士。1262 年起大团长只能从骑士中选出，1270 年以后大部分骑士团高级官职也只能由骑士担任。1320 年以后，骑士甚至对教士享有居先权。这显然与杰拉尔德创立医院骑士团的初衷背道而驰（第一任大团长并无贵族血统，仅仅为俗人修士）。医院骑士团中的“骑士”实际上具有骑士和修士的双重身份，因此他们曾遭到部分教会人士的抨击。后者认为医院骑士过于傲慢自大，缺乏隐修会成员谦逊的品质，不过对于军事修会而言，这种“自大”或自信，在战场上是不可或缺的。

14 世纪以后，一方面医院骑士团贵族化的倾向越发明显；另一方面，骑士与军士间的壁垒亦有松动的迹象。一些在战场上表现英勇的军士也能获得机会晋升为骑士。例如，1627 年西班牙军士阿方索·德·孔特雷拉斯在服役十五年后，成功地被提拔为骑士。近代时期，骑士团中的骑士进一步被细分为两类——“公义骑士”和“恩典骑士”。前者拥有高贵的出身或赫赫战功，地位高于后者；而恩典骑士原则上不能担任高级官职。

因为医院骑士受“三愿”的约束，并且长期过着集体生活，相较于世俗骑士，他们被认为更有纪律，更值得信赖。医院骑士不参与马上比武、游猎、宫廷之爱等中世纪贵族热衷的活动，闲暇时间用于在教堂祷告或忙于骑士团的工作。文艺复兴之后，偶尔也曾传出医院骑士之间决斗的消息，但这是被官方严格禁止的。总体而言，医院骑士团在战场上证明自己是一支训练有素、恪守纪律的精锐之师。

医院骑士的招募具有排他性，如果候选人曾加入其他骑士团组织，则不能被医院骑士团再次接纳，而且原则上也不允许退团的发生。医院骑士的入团仪式简单而神圣。曾有大团长对准备加入的修女说："如果你因为看到我们的锦衣华服、宝剑良马而认为可以过上舒适安逸的生活，那就大错特错了——作为医院骑士，常常要在饥肠辘辘时斋戒，疲惫嗜睡时执勤。"通常他们在周日举行的例会上审核新成员的资格，候选人通过初选后，会被当面询问是否满足成为团员的各项要求，如果事后发现他做伪证，他将被立即开除。随后，候选人将手放在弥撒书上，以上帝、圣母、圣约翰之名起誓，无论生死都坚决服从大团长的指令，同时保持品质纯洁，不追求财富、农奴或奴隶。最后，主持人亲手为他披上骑士团的制服，并叮嘱道："穿上这绣着十字架的斗篷，你要谨记耶稣的受难，勿忘他为拯救我等罪人而承受的折磨。面对邪恶力量，要永远遵守誓言，守卫你的信仰，注意你的举止。"披上斗篷后，他会与所有在场骑士一一相互亲吻（即"平安之吻"），表明他们已正式成为同袍兄弟。[2]

◎ 意大利画家米拉贝洛（Mirabello Cavalori，1535—1572）的名作《马耳他骑士画像》，完成于16世纪后期，现藏于美国纽约大都会博物馆

医院骑士团成立初期，并无所谓"骑士"和"军士"的划分。后者直至13世纪初才登上历史舞台，并且一度在数量上远逊于骑士。他们通常被分为两类——戎装军士（caravaniers，sergeants-at-arms）和服务型军士（serving sergeants，如充当木匠、铁匠、船工等）。前者地位一般高于后者。大部分的军士出身于农民或工匠，也有少数来自骑士家庭，不过入团时并未正式受封为骑士。一直到14世纪前半期，军士在骑士团中还占据着多数。与圣殿骑士团中骑士、军士泾渭分明相比，医院骑士团中的两个阶层相对平等。他们可以穿着完全一样的制服，即黑底白十字的修士常服和红底白十字的"作战服"。但在所能担任的职务方面，军士依然受到些许限制。军士中的佼佼者阿方索·德·孔特雷拉斯曾公开抱怨他们获得的官职太少，薪俸也明显低于骑士。从1671年起，大团长尼古拉斯·科托内尔宣布不再扩充军士的编制，此后军士的人数不断萎缩。1798

年被迫离开马耳他后，军士基本上从骑士团的队伍中消失了。

以第一代大团长杰拉尔德为代表的早期骑士团成员大多具有浓厚的宗教色彩，按照情理，教士理应成为骑士团中的关键角色。然而，他们第一次见于骑士团史籍，已经是1154年了（据说骑士团早期在招募教士方面一直存在困难）。教士主要负责宗教事务，对行政管理及军事作战影响甚微。他们中的一部分也能升任主教，但很少有人能晋升至天主教会最高层，教皇克雷芒七世算少见的例外。有趣的是，医院骑士团中曾涌现过多位天主教圣人，但他们被教会封圣几乎无一是因为战功。这是源于骑士团领导层不希望鼓励战场上的个人英雄主义，部分骑士团教士凭借宗教上的虔诚和牺牲同样名垂青史。修女也是骑士团中不可缺少的成员。某些女修道院的规模甚至超过了骑士团重要的地方分部。例如，位于阿拉贡锡赫纳的骑士团女修道院常驻30名修女，而同时期英国伦敦分团也不过10名骑士。修女不仅担负着救死扶伤的职责，也广泛参与骑士团不动产的管理及宗教活动。文艺复兴时期，位于西班牙、法国、意大利的骑士团女修道院在当地享有盛誉，甚至只有贵族出身的女性才有资格加入。

除此之外，骑士团中还存在一些非正式成员。例如，“预备骑士”（donats），通常是正在排队等待入团的贵族，他们需要自费完成朝圣之旅后才有此资格。有些预备骑士直到临终前才获准加入。还有“团友”（confraters），一般指与医院骑士团关系密切但并未正式加入的贵族。他们保留自己的世俗生活，每年缴纳一定的“会费”，作为回报，医院骑士团向他们提供保护，他们死后则为其举行葬礼，并确保他们不会遭受绝罚。团友一般是没有资格披上骑士团制服的。俗人如果一次性缴纳大额捐献，骑士团可以为他们提供养老保障，他们可以居住在骑士团宅邸中，老年时能得到免费衣物和膳食。骑士团也雇用了相当数量的俗人从事服务和管理工作。最后是一类特殊的人群——穆斯林奴隶。虽然其总体待遇较为凄惨，但如果服役到足够的年限，也能获得相对较好的福利。马耳他的土耳其奴隶甚至被允许拥有自己的伊玛目。

13世纪及之前，骑士团内通常并无“实习期”一说。此后，对新加入成员的考察开始变得更加严格，有时他们需要实习一年，表现合格后方能“转正”。为了获得晋升，欧洲的骑士（修女除外）被要求在东方服役锻炼一定时间。即使圣地和罗德岛沦陷后这项惯例也并未废除，只不过骑士团成员的服役地点从陆地转移到了海上。普通团员要求服役至少2个航海季（从春季至秋季）才能获得足额津贴，骑士则要求3—4个航海季，如果要成为庄园主，应不低于4个航海季。[3]

每年新招募的团员数量并不固定，与民间传说中富甲天下相反，大部分时间中，医院骑士团财力有限，负担不起过多的战士和城堡。在最初的日子，每一个骑士团指挥官都有权招募新骑士，但只有大团长及少数官员可以招募军士。1270年以后，由于经济困窘，原则上只有大团长及骑士团塞浦路斯、亚美尼亚、的黎波里分团长能够纳入新人，不过实际上一些规模较大的分部也有这个权力。随着 1292 年阿卡的沦陷，骑士团的财政变得捉襟见肘，除西班牙地区以外，所有骑士的招募都必须得到大团长或大司令官（Grand Commander）的特许。

12 世纪后期，医院骑士团在十字军国家及欧洲已经拥有了大量土地。在他们的采邑中生活着大批附属的隶农，这些勤恳的农夫支撑着整个骑士团的经济大厦，但他们并不属于骑士团中的一员。一些雇佣军也在为骑士团服务，其中最著名的即所谓的“土科波”，他们的领袖被称为土科波利尔，在骑士团内拥有重要地位，但土科波士兵本身也不属于骑士团。14 世纪以后，土科波的含义有所扩大，甚至成为各种雇佣军的泛称。

罗德岛时期医院骑士团的招募大体上依旧沿用 13 世纪的系统。当然，时过境迁，他们也必须做出种种调整适应形势。在西欧，传统的军事贵族依然掌控着军队的领导权，但由于中产阶级的崛起，他们的地位日渐受到挑战。圣殿骑士团解散后，医院骑士团获得了大批前者的财产，一些圣殿骑士也按照教皇的谕令加入医院骑士团，但后者对前圣殿骑士依然保有一定戒心，他们通常无法进入核心领导层。另一方面，随着十字军运动进入低潮，医院骑士团不仅在招纳人员上面临困难，收到的各种捐赠也大幅减少。在陆地上，匈牙利似乎已经成功抑制了奥斯曼帝国的扩张；而在地中海，威尼斯共和国对与土耳其作战同样意兴阑珊，他们是商人而非狂热信徒，与之和平贸易显然更加有利可图。这一切都让医院骑士团的地位和重要性开始下降。少数的几次十字军战役，如 1396 年的尼科波利斯和 1444 年的瓦尔纳，也均以惨败告终。1453 年君士坦丁堡陷落时，医院骑士团仅能勉强自保，令人大失所望。直到 1480 年医院骑士团挫败了“征服者”穆罕穆德二世的围攻，引人瞩目，一切才开始有了转机。

随着十字军运动的退潮，加入骑士团的新人中，理想主义的成分日渐降低，很多人只是为了谋求温饱。多数欧洲的骑士团成员既很少投身宗教运动，也不曾亲历战斗。与扎根波罗的海的条顿骑士团相比，他们的生活算得上相当“安逸”。大部分普通团员从事的都是一些行政或经营工作，生活波澜不惊。只有个别出身高贵的骑士为了更好的地位、财富与特权，才会选择那种富于冒险的生活。

除了法籍骑士，这一时期团员中意大利人和西班牙人的比例有所上升，此外还有少量来自英格兰、德意志、葡萄牙、苏格兰、匈牙利、丹麦等地的骑士。不同语言区之间的竞争变得日趋激烈。1376 年当选的大团长胡安·费尔南德斯·埃雷迪亚是七十八年来首位非普罗旺斯出身的团长，他即位后立即着手提拔自己的同乡，导致此后相当长一段时期里医院骑士团几乎被西班牙人所把持。天主教大分裂时期，于 1382 年被罗马对立教皇册立的“对立大团长”里卡尔多·卡拉乔洛则是意大利人，他获得了意大利、波西米亚、英格兰、爱尔兰这几个分团的拥戴，此举也彰显出意大利骑士的分量。1467年来自意大利的乔瓦尼·巴蒂斯塔·奥尔西尼当选为第39任大团长，也算得上水到渠成。

15世纪医院骑士团的招兵买马在许多欧洲国家都遭遇了尴尬。例如，英格兰人认为百年战争中教皇偏向法国，对此颇有怨怼，医院骑士团也因此被迁怒。英格兰人对骑士团的态度直到德比伯爵（Earl of Derby，即后来的英王亨利四世，1399—1413年在位）对罗德岛进行友好访问后方才有所转变，不过直到1445年，罗德城里一次以英语进行的会议上一共也仅有11位骑士列席。而在匈牙利，本土贵族历来对医院骑士心存芥蒂，他们的招募活动受到了各种阻挠。在意大利，尤其是威尼斯，因为意大利商人在伊斯兰世界拥有巨大商业利益，而医院骑士团长期与奥斯曼帝国关系紧张，甚至从事海盗活动，很多意大利人对加入骑士团也难免瞻前顾后。伊比利亚半岛的医院骑士团则面临当地圣地亚哥骑士团（Order of Santiago）的竞争。

14世纪中期开始，在骑士团东部统治区寻找根正苗红的欧洲血统天主教徒已经越来越困难了，以至于他们不得不规定只要父亲具有拉丁血统，即使母亲是希腊人，也可被当作拉丁人。1424年，罗德岛上的拉丁居民只要有父亲祖国的国籍证明便可以加入医院骑士团（不过此举似乎排除了岛上土生土长的第二代移民）。但骑士团的大门对纯希腊血统居民依旧紧闭着。14世纪后，新成员入会仪式也发生了微妙的变化。例如，1319年阿拉贡国王的长子海梅入会时，医院骑士团巴塞罗那分团长阿尔瑙·德·索莱尔（Arnau de Soler）亲自主持，他坐在祭坛前，手持福音书与十字架，海梅身着骑士团制服（但此时还不能穿戴标志性的披风）跪在他身前，将手放在福音书与十字架上。索莱尔向王子讲解了骑士团的戒律，并告知他作为新人有为期一年的“见习期”。在宣誓之后，海梅起身将十字架和福音书放在分团长的膝上，后者正式宣布他成为团员，并亲手为他披上黑底白十字的披风。与13世纪相比，此时的仪式有所简化，省去了传统的“平安之吻”。这恐怕是吸取了圣殿骑士团的前车之鉴，以免授人以柄。

骑士的地位在14世纪后得到进一步提升，相应地对他们家世的要求也提高了。团规中明确规定了一位贵族骑士在其家谱中需要的纹章数量（Quartiers）。意大利人要求家谱中的纹章不少于4个（即可以上溯至祖父母一代），法国与西班牙要求8个，而德意志人则要求16个（Seize Quartiers，即上溯至高祖父母一代）。对意大利人要求偏低是因为那里长期以来流行贵族与富商联姻，因此很少有贵族的出身能如此纯正。1565年后，随着宗教改革运动方兴未艾，医院骑士团对骑士的甄选变得更加严格，不仅要求血统纯正，还要求家系中不能有新教教徒。

医院骑士团与罗德岛上的希腊原住民的关系是相当复杂的，一方面他们在抵御外敌上有着共同利益，另一方面，统治者的天主教信仰与被统治者的东正教信仰间存在一道鸿沟。骑士团员与天主教徒主要居住在城市中心，而东正教徒多聚集在郊区和乡村。医院骑士团虽然不强迫希腊人改宗，但是要求他们的教会必须承认罗马教皇的居先权，有证据显示城市中的希腊人多数照办了，但乡村里的希腊人一般还是我行我素。很多希腊家庭被强制要求世代在骑士团海军中服役（作为水手或桨手），这一政策显然不得人心，并最终在1462年被正式废止——那一年有如此多的希腊壮丁逃离罗德岛，以至于很多希腊妇女找不到丈夫。希腊人对拉丁人的仇恨在整个爱琴海地区都相当普遍，但医院骑士团的统治与邻近的威尼斯共和国殖民地（如克里特岛）相比，尚算温和。按照那个年代的标准，医院骑士团已经算礼贤下士，广纳人才，大量的移民随着商船到来，其中也不乏海盗、雇佣兵、铁匠、盔甲匠甚至银行家与律师。同时由于骑士团在医疗事业上的盛名，亦有许多医生前来投奔，这些外来的医生中有很多犹太人，此外还有亚美尼亚人、塞浦路斯人与叙利亚的马龙派基督徒。[4]

◎ 1730年的一份贵族家系纹章表，可上溯至五代16个纹章

医院骑士团的行政组织结构

大约从12世纪起，医院骑士团逐步发展出一套成熟的管理机制。行政中心设在耶路撒冷的总医院内——此举令骑士团形成了自己的传统，即总部必然包含医院，二者的结合也凸显出医院骑士团救死扶伤的天职。骑士团行政中枢中央修道会（Central Covent）的成员一般包括：大团长、资深骑士（入团超过二十年）、总部中的骑士、军士和教士（后两者未必能够列席）。修士大会（General Chapter）一般由中央修道会成员、各分团高级成员和总部附近的全体正式团员参加，和西多会等修士会相比，医院骑士团的修士大会一般不每年举行，而是间隔两年甚至更长时间。例如，1324—1344年间，骑士团共举行了7次修士大会。但在天主教大分裂时期，二十七年只召开了4次（其中1384年的那次还是由对立大团长召集的）。1421年大分裂结束后，大团长菲利贝尔·德·奈拉克规定修士大会原则上每五年召开一次。至1522年，共举行了22次。进入17世纪以后，从1631年至1776年，骑士团再未举行过一次修士大会。

理论上大团长是骑士团当之无愧的最高领袖（任期终生），但他并非专制君主，而修士大会也拥有不小的权力（握有最高立法权），两者均有自己的印章。大团长也需遵守骑士团团规和惯例，并且在大政方针上需要征询修士大会和中央修道会成员的意见。亚历山大三世教皇曾在1172年发布谕令，明确指出大团长不可独断专行，需尊重同僚及修士大会的意见和建议。

大团长与修士大会（包括它代表的全体团员）就像硬币的正反两面：前者总是希望能扩大手中的权力，而后者就千方百计地加以制约，最终形成微妙的平衡。1215年英国《自由大宪章》（Magna Carta）的颁布同样对骑士团影响深远。通过立法，大团长的权力受到进一步限制。例如团规中注明，当修士大会进行重要人事任免之时，大团长不得参与决策；只有大团长的命令符合骑士团惯例和法令时，才需要遵守。当然，大团长也会进行抵抗，从而引发纷争。1295年骑士们便曾向教皇卜尼法斯八世投诉大团长奥多·德·平斯（Odo de Pins，1294—1296年在位）独裁。最突出的例子则是1317年骑士团成员公然造反围攻大团长富尔克，并迫使他下野。让·德·拉卡西埃在1581年被昔日的海军英雄罗姆加发动政变予以废黜，并被软禁于马耳他圣安杰洛堡，而罗姆加则由骑士们自行推举为新任大团长。起因据说是拉卡西埃严厉整顿风纪，驱逐了全体骑士的情妇，并且他年事已高，在军事上无法担负指挥责任。此事引发了教廷的干预，格列高利十三世将二人招至罗马调解，教皇倾向于让拉卡西埃官复原职，受到冷遇的罗姆加在罗马郁郁而终，但拉卡西埃最终也客死他乡，未能重返马耳他复位。1379年初，罗德岛的修士大会投票公开表示不接受教皇对西班牙人胡安·费尔南德斯·埃雷迪亚的任命，因为埃雷迪亚历来有任人唯亲、中饱私囊的恶名。最终埃雷迪亚不得不向修士大会保证自己不会干预骑士团的人事任免和土地支配，其任职才获得了批准。

第一任大团长杰拉尔德更像是医院骑士团的精神领袖和象征，但随着骑士团的事业蒸蒸日上，至12世纪末，在东方的十字军国家中，大团长已经成为重要的政治人物，某些方面甚至近似于王公或诸侯。他拥有自己的印章、财产、官邸，足以维持一种体面华贵的生活。当然，特殊情况下，大团长的私人金库也可用于支付整个骑士团的开销。理论上大团长无权支配骑士团的财产，但非常时期他也能插手。例如1429年，骑士团出现了严重的财政危机，大团长安东·弗拉维安（Anton Flavian）便接过了财政大权。他的继任者纷纷效仿，直到1471年骑士团的债务偿清后才告终止。但骑士团的财务官似乎依旧无法胜任，1478年再度出现了财政困难，于是大团长皮埃尔又一次接过了理财权。进入16世纪后，大团长直接处理财务工作似乎已成为不成文的惯例。医院骑士团曾竭力避免大团长过于集权，但在危机之下又的确需要领导人一言九鼎，因此在这一时期团长的权力有所扩大。[5]

◎ 大团长让·德·拉卡西埃

最早有文字记载的医院骑士团修士大会出现在1176年。成员除了大团长、中央修道会，还包括西部（欧洲）的地区领导人。他们在1176年前便或多或少地参与到骑士团总部的政务中。不过定期召开修士大会直到1206年才在程序上确立下来。大会由大团长宣布揭幕，所有骑士团高级官员需要暂时交出他们的印章和管理的文书档案，档案将在大会上公开宣读，并接受代表质询。修士大会上还要处理骑士团的各种诉讼，做出裁决。大团长有义务从各分部中遴选人员组建一个常务委员会，该委员会负责起草法案，任命重要官员（事实上担负了修士大会相当一部分职能），其做出的决定要公开向修士大会宣读。最后，在中央修道会修道长主持的弥撒中，大会正式闭幕。

第一份完整保存至今的医院骑士团修士大会法案条例记录来自1330年的蒙彼利埃大会。其中列举了14位骑士团官员的姓名（3人来自罗德岛总部，其余来自各分部），他们组成了修士大会委员会负责日常会务。随后记录了对骑士团主要官员的任命（任期通常为十年）。在任命之后详细规定了各分团需要上交总部的贡赋数量，以分担骑士团沉重的债务。随后是新颁布的条令及修士大会的决策。最后是大团长“钦点”的骑士的姓名，作为对表现优异的骑士的嘉奖。1330年获此殊荣的骑士包括英格兰人菲利普·德·塔默（Philip de Thame），他在五年后荣升为英国分团长。1330年的修士大会记录第一部分用拉丁文书写，第二部分用法语书写，这体现出它的天主教色彩及法国人的独特地位。

15世纪以后，随着留存资料的增多，我们可以了解更多关于医院骑士团修士大会的细节。1489年修士大会明确提出八大语言区各出两名代表组建16人的委员会，这是1330年大会未曾规定的（当时并无英语区、德语区代表）。大会持续了十五天，委员会审议通过的议题任何人（包括大团长）都不能反对。

骑士团修士大会在结构上以稳妥为优先，尽量避免出现过于激烈的变革进而引发动荡。修士大会常务委员会的成员来自于资深骑士阶层，通常已服役多年。1344年的大会规定只有加入超过二十年并在当地服役超过五年的骑士才有资格担任地区分团长。骑士团的指挥官也被要求入团在五年以上。这样就避免了新人火箭式的提升进而破坏骑士团传统及团结，也保证了政策的稳定性。骑士团各地分部也拥有自己的修士大会，原则上每年召开会议。此外骑士团各级组织每周日还要召开例会，由当地最资深的骑士主持（总部则由大团长主持，如果因故缺席，则由副团长或大司令官代理主持）。

1295年以后医院骑士团在行政划分上正式出现了“语言区”（1283年已有雏形）。最初的七大语言区中，有观点认为德语区在1344年后一度被裁撤（降为普通修道院区），直到1422年才正式恢复。法语区、普罗旺斯语区、奥弗涅语区本是法语的三种方言（在中世纪，法国南北方的所谓“方言”实际上区别甚大，法国北方方言被称作“奥伊语”，南方方言被称作“奥克语”，几乎可算作不同的语言），其划分体现了法国骑士在医院骑士团中的强大影响力。1461年西班牙语区被划分为卡斯蒂利亚—葡萄牙语区和阿拉贡—纳瓦拉语区则彰显出伊比利亚半岛骑士地位的上升，甚至西班牙在政治上统一后，这两个语言区也没有随之合并。16世纪英国新教革命后，英格兰、苏格兰、爱尔兰的医院骑士分团实质上已经不复存在，但骑士团并未撤销英语区，而是从其他语言区选出2名骑士作为英语区的代表，从而令英语区在形式上得以延续。

在罗德城，每个语言区都建有自己的会馆（法语：auberge），它不仅仅是相关语言区成员的“招待所”，也是他们议事、社交的中心，但骑士通常并不在会馆中常住，而是有自己的独立住宅。语言区会馆也随着骑士团一道迁至了马耳他，今天瓦莱塔保存完好的各语言区会馆仍然在共和国的政治文化中扮演着重要角色。

地位仅次于大团长和修士大会的一批高级官员被统称为“中央修会行政官”（Conventual Bailiffs），1330年时包括：罗德修道长（即中央修会修道长，亦称“大

◎ 马耳他法院，历史上为医院骑士团奥弗涅语区会馆（二战中受损严重，现存建筑为20世纪60年代重建）

◎ 马耳他共和国总理府，历史上为医院骑士团卡斯蒂利亚语言区会馆

◎ 马耳他骑士团官方发行的纪念邮票，展示了骑士团八大语言区各自的旗帜，从上至下从左至右分别是：普罗旺斯语区、奥弗涅语区、法语区、意大利语区、阿拉贡语区、英语区、德语区、卡斯蒂利亚—葡萄牙语区

修道长”）、大司令官、大元帅、大医师长、海军司令、土科波利尔、制衣官和财政官。海军司令一职是1299年方才出现的，其余几种官职在骑士团成立初期便已存在。早期它们通常被授予相关领域最优秀的人才，但在14世纪以后，逐步固定分配给几大语言区（当然偶尔也有例外）。

大司令官理论上地位仅次于大团长[6]，在团长缺位或外出时可代理其职权。骑士团的日常行政管理一般交予他负责，非武装军士也归他领导（骑士和戎装军士由大元帅管理）。13世纪末以后，他也开始拥有自己的印章。虽然平时主要负责民事，但战时若大团长不在战场，理论上最高统帅由大司令官担任。14世纪后他通常从普罗旺斯语区骑士中选出。

大修道长（the Grand Prior）负责管理整个骑士团的教士、教堂及宗教事务，但他本人未必拥有主教头衔，在骑士团以外并无特殊宗教权力。由于他掌管所有宗教事务，因此不属于任何一个语言区，也并非由修士大会任命，而是由骑士团全体神职人员选举产生。但他固定列席修士大会，亦是大会常务委员会成员之一。修道长长期与大团长在各自权限上存在分歧。1648年，修道长一度试图召集骑士团全体教士共同争取其独立于大团长之外的自治权，但被大团长乔瓦尼·保罗·拉斯卡里斯制止。双方的纷争直到1699年才在教皇英诺森十二世的调解下通过互相妥协而平息。

顾名思义，大医师长（the Grand Hospitaller）管理骑士团的各个医院，并负责相关慈善救济事务。13世纪末以后，他也拥有自己的印章，按惯例由法语区骑士选出。

大元帅是医院骑士团主要的军事指挥官。虽然有记载表明1168年便已经存在大元帅一职，但他的职务晚至1206年才被骑士团修士大会所确认（这也说明医院骑士团早期军事色彩并不浓厚）。尽管理论上战时大团长、大司令官的地位高于他，但具体的军事训练、指挥、部署还是主要由大元帅负责。他的日常工作包括管理兵工厂，监督武器装备、马具的制造、维护、修理，负责马匹的饲养，并可支配军费。所有武装人员向他负责，各城堡主、掌旗官、士绅、土科波利尔也都是他的下属。大元帅直接隶属于修士大会，他个人的掌旗官

（Gonfanier）实质上也就是整个骑士团的掌旗官。1206年后他获许配备四匹战马、两名侍卫、两匹驮马和一名车夫，1268年后还特意为他配备了一匹土库曼马[7]（土库曼马是历史上的名贵马种，今天已经灭绝，但它在血缘上影响了很多留存今日的著名马种，汗血马据说与它在血统上最为接近）。1350年后大元帅一般从奥弗涅语区选出。

海军司令（the Admiral）负责整个舰队，包括舰只的打造。海上作战时他管理水兵，而大元帅指挥船上的骑士。在罗德岛时期和马耳他时期，他的地位逐步升高，1350年后基本从意大利语区选出。

土科波利尔（the Turcopollier）是骑士团土科波部队的指挥官，最初主要是雇佣轻骑兵，后来泛指雇佣军。1303年后随着雇佣军重要性的提高，他正式成为"中央修会行政官"的一员，在罗德岛及马耳他时期，他一般负责海岸防务，通常由英语区产生。16世纪后期随着英语区的瓦解，他的职权被大团长接收，一般具体事务交给大团长的总管（Seneschal）负责。

制衣官（the Drapier）负责骑士的一切衣物、被褥，以及骑士团的服装厂与服装店的运营，后来还负责整理去世骑士的遗物，他也有义务将他们的衣物分发给穷人。1350年起由西班牙语区（后转为阿拉贡语区）骑士担任。随着时代变迁，日后制衣官改称大监察官（the Grand Conservator）。

财务官（the Treasurer）是医院骑士团最早出现的官职之一。起初他借用大团长的印章办公，13世纪末开始也拥有了自己的印章。他负责管理骑士团各地的税收贡赋，各处的捐款捐物，以及全部开销。此外财务官还要管理骑士团成员的财产，并承担借贷、理财的使命。不过他在金融方面的业务拓展一直无法与高度专业化的圣殿骑士团相比。14世纪以后，财务官由德语区骑士担任，但因德语区惨遭降级，财务官也不再是德语区骑士的专属，转而隶属于大司令官。15世纪德语区恢复后，为了表示补偿，骑士团设立了一个新的职务——大行政官。除了督查德语区的政务，他还负责打理博德鲁姆城堡。骑士团移居马耳他后，他转而肩负起管理马耳他的所有城堡要塞的重任。

1461年语言区扩编后，大团长创立了大书记长（the Grand Chancellor）这一职务，用于授予新成立的卡斯蒂利亚—葡萄牙语区。他负责管理大团长的文书和档案，相当于骑士团的"秘书长"。

骑士团各语言区产生的八位官员作为大团长的左膀右臂，组成了他的"内阁"[8]。在他们以下，还设置了一批中低级官员加以辅佐，或分担其军务、政务。

统帅[9]也是重要的军事职务，不过直到1169年他还是大元帅的附属。"士绅长"（Master of Esquire）在1206年正式设立，他不仅领导团内士绅，还掌管着马厩及马具的生产配置，也是所有马夫的上级。这一职位通常授予德高望重、经验丰富的军士。稍后，为了协助士绅长工作，又设立了"大士绅"（the Grand Esquire）这一职务。掌旗官一职，通常授予在战斗中表现最英勇的战士。1206年起他开始由大元帅直接指挥，1270年后这一职位原则上只能由嫡出的骑士担任（在大元帅因故不能履行职责时，掌旗官可代为指挥战事）。城堡主通常是骑士团重要城堡（如骑士堡）的堡主，而那些小型的城堡通常不设置这一职位，其中的一部分根本没有常驻兵力防守。1304年以后，由于骑士团位于叙利亚的城堡尽陷敌手，对城堡主的甄选也越发严格，原则上只有为骑士团服役超过五年的骑士才有此资格。

大神父长（the Ecclesiastical Grand Prior）负责辅佐大修道长管理宗教事务。大法官（the Grand Justiciar）一般律师出身，负责全团的法律及审判。大监察长（the Grand Referendary）监督整个骑士团的礼仪、秩序，修士大会举行时，由他监察投票的公正性和有效性。书记长之下还设有副书记长一职，一般为两人，是前者的助手，分别负责行政管理和财政金融业务。在圣地沦陷以前，为了保持与骑士团西部分团的联系，设立了“海外大司令官”一职，同时也要督促西部分团向位于东方的总部“输血”。

◎ 大团长与他的八位幕僚，图中跪地献书者为副书记长纪尧姆·科尔辛，来自《罗德岛围攻记》

中央修道会之外，医院骑士团的行政划分大致为四级：语言区—修道区（priory）—行政区（bailiwick）—采邑（commandery）。欧洲的地方官员为各分团长（修道长）；在东部的十字军国家，由于面临军事压力，地方官主要是各城堡主及重要城市的指挥官（如阿卡行政官、提尔行政官）。虽然随着十字军运动的失败，东部的领地逐渐丢失，但一些源自东方的头衔在骑士团内保留了很长时间。例如，直到18世纪，骑士团依旧设有阿卡行政官一职，而亚美尼亚行政官也一直延续到1600年。

由于今天依然保留了不少骑士团的原始记载，关于他们的总人数（不论是骑士阶层还是非骑士阶层）我们能获得一个相对准确的数字。例如，1169年医院骑士团大团长吉尔贝声称可以派出约500名骑士与500名土科波出征埃及。不过第五次十字军期间关于骑士团出动2000人参与围攻埃及杜姆亚特的说法应该有一定水分，或者这批士兵中大部分不属于其核心的“修士”阶层。1244年爆发的拉佛比战役（Battle of La Forbie）中，医院骑士团蒙受了巨大损失，派出的325名骑士与约200名土科波中，幸存者仅有36人，大团长被俘。

这几乎导致骑士团位于中东地区的兵力损失殆尽。但骑士团已枝繁叶茂，在欧洲分团的援助下，仅仅二十年后，叙利亚地区可作战的医院骑士又恢复到了300余人。当然，仅仅以骑士或军士的数量来衡量整个骑士团的兵力有一叶障目之嫌。考虑到还有雇佣军甚至民兵，骑士团可用的总兵力一般远多于编制中的人数。例如，1212年，驻扎在骑士团三座最重要的城堡中的兵力就多达2000人。其中骑士只占很小一部分（1255年在写给教皇的信件中，大团长承认骑士堡守军中骑士仅有60人）。1265年，阿尔苏夫被马穆鲁克攻占时，骑士团损失了1000人，但其中骑士也不过80人。骑士的数量虽然有限，但他们是精锐中的精锐，雇佣军难以与之相提并论。一旦某地部署了骑士成员，便说明它是团长重视的战略要地。

连接中东与欧洲的海路自12世纪中期开始便成为十字军国家的生命线，随着医院骑士团的兴旺，他们的交通线不再局限于这条海路。通过多瑙河、巴尔干及拜占庭首都君士坦丁堡，骑士团成功构筑了第二条贸易线，12世纪80年代后他们甚至在君士坦丁堡开设了自己的“代表处”。然而随着拜占庭帝国的衰落，巴尔干交通线越来越不安全，13世纪后中欧与东欧骑士团的人员物资一般经陆路运抵威尼斯，之后再通过商船送抵叙利亚；而西欧的转运点则是马赛港。

法国南部的圣吉勒分团历来具有特殊地位，原则上它负责管理整个欧洲的医院骑士团各分部；但1185年英国分团从中独立出来，也就是通常所说的伦敦克拉肯维尔分部（Clerkenwell Priory）。14世纪初骑士团共拥有大约20个分部。理论上，每个分部应向总部缴纳收入的三分之一，但实际操作中未必如此。如果某分部遭遇了严重的财政困难，可以减免贡赋，但必须做出详尽的书面说明。1338年英国分团长菲利普·德·塔默便曾动用这项权利。

分团长除了每年召开当地修士会议，巡视领地以外，还需定期到访总部，汇报工作。这样的规定也是为了避免分团长蜕变为地方豪强，完全脱离中央修道区的掌控。1299年部分医院骑士反对大团长纪尧姆·德·维拉雷的理由之一，正是他在担任圣吉勒分团长的三十年中，本应六次前往阿卡总部复命，但只完成了两次，有违反团规的嫌疑。为了解决这种情况，1301年的修士大会通过法令，要求每年需征召至少两名分团长至总部觐见大团长。当他们在往返途中时，骑士团总部有权任命代理分团长，甚至直接调动他们的工作。1343年6月，当英国分团长菲利普·德·塔默动身前往东方履行此项职责时，英王爱德华三世特意给大团长埃利翁·德·维尔纳夫写信，要求万万不能借机撤换塔默的职务。最终他一直担任英国分团长至1353年。此事显示出尽管修士大会具有对地方官员的任免权，但依旧会受到当地君主的巨大影响。[10]

医院骑士团在欧洲的雄厚资产为他们提供了坚强后盾。不过，其资金与补给链条也受到中世纪拙劣交通运输的拖累，于是他们尝试用委任的方式来进行管理。理

◎ 医院骑士团位于法国东南部的采邑勒波厄拉瓦（Le Poët-Laval）

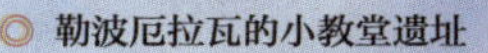

◎ 勒波厄拉瓦的小教堂遗址

论上医院骑士团的委任统治地应该接受总部代表的定期巡查，但实际运作中上述制度常常形同虚设，这就导致很多骑士团领地运作低效、腐败丛生。在伊比利亚半岛，由于同安达卢西亚的穆斯林作战时屡建功勋，医院骑士团常常得到土地和城堡的回馈，不过在西班牙的其他地方，骑士团主要依靠保护、救助前往圣地亚哥[11]的朝圣者来获得收入。1247 年匈牙利国王贝拉四世将塞维林（Severin，位于今天的罗马尼亚西南部）赠予骑士团，不过医院骑士们并没有在稍后蒙古入侵时为匈牙利出战。此后医院骑士团的关注核心始终在爱琴海诸岛，直至 1522 年罗德岛被奥斯曼帝国攻陷。

几大语言区之下，共有约 25 个修道区及“大采邑”（grand commanderies）。修道长可以由骑士、军士或教士担任。有的人终生在一个修道区任职，但多数人会频繁调动。其中部分修士最终成为经验丰富的内政管理者，前方战事吃紧时，他们也会义无反顾地奔赴前线。欧洲分团的医院骑士们长期在太平的后方生活，难免沾染一些官僚习气，私生活可能也不够检点，但公然违反团规的现象还是很少见的。

骑士团的地方采邑建筑看上去更加世俗化，未必设有医院或修道院（虽然会提供房舍给修士、修女居住），看上去更像普通的封建庄园，包括大厅、厨房、卧室、小教堂等建筑及农舍。地区分部的主要使命是创收，同时也是行政管理中心，并且有权代表骑士团在领地中征收什一税。而那些过于零碎的地产，骑士团常常将它们出租盈利。大多数庄园由骑士团中的俗人打理，甚至还聘请了专职的税吏。不过意大利是个例外，那里的医院骑士一般偏好亲力亲为。对于骑士团庄园的佃农来说，分团长与一般的封建领主并无本质差异。分团长拥有领地内的司法权，可开设法庭审理一般的案件。例如英王亨利二世就曾授予骑士团英国分部相当大的司法权力，他们仅仅无权实施断肢一类的肉刑和死刑。

法国南部阿韦龙省的采邑拉库韦尔图瓦拉德（La Couvertoirade），曾经属于圣殿骑士团，后被转交至医院骑士团。它属于设防村镇，现存城墙建于1439—1450年间

各庄园主通常由地区分团长任命，不过医院骑士团的修女属于例外，她们的女修道长通常自行选举产生，但要得到分团长的批准。如果男性团员的修会紧邻女性的修会，通常会各自委任一名会长。男性修会的建筑一般是开放式的，更像是普通

拉库韦尔图瓦拉德的城墙和塔楼

庄园；而女性修会的建筑更类似于传统女修道院，为封闭式管理。

最初骑士团采邑是它最基本的行政单位，每一个新入会的成员通常将隶属于特定采邑。但进入中世纪晚期后，采邑的行政管理职能不断减弱，经济职能不断加强，很多采邑被外租或交给专业人士打理，相当一部分骑士团成员已经不居住在其中了。

爱琴海与伊比利亚半岛之外，医院骑士们甚少扮演军事角色。英格兰、苏格兰和威尔士的统治者长期是他们的赞助人。但没有证据表明他们曾经为英王同高地苏格兰人作战。爱尔兰的医院骑士曾经参与军事行动，他们像普通封建贵族一般为英王镇压叛乱。伊比利亚半岛的医院骑士往往身经百战，但他们并不总是在与穆斯林交手，有时也会为阿拉贡王国的开疆拓土同其他基督教势力发生冲突。

通常情况下，大修道长对医院骑士团在中欧（包括德意志）的修道院区负责，有时这一区域甚至延展至斯堪的纳维亚半岛，不过他管辖的区域并非一成不变。德意志与波希米亚地区诸侯林立，缺乏中央集权，这为医院骑士团获取领地与财富提供了便利，但另一方面也使他们免不了卷入当地的政治纷争中。位于德意志东部及斯拉夫国家的骑士们参与了殖民活动，并在当地拥有大量经济利益。但是他们的数量是很有限的。例如，在 14 世纪上半期，整个波美拉尼亚（Pomerania）的医院骑士也不过 30 人。在幅员辽阔的匈牙利王国，情形又有不同。如果按照骑士团的语言分区，它部分属于意大利语区，部分属于德语区，而从具体行政划分上看，匈牙利王国领土大部分属于波希米亚修道区。原本医院骑士团在匈牙利的财富和势力集中在西北地带，但在吸收了前圣殿骑士团的势力后，其重心逐步向南转移，直抵亚得里亚海海岸（也就是今天的克罗地亚一带）。医院骑士团遍布欧洲的领地中，最偏远的位于达契亚（Dacia）和斯堪的纳维亚。骑士团往往也鞭长莫及，它们的税收很难及时上交至总部。

1344 年英王爱德华三世债务违约并宣布破产令意大利的银行遭受了巨额损失并因此倒闭，医院骑士团多年积累的财富也几乎被一扫而空。在此严峻形势下骑士团不得不进行大刀阔斧的财政改革。1358 年，骑士团废除了各地修道会会长的税收权力，改由总部派出专职收税员。1373 年对各修道院区进行了一次详细的人口和财产普查，普查的结果令人沮丧。调查显示，整个医院骑士团的收入呈下降趋势，很多修道院已被废弃或年久失修；骑士人手不足而教士却人浮于事，相当一部分地方的骑士年事已高，难当大任；此外还有部分分团团长职位长期空缺。随之而来的是一场从上至下的大力整顿，不称职的分团长被替换，骑士团内部的行政关系也得到厘清。改革被证明是卓有成效的。不久之后，骑士团的岁入就翻了一番。虽然收入有了大幅增长，但开销同样节节攀升。进口食物、军备、原材料和马匹耗资甚巨，而罗德岛的防务同样代价不菲。总之，总部骑士的薪资待遇并无明显提高，生活相当清贫。1409 年，威尼斯商船及时运来了英格兰的 5000 达克特金币援助，这才缓解了骑士团的财政危机。据记载，其中1900达克特用于修建博德鲁姆城堡，1000达克特用于雇佣军，300达克特用于骑士的薪饷，600达克特用于团员的食物采购。16世纪初的另一位著名捐献者是骑士团普罗旺斯修道会会长，他的捐献物包括“罗德岛弥撒书”、4门青铜火炮及炮车，甚至还有500股热那亚圣乔治（St. George）银行的股份。

1410年在法国南部普罗旺斯的艾克斯（Aix，大画家塞尚的出生地）举行了一次特别的医院骑士团修士大会（按惯例本应该在罗德岛总部举办）。会上通过了一系列改革方案，包括清除团中的害群之马，重塑大团长权威，以及督促骑士严格遵守团规。团规终于得到了系统的修订与更新，因为旧团规已经实行了上百年，其中不乏陈腐晦涩、自相矛盾之处。有趣的是，不同历史时期骑士团团规所用的语言并不相同。12世纪的团规是用普罗旺斯语书写的，到了14世纪，能够精通这种语言的团员已经不多了。于是在1357年，团规被重新翻译修订为拉丁语，后者是当时欧洲通行的书面语。1567年后，团规被固定用意大利语记录。毕竟马耳他距离意大利仅咫尺之遥，这也体现出医院骑士团后期意大利色彩的增强。[12]

医院骑士团的标志、服饰与装备

医院骑士团最典型的标志，当属他们特有的“马耳他十字架”（八角形十字架又称“阿马尔菲十字架”，因史上阿马尔菲共和国以它为标志而得名）。它产生于第一次十字军东征时期，大体上由四个V字合并而成，一共有八角。据说八角分别象征八种美德：忠心、虔诚、诚实、勇敢、荣誉、无惧死亡、对穷人与病人伸出援手、尊敬教会。马耳他十字架广泛地出现在医院骑士团的制服、旗帜、徽章上，几乎成为它的化身。1259年亚历山大四世教皇钦定了一种红底白十字（为标准的拉丁十字架）的披风，作为骑士团的作战制服。它很快成为骑士团另一为人所熟知的标识，并最终演变为马耳他骑士团国国旗。以它为基础，骑士团又设计出了自己的团徽（国徽）。不过，经典的八角形十字架依然备受尊重。时至今日，红底拉丁十字架与红底马耳他十字架的旗帜均为骑士团认可的官方团旗。

传统上，对骑士而言，锦衣华服、宝甲骏马都是生活中必不可少的一部分，但医院骑士团虽冠有“骑士”之名，本质上却为天主教修士，因此不可简单类比。虽然因军事上的需要，团规对典型的骑士装备并不排斥，但依然体现出对奢靡之风的深恶痛绝，并希望骑士团成员能时刻牢记修士本分。1262年的一项规定要求骑士祷告时不得身着肩甲和护腿甲。1278年8月4日的一份法令则规定在大团长选举期间

◎ 马耳他骑士团国国旗（偏重于外交场合）

◎ 马耳他骑士团团旗（多用于慈善工作性质）

◎ 马耳他十字架

◎ 马耳他骑士团团徽（国徽）

严禁骑士全身披挂盔甲（为了避免出现用武力威胁影响选举结果的状况）。除非得到特许，医院骑士被严格禁止拥有超过章程规定的武器装备，因为骑士团长期饱受物资短缺之苦，不得不厉行节约。一名骑士死后，他的装备、武器、马匹甚至衣物，将回收并分配给其他急需的战友。在保存至今的骑士团账本上，去世骑士的财产，诸如战马、驮马、各式武器、旗帜、马具甚至包括餐具，都有明确的去向记录。

13 世纪的票据记录证明骑士团的装备物资在分类之后被有序地纳入不同部门管理。马匹、马具及武器盔甲一般交给大元帅，布料、旧衣交给制衣官，家具、厨具、宗教器皿及各种日用杂物交给神父出身的行政官，大团长的个人物品则自然由团长本人支配。虽然大部分武器装备属于大元帅的职权范围，但中高级官员、军官的武器装备却是由大司令官负责的。所有金钱由财务官统筹。根据 1288 年的法令，一位骑士如果要离开圣地，则需要交出他的盔甲（转予前线的将士使用）。不过骑士装备并非一成不变，战友间相互交换盔甲也是允许的。十字弓是个特例，它一般储存在专门的仓库里由财务官照看。

在医院骑士团的早期阶段，其制服与一般修士团并无二致，为黑色的法衣（cappae，一种修士罩袍）。武装骑士通常将它穿在自己的盔甲外。但这种为普通僧侣设计的法衣过于紧身，不利于战斗，令骑士们苦不堪言。终于，1248 年教皇英诺森四世特许医院骑士穿着一种改良过的更加宽松的罩袍及斗篷，并可在胸前绣上白色八角十字架作为标志——这就是我们熟悉的医院骑士团制服。十字架一般宽 7—10 厘米，相当醒目。它是缝制在法衣上的，设计时已考虑到穿越非基督教地区“树大招风”的危险，可以随时拆线除去，可谓贴心的设计。1259 年后，作战时骑士团员可穿上红底白十字的披风。因此，从服装的颜色便能轻易地判断出他们处于和平时期还是备战期。医院骑士最初日常穿着的鞋子是什么形制已无从考证，不过估计十分简朴。

在日常服饰方面，医院骑士团历来反对奢侈浪费，因此诸如天鹅绒、皮草或过分鲜艳夺目的衣着都是被严格禁止的。通常一位骑士仅有如下服装：三件衬衫、三条马裤、一件束腰外衣（cotta）、一件修士长袍、一件带风帽的外套（garnache）、两件斗篷（其中一件以皮毛衬里用于冬季保暖）、两双亚麻长袜、一双毛线袜、三条床单及一只收纳袋。1295 年骑士团对服装进行了改革，规定每年发放两套衣服，包

◎ 现代历史爱好者扮演的13世纪医院骑士

◎ 现代马耳他人扮演的医院骑士，身着红色披风，显示他们正处于战时

括束腰外衣、束腰内衣、风帽、斗篷（其中至少一件内衬毛皮），此外还提供参加重大仪式所用的长袍及夏天专用的轻便长袍。原则上长短外套都是被禁止的，但1300年后长外套被允许穿着。1305年的团规中要求医院骑士团的各种服饰，包含斗篷、长袍、长外套、围巾都必须为黑色。不过习惯上骑士们会佩戴白色头巾（早期是双层的，后改良为简洁的单层）。在宗教仪式中他们也使用一种四角帽（类似于天主教神父的“小瓜帽”，不过帽檐一直到耳际），1280年的法令要求他们即使在夏日也不能随意摘下它，以保持仪容。中东地区天气干燥炎热，夏季医院骑士出门时也常常配搭一种大檐帽以便遮阳避暑。

在最早的团规里，骑士们也被禁止穿着拖鞋、凉鞋及一种伊斯兰地区流行的套鞋，甚至晚至1270年骑士还被禁止在和平时期穿靴子（包括各种伊斯兰式变种）。阿卡沦陷后，骑士团总部迁至塞浦路斯，大团长依然禁止团员穿着尖头靴。以上这些时髦服饰价值不菲，也与多年来骑士团节俭的原则相抵触。但爱美之心人皆有之，条令常常沦为一纸空文。从13世纪中期开始，骑士们花费了越来越多的金钱用于添购自己喜爱的服饰（团部定期给他们发放一笔“零花钱”），有人甚至购买了珠宝首饰，以满足自己的虚荣心。

进入文艺复兴时期，欧洲服饰潮流出现了明显变化。在地中海东部地区流行的宽松服装渐渐被西欧的紧身服装所取代。虽然医院骑士团长期在罗德岛经营，也不能免俗。他们的传统服装深受修士服影响，以宽松长袍为主，这一时期却开始向他们的西欧同行靠拢，从而与治下的希腊东正教徒有了显著区别。与此同时，严禁装饰武器盔甲的团规也慢慢形同虚设。很多流传至今的绘画中骑士团的服装、武器、马具上出现了越来越多的华丽装饰。当然，也有骑士团的领导人试图捍卫朴素节俭的传统。例如，1558年大团长瓦莱特就规定，如果发现有骑士穿着刺绣长袜就要发配他至海军服四年苦役。但瓦莱特的良苦用心无法扭转时代的潮流。

医院骑士团所用的武器盔甲与同时代其他骑士的大同小异，区别在于骑士团的装备较为朴素，很少有华丽装饰。12世纪医院骑士团常见的个人武备包括：罩袍、长剑、匕首、盾牌、锁子甲、软甲、护腿棉甲、头盔、骑兵长矛或步兵短矛。他们偶尔也使用钉头锤，但基督徒一般认为它是异教徒的武器，有胜之不武的嫌疑。棉甲（gambeson）在13世纪开始广泛使用。一般是将它套在锁子甲内或外以加强防御，不过由于中东地区气候炎热，骑士团成员在对抗敌方轻骑兵时，为了舒适凉爽常常只穿棉甲。

虽然医院骑士团也拥有自己的兵工厂，但它的装备还是主要依赖从欧洲进口（这些舶来品虽制作精良，但十分昂贵）。中世纪时期，盔甲的价格通常与战马等价，而热那亚生产的全身锁子甲，价格更是普通胸甲的2倍。威尼斯产头盔价值售价30迪纳厄斯（denarius，罗马银币单位），长剑售价45—50迪纳厄斯，匕首要20迪纳厄斯，甚至一支十字弓箭也要1迪纳厄斯。

1262年，据说置备一名医院骑士的全套装备竟需2000银第纳尔，1303年的记录则显示即便低一级的军士的全套装备也价值高达1500银第纳尔。好在医院骑士团于欧洲各地遍布分团，往来于欧洲和中东的骑士常常顺便捎带一些装备用具，从而节省一些开支。

除去甲胄以外，骑士长矛也是生死攸关的重要兵器。它长达3米，矛杆用云杉木打造。13世纪早期还出现了一种在行军时用于垂直固定长矛的枪托（hantier）。长剑（一般重量在1.5公斤左右）是骑士的另一种标志性武器，但它在实战中的重要性弱于长矛。匕首一直在伊斯兰世界得到广泛应用，不过在12世纪西方的骑士对它颇为不屑（可能是由于这种武器在使用上过于阴损，不够光明磊落）。但长期在伊斯兰地区征战的医院骑士团耳濡目染之下，也就入乡随俗了，对匕首并不排斥。钉头锤和战斧过去一直被视作异教武器，13世纪后由于在破甲方面的优势，也开始在十字军国家中得到广泛应用。

因为全套铠甲十分笨重，医院骑士团的条例规定在行军时骑士可以将甲胄打包捆在马鞍后，但进入战区时出于安全起见，头盔与腿甲是必须穿戴的。与西欧的骑士相比，医院骑士团的某些甲胄无疑受到了伊斯兰世界的影响——例如12世纪后期他们配备的棉甲及13—14世纪时流行的皮甲。头盔则是用系带固定的，护具可以保护咽喉与下巴。十字弩与复合弓的威力与日俱增，对骑士面部的防护也提出了更高要求。于是在传统头盔上添加了各式各样的护鼻与护面甲。链甲头巾的应用也越发广泛，而且尺寸扩大，不仅能防护脖子、脸颊，还可以防护肩部甚至后脑。

长期以来，医院骑士团所用的盾牌都是木质的，通常在表面包裹一层皮革，但它们的形状、尺寸、厚度则随着时间推移发生着变化。其中有一种大型盾牌（talevas），实际上是一种弹盾（mantlet），置于地面时能为骑士提供从脚部直到躯干的全面防护。

医院骑士团所用马具与欧洲骑士并无本质区别，不同之处在于更加朴实无华。12世纪，战士在备马过程中，可用于固定马鞍的系带共有三种（分别叫caignle，sorcaingles，poitral）。而马鞍后部则设计有马鞍架（arcon）用于支撑固定骑士的臀部。医院骑士的马鞍下面是鞍褥，而非华丽的马衣或马铠。为了舒适和稳定性，马鞍上一般还置有坐垫或垫板。1303年医院骑士团的一条法令明确区分了三种马鞍：土耳其式马鞍、日用马鞍、战争马鞍。同时，条令还规定，战争马鞍不得给予叙利亚出身的骑兵使用，因为他们属于土科波，而非真正的骑士。从8世纪起，伊斯兰骑兵就广泛使用马铠，但欧洲人直到12世纪，通过与穆斯林接触才开始效仿。而一套完整的马铠极其昂贵，即使对医院骑士团来说也无法大量装备。

文艺复兴时期，欧洲盔甲出现了重大变革，全身板甲逐步取代了传统的链甲。与对手相比，医院骑士团在人数上长期居于劣势，因此他们一直追求最精良的装备，开始大量从欧洲进口板甲（主要来自意大利、德意志和英格兰）。虽然金属板甲在防护力上具有明显优势，但它昂贵、沉重，在西班牙、意大利、希腊、马耳他等相对炎热的地区舒适性较差，因此仍然与传统的锁子甲、皮甲共存了很长时间。但从16世纪医院骑士团高级军官的戎装像可看出，他们大多数已拥有了至少一套板甲。

当然，并非所有骑士团官兵都能武装到牙齿。1522年他们撤离罗德岛时留下了大批盔甲装备，奥斯曼人检验后惊奇地发现，其中很多已显得陈旧甚至过时。除了经济上的限制以外，部分原因在于，从12世纪起，医院骑士团便形成了一个传统：循环回收装备。当一位骑士去世或退伍，他的全套装备往往会传给下一位骑士继续使用。1555年4月（此时骑士团总部已经迁移至马耳他岛）颁布的一项法令明确规定：所有过世骑士的武器装备必须上交至团部充公（不论在岛内还是岛外）；它们需得到妥善的保养，以便随时投入使用。骑士的刀剑及匕首例外，它们将进行拍卖，但所得经费同样会上缴团部。

◎ 1522年罗德岛大围攻时期医院骑士团所用的法制加农炮

◎ 约翰·斯库达摩尔爵士（John Scudamore，1542—1623）所用的英国格林尼治板甲，现藏于纽约大都会博物馆

医院骑士团对火器一直持开放的态度。早在1395年，加泰罗尼亚的骑士分会便拥有了一门重型火炮（bombarda）。1531年，得知医院骑士团热切地寻求火器之后，英王亨利八世慷慨地送来了一整船火枪火炮作为礼物，其中既包括大炮，也包括小型的火枪。由于板甲的兴起，16世纪医院骑士的佩剑形制也发生了变化，剑身更加

◎ 文艺复兴时期的盔甲与长柄武器（大都会博物馆收藏，彭琴华拍摄）

尖锐细长，以达到穿甲效果。马耳他时期，与西班牙军队长期并肩作战，医院骑士团从中获益良多。“西班牙大方阵”[13]在16世纪几乎所向披靡，受此影响，医院骑士团中火枪手和长矛（长戟）兵的比重也有所上升。在1565年马耳他大围攻中，他们经受住了严峻考验，医院骑士团军事上的威名在地中海达到了顶峰。[14]

骑士团的训练、作战与战术

骑士团的新人中，一部分在加入骑士团之前便已是久经沙场的老手了，而那些真正欠缺经验的年轻人将接受至少一年的军事训练，所用教学语言为法语而非拉丁语。12世纪广泛流传的一种说法表示：培养骑士一定要从娃娃抓起，如果孩子在学校待到12岁，那他只能去做教士而非骑士了。不过骑士也并非都是焚琴煮鹤的粗人，他们并不排斥文化知识。正如阿伯特·菲利普（Abbot Philip）在1168年给佛兰德斯伯爵腓力的信件上所说：对我们中的多数而言，骑士制度并不排斥文化学习，书本知识也不会妨碍骑士制度。在德语版的《兰斯洛特传奇》（兰斯洛特为十二圆桌骑士之一）中，也曾描绘他的监护人将他送至僧侣处接受读写教育。从12岁起，对年轻骑士的教育就开始侧重于骑术、纪律、使用长矛盾牌、规避敌人攻击等方面。12世纪的马上长矛比武和锦标赛渐渐地不再是一种军事演习，而变成了贵族骑士热衷的体育项目。但医院骑士团的团规对骑士比武并不推崇，只有大团长在场时方可举行。医院骑士也被禁止打猎，除非是捕猎狮子（在中东地区，狮子依然经常为祸乡里），不过到了13世纪这一项禁令已经相当松弛了。十字弓的使用也被严格限定，要求只能与军事训练或战斗有关，而不能用于狩猎。

中世纪骑士最有力的武器当属骑士长枪，与盾牌搭配使用后（通常左手持盾，右手持枪），其威慑力不容小觑。平持长枪不仅能提高杀伤力和穿甲能力，更重要的是可以将敌人直接刺下马来，有时候甚至可以连人带马一起放倒。但木质的矛柄往往无法经受如此巨大的冲击力，刺中后便会碎裂，因此骑士通常会令侍从携带几支备用长矛。马上冲锋需要良好的纪律性与长期训练，医院骑士一般集体受训，这也有助于增加袍泽之谊。[15]

当长矛用尽后，骑士便只能拔剑作战[16]（偶尔也下马作战），因此其剑术也很重要。中世纪的欧洲剑士大部分剑盾并用，少部分才双手持剑。与现代彬彬有礼的击剑运动不同，中世纪的剑术凶悍实用，偏爱重剑，强调破甲，刺击一般指向对手面部，而劈砍瞄准腿脚，防御时则剑盾并用。因为骑士普遍身披重甲，故当时剑术手册普遍认为刺比砍更具杀伤力。

中世纪欧洲贵族之间的战斗，或许还讲究几分“骑士风范”，而十字军国家面对的穆斯林对手却不可能心慈手软。中东一带战场的腥风血雨远远超过西欧诸国。奋战在圣地的医院骑士对挂彩负伤早有心理准备，尤其是欧洲罕见的面部箭伤（因为欧洲骑士很少面临如此多的弓箭袭击）。另外，战争中马匹的损耗也非常巨大，令骑士团苦恼不已。虽然重甲骑士能够独力主宰战场的说法甚至在西欧也显得过于理

◎ 13世纪末期的骑士比武，来自《马内塞古诗歌抄本》（*Codex Manesse*，约成书于1304年）

想主义，虽然骑兵离不开优秀步兵的支援配合，但在十字军国家中，骑士（不论他是重装轻装，抑或仅仅是骑马步兵）在各兵种里依然享有更优越的地位。

兵马未动粮草先行。骑士团出征前对驻地的马匹、驮兽、牲畜、补给情况也十分关注，原则上战前准备由大元帅负责，在一些仓促发生的战斗中也可以让掌旗官代理。联合军事行动中，医院骑士团和圣殿骑士团常常负责提供大篷车队与后卫部队。例如，在第三次十字军东征期间的阿尔苏夫战役中，医院骑士团便担任后卫，负责保护补给。

具体的行军布阵方面，虽然医院骑士团的资料有所缺失，但我们拥有圣殿骑士团的相关信息，二者大同小异，亦可作为参考。根据圣殿骑士团的条令，行军时，骑士位居最前列，军士居后并携带辎重（包括骑士的武器与备用战马）。行军中以掌旗官的军旗为标志。医院骑士团称自己出征时会携带教士（很可能来自本团），他们充当了类似监军或政委的角色，维持纪律，确保不会出现洗劫等情况，并令所有战利品都得到合理分配与保管。由于骑士的全套装备过于沉重，行军中他们的铠甲武器与本人是分开运输的。当进入敌境后他们才会拿起盾牌，临近接敌时才戴上头盔。圣殿骑士团对于行军中的各种小细节也有规定。例如，一位战士要在队列中临时更换位置时，必须保证自己顺风前进，这样才不会激起烟尘妨碍友军的视野。和平时期骑士可以在溪流边自行饮马，但进入敌境后则必须在掌旗官同意休息时方可。当警报响起，最近的战士要立即上马持矛备战，而稍远一些的战士则向大团长靠拢。宿营时的情况与之大同小异。当骑士团扎营时，骑士驻守在营区内，由仆役外出负责寻找水和木柴，但他们不能距离过远，必须在听力所及的范围内。虽然医院骑士团与圣殿骑士团在作战艺术上被认为十分类似，但在穆斯林眼中二者依旧存在微妙的差别。例如，波斯历史学家伊马德丁·伊斯法哈尼在记录萨拉丁与十字军交锋时，有趣地描述说圣殿骑士冲锋时像蜜蜂一样低吟，而医院骑士却像狂风般怒吼。

通常在骑士少年时期，军事训练的量并不算大，师父们将更多的精力放到了培养他们的骑士礼仪上。西方传统骑士文化培养出的年轻人往往傲慢自大，喜欢逞匹夫之勇，重视个人荣誉超过集体的胜败。但圣地骑士常年与穆斯林作战，战场的惨烈令骑士团对成员纪律的要求提高到了新的高度。例如，圣殿骑士团团规要求，一旦战端开启，无人可以擅自离开战位，除非是为了测试战马、马具或援助遇险的战友；如果有士兵要与团长谈话，必须下马步行，并尽快归位——这是为了避免骑马穿过军阵而引发混乱。骑士团一般以“中队”（eschielles）为基本作战单位，并由相应队长指挥。略大一级的单位叫作“柯华”（conroi），一般由20—40人排成2—3列，多个柯华组成一个“巴塔伊”（bataille，大概相当于“骑兵连”）。

因主要同异教徒作战，医院骑士团并不受教宗弓弩禁令的约束，他们也组建了自己的弓兵部队。为了克服十字弓射速慢的缺点，弩手们一般采取齐射的方式对抗轻装的伊斯兰骑兵。此外医院骑士团中也包括相当一部分重甲步兵（多属于军士阶层，虽然骑士偶尔也下马作战）。在得到步兵和弓箭手的支援后，凭借医院骑士团严格的训练和优良的纪律性，它的骑兵在对抗穆斯林弓骑兵时远比欧洲同行强悍与稳定，并得到了多位欧洲国王的赞许。

◎ 马耳他人扮演的医院骑士团长戟兵

骑士团的冲锋并非个人的单打独斗，而需要精心的组织及相互默契配合。冲锋前掌旗官会收拢队伍，排成紧密队形，并清点多余的战马。精锐的骑士位于最前线，军士有时也随他们一起冲锋，后方是负责支援策应的土科波骑兵。骑士冲锋与电影或小说中演绎的高速奔袭也大相径庭，多数时间为了节省体力，骑士都会控制速度让马匹小跑，只有即将接敌时才开始全力加速。一旦交战不论是否侧后遇袭甚至负伤，骑士都不许擅自撤出战斗。

基督教与伊斯兰教双方的史料都承认，要击倒一位重甲欧洲骑士是很困难的。于是穆斯林战士另辟蹊径，他们选择集中力量攻击战马而非骑士。历史学家阿布·沙马（Abu Shama）如此描述哈丁会战：“一个法兰克骑士如果战马完好，几乎是不可阻挡的。他从头到尾披着链甲，看上去像个钢铁罐子，即使最有力的重击也对他无可奈何。然而一旦杀死了他的战马，他便很容易被俘虏。战后我们清点了上千名骑士俘虏，其中战马幸存的寥寥无几。”在这种环境下，保持团队作战而不落单就显得至关重要了。骑士条令中甚至要求，如果自家的战旗倾覆，切忌各自为战，应立即奔向附近友军的旗帜，与他们合兵一处。

圣地密布着十字军的要塞城堡，围城、守城战役不可避免。但在近距离的白刃战中，骑士的马上作战技艺将无从发挥，因此，医院骑士团更倾向于动用军士或雇佣兵来承担守土任务。当萨拉丁围攻贝尔沃城堡时，抵御他的并非骑士而是200名十字弓手。在1291年马穆鲁克围攻阿卡时，医院骑士团和圣殿骑士团也出动了雇佣兵反攻敌人的两翼（虽然未获成功）。

医院骑士团的城堡在最初是用于军事扩张的基地（虽然也可用作避难所），但到了十字军历史的后期，随着穆斯林的势力蒸蒸日上，它们便更多地承担了保境安民的任务，并且可用于骚扰敌方的补给线。大多数医院骑士团的城堡都修筑在易守难攻的险要地形上，但这并不能确保万无一失。合理的地势或许可以避免大型攻城器械的进犯，但穆斯林更喜欢动用小股步兵从多个方向不断骚扰守军，直至后者崩溃。中世纪的围城战也是一场心理战。医院骑士团深谙围困中守军的孤独无助心理，他们很快学到了穆斯林的信鸽通信系统。1217年当骑士城堡被围攻时，他们正是利用信鸽传出消息招来了援军。1266年的一份苏格兰材料也提到骑士团用信鸽向阿卡的总部报喜，他们新近赢得了一场遭遇战，并获取了丰厚的战利品。

1291年阿卡陷落后，医院骑士团将总部迁至塞浦路斯。但此地十分贫瘠，塞浦路斯王国对医院骑士团也心存忌惮，大团长不得不考虑谋求新的领土。奇里乞亚一度作为候选地，但它强敌环伺。骑士团随后将目光投向了拜占庭帝国爱琴海上的岛屿。如果企图向拜占庭帝国“讨要”基地，一支海军是必不可少的，之前骑士团的海军几乎是一项空白。1300年他们开始筹备自己的舰队，并于六年后获得了教皇的正式批准。由于财政状况捉襟见肘，他们压缩了陆军开支，限制了骑士人数，终于打造了一支精锐舰队。第二年，在富尔克的率领下，医院骑士团发动两栖攻势，成功夺取了罗德岛。[17]

踌躇满志的富尔克甚至希望组建一支包含1000名骑士、4000名十字弓手的大军，并以罗德岛为基地，打造一支60艘桨帆战舰组成的舰队（每年有8个月可出海战斗）。他还希望能开辟一条前往印度的陆上商路，从而打击极度依赖东西方贸易的埃及的经济。

富尔克的宏伟蓝图尽管看上去十分吸引人，但它大大超出了骑士团的能力范围。希望医院骑士团稚嫩的海军彻底封锁埃及就几乎是天方夜谭。舰队从罗德岛或塞浦路斯启程前往埃及至少需要5—6天，地中海一年中最适合海军活动的时节在夏季，而夏季的高温会加速食物补给的损耗。同时，若长期劳师远征，部队的健康情况也很难保证。骑士团经受不起这样的消耗战，最终，他们的战略还是回归了现实：不再剑指整个东地中海，而将目标集中在爱琴海海域。例如，1375年医院骑士团就策划了一次对希腊地区十字军国家的军事援助。在这次行动中，医院骑士团共集结了125名法国骑士、108名意大利骑士、73名伊比利亚骑士、38名英格兰及爱尔兰骑士、32名德意志骑士、17名匈牙利骑士，此外还有两人来自希腊地区。加上跟随骑士的侍从，这已经算骑士团动员能力的上限。不过这样的兵力规模和奥斯曼帝国苏丹的军队相比，只能相形见绌。

与此同时，骑士团的海军也渐渐发展为一支令人尊敬的军事力量。不过它的规模还是太小，通常只有4艘加莱战舰（即桨帆船），难以独自承担大的军事行动。其海军的优先任务是防卫罗德岛。1402年伊兹密尔（Izmir）被帖木儿攻占以后，骑士团扩建了海军以应对新的威胁。由于奥斯曼帝国被帖木儿的大军横扫，医院骑士团得以利用海军对土耳其的商业贸易线发动袭击。博德鲁姆城堡的修建也为他们在小亚细亚西部本土提供了一个可靠的海军基地。此后骑士团海军一度自由航行在爱琴海，令土耳其人望洋兴叹。

在医院骑士团的敌人看来，这就是不折不扣的海盗行为。作为报复，土耳其人每年也针锋相对地发动反攻。他们的海军蹂躏罗德岛及其附属岛屿，砍伐果树，破坏农田，劫掠人口及牲畜，以此来破坏骑士团的经济。作为回应，骑士团不得不修建了大量的小型要塞及塔楼为当地民众提供避难所。在加里波利的土耳其海军基地，大团长还安插了眼线，一旦土耳其舰队起锚便能及时向罗德岛报警。当1480年“征服者”穆罕穆德二世苏丹对罗德岛发起围攻时，由于帝国在其他战线还有战事，无法派出全部主力。尽管如此，骑士团的海军依然没有全力拦截土耳其舰队，而是主动后撤，保存有生力量以便维持与外界的联系。骑士团的陆海军在这场大战中经受了考验，并笑到了最后。

医院骑士团海军在16世纪初最伟大的胜利是1510年在尤穆尔塔勒克海湾对抗马穆鲁克舰队时取得的。不过战术上的胜利并不能掩盖战略上的失败。骑士团本与埃及建立了良好外交关系，此战不仅令两国间的信任消耗殆尽，而且给了奥斯曼帝国可乘之机。仅仅七年之后，土耳其苏丹

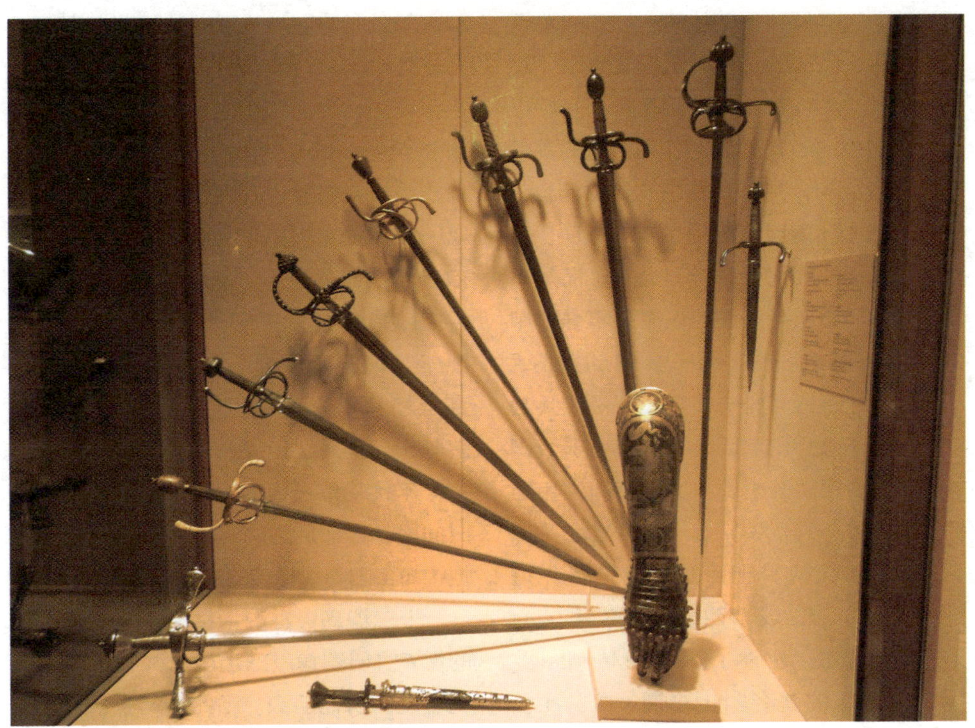

◎ 文艺复兴时期的剑与匕首，与中世纪时期的造型已发生明显变化（大都会博物馆收藏，彭琴华拍摄）

塞利姆二世便击溃了马穆鲁克主力并趁势进军开罗。马穆鲁克王朝末代苏丹突曼兵败被杀，埃及正式被奥斯曼帝国吞并。此后除了威尼斯人和热那亚人，在东地中海地区就只剩医院骑士团独自对抗土耳其了。威尼斯人奉行贸易优先的国策，基本对奥斯曼帝国采取和平策略。但医院骑士团的宗教色彩使他们不可能与奥斯曼帝国完全和平共处，而罗德岛的地理位置又严重威胁了从伊斯坦布尔到埃及的商路，令奥斯曼土耳其政府如鲠在喉，这也导致了1522年苏莱曼大帝对罗德岛的第二次大围攻。

进入16世纪后，全身板甲也开始遭遇挑战，主要原因是火器的进步及广泛应用。不过即使在这以前，中世纪晚期的剑客也已开始研究破解板甲的诀窍。为了应对精良的盔甲，当时的剑变得更重更锋利，造型也更加尖锐。在剑术的运用上，开始更加强调突刺而不是劈砍的作用。新的剑术形成于意大利，甚至有专门的论文问世，这也对骑士团的甲胄产生了新的威胁。所幸骑士团的主要对手并非基督徒，而是奥斯曼帝国。奥斯曼人长期以来并不强调甲胄的作用，虽然它也从欧洲进口先进武器，却不包括全身板甲——很多奥斯曼步兵甚至是完全不披甲的。因此在同奥斯曼帝国的交锋中，医院骑士团依旧维持着装甲防护上的优势。

1444年医院骑士团击退马穆鲁克进犯的英雄事迹，成了西班牙小说家若阿诺特·马托雷尔（Joanot Martorell，1413—1468）的著名骑士小说《白骑士》（*Tirant lo Blanc*，1460—1468年间完成于瓦伦西亚）[18]的素材。在这部脍炙人口的著作中，作者绘声绘色地描述了很多战场的细节：骑士们枕戈待战甚至带甲入睡；战斧被证明是破甲的最佳利器；工兵在城墙附近挖掘反地道并安放铜盏，这样敌人的坑道兵一旦靠近便能预警；夜晚他们大量点燃羊毛和羊脂，利用恶臭的浓烟去扰乱敌人的战马、牲畜……《白骑士》被塞万提斯誉为“古往今来第一骑士小说”，它的畅销成为对医院骑士团绝佳的宣传。

14世纪以后，地中海的海战也发生了不小的变化。加莱船上，传统的单人单桨制逐步演变为多人单桨制（即5—7人操纵一支更加大型化的船桨）。15世纪后期，医院骑士团拥有仅次于威尼斯的最大型的加莱船。但他们与威尼斯共和国海军仍然有一些差距，后者的舰队几乎是全天候的，甚至在冬天也能正常执勤。虽然加莱船直到16世纪依旧是骑士团舰队的主力，但新型的克拉克帆船也开始崭露头角。1478年第一艘克拉克帆船进入骑士团海军服役。1507年他们意外俘获了一艘埃及的巨型克拉克武装商船，它随即被改造为骑士团旗舰“圣玛丽”号，参加了1522年罗德岛战役，直至1531年方才退役。1524年服役的医院骑士团“海上巨无霸”“圣安娜”号是那个年代吨位最大的战舰，整整一代人的时间里，它都是医院骑士团的一面旗帜和地中海各国海军艳羡的对象。

十二群岛自身的木材足以维护骑士团的海军，但罗德港的造船厂并不足以生产整个舰队所需船只。因此，大部分医院骑士团的舰只还是从热那亚或马赛等地订购，甚至一些船只的配件也需要进口。例如，15 世纪末，大团长就曾经命令意大利萨沃纳的指挥官向罗德岛派遣 2 艘桨帆船（包含满员水手），并特意叮嘱携带下列货物：400 块棉布（其中 200 块用于制作桨帆战舰的帆布，200 块用于普通商船）、300 支船桨、2 艘桨帆船所需的绳索。

医院骑士团海军司令掌控整个舰队，他甚至有权额外雇佣一些战舰。尽管海军司令位高权重，但若大元帅在场，他与部下也必须听从后者的号令。而在登陆战中，原则上指挥官必须亲临最前线作战。这也导致了 16 世纪医院骑士团参与的几次大规模跨海远征中，军官的伤亡率常常高于普通士兵。

医院骑士团海军舰只的构型、编制与同期威尼斯、热那亚海军大同小异。14 世纪时，威尼斯在爱琴海的战舰一般携带 30—50 名剑士、10—20 名十字弓手。舰上的武器装备数量也有明确的条例规定。1330 年左右热那亚海军的桨帆船一般拥有 176 名水兵（包括指挥官）及 12 名弩手。整条船上装备了 160 具胸甲、160 具颈甲、170 具头盔、12 把十字弓、5000 发箭矢，以及长矛、标枪等。当时的水兵对优良甲胄的渴望甚至超过了武器。火炮也渐渐开

◎ 16世纪医院骑士团加莱战舰模型

始普及，1483年后，甚至欧洲朝圣者的桨帆船上也安装了大炮，以抵御海盗的侵犯。

到舰船上服役（被称作carovane）是每一名医院骑士的义务。他们在船上的部下可谓鱼龙混杂：希腊人、意大利人、西班牙人、俄罗斯人，甚至还有来自黑海沿岸的水手。海军的基本战略是袭扰敌方海岸和劫掠商船。拥有12—22排划桨的桨帆快船（galiot）尤其适合这种劫掠任务。由于对地中海海域非常熟悉，医院骑士团的海军常常能够事半功倍。他们尤其擅长两艘战舰配合作战，一艘战船事先埋伏在海角或小岛背后，另一艘则去驱赶它的牺牲品，迫使它自投罗网。而在正规的海战中，医院骑士团大体上沿用了地中海地区传统的撞击战术，即用船头的撞角发起袭击，进而接舷近战。有时候，这种对敌人海岸的袭击也会颇具规模。骑士团会组建一支分舰队，排出紧密队形，多艘战舰几乎同时登陆，让敌人猝不及防。大规模的舰队对决是罕见的，不过一旦发生，舰队通常会排出松散队形，并在后方预留一支预备队，小型快船则在舰只间穿梭，传递消息。《白骑士》对基督教舰队同异教徒交战也做了细致描绘：船头挂着大型的网具以防止本方水兵坠海同时降低对方的撞击破坏力，船舷及船楼上铺上了厚厚的垫子以防御早期的火炮，伤兵的盔甲被剥下再次利用，敌人的尸体与伤员则直接被抛入海中……15世纪中期的土耳其诗歌《乌穆尔帕夏之歌》（*Destan of Umur Pasha*）如此形容基督教战舰："它的上桅帆如城堡般高耸入云。"这里让土耳其人动容的巨型战舰很可能正是新型克拉克帆船。

1523年撤离罗德岛后，医院骑士团陆海军先后参与了突尼斯、普雷韦扎、阿尔及尔、的黎波里、马耳他、勒班陀、克里特等会战，其英勇顽强的表现赢得了敌我双方的尊重，马耳他成为抵御奥斯曼帝国西扩的桥头堡，而悬挂红底拉丁十字旗的医院骑士团舰只也已成为地中海的一道独特风景。[19]

医院骑士团历来高度重视贸易与后勤工作。骑士团国的大量商品包括军火都依赖进口，为了吸引贸易商，大团长通常会给予其免税待遇。大型攻城器械是为数不多的骑士团能自给自足的装备之一，甚至骑士团的若干要塞便能自行组装。对战马的需求也很旺盛，其实圣地附近也出产良马，马匹的确不需完全依赖进口，但通常而言欧洲南部（尤其是西班牙）的马匹相较中东更为价廉物美。十字军时期一匹普通战马的价格约合12头耕牛，但驮马的价格就实惠得多了。13世纪时，医院骑士团在自己的农场饲养马匹，但他们依旧不得不从欧洲（骑士团更偏爱西西里）长途进口战马和骡子。原则上医院骑士不能随意挑选自己的坐骑，而是要服从组织的分配，不过若发现马匹存在"质量问题"也可以提出调换。

整个12世纪医院骑士团仅有屈指可数的几艘运输舰，货物运输能力有限。不过到了1230年左右，他们在法国南部的商港马赛建立了贸易中心，进而在13世纪中叶于当地设置了舰队基地，医院骑士团舰队指挥官长期驻扎于此，并负责船只的督造

（马赛也是欧洲造船中心）。他的另一项使命则是安排武装商船队每年春秋两季的圣地之行。这些运输船的运载量说起来有些令人瞠目结舌（不过得到了多方资料的证实）——普通尺寸的运输船一次能搭载450名朝圣者，而且收费并不昂贵。第四次十字军东征期间甚至有个别巨型运输舰可搭载1000人，这还不是最高纪录，曾有威尼斯船只在紧急情况下搭载过将近1500名难民。1291年阿卡沦陷时的大疏散（难民大多撤往塞浦路斯）中，医院骑士团发挥了领导作用。

医院骑士团初次涉及海战是在阿卡陷落后，经教皇亲自下令，数艘骑士团战舰前往东方巡弋。1300年左右他们在塞浦路斯拥有了一支10艘战船组成的舰队，并得到了塞浦路斯王国和圣殿骑士团的支援，以抵御穆斯林可能的进攻。他们还尝试着为意大利至埃及的海上商路护航，虽然在教皇看来，与异教徒做生意是非法的，但由于利润巨大，威尼斯、热那亚等国家长期阳奉阴违，海上的航线一直相当繁忙。

医院骑士团总部长期孤悬海外，强敌环伺，这对它的后勤补给能力提出了很高要求。虽然受到技术条件的限制，但总体而言，其后勤保障还是卓有成效的。和平时期，罗德岛也是爱琴海上的重要贸易点，并可为其他远道而来的船只提供避风港。有罗德港这样的安全良港存在，发生海难的概率也能降低。爱琴海上经常发生船难，但很多船员与乘客都能及时登上另一条船只继续旅行。大型船只在恶劣天气下具有更佳的适航性。医院骑士团的“蒙特茹瓦”号（Mont Joye）曾从1300年至1314年间往返于法国马赛与塞浦路斯法马古斯塔，从未发生意外。和平年代，罗德岛可从土耳其进口急需的马匹与驮兽。此外，与希腊诸岛的动物贸易也很繁荣。不过，随着中东的十字军领土的丢失，以海岛为总部的骑士团对马匹的需求不复以往那样迫切，或许伊比利亚半岛的医院骑士团是个例外，他们经常要与穆斯林陆战，所幸他们在米拉韦特（Miravet）等地拥有自己的养马场。

不论财政是否宽裕，14世纪以后的骑士团依旧保持了回收利用旧装备的节俭传统。骑士团的法令中规定，多余的马匹、牲畜、马具、武器、防具、弹药等都要上缴大团长以便重新分配。服装及被褥则交给制衣官，有时也交给大医师长或大司令官。但从另一方面看，这份上交清单也暗示出当时骑士的私生活已经开始走向奢靡。因为赫然在列的竟包括丝绸床单、金丝金线的衣服、森德尔绸（sendal）、金银餐具等等。部分骑士还拥有自己的珠宝首饰甚至保险柜。种种迹象都表明，此时的医院骑士早已不再过着苦修生活了。

随着财富的增加，医院骑士团同其他骑士团一样，也需要专人为他们的财产提供法律上的意见和保护。他们可以聘请律师，不过当时律师的价格非常昂贵，所以他们有时候也聘请一些“兼职律师”。另一方面，他们也尝试着招募一些精通法律的人士加入组织。不过在这一点上他们并不是很成功（毕竟并非所有律师都向往天主教的苦修生活）。最后骑士团开始培训自家骑士成为律师。原本骑士团在巴黎的分部就临近教会法（Canon law）学校，自1380年起他们也效仿着开设了自己的教会法学校。14世纪末期开始，医院骑士团高层中通常至少有一人接受过完整的律师培训。麻雀虽小五脏俱全，在登陆罗德岛后，医院骑士团越来越朝着军事化国家的方向演变，而不再是过去那个单纯的安贫乐道的修士会了。[20]

骑士团的精神世界与日常生活

最初人们加入医院骑士团无疑主要是出于宗教目的。十字军东征时期，“圣战”的思想在欧洲深入人心。不过，在东征中阵亡便能成为殉道者，这一观念似乎还是崭新的。一般来说，骑士应该对他的领主忠心不二，唯命是从，这就带来了道德上的难题。东征的骑士是应该承蒙上帝的召唤，还是听从领主的号令？而当时的神学家给出的答案几乎都是建议骑士们做“基督的骑士”，将宗教义务放在第一位，而加入骑士团就是实现这一目的的捷径。12世纪的知名律师罗朗杜（Rolandus）就曾表示：杀死邪恶之人乃替天行道。13世纪历史学家、阿卡主教雅克·德·维特里也说：骑士团成员的天职便是捍卫基督教会，铲除叙利亚的萨拉森人，西班牙的摩尔人，波斯、利沃尼亚、库曼汗国（Cumania）等地的异教徒、东正教徒，以及宇宙中的一切异教徒。

医院骑士团的宗教狂热也得到了某些圣物的激励，如著名的“真十字架”。实际上，医院骑士团在耶路撒冷的总部昔日也曾埋葬过若干圣徒，1893年还在其遗址上出土过一顶制作精良、据说镶嵌有部分“真十字架”碎片的主教冠。当然，骑士团中居于高位的骑士们还是或多或少地遵从当时流行的骑士规范，而不能完全免俗。

虽然有浓厚的宗教情怀，医院骑士团与教宗的关系倒也不总是琴瑟相和的，尤其在13世纪教皇国屡屡希望插手十字军国家内部事务的背景下。与此同时，一些具有道德洁癖的教皇也从精神层面对骑士团做出过抨击。例如1238年3月，教皇格里高利九世在写给医院骑士团的书信中公开指责他们在其村庄里开设妓院、坐拥私财，甚至认为他们有异端嫌疑。总体而言，医院骑士团同圣殿骑士团一样，将主要精力置于圣地，而不愿过多卷入欧洲事务，他们甚至对援助希腊的十字军国家（1204年十字军攻占君士坦丁堡后建立）都感到意兴阑珊。

虽然医院骑士团被认为精通中东事务，但他们并未努力弥合东正教与天主教之间的分歧，也就失去了东正教国家的信任；同时，他们也未能充分认识到，十字军诸国的延续必须仰仗同伊斯兰国家的共存。不过，由于多年来与穆斯林朝夕共处，骑士团的确发展出了一些宽容变通之道。他们曾与伊斯兰国家结盟，以对抗共同的敌人；他们的耶路撒冷医院也总是对穆斯林、犹太人敞开大门。但医院骑士也曾犯下杀害穆斯林俘虏的恶行。

穆斯林方面留下了大量关于医院骑士团的史料。其中的某些记载耐人寻味。例如，1170 年骑士堡堡主之死便让穆斯林军民弹冠相庆。萨拉丁于哈丁会战大获全胜后，处死了所有俘虏的医院骑士团及圣殿骑士团团员，此举有悖他一贯的仁义风格，这恐怕是出于对后者长期顽抗的痛恨及对他们英勇的忌惮。哈拉维也曾对萨拉丁的继承者阿齐兹进言道：这些披着僧侣外衣的骑士宗教上极为虔诚，心无旁骛，为上帝而战——实乃帝国的心腹之患。大约一个世纪后，阿布·菲达如此庆祝攻占医院骑士团的迈尔盖卜城堡："在这富于纪念意义的日子里，我们终于向医院骑士的老巢成功复仇，拨云见日，阴霾一扫而空。"[21]

医院骑士团一直以纪律严明著称于世。1283 年骑士团颁布的一项法令要求任何守卫城堡的成员未经大团长允许，均不得向敌人投降。历史上，也有屈指可数的几位害群之马擅离职守或签下城下之盟，不过他们日后都遭到了严厉制裁。虽然在十字军战争中，基督教俘虏们变节改宗甚至倒戈相向的情况屡见不鲜，但极少有三大骑士团成员做出如此忤逆之举，而医院骑士团的相关记录更是白璧无瑕。

被俘的骑士们一般不会有性命之忧，因为他们身价不菲，可以换取高额赎金。到了 13 世纪，这一俘虏交换系统已经高度成熟了。13 世纪后期十字军国家的末日来临时，由于陷入敌手的骑士数量过于庞大，一时难以筹集足够的赎金，很多人才真正沦为"战俘"——被迫多年从事各种苦役。例如医院骑士团的一名英国籍骑士斯坦格雷夫的罗杰（Roger of Stanegrave）被马穆鲁克俘虏后一直关押至 1318 年都未能凑齐对方索要的 1.2 万金弗罗林。

传统的宗教人士一般对骑士团抱有成见，因为他们常常经历刀光剑影，对清规戒律的遵守也不太严谨。作为回应，医院骑士团非常注意自我宣传，以便维护良好声誉（这一点他们远远强于圣殿骑士团）。旅行在外的骑士被严格要求谨言慎行，而发生的一切丑闻都得到了良好掩饰。很快，医院骑士团在教皇的会议中也有了一席之地。骑士团还定期向欧洲投递报告与书信，这些精心打造的信函被公开后也成为绝佳的公关材料。甚至他们在信函的封印上也下足了功夫：医院骑士团惯用的封印描绘的是一位患病的朝圣者在病榻上得到照料的场景，以展示骑士团的公益性质与虔诚。

在普通百姓眼中，医院骑士团令人肃然起敬，13 世纪后，他们还得到了越来越多的欧洲世俗君主的支持。例如，1274 年，哈布斯堡王朝的鲁道夫（Rudolf）皇帝特意给予了骑士团在德意志境内的各种特权，他对他们赞誉有加，称其为"捍卫基督信仰、剪除异教徒势力的勇士"。

医院骑士团与圣殿骑士团一样，力求将自己的合法性与古时的基督教先贤联系在一起，甚至不惜牵强附会。医院骑士团声称自己的历史可以上溯到十二门徒的时代，认为本组织早在奥古斯都时期便已在耶路撒冷建立了雏形。更加夸张的传言甚至说犹大·马加比（公元前 2 世纪犹太先知）

是医院骑士团最初的赞助人。还有人说基督教历史上第一位殉道者圣司提反是骑士团第一任团长……在现代历史学家看来，这些谎言不值一驳，但在中世纪，它们却颇有市场，为骑士团造就了不少拥趸。

医院骑士团与圣殿骑士团的长期竞争在十字军国家覆灭时期到了白热化阶段。阿卡战役中圣殿骑士拒不投降，他们的总部坚持到了最后；而医院骑士团涌现了一位知名的战斗英雄——大元帅马修，据说他在城破之际孤身冲入敌群，以一当百，最后力战不退而死。两大骑士团的表现可谓平分秋色。圣殿骑士团的猝然覆灭扩大了医院骑士团的势力，也给后者敲响了警钟。从此，他们更加珍视自己的名誉，甚至为了避嫌不惜修改自己多年形成的入会仪式。

进驻罗德岛之后，医院骑士终于获得了安身立命之所，他们依然视自己为“信仰的捍卫者”（propugnacula fidee），与传说中亚瑟王麾下的圆桌骑士似乎颇为神似。这一时期最富有传奇色彩的大团长非迪厄多内·德·冈佐莫属，这位“屠龙英雄”的事迹经过游吟诗人的传唱，成为地中海东部千古流传的传奇。但在相对平静的14世纪，除去引人瞩目的迪厄多内·德·冈佐，医院骑士团的确乏善可陈。他们承平既久，罗德岛又如此富饶安逸，难免有些懈怠，享乐之风也开始抬头。难怪教皇克雷芒六世会对骑士团发出猛烈抨击。不过平心而论，与欧洲的骑士相比，医院骑士团依旧保留了些许圣战风采，罗德岛教区的宗教氛围依然浓厚，他们只是暂时缺少一个展现的机会。

◎ 施洗者约翰的右臂

圣物在医院骑士的精神世界中扮演了十分重要的角色。罗德岛最珍贵的圣物是一件据说由使徒路加亲自画的圣母玛利亚画像。1488 年，在与奥斯曼帝国缔结和约后，巴耶济德二世苏丹赠给了医院骑士团两件圣物：施洗者约翰的右臂以及耶稣的荆棘冠，它们无疑是前拜占庭帝国的珍宝。1523 年失去罗德岛后，以上圣物随骑士团一道颠沛流离，最终在马耳他安家落户。其中的圣约翰右臂，一直保存至今。

由于宗教上的偏执，医院骑士团有一段时间常常杀死男性穆斯林战俘，只有儿童除外，这样的政策可能导致了骑士团海军的人力严重短缺。因为在其他国家，桨手一般是由战俘或奴隶担任的。随着征收希腊臣民到军舰上服徭役这一政策被废除，骑士团也不得不用穆斯林战俘来替代他们，此外还有一些负债者自愿到海军服役以抵销债务。此外，罗德岛时期医院骑士团海军中便有很多水手是马耳他人。因此当 16 世纪骑士团接收马耳他时，恐怕对岛上的风俗人情并不陌生。

教皇国在 14—15 世纪对医院骑士团有很大影响力，骑士团也深受教廷的宠爱。天主教大分裂时期，由于罗马和阿维尼翁同时存在两位对立教皇，医院骑士团的处境十分尴尬，甚至一度也出现了两位“对立大团长”。不过由于这期间骑士团上下的远见卓识和政治技巧，他们不仅没有因此分裂，反而为结束教会分裂贡献了一份绵薄之力。

抛开医院骑士团的浪漫英雄主义情怀不谈，整个 14 世纪，罗德骑士们的军事行动相当有限，而且其中大部分都是麾下的雇佣兵进行的。在战场上乏善可陈必然招致各方批评，这期间骑士团受到的舆论压力也增加了。有人抨击他们作战不合章法，并在迫使穆斯林改宗方面态度消极；还有人指责骑士团的选拔制度令部分出身贫寒的人身居高位，这“玷污”了骑士的高贵血统。总之，在 14 世纪，关于骑士团的种种流言蜚语四处传播，遗毒颇深。

甚至教宗本人也注意到了医院骑士团的“怠政”，尤其对比同期积极进取的条顿骑士团，差距便更加明显。很多西方的文人墨客也颇有微词。例如意大利大诗人彼特拉克就曾写道：“罗德岛，信仰之盾，却毫发无伤，苟且偷生。”菲利普·德·梅齐埃（Philippe de Mézières，1327—1405，法国骑士、作家）则宣称骑士们之所以愿意到罗德岛服役 4—5 年，是为了以此为跳板，之后在欧洲的分团觅得一个锦绣前程。在意大利商人中间，则流传着医院骑士团收容甚至资助海盗的说法——尤其是威尼斯人马里诺·萨努多（Marino Sanudo，1260—1338，威尼斯政治家、地理学家，曾经到访过罗德岛）的指控，一度将骑士团置于百口莫辩的境地。进入 15—16 世纪，意大利人对骑士团的海盗活动的不满越发强烈。

医院骑士团同样存在内部纷争，富尔克大团长曾遭到部下逼宫，但最严重的一次发生于 1381 年。一名加斯科涅骑士贝特兰（Bertrin）被指控溺死了罗德岛上最高贵的西班牙骑士——制衣官。稍后的审判上，几个妇人经严刑拷打后被迫承认关于谋杀的指控仅仅是她们散布的谣言。最终，医院骑士团判定贝特兰仅犯有挪用公款罪，将他开除出团。当大团长胡安·费尔南德斯·埃雷迪亚准备亲自剥下他的斗篷时，此人居然掏出匕首刺向自己的上司，不过他很快被侍卫们砍倒了。如此忤逆之举震惊了全团上下，此后一年中，经过内部整顿，有56位骑士或准骑士被遣送回欧洲。这也在某种程度上体现出骑士团内部法语骑士与西班牙语骑士之间的矛盾。

15世纪的多数时间里，医院骑士团的士气都相当低迷。1444年和1480年，他们两度击退了穆斯林对罗德岛的围攻，算得上百年间的亮点。1522年罗德岛的失陷是对骑士团名望的又一次打击。适逢欧洲新教运动方兴未艾，医院骑士团对宗教改革十分抵触，这种态度不可避免地导致他们失去了大量土地和拥趸，新教徒则提高了攻击骑士团的调门。战争是展现人性的最佳舞台，三十三年后，医院骑士团通过可歌可泣的马耳他保卫战替自己彻底正名。

虽然冠以“骑士”之名，但医院骑士团本质上为天主教修道会，其成员的日常生活很大程度上受到教士团体清规戒律的制约。尽管如此，和本笃会等隐修会相较，他们的生活与传统僧侣相比还是有很多差异。医院骑士在诵经修道之外，还要与十字军的敌人作战，以及打理农场和其他经济业务。他们不得不与金融、商业、运输等行业的各色人等甚至官僚机构打交道，因此，医院骑士团也体现出相当多的军事化、世俗化特点。

那种认为医院骑士团在十字军时期整天驻守在城堡里的观念也不正确。诚然，在日渐萎缩的十字军国家里很少有骑士定居于乡村，不过他们更多生活在沿海的繁荣城镇里（如提尔、阿卡），这些城镇还保留着浓厚的伊斯兰色彩。法语是十字军国家中最通行的语言；其次是意大利语，它流行在商人群体中；本地的基督徒多使用希腊语、亚美尼亚与和阿拉伯语；而医院骑士团理论上的官方语言是拉丁语。

医院骑士团耶路撒冷总部位于圣墓教堂南面，其主教堂过去是东正教堂，周围簇拥着一些团部建筑，而他们标志性的医院（或救护站）位于更南面。在阿卡也有一座大型的团部（1172年在这里设立了医院）。1187年耶路撒冷陷落后，总部随即迁往阿卡并大幅扩建。部分阿卡的骑士团建筑一直留存至今，包括一座拥有三个烟囱的厨房与餐厅。

我们今天所熟悉的医院骑士团格言为：“守卫信仰，拯救苦难。”（拉丁语：Tuitio Fidei et Obsequium Pauperum .）它的雏形产生于第二任大团长雷蒙·杜·皮伊统治时期，原文为：“会友以拯救苦难为己任。”（拉丁语：fratres ad servitium pauperum venientes .）稍后它进化为“会友以拯救苦难，捍卫天主教信仰为己任。”（拉丁语：fratres accedentes ad obsequium pauperum et tuitione fidei catholicae .）最终简化为今天的版本：“守卫信仰，拯救苦难。”从骑士团的格言即可看出，自成立早期开始，它便具有浓厚的慈善性质，曾运营着耶路撒冷著名的医院，这也是它名称的由来。

医院骑士团位于耶路撒冷的医院长达75米，宽40米，拥有高高的穹顶，可同时接纳1000名患者。12世纪的文献记载了他们位于耶路撒冷的医院的运作情况。教皇卢修斯三世（1181—1185年在位）发布的诏书明确规定耶路撒冷医院需要配备至少5名医生，这一标准大大低于同时期拜占庭和阿拉伯人的医院，但较之于欧洲的医院，已称得上优越。医院中据说每天接待的病人达千余人，5位医生显然不可能有充足的时间精力予以诊治，因此，骑士团的“医院”更像是今天的收容所或康复中心。由于他们的医院享有盛誉，在耶路撒冷被攻破之后，萨拉丁也给予了骑士团及其医院以优待，包括允许他们转移伤患。直到今天，耶路撒冷老城还保留着“医院区”的地名。

耶路撒冷时期，骑士团医院对所有病人无论宗教信仰均一视同仁。病患中以朝圣者居多，但战争期间医院也接收伤员。如果床位不足，上级则会要求骑士们让出自己的卧榻，睡在地板上。男女病人在院中被分开照顾，骑士团尤其给予孕妇特殊待遇。如果孕妇生产后无法照料婴儿，骑士团将代为照料，甚至为此专门雇用了奶妈。骑士团也收养弃婴与孤儿，当他们长大成人后，可自愿选择加入骑士团或回归世俗世界。耶路撒冷沦陷后，医院骑士团总部迁至阿卡，在阿卡，总医院继续运作，其遗址至今尚存。它是利用一座大型的、始建于10—11世纪的伊斯兰商队客栈（Khan）改建而来的，围绕着一座天井共建有6个四边形大堂。因为他们的种种善举，13世纪时在欧洲几乎家喻户晓，广受赞誉。13世纪一则传说提到，萨拉丁曾为了验证医院骑士团的医院是否名实相符而“微服私访”，结果他震惊地发现，大团长为了救治一位病人竟不惜牺牲自己珍贵的战马，因此深受感动。1291年后骑士团迁居至塞浦路斯，本计划在当地也修建一座医院，但时间仓促来不及实施。夺取罗德岛后，他们在1314年修建了新的医院。1437年大团长下令在骑士大街南端修建了第二座更加大型的医院。它的设施更加完备，成为骑士团对外展示的橱窗。

在欧洲各分部，骑士团也拥有自己的医院或救济所，但相对默默无闻。英国的骑士分团享有替死刑犯收尸并举行葬礼的特权。意大利的医院骑士在热那亚和圣地亚哥也建有自己的医院。

骑士团的老团规里开宗明义地指出要

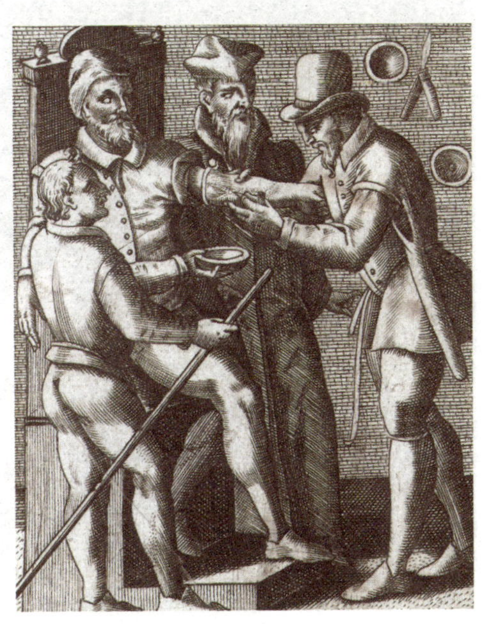

◎ 中世纪流行的放血疗法

关注医患的膳食及耶路撒冷医院的组织运作。团规里详细规定了医院营收的支配方式，如何为病人指派医生，如何保管新病人的财产，如何管理职员与病人等等。在他们的医院里，外科医生（practici）的地位略逊于内科医生，后者不仅负责病人的膳食、药剂，甚至还要检查其尿液。外科医生自然也要负责战场急救。战事爆发后，伤员往往第一时间送回耶路撒冷的医院救治。在这里外科医生、内科医生、放血师（blood-letters）通力合作。例如1177年的蒙吉萨战役后，便有超过750名伤员被送到医院骑士团的医院，而当时院中已有900多名患者。

这些医生往往并非骑士团成员。1182年耶路撒冷的医院就曾公开招聘4名能够独力开处方、诊断疾病、检查尿液的医生。后来耶路撒冷因为医院骑士团的存在，成为中东地区著名的医疗中心，吸引了大批名医，不论他们来自东方或西方。医院骑士团麾下有不少穆斯林医生，他们带来了伊斯兰世界的先进技术（虽然和基督教医生之间也不时发生摩擦）。所有的医生在录用前都会经过严格面试。

医院骑士团的护士群体我们知之不多。老团规里规定每个病房要配备12名军士，承担看护工作。晚上则有2名骑士值夜。在骑士团历史初期，也有部分修女参加到看护工作中，但随着时间的推移，她们渐渐不再抛头露面，开始离群索居。当然医院里也有女性看护，不过大部分是骑士团的帮佣。骑士团医院对女性患者一视同仁，

◎ 位于马耳他瓦莱塔的医院骑士团总医院内部大厅

甚至还专门开设了产房（初生婴儿与母亲被分开单独照料）。

如果有骑士患病，他们能得到病假，被要求斋戒，同时免于刑罚。大团长可以要求老年或身体虚弱的骑士交出他们的装备，而患麻风病的团员则会被隔离，但骑士团依旧会供养他们。如果骑士需要放血治疗，必须事前得到批准。重病号则移到总部教堂旁边的特护病房照料。病人在入院时一般要将贵重财物（包括军备）交给院方保管，如果他是骑士团的官员，还要交出办公室钥匙。住院期间，禁止诸如下棋、阅读小说这样的娱乐，饮食也受到严格限制。不过在住院部旁边有一家单独的小餐厅，可以提供更多样的饮食与酒水。

虽然医院骑士团的医院已经蜚声海外，但按照现代标准看，其医术颇为可疑，很多治疗手段缺乏科学原理，甚至不乏巫术的成分。直到文艺复兴时期，随着欧洲科技的进步，骑士团的医疗水平方才有所提高，医院也渐渐走上了正轨。

接待远道而来的朝圣者与旅行者过去一度是医院骑士团的主要使命之一，现在这项功能很大程度上被各地兴起的普通客栈所取代。与此同时，在15世纪前往圣地的朝圣者数量也有所减少，而大型帆船的出现使其中的很多人不必在罗德岛停靠歇脚。因此，骑士团接待朝圣者的传统职能也受到削弱。

迁居罗德岛后，骑士团在医疗和慈善方面的业务开始逐步下滑，因为很多欧洲城市自己已经开设了救济院（法语：Maison-Dieu）。但罗德岛总部的骑士团医院由于其重大象征意义得到了保留和加强。早在1311年，骑士团便在岛上修建了医院，后来大团长罗歇将它整修一新，该院一直沿用到1483年新医院落成。一战期间，意大利人对罗德岛的骑士团医院进行了极佳的修复和保护（1911年爆发的意土战争中，意大利最终获胜，于1912年占领罗德岛及整个十二群岛，1947年意大利将十二群岛交还给希腊政府），它也是现今保存最完好的骑士团医院（目前被希腊政府改为考古博物馆）。这所总医院由骑士团中法语区的皮利耶负责管理，不过医院的日常管理实际上被交给一位法国军士。他要探访病患，监督诊治，记录病历甚至代写遗嘱。他还配有两名“助理”，二人分别侧重于医院的补给和宗教活动。医院建有自己的药房，以保证药品的质量。医院全天常驻两位内科医生、两位外科医生治疗患者。罗德岛骑士麾下的医师们大多是雇佣而来，不少具有意大利和犹太血统。虽有专业人士负责，但骑士们也要承担相应的医疗任务，甚至大团长还会亲自为重病患者洗身。

新建的罗德医院高两层，共有两座天井。建筑东侧底层拥有大堂可作为主要的病房。医院内也有为官员和贵族准备的单人病房。厨房附近的大厅是主要的餐厅。医院骑士团还为病人在室内设置了充足的厕所，而过去的医院厕所一般都直接设在户外。虽然底楼的房间大部分是用作医疗用途，但东面临街有7个房间似乎是作为商铺出租，也算是为医院增加了一点收入。一楼中甚至还有一间手术室，它被特意与普通病房隔离开，周围主要是一些储藏室，这一方面是出于卫生考虑，另一方面可能也是要避免“噪音扰民”。此外，医院还设有一座药草和蔬菜的种植园。

一直有史学家认为罗德岛骑士团的新医院布局受到了土耳其式旅馆的建筑风格影响，不过，它可能更多的是继承了当年骑士团在叙利亚的医院总部的风格。1403年以后，随着骑士团同马穆鲁克王朝的关系得到改善，他们获准于耶路撒冷重开医院，并在拉姆拉设立领事馆以便为基督徒朝圣者提供便利。被派往此处的骑士借机修缮了医院的建筑，整修了圣诞教堂及另外一些著名基督教古迹。骑士们甚至被特许在马穆鲁克王国境内骑马（通常基督徒是被禁止骑马的，而代之以驴子或骡子，不过让堂堂骑士骑驴显然有碍观瞻），这彰显了两国关系的亲密。

罗德岛失陷以后，医院骑士团短期迁至意大利，总部设立于维泰博，而医院设立于西西里的墨西拿。骑士团踏上马耳他的土地后，发现其旧都诺塔比莱已经有了一所医院，但他们依然在比尔古另建了一所。1538年这所医院得到了扩建，不过，1565年马耳他大围攻期间它被证明远远不能满足战争时期的需求。1565年建设新都瓦莱塔时，大团长瓦莱特下令再建了一所规模更大的医院。它的设计颇具前瞻性，竟一直使用到了一战后。二战时期医院被德国人的轰炸严重破坏，不过战后得到了重建。马耳他时期骑士团的医院同样承担了部分慈善功能——照顾老人、穷苦妇女，同时抚养孤儿和弃婴。因为马耳他并不处于朝圣者的必经之路上，因此它的医院主要为当地人服务，这改善了骑士团与马耳他居民之间的关系。17世纪后随着自然科学的进步，马耳他骑士团医院的医疗水平有了大幅提高，甚至有不少周边国家地区的患者慕名而来。骑士团医院也参与对外援助。1783年西西里地震后，骑士团派出医疗队在墨西拿建立了简易医院，为灾民提供医疗、食物、帐篷等。这一优良传统保存至今。但在18世纪末，医院的管理和卫生状况似乎有所下降。1789年有到访者声称，骑士团医院的卫生水平甚至不如大团长的马厩。部分原因是法国大革命重创了骑士团财政，他们不得不紧缩开支，减少了医疗方面的支出。但即使在1798年被迫离开马耳他后，骑士团在动荡中也没有放弃救死扶伤、援助苦难方面的天职。[22]

医院骑士团日常修道生活的基本准则是由第二任大团长雷蒙制定的，核心精神是安贫乐道、同吃同住、贞洁与服从。团内制定有详细的修行时刻表，每位团员都要遵守。骑士们也必须参加各种宗教活动，不过由于很多战士目不识丁，他们只能被动地听一听布道，简单地说出几个拉丁语祷告词。一年当中，骑士被要求至少参加三次圣餐礼（分别在圣诞节、复活节和五旬节）。每天晚上修士们还会为病人做祷告。

参加晚祷（Compline）后，团员们就上床就寝了（原则上禁止外出），第二天一早便起床参加晨祷（Matins）。在宿舍里他们被禁止大声喧哗，也不得裸睡（除了中东地区最炎热的时节）或与战友同床（即使在最寒冷的冬日），夜间有火烛长明不熄。

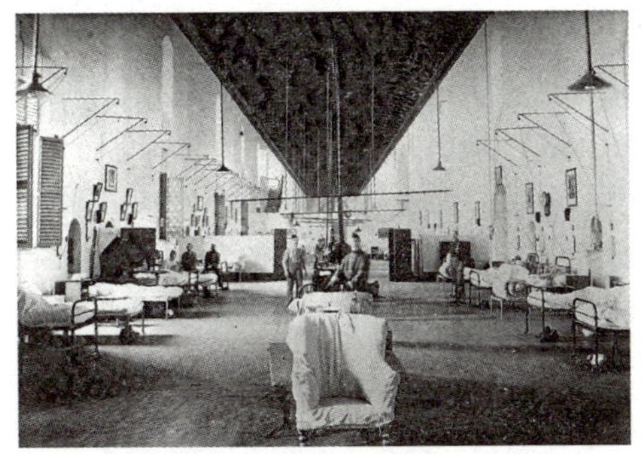
◎ 1906年时的马耳他瓦莱塔医院骑士团医院

但是1170年以后，随着一些高级骑士对私人房间的渴求，以上规定有所松动。

原则上，骑士们应该集体进餐（不过某些高级成员可以独自进餐），并且和修士一样，只能食素（可以吃鱼）。但是这一规定慢慢地也有所变通，尤其在战时，毕竟骑士们需要肉类来补充营养，保证战斗力。在特殊情况下，他们也能获得额外食物及酒水的配给。骑士团的斋戒期也比普通修士短很多，并且集中在冬天（一般来说，春夏时节是战争高发期，而冬季一般休战）。此举同样是为了避免骑士的体质过于虚弱。甚至在战争期间，对骑士们“食不言”的要求也放松了。尽管如此，还是有脾气暴躁的骑士对各种清规戒律不满，在就餐时谩骂甚至殴打侍者。

按照同时代的标准，医院骑士团的伙食是相当不错的。他们一日两餐，第一餐在第五次祈祷（nones）后，第二餐在晚祷后（晚餐禁止饮酒），每餐一般会上菜两次（供值班人员轮换）。他们的食物主要是肉、鱼、鸡蛋、面包和酒，可谓营养丰富。当然斋戒期禁止吃肉，大斋期（Lent）甚至禁止享用牛奶，周五则不能吃鸡蛋与奶酪。不过如果在海上执勤，这些禁令就放宽了。医院骑士最常用的餐具是陶制的，质地做工都比较简朴，包括常见的陶碗、盘、钵等。其次为玻璃制，常见的为玻璃酒杯和玻璃水瓶。圣殿骑士团在阿卡附近甚至拥有自己的玻璃厂，可以生产高档的彩色玻璃。13世纪以后，饮酒也变得普遍起来。饭后骑士们一般还会去教堂做一番感恩祷告。1203年颁布的医院骑士团的团规中要求食物不能奢侈，无论地位高低，所有骑士的饮食需一视同仁。进餐时禁止言语喧哗。骑士团相信食肉会令人腐化，但在节庆日的宴会上可以例外。此后禁令慢慢松弛。家畜主要包括马、牛、猪、羊。医院骑士团贝尔蒙特（Belmont）城堡的考古挖掘显示，在他们的肉食中，羊的比例最高，其次是猪和牛。家禽中，则以鸡居多。鱼通常不被视作荤菜，故不受限制。骑士团建有谷仓贮存谷物。中世纪时期，磨坊和面包房是具有垄断性质的特殊资产。骑士团拥有自己的水磨、风磨及面包烤坊，不但能自给自足，还能对外出租盈利。传统上骑士团会为穷人免费分发面包，那些应该就是自家磨坊、面包房的产品。通常每一座城堡都会设有自己的面包房。

在欧洲的医院骑士以农业、慈善与行医为主业，而在中东军事训练压倒了一切，不过他们的训练时间主要集中在下午（可能是为了避开炎炎烈日）。有证据显示一周中大约三天用于军事训练，项目有体操、摔跤、兵器练习、十字弓射击等等。对骑士的军纪要求也是很严格的，例如他们被禁止参与一切狩猎（包括鹰猎）和比武，甚至纵马疾驰也需事先得到上峰批准。对纪律的遵守是医院骑士团得以安身立命的根本所在，不过，要指控一名骑士触犯了条例也并非易事，这需要修士会议共同研究决定。如果骑士在修士会议以外私自控诉队友的过失，则可能会因诽谤罪遭到惩罚。因此，类似的指控和调查往往非常繁复且旷日持久。一次完整的指控需要三方面的要素：正式的起诉书、罪证，以及修士会议的最终决议。对违规者的惩罚措施各个骑士团大同小异，对于轻罪（如就餐时举止不当、懒惰等），一般的处罚是禁食禁酒一段时间；严重一些的则判处苦修，时间从七天到四十天不等；最严重的处罚是开除。

骑士的葬礼也有一整套礼仪。12 世纪时，骑士团会用团旗覆盖棺椁，周围放满蜡烛，并由修士吟诵圣歌。1278 年后改用该骑士的斗篷一同下葬。每年他的忌日都会标注在所属修士会的日历上。团规还要求为去世骑士所作的弥撒要达到 30 场。在耶路撒冷的总会每晚都有 5 个修士为骑士团的恩人们吟诵圣诗（Psalter），而在四旬斋的第一个周日会举行一场神圣的安魂弥撒来纪念去世的骑士团先贤。[23]

骑士团夺取拜占庭的罗德岛后，扩建了原来的总督府，把它改为大团长宫，并将城墙环绕的罗德城变成了自己的领地（所谓的“科拉乔区”，最终成为罗德港“内城”），同时让大量希腊居民迁至郊区（最终形成罗德港“外城”）。科拉乔区主干道的起点是市区中心广场，附近是大团长宫和骑士团大教堂；终点处则是兵工厂及主城门。街道两旁都是骑士团的建筑，其中包括各语言区的会馆。骑士们也不再混居于一个大型的宿舍中（圣地传统），而是按照不同语言居住在更小型化的宿舍里（塞浦路斯时期形成的习惯）。不过罗德岛时期，大部分骑士已经不愿意居住于集体宿舍，他们在城区内有了自己的宅邸。集体宿舍一般提供给新人和访客。当然，重大集体活动依然会在集体宿舍中举行。

骑士团治下的科拉乔区及附近有城墙保护的“郊区”令人印象深刻。例如，1345 年一位英国访客曾这样描述道：

“城墙内有一位大主教及其主教座堂，市民的住宅也都特色鲜明，与其身份职业吻合。这里有铸币师、盔甲匠和所能想到的各种能工巧匠。要塞之下则是骑士团的总医院，那里有医生、护士和侍女来照顾伤患。”

罗德岛市内通行多种语言，骑士、普通市民与商人来自五湖四海。1521 年的一位来访者说当地人所用的语言过多以致相互干扰，最终每个人的语言都带点其他语言的特色。大部分骑士都能说一点希腊口语，但对古典希腊语及其典籍则一窍不通。不过希腊语却是骑士团与土耳其人间通用的外交语言（骑士们一般不会土耳其语）。有时候阿拉伯语也用作外交及商业语言。

14 世纪末至 16 世纪初，除去个别时期，多数情况下医院骑士团同埃及马穆鲁克王朝都保持了良好关系。1403 年，二者签署了正式合约，医院骑士团作为圣地基督徒保护者的特殊身份得到了确认。双方同意若要采取军事行动，应提前三个月告知对方（但这一充满友好精神的条款经常被骑士团麾下的基督教海盗所打破）。医院骑士团还被特许在埃及达米埃塔开设领事馆，以处理战俘赎金问题（骑士团已经改变了过去屠杀男性穆斯林俘虏的恶习）及粮食买卖。这些俘虏大部分成了划桨奴隶，不过也有部分出身高贵的囚徒被软禁起来以换取高额赎金。

在欧洲的医院骑士生活就要平淡很多了，因为他们处于和平环境，更多地将精力放在农庄或修道院上。修道院长或骑士指挥官与他手下的农夫间的关系总体是良好的。甚至有新到任的骑士率先向农夫们宣誓保障其安全，而后农夫才向主公宣誓尽忠的案例。有时候为了表明主人与隶农间的和谐关系，他们还会一道进餐（虽然是象征性的）。在有些地方，骑士通过限制当地面包烤房的数量来控制农夫。农夫为了获得口粮，不得不上缴面包的二十分之一作为获准使用烤炉的代价。

14 世纪，招募的新兵中文盲过多一度给骑士团带来困扰。此后，医院骑士团的整体文化水平渐渐提高了，但并不平均。骑士团高层中不乏饱学之士。例如，大团长胡安·费尔南德斯·埃雷迪亚曾经鼎力支持阿维尼翁教廷的文化事业，他修建了一座大型图书馆，鼓励法国学者与希腊学者及佛罗伦萨学者相互交流切磋。埃雷迪亚不是以武功，而是以文化赞助人的身份在医院骑士团名垂青史。罗德岛自身一度也成为早期希腊学的中心之一，并吸引了各地学者，其中就包括英国人威廉·利利（William Lily，1468—1522，英国语法家、学者，伦敦圣保罗学校第一任校长）。然而，学术上的繁盛也引来了一些非议，有骑士控告自己的战友借研究之名，行异端之实；还有骑士抱怨频繁的战争干扰了自己的学术生涯。骑士中一位有趣的古典主义者卡斯蒂廖内（Sabba da Castiglione），作为意大利曼图亚公爵夫人伊莎贝拉·冈扎加（Isabella Gonzaga）的“特使”专门负责在东方寻觅古董与艺术品，常常出没于各地古迹，进行考古发掘，并将满载的古典雕塑和文物用船只运回意大利。

第一部关于医院骑士团的通史直到 1440 年左右才由编年史家班迪尼（Melchiore Bandini）完成。15 世纪后期，骑士让·德·弗朗西瑞（Jean de Fransieres）完成了一部关于猎鹰的专著，他由此在传播伊斯兰文化方面做出了自己的贡献。骑士扎基亚（Laudivio Zacchia）得到了大团长的许可前往博洛尼亚大学留学四年，条件是学成后必须回到罗德岛。他日后成了著名的诗人和哲学家。纪尧姆·科尔辛也是一个例子，作为大团长的秘书及副书记长，他其实并没有骑士身份。他撰写的关于 1480 年罗德岛大围攻的著作备受好评，据说围攻结束后仅仅四个月便已付梓出版，对提高骑士团在欧洲的人望可谓居功至伟。

进入 16 世纪，医院骑士团中这样的人才就更多了。让·昆顿（Jean Quiton）神父于 1500 年在法国欧坦（Autun）出生，早年曾游历整个东地中海地区，并加入骑士团成为大团长的幕僚。他后来被赫赫有名的巴黎大学聘为教会法教授。骑士团神父安东尼奥·皮加费塔曾加入麦哲伦的船队进行了第一次环球航行，1524年他最终成功地返回骑士团总部并向大团长汇报了他此次激动人心的远征。

随着医院骑士团国的建立，骑士团越发世俗化。昔日“三愿”誓言的约束力也开始松动，尤其是在私人财产上。15世纪阿拉贡的骑士团修女就公开拥有自己的财产。1638年教皇乌尔班八世允许医院骑士在去世前可自由支配遗产，而按照惯例，其遗产应该尽数充公的。在爱情方面，骑士团早已不再严格遵循团规了。1236年骑士团英国分部的修女就曾传出与骑士有染，1238年教皇曾公开指责骑士团成员狎妓。1314年加泰罗尼亚分团长拉蒙·德·安普里亚斯被控与麾下两位骑士有不正当关系，此外他还涉嫌强奸多名妇女，并留下了私生子。最终这匹害群之马被逐出教会，剥夺了一切职务。1427年，阿拉贡锡赫纳女修道院传出惊天丑闻，一名修女竟有了身孕，在审问之下，她一连供认了三名情夫，其中一人竟是骑士团地区领导人，另两人为骑士团教士。一些知名人物，如大团长胡安·费尔南德斯·埃雷迪亚和让·德·瓦莱特拥有情妇和私生子也几乎是公开的秘密。但在世人眼光中，医院骑士拥有七情六欲也并不总意味着丑闻。出人意料的是，骑士团甚至成为一些爱情文学作品的素材，例如若阿诺特·马托雷尔的著名骑士小说《白骑士》中，有这样一段情节：出身纳瓦拉的医院骑士西蒙·德·法尔（Simon de Far）疯狂地爱上了一位罗德岛贵妇，但佳人对他的表白长期不置可否。偶然地，她获悉了岛上热那亚骑士准备与热那亚人及穆斯林苏丹内外勾结，夺取罗德岛。贵妇以接受西蒙·德·法尔的求爱为条件，希望他连夜禀告大团长。倍受鼓舞的骑士克服了重重阻碍，终于在千钧一发之际为团长送去了警报，从而挽救了医院骑士团的命运……[24]

与穆斯林邻居不同，三大骑士团总体而言厌恶沐浴，他们倾向于认为这并非必要的卫生措施，而是一种令人腐化的娱乐（团规中常常将沐浴同其他娱乐并列），因此予以种种限制。例如条顿骑士团团规中规定，只有患病的骑士可以自由沐浴，否则就必须提前获得上级批准。医院骑士团在阿卡陷落后不久颁布的法令中，明确指出团员除非万不得已，否则禁止沐浴。在炎热的东方，限制洗浴有些令人费解。不过中世纪的十字军受穆斯林影响，很多贵族甚至平民都喜欢去公共浴池寻欢作乐，骑士团的规定可能是为了防止成员经不住

◎ 医院骑士喜爱的直棋游戏

引诱。医院骑士团明确禁止骑士单独前往浴池，或在那里进餐、过夜。不过骑士团并非真正抵制沐浴，前提是能得到有效监管。医院骑士团在贝尔沃城堡内就建有自己的浴室。骑士团的浴室从结构上看是典型的东方式，主要的房间为更衣室，墙壁一侧安置着长凳，旁边的房间则为浴池。必要时医院骑士也剃须，在贝尔沃城堡就曾发掘出两把铁制剃须刀。

医院骑士的闲暇时光并非我们想象的那般沉闷。直棋（Nine Men's Morris）为代表的棋类游戏及掷骰子在医院骑士团的日常生活中十分流行。不过团规要求不得在晚祷结束后的休息时间私自进行这类游戏，此外包括阅读小说、吃违禁食物等也被禁止，同时骑士团也严禁赌博。上有政策下有对策。各骑士团团员为了娱乐也想出了各种妙招以躲避上级的检查。例如，在圣殿骑士团的朝圣者城堡（Château Pèlerin）中，考古学家发现骑士们竟将棋盘藏在马厩的天花板下。医院骑士也不遑多让，在他们的贝尔沃城堡厨房中挖掘出一块石质棋盘，背面被故意凿成了石臼的形状，当上级突击检查时只要翻过棋盘，就足以瞒天过海，化险为夷。遥想当年医院骑士们在厨房热火朝天下棋的场景，让人深切地体会到他们作为普通人有血有肉的一面。[25]

◎ 马耳他海事博物馆中的医院骑士团海军军官像（王笑梦拍摄）

注释

[1] 医院骑士团中的“骑士”本质上依旧为天主教修道会成员，自然具有修士（friar）身份，故彼此以“修士”（亦可直译为“兄弟”）相称。虽然习惯上依旧被称作骑士，但与普通世俗骑士并不可等同，请读者注意区别。“医院军士”的情况与之类似。

[2] David Nicolle, *Knight Hospitaller (1): 1100–1306*, pp.7–11.

Helen Nicholson, *The Knights Hospitaller*, pp.81–82.

[3] David Nicolle, *Knight Hospitaller (1): 1100–1306*, pp.11–12.

Helen Nicholson, *The Knights Hospitaller*, pp.82–85.

[4] David Nicolle, *Knight Hospitaller (2): 1306–1565*, pp.9–13.

Helen Nicholson, *The Knights Hospitaller*, pp.86–88.

关于欧洲贵族“纹章家谱”（即要求具备 16 枚纹章）的详情，参见：Arthur Charles Fox-Davies, *A Complete Guide to Heraldry*, Bonanza Books, 1978, pp.618–620.

[5] Helen Nicholson, *The Knights Hospitaller*, pp.68–71.

http://www.timesofmalta.com/articles/view/20110626/life-features/1581-affair-ended-by-death-diplomacy.372509

[6] 医院骑士团中还存在“副团长”（Lieutenant-master）一职，但并非常设。如果副团长在位，则职权高于大司令官。

[7] 中世纪的战马价格不菲。8 世纪中叶，一匹普通战马的价格相当于 6 头健壮的公牛（而许多自耕农甚至买不起公牛）；1297 年，维赛吉姆领主杰拉尔德·德·莫尔拥有的 7 匹战马总价达 1200 磅，其中最名贵的一匹价值 300 磅，而同时期普通马匹平均价格只有 12 磅。由此可见大元帅享受的待遇。参见：倪世光，《中世纪骑士制度探究》，商务印书馆，2007 年，125–128 页。

[8] 1798 年离开马耳他后，骑士团失去了自己的领土，军事色彩不断淡化，一些传统的官职渐渐废弃或沦为虚衔。但大团长之下，大司令官、大医师长、大书记长和财务官依旧在现代马耳他骑士团中扮演着重要角色。

[9] 统帅是中世纪高级军职，理论上，当国王不在时可代替君主行使最高军事指挥权，杰出代表如百年战争时的法国民族英雄贝特朗·杜·盖克兰（Bertrand du Guesclin）。参见：http://global.britannica.com/topic/constable

[10] David Nicolle, *Knight Hospitaller (1): 1100–1306*, pp.13–17.

Helen Nicholson, *The Knights Hospitaller*, pp.72–79.

[11] 即孔波斯特拉的圣地亚哥（Santiago de Compostela），为西班牙西北部加利西亚自治区首府，该市拥有 1211 年竣工的罗马大教堂，它修建于圣徒詹姆斯的陵墓上。此陵墓在 9 世纪被发现，令圣地亚哥继罗马之后成为欧洲最重要的天主教朝圣地。医院骑士团在该城亦拥有自己的财产。

[12] Helen Nicholson, *The Knights Hospitaller*, pp.79–81.

David Nicolle, *Knight Hospitaller (2): 1306–1565*, pp.17–18.

[13] 西班牙大方阵（Tercio）是西班牙帝国文艺复兴时期特有的步兵编制与战术，通常一个方阵由长矛兵、剑士、火枪手共同组建，最多拥有 3000 人。西班牙方阵具备优良的火力和防护，它的出现一度令西班牙陆军在 16 世纪成为欧洲最令人闻风丧胆的劲旅。关于它的构成与战术，可参考：http://forum.milua.org/archive/TactiqueUk.htm

[14] David Nicolle, *Knight Hospitaller (1): 1100–1306*, pp.24–30.

David Nicolle, *Knight Hospitaller (2): 1306–1565*, pp.22–25.

[15] 关于中世纪骑士比武、作战的规范和细节，可参阅：约阿希姆·布姆克，《宫廷文化：中世纪盛期的文学与社会》，何珊，刘华新译，生活·读书·新知三联书店，2006 年，211–218 页。

[16] 与东方的穆斯林骑兵长期看重骑射不同，欧洲的骑士蔑视弓弩，认为这是懦夫的武器。1139 年第二次拉特兰宗教会议上，教皇宣布禁止在与基督徒作战时使用弓弩，违者将被革出教门。因此欧洲骑士一般不会接受弓术训练，也不装备弓弩。

[17] David Nicolle, *Knight Hospitaller (1): 1100–1306*, pp.30–47.

[18] 《白骑士》一书虽为骑士小说，但作者采访了多位历史事件亲历者，细节十分真实，可信度颇高，历来是历史学家看重的参考文献。其英文版可参阅：

Joanot Martorell, *Tirant Lo Blanc*, David Rosenthal(trans.), Schocken, 2013.

[19] David Nicolle, *Knight Hospitaller (2): 1306–1565*, pp.26–32.

H. J. A. Sire, *The Knights of Malta*, pp.86–89.

[20] David Nicolle, *Knight Hospitaller (1): 1100–1306*, pp.48–50.

David Nicolle, *Knight Hospitaller (2): 1306–1565*, pp.41–42.

[21] David Nicolle, *Knight Hospitaller (1): 1100–1306*, pp.19–20.

[22] Helen Nicholson, *The Knights Hospitaller*, pp.88–92.

David Nicolle, *Knight Hospitaller (1): 1100–1306*, pp.21–23,pp.52–53.

David Nicolle, *Knight Hospitaller (2): 1306–1565*, pp.44–46.

[23] David Nicolle, *Knight Hospitaller (1): 1100–1306*, pp.54–56.

[24] Helen Nicholson, *The Knights Hospitaller*, pp.93–95.

David Nicolle, *Knight Hospitaller (2): 1306–1565*, pp.46–47.

[25] Adrian Boas, *Archaeology of the Military Orders: A Survey of the Urban Centres, Rural Settlements and Castles of the Military Orders in the Latin East (c.1120–1291)*, pp.197–204.

第十章 凤凰涅槃

斐迪南·冯·洪佩施与他的亲信——12位医院骑士、2名军士乘船来到了位于亚得里亚海滨的历史名城的里雅斯特（Trieste），在这里他获得了神圣罗马帝国皇帝弗朗茨二世（Francis Ⅱ，1768—1835，神圣罗马帝国末代皇帝，奥地利帝国首位皇帝）的庇护。洪佩施原本希望借助弗朗茨皇帝与德语区骑士的力量，东山再起，不料局势却出现了戏剧性的变化。

1798年8月，马耳他投降的消息传到了遥远的俄国。医院骑士团俄国分团群情激奋，他们断定洪佩施就是葬送骑士团数百年基业的罪魁祸首，遂以叛国罪将他废黜，同时宣布洪佩施同拿破仑签订的投降条约无效，推举沙皇保罗一世出面掌控大局。保罗一世历来仰慕医院骑士团，并且有心促成天主教会与东正教会的共融，因此欣然接受了这一邀请，并允许骑士团在圣彼得堡重建总部。沙皇亲自邀请各语言区前往俄国首都商议医院骑士团的重建工作，德语区大部分骑士予以积极回应（德语区分团长依旧宣誓效忠洪佩施），但西班牙、波西米亚与巴伐利亚分团表达了反对意见，他们依旧奉洪佩施为正统大团长。至于法国与意大利各分部，在法国大革命的冲击下已经人轻言微，无足轻重。医院骑士团面临着分裂的威胁。

在的里雅斯特，面对俄国方面的指控，洪佩施竭力为自己辩护，并否认犯下了叛国的罪行。令人意外的是，他获得了卡斯蒂利亚语区（西班牙区）的支持。由于双方各不相让，骑士团最终决定由教皇庇护六世仲裁大团长人选。但当年10月，保罗一世已经正式披上了医院骑士团的制服，并被俄国分团的骑士自行选举为医院骑士团第72任大团长。此举违反了骑士团多年的惯例及团规。[1] 西班牙与巴伐利亚分团依旧宣布对洪佩施效忠，它们驻彼得堡的使节因此遭到了驱逐。保罗一世赠给骑士团位于帝国境内的一批采邑，在金钱和物资上也给予了大力支持（包括在黑海和波罗的海各提供一支小型舰队）。不过，沙皇此举并非主要出于政治考虑，或一心染指地中海，而是出于他本人对古老骑士精神的眷恋，以及对法国大革命的仇恨。这就为医院骑士团在俄国的重建工作埋下了隐患。

就任大团长后，保罗一世为确保自己

◎ 俄国沙皇、医院骑士团大团长保罗一世，弗拉基米尔·卢基奇·波罗文库斯基（1757—1825）绘制

的合法性而殚精竭虑。1799 年 2 月，洪佩施的支持者、巴伐利亚选帝侯卡尔·泰奥多尔（Karl Theodor，1724—1799）去世，新任选帝侯马克西米连一世（Maximilian Ⅰ，1756—1825）因财政窘迫，一度抄没了骑士团在当地的财产；而沙皇立即强硬地要求他马上归还，同时希望选帝侯承认自己的骑士团大团长地位。沙皇在德意志部署了整整 5 万大军，由于还需要仰仗俄国的力量防备哈布斯堡王朝，选帝侯最终屈服了。流亡中的路易十八 [Louis XⅧ，路易十六的弟弟，1815—1824 年在位（其中不包括拿破仑百日王朝时期）] 也支持法国骑士向保罗一世效忠。沙皇持续向神圣罗马帝国皇帝弗朗茨二世施压，以出兵协助抵御意大利法军为条件，要求弗朗茨承认自己为医院骑士团大团长。经过权衡得失，弗朗茨二世最终也加入了劝说洪佩施辞职的行列。尽管教皇依然拒绝认同保罗一世，西班牙的 4 个修道院区也继续支持洪佩施，但洪佩施来自德语区，巴伐利亚选帝侯与神圣罗马帝国皇帝的相继倒戈使他失去了最重要的支持者，他只能选择妥协。1799 年 7 月 6 日，斐迪南·冯·洪佩施正式宣布退位，保罗一世终于成为医院骑士团真正的主人。教宗庇护六世对此颇有怨言，因为教廷第一次失去了对骑士团的直接影响，但他也无能为力。洪佩施将从马耳他抢救出来的宗教圣物（包括圣约翰右臂）转运至圣彼得堡，这象征着权力的正式交接。在圣彼得堡的新总部，聚集了 249 名医院骑士，但其中不少是俄国的东正教徒（为此保罗一世特意成立了一个医院骑士团“东正教分部”）；而洪佩施继续与少数亲信滞留在的里雅斯特；此外欧洲各地还散落着一批团员；留在马耳他的医院骑士大多选择与拿破仑合作，踏上了远征埃及之路。[2]

看上去，医院骑士团已经到了穷途末路。它的总部陷入敌手，它的宗教圣物被交予异端分子（基督教大分裂后，传统天主教视东正教为异端），它对抗异教徒保卫基督教世界的使命似乎也画上了句号（为了对抗法国，保罗一世选择与奥斯曼土耳其结盟）。未来十年中，拿破仑东征西讨，所向披靡，骑士团在欧洲各地的势力纷纷凋零，连被认为固若金汤的勃兰登堡分团也在 1811 年遭到捣毁。但骑士团的命运尚有一线生机。

马耳他岛尚存光复的希望，它遭到了英国舰队的持续围困。至尼罗河战役后，随着法国舰队全军覆没，英国人几乎把地中海变成了自己的内湖。它的陆军固然弱小，不足以直接占领马耳他，但它强大的海军完全切断了马耳他的补给，岛上法军已经尝到饥饿之苦。起初马耳他人将法国人视作解放者，但他们很快发现，自己与这些共和分子格格不入。法国人的横征暴敛很快激起了民愤，他们对天主教的粗暴态度又将岛上的教士阶层推向了对立面。马耳他人也听说了保罗一世自立为骑士团大团长的消息，但与俄国人相较，他们更愿意接受英国人的统治。1798 年，岛内爆发了反对法国占领的起义，起义军开始围攻法国人驻守的瓦莱塔，他们得到了英国舰队及那不勒斯王国的支持。洪佩施感到有机可乘，1799年6月，他派出3名骑士秘密前往马耳他，希望能获取当地人的支持，同时向那不勒斯国王许诺，一旦夺回马耳他，将承认那不勒斯的宗主权。不幸的是，3位骑士未能登岛便被英国人发现、逮捕，随即遣送回的里雅斯特。一个月后，洪佩施黯然辞职，此番计划也不了了之。

作为大团长，保罗一世派遣俄海军上将费奥多尔·乌沙科夫（Fyodor Ushakov，1745—1817，在沙皇的支持下也获得了医院骑士身份）于1799年率舰队驶入地中海，与英国、土耳其合作对抗拿破仑，并叮嘱他寻机夺回马耳他。乌沙科夫连战连胜，从法军手中夺回了科孚岛及伊奥尼亚群岛，旋即开始封锁热那亚与安科纳。乌沙科夫的确试图与英国舰队司令纳尔逊联手进攻马耳他，但纳尔逊对自己的“上级”（乌沙科夫为海军上将，纳尔逊仅为中将）心存忌惮，反而建议俄国人转攻埃及。令人意外的是，保罗一世竟突然转变了反法的立场，开始与拿破仑（1799年11月后通过雾月政变担任“第一执政”，掌握了法国最高权力）媾和，这就进一步触怒了英国、奥地利、土耳其等盟友。英国原计划将马耳他交还盟友保罗一世，此刻也转变了态度。1800年，乌沙科夫被紧急召回圣彼得堡，俄国在地中海的对法作战戛然而止。同年，马耳他在经受长达两年的围困后，终于向英军投降。由于担心保罗一世借大团长的身份在地中海扩张势力，英国拒绝了医院骑士团重返马耳他的请求，选择自行占领该岛。第二年3月，因反复无常的外交策略、对贵族阶层的猜忌压榨以及过于激进的军事改革，保罗一世触犯了众怒，甚至他的至亲也对沙皇退避三舍。3月23日夜，保罗一世在自己的行宫内遭部将刺杀（凶手中竟包括4名医院骑士），医院骑士团重新陷入群龙无首的境地。保罗一世的垂青一度令骑士团看到了东山再起的希望，他非理性的执政方略却又葬送了夺回马耳他的天赐良机。如果洪佩施依然在位，英国政府或许会将马耳他归还骑士团，但如果骑士团沦为沙皇的傀儡，出于地缘政治的考虑，精明的英国人必将拒绝一切让骑士团重返马耳他的动议。马耳他再度升起骑士团旗，几乎要等到两百年后。

新沙皇亚历山大一世（Alexander Ⅰ，1777—1825）似乎并未彻底抛弃骑士团，并且依旧承诺会鼎力支持，但他本人不愿兼任大团长一职，而任命自己的老师、陆军元帅尼古拉·萨尔特科夫（Nikolai Saltykov，1736—1816）为代理团长。亚历山大一世希望未来的修士大会能够选出名正言顺的新领导人。

保罗一世的短暂入主的确于危难之际挽救了骑士团，但也给它造成了深远的伤害。违背教皇的意愿，臣服于“异端”君主，令骑士团几乎声名扫地。它的宗教圣物从此被俄国东正教会掌握（十月革命后，圣约翰右臂等圣物随俄罗斯教会流亡海外，1941年被转移至黑山保管，多年后方才重见天日），骑士团因此被切断了与其古老宗教传统的联系，甚至它的合法性也遭到了质疑。保罗一世热心地在俄国境内建立骑士团分支机构和采邑，却导致了编制与行政管理上的混乱，这一问题长期困扰着骑士团。

虽然战场失利，但骑士团在谈判桌上取得了一定成果。1802 年签署的《亚眠和约》（Treaty of Amiens）[3] 规定：英军将撤出马耳他诸岛，医院骑士团将恢复在马耳他的统治；骑士团废除名存实亡的英语区、法语区、普罗旺斯语区、奥弗涅语区，增加马耳他语区；骑士团将在马耳他举行修士大会选举新一任大团长，而马耳他军队将由马耳他人与骑士团成员按 1 ∶ 1 的比例组成；马耳他将成为中立国，其独立得到英法保证。

《亚眠和约》为骑士团勾勒出一幅看似美妙的蓝图。马耳他语区的确如约组建，但英国人并未真正撤离，因为他们不相信依靠骑士团能够守住马耳他岛。在法国大革命的冲击下，骑士团损失了在法国的全部资产；西班牙境内的财富也被国王征收；而意大利语区经历数年战火，满目疮痍；德语区虽实力尚存，但当地骑士强烈抵制马耳他语区的成立，认为那会削弱自己的地位；俄国分团一度是它的希望，但保罗一世驾崩后，骑士团的待遇已今非昔比，俄国议会甚至将骑士团视为包袱：英国人的判断是正确的，骑士团确实没有人力物力在拿破仑的威胁下重新掌控马耳他。1802 年，修士大会迟迟无法召开，而医院骑士团的欧洲分团仅剩 11 个（鼎盛期为 25 个），大团长的选举陷入了难产中。最终骑士团不得不要求每个分团选出一位候选人上报教廷定夺。拿破仑并未放弃削弱甚至毁灭骑士团的计划。他通过外交途径，竭力游说巴伐利亚取消境内的医院骑士分团，所幸依赖俄国的保护，骑士团暂时逃过一劫；不过，他在迫使教皇庇护七世（Pius Ⅶ，1800—1823 年在位）延迟任命骑士团领导人上获得了部分成功。9 月，教皇推翻了骑士团内部的候选名单，提名居住于罗马的医院骑士巴尔托洛梅奥·鲁斯波利（Bartolomeo Ruspoli）为大团长，但后者拒绝赴任。直到第二年 2 月，庇护七世提名乔瓦尼·巴蒂斯塔·托马西（Giovanni Battista Tommasi，1803—1805 年在位）担任骑士团第 73 任大团长，终于获得了各方（包括亚历山大一世）认可，同年 3 月 11 日，托马西正式上任。

乔瓦尼·巴蒂斯塔·托马西出生于那不勒斯王国一个贵族家庭，12 岁便加入了医院骑士团，曾担任大团长平托的侍从，后长期在骑士团海军中服役，曾在 1798 年的马耳他战役中表现出色，可谓德高望重。但作为圣约翰医院骑士团的领袖，他手中既无医院，也没有圣约翰的圣物（圣约翰右臂），其权威性可想而知。托马西依据《亚眠和约》，向英国政府提出交涉，但时过境迁，后者以马耳他的安全与独立得不到保障为由，拒绝骑士团重返故土（如果大团长能在 1802 年顺利产生，医院骑士团或许还能够重返马耳他，但历史没有如果）。无奈之下，托马西只能在西西里的墨西拿召开新一届修士大会，会上他的职务获得了确认。拿破仑对骑士团采取了软硬兼施的手段，但大团长拒绝了他的 30 万法郎的贿赂，为了防备法国人潜在的海上突袭，托马西随后将骑士团总部迁往卡塔尼亚（Catania，位于西西里东部沿海，该岛第

◎ 庇护七世，托马斯·劳伦斯（Thomas Lawrence，1769—1830）绘制

二大城市）。一座奥古斯丁会的修道院被转让给骑士团作为其临时总部，而大团长则获得了卡尔卡西公爵赠送的一座豪宅作为行宫。此后两年，骑士团领导层偏安于此。马耳他似乎近在咫尺，却又遥不可及。

亚历山大一世迟迟没有批准《亚眠和约》，英国军队依旧占据着马耳他与大团长宫。骑士团提出了数个方案，希望英国能信守承诺归还马耳他，但无一能令后者满意。随着时间的延宕，英国对马耳他的占领逐渐被列强所接受。在1805年托马西去世后，卡塔尼亚的36名医院骑士选举来自那不勒斯王国的朱塞佩·卡拉乔洛（Giuseppe Caracciolo）为新一任大团长。为了避免刺激欧洲大国，谨小慎微的教皇庇护七世考虑到卡拉乔洛亲不列颠的政治立场，唯恐会触怒拿破仑，竟因此拒绝予以承认（亚历山大一世同情卡拉乔洛的遭遇，特意为他送来了1.2万卢布的津贴）。此后直至1879年，医院骑士团大团长职务长期空悬，不得不由数位“代理团长”担负领导的重责。1806年拿破仑入侵那不勒斯王国，王国政府被迫流亡西西里。医院骑士团代理团长格瓦拉·苏阿尔多（Guevara Suardo）试图将西西里分团迁至更加安全的罗马，但遭到了那不勒斯政府的反对，他们拒绝为骑士团成员提供护照，并将其财富转移至帕勒莫“保护”——这笔资金再也未能物归原主。1806年英国与法国秘密商定，马耳他由英国永久占领——医院骑士团被出卖了。

骑士团议会曾先后四次请求庇护七世批准卡拉乔洛就任大团长，但均遭到了无情的拒绝，1809年俄国也撤回了对他的支持。1814年苏阿尔多去世时，卡拉乔洛就守在他的病榻之侧，但骑士团议会拒绝再次提名他担任大团长，因为这注定会被教皇否决。最终担任代理团长的是西西里人安德里亚·迪·乔瓦尼（Andrea Di Giovanni），他已年过70（而卡拉乔洛刚满52岁），在团内的地位和威望却远不如卡拉乔洛，甚至未能领取大十字勋章（Grand Cross）。随着拿破仑的战败，1814年维也纳和会上，乔瓦尼的表现令人失望。他派出的使节米亚里缺乏圆滑的外交手腕，却又嫉妒法国骑士的帮助，米亚里徒劳地恳求获得一座地中海岛屿（他们已不再执着于马耳他）用于建立医院和进行“科索”活动。但时过境迁，英国视奥斯曼帝国为遏制法国与俄国的盟友，自然无法容忍骑士团重操海盗旧业。此前的《巴黎和约》（签署于1814年5月30日）已经确认了英国对马耳他的占有，而米亚里的固执令骑士团错失了本可争取的补偿方案，最终，医院骑士团代表空手而归。教皇庇护七世在1802年阻挠骑士团收回马耳他，1814年他又令骑士团失去了获得其他领土的机会，此后，意大利各邦政府便将医院骑士团视为教皇国附属的修士团体，而非一个主权独立的国家了。

乔瓦尼·巴蒂斯塔·托马西曾短暂地统一医院骑士团，事后被证明这不过是海市蜃楼而已。一系列平庸的代理团长相继执政，与恢复骑士团的势力与荣耀相比，他们更热衷于党同伐异。很快，骑士团总部便充斥着意大利人，虽然按照团规，高级官员本应按照几大语言区均衡分配。以阿基坦分团长卡米耶·德·罗昂（Camille de Rohan）亲王为代表的非意大利骑士感觉备受冷落，渐渐与总部离心离德，骑士团意大利半岛之外的各分部也开始各自为政。庇护七世对此乐观其成，因为他希望骑士团成为教廷的囊中之物。平心而论，医院骑士团尚未沦为意大利籍骑士高官的权力奖品，因为代理团长甚至在意大利半岛内都缺乏权威。那不勒斯分团和罗马分团分别于1815年、1816年重建，但它们各自听命于那不勒斯王国与梵蒂冈，而非代理团长。此外，教皇拒绝产生正式大团长，同时又强调代理团长的最高地位，这就导

◎ 各列强代表参加维也纳会议，让·戈德弗鲁瓦（Jean Godefroy）绘制

致了总部行政力量的极度虚弱，它对各地分团的掌控相当无力。

拿破仑战争对骑士团在欧洲的各分部造成了毁灭性打击。1805—1810年间，骑士团位于德意志、俄国、意大利的采邑几乎损失殆尽；葡萄牙也遭到了法国的入侵；西班牙在1802年没收了骑士团财产，1814年随着拿破仑的退位，一度将它物归原主，但1820年西班牙爆发革命，骑士团财产又一次被抄没；西西里的骑士团采邑则在1825年被地方政府征收。唯一完整幸存下来的只有波西米亚分团，1813年，奥地利帝国试图强制将它与玛丽亚·特蕾西亚骑士团（Order of Maria Theresa）合并，所幸骑士团大使竭力反对，这项计划才未能成真。早先的法国大革命已经摧毁了骑士团多年经营的基业，君主制复辟后，骑士团似乎迎来了转机。1814年5月医院骑士团阿基坦分团长卡米耶·德·罗昂亲王在巴黎召集了法国医院骑士会议，宣布恢复法国三大语言区的运作，并得到了路易十八和代理团长的批准。路易十八恢复波旁王朝统治后，一定程度上归还了骑士团位于法国境内的财产，但将它交由一个教士委员会（受法国君主掌控）管理，而非骑士团代理团长管理（其中显然有卡米耶·德·罗昂的“功劳”），这显示出骑士团上下裂痕已深。[4]

维也纳会议后，医院骑士团也曾获得一些机会。奥地利皇帝弗朗茨二世对骑士团尚心存好感，他的外交大臣克莱门斯·文策尔·冯·梅特涅（Klemens Wenzel von Metternich，1773—1859）[5] 在1818年曾提出将厄尔巴岛或其他亚得里亚海岛屿转交骑士团经营，但前提条件是它必须接受哈布斯堡王朝的领导。这显然违背了骑士团数百年的宗旨与传统，因此它只能谢绝奥皇的好意。1821年，奥地利帝国的臣民安东尼奥·布斯卡（Antonio Busca）继任代理团长，他的当选梅特涅功不可没，因此布斯卡奉行亲奥地利的政策，这为骑士团带来了不利后果。在维罗纳召开的骑士团大会上，布斯卡原本承诺将会亲自参与，最终却爽约了，此举令骑士团大会无法做出实质性决议，也不能选出一位正式大团长。据说这出自梅特涅的授意，因为他也不希望骑士团脱离自己的掌控。同年希腊独立战争爆发后，为了对抗强大的奥斯曼土耳其帝国，1822年希腊人派出了一个代表团拜访安东尼奥·布斯卡，希望医院骑士团能够重操旧业，帮助义军同土耳其人作战。希腊人甚至许诺，如果骑士团派出援军并且独立获得成功，就将罗德岛交予骑士团支配。这对骑士团来说是回归故地的天赐良机。但安东尼奥·布斯卡却建议希腊人去法国碰碰运气，看上去这可能是由于他在战略上一贯的短视，也可能是因为卡塔尼亚总部徒有其表，实际上并无财力人力去进行一场赌博式的远征。所幸法国骑士们并未让希腊人失望。经过数轮谈判，1823年6月，双方正式签订密约：希腊义军割让伯罗奔尼撒半岛附近的若干小岛，并承诺未来将罗德岛和周边岛屿转予骑士团统治；法国医院骑士团将提供1000万法郎军费并派出远征军支援希腊人战斗。之后，法国骑士立即行动起来，张罗借款，筹备“希腊远征军”，甚至在英国招募了一批同盟者。不幸的是，报纸刊登了医院骑士团即将参与希腊独立运动的“流言”——英、法、俄、奥诸强对此一致反对，法国政府施加了强大压力，银行也拒绝为骑士团提供贷款……光复罗德岛的计划最终成为南柯一梦。

虽然此前并未明确反对，但发现法国骑士陷入窘境后，安东尼奥·布斯卡竟落井下石。他以代理团长的名义，要求法国政府拒绝承认法国医院骑士分团的合法性。法国分团长莫莱以辞职恳求布斯卡宽恕，但后者无动于衷。代理团长对收复罗德岛计划的失败毫不痛心，反而满足于亲手除去医院骑士团中古老的法国分支。他的目的达到了，因此在 19 世纪诸位代理团长中，他最有资格被钉上历史的耻辱柱。

与总部关系破裂的法国医院骑士团在卡洛纳·德·阿韦讷（Calonne de Avesnes）的带领下艰难地开始了重组之路。他依旧试图参与希腊独立战争，一批来自英法的骑士团志愿者也的确加入了战斗，但作为法国医院骑士团分支，他们已经力不从心了。1827 年 10 月爆发的纳瓦里诺海战（Battle of Navarino）中，英、法、俄三国联合舰队摧毁了奥斯曼土耳其舰队，从而迫使土耳其政府承认了希腊的独立。如果没有之前的意外，医院骑士团本有机会作为第四股力量参与这场海战，从而兑现承诺并获得希腊的若干岛屿。三年后，随着法军入侵北非的阿尔及尔，部分法籍医院骑士曾试图游说法王查理十世（Charles X，1824—1830 年在位）支持骑士团在阿尔及尔设立总部，并以此为基地对抗依旧猖獗的巴巴里海盗。教廷驻法兰西大使路易吉·兰布鲁斯基尼（Luigi Lambruschini）本人也是医院骑士团成员，他积极地支持这一计划。查理十世对骑士团在法国大革命期间的遭遇感到同情，也有意对它做出某种补偿，可惜计划尚未实施，查理十世便在同年的七月革命中被迫退位。骑士团又一次失去了获得领土的机会。[6]

代理团长安东尼奥·布斯卡不仅与法国骑士分团交恶，他同两西西里王国[7]的关系在 1825 年后也急剧恶化。两西西里国王弗朗切斯科一世（Francesco Ⅰ，1825—1830 年在位）崇尚自由主义并敌视奥地利帝国，与梅特涅扶持的布斯卡政见不合。冲突的结果是代理团长将总部迁往教皇国的费拉拉（Ferrara），而弗朗切斯科一世征收了骑士团在境内的所有财产。

1834 年安东尼奥·布斯卡的死结束了医院骑士团失落的二十年。教皇格列高利十六世（Gregory XVI，1831—1846 年在位）任命卡洛·坎迪达（Carlo Candida，1762—1845）为代理团长，并将骑士团总部从费拉拉迁回罗马。坎迪达是健在的最后一位曾于马耳他骑士团海军服役的骑士，对他的任命体现了教皇对医院骑士团古老传统及历史荣誉的尊重。格列高利十六世将驻法大使兰布鲁斯基尼召回罗马，并任命他为国务卿（Cardinal Secretary of State），利用兰布鲁斯基尼在法国的人脉，医院骑士团总部与法国分团的关系终于实现了和解。卡洛·坎迪达上任之初便向教皇请求赐予一座医院以恢复骑士团的传统天职，格列高利十六世欣然应允，罗马的琴托·普雷蒂（Cento Preti）医院成为新的骑士团总医院，教皇的外甥乔瓦尼·卡佩拉里·德拉·科隆巴（Giovanni Cappellari della Colomba）于 1836 年加入医院骑士团，并担任琴托·普雷蒂医院院长——此举足以彰显教皇对骑士团医疗事业的重视。格列高利十六世渴望令骑士团走上正轨，并顺利产生正式大团长，然而梅特涅依旧从中作梗。奥地利政府提名弗朗茨皇帝年轻的侄子弗雷德里克大公（Archduke Friedrich of Austria，1821—1847）担任这一要职，而当时他尚未满 20 岁，骑士团显然不可能接受。作为报复，奥地利政府也强烈反对将卡洛·坎迪达"转正"的提议。格列高利十六世只好授予坎迪达"代理大团长"（lieutenant Grand Master）的头衔，以作为某种补偿。

在教皇的大力扶持与卡洛·坎迪达的励精图治之下，医院骑士团的事业终于有了起色。此后的二十多年中，骑士团在意大利陆续建立了超过 30 个采邑。1839 年，奥地利政府批准恢复医院骑士团伦巴第—威尼西亚分团。同年，两西西里国王费迪南多二世（Ferdinando Ⅱ，1830—1859 年在位）也将父亲没收的医院骑士团财产归还于它。1844 年，甚至长期与骑士团不合的撒丁王国也恢复了它的 5 个采邑。

1845 年接替坎迪达的菲利普·冯·科洛雷多 - 梅尔斯（Philipp von Colloredo-Mels，1779—1864）来自奥地利贵族家庭，1783 年年仅 4 岁时便已加入医院骑士团，他的履职缓和了骑士团高层与奥地利帝国的关系，可惜新教皇庇护九世（Pius Ⅸ，1846—1878 年在位）对骑士团漠不关心，它的修士大会和新团长推举也未能实现。尽管如此，科洛雷多 - 梅尔斯还是在力所能及的范围内促进骑士团的发展。他的重大功绩是重建了德语区与骑士团总部的亲密联系，德意志骑士也成为这一时期骑士团复兴运动的中坚力量。1857 年奥地利医院骑士戈特弗里德·冯·施罗特（Gottfried von Schroter）决心效仿第一代大团长杰拉尔德，他前往耶路撒冷，试图为骑士团重建一所医院。不幸的是，杰拉尔德的精神尚在，而布永的戈弗雷已后继无人——拿破仑三世（Napoléon Ⅲ，1848—1870 年在位，其中 1848—1852 年间任第二共和国总统）在克里米亚战争后，以圣地保护人自居，

◎ 菲利普·冯·科洛雷多-梅尔斯

他拒绝了骑士团重建医院的请求（除非置于法国的掌控下）。德意志骑士并未气馁，十二年后，他们终于在耶路撒冷与伯利恒之间的小镇坦图拉（Tantura）建立起近代第一所位于圣地的医院骑士团医院。[8]

德意志各骑士分团的复兴也产生了一个意外的局面：德意志诸邦国中，部分依旧信奉天主教（如奥地利），而另一部分则改信新教（如普鲁士），这导致重建的各分团也分别支持不同的教派。所幸卡洛·坎迪达执政时期已不再视新教分团为异端，而将它们定义为骑士团的友好分支，从而避免了骑士团的彻底分裂。德意志的医院骑士团新教分支中，享有盛誉的当属勃兰登堡分团。1812 年它曾在拿破仑的压力下遭到解散，1852 年普鲁士国王腓特烈·威廉四世（Friedrich Wilhelm Ⅳ，1840—1861 年在位）重新将它恢复，此时分团中健在的医院骑士仅剩 8 人，他们于第二年选举威廉四世之弟弗雷德里克·查理·亚历山大（Frederick Charles Alexander）亲王为分团长。此后勃兰登堡分团（全称为“耶路撒冷圣约翰医院骑士团勃兰登堡分团”，有时也简称为圣约翰骑士团）的历任团长并不否认与罗马的骑士团总部的历史渊源和紧密联系，但另一方面，它也坚持独立运作。随着 1870 年普法战争后普鲁士统一德国，德皇开始兼任勃兰登堡分团团长——它在德国乃至海外的事业有了突飞猛进的发展，拥有大量医院、老人院、救济所，并广泛地提供医疗救护服务，树立了良好的声誉。二战结束后，勃兰登堡分团进行了

◎ 身穿骑士团制服的德皇威廉二世

◎ 现代勃兰登堡分团的制服

改组，并于1957年获得了德国政府的官方承认。它位于瑞典、荷兰的分支在战后获得了独立，但仍与德国医院骑士团保持特殊联系并承认骑士团罗马总部的特殊地位。其现任团长为普鲁士王子奥斯卡(Oskar)。[9]

不列颠的情况更为特殊。虽然伊丽莎白一世女王在16世纪便没收了英国分团的财产，但从法律上，她的前任玛丽一世恢复骑士团地位的诏书从未废除。这为英国医院骑士重新开展活动提供了空间。19世纪20年代为了筹备援助希腊独立战争的宏伟计划，法国骑士团在英国伦敦发行了债券并招募了一批“志愿军”。一些购买债券、做出捐赠或加入志愿军的英国人因此得到了医院骑士的身份，他们中的很多人是新教徒（英格兰圣公会）。虽然远征希腊胎死腹中，但英国的这批骑士团新成员已成气候。1831年1月，在法国骑士团友的莅临指导下，医院骑士团英国分团正式宣布重建，其总部依旧设在昔日的伦敦克拉肯维尔分部旧址——当地人称“圣约翰门”。第一任分团长为罗伯特·皮特（Robert Peat，1831—1837年在位）爵士。1843年，第二任分团长亨利·迪莫克（Henry Dymoke，1838—1847年在位）爵士主动联络罗马的骑士团总部，希望能获得正式承认。可惜由于教派上的分歧（隶属英国教会的这部分骑士拒绝承认罗马教皇的权威），代理团长卡洛·坎迪达拒绝了他们的善意，这令英国骑士颇为受伤，亨利·迪莫克随即宣布英国分团为独立于罗马总部的主权骑士团。虽然被斩断了与总部的联系，但他们还是在英格兰顽强地生存了下来。19世纪50年代医院骑士团总部开始筹划在英国恢复其天主教分团的运作，英国的新教医院骑士曾试图与之共融或联合，却又一次被拒之门外。但多年来他们孜孜不倦地从事慈善工作，已经在不列颠群岛获得了认可。1876年，丹麦公主、英国王太子妃亚历山德拉（全名：Alexandra Caroline Marie Charlotte Louise Julia，通常被称为“丹麦的亚历山德拉”，1844—1925，1901年成为英国王后，1910年成为英国王太后）加入了英国医院骑士团，稍后其丈夫、威尔士亲王阿尔伯特·爱德华（Albert Edward，1841—1910，1901—1910年为英国国王爱德华七世）也成了一名医院骑士。此举极大地提高了英国分团在国内的声望和地位。1877年他们成立了圣约翰救护机构（St. John Ambulance，内设圣约翰救伤会和圣约翰救伤队），最初主要为铁路员工及矿工进行急救、医疗知识培训和救助。1882年他们在耶路撒冷建立了“耶路撒冷圣约翰眼科医院”，完成了当初戈特弗里德·冯·施罗特未竟的事业。1888年维多利亚女王（Queen Victoria，1837—1901年在位）正式赐予英国新教医院骑士以皇家骑士团的身份，并兼任骑士团最高领袖。直到今天，英国的新教医院骑士团（全称为“耶路撒冷圣约翰医院神圣骑士团”）依旧作为骑士团的一个重要分支而存在，它在全球共拥有超过2.5万名成员（其中约1500人属于骑士阶层），在南非、新西兰、澳大利亚、加拿大、中国香港、美国等地设有分支机构。它在耶路撒冷、加沙、希伯伦等地运营着 4 家眼科医院（诊所），每年接待超过 11 万名患者。下属的圣约翰救护机构在世界上 20 个国家或地区拥有超过 5 万名志愿者，并在急救事业上建立了卓越的口碑。医院骑士团英国新教分团的最高领袖传统上由英国君主兼任（现为伊丽莎白二世女王），分团长则多为皇室成员（现任分团长为理查德亲王）。1961 年它与德国、荷兰、瑞典的骑士团新教分支共同组建了“耶路撒冷圣约翰骑士团联盟”

◎ 位于新西兰奥克兰的圣约翰救护中心（属于英国新教分团）

◎ 1930年的耶路撒冷圣约翰眼科医院

（Alliance of the Orders of Saint John of Jerusalem），并恢复了与骑士团罗马总部的良好关系。[10]

19世纪60年代，医院骑士团不再抱残守缺，古老的语言区随着欧洲革命战争及宗教改革已经名存实亡，骑士团正式废止了这一行政规划，而逐步承认了位于欧洲各国、各地区的新分部，令骑士团的行政隶属关系焕然一新。甚至在英格兰也于1876年成立了骑士团天主教分部（与新教分团并存）。遍布欧洲乃至全世界的分团也不再要求成员必须为修士，允许俗人会友的存在，这降低了加入骑士团的门槛，也令它在人员扩张上有了巨大进步。对于罗马的总部而言，它的政令仅能通行于昔日的意大利语区和德语区（其他语言区或解体或已实质独立），而它的采邑主要集中在意大利。要选出两地一致认可的大团长十分困难，因为哈布斯堡王朝皇帝坚持要保留自己在人选上的话语权。直到1879年，教皇利奥十三世（Leo XIII, 1878—1903年在位）任命了一位各方接受的大团长——前代理团长乔瓦尼·巴蒂斯塔·切斯基（Giovanni Battista Ceschi，1871—1879年任代理团长，1879—1905任大团长）。此后教皇继续任命了两任大团长：加莱亚斯·冯·图恩·翁德·霍恩施泰因（Galeas von Thun und Hohenstein，1905—1931年在位）与卢多维科·基吉·阿尔瓦尼·德拉罗韦雷（Ludovico Chigi Albani della Rovere，1931—1951年在位）。适逢两次世界大战接连爆发，骑士团也全身心地投入到救死扶伤的工作中。

◎ 现任英国医院骑士团（新教）团长格洛斯特公爵理查德亲王（Richard Alexander Walter George，1944—）

早在1910年，法国分团凯吕斯公爵便未雨绸缪地专为伤兵建立了一所军事医院。1911—1912年的意土战争[11]中，意大利分团拥有的医疗船“雷吉娜·玛格丽塔”号（Regina Margherita）累计救治了1.2万名伤员。一战爆发后，虽然各为其主，但骑士团欧洲各分部对医治伤患、援助战争受害者均不遗余力。整整四年的时间中，法国的骑士团军事医院一直活跃在最前线。奥地利的骑士运营着八辆医务列车、三座医院和四所康复中心。意大利骑士拥有四辆医务列车、一所野战医院和一座专为重伤员设立的救护中心。德国骑士的医务列车虽只有两辆，但他们维持着多达九座医院的运转，此外还有大量临时医疗点……尽管骑士团的付出赢得了普遍的尊重，但战争还是给它带来了巨大损失。大团长霍恩施泰因因其奥匈帝国国民的身份，被意大利王国驱逐出境，只能避居于中立国瑞士。他鲁莽地将骑士团的巨额资金用于购买奥匈帝国国债，奥匈帝国于1918年解体后骑士团顿时血本无归。聊以自慰的是，霍恩施泰因利用自己的影响力，迅速令骑士团与新生的奥地利共和国、匈牙利王国建立了正式外交关系，同时也向意大利政府寻求谅解与支持。霍恩施泰因尴尬的身份因其故乡在一战后并入意大利而得到解决（他因此获得意大利公民权），1923年意大利政府与医院骑士团签署协议，正式承认它在意大利的合法存在，骑士团唯一的两处领土——马耳他宫（Palazzo Malta）与马耳他部（Villa del Priorato di Malta）也因此确认获得了意大利政府授予的治外法权。[12]1929年，随着《拉特兰条约》（Lateran Treaty）的签订，教廷与意大利王国的关系实现了正常化，医院骑士团也因此受益。1912年意大利通过意土战争占领了罗德岛，从1928年起意大利政府组织了对罗德岛古迹的大规模修复工作，医院骑士团的诸多古老建筑也因此获益匪浅。意大利甚至将骑士大街上的意大利语区会馆交予骑士团使用。随着意大利入侵并占领埃塞俄比亚，医院骑士团也在阿杜瓦（Adowa）附近建立了一所麻风病院——与意大利士兵相比，医院骑士显然更受当地人欢迎。

1931年即位的大团长卢多维科·基吉·阿尔瓦尼·德拉罗韦雷出身名门，拥有神圣罗马帝国亲王、索里亚诺亲王、阿里恰公爵等高贵的头衔，与意大利政府高层

◎ 医院骑士团医疗船“雷吉娜·玛格丽塔”号

◎ 位于意大利罗马贡多蒂大道68号的马耳他宫

◎ 医院骑士团马耳他部，背景中梵蒂冈圣彼得大教堂清晰可见

关系亲密。在他的领导下，骑士团的事业蒸蒸日上，然而，希特勒的上台与二战的爆发打断了这一切。战争之初，骑士团原本准备同一战一样，潜心于医疗和人道事业，但作为基督教修士团体，他们很快发现，纳粹是前所未见的洪水猛兽。一批医院骑士因此参与了推翻纳粹统治甚至刺杀希特勒的密谋，事情败露后，共有12位来自勃兰登堡分团的医院骑士被希特勒下令处决。此外，还有大批骑士团成员死于集中营或战火（二战中，骑士团的医院也经常遭受无差别攻击）。二战结束后，医院骑士团因在德国、意大利等地援救、资助难民而获得了广泛赞誉，并因此得到了大笔捐款。可惜20世纪50年代骑士团曝出一桩丑闻——大笔善款竟遭到了非法挪用，这对骑士团的名望打击很大，但也促成了骑士团痛下决心推行改革。最终通过修订章程，医院骑士团将自己定位为：不臣服于任何世俗政权的主权骑士团（修士团），不拘泥于国界的国际组织，仅隶属于罗马教廷，同时依旧享有传统上的某些特权（如不接受地方主教的管辖权）。

德拉罗韦雷去世后，因丑闻曝光，教皇庇护十二世（Pius Ⅻ，1939—1958年在位）拒绝由自己任命大团长，主张由骑士团先行完成改组，再由修士大会选出自己的领袖。1962年，医院骑士团终于召开了自1776年以来首次合法的修士大会，会上选举安杰洛·德·莫亚纳·迪科洛尼亚（Angelo de Mojana di Cologna，1962—1988年在位，此前任伦巴第一威尼西亚分团长）担任第77任大团长。在迪科洛尼亚的统治下，医院骑士团的人数首次突破了10000人，各国分团的数量从28个增加至39个。骑士团继续向战乱的国家派出医疗队伍或给予人道主义救援。1966—1970年间，一支由45名医生及若干志愿者组成的骑士团医疗队被派往越南从事战地医护工作，共有3位志愿者为此献出了生命。1968年尼日利亚内战爆发后，医院骑士团紧急空运了数千吨粮食，用于赈济战区饥民。骑士团在伊比利亚半岛的传统影响力也得到了恢复。西班牙前国王胡安·卡洛斯一世（Juan Carlos Ⅰ，1975—2014年在位）在1975年正式登基之前，就曾兼任西班牙医院骑士团分团长达十年之久。[13]

◎ 第76任大团长卢多维科·基吉·阿尔瓦尼·德拉罗韦雷

1988年4月安德鲁·伯蒂（Andrew Bertie，1988—2008年在位）就任医院骑士团第78任大团长，他也是自1258年以来的首任英国籍大团长。伯蒂出生于英国伦敦，为詹姆斯·伯蒂（James Bertie）之子，第七代阿宾登伯爵蒙塔古·伯蒂（Montagu Bertie）之孙，外祖父为第四代比特侯爵约翰·克赖顿－斯图亚特（John Crichton-Stuart）。从血统上看，他是英国女王伊丽莎白二世的远亲。他从小在英国天主教会学校艾姆培尔福斯学院（Ampleforth College）接受教育，后毕业于牛津大学基督堂学院，攻读现代历史学位。1948—1950年加入苏格兰卫队服役。此后他长期于隶属本笃会的沃斯学校任教，主要教授外语（包括法语、西班牙语、德语、荷兰语、藏语及马耳他语），同时也是该校的柔道教练（伯蒂为柔道黑带）。1956年他加入了医院骑士团，1981年正式成为公义骑士并许下“三愿”（“安贫”“禁欲”“听命”）。伯蒂严格遵守自己的誓言，终身未婚，亦未留下子嗣，自近代以来的大团长中，可谓绝无仅有。同年他进入骑士团议会任职，七年后被选举为骑士团大团长。4月11日他的任职获得教皇约翰·保罗二世的批准。伯蒂继续推行前任的现代化改革，并将骑士团的首要任务归纳为帮助穷苦病患。他曾公开表示：

“其他的骑士团往往热衷于对抗萨拉森人或从异教徒手中拯救圣地、西班牙、普鲁士……但我们长期专注于穷人和病患。我们今天的使命与1099年时并无二致——通过为病患服务，骑士团成员才能净化自我。”

与此同时，安德鲁·伯蒂也高度重视回归骑士团的历史传统。1998年11月5日，骑士团被迫离开马耳他整整两百年后，在安德鲁·伯蒂与马耳他总统乌戈·米夫苏德·邦尼奇（Ugo Mifsud Bonnici，1994—1999年在位）的共同见证下，马耳他共和国总理费内克·阿达米（Fenech Adami）与马耳他骑士团书记长卡洛·马鲁洛·迪康多贾尼（Carlo Marullo di Condojanni）伯爵在以色列达成了关于骑士团租借马耳他圣安杰洛城堡的历史性协议。2001年11

◎ 1994年立陶宛驻医院骑士团大使向安德鲁·伯蒂递交国书

◎ 圣安杰洛城堡上的马耳他国旗与骑士团团旗

月1日，协议正式得到批准生效。马耳他骑士团得以租借部分圣安杰洛城堡，为期九十九年（租期满五十年以后马耳他政府有权提前收回），骑士团在城堡中享有一系列特权（甚至可拥有一支小型武装），但不包括治外法权。协议也规定，在城堡上方，将同时升起马耳他共和国国旗与医院骑士团（马耳他骑士团）团旗。这也是18世纪末以来，骑士团的旗帜首次在马耳他的建筑上飘扬。

安德鲁·伯蒂也高度重视骑士团在北美的发展。早在1927年，骑士团便在纽约建立了第一个美国分团（至今它拥有超过1700名成员）；1953年，在西部的旧金山成立了第二个分团（拥有超过500名成员）；1974年，第三个分团在华盛顿成立。它们均致力于医疗和人道救援事业，不仅在美国国内，还在拉丁美洲及加勒比地区开展业务，影响力与日俱增。1989年1月，医院骑士团授予美国总统里根荣誉勋章（表彰他长期反堕胎的立场）。安德鲁·伯蒂特意前往纽约，在骑士团纽约分部为里根总统举行了盛大宴会，他也成为医院骑士团数百年历史中，首位与美国总统正式会晤的大团长，从而打开了对美外交的新局面。1991年，在伯蒂二度访美期间，布什总统在白宫盛情招待了他。安德鲁·伯蒂生活简朴，宗教虔诚，一心为公，受到了骑士团上下普遍的爱戴。[14]

◎ 第79任大团长马修·费斯廷，图片来自医院骑士团官网

现任医院骑士团大团长马修·费斯廷（Matthew Festing，1949—）同样来自英国，他的父亲、英国元帅弗朗西斯·费斯廷（Francis Festing，1902—1976）也是一位医院骑士。马修·费斯廷亦曾就读于艾姆培尔福斯学院，后进入剑桥大学圣约翰学院深造，专攻现代历史。毕业后加入英国军队服役，最终获得上校军衔（他还曾担任过英格兰诺森伯兰郡治安官）。1977年他加入医院骑士团，1991年成为公义骑士并许下“三愿”，1993—2008年担任医院骑士团英国分团（天主教）分团长，2008年安德鲁·伯蒂去世后他被选举为第79任大团长，也是骑士团历史上第三位英国籍大团长。

进入21世纪，医院骑士团的元老们渐渐退出了历史舞台，骑士团也迎来了新老交替的历史转折点。2011年7月4日，一位特殊的医院骑士奥托·冯·哈布斯堡（Otto von Habsburg，1912—2011）与世长辞。作为奥匈帝国末代皇帝卡尔一世的长子，他拥有奥匈帝国皇储的高贵身份，却在1918年帝国解体后被迫长期流亡。希特勒上台后，奥托·冯·哈布斯堡反对纳粹主义，反对德奥合并及迫害犹太人，被希特勒视作眼中钉肉中刺，并于1941年褫夺了他的国籍，甚至发出死亡威胁。1941—1965年间，奥托·冯·哈布斯堡一直处于无国籍的状态，所幸作为医院骑士团成员，骑士团总部对他伸出了援手，为哈布斯堡提供了外交护照，护照上仍尊称他为“哈布斯堡殿下”。1966年后他终于重返奥地利，并积极投身政治，1979年至1999年长期担任欧洲议会议员。奥托·冯·哈布斯堡身上浓缩着医院骑士的传统特质：高贵、虔诚、富有正义感，但偶尔显得有些古板迂腐。他的去世象征着一个古老贵族时代的落幕。

◎ 医院骑士团举行成立九百周年庆典

马修·费斯廷与骑士团成员作为贵宾参加了哈布斯堡的葬礼，恐怕他们也深有同感。

2013年，医院骑士团迎来了它的900岁生日。[15] 这一年的2月9日，教皇本笃十六世（Benedict XⅥ，2005—2013年在位）与马修·费斯廷共同为它举办了规

◎ 教皇方济各（Francis）接见医院骑士团高级成员

◎ 骑士团救援队医生与尼泊尔灾区儿童

模盛大的庆典。来自超过100个国家的上千名医院骑士（夫人）云集于梵蒂冈，他们皆身着传统的黑底白十字修士袍，排着长长的队伍肃穆地缓缓步入圣彼得大教堂。随后，教廷国务卿亲自主持了弥撒仪式。本笃十六世向到场的骑士团代表说：“你们在世界各地做出的种种善举，不仅仅出自仁慈，也充分体现了福音之爱。”而马修·费斯廷在接受BBC采访时表示：“骑士团从十字军时代的一个小团体发展为今天如此规模的世界性组织，有些令人吃惊。我们长盛不衰的秘诀在于，我们已成功地从中世纪披甲的骑士转换为21世纪现代化的新骑士。但有一点是不变的——那就是援助苦难。”[16]

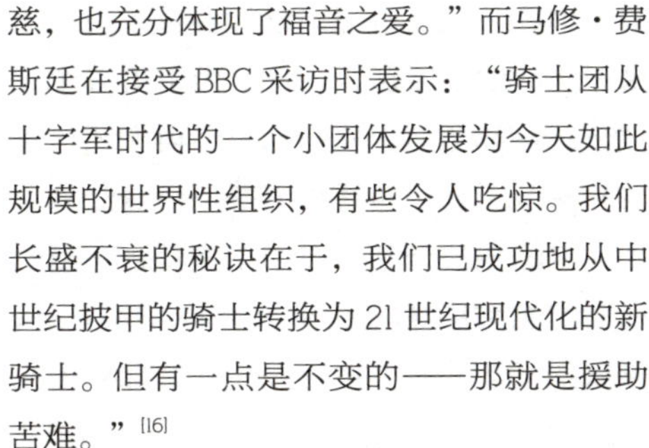

2015年4月25日，尼泊尔发生7.8级强烈地震，加德满都谷地近90%的建筑物被毁，首都加德满都受灾严重，超过7600人丧生，大量民众露宿街头，加德满都医院也遭到破坏，水电供应严重不足，部分商店商品断货。震后第二天，医院骑士团下属的人道救援组织“马耳他国际”便派出了一支专家团队赴灾区评估受灾情况，制定救援方案。4月29日，骑士团的首批救援人员已抵达加德满都，骑士团迅速调拨10万欧元和超过半吨的医疗用品送往灾区。至5月11日，骑士团救援队已经为1万名灾民提供了食物，并展开医疗救援。5月12日，当地又发生7.3级余震，并进一步造成2600余人伤亡。如此恶劣的条件下，四天后，医疗救援队队长玛丽·本纳（Marie Benner）已带领队员搭建起第一座完备的野战医院，开始就地实施手术。截至2015年10月，马耳他国际共援助了超过7万名尼泊尔灾民（其中包括7500名伤患）。骑士团在地震中的杰出表现为它赢得了美誉，也充分体现出马修·费斯廷大团长推动骑士团现代化改革的成效。[17]

今天的医院骑士团某些方面继承了中世纪以来的传统。它依旧是一个天主教修士会，仅听命于教宗，它的领导层大部分出身贵族阶层。区别在于，中世纪时很多加入骑士团的青年希望借此作为跳板提高自己的社会地位，而现代骑士团的成员往往早已具备了较高的社会地位。这种变化在中世纪晚期便可见端倪，到了近代则成为定势。人们习惯将它称作贵族骑士团，倒也不乏道理。今天的骑士团成员中（1.3万名正式团友，超过8万名志愿者，上述数字不包括骑士团新教分支），仅有极少数属于真正的骑士或教士阶层，大部分都属于传统意义上的“团友”或“俗人”，他们可以结婚生子，但仍要承诺遵守一定的宗教义务。偶尔，也能听到人们对骑士团接纳新成员效率低下或过于倾向贵族的批评声。安德鲁·伯蒂与马修·费斯廷倡导的改革仍在继续。骑士团总部设在罗马已近两个世纪，它与教廷（梵蒂冈）的关系比历史上任何一个时期都更加亲密无间。从某种意义上来说，骑士团的改革与整个天主教会的改革是相辅相成的。骑士团虽已失去大片领土，但它作为主权实体有权发行护照、货币、邮票，享有独立司法权，与超过100个国家建立了正式外交关系并互派大使，1994年后更成为联合国观察员。它在国际舞台上的影响力不容小视。而活跃在世界各地的马耳他国际成员，也令我们看到了古老骑士团的生机与希望。[18]

◎ 医院骑士团在布拉格的大使馆

现代化的医院骑士团与中世纪或文艺复兴时期已大相径庭。它的多数成员并非修道士，生活更加世俗化。由于失去了大部分财产和岁入，骑士团也不再为团员发放薪酬或津贴，而是需要他们自寻经济来源。它已经放弃了自己的军事使命（虽然在官方全称中还有所残留），不参与任何形式的“圣战”。它倚重的医疗慈善事业

◎ 新时代的医院骑士团

遍及世界各地，不再有门户之见，也不针对特定族群或信仰（例如，耶路撒冷圣约翰眼科医院长期为加沙的巴勒斯坦居民服务，虽然他们多为穆斯林）。回顾医院骑士团九百多年的历史，它曾经在十字军东征时期叱咤风云，曾经在奥斯曼帝国的扩张中充当欧洲的盾牌，也从事过难以启齿的海盗勾当。它曾经为朝圣者提供庇护，曾经被尊为帝王将相的贵宾，也曾给许多穆斯林带来痛苦。骑士团的领地一度遍布欧洲与地中海，其舰队的马耳他十字构成了一道亮丽的风景，如今只剩下两座大楼还在诉说它辉煌的历史。虽然有些令人唏嘘，但古老的骑士团已经脱胎换骨，或许更准确地说是回归本初。“被祝福的”杰拉尔德默默在耶路撒冷圣约翰医院耕耘时，恐怕无法想象他一手创立的修士团会度过如此波澜壮阔的九百年，至于骑士团的现状，杰拉尔德若泉下有知，想必也会感到欣慰。走过骑士团的历史陈列室，79 位大团长的画像尚在，物是人非，唯有骑士团的箴言未曾改变：

“守卫信仰，拯救苦难。”

注释

[1] 根据骑士团团规，入团超过五年的骑士才有资格担任领导人，保罗一世显然不符合这项规定。此外，身为东正教徒且已结婚生子，他的入团资格令人生疑——即使 16 世纪后大部分骑士团领导人都拥有情妇，但至少不敢公开结婚从而打破誓言。大团长的选举理论上不得由某一个分团或语言区操办，需经过骑士团议会批准（特殊情况下也可由教皇推荐任命）。保罗一世的当选违反了多个团规，应算作非常时期的一个特例。

[2] Helen Nicholson, *The Knights Hospitaller*, pp.138-139.

H. J. A. Sire, *The Knights of Malta*, p.243.

[3] 1802 年 3 月 25 日英法两国在法国城市亚眠签署停战和约，英国同意从埃及、直布罗陀、马耳他等地撤军，法国同意从教皇国、那不勒斯王国等地撤军。和约条款对医院骑士团十分有利，但其内容未得到双方严格遵守，1803 年 5 月英国再次对法国宣战，《亚眠和约》最终失效。

[4] 据统计，1814 年幸存的法国医院骑士共约 90 人。卡米耶 · 德 · 罗昂于 1816 年去世后，接替他担任法国医院骑士团领袖的奥弗涅分团长成功地为这批骑士争取到了政府的抚恤金。虽然法国大革命后骑士团的大部分地产已经被私人占有，但相当一部分林地仍然由法国政府接管。路易十八表态愿意将这部分财产归还法国医院骑士，它们总价值达到了 2900 万法郎。参见：H. J. A. Sire, *The Knights of Malta*, p.248.

[5] 梅特涅，奥地利著名政治家、外交家。他曾担任奥地利驻萨克森（1801—1803）、柏林（1803—1805）、巴黎（1806—1809）的外交使节，1809 年被弗朗茨皇帝任命为外交大臣，此后担任这一要职近四十年（至 1848 年），1821 年起兼任帝国首相。他协助促成了拿破仑同奥地利公主玛丽 - 路易丝之间的婚姻，还通过老练的外交手腕使奥地利在普法战争中保持中立，旋即又推动奥地利加入第六次反法同盟，促成了对拿破仑的流放。为了表彰其卓越贡献，皇帝赐予梅特涅亲王头衔。他也是维也纳会议的组织者（1814—1815）并担任主席。他竭力使欧洲各国之间维持均势，从而在拿破仑战争后一定程度上维持了欧洲的稳定。但梅特涅政治立场保守，一贯反对自由主义、民族主义思想和革命运动，在 1848 年革命后被迫辞职。

[6] H. J. A. Sire, *The Knights of Malta*, pp.243-250.

Helen Nicholson, *The Knights Hospitaller*, pp.139-142.

[7] 拿破仑在意大利南部的统治被推翻后，1816 年费迪南多一世宣布复位，其统治的“那不勒斯与西西里王国”改名为“两西西里王国”。

[8] H. J. A. Sire, *The Knights of Malta*, pp.251-252.

Helen Nicholson, *The Knights Hospitaller*, p.142.

[9] H. J. A. Sire, *The Knights of Malta*, p.253.

Desmond Seward, *The Monks of War: The Military Religious Orders*, pp.333-335.

勃兰登堡分团的官方网站参见：http://www.johanniter.de/die-johanniter/johanniterorden/

[10] Helen Nicholson,*The Knight Hospitaller*, p.143.

H. J. A. Sire, *The Knights of Malta*, p.253.

Desmond Seward, *The Monks of War: The Military Religious Orders*, pp.336-353.

耶路撒冷眼科医院的现状可参考：http://www.stjohneyehospital.org/

[11] 1911 年 9 月 28 日，意大利政府以其在的黎波里和昔兰尼加的利益受到侵犯为借口，向奥斯曼土耳其帝国发出最后通牒，要求获得进驻的黎波里的权力，遭到后者拒绝。次日意大利王国正式向土宣战，1912 年 10 月，土耳其最终战败，双方签订《洛桑条约》。条约使意大利得到了北非的的黎波里及昔兰尼加（约相当于今天的利比亚），从此意大利王国也走上了对外殖民扩张的道路。

[12] 虽然通常人们将位于罗马的两座建筑——马耳他宫和马耳他部视作骑士团领土，但它们并非被意大利政府割让，而属于租借（与当年马耳他岛的情况类似）。其中，马耳他宫为大团长官邸和骑士团总部行政中心，马耳他部则为骑士团外交机构。

[13] Helen Nicholson, *The Knights Hospitaller*, p.144.

H. J. A. Sire, *The Knights of Malta*, pp.254-270.

[14] Desmond Seward, *The Monks of War: The Military Religious Orders*, pp.331-332.

据 2012 年 8 月 14 日《马耳他时代》报道，天主教会即将对安德鲁·伯蒂行宣福礼。

马耳他政府与医院骑士团签署的圣安杰洛城堡租借协议参见：

http://foreignaffairs.gov.mt/en/Treaties%20Series/Pages/Treaties%20Documents/SMOMI---Agreement-between-the-government-of-Malta-and-the-government-of-the-Sovereign-military-hospitaller-order-of-St-Joh.aspx

医院骑士团官方报道参见：

http://www.orderofmalta.int/news/39146/after-two-centuries-the-order-of-malta-flag-flies-over-fort-st-angelo-beside-the-maltese-flag/?lang=en

http://www.orderofmalta.int/the-order-and-its-institutions/225/mission/?lang=en

[15] 虽然医院骑士团的雏形出现于 11 世纪，但官方一般以教皇帕斯夏二世于 1113 年 2 月发布诏书承认骑士团的地位作为它正式成立的标志。

[16] 关于骑士团成员参加奥匈帝国皇太子奥托·冯·哈布斯堡葬礼的报道，参见：

http://www.orderofmalta.int/2011/07/18/the-grand-master-at-the-funeral-of-otto-von-habsburg/

关于骑士团九百周年庆典的报道，参见：

http://www.bbc.com/news/world-europe-21388516

http://www.foxnews.com/world/2013/02/05/ancient-order-knights-malta-confronts-modern-world-as-it-marks-00-years.html

[17] 骑士团在尼泊尔地震中的救援抢险工作参见：http://www.orderofmalta.int/?s=Nepal

[18] Helen Nicholson, *The Knights Hospitaller*, pp.145-146.

H. J. A. Sire, *The Knights of Malta*, pp.270-279.

附录一　医院骑士团历届大团长名单[1]

1	—1120	“被祝福的”杰拉尔德（Blessed Gerard）
2	1120—1160	雷蒙·杜·皮伊（Raymond du Puy）
3	1160—1162	奥热·德·巴本（Auger de Balben）
4	1162	阿诺·德·孔普斯（Arnaud de Comps）
5	1162—1170	吉尔贝·德·阿塞利（Gilbert d'Assailly）
6	1170—1172	卡斯特·德·米罗尔（Cast de Murols）
7	1172—1177	叙利亚的若贝尔（Jobert of Syria）
8	1177—1187	罗歇·德·穆兰（Roger de Moulins）
9	1188—1190	阿门戈尔·德·阿斯帕（Armengol de Aspa）
10	1190—1192	加尼耶·德·纳布卢斯（Garnier de Nablus）
11	1192—1202	若弗鲁瓦·德·东容（Geoffroy de Donjon）
12	1202—1206	葡萄牙的阿丰索（Afonso de Portugal）
13	1206—1207	杰弗里·勒拉特（Geoffrey le Rat）
14	1207—1228	加兰·德·蒙泰居（Garin de Montaigu）
15	1228—1231	贝特朗·德·瑟西（Bertrand de Thercy）
16	1231—1236	居林（Guerin）
17	1236—1239	贝特朗·德·孔普斯（Bertrand de Comps）
18	1239—1242	皮埃尔·德·维耶勒（Pierre de Vielle）
19	1242—1258	纪尧姆·德·沙托纳夫（Guillaume de Châteauneuf）
20	1258—1277	于格·德·雷韦尔（Hugues de Revel）
21	1277—1284	尼古拉·洛格勒（Nicolas Lorgne）
22	1285—1293	让·德·维利耶（Jean de Villiers）
23	1294—1296	奥东·德·平斯（Odon de Pins）
24	1296—1305	纪尧姆·德·维拉雷（Guillaume de Villaret）
25	1305—1317	富尔克·德·维拉雷（Foulques de Villaret）
26	1319—1346	埃利翁·德·维尔纳夫（Hélion de Villeneuve）
27	1346—1353	迪厄多内·德·冈佐（Dieudonné de Gozon）
28	1353—1355	皮埃尔·德·科尔内扬（Pierre de Corneillan）
29	1355—1365	罗歇·德·平斯（Roger de Pins）

30	1365—1374	雷蒙・贝伦加尔（Raymond Berengar）
31	1374—1377	罗贝尔・德・瑞伊（Robert de Juilly）
32	1377—1396	胡安・费尔南德斯・德・埃雷迪亚（Juan Fernández de Heredia）
33	1383—1395	里卡尔多・卡拉乔洛[2]（Riccardo Caracciolo）
34	1396—1421	菲利贝尔・德・奈拉克（Philibert de Naillac）
35	1421—1437	安东尼奥・弗拉维安・德・里维埃（Antonio Fluvian de Riviere）
36	1437—1454	让・德・拉斯蒂克（Jean de Lastic）
37	1454—1461	雅克・德・米利（Jacques de Milly）
38	1461—1467	彼罗・雷蒙多・扎科斯塔（Piero Raimondo Zacosta）
39	1467—1476	乔瓦尼・巴蒂斯塔・奥尔西尼（Giovanni Battista Orsini）
41	1476—1503	皮埃尔・德・欧比松（Pierre d'Aubusson）
42	1503—1512	埃梅里・德・安布瓦兹（Emery d'Amboise）
43	1512—1513	居伊・德・布兰切弗（Guy de Blanchefort）
44	1513—1521	法布里齐奥・德尔・卡雷托（Fabrizio del Carretto）
45	1521—1534	菲利普・维利耶・德・利勒亚当（Philippe Villiers de L'Isle-Adam）
46	1534—1535	皮耶罗・德・蓬特（Piero de Ponte）
47	1535—1536	迪迪埃・德・圣雅耶（Didier de Saint-Jaille）
48	1536—1553	胡安・德・霍迈德斯（Juan de Homedes y Coscon）
49	1553—1557	克劳德・德・拉森格勒（Claude de la Sengle）
50	1557—1568	让・帕里佐・德・瓦莱特（Jean Parisot de Valette）
51	1568—1572	皮埃尔・德・蒙特（Pierre de Monte）
52	1572—1581	让・德・拉卡西埃（Jean de la Cassière）
53	1582—1595	于格・卢本斯・德・维达勒（Hugues Loubenx de Verdalle）
54	1595—1601	马丁・加兹（Martin Garzez）
55	1601—1622	阿洛・德・威格纳库尔（Alof de Wignacourt）
56	1622—1623	路易斯・门德斯・德・瓦斯康塞洛斯（Luís Mendes de Vasconcellos）
57	1623—1636	安托万・德・波勒（Antoine de Paule）
58	1636—1657	乔瓦尼・保罗・拉斯卡里斯（Giovanni Paolo Lascaris）
59	1657—1660	马丁・德・雷丁（Martin de Redin）
60	1660—1660	阿内・德・克莱蒙－热桑（Annet de Clermont-Gessant）

61	1660—1663	拉斐尔·科托内尔（Raphael Cotoner）
62	1663—1680	尼古拉斯·科托内尔（Nicolas Cotoner）
63	1680—1690	格雷戈里奥·卡拉法（Gregorio Carafa）
64	1690—1697	阿德里安·德·威格纳库尔（Adrien de Wignacourt）
65	1697—1720	拉蒙·佩雷略斯（Ramon Perellos）
66	1720—1722	马克安东尼奥·宗达达里（Marc'Antonio Zondadari）
67	1722—1736	安东尼奥·马诺埃尔·德·维列纳（At ó nio Manoel de Vilhena）
68	1736—1741	拉蒙·德皮（Ramon Despuig）
69	1741—1773	曼努埃尔·平托·达·丰塞卡（Manuel Pinto da Fonseca）
70	1773—1775	弗朗西斯科·希梅内斯·德·特克塞达（Francisco Ximenes de Texada）
71	1775—1797	埃曼努埃尔·德·罗昂－波尔杜（Emmanuel de Rohan-Polduc）
72	1797—1799	斐迪南·冯·洪佩施（Ferdinand von Hompesch）
73	1798—1801	保罗一世（Paul Ⅰ）
74	1803—1805	乔瓦尼·巴蒂斯塔·托马西（Giovanni Battista Tommasi）
75	1879—1905	乔瓦尼·巴蒂斯塔·切斯基（Giovanni Battista Ceschi）
76	1905—1931	加莱亚斯·冯·图恩·翁德·霍恩施泰因（Galeas von Thun und Hohenstein）
77	1931—1951	卢多维科·基吉·阿尔瓦尼·德拉罗韦雷（Ludovico Chigi Albani della Rovere）
78	1962—1988	安杰洛·德·莫亚纳·迪科洛尼亚（Angelo de Mojana di Cologna）
79	1988—2008	安德鲁·伯蒂（Andrew Bertie）
80	2008—2017	马修·费斯廷（Matthew Festing）
81	2018 年起	贾科莫·达拉·托雷[3]（Giacomo Dalla Torre）

注释

[1] 本名单不包括代理团长，主要参考以下文献：

Helen Hicholson,the Knight Hospitaller,pp.xi-xii.

H. J. A. Sire , The Knights of Malta,pp.280-4.

[2] 里卡尔多·卡拉乔洛为天主教大分裂时期位于罗马的教皇指定的“对立大团长”。骑士团官方一般奉胡安·费尔南德斯·德·埃雷迪亚为正统，不将卡拉乔洛计算在大团长名单内。因此，骑士团官方宣称共有 80 任大团长，而本列表中却有 81 位。

[3] 贾科莫·达拉·托雷已于 2018 年 5 月 3 日宣誓就任医院骑士团新任大团长。

附录二　英国《金融时报》对 79 任大团长的专访

[原文标题《马修·费斯廷，马耳他骑士团大团长》（*Matthew Festing, Grand Master of the Knights of Malta*），作者汉纳·罗伯茨（Hannah Roberts）]

马耳他骑士团大团长的私邸位于一块高悬于利古里亚海、临近拉帕洛（Rapallo）的岩岬上，菲诺港口（Portofino harbour）尽收眼底。

帕甘纳别墅的城垛上飘扬着马耳他十字旗，自 20 世纪 50 年代显赫的富商斯皮诺拉家族将它信托于全世界现存最古老的骑士团后，当地人便称它为“马耳他别墅”。

耶路撒冷、罗德、马耳他圣约翰医院主权骑士团（全称）是一个成立于 1048 年带有传奇色彩的天主教修士会。尽管并无领土，但它依旧被视为国际法下的主权实体，并能发行自己的邮票与钱币。

一位身穿金扣白外套的管家将我引入会客厅以恭候“显赫的殿下”、亲王、马耳他骑士团大团长马修·费斯廷，他曾在英格兰诺森伯兰的掷弹兵部队服役。

因要与一位国家元首会晤，我被告知需正装出席，但令我有些失望的是，费斯廷并未穿戴他正式的黑色斗篷，而是身着便装——蓝色外套与绿色的裤子。

这位前苏富比拍卖行顾问在 2008 年被任命为骑士团第 79 任大团长后拥有了这座赭

◎ 马耳他别墅

色的别墅——它四周环绕着海岸松以及一座种植着仙人掌、棕榈树、橘黄极乐鸟花的富有异国情调的花园。费斯廷通过一场类似于罗马教皇秘密选举会议的投票获得了该终身职务，在骑士团的人道主义事务中既具有礼仪性的职能，又参与决策。他并不领取薪酬，但生活费用能够得到报销。

费斯廷对别墅的华美轻描淡写地说道："你可能会想，啊，它是一座巨大的宅邸，能居住 25 人，但实际上仅仅超过 6 人。它其实是一座家宅。"

他已经66岁，仍未婚娶或拥有子嗣——作为大约60位宣誓骑士中的一员，他许下了"安贫""禁欲""听命"三愿。但这个夏天，他的侄孙、侄孙女们前来做客，他们在塔楼中嬉戏，用 20 世纪 60 年代的利古里亚渔船泛舟。

别墅修建于 17 世纪早期，拥有一座塔楼以防备法国—皮埃蒙特军队的任何攻击。一架古老的黄铜望远镜被置于一楼的一扇窗前，面朝大海，似乎在瞭望潜在的入侵。

喜好之物

关于喜好之物，费斯廷开玩笑地提出是一条某贵宾赠送的死去的水虎鱼，但最终选中的是一幅皮埃尔·戈贝尔（Pierre Gobert，1662—1744）[1] 的画作。"我想我们将拥有一张美丽女士的肖像画。"主题是深受路易十四宠爱的玛丽·阿代拉伊德（Marie Adélaïde of Savoy），她嫁给了王太子勃艮第公爵。虽然与丈夫双双死于麻疹，但其子幸存并成为法王路易十五。"该画作有两个副本，一张收藏于凡尔赛，一张就在这儿。"费斯廷说。

◎ 费斯廷最喜爱的画作——皮埃尔·戈贝尔绘制的玛丽·阿代拉伊德肖像画

历史上，骑士团成员出身于欧洲贵族家庭。费斯廷将他的家族上溯至 14 世纪的骑士。其祖先阿德里安·福蒂斯丘爵士 [2]（亦是英国王后安妮·博林的表兄）因拒绝对取代教皇成为英格兰教会最高领袖的亨利八世宣誓效忠而遭处决。

我们坐在 17 世纪的热那亚家具之间，透过木门，铺着格子地板的露台与海水映入眼帘。房间中满是枝形吊灯、当地贵族画像与古玩（包括一只玳瑁与拨弦键琴）。帷幕之后是一座小礼拜堂——红色丝绸装饰的墙面、六只木雕椅、绿色的祭坛，还有极佳的视野。每天早晨当地教士会来此做弥撒，这也成了一道独特的风景。

这里有两座楼梯，一座供仆人使用，一座为大团长预备，二者皆通往一楼费斯廷的办公室，此处悬挂着那不勒斯画家吕卡·焦尔达诺（Luca Giordano）所作《埃涅阿斯出逃特洛伊》，此前它被安放在餐厅天花板上。“阴沉但超凡脱俗，”他说，“它曾经完全沾满污垢，但当得到清理后，其各种闪光之处便开始显现，例如，底部左侧那一条狗。”

在为诺森布里亚的苏富比拍卖行工作的岁月里，画作是费斯廷的头等喜好。他曾经发现过一幅康斯太布尔（Constable）[3] 关于花园的作品。“这是一次非凡的发现。她（指画主人）是一位非常普通的女士，其祖先加德纳曾是康斯太布尔的邻居。康斯太布尔想必将此画作为礼物赠给了他。所以这是加德纳先生的花园（加德纳的英文拼写为 Gardener，字面含义正好是“园丁”）。”

费斯廷热情好客，为我提供了一顿精美的午餐，并在饭前饭后以拉丁语祷告。我们享用了风干牛肉、柑橘葡萄柚沙拉，接下来是加入藏红花的意大利汤饭、红焖小牛肘和奶酪，佐餐的则是白葡萄酒。

一批骑士建立了一座照顾各种信仰的民众的医院，此举宣告了骑士团的成立。这些“武装修士”的动机较为复杂。费斯廷承认：“一些出于宗教情怀，另一些却仅仅因为缺乏土地。”

因为他们受到的军事训练，最初的骑士们也扮演着基督教军队的角色，以保护朝圣者免遭袭击。1291 年他们被逐出耶路撒冷[4]，先后移居罗德岛和马耳他，直至他们的统治于 1798 年被拿破仑终结。

随着领土的丢失，如今的骑士团以罗马为总部，仰仗其慈善事业而非军事传统，在超过 120 个国家进行着人道主义救济和医疗业务。将近 10 万人（包括约 80000 名志愿者）为骑士团工作。“它的规模超过了英国军队。”费斯廷指出。

在其 25000 名医生、护士以及急救护理人员中，一部分运营着英格兰的养老院、法国的自闭症儿童学校和巴西麻风病患者疗养院。骑士团一直位居欧洲难民危机的前线，为意大利海岸警卫队船只提供医生以救助地中海移民。在德国，骑士团还为难民设置了 70 家应急避难所和 30 座注册中心（配备医疗和法律设施）。

◎ 马耳他别墅中的餐厅，阿尔贝托·贝尔纳斯科尼（Alberto Bernasconi）拍摄

骑士团的地产投资组合为其意大利总部提

供经费，但世界各地的分支机构获得了自主权并独立运营。工作的资金来自欧盟、各国政府、国际机构及个人的捐赠——法国有100万个捐赠者，德国则超过百万。“他们可能是给你5欧元的小老太太，也可能是捐出1万欧元的大亨。”

作为主权实体，骑士团拥有一张使馆网络，同104个国家建立了外交关系。像另一个没有土地的主权国巴勒斯坦一样，它具备联合国观察员的身份。这一在国际政治上不同寻常的地位，加上其神秘的宗教仪式，多年来令骑士团引发了不少丹·布朗式的阴谋论，甚至有人宣称骑士团是当代一个信奉基督教至上主义的黑暗十字军团体。

2008年，骑士团被指控与雇佣兵保安公司“黑水公司”有关联，费斯廷的前任（即大团长安德鲁·伯蒂）则坚决否认这一指控。还有人宣称美国前驻阿富汗指挥官斯坦利·麦克里斯特尔（Stanley McChrystal）将军亦是骑士团一员。骑士团不得不面对阴谋论者从刺杀肯尼迪到伊拉克战争等各种不实的控诉。

费斯廷说：“实际上，骑士团的影响力被高估了，它与政治家也并无过多瓜葛。”“情况很复杂。”他承认。大使馆令骑士团具备了通向政府的直接路径。“我们拥有大使馆并不是为了无事生非，而是因为它对其他工作有益。如果你想要药品输出免税，或有设备被海关查扣，那么就需要协商的渠道。”

听其言观其行，费斯廷之所以令人信服可能是因为他很像一位英格兰乡村板球比赛的球员，或一位慈祥的预科学校校长。他享受着乡村乐趣，门厅桌上摆放着《田园》杂志。他看起来或听上去显然与所谓操纵世界秩序的“共济会秘密组织”领袖大相径庭。

骑士团已经融入了费斯廷的生涯之中——“从我孩提时便一直如此。”于剑桥圣约翰学院读完历史之后，他加入了掷弹兵近卫团（Grenadier Guards）前往波斯湾、北爱尔兰和伯利兹城执行任务。在离开军队之际他被叔叔“招募”进入骑士团工作。

潜在的冒险很可能吸引着他。1990年的战乱中，费斯廷曾在武装护送下负责向波斯尼亚输送紧急救援物资。他经常被要求陷入意想不到的境地。作为帮助巴尔干弃妇计划的一部分，他曾经走遍英格兰北部采购卷发夹子和发刷以使她们开启理发师生涯。“这让人感觉有些怪诞。”在同一个项目中，他发现自己“卷入了养鸡的运营，整件事都很怪异。”

◎ 马耳他别墅小客厅中的马修·费斯廷，阿尔贝托·贝尔纳斯科尼拍摄

他当下的角色包括“四处感谢、鼓励他人并尽力对他们的所作所为表达关注”。

虽然费斯廷有着红衣主教的身份，但得益于一条 12 世纪的敕令，骑士团与罗马教廷分离并从而保持自身独立。尽管如此，荣休教皇（pope emeritus）本笃十六世[5]（Benedict XVI）——“不是上帝的罗威纳犬，他是上帝的泰迪熊”——仍与骑士团关系密切，虽然是教皇方济各（Francis）令费斯廷的前任安德鲁·伯蒂（英国团友，并且为英国女王的远房堂兄弟）踏上了通往圣徒的阶梯，当两件奇迹都归因于他时，这便会发生。[6]“他正在（阶梯）最底层。”费斯廷说道。然而当我想询问他是否将遵循同样的道路时，他打断了我：“我们截然不同。”[7]

注释

[1] 皮埃尔·戈贝尔，出生于法国枫丹白露，1701 年进入法兰西皇家绘画和雕塑学院学习人物肖像画，路易十四统治后期成为法国宫廷偏爱的肖像画家，留下了大量关于当时贵族人物的墨宝。

[2] 阿德里安·福蒂斯丘的事迹参见本书 259—260 页。

[3] 约翰·康斯太布尔（John Constable，1776—1837）英国画家。1799 年进入伦敦皇家美术学院，开始其绘画事业，他精于水彩画和油画，尤其擅长描写英国乡村美景。康斯太布尔与 J.M.W. 特纳齐名，都是 19 世纪英国最伟大的风景画家。

[4] 原文如此，应为阿卡而非耶路撒冷。

[5] 本笃十六世于 2013 年宣布荣休，由方济各接任，他因此成为 1415 年以来首位荣休的教皇。

[6] 此处指安德鲁·伯蒂已经被教皇“宣福”，成为“真福者”，其位阶仅次于“圣人”（天主教的封圣体系中，按照地位由低到高，可分为天主之仆、可敬者、真福者、圣人四级），而真福者成为圣人需要确认发生至少两件奇迹。

[7] 本文由马千翻译自英国《金融时报》（*Financial Times*）2016 年 6 月 22 日对马修·费斯廷的专访，略有改动。原文及相关采访图片参见：

https://next.ft.com/content/815e74c4-32ea-11e6-bda0-04585c31b153

附录三　骑士团高层震荡，大团长马修·费斯廷辞职

2016年12月6日，罗马孔多蒂街马耳他宫，医院骑士团第79任大团长马修·费斯廷紧急召见了大书记长德国人阿尔布雷希特·冯·伯泽拉格尔男爵（Albrecht Freiherr von Boeselager），在场的还包括大司令官路德维希·霍夫曼·冯·鲁默施泰因（Ludwig Hoffmann von Rumerstein）与教皇代表（教廷驻骑士团大使）雷蒙德·利奥·伯克（Raymond Leo Burke）主教。大团长首先对伯泽拉格尔男爵多年的贡献表示感谢，接着话锋一转，要求他立即引咎辞职。伯泽拉格尔拒不认错，也不愿辞职。无奈之下，马修·费斯廷以伯泽拉格尔违背了一名医院骑士在入会时许下的“听命”誓言为由，命令大司令官启动程序，将伯泽拉格尔开除出团，他所肩负的职务也因此自动终止。

大书记长职务创立于1461年，一度仅相当于“秘书长”，但到了现代，其权力不断提升，如今已位居大团长、大司令官之后，同时承担着医院骑士团的外交和内政事务（相当于总理），可谓位高权重。因此，这场出人意料的罢免引发了骑士团近年来的一场重大危机。

大团长问罪书记长的起因竟缘于陈年旧事的曝光。伯泽拉格尔曾担任大医师长一职，负责骑士团的医疗、慈善事务并管理骑士团下属慈善公益组织“马耳他国际”。在他主政期间，曾批准马耳他国际在开展人道主义救援工作的第三世界国家（缅甸）免费发放避孕套。这一政策若放在医疗、慈善机构的角度看，似乎并无不妥；但伯泽拉格尔并未将此事提请大团长批准，直到最近“东窗事发”。

◎ 大书记长阿尔布雷希特·冯·伯泽拉格尔

按照传统教义，天主教反对堕胎和人工避孕。教廷1968年发布的《人间通谕》（*Humanae Vitae*）明确禁止了各种形式的避孕方式。现任教皇方济各亦是《人间通谕》的坚定支持者。在大团长看来，伯泽拉格尔的举动僭越了骑士团的宗教义务，必须担负责任。但大书记长坚持自己的清白，在写给医院骑士团成员的公开信中，他认为自己因不愿拘泥于传统教义而受到了不公正对待。一部分骑士团高级成员也对他表示了同情或支持，例如波西米亚分团长（位于布拉格）便写信给马修·费斯廷，认为此举违反团规，建议召开特别修士大会来解决危机。一些基层医院骑士团成员，尤其是医务工作者，也

选择与伯泽拉格尔站在一起。大团长也不乏支持者，尤其因为雷蒙德·利奥·伯克的赞同，许多人开始揣测，这一切是否源自教廷的授意。

众所周知，医院骑士团（马耳他骑士团）的座右铭为：“守卫信仰，拯救苦难。”如果守卫信仰和拯救苦难发生了冲突，医院骑士团会作何选择？换言之，骑士团究竟首先是一个天主教宗教团体，还是一个救死扶伤的医疗慈善机构？早在18世纪，骑士团内就是否进行世俗化改革曾爆发过激烈论战。因反对者甚众，让·德·博斯勒东·兰西亚的改革胎死腹中（参见本书336页）。此番大团长与大书记长的冲突，似乎亦可视为骑士团内传统派与改革派的碰撞。

虽然马修·费斯廷强制将阿尔布雷希特·冯·伯泽拉格尔罢免，但其合法性值得商榷。按照团规，骑士团的高级领导职务须由修士大会（Chapter General，每5年召开一次）选举产生，大团长无权任命也无权罢黜。马修·费斯廷在操作时，“巧妙”地绕开了这一规程：他以团长身份命令伯泽拉格尔辞职，而后者作为少数医院骑士团公义骑士曾许下“三愿”（“安贫”“禁欲”“听命”），一旦抗命，费斯廷就能以他违背了“听命”誓言（不遵从领导的指示）为由，剥夺其医院骑士身份（相当于开除），也就自动罢免了他的一切相关职务。虽然从理论上能够自圆其说，但从法律上看显然属于灰色地带。也难怪伯泽拉格尔愤懑难平，一直拒不承认结果。

◎ 位于罗马阿文提诺山的马耳他部（骑士团外交部），代理大团长的选举在此进行

医院骑士团如今的成员超过了10万人（还不包括其新教分支），其中只有不足百人许下了“三愿”。对绝大多数普通团员（尤其是医务工作者和人道救援志愿者）来说，仅仅因为允许发放避孕套就将书记长开除，显然难以服众。在许多亚非拉贫穷国家，艾滋病泛滥，感染几率很高，而当地人多数没有条件购买避孕药具。很多国际慈善救援组织都有类似发放避孕套的善举，这不仅是为了避孕，也是为了预防致命的疾病。因此，很多骑士团普通成员站出来支持书记长，包括国际舆论也一片哗然，就可以理解了。

让矛盾急剧激化的是一封据传从教廷国务枢机卿伯多禄·帕罗林（Pietro Parolin）办公室泄露的一封信件（真实性待考）。信中表示教廷强烈要求立即罢免大书记长，而费斯廷实际上并未完全遵从教廷的命令（因为大团长希望伯泽拉格尔自行辞职）。

这封真假未知的信件又引爆了一颗重磅炸弹。对大书记长和他的拥趸而言，它证明了伯泽拉格尔的开除并非骑士团高层的共识，而是外来干涉的结果。从骑士团团规（相当于宪法）的角度看，教廷的干预完全违法，并且粗暴地干涉了医院骑士团作为主权实体、联合国观察员的内政。对大团长和所谓传统派而言，同样十分尴尬。不久前，大团长正是以违背“听命”誓言将书记长开除，而如果信件内容为真，他本人显然也没有听从梵蒂冈的指示，也违背了“听命”誓言。医院骑士团内部出现了分裂，为书记长“平反”的声音骤然升高，大团长骑虎难下，处境越发艰难。

出人意料的是，2017年1月25日，教皇方济各为了整顿医院骑士团，下令派驻一位“特命全权代表”（Special Delegate）安杰洛·贝丘（Angelo Becciu）枢机主教进驻医院骑士团总部。从对这一职务的表述看，它显然不同于此前雷蒙德·利奥·伯克担任的“大使”，更类似于代表教皇的“总督”。教皇方济各对历史悠久的医院骑士团近期的乱象感到忍无可忍，准备以铁腕加以整顿。但从国际法的角度上看，此举近乎一个国家（梵蒂冈）公然吞并另外一个主权实体（马耳他骑士团），引发一片哗然。英国杂志《天主教信使》（*Catholic Herald*）发表文章愤怒地表示：如果意大利政府对梵蒂冈采取类似举动，将心比心，梵蒂冈会做何感想？它将教皇的举动视为对国际法的践踏。

三天后，1月28日，在罗马骑士团总部马耳他宫，持续多日的高层危机有了峰回路转的变化。在骑士团议会和骑士团政府联合召开的紧急会议上，第79任大团长马修·费斯廷的辞呈（依据团规第16条）得到了批准。大司令官路德维希·霍夫曼·冯·鲁默施泰因将在大团长空缺期间代理职务，他将尽快组织新一届选举。最具戏剧性的是，此前正是鲁默施泰因在费斯廷的授意下将书记长伯泽拉格尔开除出团，而在他代理大团长职权的当天，便立即提议让伯泽拉格尔官复原职——这得到了骑士团议会和政府的同意。随后，医院骑士团将领导层突变的消息，通报了教廷以及和它建交的106个国家。伯泽拉格尔代表的改革派，似乎笑到了最后。

依据《纽约时报》的文章《千年之后，教皇与骑士们“兵戎相见”》的报道，对伯泽拉格尔兴师问罪绝非教皇方济各的授意。恰恰相反，这是教廷驻骑士团大使雷蒙德·利奥·伯克越俎代庖。这位立场保守的美国主教素来与教皇政见不合，得知大书记长的“丑闻”后，便极力鼓动大团长予以重罚，并造成了随后骑士团的内乱。而教皇方济各决定出面拨乱反正——他选择了支持改革派，于是大团长马修·费斯廷只能选择黯然下野。这在医院骑士团900多年的历史中，也是极为少见的（大团长原则上终生任职）。

1月28日医院骑士团大团长马修·费斯廷辞职以来，大团长一职便处于空缺状态。为了解决这一问题，4月29日，骑士团在罗马的马耳他部召开了国务会议以选出过渡时期的代理大团长（the Lieutenant of the Grand Master）。共有56名骑士具备投票资格，12人具备当选资格（要求50岁以下者，成为宣誓骑士超过10年；50岁以上者，宣誓超过3年，加入骑士团超过10年）。医院骑士团各分团、分部以及旗下社会组织领导人参与了选举，106个建交国家的使节受邀前往观摩。值得玩味的是，前大团长马修·费斯廷依然具备投票和被选举资格。他在接受专访时声称，教宗方济各虽要求他辞职，但如果自己再度当选，教廷对其“官复原职”亦不会加以反对。因此，费斯廷也出现在了本次选举的会场中。

然而，并没有出现上述戏剧化的一幕。当天，经过投票，来自罗马的医院骑士贾科莫·达拉·托雷（Giacomo Dalla Torre，生于1944年）荣幸地被选举为代理大团长。他早年于

56位医院骑士团高级成员列队前往马耳他部投票选举代理大团长

罗马大学攻读基督教考古和艺术史，后曾长期在宗座传信大学（又名乌尔班大学，始建于1624年）教授古典希腊语，并曾担任宗座传信大学图书馆和档案馆馆长。1985年，贾科莫·达拉·托雷加入马耳他骑士团，1993年许下“三愿”成为宣誓骑士，1994—2004年先后担任骑士团伦巴第与威尼斯大修道长（分团领导人）并成为骑士团议会成员。2004年还曾担任大司令官。贾科莫·达拉·托雷属于学者型领导人，此前职务为医院骑士团罗马大修道长，在骑士团内部德高望重，人缘甚佳。这并非他首度临危受命，2008年78任大团长安德鲁·伯蒂去世后的空窗期，他便曾担任过代理大团长职务，直至79任大团长马修·费斯廷接任。

贾科莫·达拉·托雷的当选很快获得了教宗方济各的书面认可。第二天，在教皇驻医院骑士团特使安杰洛·贝丘枢机与骑士团大书记长、大司令官的共同主持下，他在罗马阿文蒂诺山的圣玛利亚教堂正式宣誓就职。之后，大司令官路德维希·霍夫曼·冯·鲁默施泰因亲自为他戴上了象征大团长权力的衣领，稍后，大书记长阿尔布雷希特·冯·伯泽拉格尔男爵宣布骑士团国务会议已完成使命，正式休会。

经历了大书记长被开除、大团长下野、大书记长复职、教皇方济各整顿骑士团等一系列动荡后，73岁的贾科莫·达拉·托雷修士将在未来一年中（代理大团长任期仅一年）引领古老的医院骑士团重返正轨，恢复生机。

◎ 贾科莫·达拉·托雷宣誓就职，在他右侧的是安杰洛·贝丘枢机

◎ 医院骑士团现任代理大团长贾科莫·达拉·托雷

参考文献

中文文献

1. 西蒙 · 蒙蒂菲奥里，《耶路撒冷三千年》，张倩红，马丹静译，民主与建设出版社，2015 年

2. 丁光训，金鲁贤，张庆熊（主编），《基督教大辞典》，上海辞书出版社，2010 年

3. 米肖，普茹拉，《十字军东征简史》，杨小雪译，北京时代华文书局，2014 年

4. 布莱恩 · 蒂尔尼，西德尼 · 佩因特，《西欧中世纪史》，袁传伟译，北京大学出版社，2011 年

5. 罗伯特 · 福西耶，《剑桥插图中世纪史（950–1250 年）》，李增洪等译，山东画报出版社，2008 年

6. 富勒，《西洋世界军事史 · 卷一》，钮先钟译，广西师范大学出版社，2004

7. 罗春梅，《1204 年君士坦丁堡的陷落》，人民出版社，2012 年

8. 但丁，《神曲 · 炼狱篇》，朱维基译，上海译文出版社，1984 年

9. 光复书局大美百科全书编辑部（编译），《大美百科全书》，光复书局，1991 年

10. 阿尔伯特，《耶路撒冷史》，王向鹏译，大象出版社，2014 年

11. 斯坦福 · 肖，《奥斯曼帝国》，许序雅，张忠祥译，青海人民出版社，2006 年

12. 斯蒂文 · 朗西曼，《1453——君士坦丁堡的陷落》，马千译，北京时代华文书局，2014 年

13. 马修 · 贝内特，吉姆 · 布拉德伯里，凯利 · 德弗里斯，《图解世界战争战法：中世纪》，徐淼译，宁夏人民出版社，2008 年

14. 伊恩 · 迪基，《图解世界战争战法 · 海上战争》，孔刚译，宁夏人民出版社，2012 年

15. 约阿希姆 · 布姆克，《宫廷文化》，何珊，刘华新译，生活 · 读书 · 新知三联书店，2006 年

16. 宋毅（主编），《铁血文库 002》，时代文艺出版社，2015 年

17. 黄维民，《奥斯曼帝国》，三秦出版社，2000 年

18. 罗杰 · 克劳利，《海洋帝国：地中海大决战》，陆大鹏译，社会科学文献出版社，2014 年

19. 罗杰 · 克劳利，《财富之城：威尼斯海洋霸权》，陆大鹏，张骋译，社会科学文献出版社，2015 年

20. 倪世光，《中世纪骑士制度探究》，商务印书馆，2007 年

21. 何志龙，《中东国家通史 · 塞浦路斯卷》，商务印书馆，2007 年

22. 哈全安，《土耳其通史》，上海社会科学院出版社，2014 年

23. 埃德加 · 普雷斯蒂奇，《骑士制度》，林中泽译，三联书店，2010 年

24. 乔治 · 杜比，《法国史》，吕一民，沈坚，黄艳红等译，商务印书馆，2014 年

25. 朱迪斯 · M. 本内特，C. 沃伦 · 霍利斯特，《欧洲中世纪史》，杨宁，李韵译，上海社会科学院出版社，2007 年

26. 乔纳森 · 德瓦尔德，《欧洲贵族 1400—1800》，姜德福译，商务印书馆，2014 年

27. 乔治 · 奥斯特洛格尔斯基，《拜占庭帝国》，陈志强译，机械工业出版社，2006 年

28. 宋毅（主编），《战争事典 003》，中国长安出版社，2013 年

29. 指文烽火工作室，《战争事典 015》，人民日报出版社，2016 年

30. 指文烽火工作室（编），《秘密战 3000 年 · 第二部》，中国长安出版社，2015 年

外文参考文献

1. Alan V. Murry (Editor), *The Crusades An Encyclopedia*, ABC-CLIO, 2006.

2. William of Tyre, *A History of Deeds Done Beyond the Sea*, E. A. Babcock and A. C. Krey (trans.), Columbia University Press.

3. Stephen Dafoe, *An Illustrated History of the Knights Hospitaller*, Allan Publishing, 2010.

4. Terence Wise, *Knights of Christ*, Osprey Publishing, 1984.

5. H. J. A. Sire, *The Knights of Malta*, Yale University Press, 1996.

6. Steven Runciman, *The Sicilian Vespers: A History of the Mediterranean World in the Later Thirteenth Century*, Cambridge University Press, 1992.

7. Steven Runciman, *A History of the Crusades Vol. Ⅲ : The Kingdom of Acre and the Later Crusades*, Cambridge University Press, 1982.

8. Steven Runciman, *A History of the Crusades Vol. Ⅰ : The First Crusade and the Foundations of the Kingdom of Jerusalem*, Cambridge University Press, 1987.

9. Steven Runciman, *A History of the Crusades Vol. Ⅱ : The Kingdom of Jerusalem and the Frankish East 1100-1187*, Cambridge University Press, 1987.

10. John Simon (Editor), Nicholas Morton (Editor), *Crusading and Warfare in the Middle Ages: Realities and Representations, Essays in Honour of John France*, Ashgate Pub Co, 2014.

11. Norman Housley, *The Later Crusades, 1274-1580: From Lyons to Alcazar*, Oxford University Press, 1992.

12. Malcolm Barber, *The Crusader States*, Yale University Press, 2012.

13. Malcolm Barber, *The Trial of the Templars (2 edition)*, Cambridge University Press, 2012.

14. Malcolm Barber, *The New Knighthood: A History of the Order of the Temple*, Cambridge University Press, 1995.

15. Corliss K. Slack, *Historical Dictionary of the Crusades*, Scarecrow Press, 2003.

16. Christopher Tyerman, *God's War: A New History of the Crusades*, Penguin Books, 2006.

17. John Julius Norwich, *Byzantium: The Decline and Fall*, Penguin Books,1996.

18. abbé de Vertot, *the History of the Knights Hospitallers of St. John of Jerusalem, styled afterwards, the Knights of Rhodes, and at present, the Knights of Malta*, Gale ECCO, 2010.

19. Thomas Carson, *New Catholic Encyclopedia*, Gale, 2002.

20. Bernard Hamilton, *The Leper King and his Heirs: Baldwin Ⅳ and the Crusader Kingdom of Jerusalem*, Cambridge University Press, 2005.

21. Thomas Asbridge, *The Crusades: The Authoritative History of the War for the Holy*

Land, Ecco Press, 2010.

22. Jonathan Riley-Smith, *The Crusades: A History*, Continuum International Publishing Group, 2005.

23. Desmond Seward, *The Monks of War: The Military Religious Orders*, Penguin Books, 1995.

24. Erskine Hume, *Medical Works of the Knights Hospitallers of Saint John of Jerusalem*, The Johns Hopkins University Press, 1940.

25. Kelly DeVries, Robert Douglas Smith, *Besieged Rhodes: A New History*, The History Press, 2012.

26. Matthew Bennett, Jim Bradbury, Kelly DeVries, Iain Dickie, Phyllis Jestice, *Fighting Techniques of the Medieval World: Equipment, Combat Skills and Tactics*, Thomas Dunne Books, 2005.

27. Adrian Boas, *Archaeology of the Military Orders: A Survey of the Urban Centres, Rural Settlements and Castles of the Military Orders in the Latin East (c.1120–1291)* , Routledge, 2006.

28. Jonathan Phillips, *The Fourth Crusade and the Sack of Constantinople*, Penguin Books, 2005.

29. DeVries, *Battles of the Crusades, 1097–1444*, Spellmount Ltd, 2007.

30. Reuven Amitai-Preiss, *Mongols and Mamluks: The Mamluk-Īlkh ā nid War, 1260–1281*, Cambridge University Press, 1995.

31. Jonathan Riley-Smith, *The Knights Hospitaller in the Levant, C.1070–1309*, Palgrave Macmillan, 2012.

32. Colin Imber, *The Crusade of Varna 1443–45*, Ashgate, 2006.

33. Hugh Kennedy, *Crusader Castles*, Cambridge University Press, 1994.

34. Jochen Burgtorf, *The Central Convent of Hospitallers and Templars:History, Organization, and Personnel (1099/1120–1310)*, Brill Academic Pub, 2008.

35. Kenneth M. Setton, *The Papacy and the Levant, 1204–1571*, Amer Philosophical Society, 1976.

36. Edith Wharton, *The Cruise of the Vanadis*, Bloomsbury Publishing PLC, 2004.

37. Christopher Kleinhenz (Editor), *Medieval Italy: An Encyclopedia*, Routledge, 2003.

38. Kenneth M. Setton (Editor), *A History of the Crusades, Volume Ⅲ : The Fourteenth and Fifteenth Centuries*, University of Wisconsin Press, 1975.

39. Caroline Finkel, *Osman's Dream: The History of the Ottoman Empire*, Basic Books, 2007.

40. Arthur Charles Fox-Davies, *A Complete Guide to Heraldry*, Bonanza Books, 1978.

41. Joanot Martorell, *Tirant Lo Blanc*, David Rosenthal (trans.), Schocken, 2013.

42. Philip Gosse, *The History of Piracy*, Dover Publications, 2007.

43. Desmond Seward, *Caravaggio – A Life*, Farrar, Straus and Giroux, 1998.

44. Felix Witting, M. L. Patrizi, *Caravaggio*, Sirrocco–Parkstone, 2008.

45. Dennis Castillo, *The Maltese Cross: A Strategic History of Malta*, Praeger, 2005.

46. Jean–Claude Dube, *The Chevalier de Montmagny: First Governor of New France*, Elizabeth Rapley (trans.), University of Ottawa Press, 2005.

47. Kenneth Meyer Setton, *Venice, Austria, and the Turks in the Seventeenth Century*, American Philosophical Society, 1991.

48. Roderick Cavaliero, *The Last of the Crusaders: The Knights of St. John and Malta in the Eighteenth Century*, Tauris Parke Paperbacks, 2009.

49. Bo Giertz, *The Knights of Rhodes*, Bror Erickson (trans.), Wipf & Stock Pub, 2010.

50. Peter Purton, *A History of the Late Medieval Siege 1200–1500*, Boydell Press, 2010.

51. Franz Babinger, *Mehmed the Conqueror and His Time*, Princeton University Press, 1992.

52. Selcuk Aksin Somel, *Historical Dictionary of the Ottoman Empire*, Scarecrow Press, 2003.

53. Christopher Duffy, *Siege Warfare: The Fortress in the Early Modern World 1494–1660*, Routledge, 1997.

54. Helen Nicholson, *Medieval Warfare*, Palgrave Macmillan, 2004.

55. Helen Nicholson, *A Brief History of the Knights Templar*, Running Press, 2010.

56. Helen Nicholson, *Love, War and the Grail: Templars, Hospitallers and Teutonic Knights in Medieval Epic and Romance 1150–1500*, Brill, 2001.

57. Helen Nicholson, *The Knights Hospitaller*, Boydell & Brewer, 2013.

58.Helen Nicholson, David Nicolle, *God's Warriors: Crusaders, Saracens and the Battle for Jerusalem*, Osprey Publishing, 2005.

59. Ernle Bradford, *Knights of the Order; St. John, Jerusalem, Rhodes, Malta*, Dorset Books, 1991.

60. Ernle Bradford, *The Great Siege: Malta 1565*, Open Road Media, 2014.

61. Ernle Bradford, *The Shield and the Sword*, Open Road Media, 2014.

62. Ernle Bradford, *The Sultan's Admiral: Barbarossa: Pirate and Empire Builder*, Tauris Parke Paperbacks, 2009.

63. Halil Inalcik, *The Ottoman Empire: The Classical Age 1300–1600*, Phoenix, 2001.

64. Halil Inalcik, *Turkey and Europe in History*, Eren Publishing, 2006.

65. Francisco Balbi di Correggio, *The Siege of Malta 1565*, Ernle Bradford (trans.), Boydell Press, 2011.

66. Tim Pickles, *Malta 1565: Last Battle Of The Crusades*, Osprey Publishing, 1998.

67. Anthony Luttrell (Editor), Helen J. Nicholson (Editor), *Hospitaller Women in the Middle Ages*, Ashgate Pub Co, 2006.

68. Anthony Luttrell, *The Hospitallers of Rhodes and their Mediterranean World*, Routledge, 1992.

69. Anthony Luttrell, *Latin and Greece: The Hospitallers and the Crusades*, *1291–1440*, Variorum, 1985.

70. Lord Kinross, *Ottoman Centuries*, Harper Perennial, 1979.

71. Andre Clot, *Suleiman the Magnificent*, Saqi Books, 2012.

72. Godfrey Goodwin, *The Janissaries*, Saqi Books, 2006.

73. John Guilmartin, *Galleons and Galleys: Gunpowder and the Changing Face of Warfare at Sea:1300–1650*, Cassell, 2003.

74. Bicheno Hugh, *Crescent and Cross: The Battle of Lepanto 1571*, Phoenix, 2004.

75. Beeching Jack, *The Galleys at Lepanto*, Hutchinson, 1982.

76. Angus Konstam, *Lepanto 1571:The Greatest Naval Battle of the Renaissance*, Osprey, 2003.

77. Angus Konstam, *Renaissance War Galley 1470–1590*, Osprey, 2002.

78. Peter W. Edbury, *The Kingdom of Cyprus and the Crusades, 1191–1374*, Cambridge University Press, 1993.

79. Barbara Wertheim Tuchman, *A Distant Mirror : the Calamitous 14th Century*, Alfred A. Knopf, 1978.

80. Alan Palmer, *The Decline and Fall of the Ottoman Empire*, Barnes & Noble Publishing, 1992.

81. Andrew Wheatcroft, *The Enemy at the Gate: Habsburgs, Ottomans, and the Battle for Europe*, Basic Books, 2010.

82. Andrew Roberts, *Napoleon: A Life*, Penguin Books, 2015.

83. Val Horsler, *The Order of Malta: A Portrait*, Third Millenium Pub Ltd, 2011.

84. Jonathan Riley-Smith, *Hospitallers: The History of the Orders of St. John*, Hambledon & London, 2003.

85.Henryk Sienkiewicz, Miroslaw Lipinksi, *The Teutonic Knights*, Hippocrene Books, 1996.

86. Gregory O'Malley, *The Knights Hospitaller of the English Langue 1460–1565*, Oxford University Press, 2005.

87. Frances Gies, *The Knight in History*, Harper Perennial, 2011.

88. Alan Forey, *The Military Orders: From the Twelfth to the Early Fourteenth Centuries*, University of Toronto Press, 1992.

89. Anthony Luttrell, *The Hospitallers of Rhodes and their Mediterranean World*, Routledge, 1992.

90. Nikolas Jaspert, *The Hospitallers, the Mediterranean and Europe: Festschrift for Anthony Luttrell*, Routledge, 2007.

91. T. S. R. Boase, *Castles and Churches of the Crusading Kingdom*, Oxford University Press, 1967.

92. David Nicolle, *Knight Hospitaller (1): 1100–1306*, Osprey Publishing, 2001.

93. David Nicolle, *The First Crusade, 1096 - 99: Conquest of the Holy Land*, Osprey Publishing, 2003.

94. David Nicolle, *Teutonic Knight: 1190–1561*, Osprey Publishing, 2007.

95. David Nicolle, *Acre 1291: Bloody sunset of the Crusader states*, Osprey Publishing, 2005.

96. David Nicolle, *The Janissaries*, Osprey Publishing, 1995.

97. David Nicolle, *Nicopolis 1396: The Last Crusade*, Osprey Publishing, 1999.

98. Eric Brockman, *Two Sieges of Rhodes,1480–1522*, Barnes and Nobles Books, 1995.

99. John Julius Norwich, *A History of Venice*, Vintage, 1989.

100. John Julius Norwich, *Absolute Monarchs: A History of the Papacy*, Random House Trade Paperbacks, 2012.

索　　引

（一些常见或书中反复出现的专有名词，如医院骑士团、耶路撒冷、马耳他、罗马等，不再一一列出。）

B

C

G

H

J

K

L

M

N

O

P

Q

R

S

T

W

X

Y

Z